Neue ökonomische Grundrisse

Herausgegeben von

Jürgen Eichberger
und Werner Neus

Achtung!
Eintragungen, Unterstreichungen etc.
sind untersagt und gelten als
Beschädigung!
Überprüfen Sie daher bitte den Zustand des Bandes vor
der Ausleihe und melden Sie uns evtl. vorhandene
Eintragungen!

Friedrich Breyer / Martin Kolmar

Grundlagen der Wirtschaftspolitik

4., überarbeitete Auflage

Mohr Siebeck

Friedrich Breyer, geboren 1950; Studium der Volkswirtschaftslehre; 1978 Promotion; 1983 Habilitation; 1986–92 Professor für Wirtschafts- und Sozialpolitik an der Fernuniversität Hagen; seit 1992 Ordinarius für Wirtschaftspolitik an der Universität Konstanz.

Martin Kolmar, geboren 1967; Studium der Volkswirtschaftslehre; 1997 Promotion; 2002 Habilitation; 2003–06 Professor für Volkswirtschaftstheorie an der Universität Mainz; seit 2006 Professor für Angewandte Mikroökonomik an der Universität St. Gallen und Direktor des Instituts für Finanzwissenschaft und Finanzrecht.

ISBN 978-3-16-153205-4

Die Deutsche Nationalbibliothek verzeichnet diese Publikation in der Deutschen Nationalbibliographie; detaillierte bibliographische Daten sind im Internet über *http://dnb.dnb.de* abrufbar.

1. Auflage 2001
2. Auflage 2005 (neu bearbeitet)
3. Auflage 2010 (überarbeitet und erweitert)

© 2014 Mohr Siebeck Tübingen. www.mohr.de

Das Werk einschließlich aller seiner Teile ist urheberrechtlich geschützt. Jede Verwertung außerhalb der engen Grenzen des Urheberrechtsgesetzes ist ohne Zustimmung des Verlags unzulässig und strafbar. Das gilt insbesondere für Vervielfältigungen, Übersetzungen, Mikroverfilmungen und die Einspeicherung und Verarbeitung in elektronischen Systemen.

Das Buch wurde von le-tex in Leipzig gesetzt und von Gulde-Druck in Tübingen auf alterungsbeständiges Werkdruckpapier gedruckt und gebunden.

Vorwort zur 4. Auflage

Anders als die 3. Auflage enthält die vorliegende 4. Auflage kein neues Kapitel; in zahlreichen Teilen wurde jedoch die Darstellung verbessert. Dies betrifft vor allem die Kapitel 2, 3, 9 und 10. Unseren Kollegen Prof. Dr. Nick Netzer (Universität Zürich) und Prof. Dr. Normann Lorenz (Universität Trier) verdanken wir wertvolle Hinweise zu dieser Überarbeitung. Herr Felix Klimm, BSc. hat das gesamte Manuskript kritisch durchgesehen und Frau Gundula Hadjiani hat wiederum mit großer Sorgfalt die Grafiken angefertigt und die Endredaktion übernommen. Etwaige verbleibende Mängel gehen natürlich zu Lasten der Autoren.

Konstanz und St. Gallen, im Juli 2014

Friedrich Breyer   Martin Kolmar

Vorwort zur 3. Auflage

Nach mehr als vier Jahren wurde es erforderlich, dieses Lehrbuch weiter zu entwickeln. In allen Kapiteln wurden im Rahmen der üblichen Modellpflege zahlreiche Details verbessert und die Beispiele den aktuellen Entwicklungen angepasst. So wird der Problematik der Allmendegüter und der Öffentlichen Güter ein größerer Raum gewidmet. Ferner werden nun die normativen Grundlagen der Wirtschaftspolitik in einen breiteren philosophischen Kontext eingebettet und systematischer dargestellt. Auch wurde dem Umstand Rechnung getragen, dass sich die Ergebnisse der Lebenszufriedensheits-Forschung mit den Theorien zu Positionsexternalitäten soweit zu Ergebnissen verdichtet haben, dass wir ihnen ein eigenes, neues Kapitel gewidmet haben (9). Darüber hinaus findet sich im Rahmen der Diskussion imperfekt durchgesetzter Eigentumsrechte ein neuer Abschnitt zu selbstdurchsetzenden Eigentumsrechten (11.1).

Wiederum haben eine Reihe von Personen durch ihr Nachfragen und ihre Kritik dazu beigetragen, gedankliche Unschärfen in den alten und neuen Kapiteln aufzudecken und diese dadurch zu verbessern. Nennen möchten wir insbesondere Dipl.-Vw. Dana Sisak, Dipl.-Vw. Verena Lauber, Prof. Dr. Normann Lorenz, Dr. Niklas Potrafke,

Dipl.-Vw. Philipp Denter und MMMag. Manuel Mennel, der auch die Endredaktion des Buches mit großer Sorgfalt vorgenommen hat.

Konstanz und St. Gallen, im Januar 2010

Friedrich Breyer   Martin Kolmar

Vorwort zur 2. Auflage

Nach vier Jahren Lehrerfahrung war es an der Zeit, dieses Werk gründlich zu überarbeiten und vor allem seine „Kinderkrankheiten" auszumerzen. Einige Teile sind auch inhaltlich neu gestaltet worden, vor allem das gesamte Kapitel 6 sowie die Abschnitte 2.6 (Kompensationskriterien) und 9.4.1 (Institutionen bei Risikoaversion). Zahlreiche Personen haben durch ihre konstruktive Kritik dazu beigetragen, dass die vorliegende zweite Auflage gegenüber der ersten eine erhebliche Verbesserung darstellt. Hervorzuheben sind besonders PD Dr. Mathias Kifmann, Dipl.-Vw. Normann Lorenz und Dipl.-Vw. Florian Scheuer (Universität Konstanz). Frau Gundula Hadjiani und stud. rer. pol. Hannah-Maria Kemper haben mit großer Sorgfalt die Grafiken angefertigt und die Endredaktion übernommen. Etwaige verbleibende Mängel können ihnen natürlich nicht angelastet werden.

Konstanz und Mainz, im August 2005

Friedrich Breyer   Martin Kolmar

Vorwort zur 1. Auflage

Das vorliegende Lehrbuch entstand aus einem Seminar und mehreren Vorlesungen zum Thema „Grundlagen der Wirtschaftspolitik", die die Autoren an den Universitäten Bonn und Konstanz in den vergangenen Jahren gehalten haben. Der Entschluss, dieses Buch nun auch Lehrenden und Studenten anderer Universitäten und dem Fachpublikum allgemein zugänglich zu machen, entsprang der Einsicht, dass es sich hierbei um eine neuartige Konzeption der Theorie der Wirtschaftspolitik handelt. Zum einen wird die Frage nach der Definition des „Staates" und der Aufgaben dieser Institution radikal, das heißt von der Wurzel her angepackt, und das bedeutet:

ausgehend von einer Theorie der Güterversorgung in einer Anarchie. Zum zweiten wird ein Grundprinzip der Wirtschaftsordnung, nämlich die Gestaltung der Verfügungsrechte so, dass keine „externen Effekte" entstehen, konsequent angewendet, und zum dritten werden Instrumente der modernen Informationsökonomik und der Vertragstheorie auf ordnungspolitische Fragen angewendet. Das Buch ist so angelegt, dass es in Veranstaltungen des Hauptstudiums in den Bereichen Wirtschaftspolitik sowie Finanzwissenschaft eingesetzt werden kann, da es in der Stoffauswahl dem angelsächsischen Begriff der „Public Economics" folgt. Es setzt Grundkenntnisse der Mathematik (Analysis, lineare Algebra, Wahrscheinlichkeitsrechnung) und der Mikroökonomik voraus. Am Ende eines jeden Kapitels befinden sich Übungsaufgaben. Lehrende, die das Buch in Lehrveranstaltungen einsetzen, können ausgearbeitete Lösungsvorschläge auf Anfrage von den Verfassern bekommen. Wir freuen uns aber auch über Anregungen, Verbesserungsvorschläge und Kritik zum Buch.

Zahlreiche Kollegen haben dazu beigetragen, dass dieses Werk entstehen konnte. Prof. Dr. Dr. Dieter Bös und Dr. Gábor Gyárfás (Universität Bonn), Dr. Mathias Kifmann und Dr. Claus Knoth (Universität Konstanz), Prof. Dr. Klaus Wälde (Technische Universität Dresden) sowie Prof. Dr. Joachim Weimann (Universität Magdeburg) haben das gesamte Manuskript in verschiedenen Phasen seiner Entstehung gelesen und uns mit wertvollen Hinweisen für die Überarbeitung unterstützt. Das gleiche gilt für den Herausgeber der Reihe „Neue ökonomische Grundrisse", Prof. em. Dr. Dr. h.c. Rudolf Richter (Universität Saarbrücken) und zwei anonyme Gutachter. Eine Vielzahl von Verbesserungsvorschlägen erhielten wir von den Teilnehmerinnen und Teilnehmern unserer Lehrveranstaltungen, von denen namentlich Herr cand. rer. pol. Normann Lorenz (Universität Konstanz) hervorzuheben ist. Frau Gundula Hadjiani ist ganz herzlich für die redaktionelle Betreuung, die Bearbeitung und Erstellung des Buchmanuskripts zu danken. Unser Dank gebührt auch den studentischen Mitarbeitern Dorothee Crayen, Martin Heineck und Florian Scheuer, die bei allfälligen technischen Problemen immer eine Lösung fanden. Unser besonderer Dank gilt Herrn Prof. em. Dr. Dr. h.c. Peter Bernholz für seine Genehmigung, Teile des gemeinsam mit dem erstgenannten Autor geschriebenen Lehrbuchs Grundlagen der Politischen Ökonomie (Tübingen 1993) in Teil II des vorliegenden Buches wieder verwenden zu dürfen.

Konstanz, im Juli 2001

Friedrich Breyer   Martin Kolmar

Inhaltsverzeichnis

Teil I	Grundlagen		1

1	**Einführung**		3
	1.1	Der Gegenstand der Theorie der Wirtschaftspolitik	3
	1.2	Begriffsbestimmungen	6
		1.2.1 Das Kernproblem der Nationalökonomik	6
		1.2.2 Institutionen	7
		1.2.3 Transaktionskosten	9
		1.2.4 Homo Oeconomicus	9
		1.2.5 Wirtschaftspolitik	10
		1.2.6 Staat	10
	1.3	Positive versus präskriptive Theorie	12
	1.4	Werturteile und wissenschaftliche Beratung	13
	1.5	Ziele der Wirtschaftspolitik	18
	1.6	Übersicht über die Kapitel	23

2	**Theorien der Gerechtigkeit**		27
	2.1	Struktur, Begründung und Implementierung gesellschaftlicher Ziele	29
		2.1.1 Struktur	30
		2.1.2 Begründung	34
		2.1.3 Implementierung	37
	2.2	Prozedurale Gerechtigkeitstheorien	38
		2.2.1 Robert Nozicks Anspruchstheorie	39
		2.2.2 Hayeks Konzeption einer liberalen Gesellschaft	40
	2.3	Konsequenzialistische Gerechtigkeitstheorien	41
		2.3.1 Zentrale Konzepte	41
		2.3.2 Nicht-welfaristische konsequenzialistische Theorien	44
		2.3.3 Welfaristische konsequenzialistische Theorien	50
	2.4	Informationserfordernisse welfaristischer Gerechtigkeitstheorien	52
		2.4.1 Messbarkeit individuellen Nutzens	52
		2.4.2 Interpersonelle Vergleichbarkeit der Nutzen	53
		2.4.3 Gerechtigkeitsurteile ohne Mess- und Vergleichbarkeit	55
		2.4.4 Isoelastische Wohlfahrtsfunktionen	58

2.5 Implementierung am Beispiel der Kompensationskriterien 65
    2.5.1 Kritik an der Kosten-Nutzen-Analyse 68
    2.5.2 Kosten-Nutzen-Analyse und gesellschaftliche
          Wohlfahrtsfunktionen 70
    2.5.3 Die Messung der Zahlungsbereitschaft 74

3 Staat, Eigentum, Effizienz 83
  3.1 Staat und Eigentum 84
    3.1.1 Robinson 84
    3.1.2 Robinson und Freitag 85
    3.1.3 Anarchie 87
    3.1.4 Einführung einer Eigentumsordnung 89
    3.1.5 Durchsetzung einer Eigentumsordnung 94
    3.1.6 Welche Eigentumsordnung sollte gewählt werden? 99
    3.1.7 Wer ist der Staat? 106
  3.2 Das Prinzip der vollständigen Internalisierung 111
  3.3 Schlussfolgerungen 114

Teil II Perfekte Steuerbarkeit   119

4 Allokationsprobleme 121
  4.1 Methodische Vorbemerkungen 121
  4.2 Klassifikation von Allokationsproblemen 123

5 Rivalisierende Güter 131
  5.1 Organisationsformen des Produktionssektors 132
    5.1.1 Beschreibung des Modells 132
    5.1.2 Der optimale Verbrauchs- und Produktionsplan 135
    5.1.3 Dezentralisierung der Produktionsentscheidungen 139
    5.1.4 Ideale Organisation der Produktionsseite 146
  5.2 Organisationsformen des Konsumsektors 150
    5.2.1 Die Dezentralisierung der Nachfrageentscheidungen 151
    5.2.2 Bestimmung der Konsumgütermengen durch
          Mehrheitswahlrecht 160
    5.2.3 Schlussfolgerungen 166
  5.3 Allmende-Güter 167
    5.3.1 Pareto-effiziente Versorgung 168
    5.3.2 Dezentrale Bereitstellung 168
    5.3.3 Lösungsmöglichkeiten 169

6 Nichtrivalisierende Güter ... 177
- 6.1 Pareto-optimale Versorgung ... 178
- 6.2 Die Umsetzung der Samuelson-Regel bei Clubgütern ... 183
- 6.3 Die Versorgung mit Öffentlichen Gütern auf Wettbewerbsmärkten . 184
- 6.4 Eine alternative Sichtweise des Staates am Beispiel unteilbarer Öffentlicher Güter ... 186
- 6.5 Dezentrale Verhandlungen ... 189
- 6.6 Ein Verfahren zur Aufdeckung der wahren Präferenzen ... 191
- 6.7 Das Modell des Zwei-Parteien-Wettbewerbs ... 197
  - 6.7.1 Grundannahmen des Modells ... 197
  - 6.7.2 Zur Irrelevanz der Parteiziele ... 200
  - 6.7.3 Das Gleichgewicht bei vollständiger Information ... 203

7 Zunehmende Skalenerträge in der Produktion ... 211
- 7.1 Optimale Allokationen ... 211
- 7.2 Institutionelle Umsetzung des Optimums ... 216
- 7.3 Monopole, Effizienz und Verteilungswirkungen ... 221

Teil III Imperfekte Steuerbarkeit 225

8 Abweichung vom Prinzip der vollständigen Internalisierung ... 227
- 8.1 Grundsätzliche Bemerkungen ... 228
- 8.2 Interdependenzen zwischen Produzenten ... 233
  - 8.2.1 Modellannahmen ... 233
  - 8.2.2 Optimale Allokationen ... 236
- 8.3 Interdependenzen zwischen Produzenten und Haushalten ... 237
  - 8.3.1 Modellannahmen ... 237
  - 8.3.2 Optimale Allokationen ... 237
- 8.4 Institutionelle Umsetzung des Optimums ... 238
  - 8.4.1 Instrumente der Steuerung in Zentralplanwirtschaften ... 238
  - 8.4.2 Abgaben versus Auflagen ... 239
  - 8.4.3 Handelbare Zertifikate ... 241
  - 8.4.4 Eigentumsrechte ... 243
- 8.5 Schlussfolgerungen ... 246
- 8.6 Anhang zu Kapitel 8 ... 249

9 Positionsgüter in einer Marktwirtschaft ... 253
- 9.1 Das „Happiness-Paradoxon" ... 254
- 9.2 Die Idee der Positionsgüter ... 255

9.3 Evidenz für das Phänomen der relativen Positionierung 257
9.4 Ein Modell mit Positionsgütern 259
    9.4.1 Pareto-Optima 260
    9.4.2 Dezentrale Wettbewerbslösung 262
9.5 Wirtschaftspolitische Implikationen 265

10 Asymmetrische Informationen 271
10.1 Existenz optimaler Verträge 276
10.2 Anwendungsbeispiele 290
    10.2.1 Bilateraler freiwilliger Tausch eines privaten Gutes 291
    10.2.2 Mehrere potenzielle Käufer eines privaten Gutes 294
    10.2.3 Öffentliche Güter 295
10.3 Modellerweiterung: Risikoaversion 297
    10.3.1 Modellannahmen 297
    10.3.2 Das First-Best und seine Implementierbarkeit 298
    10.3.3 Eigenschaften einer zweitbesten Allokation 301
    10.3.4 Institutionen zur Erreichung einer zweitbesten Allokation . 306
10.4 Modellerweiterung: Nichtexistenz friktionsloser Transferschemata . 324
    10.4.1 Modellannahmen 326
    10.4.2 Das Optimum bei vollkommener Information („First-Best") 327
    10.4.3 Das Optimum bei unvollkommener Information 330
    10.4.4 Fazit 335
10.5 Anhang zu Kapitel 10 339

11 Imperfekt durchgesetzte Eigentumsordnungen 341
11.1 Die Produktion von Eigentumsrechten 344
    11.1.1 Ein Modell mit endogenen Eigentumsrechten 345
    11.1.2 Diskussion und Erweiterungen 351
11.2 Die Aufteilung residualer Kontrollrechte 357
    11.2.1 Die Grenzen der Integration 361
    11.2.2 Staatliches oder privates Angebot von Gütern 372
11.3 Wiederverhandelbarkeit von Verträgen 380
11.4 Eigentumsrechte an Humankapital und Alterssicherung 386
    11.4.1 Effizienz 388
    11.4.2 Schranken des Eigentumserwerbs an Personen 389
    11.4.3 Umlagefinanzierte Rentenversicherung 389

Literaturverzeichnis 395

Index 403

Teil I

Grundlagen

Kapitel 1

Einführung

> „Unser Wissen über die Funktionsweisen von Gesellschaft [...] entsteht im Dunstkreis von Unklarheiten. Wann immer man sichere Gewissheit zu haben meinte, waren immense Missgeschicke die Folge."
> Kenneth Arrow

> „Die Meinungen der Menschen, ihre geistige Haltung, sind für die Richtung der Wirtschaftspolitik vielfach wichtiger als die wirtschaftlichen Tatsachen selbst."
> Walter Eucken

1.1 Der Gegenstand der Theorie der Wirtschaftspolitik

Wenn man in die Tageszeitung schaut, findet man zahllose Artikel zu wirtschaftspolitischen Fragestellungen. Der Umgang mit der Finanz- und Wirtschafskrise hat dabei in den vergangenen Jahren sicherlich die größte Aufmerksamkeit gefunden, aber auch Wettbewerbspolitik, Steuerpolitik, Arbeitsmarktpolitik und Sozialpolitik sind weitere Beispiele für wirtschaftspolitische Felder. In diesen Feldern kommt „dem Staat" jeweils eine bestimmte Aufgabe zu. In der Wettbewerbspolitik schafft er Regeln für das Entstehen und Funktionieren bestimmter Formen des Wettbewerbs und setzt diese durch. In der Sozialpolitik geht der Staat teilweise darüber hinaus, indem er selbst z. B. bei der Altersrente als Anbieter auftritt. Und während der Finanz- und Wirtschaftskrise hat er versucht, wirtschaftliche Schwankungen durch ein ganzes Bündel von Rettungsmaßnahmen abzufedern und zu glätten sowie Erwartungen zu stabilisieren.

All den oben genannten Feldern gemeinsam ist, dass es um die Schaffung, Interpretation und Durchsetzung von Regeln geht, die sich Menschen zur Organisation ihres Zusammenlebens geben. Dieses Regelsystem kann ganz abstrakt als „der Staat" aufgefasst werden. In einem solchen Regelsystem werden bestimmte Aufgabenbereiche geschaffen, die von den Individuen ausgefüllt werden, sei es als Präsident oder Kanzler, als Minister, Beamter oder staatlicher Angestellter. Dieser Staatsbegriff deckt sich nicht mit der umgangssprachlichen Verwendung des Begriffs. Umgangssprachlich meint man beispielsweise, wenn man davon spricht, dass „der Staat ein Rettungspaket für Banken verabschiedet hat" eher, dass bestimmte staatliche Aufgabenträger ein solches Paket verabschiedet haben. Der umgangssprachliche Begriff des Staates bezieht sich also auf alle Aufgabenbereiche, die in dem Regelsystem geschaffen wurden. Damit können wir zwischen dem Staat als abstraktem Regelsystem (weiter Staatsbegriff) und dem Staat als Menge der durch das Regelsystem geschaffenen Aufgabenbereiche und Funktionsträger (enger Staatsbegriff) unterscheiden. Das folgende Begriffsschema verdeutlicht das Verhältnis der beiden Staatsbegriffe.

Um diesen Begriff des Staates besser zu verstehen, ist es nützlich, mit Williamson (2000) zwischen vier unterschiedlichen Ebenen der Analyse gesellschaftlicher Prozesse E1-E4 zu unterscheiden:

E1: **Gesellschaftliche Einbettung:** Auf dieser Ebene finden sich informelle Institutionen wie Bräuche, Traditionen, Normen und Moral. Diese wurden üblicherweise von Ökonomen nicht ins Zentrum der Analyse gerückt, sondern bilden vielmehr den Hintergrund, vor dem eine Gestaltung von Institutionen erfolgt. Dies ändert sich jedoch derzeit.

E2: **Institutionelle Umwelt:** Auf dieser Ebene sind die formalen Regeln, also ihre Verfassung und die untergeordneten Gesetze einer Gesellschaft angesiedelt. Der weite Staatsbegriff ist damit auf dieser Ebene verankert. Eine beispielhafte Fragestellung ist, was für eine Eigentumsordnung eine Gesellschaft haben sollte.

E3: **Kontrollstrukturen:** Die institutionellen Strukturen, die die Einhaltung, Interpretation und Umsetzung der formalen Regeln betreffen, sind hier angesiedelt. Der enge Staatsbegriff ist daher auf dieser Ebene angesiedelt. Gefragt werden kann etwa, wie eine Eigentumsordnung umgesetzt werden sollte, ob es dazu einer Polizei und Gerichten bedarf, und falls ja, wie bei diesen die internen Anreizstrukturen ausgestaltet sein sollten.

E4: **Ressourcenallokation:** Ebenen 1–3 bilden den Hintergrund, vor dem die im engeren Sinne ökonomischen Entscheidungen der Individuen ablaufen. Hierzu zählen die Nachfrage- und Angebotsentscheidungen der einzelnen Wirtschaftssubjekte, die durch den institutionellen Hintergrund gesteuert werden. So wird die Art der Eigentumsordnung sowie ihre Durchsetzung einen Einfluss auf die Handlungen der Individuen haben, welche auf dieser Ebene analysiert werden.

Die Unterteilung in vier Ebenen ist dabei nicht so zu verstehen, dass eine Analyse sich auf nur eine Ebene beschränken kann oder sollte. Vielmehr ist die Beurteilung institutioneller Strukturen nur möglich, wenn die sich daraus ergebende Güter- und Ressourcenallokation berücksichtigt wird. Daher muss immer auf die Konsequenzen auf der vierten Ebene Bezug genommen werden, auch wenn das einzelwirtschaftliche Kalkül nicht im Zentrum der Analyse steht. Darüber hinaus beeinflussen sich im Allgemeinen alle Ebenen gegenseitig. Daher ist es erforderlich, für konkrete Fragestellungen einzelne für besonders relevant erachtete Kausalketten aus dem allgemeinen Schema herauszulösen, um sie analysieren zu können.

Die Gestaltung des Regelsystems (Ebene 2) kann man auch mit dem Begriff der Ordnungspolitik versehen. Hier übernehmen staatliche Funktionsträger keine allokativen Aufgaben, sondern es werden allein die Rahmenbedingungen gesetzt, unter denen allokative Entscheidungen von den Individuen gefällt werden. Darüber hinaus kann dann gefragt werden, welche zusätzlichen allokativen Aufgaben man den Funktionsträgern übertragen sollte (Ebene 3). Damit kann das staatliche Angebot bestimmter Güter und Dienstleistungen gemeint sein, aber auch die Subventionierung

1.1. Der Gegenstand der Theorie der Wirtschaftspolitik 5

oder Besteuerung bestimmter Güter, wenn die Steuern eine primär lenkende Funktion haben. Wirtschaftspolitisches Handeln kann sich also auf zwei verschiedenen Ebenen abspielen:

1. auf der Ebene der Gestaltung der Wirtschaftsordnung („Ordnungspolitik"),
2. durch die Einflussnahme auf den Prozess des Wirtschaftens („Prozesspolitik").

Der Schwerpunkt dieses Buches liegt auf der Ebene der Gestaltung der Ordnung der Wirtschaft. Dabei betrachten wir die Ordnungspolitik aus der Perspektive der *Institutionen*, die den Ordnungsrahmen ausmachen. Schwerpunktmäßig geht es um die Frage, welche Aufgabenbereiche dem Staat und seinen Funktionsträgern überantwortet werden (positive Frage) bzw. werden sollten (normative Frage). Wir schauen also nicht primär, wie bei einer gegebenen Verteilung der Allokationsprozesse zwischen privater Sphäre und staatlichen Funktionsträgern bestimmte Politikmaßnahmen wirken, sondern fragen ganz generell nach Gründen dafür, warum bestimmte Aufgabenbereiche überhaupt von staatlichen Akteuren übernommen werden (positive Frage) bzw. übernommen werden sollten (normative Frage). Ein Beispiel soll den Unterschied verdeutlichen. In Deutschland besteht für viele Berufsgruppen eine Krankenversicherungspflicht. Die gesetzliche Krankenversicherung wird zu einem nicht unerheblichen Teil durch staatliche oder parastaatliche Träger organisiert. Für diese Organisationsform kann dann gefragt werden, ob zum Beispiel ein Risikostrukturausgleich zwischen den Krankenkassen erforderlich ist und wie dieser gestaltet sein sollte. Dies ist sicherlich eine hoch aktuelle und wichtige Fragestellung. In diesem Buch werden wir jedoch primär nicht solche Fragen behandeln, sondern grundlegender fragen, ob es Gründe dafür gibt, einen Zwang zur Versicherung zu fordern, nicht aber etwa zum Konsum von Äpfeln. Darüber hinaus wird uns beschäftigen, ob es Gründe dafür gibt, warum das Angebot bestimmter Dienstleistungen durch staatliche Institutionen gewährleistet wird (wie den öffentlich-rechtlichen Krankenkassen), das anderer aber privat erfolgt.

Um die oben angesprochenen Fragestellungen untersuchen zu können, benötigt man ein Verständnis über die Wirkung von Regeln. Die Ordnungspolitik als ein solches Regelsystem erlaubt und verbietet bestimmtes Verhalten. Dies hat bestimmte Folgen. Damit ist es wichtig zu verstehen, welche Folgen welche Regelsysteme haben und ob diese Folgen gewünscht oder unerwünscht sind. In einem Buch über Wirtschaftspolitik muss es daher darum gehen zu verstehen, welche Regelsysteme welche Folgen haben, und ob diese Folgen erwünscht sind. Zur Bestimmung der Folgen von Regelsystemen ist es notwendig, Hypothesen über *ökonomische Wirkungszusammenhänge* zu formulieren. Ob die Folgen erwünscht sind oder nicht, hängt von den *normativen Bewertungsmaßstäben* ab.

Bisher sprachen wir nur ganz allgemein von Regelsystemen. Solche Systeme können natürlich ganz unterschiedlicher Art sein. Ein Regelsystem ist etwa ein dezentraler Markt, dessen Entstehen die Existenz von Eigentumsrechten erfordert, die in heutigen Gesellschaften in der Regel von staatlichen Funktionsträgern definiert und durchgesetzt werden, und auf Basis derer dann Märkte entstehen können. Jeder Tauschakt ist dann für eine gegebene Verteilung der Eigentumsrechte dezentral und freiwillig. Ein anderes Regelsystem kann ein Individuum dazu ermächtigen, bestimmte Entscheidungen autonom auch dann zu treffen, wenn es andere Individuen durch seine Entscheidungen beeinträchtigt, also etwa in einem zentralen Planungsverfahren. Dies begründet ein hierarchisches Verhältnis zwischen den Individuen, welches im Extremfall zu einer Diktatur führt. Diese beiden Grundprinzipien der Organisation führen damit zu zwei idealtypischen Arten der Interaktion: *Verhandlung* und *Weisung*. Sind all diese Regelsysteme gleich gut geeignet, die Ziele der Gesellschaft zu verwirklichen? John Kenneth Galbraith formulierte einmal „*Under capitalism, man exploits man. Under communism, it's just the opposite*". Auch wenn dieser Aphorismus wohl nicht ganz ernst gemeint ist, verweist er doch auf zwei zentrale Teilaspekte, in die eine Beantwortung der Frage zerlegt werden muss. Eine Antwort auf die Frage hängt natürlich einerseits von den Zielen der Gesellschaft ab. Andererseits ist es entscheidend zu verstehen, unter welchen Voraussetzungen eine Verhandlung einer Weisung überlegen ist und umgekehrt. Ein Verständnis dieser Zusammenhänge wird es dann erlauben, eine Theorie staatlicher Aufgaben als Theorie der Gestaltung von Regelsystemen im Sinne des weiten und des engen Staatsbegriffs zu entwickeln.

1.2 Begriffsbestimmungen

Bislang sind wir sehr informell in der Bestimmung einiger wesentlicher Begriffe geblieben. Eine genauere Begriffsbestimmung wollen wir in diesem Abschnitt nachholen. Dabei wollen wir zunächst festlegen, aus welcher Perspektive die Ökonomik die Welt betrachtet und in welcher Weise wir demnach das Phänomen der Wirtschaftspolitik analysieren wollen.

1.2.1 Das Kernproblem der Nationalökonomik

Die Nationalökonomik beschäftigt sich mit der Art und Weise, in der angesichts einer Vielzahl unterschiedlicher menschlicher Ziele oder Wünsche über knappe Mittel zur Erfüllung dieser Ziele oder Wünsche verfügt wird bzw. verfügt werden sollte. Könnten alle Bedürfnisse unterschiedslos erfüllt werden, so bestünde keine Notwendigkeit zum Wirtschaften. Eine Bewertung der Mittel, die der Befriedigung menschlicher Wünsche dienen, wäre sinnlos; alle Güter stünden im Überfluss zur Verfügung und wären daher freie Güter. Die Nationalökonomik müsste jedermann als nutzlose Wissenschaft, ja als Zeitverschwendung erscheinen, wenn es so etwas wie Zeitverschwendung im Schlaraffenland überhaupt geben kann.

Leider leben wir nicht im Schlaraffenland. Damit tritt aber die Frage in den Vordergrund, wie es bei gegebenen Wünschen der Individuen oder Gruppen und bei vorhandenen begrenzten Gütervorräten und Produktionsmitteln wie Arbeit, Boden, Naturschätzen, Gebäuden und Maschinen geregelt wird, welche der vielen Wünsche erfüllt werden und welche nicht. Das damit umschriebene Problem kann geradezu als das Kernproblem der Nationalökonomik bezeichnet werden. Im Sinne einer rein positiven Theorie kann gefragt werden, durch welche Organisationsweise der Wirtschaft Gesellschaften mit dem Knappheitsproblem umgehen. Im Sinne einer normativen Theorie können die folgenden Fragen gestellt werden:

1. Welche Güter sollen in welchen Mengen hergestellt werden? Wieviel soll gearbeitet werden?
2. Wie sollen die produzierten Güter und die erforderliche Arbeit auf die Mitglieder der Gesellschaft verteilt werden?

Kennen wir die Antworten auf diese beiden Fragen, so stellt sich das Problem der Umsetzung:

3. Welche Institutionen führen dazu, dass diese Güterallokation erreicht wird?

Allerdings sind die Antworten auf die drei Fragen nicht unabhängig voneinander, da die Frage nach den zu produzierenden Gütermengen und ihrer Verteilung nicht beantwortet werden kann, wenn man nicht die Möglichkeiten und Grenzen einer institutionellen Steuerung kennt.

Eine zentrale Erkenntnis der Ökonomik ist, dass rein eigennutzorientierte Individuen durch Tausch profitieren können. Wenn Individuum A Getreide und Individuum B Früchte erzeugt, können sich beide in der Regel durch Tausch von Früchten gegen Getreide verbessern. Damit stellt sich aber die Frage nach den Voraussetzungen dafür, dass ein solcher Tausch stattfinden kann, und noch grundlegender, unter welchen Voraussetzungen die Individuen überhaupt bereit sein werden, Getreide und Früchte zu erzeugen. Funktioniert dies voraussetzungslos, oder muss dazu ein Rahmen geschaffen werden, und falls ja, welcher?

Im Sinne einer rein positiven Analyse kann dazu gesagt werden, dass jedes Wirtschaftssystem die obigen Fragen auf eine jeweils spezifische Art und Weise beantwortet, indem es mittels der durch das System induzierten Anreize das Verhalten der Wirtschaftssubjekte steuert. Die von Menschen geschaffenen Organisationsmodelle sind dabei extrem komplex und zwischen verschiedenen Gesellschaften und über die Zeit sehr heterogen. Das bedeutet, dass man nicht erwarten kann, jemals ein vollständiges Verständnis der Funktionsweise von Institutionen zu erlangen. Dass die Ökonomik aufgrund der Komplexität des Systems dieses niemals wird vollständig analysieren können, bedeutet nicht, dass man mit den imperfekten Antworten nichts anfangen kann. Man muss sich der Beschränktheit des Wissens nur bewusst sein, und man kann im Sinne von Samuel Beckett antworten: *„Ever tried. Ever failed. No matter. Try again. Fail again. Fail better."*

1.2.2 Institutionen

Was muss man tun, um diese Fragen zu beantworten? Dazu diene ein Beispiel aus den Ingenieurwissenschaften. Wenn ein Brückenbauer den Auftrag erhält, eine Brücke über einen Fluss zu bauen, wird er zunächst den Auftraggeber nach dem Ziel der Brücke fragen, also nach einem veranschlagten Verkehrsaufkommen oder der Möglichkeit für Schiffe, die Brücke zu unterqueren. Dann wird er versuchen herauszufinden, wie die Beschaffenheit des Untergrunds ist und wie die Wind- und Strömungsverhältnisse sind. Mit seinem Wissen über physikalische Zusammenhänge wird er dann eine der Problemstellung angemessene Brücke entwickeln. Analog dazu sehen wir die Aufgabe des Ökonomen: Zunächst einmal muss festgestellt werden, welches Ziel durch eine Gestaltung von Institutionen verwirklicht werden soll. Anschließend muss geklärt werden, welchen Gesetzmäßigkeiten wirtschaftliches Handeln von Unternehmen und privaten Haushalten folgt, wenn bestimmte Regeln (zum Beispiel eine Marktordnung) gelten und wie sich das Ziel dann in institutionellen Strukturen operationalisiert.

Unter Institutionen verstehen wir dabei ein System von Regeln mit dem Zweck der Steuerung individueller Anreize. Solche Regeln können – zum Beispiel als Verfassungen oder Gesetze – formalisiert sein (Ebene 2). Die Menge aller Gesetze eines Landes definiert damit ein Anreizsystem, welches das individuelle Verhalten steuert. In diesem Sinne sind die Vorkehrungen, die die Durchsetzung von Regeln betreffen, selbst Regeln auf der gleichen Ebene. Bei der modelltheoretischen Erfassung ist es allerdings häufig schwierig, die Anreizwirkungen von Regeln zu analysieren, wenn die Regeldurchsetzung selbst endogenisiert wird. Die Selbstdurchsetzung von Regeln, also die Anreizverträglichkeit der Durchsetzung von Regeln, kann dabei häufig eine wichtige Beschränkung für die institutionelle Steuerbarkeit darstellen. In der Literatur ist es aber üblich, die Anreizwirkung von Regeln unter der Voraussetzung zu analysieren, dass die Regeldurchsetzung selbst nicht endogenisiert wird. Die Forschung steckt hier noch in den Kinderschuhen, und aus diesem Grunde werden wir in weiten Teilen des Buchs dieser Konvention folgen.

Neben formellen Regeln existieren auch informelle Regeln, die zum Beispiel als Normen einen wichtigen Einfluss auf menschliches Verhalten haben (Ebene 1). Unter informellen Regeln lassen sich auch die Vorstellungen der Mitglieder einer Gesellschaft über Moral fassen. Moral in diesem Sinne hat den Zweck, Verhalten zu steuern. Greift man das oben genannte Problem der Selbstdurchsetzung von Regeln noch einmal auf, so lässt sich sagen, dass eine Gesellschaft nur dann existieren kann, wenn die formellen Regeln von den informellen Regeln unterstützt werden. Eine Verhaltenssteuerung allein über Gesetze mit der Drohung gesellschaftlich exekutierter Bestrafung wäre in seiner Durchsetzung unmöglich oder mit prohibitiven Ressourcenaufwendungen verbunden. Moral und Normen können hier als stabilisierende Faktoren wirken. Im Extremfall kann Moral formelle Regeln überflüssig machen, da sich die Individuen auch ohne Drohung von expliziter Strafe so verhalten, dass das gesellschaftliche Optimum erreicht wird. Wir befinden uns zwar nicht mehr im Schlaraffenland, die Güter sind knapp, trotzdem funktioniert die Gesellschaft konfliktfrei.

Trotz dieser wichtigen Funktion informeller Regeln wird in weiten Teilen dieses Buches grundsätzlich an der Annahme festgehalten, dass erstens die Individuen über Zielvorstellungen verfügen, die zu konfligierenden Interessen führen, und dass zweitens die Lösung dieser Zielkonflikte mit Hilfe von formellen Regeln geschieht. Mit anderen Worten gehen wir von einem engen Institutionenbegriff aus, der sich auf die Gesetze eines Staates bezieht und damit die Institutionen der Ebene E1 als exogen im Hintergrund annimmt. Allerdings verwenden wir in diesem Buch einen weiten Begriff individueller Präferenzen. Anders als in traditionellen Darstellungen, in denen Individuen bei der Bewertung von Alternativen ausschließlich ihr eigenes Güterbündel betrachten, erlauben wir eine Bewertung der gesamten Alternative. Die Idee ist, dass Individuen in vielen Lebensbereichen soziale Präferenzen haben, sie sich

1.2. Begriffsbestimmungen

also bezüglich der Bewertung ihrer eigenen Position an einer Bezugsgruppe orientieren (können). Damit lassen wir Phänomene wir Benevolenz und Malevolenz, relative Positionierung etc. zu und zeigen auf, was dies für die Leistungsfähigkeit von Institutionen bedeutet.

1.2.3 Transaktionskosten

Ein zentraler Begriff zur Klärung der Ursachen und Konsequenzen mangelhafter institutioneller Steuerbarkeit ist der der Transaktionskosten. Ein Regelsystem spezifiziert, was in einer Gesellschaft erlaubt und was verboten ist. Zusätzlich legt es eine Verteilung von Gütern und Ressourcen durch die Zuweisung von Verfügungsrechten fest. Unter einer Transaktion wollen wir eine Änderung dieser Verfügungsrechte verstehen. So ist in einer Marktwirtschaft eine Übertragung von Eigentum von einer Person auf eine andere mit einer Änderung der Verfügungsrechte verbunden und damit eine Transaktion. Analog ist in einer Zentralverwaltungswirtschaft mit der Vorgabe eines Mengenplans eine rechtliche Verpflichtung für die Individuen verbunden: Sie können auf bestimmte Ressourcen zugreifen und müssen dafür bestimmte Leistungen erbringen. Auch dies ist daher eine Transaktion.

Unter Transaktionskosten können wir dann all diejenigen bewerteten Ressourcenverbräuche fassen, die zur Durchführung von Transaktionen notwendig sind, außer den Ressourcenkosten der Produktion selbst. Dieser Begriff der Transaktionskosten geht auf Williamson (1985) zurück.[1] Arrow (1969) bezeichnet Transaktionskosten auch als die Betriebskosten des Wirtschaftssystems. Damit ist jedem Wirtschaftssystem eine bestimmte Höhe von Transaktionskosten zugeordnet. Eine Theorie optimaler Institutionen ist eine Theorie des Transaktionskostenvergleichs.

1.2.4 Homo Oeconomicus

Zur Modellierung der oben genannten Zielkonflikte gehen wir von einem weiten Begriff des Homo Oeconomicus aus. Was ist damit gemeint? Wir verstehen unter der Annahme des Homo Oeconomicus, dass Individuen bei der Bestimmung ihrer Handlungen rational vorgehen. Dabei bedeutet Rationalität, dass sie aus ihrer Alternativenmenge stets diejenige Alternative wählen, die sie am besten finden. Eigennutzmaximierung in diesem Sinne bedeutet jedoch nicht, dass die Individuen nur das von ihnen selbst konsumierte Güterbündel in die Bewertung aufnehmen. Vielmehr ist es denkbar, dass sie sich selbst mit anderen Individuen vergleichen und die Bewertung einer Alternative vom Wohlergehen der anderen Individuen abhängig machen. Der Konsum anderer kann dabei sowohl positiv (Altruismus, Fairness, ...) als auch negativ (gesellschaftlicher Status, Neid, ...) eingehen. Diese Erweiterung des Definitionsbereichs individueller Präferenzen folgt dem Prinzip des *methodologischen Individualismus*, welcher fordert, dass jede soziale Handlung auf die Vorstellungen

---

[1] Sehr gute Einführungen in den Begriff der Transaktionskosten bieten Richter und Furubotn (1999) und Martiensen (2000).

der an ihr beteiligten Individuen zurückgeführt werden soll. Eine Einschränkung dieser Vorstellungen auf einen engen Begriff des Eigennutzes, welcher sich allein auf die eigenen konsumierten Gütermengen verengt, beschränkte den Anwendungsbereich der Theorie.

1.2.5 Wirtschaftspolitik

Als nächstes soll der Begriff „Wirtschaftspolitik" präzisiert werden. Fast alle Gesetze eines Landes haben irgendeinen Einfluss auf das Wirtschaftsgeschehen. Die Gleichstellung von Frauen hatte ebenso ökonomische Wirkungen wie das Verbot von Kinderarbeit. In diesem Sinne ist jede Politik wirtschaftlich relevant. Bedeutet dies auch, dass damit jede Politik unter den Begriff der Wirtschaftspolitik fallen sollte? Der Nachteil einer solchen Begriffsbestimmung läge in der Entleerung des Begriffs: Wenn jede Politik Wirtschaftspolitik ist, sobald sie wirtschaftliche Wirkung zeigt, fällt jedes Gesetz der Wirtschaftspolitik anheim. Aus diesem Grunde wählen wir einen *intentionalen* Begriff der Wirtschaftspolitik: Eine Regel gehört zum Bereich der Wirtschaftspolitik, wenn sie mit der Intention der Steuerung wirtschaftlicher Prozesse gewählt wird.

Mit dieser Begriffsbestimmung fällt die Gleichstellung von Frauen nur dann in den Bereich der Wirtschaftspolitik, wenn sie mit dem Ziel der Anreizsteuerung geschieht. Geschieht sie aber aus Gründen der Menschen- und Bürgerrechte, so hat sie zwar nach wie vor wirtschaftliche Konsequenzen, ist aber keine wirtschaftspolitische Maßnahme mehr. Umgekehrt gilt, dass Regeln, die mit der Intention der Steuerung wirtschaftlicher Abläufe gewählt werden, sich aber als unwirksam erweisen, trotzdem dem Bereich der Wirtschaftspolitik angehören.

1.2.6 Staat

Staatliche Institutionen sind solche formellen Regeln, die sich prinzipiell auf alle Individuen in gleicher Weise beziehen, die diesem Staat angehören. Staatliche Regeln bilden dabei in der Realität ein System grundsätzlicher Gebote und Verbote, welches von den einzelnen staatlichen Funktionsträgern interpretiert und spezifiziert werden muss. Dabei bilden sich nicht-staatliche Institutionen auf Ebene E3, z. B. Unternehmen. Unternehmen sind Regelsysteme, die sich innerhalb des Systems staatlicher Institutionen bilden, die selbst aber nicht staatlich sind, da sie nicht auf alle Akteure in gleicher Weise anwendbar sind. Die Möglichkeiten der Schaffung solcher Subsysteme ist allerdings durch die staatlichen Regeln begrenzt. So ist es zum Beispiel unzulässig, in einem Unternehmen Regeln zu etablieren, die gegen das staatliche Regelsystem verstoßen. Damit hat eine Änderung staatlicher Institutionen einen unmittelbaren Einfluss auf die existierenden Subinstitutionen: die Fusion zweier Unternehmen ist beispielsweise unzulässig, wenn sie gegen das Wettbewerbsrecht verstößt unabhängig davon, ob die Eigentümer beider Unternehmen sich einig sind.

Wie oben schon erläutert wurde, muss zur Schaffung, Durchsetzung und Fortschreibung staatlicher Institutionen das Regelsystem „Staat" bestimmte staatliche

1.2. Begriffsbestimmungen

Funktionen auf Ebene E3 festlegen, die durch die Individuen der Gesellschaft ausgefüllt werden. Solche Funktionen werden üblicherweise in einer Verfassung auf Ebene E2 spezifiziert.

Individuen, die diese Funktionen wahrnehmen, werden als Funktionsträger bezeichnet. Konkret sind diese Funktionen vor allem:

- die Legislative zur Schaffung von Regeln (Präsident, Parlament, Regierung bzw. einzelne Minister als Verordnungsgeber),
- die Judikative zur Interpretation von staatlichen Regeln und zur Beurteilung ihrer Einhaltung (Verfassungs-, Straf- und Zivilgerichte) und
- die Exekutive zur Durchsetzung der Regeln (Verwaltung, Polizei).

Neben diesen nationalen Trägern der Wirtschaftspolitik spielen auf zahlreichen Politikfeldern internationale Organisationen wie die Europäische Zentralbank, die Europäische Kommission, der Internationale Währungsfonds oder die Welthandels-Organisation eine bedeutende Rolle. Auch deren Aufgaben bestehen in der Steuerung der Verhaltensanreize untergeordneter Institutionen bzw. Individuen. Um die Analyse einigermaßen überschaubar zu halten, unterscheiden wir jedoch im Folgenden nicht zwischen nationalen und internationalen Zielen und nationalen und internationalen Trägern der Wirtschaftspolitik, da das grundsätzliche Problem identisch ist.

Umberto Eco schrieb einmal: *„Letzten Endes ist die Grundfrage aller Philosophie die gleiche wie die Grundfrage des Kriminalromans: Wer ist der Schuldige?"* (aus: Nachschrift zu „Der Name der Rose"). Dies gilt nicht nur für die Philosophie, sondern auch für die Ökonomik. In gewisser Weise ist dieses Buch damit ein Kriminalroman, bei dem im Laufe der Lektüre erörtert wird, ob es einen Täter – also behebbare Ursachen für das „schlechte" Funktionieren von Wirtschaftssystemen – gibt, und falls ja, wer der Täter ist; aber auch was denn überhaupt die Tat – also das Abweichen von einem normativen Referenzpunkt – ist, derer er beschuldigt wird. Leider – und das sollten wir gleich zu Beginn vorwegschicken – müssen wir uns dabei mit einer Reihe von Indizien begnügen, die wir versuchen werden, zu einem konsistenten Ganzen zu verbinden. Wie bei allen Indizienbeweisen bedarf es dabei natürlich einer Menge von mehr oder weniger glaubwürdigen Konstruktionen, mit Hilfe derer wir den Tathergang – eine Realität – erst erzeugen.

Viele kennen den Witz von dem Betrunkenen, der nachts unter einer Straßenlaterne erfolglos seinen Autoschlüssel sucht. Gefragt, ob er denn sicher sei, dass er ihn an diesem Ort verloren habe, antwortet er entrüstet: „Natürlich nicht, aber hier habe ich wenigstens Licht!" Ähnlich ist es auch mit ökonomischen Theorien und Theorien ganz allgemein: Wenn wir uns erst einmal für eine Sichtweise, einen Standpunkt, eine Perspektive entschieden haben, suchen wir zunächst nur innerhalb dieser Sichtweise, von diesem Standpunkt aus, aus dieser Perspektive nach weiteren Indizien. Aber vielleicht könnte man das Objekt, welches man betrachten möchte, ja von einem anderen Standpunkt aus viel besser sehen. In diesem Sinne suchen wir immer „unter der Laterne". Wir werden an einigen Stellen methodische Fragen, die sich in diesem Zusammenhang ergeben, kurz diskutieren, doch ist dies nicht der Ort für eine erschöpfende Diskussion methodischer Grundsatzfragen. Nur so viel: Indizienbeweise sind nicht mehr und nicht weniger als plausible Rekonstruktionen einer Realität.

1.3 Positive versus präskriptive Theorie der Wirtschaftspolitik

Die Theorie der Wirtschaftspolitik kann in zwei Äste unterteilt werden:

1. präskriptive Theorie der Wirtschaftspolitik, oder: Theorie exogener Wirtschaftspolitik,
2. positive Theorie der Wirtschaftspolitik, oder: Theorie endogener Wirtschaftspolitik.

Im Sinne des weiten Staatbegriffs geht es um die Gestaltung von Regeln, die das individuelle Verhalten der Individuen steuern. Dazu bedarf es bestimmter Aufgabenbereiche im Sinne des engen Staatsbegriffs. Die Gestaltung des Kontrollrahmens auf dieser Ebene E.3 definiert daher ein Delegationsproblem, bei dem es zu untersuchen gilt, wie die staatlichen Funktionsträger sich tatsächlich verhalten, bzw. wie ihnen Restriktionen gesetzt werden müssen, damit ihre individuellen Verhaltensanreize kompatibel mit den Zielen der Regeln auf Ebene E.2 sind.

Im unter 1. genannten Ast wird das Delegationsproblem auf dieser Ebene als gelöst angesehen, so dass staatliche Aufgabenträger perfekte Sachwalter sind. Man sieht daher staatliche Wirtschaftspolitik im engen Sinne als exogene Größe, macht sie also selbst nicht zum Erklärungsgegenstand. Das Bild vom Politiker, das hier entworfen wird, ist das eines wohlwollenden Diktators. Das Attribut „wohlwollend" besagt dabei, dass der Politiker nur am Gemeinwohl interessiert sei, also daran, dass das Kernproblem des Wirtschaftens möglichst gut gelöst werde. Der Begriff „Diktator" wiederum sagt aus, dass er dabei vollkommene Handlungsfreiheithat, also keine politischen Durchsetzungsprobleme kennt. Er hat jedoch möglicherweise ein Defizit an wirtschaftstheoretischen Kenntnissen, d. h. er weiß nicht immer, welche konkreten Maßnahmen sich förderlich auf das Gemeinwohl auswirken.

Um den Inhalt des Konzepts des „Gemeinwohls" zu bestimmen, werden offensichtlich Kriterien benötigt, die auf Werturteilen beruhen. Diese Werturteile wie „Pareto-Optimalität"können ihrerseits nicht aus einer wissenschaftlichen Analyse abgeleitet werden. Aufgabe der wissenschaftlichen Analyse im Rahmen der Theorie der Wirtschaftspolitik ist es jedoch, die genannten Kriterien zu operationalisieren. Aus dieser Analyse wiederum können bedingte wirtschaftspolitische Handlungsempfehlungen der Form „wenn eine effiziente Allokation angestrebt wird, dann sollten keine verzerrenden Steuern erhoben werden" abgeleitet werden, weswegen die Theorie auch als „präskriptiv" bezeichnet werden kann. In diesem Sinne ist die Theorie der exogenen Wirtschaftspolitik eine wichtige Grundlage für die wissenschaftliche Politikberatung.

Der zweite Ast, die Theorie der endogenen Wirtschaftspolitik, macht dagegen wirtschaftspolitisches Handeln als solches zum Gegenstand der wissenschaftlichen Untersuchung und thematisiert damit das Delegationsproblem auf der Ebene der staatlichen Aufgabenträger. Sie berücksichtigt die Tatsache, dass die Realität nicht durch wohlwollende Diktatoren gekennzeichnet ist, sondern dass auch Politiker Menschen mit eigenen Zielen sind, die demokratischen Spielregeln unterworfen sind („egoistischer Demokrat"). Die Theorie versucht nun unter Verwendung des Instrumentariums der Wirtschaftswissenschaft, insbesondere des Paradigmas des rationalen Verhaltens unter Beschränkungen, zu erklären, welche wirtschaftspolitischen Maßnahmen in der Realität ergriffen werden.

1.4 Werturteile und wissenschaftliche Beratung

„Denn an sich ist nichts weder gut noch böse; das Denken macht es erst dazu."
(William Shakespeare, Hamlet)

Wissenschaftlich fundierte Wirtschaftspolitik zielt darauf ab, die Gesellschaft dabei zu unterstützen, ihre ökonomischen Institutionen bestmöglich zu gestalten. Allein schon an dieser Formulierung erkennt man, dass es dabei nicht nur die Gewinnung von Wissen über die Funktionslogik von Institutionen gehen kann, sondern auch darum, diese auf Basis normativer Ziele umzusetzen. Daher stellt sich ganz grundsätzlich die Frage nach dem Verhältnis von normativer und positiver Theorie in der wirtschaftspolitischen Beratung. Weiterhin ist es zur Beurteilung oder Empfehlung wirtschaftspolitischer Entscheidungen notwendig, den Begriff des „Gemeinwohls" operational zu definieren. Formal ist es dazu erforderlich, Kriterien für die gesellschaftliche Bewertung verschiedener zulässiger Allokationen zu entwickeln.

Im Folgenden werden wir ein Instrumentarium erarbeiten, welches es uns ermöglichen wird, die Rolle von Werturteilen in der wirtschaftspolitischen Beratung einzuordnen.

Ausgangspunkt einer Theorie der Wirtschaftspolitik muss eine Diskussion über die Rolle von Werturteilen in der wirtschaftspolitischen Beratung und der Normativität des Beraters sein. Eine Änderung der Wirtschaftspolitik verändert die gesellschaftliche Wirklichkeit, so dass die Befürwortung einer solchen Änderung darauf basiert, dass man den neuen gesellschaftlichen Zustand dem alten vorzieht. Mit anderen Worten basiert Wirtschaftspolitik auf Werturteilen, auch wenn sich die Entscheider dieser möglicher Weise gar nicht bewusst sind. Eine Reflexion dieses Umstandes erlaubt es erst, die Rolle wissenschaftlicher Politikberatung zu verstehen und einzuordnen.

Seit David Hume gilt es als gesichertes Wissen, dass Aussagen über das Sollen (also Werturteile) niemals aus einer Analyse des Seins gewonnen werden können. George Edward Moore nannte den Versuch, aus einer Beschreibung der Eigenschaften einer Situation allein auf ihr Sollen zu schließen, den Naturalistischen Fehlschluss. Dies bedeutet, dass der Nachweis, den man für die Richtigkeit einer Position erbringen muss, für positive Theorien ein anderer ist als für normative. Bei positiven Theorien könnte man folgern, dass er erbracht ist, wenn die Theorie mit der Wirklichkeit übereinstimmt. So eine Begründung ist aber für normative Theorien nicht möglich, da Werturteile nicht aus einer Beschreibung der Wirklichkeit folgen.

Diese Position scheint eine einfache Trennung zwischen Wirtschaftspolitik und wissenschaftlich basierter wirtschaftspolitischer Beratung nahezulegen: In demokratischen Gesellschaften hat der Souverän in Form der Wähler die alleinige Befugnis zur Festlegung der Ziele. Wirtschaftspolitische Beratung ist daher nichts anderes als Aufklärungsarbeit über Ziel-Mittel-Beziehungen, über die Frage, welche Mittel bestmöglich eine Verwirklichung der gesellschaftlichen Ziele ermöglichen. In diesem Sinne wäre eine Theorie der Wirtschaftspolitik eine positive Theorie des Normativen, ohne selbst normativ zu sein. Im sogenannten ersten und zweiten Methodenstreit (letzterer wird auch als Positivismusstreit bezeichnet) der Nationalökonomie zu Beginn und Mitte des 20. Jahrhunderts wurden solche Fragen ausführlich diskutiert. Eine prominente Rolle in der Werturteilsdebatte spielte Max Weber, und seine Position ist heute noch für die meisten Ökonomen prägend. Er sprach sich für eine strikte Trennung zwischen positiven und normativen Aussagen aus und wies dem Wissenschaftler jegliche Kompetenz in normativen Fragen ab. Wenn dem aber so ist, ist zunächst unklar, an welcher Stelle eine Theorie der Wirtschaftspolitik praxisrelevant werden kann, da ausschließlich Aussagen über die Funktionsweise von Institutionen etc. getroffen werden. Hier sieht Max Weber trotzdem eine Reihe von Möglichkeiten. Sie kann

- bei gegebenen Werturteilen über die richtigen Mittel Auskunft geben,
- über weitere Implikationen des Einsatzes von Mitteln informieren,
- die logische Konsistenz unterschiedlicher normativer Vorstellungen prüfen und damit
- bei der Gewinnung konsistenter Werturteile und damit einer konsistenten Wirtschaftspolitik beitragen.

Aus diesem Programm lassen sich dann beispielsweise die folgenden Schlussfolgerungen ziehen.

1. Bei jeder Entscheidung für oder gegen eine Maßnahme kann gefolgert werden, dass die gewählte Alternative vom Entscheider besser eingestuft wird als die nicht gewählte Alternative. Eine Beschäftigung mit der Struktur von Werturteilen und Wirkungsmechanismen erlaubt es, die Werturteile aufzudecken und zu untersuchen. Viele Dispute über die „richtige" Wirtschaftspolitik sind Dispute über die Werturteile, die eine Gesellschaft verwirklichen sollte. Wir werden im Folgenden sehen, welche Werturteile typischer Weise aufeinandertreffen, wie sie sich unterscheiden und welche Gemeinsamkeiten sie besitzen. Um es auf eine kurze Formel zu bringen: *Da die Struktur wirtschaftspolitischer Maßnahmen von den zugrunde liegenden Werturteilen abhängt, muss man diese Werturteile verstehen, um die richtige Wirtschaftspolitik entwickeln zu können.*
2. Eine aus der Auffassung Max Webers ableitbare Auffassung über die Rolle von Ökonomen ist, dass sie reine „Sozialingenieure" seien. Mit anderen Worten, man konfrontiert sie mit einem bestimmten Problem, für das sie eine Lösung entwickeln sollen. Es kann z. B. gefragt werden, mit welchen Mitteln man einen effizienten Arbeitsmarkt strukturieren kann. In der Problemstellung sind dann bereits alle Werturteile enthalten, so dass sich ein Ökonom wie ein Ingenieur „nur" noch um deren Realisierung kümmern muss.
3. Ökonomisches Denken kann bei der Analyse normativer Kriterien nutzbringend sein (Kolm 1996). So lässt sich fordern, dass einzelne normative Aussagen auf konsistente Weise aus allgemeinen normativen Prinzipien ableitbar sein sollten. Bei der Überprüfung auf Konsistenz lassen sich ökonomische Analysemethoden gewinnbringend anwenden. Wie wir in diesem Kapitel sehen werden, sind solche Konsistenz- und Rationalitätsanforderungen nicht leicht zu erfüllen.

1.4. Werturteile und wissenschaftliche Beratung

Dieses Modell der wirtschaftspolitischen Beratung basiert auf bestimmten wissenschaftstheoretischen Prämissen. In Kasten 1.1 werden diese näher untersucht und kritisch hinterfragt.[2]

Kasten 1.1: Werturteile in der Wissenschaft

Die im Haupttext dargestellte Sichtweise wird in der Profession oft vertreten, ist aber leider an verschiedenen Stellen verkürzt, da auch positive Wissenschaft normative „Verunreinigungen" enthält und normative Vorstellungen nicht unabhängig von der jeweiligen Wirklichkeit existieren. Im Folgenden werden zunächst drei Problemkreise diskutiert und dann nach möglichen Auswegen gesucht.

1. In gewisser Hinsicht beschreibt die oben vorgestellte Position Max Webers eine höchst künstliche Situation der Politikberatung, die voraussetzt, dass der Politiker als Vertreter des Souveräns dem Ökonomen eine Liste mit Wertvorstellungen vorlegt, mit Hilfe derer dann im Sinne rein positiver Wissenschaft die besten Wege ihrer Umsetzung ermittelt werden. So funktioniert aber der Prozess der wirtschaftspolitischen Beratung nicht. Politiker haben nur sehr vage Vorstellungen von Zielen und Mitteln und sind primär eigeninteressengeleitet, also z. B. an dem Gewinnen von Wahlen interessiert. In einer solchen Situation ist das Webersche Beratungsmodell schlicht nicht anwendbar, so dass die Gefahr besteht, dass der Ökonom nicht nur als *Sozialingenieur* agiert, sondern seine eigenen oder die „üblichen" Werte seiner Profession zugrunde legt, sei es aus Eigeninteresse als Bürger, sei es aus der bloßen Notwendigkeit, normative Lücken zu schließen, um „positive" Beratung leisten zu können. So existieren zahlreiche Theorien über die optimale Struktur der Besteuerung, die auf Basis utilitaristischer Werte abgeleitet wurden und mit denen praktische Steuerreformvorschläge entwickelt werden – unabhängig davon, ob die Bevölkerung den Utilitarismus für eine attraktive Vorstellung von Gerechtigkeit hält oder nicht.

2. Um sich diesem Problemkreis weiter anzunähern, muss ein wenig Wissenschaftstheorie betrieben werden. Hierbei soll das wissenschaftstheoretische Problem der Unmöglichkeit der Letztbegründung von Aussagen anhand des sogenannten „Münchhausen-Trilemmas" als Startpunkt dienen. Wissenschaft basiert auf der Unterstellung eines Kausalmodells $a \to b$ der Wirklichkeit, mit Hilfe dessen wir verstehen wollen, warum die Dinge so sind, wie sie sind. Dabei basiert das Verstehen auf der Begründung eines Kausalzusammenhangs, also insbesondere auch der Annahmen, die ihm unterliegen. Nehmen wir an, dass ein Satz $s_1 : a \to b$ begründet werden soll. Es entsteht sofort das Problem, dass jede Begründung selbst wieder begründet werden muss, damit sie überzeugen kann.

Dann gibt es nur drei Möglichkeiten:
1. Es entsteht ein infiniter Regress von Begründungen, also eine unendlich lange und damit unbrauchbare Begründungskette $s_1 \leftarrow s_2 \leftarrow \cdots \leftarrow s_\infty$.
2. Es entsteht ein Zirkelschluss, in dem im Zuge der Begründung von s_1 der Satz s_1 selbst wieder vorkommt $s_1 \leftarrow s_2 \leftarrow \cdots \leftarrow s_1$.
3. Das Verfahren der Begründung bricht an einer willkürlichen Stelle ab, $s_1 \leftarrow s_2 \ldots \leftarrow s_t$. Der letzte Begründungsschritt t wird nicht weiter begründet sondern als selbstevident vorausgesetzt. Daher wird dieses Argumentationsmuster auch als *dogmatisch* bezeichnet.

---

[2]Eine gute Einführung in das Werturteilsproblem bietet Blaug (1992).

Daher muss eine Letztbegründung von Sätzen über die Wirklichkeit scheitern. Der pragmatische Ausweg hieraus ist das dogmatische Begründungsmodell, bei dem an irgendeiner Stelle die Begründung einfach abgebrochen wird. Es folgt, dass die obige Unterscheidung von positiver Wissenschaft und normativen Aussagen auf der Voraussetzung der Möglichkeit der Prüfung einer Übereinstimmung von positiven Theorien mit der Wirklichkeit basiert. Dies ist aber, wie das obige Trilemma zeigt, nicht möglich. Daraus folgt aber, dass die Begründungsverfahren, nach denen positive und normative Theorien Anerkennung finden, gar nicht so unterschiedlich sind. Auch für positive Theorien benötigt man eine spezielle Form von Werturteilen über die Angemessenheit einer spezifischen dogmatischen Argumentationsweise. Dass es sich dabei um eine Klasse von Werturteilen handelt, wird deutlich, wenn man sich klar macht, dass ihre Anerkennung ja gerade nicht letztbegründbar ist, sondern aufgrund von nicht wissenschaftsfähigen Verfahren „aus der Intuition" gewonnen werden muss. So sind beispielsweise die Nichtsättigung von Präferenzen und das gegenseitige Desinteresse der Individuen gängige Annahmen in der Entscheidungstheorie des Haushalts. Speist man eine solche positive Verhaltenstheorie in eine Theorie der Funktionsweise von Märkten ein, so hat das weitreichende Konsequenzen für unsere Wahrnehmung ihrer Funktionsweise. Die Nichtsättigung führt zu einem positiven Zusammenhang zwischen dem erreichbaren Nutzen einer Ökonomie und der Menge der Güter. Damit lässt sich also das Ziel des quantitativen Wachstums begründen: Je mehr Güter und Dienstleistungen produziert werden, umso besser kann sich eine Gesellschaft stellen. Dieser Nexus ist bei Präferenzen mit Sättigung nicht notwendig gegeben. Das gegenseitige Desinteresse führt dazu, dass auf Märkten nicht schon aufgrund von direkten Interdependenzen Ineffizienzen auftreten. Haben Individuen hingegen interdependente Präferenzen in Form von Neid, Altruismus, etc., so ist die Effizienz des Marktergebnisses nicht gesichert. Unterschiedliche Annahmen über Präferenzen führen damit zu unterschiedlichen Schlussfolgerungen über die Funktionsweise von Institutionen, welche Folgen für die *normative* Wahrnehmung dieser haben, und diese Annahmen sind im Bereich der *positiven* Wissenschaft verortet.

3. Eine strikte Trennung von Seins- und Sollens-Aussagen trifft die Verwendung beider Aussagentypen in der Praxis nicht. Dort sind beide Typen in der Regel miteinander vermischt. Eine strikte Trennung würde erfordern, dass Sollens-Aussagen insofern von positiven „Verunreinigungen" gereinigt werden müssen, dass sie für jede denkbare empirische Situation Anwendung finden. Man unterscheidet demnach auch zwischen *basalen* und *nichtbasalen* Werturteilen. Ein Werturteil ist basal, wenn es unter allen denkbaren Umständen anwendbar ist, andernfalls ist es nichtbasal (Sen 1970). Für alle nichtbasalen Werturteile gilt nun aber, dass eine Diskussion über ihre Angemessenheit stets auch Aspekte der positiven Wissenschaft umfassen kann. Die Aussage „*Wir sollten die Arbeitslosigkeit durch eine Lockerung des Kündigungsschutzes bekämpfen*" ist ein nichtbasales Werturteil, weil es eine Handlung normativ empfiehlt, aber gleichzeitig implizit auf bestimmten Modellvorstellungen über die Funktionslogik des Arbeitsmarktes basiert. In diesem Sinne folgt hier das Sollen aus dem Sein, und es ist gerade die Aufgabe wissenschaftlicher Analyse, Aufklärungsarbeit über Sachzusammenhänge zu leisten, um die nichtbasalen Werturteile zu fundieren oder zu verbessern. Diese Möglichkeit ist lediglich ausgeschöpft, wenn ein basales Werturteil wie „*Du sollst nicht töten*" formuliert wird, welches ohne Bezug auf eine Wirklichkeit stets Geltung beansprucht.

Die Argumente zeigen, dass eine werturteilsfreie Gewinnung von positiven Aussagen nicht möglich ist und dass anderseits fast alle Werturteile positive Einsprengsel in sich tragen, so dass die strikte Sein-Sollen Trennung von zwei Seiten in Frage gestellt wird.

1.4. Werturteile und wissenschaftliche Beratung

Dies heißt aber noch nicht, dass wir sie über Bord werfen müssen. Der Endpunkt wäre eine Position, die die Möglichkeit einer Unterscheidung positiver und normativer Wissenschaft gänzlich leugnet. Der Preis der Akzeptanz einer solchen Position ist aber hoch, weil er die Rolle der Wissenschaft im Grunde darauf reduziert, ideologische Positionen aufzurüsten. Wenn man zu einem solchen Schluss kommt, muss er selbstverständlich mit allen Konsequenzen akzeptiert werden. Wir werden hier aber weiterfragen und uns detaillierter mit den Verfahren beschäftigen, die eine Akzeptanz positiver wie normativer Aussagen erzeugt.

Positive Theorien haben einen normativen Kern, der z. B. darin besteht, dass der Forscher sich mit der einen Frage beschäftigt und nicht mit der anderen und dass er für die Beantwortung der Frage diese und nicht jede Methoden verwendet. Die Anerkennung eines solchen Kerns bedeutet aber nicht notwendig, dass man die Trennung zwischen normativer und positiver Wissenschaft aufgeben muss.

Eine Lösung bietet hier Vielen der kritische Rationalismus Karl Poppers, insbesondere in der Weiterentwicklung durch Hans Albert (1968). Er sieht im kritischen Rationalismus ein Verfahren der Auswahl erklärender Theorien durch den Prozess der Falsifikation. Theorien, die nach den Prinzipien des kritischen Rationalismus gebaut sind, filtern normative Einsprengsel im Prozess der empirischen Bewährung weitgehend heraus. Auch wenn der einzelne Wissenschaftler Werturteile in die Theorien hineinsteckt, wird sich dies durch rigorose Falsifikationsversuche und im Wettbewerb alternativer Theorien nicht durchsetzen können. Im Zuge evolutionärer Verbesserungen des Wissens über die Funktionslogik der Wirklichkeit kristallisiert sich dann ein Bestand an Wissen heraus, der die wirtschaftspolitische Beratung im Sinne Max Webers immer weiter verbessert. Dem Problem der impliziten Normativität wird dadurch Rechnung getragen, dass zwischen einer Objektsprache und eine Metasprache unterschieden wird. Das Wertfreiheitsprinzip ist ein Element auf der Metaebene, wohingegen die Werturteile selbst auf der Objektebene angesiedelt sind. So lässt sich etwa das (normativ verwendbare) Kriterium der Pareto-Effizienz als ein Postulat auf der Objektebene ansiedeln, und man kann dann die (positive, prinzipiell falsifizierbare) Frage stellen, ob bestimmte Organisationsformen der Wirtschaft dieses Kriterium erfüllen. Ein solches Vorgehen erfüllt den Anspruch des Wertfreiheitspostulats.

Die Position des Kritischen Rationalismus stellt sich daher den beiden oben beschriebenen Problemen. Sie anerkennt die Unmöglichkeit der Erreichung letzter Gewissheit in positiven Fragen und ersetzt dieses Kriterium durch die Forderung und den Prozess der Falsifikation. Dieser Prozess erreicht auch, dass das ebenfalls anerkannte Problem der impliziten Normativität nicht auf die Ebene der bewährten Theorien durchschlagen kann. Wenig wird allerdings zum Problem der Abweichung der praktischen Diskursform von der idealen Diskursform Max Webers gesagt. Die im Kritischen Rationalismus vertretene Position des Wissenschaftlers als Sozialingenieur geht davon aus, dass die Praxis die Werturteile am besten in destillierter, basaler Form vorgeben kann, wenn es um konkrete Beratung und nicht um Aufklärung über die innere Kohärenz von Werturteilen geht.

Diese Position basiert weiterhin darauf, dass zu dem Zeitpunkt, zu dem wirtschaftspolitische Beratung eingefordert wird, ein Bestand hinreichend bewährter Theorien über die Wirklichkeit existieren. Dagegen sind selbst bei Anerkennung der Prämissen des Kritischen Rationalismus zwei Einwände zu formulieren, die beide auf dasselbe Problem hinauslaufen. (1) Zu einem gegebenen Zeitpunkt ist nicht klar, dass politische Beratung auf Basis hinreichend bewährter Theorien möglich ist. Unbewährte oder nur sehr vorläufig bewährte Theorien mögen aber noch substanzielle Einschlüsse impliziter Normativität enthalten, die das Bild systematisch verzerren können. (2) Der Kritische Rationalismus steht im besten Sinne in der Tradition der Aufklärung und glaubt damit an die Stärke der Vernunft. Im Wettbewerb um Theorien spielen aber ganz andere Interessen als das der Erkenntnis eine Rolle, etwa Machterhalt. Daher werden Theorien nicht nur entwickelt, um dem Ziel der Erkenntnis zu dienen (siehe z. B. Michel Foucault 1974, 1977). Selbst wenn solche Theorien langfristig ausgesondert werden, ist nicht klar, welchen Beitrag zur wirtschaftspolitischen Beratung sie zu einem gegebenen Zeitpunkt leisten.

Friedrich von Hayek (1974) schrieb dazu:

„[...] auch wenn alle echten Wissenschaftler die Grenzen ihrer Möglichkeiten [...] erkennen würden, [wird] es doch [...] immer einige geben [...], die vorgeben oder vielleicht sogar wirklich glauben, dass sie zur Befriedigung populärer Forderungen mehr tun können, als tatsächlich in ihrer Macht liegt. Es ist oft schwer genug für den Fachmann und sicher in vielen Fällen unmöglich für den Laien, zwischen berechtigten und unberechtigten im Namen der Wissenschaft erhobenen Forderungen zu unterscheiden."

Damit ist das Grundproblem des Kritischen Rationalismus durch eine Umformulierung der berühmten Kritik John Maynard Keynes am ökonomischen Mainstream auf den Punkt gebracht: Es mag sein, dass die Methode des Kritischen Rationalismus langfristig den Anspruch Max Webers zur Verwirklichung bringt. Aber langfristig sind wir alle tot.

1.5 Ziele der Wirtschaftspolitik

[Alice asked:] *„Would you tell me, please, which way I ought to go from here?"*
„That depends a good deal on where you want to get to," said the Cat.
(Lewis Carroll, Alice's Adventures in Wonderland, Kapitel 6).

Im Folgenden wollen wir uns mit Zielen und Instrumenten im Rahmen der präskriptiven, d. h. vom Gemeinwohlbegriff ausgehenden Theorie der Wirtschaftspolitik beschäftigen. Wir hatten bereits angesprochen, dass zur Entwicklung einer Theorie der Wirtschaftspolitik Werturteile zur Anwendung kommen, die selbst nicht wissenschaftlich beweisbar sind, die aber möglicher Weise von der Mehrheit der Bürger geteilt werden. Gerade deshalb ist es aber notwendig, den normativen Ausgangspunkt einer Analyse offen zu legen. Aus diesem Grunde wollen wir im Folgenden mögliche Ziele, ihre Operationalisierungen und ihre Beziehungen untereinander diskutieren.

Erste Zielebene: *Gemeinwohl*

Als ein Ziel im engeren Sinne soll im Folgenden etwas verstanden werden, was um seiner selbst angestrebt wird und nicht, weil es übergeordneten Normen dient. Im engsten Sinne ist damit nur das „Gemeinwohl" als ein Ziel anzuerkennen. Andererseits ist der Begriff des Gemeinwohls nicht operational, sondern sogar in hohem Maße interpretationsbedürftig. Dient es etwa dem Gemeinwohl, wenn die Steuer auf Mineralöl heraufgesetzt wird? Lässt sich eine Einschränkung bürgerlicher Rechte aus Gründen des Gemeinwohls rechtfertigen? Wir sehen, dass wir auf diese Fragen kei-

1.5. Ziele der Wirtschaftspolitik

ne Antwort geben können, wenn wir nicht angeben, was wir unter dem Begriff des Gemeinwohls verstehen wollen. Daher werden wir drei Kriterien auflisten, die von vielen Menschen als Ausdruck des Gemeinwohls angesehen werden und daher ihrerseits als Ziele oder Leitlinien wirtschaftspolitischen Handelns dienen können. Wie schon betont, sind weder die Auswahl dieser Kriterien noch ihre relative Gewichtung wissenschaftlich begründbar, da sie jeweils Werturteile widerspiegeln. Nur in dem Maße, wie sie (konsensfähige) Werturteile der Gesellschaftsmitglieder darstellen, ist diese Auflistung nützlich. Eine Rückführung aller Werturteile auf die Wünsche, Vorstellungen und Bedürfnisseder Individuen ist kennzeichnend für eine Position des *normativen Individualismus*. Dem Individualismus liegt ein universalistisches Werturteil zu Grunde, nach dem jeder Mensch gleichermaßen zählt.

Zweite Zielebene: *Drei gesellschaftliche Grundwerte*

1. Eine möglichst reichliche Güterversorgung
Zur Operationalisierung dieses Ziels benötigen wir einen Indikator für eine reichliche Güterversorgung, der auf eine Gesellschaft mit vielen Mitgliedern anwendbar ist und mit dem gleichzeitig die Souveränität jedes Bürgers bei der Beurteilung seiner eigenen Situation anerkannt wird. Wir verwenden dafür das Pareto-Kriterium.

Pareto-Kriterium

Wird mindestens ein Gesellschaftsmitglied besser gestellt, ohne dass ein anderes schlechter gestellt wird, so ist dies eine Verbesserung der Güterversorgung.

Der Begriff der „Güterversorgung" bezieht sich nicht nur auf die Versorgung mit Dingen, die erwünscht und knapp sind, sondern ebenso auf die Beseitigung und Vermeidung von Übeln, von unerwünschten Dingen, sofern diese die Verwendung von knappen Produktionsmitteln erforderlich machen. Außerdem ist der Einsatz von Arbeitsleistungen im Begriff der Güterversorgung eingeschlossen, und das damit verbundenen Opportunitätskosten ist in der Formulierung „besser gestellt" berücksichtigt. Somit ist eine reichliche Güterversorgung keineswegs mit einer Maximierung des Sozialprodukts – ohne Rücksicht auf nicht in das Konzept eingehende Schäden und nichtbewertete Faktoreinsätze – gleichzusetzen. Darüber hinaus kann bei Vorliegen von gesellschaftlichen Präferenzen, bei denen sich Individuen im Verhältnis zu anderen Individuen wahrnehmen, sogar eine Entkoppelung zwischen der materiellen Güterversorgung und dem Nutzen der Individuen auftreten. Hier schlägt unser Ansatz Brücken zur Lebenszufriedenheitsforschung und anderen alternativen Ansätzen zur Messung von gesellschaftlicher Wohlfahrt. Ferner sind unter Gütern keineswegs nur materielle Güter zu verstehen. Auch alle sogenannten immateriellen Güter wie Gedichte oder Klavierkonzerte gehören zu den Gütern, wenn sie von irgendwelchen Wirtschaftssubjekten gewünscht werden und zu ihrer Herstellung, Bereitstellung oder Beschaffung knappe Produktionsmittel wie menschliche Arbeit oder Kapital benötigt werden.

2. Gerechtigkeit

Unter dem Oberbegriff der Gerechtigkeit werden im Allgemeinen die folgenden Aspekte verstanden:

a) Gleiche Rechte und gleiche Behandlung unter gleichen Bedingungen für jedermann,
b) die Herstellung einer möglichst weitgehenden Chancengleichheit, d. h. die Förderung der von der Natur Benachteiligten.

Beim Merkmal der Gerechtigkeit fällt es schwer, sich auf eine einheitliche Definition zu einigen. Wendet man etwa den allgemeinen Gleichbehandlungsgrundsatz a) auf die Güter- oder Einkommensverteilung an, so lassen sich zumindest zwei Interpretationen denken, die jeweils unterschiedliche konkrete Gleichbehandlungsgrundsätze operationalisieren:

a.i) „Bedürfnisgerechtigkeit": In dieser Deutung bleibt der Begriff des Bedürfnisses zu klären. Eine mögliche Deutung wäre z. B., dass jeder Bürger von jedem Gut die gleiche Menge bekommt, eine andere, dass jeder das gleiche Geldeinkommen erhält. Angesichts der unterschiedlichen Präferenzen der Menschen ist die erste Charakterisierung allerdings fragwürdig. Zudem ist „Gerechtigkeit" nicht ohne eine genaue Klärung, worauf man sich bezieht, mit „Gleichheit" gleichzusetzen. Wie etwa ist zu berücksichtigen, dass Menschen einen unterschiedlichen Kalorienbedarf aufweisen?

a.ii) „Leistungsgerechtigkeit": Diese Vorstellung kann man so deuten, dass sich z. B. die Geldeinkommen nach der erbrachten Leistung richten. Dabei entsteht jedoch das Problem, die „Leistung" verbindlich zu messen. So ist es beispielsweise nicht ohne weiteres klar, ob die Wahl der richtigen Anlageform bei Ersparnissen auf Glück oder Leistung beruht, wenn man Spekulationsgewinne beurteilen möchte.

Wir werden das Problem der Verteilungsgerechtigkeit noch ausführlich im nächsten Kapitel behandeln.

3. Freiheit

> „Der Mensch kann tun, was er will,
> aber er kann nicht wollen, was er will."
> Arthur Schopenhauer

Der Begriff der Freiheit ist äußerst komplex. Man unterscheidet zwischen negativer und positiver Freiheit, innerer und äußerer Freiheit sowie zwischen Willens- und Handlungsfreiheit. In einer ersten Näherung kann Freiheit als Möglichkeit, ohne Zwang zwischen Alternativen wählen zu können, gefasst werden. In der Ökonomik tritt der Freiheitsbegriff häufig nur in der Unterscheidung zwischen negativer Freiheit als Abwesenheit von äußerem Zwang durch andere Menschen und positiver Freiheit als Möglichkeit der Verwirklichung von Zielen auf. Ein Beispiel für negative Freiheit ist die Reisefreiheit, zu einer positiven Freiheit wird sie, wenn ein Mensch auch über die Mittel verfügt zu reisen.

Kasten 1.2: Das Gewaltmonopol des Staates

Die wichtigste Einschränkung der negativen Freiheit erfolgt durch die Existenz des Staates, dem ein Gewaltmonopol zugeschrieben wird. Die Idee des Gewaltmonopols des Staates geht zurück auf Max Weber, der in seinem Vortrag „Politik als Beruf" (1919) definiert: *„Staat ist diejenige menschliche Gemeinschaft, welche innerhalb eines bestimmten Gebietes [...] das Monopol legitimer physischer Gewaltsamkeit für sich (mit Erfolg) beansprucht."* Diese Definition wird häufig als normative Forderung uminterpretiert und als konstitutiv für den modernen Rechtstaat gesehen. Daraus ergibt sich, dass die Individuen einer Gemeinschaft darauf verzichten, physische Gewalt auszuüben, um tatsächliche oder vermeintliche Rechte gegen Dritte durchzusetzen. Vielmehr wird die Legitimität und die Ausübung auf staatliche Organe wie Polizei, Gerichte und Verwaltung übertragen. Ausnahmen hiervon bilden das Notwehr-, Notstands- und Selbsthilferecht.

Das entscheidende Adjektiv in der obigen Begriffsdefinition ist *physisch*, da hiermit eine spezielle Form von Gewalt herausgegriffen wird. Somit wird das Gewaltmonopol des Staates operational abgrenzbar von anderen Formen der Gewalt. Dies ist notwendig, da ansonsten der Begriff leicht inhaltsleer und mit Begriffen wie *Ungerechtigkeit* verwechselbar wird. Um dies zu illustrieren, soll kurz auf die deutlich allgemeineren Begriffe der *strukturellen* und *symbolischen* Gewalt eingegangen werden.

Der Begriff der strukturellen Gewalt wurde 1969 von Johan Galtung definiert als die vermeidbare Beeinträchtigung grundlegender menschlicher Bedürfnisse, die den realen Grad der Bedürfnisbefriedigung unter das herabsetzt, was potentiell möglich ist. Unter diesen Gewaltbegriff fallen auch Ungleichheiten von Einkommen, Bildungschancen, etc., und ihr Auftreten hängt von den gegebenen Institutionen, Normen und Diskursformen einer Gesellschaft ab. Daher führt eine solche Erweiterung des Gewaltbegriffs zu einer weitgehenden Überlappung mit dem Begriff der Gerechtigkeit: strukturelle Gewalt tritt auf, wenn die Bedürfnisbefriedigung der Individuen und ihre Chancen ungerecht verteilt sind.

Der Begriff der symbolischen Gewalt wird von Pierre Bourdieu (2005) entwickelt, der in ihr eine Macht zur Durchsetzung der herrschenden Sichtweise der Gesellschaft sieht, z. B. in der sprachlichen Konstitution des Geschlechterverhältnisses. Zur Durchsetzung wird *symbolisches Kapital* benötigt, welches dazu führen kann, dass Herrschaftsverhältnisse auch von den Beherrschten als legitim anerkannt werden. Dieser Gewaltbegriff verweist auf die normative Wirkung herrschender, auch (sozial-) wissenschaftlicher Diskurse auf die wahrgenommene Legitimität einer herrschenden Ordnung. Ein Buch wie das vorliegende ist in diesem Sinne ebenfalls entweder ein Beitrag zur Stützung oder zur Schwächung der bestehenden Herrschaftsverhältnisse.

Beide Begriffe gehen deutlich über den Begriff der physischen Gewalt hinaus. Unabhängig davon, ob man den Begriffen eine Plausibilität und Legitimität zuschreibt, ist jedoch klar, dass in der gängigen normativen Rekonstruktion des Gewaltmonopols des Staates solche Formen von Gewalt nicht eingeschlossen sind.

Da die meisten ökonomischen Theorien den Wirtschaftssubjekten Präferenzordnungen exogen zuschreiben, bleibt kein Raum für eine Diskussion des Begriffs der inneren Freiheit, dennoch ist sie potenziell für die Wirtschaftspolitik von Belang. Während positive und negative Freiheit ein Gegensatzpaar aus der Sphäre der äußeren Freiheit ist, geht es bei der inneren Freiheit um die Autonomie des Menschen gegenüber sich selbst, um die Fähigkeit, seine inneren Zwänge wie Erwartungen, Gewohnheiten, Geschmäcker und Triebe durch Reflexion zu verstehen und zu überwinden. Übersetzt in die Sprache der Ökonomik bedeutet dies, dass er seine Präferenzen ändern kann. Hierfür ist zumindest in den Standardtheorien kein systematischer Ort geschaffen worden, was bedeutsame normative Konsequenzen für das klassische Modell exogener Präferenzen hat, da man die Bildung normativer Ziele auf Basis dieser für exogen erklärten Präferenzen vornimmt. So ist es z. B. üblich, für Präferenzen die Nichtsättigungsannahme zu treffen, die besagt, dass eine reichhaltigere Güterversorgung stets einer weniger reichhaltigen vorgezogen wird. Diese Annahme hat wichtige Konsequenzen für unsere Wahrnehmung von Wirtschaftspolitik, ist aber in keiner Weise notwendig oder auch nur plausibel. Im Gegenteil finden sich in vielen Religionen und Philosophien Elemente, die gerade in der Überwindung einer Anhaftung an materiellen Dingen und gesellschaftlichen Bedürfnissen wie Anerkennung und Status einen wesentlichen Schritt in Richtung hin zu einem autonomen, guten Leben sehen.

Ebenso bleibt der Begriff der Willensfreiheit in der ökonomischen Theorie in der Regel unreflektiert. In der positiven Theorie ist es nicht nötig, den Begriff zu diskutieren, da es nur um die Erklärung gesellschaftlicher Phänomene geht. In der normativen Theorie ist eine Klärung der Möglichkeit eines freien Willens aber von Belang, da eine übliche Prämisse lautet, dass man Menschen nur für Handlungen verantwortlich machen kann, zu denen sie eine Alternative hatten und für die sie sich trotzdem aufgrund ihres freien Willens entschieden haben. In den vergangenen Jahren wurde von einigen Neurowissenschaftlern die Möglichkeit eines freien Willens in Zweifel gezogen, und daraus auch normative Schlussfolgerungen gezogen. Um die Relevanz dieser Diskussion für den ökonomischen Freiheitsbegriff ermessen zu können, soll kurz der normative Begriff der Willensfreiheit, so wie er in der Ökonomik implizit Verwendung findet, rekonstruiert werden. Dazu benötigt man das Begriffspaar Wunsch und Wille. Individuen haben demgemäß Wünsche. Welcher Wunsch sich als Wille herausbildet, hängt von den Präferenzen und den Umweltbedingungen ab. Daher steht prinzipiell im Vorhinein fest, welcher Wille gefasst wird. Es wird aber trotzdem von Freiheit gesprochen, weil die Wahl den eigenen Präferenzen entspricht und somit den Willen repräsentiert. Der Begriff der Willensfreiheit ist angemessen, obwohl es aufgrund der exogenen Präferenzen zum Wollen keine Alternative gibt, wenn man den Menschen für seine Präferenzen verantwortlich macht. Man nennt dies auch bedingte Willensfreiheit. Diese ist eine normative Setzung, die aber letztendlich auf den Begriff der inneren Freiheit zurückverweist, da eine Verantwortung für Präferenzen die innere Freiheit des Auch-anders-wollen-könnens voraussetzt.

Kommen wir zurück zum Verhältnis von negativer und positiver Freiheit. Im Sinne des positiven Begriffs ist die Freiheit eines Menschen ist um so größer, je mehr seiner Wünsche er erfüllen kann und je weniger Unerwünschtes er tun oder hinnehmen muss. Sie wird demnach nicht nur durch Gebote und Verbote beschränkt, sondern auch durch z. B. das verfügbare Realeinkommen. Da der zuletzt genannte Aspekt der materiellen Freiheit jedoch bereits in dem Ziel einer reichlichen Güterversorgung und der Verteilungsgerechtigkeit enthalten ist, wollen wir hier einen engeren Freiheitsbegriff wählen, der ausschließlich den negativen Aspekt der Abwesenheit von äußerem

Zwang ausdrückt. Wir können den Begriff der Freiheit dann durch zwei Teilkriterien präzisieren:

a) ein möglichst großer Spielraum für jedermann, über seine eigenen Belange allein zu entscheiden („liberales Ideal"), und
b) die Mitwirkung bei allen Entscheidungen, die außer der betrachteten Person noch andere betreffen („demokratisches Ideal").

Der hier verwendete negative Freiheitsbegriff ist eng mit der Grundposition des normativen Individualismus verwandt. Diese setzt logisch voraus, dass jeder Mensch über gewisse Grundfreiheiten, zum Beispiel der Meinungsäußerung, verfügt, ohne die eine normative Bezugnahme gar nicht denkbar wäre.

Zielkonflikte
In der Wirklichkeit bestehen zwischen den genannten Zielen Beziehungen, die sich auch darin äußern, dass sie nicht alle gleichzeitig im vollen Umfang erreicht werden können. Denn oftmals führen Maßnahmen, die eine genauere Erreichung eines Ziels implizieren, zu einer weniger umfassenden Erreichung eines oder mehrerer anderer Ziele. Betrachten wir einige Beispiele: Eine völlig gleichmäßige Verteilung der Einkommen stellt je nach Gerechtigkeitskriterium möglicher Weise eine perfekte Erfüllung des Merkmals der Gerechtigkeit dar, führt jedoch unter Umständen zu geringen Leistungsanreizen, vermindertem Arbeitsangebot und somit zu einer schlechteren Güterversorgung. Ganz analog kann die Mitwirkung aller Betriebsangehörigen bei den wichtigsten Betriebsentscheidungen vielleicht die Freiheit einzelner oder vieler Beteiligter erhöhen, wird aber wegen der für die Entscheidungen benötigten Arbeitszeit höchstwahrscheinlich zu einem Rückgang der Produktion oder zu zusätzlicher Arbeit führen.

1.6 Übersicht über die Kapitel

In diesem Buch werden wir eine Theorie der Ordnungs- und Wirtschaftspolitik als Theorie optimaler Institutionen entwickeln. Wir werden dabei nicht gleich zu Beginn konkrete Probleme der Gestaltung der Wirtschaftsordnung untersuchen, die auch die tagespolitische Debatte beherrschen, und diese auch in den späteren Teilen des Buches nur exemplarisch einflechten. Statt dessen werden wir versuchen, eine Theorie staatlicher Aufgaben ausgehend von einem Zustand der Anarchie, also einer Situation ohne Ordnungsrahmen, ganz grundsätzlich zu entwickeln. Der Weg, den wir dabei bis zu realen Institutionen gehen müssen, mag recht lang sein, doch erlaubt er denjenigen, die ihn bis zum Ende mitgehen, die prinzipiellen Gründe für die Existenz eines Staates und die daraus erwachsenden Aufgaben besser zu verstehen und daher reale, tagespolitische Themen in ein Analyseraster einzuordnen. Viele wirtschaftspolitische Probleme aus ganz unterschiedlichen Bereichen haben eine sehr ähnliche Struktur. Die Entdeckung dieser Struktur kann für jeden, der sich damit beschäftigt, eine sehr spannende Aufgabe werden, und dies umso mehr, als er die aus den wenigen Prinzipien abgeleiteten Hypothesen nach und nach in vielen beobachtbaren Phänomenen wieder finden wird.

Das Buch ist in drei Teile unterteilt. Der erste Teil ist mit *Grundlagen* überschrieben. Grundlage für jede normative Beurteilung des Wirtschaftsgeschehens ist ein Werturteil. Aus diesem Grunde werden in Kapitel 2 die Struktur von Gerechtigkeitstheorien erläutert und unterschiedliche Konzeptionen von Gerechtigkeit vorgestellt. Um diese umzusetzen, bedarf es bestimmter Anforderungen an die Mess- und Vergleichbarkeit individuellen Nutzens. An einem Mangel an dieser Information kann die Umsetzung eines Werturteils durch die Gestaltung von Institutionen scheitern. Deshalb werden diese Anforderungen analysiert und offen gelegt.

In Kapitel 3 beginnt die eigentliche ökonomische Analyse. Ein staatlicher Regelungsbedarf wird aus einer Situation ohne Regeln, also der Anarchie, abgeleitet. In diesem Kapitel werden für eine sehr einfache Beispielökonomie alle Themen, die in diesem Buch noch detailliert abgehandelt werden, angesprochen und erläutert.

Die Analyse in den folgenden Kapiteln folgt stets demselben Muster: Zunächst charakterisieren wir für das jeweilige Allokationsproblem die Menge der Pareto-effizienten Allokationen. Anschließend untersuchen wir dann, ob bestimmte Institutionen die richtige Anreizstruktur bieten, ob also die resultierenden Gleichgewichte Pareto-Optima sind. Dabei unterscheiden wir zwischen drei idealtypischen Allokationsverfahren, einer zentralen Vorgabe von Mengen, einer zentralen Vorgabe von Preisen bei dezentraler Wahl der Mengen und einer dezentralen Mengenwahl mit dezentraler Preisbildung. Mengen- und Preisvorgaben finden sich regelmäßig innerhalb einer Unternehmung, wohingegen eine dezentrale Preisbildung charakteristisch für Märkte ist. Wendet man diese Allokationsverfahren auf die gesamte Volkswirtschaft an, so erhält man im ersten Fall eine Zentralplanungswirtschaft, im zweiten Fall ein Modell des Konkurrenzsozialismus und im dritten Fall ein Modell atomistischer Märkte. An dieser Stelle können dann zwei Fragen gestellt werden:

1. Wie müssen die Preis- oder Mengenvorgaben aussehen bzw. wie muss der Preisbildungsmechanismus sein, damit eine Pareto-effiziente Allokation verwirklicht wird?
2. Was sind die Bedingungen dafür, dass das eine dem anderen Allokationsverfahren überlegen ist?

Im zweiten Teil des Buchs gehen wir dann zunächst davon aus, dass der Steuerbarkeit durch Institutionen keine prinzipiellen Grenzen gesetzt sind. Diese Abstraktion erlaubt es uns, für unterschiedliche Typen von Allokationsproblemen zu analysieren, wie sich Effizienz operationalisiert. Dazu beginnen wir in Kapitel 4 zunächst mit einer Klassifikation von Allokationsproblemen.

Die oben entwickelte Argumentationslogik wird in Kapitel 5 auf den Fall rivalisierender und in Kapitel 6 auf den Fall nichtrivalisierender Güter angewendet. Dabei gehen wir zunächst noch davon aus, dass diese unter Bedingungen konstanter oder abnehmender Skalenerträge produziert werden. In Kapitel 7 werden wir von dieser Annahme abweichen und den Fall zunehmender Skalenerträge behandeln.

Im dritten Teil lockern wir schließlich die Annahme der perfekten institutionellen Steuerbarkeit. In Kapitel 8 wird gezeigt, wie sich eine mangelhafte institutionelle

1.6. Übersicht über die Kapitel

Steuerbarkeit ganz allgemein auf die Effizienz des sich einstellenden Gleichgewichts auswirkt. Eine solche mangelhafte Ausgestaltung institutioneller Strukturen führt im Allgemeinen zu einem Abweichen vom Prinzip der vollständigen Internalisierung. Dies bezeichnen wir mit dem Begriff des Externen Effekts.

Externe Effekte oder mangelhafte institutionelle Strukturen können nun in dem Sinne unnötig sein, dass es andere Regelsysteme gibt, die die Externen Effekte internalisieren. Sie können aber auch Ausdruck einer notwendigerweise unvollkommenen Steuerbarkeit sein. Für die Beurteilung eines institutionellen Reformbedarfs ist es daher notwendig zu verstehen, warum beobachtbare Imperfektionen auftreten.

In Kapitel 9 werden wir eine exemplarische Klasse von Externen Effekten untersuchen, die auf sogenannte Positionsgüter zurückgehen. Bei Positionsgütern bewerten Individuen ein Güterbündel nicht autark, sondern setzen es in Verhältnis zu dem Güterbündel anderer Individuen. Daher besteht eine Interdependenz zwischen den Individuen, die sich in einer reinen Marktlösung als Externer Effekt zeigen kann. Mit diesem Modell können wir eine Reihe von Phänomenen, die in der Lebenszufriedenheits-Forschung und in der Sozialpsychologie entdeckt wurden, erklären, und wir diskutieren mögliche Internalisierungsstrategien für diese Positionsexternalität.

In den Kapiteln 10 und 11 behandeln wir zwei Arten von notwendigen Unvollkommenheiten. In Kapitel 10 wenden wir uns zunächst einer imperfekten Steuerbarkeit aufgrund asymmetrisch verteilter Informationen zu. Es gibt häufig Fälle, in denen Handlungen abhängig vom Vorliegen bestimmter Merkmale gemacht werden sollten, diese Merkmale aber nicht allen Individuen in gleicher Form bekannt sind. Die Frage lautet dann, inwieweit die Asymmetrie der Information dazu führt, dass die Menge der Pareto-effizienten Allokationen verändert wird. Wir untersuchen dieses Problem für die Fälle risikoneutraler und risikoaverser Individuen sowie für die Fälle friktionsloser und friktionsbehafteter Transfersysteme.

Im abschließenden 11. Kapitel gehen wir der Frage nach, welche institutionellen Konsequenzen sich ergeben, wenn die Möglichkeiten der institutionellen Steuerung entweder aus logischen oder rechtlichen Gründen beschränkt sind. Wir beginnen mit einem Modell, in dem Eigentumsrechte unvollständig bleiben, weil diese von den Wirtschaftssubjekten produziert werden müssen. Die Produktion von Eigentumsrechten hat die Struktur eines Wettkampfes, und wir charakterisieren die Struktureigenschaften solcher Modelle, z. B. mit dem Ziel, Bedingungen für die Entstehung perfekt sicherer bzw. unsicherer Eigentumsrechte zu geben und deren Transaktionskosten zu bestimmen. Ein Beispiel für die logische Unmöglichkeit sind Forschungs- und Entwicklungsverträge, bei denen es häufig sehr schwierig ist, zum Zeitpunkt des Vertragsabschlusses genau zu spezifizieren, welche Eigenschaften das zu entwickelnde Projekt haben soll. Aus dieser Überlegung lassen sich eine Theorie der Eigentumsrechte und eine Theorie des staatlichen Angebots von Gütern entwickeln. Ein Beispiel für die rechtliche Unmöglichkeit sind Investitionen in das Humankapital Dritter, wie das im Bereich der Schul- und Hochschulbildung zwischen der Eltern- und Kindergeneration der Regelfall ist. Aus dieser Beobachtung lässt sich eine Theorie der intergenerativen Umverteilung entwickeln.

Kapitel 2

Theorien der Gerechtigkeit

„Es liegt tief in unserer Seele ein angeborenes Prinzip der Gerechtigkeit und der Tugend, nach dem wir unsere Handlungen und die anderer beurteilen, ob sie gut oder böse sind."
Jean-Jacques Rousseau

„Gerechtigkeit entspringt dem Neid; denn ihr oberster Grundsatz ist: Allen das Gleiche."
Walther Rathenau

„Nichts auf der Welt ist so gerecht verteilt wie der Verstand. Denn jedermann ist überzeugt, dass er genug davon habe."
René Descartes

Das Problem der Verteilungsgerechtigkeit speist sich aus der selben Quelle wie das ökonomische Problem: Beide existieren, weil Knappheit herrscht. Knappheit ist das Erklärungsparadigma der Ökonomik, und ohne Knappheit bestünde kein Verteilungsproblem.

Als ein operationales Kriterium haben wir bereits das Pareto-Kriterium kennengelernt. Es drückt das Ziel der Vermeidung von Verschwendung in der Produktion und Verteilung von Gütern aus. Zusätzlich wurde in Kapitel 1 das Ziel der Verteilungsgerechtigkeit angesprochen, das noch einer operationalen Definition bedarf. Dieses Ziel könnte vor allem in den Fällen eine Rolle spielen, in denen aus dem Pareto-Kriterium noch keine eindeutige Handlungsempfehlung ableitbar ist oder das Pareto-Kriterium in Gänze abgelehnt wird. Zusätzlich ist dabei zu fragen, inwieweit das den Status-Quo schützende Pareto-Kriterium selbst als Gerechtigkeitskriterium herangezogen werden kann.

Um sich der Frage nach dem „richtigen" bzw. „gerechten" Umgang mit dem Problem der Knappheit zu nähern, ist folgende Unterscheidung nützlich. Individuen besitzen konsumtive und produktive Fähigkeiten, die es ihnen erlauben, die vorgefundene Umwelt in Güter umzuwandeln und aus ihnen Nutzen zu ziehen. Nach der abendländischen Tradition der Menschenrechte „gehören" die produktiven und konsumtiven Fähigkeiten dem Individuum; im Sinne einer ökonomischen Theorie kann man sogar sagen, dass ein Individuum die Gesamtheit seiner Fähigkeiten ist.

Man erzeugt durch die Nutzung der produktiven Fähigkeiten Güter. Wie man seine produktiven Fähigkeiten nutzt und ausbildet, hängt allerdings auch von den Entscheidungen der anderen Individuen ab, mit denen man in einer Gesellschaft interagiert. Diese Interaktion kann zu einer besseren Versorgung aller Individuen mit knappen Gütern führen. Da für die Realisierung dieser Interaktionsgewinne aber alle Individuen verantwortlich sind, kann man ohne weitere Annahmen nicht feststellen, wer in welchem Ausmaß für die Produktion eines Gutes verantwortlich ist.

Wir wollen uns dieses Problem an zwei einfachen Beispielen klar machen: Wir betrachten einen hochspezialisierten Computeringenieur, der in Volkswirtschaft *H* eine sehr hohe Produktivität besitzt. Nun stellen wir uns vor, dass dieser Ingenieur nicht mehr in H sondern in einem Land N, in dem seine Qualifikation nicht nutzbringend eingesetzt werden kann. Dort hätte er also eine sehr geringe Produktivität. Wenn diese Person in H arbeitet, stellt sich aus Sicht der Verteilungsgerechtigkeit die Frage, welcher Anteil des zusätzlich durch ihn verursachten Sozialprodukts ihm zusteht. Wir erkennen sofort, dass diese Frage keine einfache Antwort besitzt: Die hohe Produktivität ist sowohl Leistung des Ingenieurs als auch Leistung der restlichen Gesellschaft. Die Gesellschaft kann ohne den Ingenieur das zusätzliche Sozialprodukt nicht realisieren, und der Ingenieur ist nur innerhalb der Gesellschaft produktiv. Wir benötigen also ein *Werturteil*, welches uns eine Antwort auf die Frage nach der Aufteilung der zusätzlichen Produktion liefert.

Jetzt hat der Computeringenieur sich in H niedergelassen und entwickelt neue Hardware. Da er stark fehlsichtig ist, benötigt er zu dieser Tätigkeit eine Brille. Ohne diese Brille wäre – um das Beispiel möglichst drastisch zu formulieren – keine Tätigkeit für ihn möglich. Wer ist nun für die durch den Ingenieur verursachten Leistungen verantwortlich? Der Ingenieur, der Hersteller der Brille oder etwa der Erfinder der Brille? Auch hier können wir ohne weitere Werturteile keine Antwort geben, da die Leistung in diesem Sinne nur kollektiv erbracht wird. Nun könnte man argumentieren, dass die Antwort auf diese Frage sehr einfach ist: Da der Ingenieur ja für die Brille bezahlt hat, ist die Leistung des Brillenherstellers damit abgegolten. Alle Leistungen, die der Ingenieur nun mit Hilfe dieser Brille erbringt, „gehören" ihm. Diese Sichtweise erscheint uns möglicherweise ganz selbstverständlich, da wir uns an sie gewöhnt haben, doch löst sie das Problem nicht, sondern verlagert die Problemlösung nur auf eine andere Stufe, denn nun müssen wir festlegen, welche Preise gerecht sind.

Es ist sicherlich richtig, dass die Festsetzung der Preise Rückwirkungen auf die Gesamthöhe der erwirtschafteten Leistungen hat, so dass wir bestimmte Zuordnungen von Ansprüchen schon allein deshalb aussortieren können, weil es andere gibt, bei denen sich alle Individuen besser stellen. Wir sollten uns an dieser Stelle aber klar machen, dass auch in diesem Fall wohl noch genügend Aufteilungsregeln übrig bleiben werden, unter denen wir wählen müssen. Darüber hinaus ist es wichtig zu sehen, dass auch das Pareto-Kriterium selbst ein nicht selbstverständliches Werturteil darstellt, schon gar nicht, wenn man vorgeschlagene Lösungen immer danach beurteilt, ob sie Verbesserungen gegenüber dem *Status-Quo* bedeuten, und damit implizit voraussetzt, dass dieser normative Relevanz besitzt.

Ohne eine Antwort auf die Frage der „richtigen" oder „gerechten" Verteilung der Güter auf die Individuen ist eine Theorie der Staatsaufgaben unvollständig: Die Antwort auf die Frage nach den richtigen Institutionen kann nur beantwortet werden, wenn man ein Kriterium für „richtig" besitzt, und das hängt davon ab, welche Verteilung von Gütern, Rechten, Lebenschancen etc. aus der Menge aller möglichen Verteilungen als gerecht angesehen wird.

Zur Beantwortung der Frage nach der Aufteilung von Gütern, Rechten und Chancen kann man unterschiedliche Standpunkte einnehmen. So kann man etwa fragen, wie diese Aufteilung *faktisch* erfolgt. Alternativ kann man aber auch die Frage stellen, welche Aufteilung gewählt werden *sollte*. Dies ist die Frage nach der gerechten Aufteilung der Güter, die wir mittels unserer Fähigkeiten erzeugen können.

Tabelle 2.1: Übersicht über Gerechtigkeitstheorien

Prozedurale			Nozick	
			Hayek	
Konsequentia-listische	Nicht-welfaristische		Sen	
			Rawls	
	Welfaristische (Bergson-Samuelson)	ohne Vergleichbarkeit	(Arrow)	
			Fairness	
		isoelastische GWF	Utilitarismus	
			Maximin	
			Leximin	
			Nash	
			Bernoulli	

In diesem Kapitel werden wir uns mit letzterer Frage beschäftigen. Dabei ist das Ziel dieses Kapitels *nicht*, Kriterien zur Bestimmung einer gerechten Verteilung der Güter abzuleiten. Vielmehr werden wir unterschiedliche Gerechtigkeitstheorien nach bestimmten Kriterien ordnen und der Frage nachgehen, inwieweit solche Theorien bestimmten intrinsischen Konsistenzanforderungen genügen. Dies wird uns ein Instrumentarium an die Hand geben, das es uns erlaubt zu verstehen, auf welcher Wertebasis bestimmte Wirtschaftsordnungen beruhen, in welcher Weise sie legitimiert sind und welche Implikationen sie besitzen. Tabelle 2.1 gibt eine Übersicht über die im Text detailliert vorgestellten Theorien.

In diesem Buch gehen wir, wie bereits gesagt, von dem Paradigma des *(methodologischen und) normativen Individualismus* aus und haben damit in diesem Sinne einen normativen Ausgangspunkt. Dieses Paradigma besagt, dass jegliches gesellschaftliche Ziel wie das Gemeinwohl auf die Ziele der die Gesellschaft bildenden Individuen zurückgeführt werden muss. Damit gibt es keinen gesellschaftlichen Wert jenseits der Werte der Individuen. „Die Gesellschaft" will daher nichts, sondern lediglich die Individuen, die die Gesellschaft bilden. Deshalb muss aber jede Antwort auf die Frage einer gerechten Verteilung der Güter auf die Werturteile der Gesellschaftsmitglieder zurückgeführt werden.

2.1 Struktur, Begründung und Implementierung gesellschaftlicher Ziele

Wenn wir verstehen wollen, wie die Antworten auf die Frage der normativen Legitimation gesellschaftlicher Strukturen beurteilt werden können, ist es wichtig, die Fülle nebeneinander existierender Gerechtigkeitstheorien nach einem einheitlichen Schema zu systematisieren. Diese lassen sich nach den Kriterien *Struktur, Begründung und Implementierung* klassifizieren. Vorteile, Inkonsistenzen und Probleme unterschiedlicher Theorien lassen sich wesentlich leichter verstehen, wenn man sie jeweils dem einen oder dem anderen Bereich zuordnen kann. Wir werden im Folgenden die drei Klassifikationskriterien nacheinander besprechen.

2.1.1 Struktur

Unter der Struktur einer Gerechtigkeitstheorie verstehen wir die Normen, die durch sie zum Ausdruck kommen. Diese sind in ökonomischen Anwendungen häufig in Form einer zu optimierenden gesellschaftlichen Zielfunktion implizit oder explizit gegeben.

2.1.1.1 Gleichheitsideale

Was lässt sich über die Struktur unterschiedlicher Gerechtigkeitstheorien sagen? Zunächst kann sehr allgemein festgestellt werden, dass alle Gerechtigkeitstheorien ein Gleichheitsideal besitzen. Sie unterscheiden sich also nicht bezüglich der Frage, ob die relevanten Individuen gleich sein sollen, sondern nur bezüglich der Frage, welche Variablen als gerechtigkeitsrelevant, und damit idealerweise gleich, anerkannt werden.

Daher können wir nun den Begriff der Gerechtigkeit näher bestimmen: Institutionen bezeichnen wir als gerecht, wenn sie das jeweils angestrebte Gleichheitsideal bestmöglich verwirklichen.

Wir wollen uns im Folgenden ein Individuum als etwas vorstellen, das die Fähigkeit besitzt, Sinn, Glück und Befriedigung zu empfinden, womit ausgesagt ist, dass das Erleben von Sinn, Glück und Befriedigung durch Fähigkeiten ermöglicht wird. Dieser Begriff der Fähigkeiten ist sehr weit gefasst. Er umfasst produktive Fähigkeiten, also etwa handwerkliches Geschick im Erzeugen von Konsumgütern, und „konsumtive" Fähigkeiten, also etwa die Fähigkeit, aus dem Konsum eines bestimmten Gutes Zufriedenheit zu ziehen oder seine Lebensumstände als sinnvoll zu erleben. In dieser Einteilung sind Fähigkeiten also entweder produktiver oder konsumtiver Art.

Zur Nutzung von Fähigkeiten gehören Mittel, Handlungen und Ziele und die zugehörigen Freiheitsrechte der Mittelfreiheit, der Handlungsfreiheit und der Zielfreiheit. Es können nun drei unterschiedliche Gleichheitsideale formuliert werden:

1. Gleichheit der Vorteile aus (einer Teilmenge der) Fähigkeiten.
2. Gleichheit der Freiheit zur Nutzung der Fähigkeiten.
3. Gleichheit der Einkommen oder Ressourcen- bzw. Gütermengen.

ad 1: Diese Klasse von Gerechtigkeitstheorien erachtet die Fähigkeiten insofern als gerechtigkeitsrelevant, als dass für bestimmte Ungleichverteilungen eine Umverteilung erfolgen sollte. Gleichheitsideale können sich dabei auf beliebige Teilmengen der Fähigkeiten richten. So kann eine Gerechtigkeitstheorie nur die produktiven, nur die konsumtiven oder alle Fähigkeiten für gerechtigkeitsrelevant erachten. Der Utilitarismus z. B. ist eine Theorie, für die die konsumtiven Fähigkeiten normative Relevanz besitzen. Individuen mit einer größeren Fähigkeit zur Empfindung von Konsumnutzen sollten *ceteris paribus* mehr konsumieren. Zur Begründung einer Auswahl

2.1. Struktur, Begründung und Implementierung gesellschaftlicher Ziele

von relevanten Merkmalen kann etwa behauptet werden, dass die Unterscheidung der Fähigkeiten einzelner Individuen nicht ohne Willkür getroffen werden könne, da sowohl produktive als auch konsumtive Fähigkeiten immer von der Gesellschaft abhingen, in der man lebe. Diese Sichtweise ist z. B. von Kenneth Arrow (1983) gegen liberale Gesellschaftsauffassungen formuliert worden.

ad 2: Diese Gruppe von Gerechtigkeitstheorien sieht eine Gesellschaft als gerecht an, wenn sie den Individuen das gleiche Recht der Nutzung ihrer Fähigkeiten und das gleiche Recht der Formulierung ihrer Ziele zuerkennt. Unschwer ist hier der *klassische Liberalismus* wie bei Hayek oder Nozick wiederzuerkennen. Damit sind die Fähigkeiten der Individuen nicht gerechtigkeitsrelevant. Wären sie es, so folgte in irgendeiner Weise eine Umverteilung der Güter nach Maßgabe dieses Werturteils. In der Reinform verwirklichen solche Theorien das Ziel der gleichen *negativen* Freiheitsrechte, wobei dieser Begriff vom Begriff des *positiven* Freiheitsrechts unterschieden wird. Ein Individuum ohne Geld in einem Land mit Freiheit der Meinungsäußerung besitzt das (negative) Recht, seine Meinung frei zu äußern, hat aber möglicherweise nicht die Mittel, seine Meinung auch bekannt zu machen. Marktwirtschaftliche Ordnungen lassen sich unabhängig von den durch sie generierten Ergebnissen liberal rechtfertigen, da in ihnen durch die Freiwilligkeit der Tauschakte das Prinzip der Freiheit zur Nutzung der Fähigkeiten verwirklicht wird. Damit stellt der Prozessliberalismus eine wichtige normative Grundlage für marktwirtschaftliche Ordnungen dar.

ad 3: Theorien, die auf den *Zugang* zu Gütern schauen, haben ein Gleichheitsideal bezüglich der Güter- oder Ressourcenmengen oder Einkommen (nicht notwendigerweise im Sinne eines monetarisierten Einkommens, weil dies die Existenz eines „gerechten Preissystems" voraussetzt) bzw. Rechten. Vertreter dieses Ideals – mit jeweils unterschiedlichen Spezifikationen der gerechtigkeitsrelevanten Güter – sind Amartya Sen (1985), John Rawls (1971), Serge-Christophe Kolm (1996), Michael Walzer (1983), Ronald Dworkin (1981) und James Tobin (1970). Gemeinsames Merkmal all dieser Theorien ist, dass sich die Individuen in ihren Fähigkeiten, aus einer gegebenen Gütermenge Nutzen zu ziehen, unterscheiden können. Die als gerecht erachtete Verteilung ist unabhängig von den konsumtiven Fähigkeiten. Dies gilt aber nicht für die produktiven Fähigkeiten: Unterschiede in diesem Bereich werden als gerechtigkeitsrelevant klassifiziert und durch die Verteilung der Güter ausgeglichen.

2.1.1.2 Deontologische versus konsequenzialistische Gerechtigkeitstheorien

Eine weitere, mit der zuvor besprochenen eng verwandte Einteilung verschiedener Konzeptionen der Verteilungsgerechtigkeit ist die folgende:

a) Deontologische Konzeptionen der Ethik beurteilen Handlungen nicht aufgrund ihrer Folgen, sondern aufgrund anderer Merkmale. Die Ethik von Immanuel Kant ist der Prototyp einer deontologischen Theorie, da für die Bewertung einer Handlung allein das Handlungsmotiv Gültigkeit besitzt oder in den Worten Kants: *„Ohne Einschränkung gut ist allein ein guter Wille"* (Grundlegung zur Metaphy-

sik der Sitten). Im Bereich der Gerechtigkeit setzt eine *prozedurale* Konzeption der Gerechtigkeit das deontologische Prinzip um, da die ethische Bewertung ausschließlich auf einer Bewertung der Handlungsregeln und -prinzipien erfolgt.
b) Konsequenzialistische Konzeptionen der Ethik bzw. Gerechtigkeit beurteilen Handlungen aufgrund der resultierenden Konsequenzen (z. B. der Güterverteilung).

Das Begriffspaar deontologisch-konsequenzialistisch findet sich nicht nur auf der Ebene der Gerechtigkeitsprinzipien, sondern auch auf der Ebene der Begründung. Daher ist es möglich, dass deontologisch begründete Gerechtigkeitstheorien konsequenzialistische Gerechtigkeitsprinzipien haben und umgekehrt.[1]

Es sind zahlreiche Probleme deontologischer Sichtweisen aufgezeigt worden, von denen hier ein von Robert Nozick entwickeltes genannt werden soll, und welches als „deontologisches Paradoxon" bekannt ist: Wenn eine deontologische Theorie nur daran interessiert ist, die Einhaltung von Regeln zu schützen, dann erscheint es logisch, eine Politik zu wählen, in der Regelverstöße minimiert werden. Dies ist aber innerhalb einer deontologischen Sichtweise unmöglich, da quantitative Zielkonflikte keine Rolle spielen dürfen. Hier ist ein Beispiel: Ein Auto fährt auf fünf unschuldige und immobile Personen zu, die von dem Auto getötet werden, wenn es nicht gestoppt wird. Die einzige Möglichkeit, das Auto zu stoppen, ist, einen unschuldigen Passanten vor das Auto zu werfen (es handelt sich um eine sehr schwere Person). Die Tötung der Fünf ist ein Verstoß gegen ihr Recht auf Leben, die Tötung des Einen ebenfalls. Die unbedingte Einhaltung der Regel „Du sollst nicht töten" erlaubt es nicht, das Leben Vieler gegen das Leben weniger aufzurechnen. Daher das Paradoxon. Im Extremfall dürfte auch dann nicht ein unschuldiges Leben geopfert werden, wenn damit das Überleben einer beliebig großen Zahl von unschuldigen Menschen gerettet werden kann.

Aber auch der Konsequenzialismus weist tiefgreifende Probleme auf, von denen wir hier eins vertiefen. Wie oben bereits ausgeführt, benötigt man zur Umsetzung einer Gerechtigkeitsstruktur Informationen über unterschiedliche Faktoren. Ein zentrales Element in allen konsequenzialistischen Theorien ist die Kenntnis der Konsequenzen von Entscheidungen. Eine konsequenzialistische Theorie der Gerechtigkeit muss das Problem der Beurteilbarkeit der Konsequenzen von Handlungen als gelöst ansehen, damit sie Anspruch auf Umsetzbarkeit und damit letztlich auch Gültigkeit beanspruchen kann. Was sind aber die Konsequenzen von Handlungen? Wenn man sich nicht auf klar umgrenzte Verteilungsexperimente beschränkt, lässt sich ganz abstrakt formulieren, dass es sich um *erwartete Zukunftspfade* handelt. In Abhängigkeit von der konkreten zur Diskussion stehenden Alternative können die erwarteten Konsequenzen für die Zukunft weniger umfangreich ausfallen (Geschenk von zwei Euro für einen Bettler in der Stadt) oder auch substanziell sein (Einführung eines Bürger-

---

[1] Die Gerechtigkeitskonzeption von John Rawls, die wir später noch ausführlicher behandeln werden, ist ein Beispiel hierfür. Er begründet Gerechtigkeitsprinzipien durch einen konsequenzialistisch gedachten Urzustand. Daher ist er auf der Begründungsebene Konsequenzialist, auf der Ebene der Implementierung aber Deontologe.

2.1. Struktur, Begründung und Implementierung gesellschaftlicher Ziele 33

geldmodells anstelle der traditionellen Sozialhilfe). Für den in einer Abhandlung über die Grundlagen der Wirtschaftspolitik in Frage kommenden Anwendungsbereich der Gerechtigkeitstheorien sind Probleme des zweiten Typs die relevanten, so dass wir davon ausgehen müssen, dass die Bewertung der Konsequenzen von Handlungen in der Regel wichtige Folgen für die Zukunft haben und gleichzeitig von einer substanziellen Unsicherheit in der Abschätzung dieser Folgen gekennzeichnet sind. Dies hat wichtige Implikationen für die Legitimität einer konsequenzialistischen Position der Gerechtigkeit.

Gehen wir davon aus, dass eine Gesellschaft eine Alternative x_i aus einer Menge von Alternativen X auswählen kann. Mit der Wahl einer Alternative x_i ist zu erwarten, dass eine Konsequenz (ein Zukunftspfad) $k_j \in K = \{k_1, \ldots, k_J\}$ mit einer subjektiven Wahrscheinlichkeit π_{ij} realisiert wird, und es muss gelten, dass $\sum_j \pi_{ij} = 1 \; \forall i$ erfüllt ist. Man kann sagen, dass die Konsequenzen einer Alternativenwahl *perfekt sicher* sind, wenn $\forall i \exists j : \pi_{ij} = 1 \land \pi_{il} = 0 \forall l \neq j$ gilt. Für das andere Extrem kann man sagen, dass die Konsequenzen einer Alternativenwahl *völlig unsicher* sind, wenn $\pi_{ij} = \pi_{lm} \forall i, j, l, m$ gilt. Im Fall perfekt sicherer Konsequenzen besteht kein Hindernis für die Implementierung einer konsequenzialistischen Gerechtigkeitstheorie, da die Konsequenzen von Handlungen eindeutig beurteilt werden können. Im Fall völlig unsicherer Konsequenzen ist es klar, dass eine konsequenzialistische Theorie der Gerechtigkeit nicht sinnvoll implementierbar ist, sieht man nicht die dann folgende Indifferenz zwischen allen zur Verfügung stehenden Alternativen als sinnvolle Einschätzung an. Gerechtigkeitstheorien *müssen* sich in diesem Fall an anderen Merkmalen orientieren, z. B. prozeduralen bzw. deontologischen. In realen Entscheidungssituationen werden wir es üblicher Weise mit subjektiven Wahrscheinlichkeiten zu tun haben, die zwischen diesen beiden Extremfällen liegen, so dass *a-priori* unklar ist, ab wann man die Beurteilung von Konsequenzen für zu unsicher hält, um noch konsequenzialistisch argumentieren zu wollen. Es bedarf daher eines (normativen) Kriteriums bezüglich einer kritischen Unsicherheit, die für eine konsequenzialistische Theorie der Gerechtigkeit als noch ausreichend empfunden wird.

Diese Rekonstruktion von Konsequenzen erlaubt es, eine Brücke zu einem der dezidiertesten Kritiker konsequenzialistischen Denkens nicht nur für die normative sondern auch für die positive Theorie, Friedrich von Hayek, zu schlagen. Er warf dem ökonomischen Mainstream in zahlreichen Beiträgen immer wieder vor, Wissensanmaßung zu betreiben. Für Hayek war eine Grundkonstante moderner, arbeitsteiliger Gesellschaften die immense Komplexität der Interaktionsmuster und der sich daraus ergebenden gesellschaftlichen Dynamiken. In dieser unüberschaubaren Komplexität liegt seiner Meinung auch der entscheidende, von zentralen Organisationsformen des Wirtschaftens nicht replizierbare Vorteil dezentraler Entscheidungen, wenn sie durch Marktpreise koordiniert werden. Wissensanmaßung entsteht in der Sprache des obigen Modells immer dann, wenn die Wahrscheinlichkeiten nah bei der völligen Unsicherheit liegen, dies von den Entscheidern aber nicht wahrgenommen oder akzeptiert und stattdessen so getan wird, als könne man die Konsequenzen überschauen. Mit dieser Wahrnehmung des Informationsproblems ist es nicht erstaunlich, dass Hayek ein Vertreter des prozeduralen bzw. deontologischen Denkens ist.

2.1.2 Begründung

Eine gegebene Gerechtigkeitsstruktur kann unterschiedlich begründet werden. Unter einer Begründung verstehen wir eine ethische Legitimation der Struktur. Wie wir oben bereits erwähnt haben, sind normative Kriterien – und damit Gerechtigkeitstheorien – nicht wissenschaftlich beweisbar. Damit ist die Anforderung der Begründbarkeit einer Gerechtigkeitsstruktur selbst wieder eine normative Forderung.

Man könnte ohne Weiteres als basales Werturteil zur Beurteilung der Gerechtigkeit einer Gesellschaft die Höhe des Grenzsteuersatzes oder die Anzahl von Hunden heranziehen: Eine Gesellschaft ist gerecht, wenn der Grenzsteuersatz 37% ist oder 1 Mio. Hunde in ihr leben. Man könnte auch ein invertiertes Pareto-Kriterium für sinnvoll erachten: Ein Zustand ist gerecht, wenn es nicht mehr gelingt, noch eine Person schlechter zu stellen, ohne eine andere Person besser zu stellen. Niemand könnte unter Zuhilfenahme wissenschaftlicher Methoden nachweisen, dass diese Kriterien unsinnig sind. Nichtsdestotrotz lassen sich in unseren Gesellschaften Individuen häufig erst von einer Norm überzeugen, wenn diese überzeugend begründet wird. Was als eine solche Begründung jeweils anerkannt wird, ändert sich von Gesellschaft zu Gesellschaft und über die Zeit.

Bis in die Neuzeit fanden sich im europäischen Kulturkreis in der Regel naturalistische oder metaphysische Begründungen für Gerechtigkeitsstrukturen, wobei allerdings Gerechtigkeit als personale Eigenschaft, als Tugendlehre verstanden wurde. Eine metaphysische Begründung kann z. B. die Vorstellung von einer gerechten Ordnung aus dem Willen Gottes heraus bestimmt sehen. Die Zehn Gebote der christlichen Religionen sind ein Beispiel: Man hat sich an sie zu halten, weil sie von Gott gegeben sind, nicht, weil es vielleicht nützlich wäre, dies zu tun. Eine naturalistische Begründung leitet ethische Sätze – und damit auch Gerechtigkeitsstrukturen – aus beobachtbaren Tatsachen ab. Sätze über Gerechtigkeit – so der Anspruch einer solchen Theorie – sind damit genauso wahrheitsfähig wie naturwissenschaftliche Sätze z. B. über die Gravitation.

Durch die geistesgeschichtlichen Entwicklungen der Neuzeit sind sowohl metaphysische als auch naturalistische Begründungsansätze in argumentative Schwierigkeiten geraten und werden in der Regel nicht mehr als Begründungen akzeptiert. David Hume hat etwa dem Naturalismus einen unzulässigen Schlussfehler vom Sein auf das Sollen vorgeworfen. Da die Begründung einer Struktur anscheinend aber einem tiefen Bedürfnis der Menschen entspringt, entstand somit ein argumentatives Vakuum, welches man durch die Entwicklung neuer Begründungsmuster zu füllen suchte. Hier findet sich auch erstmals die Idee, Gerechtigkeit als institutionelle Beziehung zwischen Menschen zur Konfliktlösung zu sehen.

Seit der französischen Revolution bzw. seit den Arbeiten Immanuel Kants finden sich in der Regel zwei Begründungsmodelle, mit Hilfe derer in der aktuellen Diskussion Gerechtigkeitsstrukturen abgeleitet werden. Die eine Begründung bedient sich der Idee des Vertrags, den sie als Gesellschaftsvertrag für die Ableitung bestimmter Ideale benutzt. Wir nennen diesen Ansatz im Folgenden *Kontraktualismus*, um ihn von der ökonomischen Theorie der Verträge, die wir in Kapitel 10 und 11 kennenlernen werden, zu unterscheiden. Die andere Begründung leitet sich direkt aus der Gleichheit gerechtigkeitsrelevanter Merkmale ab.

2.1.2.1 Kontraktualismus

Hier wird davon ausgegangen, dass sich Individuen in einem in gewisser Weise strukturierten *Urzustand* auf bestimmte Regeln einigen werden, die damit für die empirisch vorgefundene Gesellschaft als normativ legitimiert gelten. Man findet in diesem Begründungsprogramm einen argumentativen Dreischritt:

1. Der Urzustand wird konzipiert. Dieser entspricht in der Regel bestimmten intuitiven Fairnessanforderungen (Gleichheit der Individuen bezüglich bestimmter gerechtigkeitsrelevanter Variablen, welche in der Regel durch die Fiktion eines Schleiers des Nichtwissens erzeugt wird).
2. Den Individuen werden bestimmte Interessen in diesem Urzustand zugewiesen.
3. Die als gerecht betrachteten Institutionen werden durch rationales und einstimmiges Verhalten der Individuen im Urzustand beschlossen.

Institutionen sind damit gerecht, wenn sie aus dem rationalen Eigeninteresse der im Urzustand befindlichen Individuen ableitbar sind. Der Begriff der Rationalität ist in diesem Begründungsansatz ein funktionaler, wesentlich ist hier aber, dass erstens die Individuen sich bei der Abstimmung rational gemäß ihrem Eigeninteresse verhalten und dass zweitens die aus diesem Prozess resultierenden Institutionen und Regeln konsistent abgeleitet werden. Der Schritt vom strikt egoistischen Eigeninteresse zum Gemeinschaftsinteresse wird hier durch die Konstruktion des Urzustands geleistet: John Rawls (1971) etwa konzipiert ihn so, dass den Individuen systematisch Informationen vorenthalten werden, so dass sie von ihren persönlichen Lebensumständen abstrahieren müssen. Er nennt dies den *Schleier des Nichtwissens*. So kennen sie etwa weder ihre reale gesellschaftliche Stellung noch ihr reales Vermögen oder ihre Qualifikationen. Mit diesem Trick wird der Interessenkonflikt zwischen Individuen wegdefiniert, so dass aus einem Verteilungskonflikt ein Pareto-verbessernder Tausch wird.

Jeder, der regelmäßig an Aufteilungsvorgängen teilgenommen hat – z. B. mit seinen Geschwistern –, hat erfahren, dass sich derjenige besondere Mühe geben wird, eine „faire" Aufteilung zu finden und vorzuschlagen, der noch nicht weiß, welches Stück er erhält. Nicht von ungefähr ist das Prinzip „einer teilt, der andere wählt" innerhalb von Familien so populär. Wir können dieses Prinzip sowohl als einen Form des Schleiers des Nichtwissens als auch als eine ganz einfache Institution deuten, die eine bestimmte Vorstellung von Fairness – also eine Gerechtigkeitsstruktur – implementiert. Auf das Problem „gerechten Staatshandelns" übertragen, lautet die Frage also: Welche Kriterien drücken die Verteilungspräferenzen am besten aus, die die Individuen in einem hypothetischen Urzustand hätten, in dem sie noch nicht wüssten, welche Identität sie später haben werden? Da es für eine solche Auswahlsituation keine empirischen Beobachtungen gibt, muss man eine Theorie aufstellen, wie sie (vernünftigerweise) entscheiden würden.
Die Antwort auf diese Frage hängt entscheidend davon ab,

1. welches Konzept von Präferenzen dem Gerechtigkeitsurteil zugrunde liegen soll,

2. welches Modell der rationalen Entscheidung unter Ungewissheit man zugrunde legt, insbesondere welches Maß an Risikoscheu man den Individuen im Urzustand unterstellt.

Jürgen Habermas (1981) benutzt eine ähnliche Konstruktion zur Ableitung von Gerechtigkeitsurteilen, indem er die Individuen in eine Situation eines idealen (herrschaftsfreien) Diskurses versetzt. Prinzipien, auf die man sich unter den Bedingungen eines idealen Diskurses verständigt hat, gelten demnach als normativ gerechtfertigt.

2.1.2.2 Gleichheit bezüglich gerechtigkeitsrelevanter Merkmale

Ein zweiter Begründungsansatz benutzt den Rationalitätsbegriff wesentlich direkter, indem er fordert, dass die Frage nach der Gerechtigkeit einer Institution immer die Frage nach der Begründbarkeit einer durch sie erlassenen Entscheidung sei. Gerechtigkeit sei daher Begründbarkeit, was der Rationalität im umgangssprachlichen Wortsinn entspräche. Aus diesem Rationalitätspostulat wird dann – und hier sind wir bereits bei der Struktur der so gefolgerten Gerechtigkeitstheorie – auf die ideale Gleichheit der für gerechtigkeitsrelevant erachteten Größen geschlossen: Nehmen wir an, wir hätten bei einer Aufteilungssituation mit zwei Individuen zwischen den Alternativen (1,5), (2,2) und (5,1) zu wählen. Dabei gehen wir davon aus, dass die hier zu verteilende Größe die einzige ist, die als gerechtigkeitsrelevant erachtet wird. Da ich nicht begründen kann, warum ich eine Verteilung (1,5) einer Verteilung (5,1) vorziehen soll, kann eine Entscheidung für die eine oder andere nicht rational sein und daher nicht gerecht. Die einzige Verteilung, die dieses Problem nicht besitzt, ist die Verteilung (2,2). Damit können wir direkt aus der Tatsache, dass wir eine Begründung fordern, auf die Gerechtigkeit der Gleichheit schließen. Dieses direkte Verfahren wurde in den vergangenen Jahrzehnten insbesondere von Serge-Christophe Kolm (1996) für die Begründung von weiter unten noch detaillierter besprochenen Maximin- oder Leximin-Regeln herangezogen. Das oben benannte Problem der Risikoscheu tritt hier nicht auf: Die Frage nach der Gerechtigkeit der Wahl der einen anstelle einer anderen Alternative ist die Frage nach der Begründbarkeit dieser Wahl. Wenn wir uns über die gerechtigkeitsrelevanten Charakteristika geeinigt haben, folgt daraus, dass wir keinen Grund angeben können, warum wir eine Ungleichverteilung ihren Permutationen bezüglich der betroffenen Individuen vorziehen sollen. Könnten wir dies, so hieße das nur, dass wir weitere gerechtigkeitsrelevante Merkmale hinzuziehen, womit aber die Alternative nicht richtig abgegrenzt war. Die einzigen Alternativen, die in diesem „Begründbarkeitstest" nicht ausgeschieden werden, sind die, die der Maximin-Regel genügen.

2.1.2.3 Vergleich

Sieht man von Kolm ab, so kann festgestellt werden, dass der weit überwiegende Teil der modernen Gerechtigkeitskonzeptionen kontraktualistisch konzipiert ist oder doch zumindest so rekonstruiert werden kann. Ersteres gilt z. B. für James Buchanan (1975), David Gauthier (1983), Robert Nozick (1974) und John Rawls (1971). Auch die klassischen neuzeitlichen Theorien von Thomas Hobbes, Immanuel Kant, John Locke und Jean-Jaques Rousseau sind kontraktualistisch begründet worden. Der Utilitarismus war ursprünglich eine naturalistische Theorie, ist aber durch die Arbeiten von Harsanyi (1953, 1955) kontraktualistisch neu fundiert worden. Die Attraktivität dieses Begründungsansatzes liegt offenbar an der Idee des Vertrages, der als allgegenwärtiges Steuerungsinstrument bürgerlicher Gesellschaften auch zur Legitimation der Gesellschaft als ganzer herangezogen werden soll. Dies löste auch das begründungstheoretische Vakuum, welches durch die nicht länger als selbstverständlich anerkannte Legitimation naturalistischer und metaphysischer Begründungen entstanden war. Damit folgen kontraktualistische Theorien der Gerechtigkeit einem deontologischen Begründungsmuster, da die Verpflichtungswirkung aus der Tatsache des freiwilligen Einverständnisses abgeleitet wird. Diese Anwendung des Begriffs der Deontologie sollte unterschieden werden von der Anwendung des selben Begriffs zur Beschreibung der inhaltlichen Normen einer Gerechtigkeitstheorie.

Die Attraktivität der Anwendung des Vertrags auf gerechtigkeitstheoretische Begründungsprobleme liegt an der normativen Bindewirkung echter Verträge: Durch einen Vertrag wird ein gegenseitiges Versprechen geäußert, auf dessen Erfüllung man sich ohne Bezug auf die eingetretenen Umstände allein aus der Tatsache heraus, dass es ein Versprechen ist, verlassen kann. Der Kontraktualismus versucht nun, diese Selbstbindung vom realen auf den Gesellschaftsvertrag zu übertragen, um die fehlende Begründung zu liefern. Hier allerdings muss der Kontraktualismus scheitern, da sich im Urzustand nur fiktive Individuen ein gegenseitiges Versprechen geben. Eine Übertragung der Verpflichtung auf die realen Individuen in einer bestimmten Entscheidungssituation ist daher nicht möglich: Ich als Individuum in einer realen Entscheidungssituation bin nicht an ein Versprechen gebunden, welches ein fiktives, entpersonalisiertes Ich in einer fiktiven Situation gegeben haben könnte. Daher kann der Kontraktualismus das Gewicht seiner Begründung nicht selbst tragen. Die Gesellschaft kann sich nicht wie Münchhausen am eigenen Schopf aus dem Sumpf des Begründungsdefizits für die bestehende Ordnung ziehen. Ein kontraktualistisches Begründungsprogramm kann daher lediglich als Heuristik dienen, die es einem erlaubt, auf rational nachvollziehbarem Wege die institutionellen Konsequenzen bestimmter Fairnessideale aufzuzeigen.

2.1.3 Implementierung

Unter der Implementierung verstehen wir all die Maßnahmen, die erforderlich sind, um eine bestimmte Gerechtigkeitsstruktur im realen Wirtschaftsgeschehen umzusetzen. Damit können wir sagen, dass *eine Institution eine Gerechtigkeitsstruktur verwirklicht, wenn durch sie die Gerechtigkeitsstruktur in bestmöglicher Form umgesetzt wird.*

Dazu sind zwei Dinge notwendig: Erstens muss man über das Wissen verfügen, ob bestimmte Institutionen die Gerechtigkeitsstruktur verwirklichen. Dies ist das eigentliche Einsatzgebiet von Ökonomen. So werden wir in Kapitel 5 lernen, dass das Konkurrenzgleichgewicht für eine perfekte Eigentumsordnung unter gewissen Voraussetzungen das normative Ziel der Pareto-Effizienz erfüllt. Dazu ist es aber zweitens erforderlich, dass prinzipiell Institutionen existieren können, die die Gerechtigkeitsstruktur verwirklichen. Dieses notwendige Kriterium zur Implementierung verweist auf die Begründung einer Gerechtigkeitstheorie: Man kann es als eine Grundanforderung an die Begründetheit einer Gerechtigkeitstheorie stellen, dass sie den Nachweis der Existenz einer Institution erbringen kann, die sie verwirklicht.

Diese Grundanforderung erweist sich im Rahmen einer methodologisch-individualistischen Theorie gesellschaftlicher Ziele, die auf individuellen Nutzenbewertungen aufbaut, als ausgesprochen bedeutsam: Individuelle Ziele werden in der modernen Entscheidungstheorie indirekt abgeleitet. Individuen bringen sie – so die Grundannahme – durch ihre Wahlhandlungen zum Ausdruck. Die durch die Wahlhandlungen offenbarten Präferenzen können, unterstellen wir bestimmte Konsistenzanforderungen, durch eine Nutzenfunktion beschrieben werden. Dabei kommt dem Konzept der Nutzenfunktion eine rein funktionale Rolle in der Theorie zu. Es dient lediglich als bequemes Instrument, individuelle Wahlhandlungen zu generieren. Nichts stünde einer Formulierung im Wege, die unmittelbar von offenbarten Präferenzen – also etwa mit der Formulierung einer Marshallschen Nachfragefunktion – ausginge.

Um individuelles Verhalten entscheidungstheoretisch zu fundieren, ist es daher nicht erforderlich, dass Individuen Nutzenfunktionen „haben", sondern nur, dass ihr Verhalten mit der Vorstellung konsistent ist, sie würden eine Nutzenfunktion maximieren. Für eine individualistische Fundierung gesellschaftlicher Ziele impliziert diese entscheidungstheoretische Wende aber ein bedeutendes Problem, da man bei der Aggregation individueller zu gesellschaftlichen Zielen nicht mehr ohne weiteres Individuum und Nutzenfunktion gleichsetzen kann, und selbst wenn man dies täte, in der Regel keine sinnvolle Aggregation möglich wäre. Mit dem Problem der Aggregation und dem Problem der Identifikation individueller Ziele mit Nutzenfunktionen werden sich die folgenden Abschnitte eingehend beschäftigen.

Individualistische Gerechtigkeitstheorien müssen also in der einen oder anderen Form das Aggregationsproblem von individuellen zu kollektiven Zielen lösen. Wenn wir also fordern, dass eine Gerechtigkeitstheorie umsetzbar sein soll, dann ist es von höchster Relevanz zu wissen, welche Informationserfordernisse an die relevanten Merkmale erfüllt sein *können*. Gerechtigkeitstheorien, die auf nicht vorhandene Informationen über individuelle Präferenzen aufbauen, sind, so sehr sie unseren moralischen Intuitionen auch nahestehen mögen, irrelevant.

2.2 Prozedurale Gerechtigkeitstheorien

In diesem Abschnitt werden prozedurale Gerechtigkeitskonzeptionen dargestellt, im folgenden Abschnitt konsequenzialistische. Einen Überblick über alle behandelten Theorien gibt Abbildung 2.1.

Hauptvertreter prozeduraler Theorien sind Milton Friedman (1962), Friedrich August von Hayek (1976) und Robert Nozick (1974), die als Gleichheitsideal die formellen Freiheitsrechte der Individuen sehen. Gemäß diesen Theorien ist eine Institution nicht bezüglich der durch sie resultierenden Ergebnisse zu beurteilen, sondern durch die Gerechtigkeit des Verfahrens, welches diese Ergebnisse hervorbringt. Genügt das Verfahren bestimmten Kriterien bezüglich der gleichen Freiheitsrechte der Individuen, so ist eine Institution gerecht – unabhängig von den Konsequenzen, welches dieses Verfahren für den Einzelnen hat.

2.2.1 Robert Nozicks Anspruchstheorie

Nach Robert Nozicks Anspruchstheorie,[2] ist eine Verteilung genau dann gerecht, wenn jeder auf die Güter, die er darin besitzt, einen *Anspruch* hat. Ansprüche können durch die wiederholte Anwendung der folgenden drei Prinzipien erworben werden:
1. die gerechte Aneignung herrenloser Güter,
2. die freiwillige Übertragung (Tausch, Schenkung, Vererbung),
3. die Wiedergutmachung für frühere Verstöße gegen 1. oder 2.

Nach dieser Konzeption verstößt staatliche Umverteilung *grundsätzlich* gegen die Gerechtigkeit, während die durch reine Marktprozesse ohne Staatseingriffe zustande gekommene Allokation immer gerecht ist. Umverteilung kann jedoch legitimiert sein, wenn sie dem Prinzip 2. folgt, also freiwillig, aber staatlich verwaltet ist. Eine Ausnahme bildet hier das Prinzip der ausgleichenden Gerechtigkeit, welches durch Prinzip 3. in die Theorie integriert wird. Das Postulat beruht auf der Überzeugung, dass jeder ein Anrecht hat auf das, was er selbst produziert. Es steht in der Tradition des liberalen Rechtsstaats, die Staatseingriffe nur dann anerkennt, wenn sie das Wohlergehen *jedes Einzelnen* verbessern.

Implizit erkennt diese Spielart des Liberalismus das Eigentumsrecht jedes Individuums an seiner Anfangsausstattung an und lehnt staatlichen Zwang zur Angleichung der Startchancen ab. Die Anfangsausstattung besteht aus

1. materiellen Gütern (ererbtem Vermögen),
2. natürlichen (konsumtiven und produktiven) Fähigkeiten.

Für beides kann man gute Argumente vorbringen: 1. Ererbtes Vermögen beruht auf einem Konsumverzicht des Erblassers, der als legitimer Eigentümer das Recht hat, den Nutznießer seines Vermögens selbst zu bestimmen; jede Erbschaftssteuer greift in dieses Recht ein. 2. Wenn angeborene Fähigkeiten dem Einzelnen nicht gehören würden, müsste man ihn als Sklaven des Staates ansehen. Aber es gibt auch Gegenargumente: Soll jemand, der mit einer Behinderung geboren ist (z. B. blind oder ohne Arme), ein geringeres Anrecht auf Konsum haben als ein Nicht-Behinderter?

Ein Problem der Konzeption von Nozick besteht in der Festlegung eines Induktionsanfangs für die Aneignung von Gütern, da nicht geklärt ist, unter welchen Voraussetzungen die Aneignung herrenloser Güter gerecht erfolgt ist. Hier bestehen nun zwei Möglichkeiten: Entweder wir nehmen – wie hier geschehen – den Begriff „gerecht" in die Definition von Prinzip 1. auf. Dann wird der Begriff der Gerechtigkeit zirkulär, da durch die Prinzipien 1.-3. dieser erst definiert werden soll. Oder wir eliminieren den Begriff aus Prinzip 1. Dann erhalten wir aber das Problem des infini-

---
[2]Diese vertrat er in seinem 1974 erschienenen Hauptwerk „Anarchy, State, and Utopia".

ten Regresses, da wir nicht wissen, welche Formen der Aneignung herrenloser Güter noch toleriert werden. Ohne die Existenz einer Eigentumsordnung können wir nicht sinnvoll zwischen „Mein" und „Dein" unterscheiden. In diesem Sinne ist jedes Gut herrenlos. Durch das Nozicksche Begründungsprogramm soll aber erst eine Eigentumsordnung als gerecht ausgewiesen werden. Wir müssen also voraussetzen, was wir erst zu begründen trachten. In diesem Sinne ist die Konzeption von Nozick unvollständig.

2.2.2 Hayeks Konzeption einer liberalen Gesellschaft

Hayek ist einer der wichtigsten Vertreter des Liberalismus im 20. Jahrhundert. Er tritt sehr prononciert für einen negativen Freiheitsbegriff ein, der Freiheit als Abwesenheit staatlichen Zwangs fasst. Dabei geht er allerdings nicht so weit, den Staat (im Sinne des weiten Staatsbegriffs) in Gänze abzulehnen; vielmehr sieht er in ihm, wenn er seiner Aufgabe nachkommt, erst den Garanten der Verwirklichung menschlicher Freiheit. Freiheit ist für Hayek ein Zustand, in dem die Zwangsausübung durch andere Menschen so weit herabgemindert ist, wie dies im Gesellschaftsleben möglich ist. Dies geschieht durch die Übertragung des Zwangsmonopols auf den Staat.

2.2.2.1 Begründung

Hayeks Begründung einer liberalen Gesellschaftsordnung basiert im Wesentlichen auf dem von ihm herausgearbeiteten Problem des unzureichenden Wissens des Einzelnen. Daraus zieht er drei zentrale Schlussfolgerungen. Erstens kann nur das einzelne Individuum seine Ziele und Lebensmodelle beurteilen. Daher sollte das gesellschaftliche Zusammenleben so geordnet sein, dass dem Einzelnen möglichst große Spielräume zur Verwirklichung seiner Ziele gegeben werden. Zweitens steht der Mensch in einem Prozess der kulturellen Evolution, in dem das Wissen, welches implizit in Institutionen, Bräuchen, Normen und Moral enthalten ist, das Wissen jedes Einzelnen bei weitem und mit fortschreitender Zivilisation zunehmend übersteigt. Daher ist eine Gesellschaft weder nach einem Plan gestaltet worden, noch kennt der Einzelne die genauen Regeln ihres Funktionierens und die Gründe für ihr Entstehen. Drittens sind die zukünftigen Konsequenzen von Handlungen in der Regel unüberschaubar. Daher sind Institutionen nicht auf ein bestimmtes Ziel hin planbar; ihre Aufgabe kann nur darin bestehen, den Prozess von Experiment und Irrtum, der letztlich Fortschritt erzeugt, nicht zu behindern. Diese Begründungsform ist naturalistisch, da sie normative Schlussfolgerungen aus einer positiven Beschreibung der Wirklichkeit zieht.

2.2.2.2 Struktur

Der Liberalismus Hayeks hat als Gleichheitsideal die gleichen formellen Freiheitsrechte der Individuen gegenüber dem Staat. Diese Gleichheit der Freiheitsrechte macht die Theorie zu einer deontologisch-prozeduralen Gerechtigkeitstheorie. Da ihre Begründung aber mehr oder weniger direkt auf die Konsequenzen von Handlungen rekurriert – oder besser gesagt auf die Unmöglichkeit der Abschätzung von Handlungskonsequenzen – lässt sie sich als konsequenzialistisch auf der Begründungsebene einstufen.

2.2.2.3 Implementierung

Der Mangel an Wissen führt nach Ansicht Hayeks dazu, dass eine gezielte Planung der Wirtschaft nur unter sehr hohen Kosten für die Freiheit des Einzelnen und die Fortschrittskräfte der Gesellschaft möglich ist. Die Ergebnisse von Experimenten und Innovationen sind weitgehend zufällig und unvorhersehbar, so dass dem Einzelnen in möglichst hohes Maß an Möglichkeiten des Experimentierens zugestanden werden, wobei eine Koordination der Pläne durch möglichst kompetitive Märkte dieses Ziel am weitest gehenden verwirklicht, da sich den vorherrschenden Knappheitsverhältnissen anpassende Marktpreise dazu führen, dass das lokale Wissen um Knappheit in der gesamten Gesellschaft verfügbar ist, auch wenn es kein einzelner auch nur annähernd in Gänze besitzt. Hayek sieht aber, dass es bestimmte Bereiche gibt, in denen die Ergebnisse eines Marktprozesses unzureichend sind, namentlich das Geldsystem, die Lösung von Koordinationsproblemen wie z. B. die Normierung von Gewichten, Maßen, etc., und die Unterstützung der Bildung. Wie man im Verlauf dieses Buches noch sehen wird, ist die Überlappung einer solchen Konzeption des Liberalismus mit einer an der (auch auf der strukturellen Ebene konsequenzialistischen) Idee der Pareto-Effizienz orientierten Gerechtigkeitstheorie recht weitgehend. Andererseits ist festzuhalten, dass Hayek die Marktwirtschaft auch dann befürworten würde, wenn sie nicht zu einer Pareto-effizienten Allokation führte.

2.3 Konsequenzialistische Gerechtigkeitstheorien

2.3.1 Zentrale Konzepte

Wie oben bereits erwähnt, dienen konsequenzialistische Gerechtigkeitstheorien einer Bewertung des Zustands einer Ökonomie, sei er ausgedrückt durch die gesamte Güterallokation, durch die Einkommensverteilung oder eine andere Größe. An solche Bewertungen können bestimmte formale Anforderungen gestellt werden. Diese werden in den Begriffen gesellschaftliche Wohlfahrtsordnung bzw. Wohlfahrtsfunktion ausgedrückt. Ferner gibt es bestimmte Vorstellungen darüber, ob und, falls ja, in welcher Weise diese Werturteile vom Wohlergehen oder vom Konsum der Gesellschaftsmitglieder abhängen sollen. Im Falle einer Abhängigkeit vom Wohlergehen ist weiter zu fragen, wie dieses gemessen werden soll. Die formalen Grundlagen zur Beantwortung dieser Fragen werden im Folgenden gelegt.

2.3.1.1 Wohlfahrtsordnung und Wohlfahrtsfunktion

Damit man sich systematisch mit der Struktur konsequenzialistischer Gerechtigkeitsurteile beschäftigen kann, ist es sinnvoll, eine formale Sprache einzuführen: Sei $X =$

$\{x, y, z, \ldots\} \subset \mathbb{R}^n_+$ die Menge aller zulässigen Allokationen in der Ökonomie. Eine Allokation ist eine vollständige Beschreibung von Produktions- und Konsumaktivitäten aller Wirtschaftssubjekte. Damit sind z. B. für jeden Konsumenten sowohl seine Güterverbräuche als auch seine Faktorleistungen erfasst. Eine Allokation x heißt zulässig, wenn sie unter Beachtung sowohl aller technischen Beschränkungen (verfügbare Ressourcen, Produktionsfunktionen) als auch der Anreizproblematik realisierbar ist.

Zentrales Element einer Beurteilung von Allokationen durch „die Gesellschaft" seien paarweise Vergleiche der Form: „Allokation x ist mindestens so gut wie Allokation y" oder in Symbolen: $x \, R \, y$. Hierin ist das Zeichen R als „ist mindestens so gut wie" zu lesen.[3] Die Menge aller Paare (x, y), für die $x \, R \, y$ gilt, bildet eine (gesellschaftliche) *Wohlfahrtsrelation*.[4] Damit auf der Grundlage solcher paarweiser Vergleiche eine Auswahl getroffen werden kann, muss es in der Menge der zulässigen Allokationen eine „beste" geben, d. h., eine Allokation, die gemäß der Relation R mindestens so gut ist wie jede andere zulässige Allokation. Eine hinreichende Bedingung dafür ist es, dass die Wohlfahrtsrelation R die folgenden beiden Eigenschaften besitzt:

1. Vollständigkeit:
   $\forall \, x, y \in X$ gilt: $x \, R \, y$ oder $y \, R \, x$,
2. Transitivität:
   $\forall \, x, y, z \in X$ gilt: falls $x \, R \, y$ und $y \, R \, z$, dann $x \, R \, z$.

Eine Wohlfahrtsrelation R, die vollständig und transitiv ist, nennt man „gesellschaftliche Wohlfahrtsordnung". Eine Relation, die zwar transitiv ist, aber nicht vollständig, nennt man eine „Teilordnung".

Falls R eine Wohlfahrtsordnung ist und darüber hinaus bestimmte Stetigkeitsanforderungen erfüllt,[5] kann man sie durch eine reelle Funktion repräsentieren, indem man jeder Allokation x eine reelle Zahl $W(x)$ zuordnet mit der Maßgabe, dass

$$W(x) \geq W(y) \quad \Leftrightarrow \quad x \, R \, y \quad \forall \, x, y \in X \,. \tag{2.1}$$

Man nennt dann $W(x)$ den „Wohlfahrtsindex" von Allokation x und die Funktion W eine „gesellschaftliche Wohlfahrtsfunktion".

Definition 2.1: Eine gesellschaftliche Wohlfahrtsfunktion (GWF) ist eine Funktion W, die jeder Allokation x eine reelle Zahl $W(x)$ zuweist, so dass $W(x) > W(y)$ bedeutet, dass die Gesellschaft x gegenüber Allokation y präferiert.

---

[3] Die Analogie zum Symbol $\succsim$ in der Theorie des Haushalts liegt auf der Hand. Außerdem steht im Folgenden das Symbol P für die strikte Präferenz (d. h. $x \, P \, y$ bedeutet: „x ist besser als y") und analog I für Indifferenz.
[4] Formal ist eine Relation eine Menge geordneter Paare, also eine Teilmenge des kartesischen Produkts $X \times X$.
[5] Für jede Allokation x muss die Menge aller Allokationen y mit $y \, R \, x$ sowie die Menge aller Allokationen y mit $x \, R \, y$ abgeschlossen sein.

Zunächst soll geprüft werden, ob das Pareto-Kriterium eine gesellschaftliche Wohlfahrtsordnung und gegebenenfalls sogar eine GWF induziert. Es ist wie folgt definiert

Definition 2.2: Nach dem (starken) Pareto-Kriterium sind zwei Allokationen x und y genau dann gleichwertig, falls alle Gesellschaftsmitglieder zwischen x und y indifferent sind. x heißt" Pareto-superior" gegenüber y, wenn alle Gesellschaftsmitglieder x gegenüber y schwach präferieren und mindestens eines strikt.

Es zeigt sich, dass die Frage verneint werden muss, da die aus dem Pareto-Kriterium abgeleitete Relation „ist Pareto-superior oder Pareto-gleichwertig" über der Menge der zulässigen Allokationen nicht vollständig ist. Gelte etwa in einer Zwei-Personen-Gesellschaft mit Individuen 1 und 2 für zwei Allokationen x und y: $x\, P_1\, y$, aber $y\, P_2\, x$, so trifft das Pareto-Kriterium keine Aussage über die Reihung von x und y, da die eben zitierte Aussage weder für x gegenüber y noch für y gegenüber x zutrifft. Das Pareto-Kriterium induziert also keine vollständige, wohl aber eine transitive Relation und somit eine Teilordnung.

Andere Gerechtigkeitsurteile sind noch weniger strikt, indem sie nicht einmal eine Teilordnung induzieren, sondern nur eine Einteilung in zwei Klassen erlauben: die Klasse der „gerechten" und die der „ungerechten" Allokationen. Ein Beispiel für eine derartige Gerechtigkeitskonzeption ist die weiter unten noch ausführlicher diskutierte Idee der „Fairness" die nur zwischen „fairen" und „unfairen" Allokationen unterscheidet, aber keine Relation „fairer als" induziert.

2.3.1.2 Welfarismus, Individualismus und Paternalismus

Während im vorhergehenden Abschnitt formale Eigenschaften von Gerechtigkeitsaussagen selbst im Vordergrund standen, geht es im Folgenden um die Frage, welche Informationen zur Bildung von Gerechtigkeitsurteilen – etwa beim Vergleich zweier Allokationen – verarbeitet werden sollen. Diese kann in zwei Teilfragen zerlegt werden:

1. Soll die gesamte gerechtigkeitsrelevante Information über die Individuen durch ihren Nutzen gegeben sein? Wenn diese Frage bejaht wird, akzeptiert man das Konzept des *Welfarismus*. Andernfalls könnte z. B. der Konsumvektor selbst Gegenstand der Bewertung sein, ohne dass der Nutzen des Betroffenen dabei berücksichtigt wird.
2. Soll sich die Beurteilung der Situation eines Individuums nur auf dessen eigene Beurteilung stützen? Wenn dies der Fall ist, spricht man von *Individualismus*, im anderen Fall, wenn also die Bewertung von anderen Personen vorgenommen wird, von *Paternalismus*.

Wenn also beide Fragen bejaht werden, so ist die einzige gerechtigkeitsrelevante Information der Nutzen der betroffenen Individuen, und diesen misst man an den von den Betroffenen geäußerten Präferenzen.

Im Folgenden werden zunächst nicht-welfaristische und im Anschluss daran welfaristische Gerechtigkeitskonzeptionen dargestellt.

2.3.2 Nicht-welfaristische konsequenzialistische Theorien

2.3.2.1 Amartya Sens Ansatz der Verwirklichungschancen

Der Welfarismus geht davon aus, dass die individuellen Nutzenbewertungen von Alternativen die einzigen Informationen sind, die eine Gesellschaft zur Fundierung ihrer Gerechtigkeitsurteile heranziehen sollte. Diese Forderung klingt auf den ersten Blick plausibel, da sie anscheinend ein im normativen Individualismus fundiertes Nicht-Paternalismus-Prinzip berücksichtigt. Trotzdem ist diese Annahme von verschiedenen Seiten stark kritisiert worden. Zu den prominentesten Kritikern zählt Amartya Sen, der in zahlreichen Arbeiten die dieser Sichtweise zugrunde liegenden impliziten Annahmen über den Nutzenbegriff herausgearbeitet hat und ein alternatives Konzept entwickelt hat, welches auch politisch eine gewisse Relevanz erlangen konnte.

Sen verweist darauf, dass die Verwendung des Begriffs „Nutzen" in der zeitgenössischen Wirtschaftswissenschaft eigentümlich unscharf ist, weil darunter so unterschiedliche Phänomene wie Lebenssinn, Glück, Lust, Konsumnutzen etc. subsumiert sind. Für eine Theorie der Gerechtigkeit ist ein solcher, alle möglichen Interpretationen aufsaugender Sammelbegriff aber möglicher Weise problematisch, weil er den Blick darauf verstellt, bezüglich welcher Kategorie menschlicher Bedürfnisse und Bedürfnisbefriedigung Gerechtigkeitsaussagen getroffen werden. Eine solche Diskussion wurde bereits innerhalb der ersten Generation der Utilitaristen zwischen Jeremy Bentham und John Stewart Mill geführt. Während Bentham noch geschrieben hatte: „*Pushpin is as good as Poetry*", trat Mill für eine qualitative Unterscheidung unterschiedlicher Nutzen stiftender Tätigkeiten ein: „*[i]t is better to be a human being dissatisfied than a pig satisfied; better to be Socrates dissatisfied than a fool satisfied. And if the fool, or the pig, are of a different opinion, it is because they only know their own side of the question.*"

Die zeitgenössische Debatte über unterschiedliche Kategorien von Nutzen hat mit dieser Wertefrage zu tun, geht aber in ihrer Reichweite und in ihren Argumentationsmustern darüber hinaus. Um dies präzise zu machen, ist es sinnvoll, das folgende Modell zu benutzen. Wie bisher gehen wir davon aus, dass es n unterschiedliche Alternativen gibt. Diese setzen sich aus Gütern zusammen, die die Individuen konsumieren möchten. Die Alternativenmenge wird mit $\{x, y, \ldots\} = X \subset \mathbb{R}^n_+$ bezeichnet.

Individuen interessieren sich für Güter, weil sie bestimmte wünschenswerte Eigenschaften haben. Ein Apfel stillt z. B. den Hunger, liefert bestimmte Nährstoffe und schmeckt gut. Ein Haus bietet z. B. Schutz vor Witterung und dient bestimmten gesellschaftlichen Bedürfnissennach Status und Anerkennung. Daher sind Individuen nicht direkt an Gütern interessiert, sondern an den sogenannten *Charakteristika*, deren „Träger" die physischen Güter oder Dienstleistungen sind. In Vorgriff auf Kapitel 4 nehmen wir an, dass es v unterschiedliche Charakteristika gibt, deren Ausprägungen oder Mengen wir mit $\{c_1, \ldots, c_v\} \in C \subset \mathbb{R}^v$ bezeichnen. Für jedes Gut j beschreibt die Funktion $\zeta_j : X \to C$ die Ausprägungen oder Mengen der Charakteristika, die von einer Menge x_j des Gutes G_j „getragen" werden.

Menschen unterscheiden sich in ihren Bedürfnissen. Große Menschen benötigen *ceteris paribus* mehr Nahrung als kleine Menschen, und eine gehbehinderte Person kann ein Fahrrad nicht auf dieselbe Weise nutzen wie eine nicht gehbehinderte Person.

2.3. Konsequenzialistische Gerechtigkeitstheorien

Um diesem Umstand Rechnung zu tragen, lassen sich individuelle *Befähigungsfunktionen* f^i einführen, die von den Charakteristika in einen h-dimensionalen Vektor von Befähigungen abbilden, $f^i : C \to Y \subset \mathbb{R}_+^h$. Ein solcher Vektor y_j^i gibt an, in welcher Weise ein Individuum i die zur Verfügung stehenden Mengen an Charakteristika c_j in Chancen und Positionen umsetzt.[6] Wir gehen davon aus, dass Individuen in Abhängigkeit von der sie umgebenden Gesellschaft in der Lage sind, bis zu einem gewissen Grade den Zusammenhang zwischen Charakteristika und Befähigungen zu wählen, so dass f^i Element einer Menge F^i ist.[7] Diese Menge kann auch als Menge der Persönlichkeitsmerkmale (in einem sozialen Raum) aufgefasst werden.

Darüber hinaus können wir eine Nutzenfunktion u^i auf der Menge der Charakteristiken definieren, $u^i : C \to \mathbb{R}$. Diese Nutzenfunktion ist das (einzige) Argument, auf der eine welfaristische Bewertung der Gerechtigkeit basiert. Alternativ können wir eine Bewertungsfunktion β^i auf der Menge der Befähigungen definieren, $\beta^i : Y \to \mathbb{R}$, $b_j^i = \beta^i(y_j^i)$. Diese Bewertungsfunktion sagt, wie ein Individuum seine bei einer bestimmten Alternative resultierenden Befähigungen einschätzt. Diese Funktion kann z. B. so interpretiert werden, dass sie eine Antwort auf die Frage liefert, für wie gut das Leben gehalten wird, welches man aufgrund seiner spezifischen Befähigungen zu leben imstande ist. Sie setzt unterschiedliche Lebensmodelle zueinander ins Verhältnis. Es ist daher nicht klar, ob sie eine vollständige Ordnung liefert, da es mehr als unwahrscheinlich ist, dass sich unterschiedliche Lebensweisen immer miteinander vergleichen lassen.

In der welfaristischen Logik kann es keinen Unterschied zwischen der Nutzenbewertung einer Alternative und der Bewertung der durch sie resultierenden Befähigungen geben, $u^i(\zeta(x_j)) = \beta^i(f^i(\zeta(x_j)))$. Diese Annahme ist aber in keiner Weise die Feststellung einer Tautologie. Vielmehr handelt es sich um eine normative Setzung. Hier sind drei Beispiele, die mögliche Unterschiede deutlich machen:

- Es ist durchaus möglich zu sagen, dass man mit einer Alternative zufrieden ist (im Sinne der Funktion u^i), aber trotzdem die durch die Befähigungen erlangte gesellschaftliche Position als ungerecht erachtet (im Sinne der Funktion β^i).
- Umgekehrt kann es durchaus sein, dass die nutzenmaximierende Wahl einer Alternative (im Sinne der Funktion u^i) mit den grundsätzlichen Werten, nach denen ein Individuum zu leben trachtet (im Sinne der Funktion β^i), nicht zusammenpasst.

---

[6]Die Konzeption von John Rawls kann als ein Spezialfall einer Theorie der Gerechtigkeit interpretiert werden, in der die Gerechtigkeit einer Gesellschaft anhand des Zugangs von Individuen zu solchen Befähigungen beurteilt wird. Rawls operationalisiert diese Befähigungen in einer spezifischen Weise und nennt sie *Grundgüter*.

[7]Bestimmte Zusammenhänge zwischen C und Y lassen sich nicht vom Individuum selbst beeinflussen, z. B. der eigene Metabolismus, der die Umsetzung von Nährstoffen regelt. Andere Zusammenhänge werden direkt über die Konventionen des menschlichen Zusammenlebens definiert, z. B. die Frage, ob ein allgemeines Wahlrecht existiert oder ob die Stimmenzahl z. B. vom Geschlecht oder Einkommen abhängt. Eine dritte Klasse von Zusammenhängen betrifft die individuellen Einstellungen zu gesellschaftlichen Konventionen, wie z. B. die Frage, inwieweit man Selbstwert aus gesellschaftlichen Statusrollen zieht, oder man sich davon frei macht.

- Die zur Führung eines sinnvollen Lebens (im Sinne der Funktion β^i) notwendigen Entscheidungen können sich von den nutzenmaximierenden Entscheidungen (im Sinne der Funktion u^i) unterschieden.

Mit anderen Worten kann gelten, dass

$$\arg\max_{x_j \in x} u^i(\zeta(x_j)) \neq \arg\max_{x_j \in x} \beta^i(f^i(\zeta(x_j))).$$

Wie die obigen Beispiele deutlich machen, hängt die Antwort auf die Frage, ob die begriffliche Unterscheidung zwischen Nutzenfunktion und Bewertungsfunktion bzw. Alternativen und Befähigungen Sinn ergibt, davon ab, wie man den Nutzenbegriff versteht. „Saugt" er all diese Nuancen in der Begriffsbedeutung in sich auf, so bleibt kein Raum für eine (normative) Unterscheidung. Daher ist die im Sinne einer normativen Theorie relevante Frage, ob es für die Bewertung von Zuständen notwendig ist, diese begrifflichen Unterscheidungen vorzunehmen.

Ein Beispiel, anhand dessen die Frage nach der Notwendigkeit einer detaillierteren begrifflichen Unterscheidung des Nutzenbegriffs erörtert werden kann, und gleichzeitig ein weiteres Problem (aus Sicht anderer Gerechtigkeitstheorien) welfaristischer Theorien aufzeigt, ist, dass im Welfarismus nur die tatsächlich realisierte Alternative eine Rolle spielt, so dass der Prozess der Auswahl oder die Wahlmöglichkeiten, die ein Individuum bei der Auswahl hatte, keine Rolle spielen. Um diesen Aspekt zu erfassen, können die folgenden beiden Mengen unterschieden werden:

$$P^i(x_i) = \{b_j^i | \exists f^i(.) \in F^i \text{ so dass } b_j^i = f^i(\zeta(x_j))\}$$

gibt die Menge aller Befähigungen an, die ein Individuum durch eine Alternative x_j erreichen kann. Gehen wir davon aus, dass ein Individuum in einer konkreten Auswahlsituation aus einer Menge $X^i \subset X$ wählen kann. Diese nennen wir *Anspruchsmenge* (entitlements). Wenn das Individuum als Nachfrager auf einem kompetitiven Markt auftritt, entspricht X^i seiner Budgetmenge. Dann gibt

$$Q^i(X^i) = \{b^i | \exists f^i(.) \in F^i \wedge \exists x^i \in X^i \text{ so dass } b^i = f^i(\zeta(x_j))\}$$

für die gegebenen Persönlichkeitsmerkmale F^i und die Wahlmöglichkeiten X^i die Menge der möglichen Befähigungen an. Die Größe dieser Menge ist ein Maß für den Freiheitsgrad, den ein Individuum bei der Wahl möglicher Befähigungen hat. Diese entspricht den *Verwirklichungschancen* (capabilities) eines Individuums. Die Nutzenmöglichkeitenmenge für gegebene Verwirklichungschancen ist dann $U^i = u_i | \exists b^i \in Q^i$ so dass $u_i = u_i(b^i)$.

Das oben skizzierte Problem welfaristischer Gerechtigkeitstheorien kann nun wie folgt präzisiert werden: Sei $\bar{b}^i$ das Element aus Q^i, welches $u^i(.)$ maximiert. Da im Welfarismus nur die individuellen Nutzenbewertungen eine Rolle spielen, sind alle Mengen $Q^i(x)$, die $\bar{b}^i$ als maximales Element enthalten, gleichwertig, also z. B. auch die Menge $\bar{Q}^i(x) = \bar{b}^i$. Trotzdem sind die Freiheitsrechte bei der Menge $\bar{Q}^i$ in dem Sinne beschränkt, dass das Individuum keine Wahl mehr hat. Für die Idee der Freiheit als Möglichkeit der Wahl ist daher in einer welfaristischen Theorie kein Raum.

2.3. Konsequenzialistische Gerechtigkeitstheorien

Mit der obigen begrifflichen Unterscheidung können nun unterschiedliche konzeptionelle Zugänge zum Problem der Gerechtigkeit aufgezeigt werden. Man kann der Auffassung sein, dass Gerechtigkeitsaussagen

- unmittelbar auf Basis von Informationen über $\{x^1, \ldots, x^m\}$ gemacht werden können (z. B. Maße wie das Sozialprodukt oder der Gini-Koeffizient als Gleichheitsmaß),
- auf Basis von Informationen über $\{u^1, \ldots, u^m\}$ gemacht werden können (wie in welfaristischen Theorien),
- auf Basis von Informationen über $\{\beta^1, \ldots, \beta^m\}$ gemacht werden können, oder
- auf Basis von Informationen über $\{P^1(x^1), \ldots, P^m(x^m)\}$ bzw. $\{Q^1(X^1), \ldots, Q^m(X^m)\}$ gemacht werden können.

Jede Entscheidung für den einen oder anderen Bewertungsbereich basiert auf unterschiedlichen Begründungen. Eine Theorie der Gerechtigkeit, die auf der Idee der Befähigungen und Verwirklichungschancen aufbaut, geht davon aus, dass es keine notwendige Kongruenz zwischen Nutzen u^i und Bewertungen b^i bzw. der Größe der Menge Q^i gibt. Sie ist daher nicht welfaristisch. Da Befähigungen und Verwirklichungschancen mehrdimensionale Objekte sind, benötigt man eine Aggregatorfunktion, die das Auswahlproblem eindimensional macht, und wie sie für die Fähigkeiten mit der Funktion b^i auch gegeben ist. Daher ist eine solche Theorie individualistisch, auch wenn die spezifische Interpretation der Bewertungsfunktion von der Idee des Nutzens abweicht, da sie prinzipiell an der Idee festhält, dass das Individuum bei der Beurteilung von Gerechtigkeitsfragen im Zentrum steht. Es steht nur nicht mit seinen jeweiligen Nutzenbewertungen (im Sinne von u^i) im Zentrum, sondern bezüglich einer Bewertung der Möglichkeiten, die eine Gesellschaft ihm zur Verwirklichung seiner Lebensziele bietet. In diesem Sinne ist eine solche Theorie besser vereinbar mit liberalen Idealen, als es eine welfaristische Theorie sein kann. In einer Welt unvollständiger Informationen über die Werte, Wünsche und Vorstellungen der Individuen (also in der realen Welt) respektiert sie in gewisser Weise auch besser die Autonomie des Einzelnen, da sie nur für ein gewisses Niveau an Verwirklichungschancen sorgt, die Verwirklichung aber dem Individuum selbst überlässt.

Der Verwirklichungschancen-Ansatz liefert den theoretischen Unterbau unter den Human-Development-Index und den Human-Poverty-Index, die seit 1990 in Weltentwicklungsberichten dokumentiert sind. Anders als beim Konzept des Sozialprodukts soll der Wohlstand einer Gesellschaft anhand mehrerer Größen gemessen werden, wobei die Frage nach den für ein gutes und gelingendes Leben relevanten Faktoren im Vordergrund steht. Der Ansatz basiert auf einer Reihe von instrumentellen Freiheiten, die die Verwirklichungschancen operationalisieren. Diese sollen dem Ziel der Erreichung eines gelungenen Lebens im Sinne der Verwirklichung der positiven Freiheit zuträglich sein. Zu den instrumentellen Freiheiten zählt Sen politische Freiheiten wie Kritik, Wahlrecht, etc., ökonomische Institutionen wie die Bedingungen, unter denen Tausch abläuft, soziale Chancen wie Bildung und Gesundheit, Transparenzgarantien wie Pressefreiheit und Informationspflichten, und soziale Sicherheit, die ein bestimmtes Maß an materieller Grundausstattung garantiert. An der Stelle der instrumentellen Freiheiten liegt einer der Archimedischen Punkte des Ansatzes, da die Operationalisierung des generellen Denkmodells wichtige Konsequenzen für die Normativität des Ansatzes hat. In seiner qualitativen Ausgestaltung erlaubt er eine Einordnung und Kritik unterschiedlicher Gerechtigkeitsvorstellungen. Für seine Umsetzung muss er aber durch eine konkrete Bestimmung von instrumentellen Freiheiten operationalisiert werden. Zentrale Impulse für eine solche Operationalisierung wurden dabei von Martha Nussbaum gegeben, die ein Stufenmodell von Befähigungen entwickelt hat (siehe Nussbaum und Sen 1993).

2.3.2.2 John Rawls' Differenzprinzip

Struktur: Das von John Rawls postulierte Differenz-Prinzip fordert, dass Abweichungen von der Gleichverteilung nur dann gerechtfertigt sind, als sie den am schlechtesten gestellten Individuen zu Gute kommen. Das Besondere am Differenzprinzip ist, dass Rawls es nicht auf die individuellen Nutzen angewendet wissen will, sondern auf einen „Index gesellschaftlicher Grundgüter". Siehe hierzu auch Kasten 2.1. In dieser Hinsicht ähnelt das Konzept dem von Sen. Zu den Grundgütern sind Einkommen und Vermögen ebenso zu zählen wie öffentliche Ämter und soziale Anerkennung. Sieht man einmal davon ab, dass das zuletzt genannte nur begrenzt, z. B. in Form von Orden, Gegenstand staatlicher Verteilungsregeln sein kann, handelt es sich bei den Grundgütern um ein mehrdimensionales Konzept. Daher muss wie bei Sen ein solcher Vektor von Grundgütern mit einer Bewertungsfunktion auf eine eindimensionale Maßzahl aggregiert werden, damit das Minimum sinnvoll bestimmbar ist. Diese Bewertungsfunktion ist nach Rawls aber nicht mit der Nutzenfunktion eines Individuums gleichzusetzen. Dennoch bleibt dies ein Kritikpunkt an der Rawlsschen Konzeption, da dieser es offen gelassen hat, wie ein solcher Index gebildet werden soll.

Begründung: Zur Begründung seiner Konzeption betrachtet Rawls eine Entscheidungssituation im Urzustand, bei der durch die systematische Entziehung der Informationen über persönliche Charakteristika alle Individuen identische Präferenzen haben. Der Definitionsbereich dieser Präferenzordnungen ist die Menge aller Grundgüter. Ferner nimmt er an, dass die Individuen hinter dem Schleier des Nichtwissens diejenige Verteilung wählen, die das Minimum maximiert. Diese Annahme ist problematisch. Die in ihr enthaltene extreme Risikoscheu ist nur bei n-Personen-Nullsummen-Spielen vernünftig, bei denen der betrachtete Akteur rationalen Gegenspielern gegenübersitzt, die genau das gewinnen, was ersterer verliert, und deshalb die Auszahlung des betrachteten Akteurs zu minimieren versucht. Bei Spielen gegen die Natur, wie hier eines vorliegt, ist diese Annahme verfehlt, da „der Zufall" weder egoistisch noch missgünstig ist. Allerdings liegt dieser Argumentation das Erwartungsnutzenkonzept als Verhaltenstheorie zugrunde, eine Annahme, gegen die sich Rawls gewehrt hat. Er selbst hat aber kein eigenes Verhaltensmodell entwickelt, welches eine Maximin-Strategie stützen würde.

Darüber hinaus entspricht extreme Risikoscheu nicht dem empirisch beobachteten Verhalten der Individuen im täglichen Leben in Bezug auf Wetten, den Verzicht auf Versicherung und die Wahl von Verkehrsmitteln. 1992 wurde von Frohlich und Op-

2.3. Konsequenzialistische Gerechtigkeitstheorien

penheimer ein Experiment unter US-amerikanischen Studierenden zur empirischen Überprüfung des Entscheidungsverhaltens von Individuen unter einem Rawlsschen Schleier des Nichtwissens durchgeführt. Die Versuchspersonen mussten in einer Situation, in der sie ihre späteren Einkommen noch nicht kannten, unter verschiedenen Verteilungsprinzipien wählen:

1. Maximierung des geringsten Einkommens
2. Maximierung des Durchschnittseinkommens
3. Maximierung des Durchschnittseinkommens bei Gewährung eines Mindesteinkommens
4. Maximierung des Durchschnittseinkommens mit maximaler Differenz zwischen höchstem und niedrigstem Einkommen.

Das erste Prinzip entspricht grob dem Rawlsschen Prinzip, während das zweite utilitaristisch ist (hierzu später mehr). Beide Prinzipien wurden überwiegend nicht gewählt. Das mit Abstand favorisierte Prinzip ist das dritte.

Nun mag man die Zugrundelegung der empirisch beobachtbaren Risikoscheu für die Begründung gerechter Institutionen für irrelevant erachten. Aber selbst in diesem Fall besteht eine argumentative Lücke zwischen den Präferenzen der Individuen im Urzustand und den empirisch zu beobachtenden Präferenzen. Nur wenn es gelingt zu zeigen, dass aus Gründen der Fairness der Urzustand so ausgestattet werden sollte, dass die Individuen unendlich risikoscheu sind, ist diese Lücke erfolgreich geschlossen. Ein Unterschied zwischen realen und idealen Präferenzen lockert aber weiter die Verpflichtungswirkung hypothetischer Verträge im Urzustand für reale Individuen.

Kasten 2.1: John Rawls – Der Kontraktualist, der keiner ist

Es war John Rawls, der mit seinem Buch „A Theory of Justice" 1971 den Kontraktualismus wieder populär machte. Dieses Werk hatte insbesondere in der angelsächsischen Welt eine enorme Resonanz und zog eine kaum mehr zu überblickende Flut von Publikationen nach sich. Das große Echo lag unter anderem darin begründet, dass er selbst das Buch als offene Kampfansage an den Welfarismus sah, der das staatsphilosophische Denken Englands und der USA zu dieser Zeit dominierte.

Er entwickelt in diesem Buch die Konzeption eines Gesellschaftsvertrags, gemäß der die Individuen als rationale, ihre Eigeninteressen verfolgende Wesen hinter einem Schleier des Nichtwissens über die zukünftige institutionelle Ausgestaltung ihrer Gesellschaft zu entscheiden haben. Für John Rawls ist es entscheidend, dass die Situation im Urzustand für alle Individuen fair ist, das heißt, dass niemand über seine zukünftige Lebenssituation informiert ist. Daher filtert er durch den Schleier des Nichtwissens all die Informationen heraus, die den Individuen einen Hinweis auf ihre tatsächliche Lebenssituation geben könnten. Ist der Schleier dicht genug, sind alle Individuen mit der gleichen Entscheidungssituation konfrontiert, so dass man gesellschaftliche Institutionen einstimmig beschließen kann. Welchen Kriterien müssen nun gerechte Institutionen nach Rawls genügen? Zunächst existiert für ihn ein lexikografischer Vorrang bestimmter elementarer Freiheitsrechte. An zweiter Stelle kommt das Differenzprinzip, welches für eine Anzahl von Grundgütern for-

> dert, dass diejenige Verteilung gewählt werden sollte, bei der sich das am schlechtesten gestellte Individuum bestmöglich stellt.
> Ist damit John Rawls ein mustergültiger Kontraktualist? Ja und nein; ja, weil das bisherige Programm dem strikten Dreischritt kontraktualistischer Argumentation folgt. Nein, weil Rawls dieses Argument nur funktionalisiert und in einen größeren Begründungszusammenhang einbettet. Dabei scheint er sich des im Haupttext angesprochenen begründungstheoretischen Defizits kontraktualistischer Argumente sehr bewusst zu sein und daher zu versuchen, seine Begründung auf andere Füße zu stellen.
> Wie gelingt ihm das? Indem er das kontraktualistische Argument in eine Argumentationsfigur einbettet, die er „weites Überlegungsgleichgewicht" nennt. In diesem weiten Überlegungsgleichgewicht hat das kontraktualistische Argument nur noch die Rolle einer Heuristik, mit deren Hilfe die moralischen Intuitionen der Individuen mit den sich daraus ergebenden institutionellen Konsequenzen abgeglichen werden.
> Dies geschieht in etwa so: Wir alle haben bestimmte Ideen von einer gerechten Gesellschaft. Aus diesen moralischen Intuitionen gewinnen wir eine Urzustandssituation, die uns dann durch rationale Ableitung zu einer gesellschaftlichen Ordnung führt. Wenn diese Ordnung nun nicht mehr im Einklang mit unseren moralischen Intuitionen steht, müssen wir diese anpassen. Ein solches Trial-and-Error-Verfahren endet dann nach Rawls in dem oben genannten weiten Überlegungsgleichgewicht.
> Rawls ist damit kein Kontraktualist im begründungstheoretischen Sinne. Die notwendige Verpflichtungswirkung bezieht er aus einer anderen Konstruktion. Er behauptet nämlich, dass wir uns im Zustand des weiten Überlegungsgleichgewichts aus unserer Eigenschaft als Vernunftwesen heraus an die Einhaltung der als gerecht erkannten Regeln gebunden fühlen. Diese Konstruktion der moralischen Selbstverpflichtung aus dem Wunsch heraus, sich nicht selbst widersprechen zu wollen, hat Rawls von Immanuel Kant geborgt, auf den dieses Argumentationsschema zurückgeht. Rawls sieht sich insbesondere in seinen späten Schriften auch immer stärker der moralphilosophischen Tradition Kants verpflichtet.

Wie man aus dem oben Gesagten bereits folgern konnte, können gleiche Gerechtigkeitsstrukturen unterschiedlich begründet sein und prinzipiell gleiche Begründungsansätze zu unterschiedlichen Gerechtigkeitsstrukturen führen. So hat, wie oben bereits angesprochen wurde, Rawls auf kontraktualistische Art und Kolm über die Rationalität der Gleichheit auf die Gerechtigkeit eines Maximin-Kriteriums geschlossen. Auf der anderen Seite haben die oben genannten kontraktualistisch argumentierenden Autoren alle für die Ableitung sehr unterschiedlicher Gerechtigkeitsstrukturen auf das kontraktualistische Argument zurückgegriffen.

2.3.3 Welfaristische konsequenzialistische Theorien: Bergson-Samuelson

Wir wenden uns nun den Gerechtigkeitstheorien zu, die auf den Konzepten des Welfarismus und des Individualismus aufgebaut sind. Diese haben in der ökonomischen Forschung einen sehr großen Raum eingenommen, was eine eingehendere Beschäftigung mit ihnen rechtfertigt und notwendig macht.

Wir greifen dazu auf das Konzept einer Wohlfahrtsfunktion W zurück und fordern zur Umsetzung des welfaristischen Prinzips, dass sie als Funktion der individuellen

2.3. Konsequenzialistische Gerechtigkeitstheorien

u_2

Nutzenmöglichkeitskurve

Wohlfahrts-Indifferenzkurve

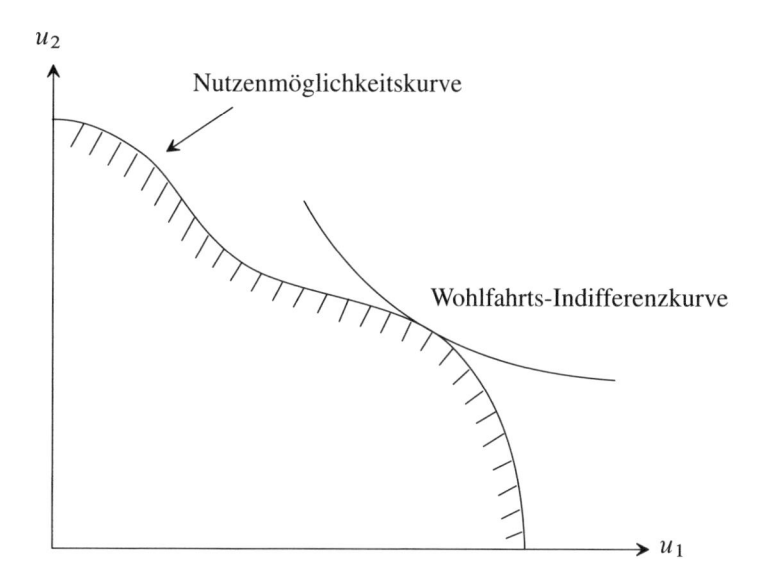

u_1

Abbildung 2.1: Nutzenmöglichkeits-Raum

Nutzenbewertungen darstellbar ist, $W(x) = F(u_1(x), \ldots, u_m(x))$. Zusätzlich wird postuliert, dass die folgende, als (starkes) Pareto-Prinzip bezeichnete, Annahme beachtet wird: Der Wert der Wohlfahrtsfunktion W nimmt zu, wenn *ceteris paribus* das Nutzenniveau eines Haushalts erhöht wird. Damit gilt bei einer reelwertigen Alternativenmenge und Differenzierbarkeit von F: $\partial F/\partial u_i > 0$. Eine solche Funktion wird als „individualistische Wohlfahrtsfunktion" oder nach ihren Entdeckern „Bergson-Samuelson-Wohlfahrtsfunktion" bezeichnet.

Die Menge der erreichbaren Nutzenvektoren ist im Nutzenmöglichkeits-Raum dargestellt (vgl. Abbildung 2.1). Im Nutzenmöglichkeits-Raum werden die zu den zulässigen Allokationen $x \in X$ gehörigen Nutzenvektoren der Haushalte, in der Abbildung u_1 und u_2, abgetragen. Die Menge aller zulässigen Nutzenvektoren $U = \{(u_1(x), u_2(x)) \mid \forall\ x \in X\}$ bildet die Nutzenmöglichkeitsmenge. Diese ist in der Abbildung schraffiert angedeutet. Besonders interessant ist natürlich die Reihung der Punkte auf der nordöstlichen Grenze der Nutzenmöglichkeitsmenge, der Nutzenmöglichkeitskurve (die untereinander Pareto-unvergleichbar sind). Eine graphische Darstellung einer Wohlfahrtsfunktion könnte mit Hilfe von Wohlfahrts-Indifferenzkurven vorgenommen werden.

2.4 Weitere Informationserfordernisse welfaristischer Gerechtigkeitstheorien

> „Wer, meinen Sie, ist nun am meisten zu bedauern:
> der Sultan Achmed, Zar Iwan, König Karl-Eduard oder ich?"
> „Das kann ich nicht sagen, denn um das zu beantworten,
> müsste ich in ihrer Haut stecken."
> (Voltaire, Candide, Kapitel 27).

Im Folgenden werden wir untersuchen, mit welcher Menge von Annahmen man sicherstellen kann, dass eine gesellschaftliche Wohlfahrtsfunktion vom Bergson-Samuelson-Typ existiert, und welche Eigenschaften diese dann aufweist. Die Annahmen beziehen sich dabei auf die für Wohlfahrtsvergleiche notwendigen Informationen über die Präferenzen der Individuen, und zwar im Einzelnen

1. auf die Messbarkeit individuellen Nutzens,
2. auf die interpersonelle Vergleichbarkeit dieser Nutzen.

2.4.1 Messbarkeit individuellen Nutzens

Wir beginnen zunächst mit dem Problem der *Messbarkeit* individuellen Nutzens. Hier unterscheidet man vor allem die folgenden Fälle:

1. Nutzen ist nur auf einer *Ordinalskala* messbar, d. h., wenn man eine gegebene Nutzenindex-Funktion u_i einer beliebigen streng monotonen Transformation f_i unterzieht, so enthält die neue Nutzenindexfunktion

$$v_i = f_i(u_i) \quad \text{mit } v_i > v_j \Leftrightarrow u_i > u_j \qquad (2.2)$$

dieselbe Information wie die ursprüngliche Funktion u_i. Ökonomisch bedeutet dies, dass nur Aussagen der Form „der Nutzen in Situation x ist höher als der in Situation y" einen Sinn ergeben, dass man die Größen aber weder in ein Verhältnis setzen noch etwas über die Größe der Differenz aussagen kann, denn solche Aussagen würden bei beliebigen monotonen Transformationen verloren gehen. (Die Annahme der Ordinalität wird üblicherweise in der Theorie des Haushalts getroffen.)
2. Nutzen ist auf einer *Kardinalskala* messbar, d. h., wenn man eine gegebene Nutzenindex-Funktion u_i einer positiv affinen Transformation f_i unterzieht, so enthält die neue Funktion

$$v_i = f_i(u_i) = a_i + b_i \cdot u_i \quad \text{mit } b_i > 0 \qquad (2.3)$$

dieselbe Information wie die ursprüngliche Funktion u_i. Als Beispiel hierfür kann die Temperaturmessung mit Celsius oder Fahrenheit dienen: Die Aussagen „es ist 25° Celsius warm" und „es ist 77° Fahrenheit warm" sind wegen $77 = 32 + 1{,}8 \cdot 25$ äquivalent. Damit sind insbesondere Aussagen über Nutzenzuwächse möglich, etwa: „Der Nutzenzuwachs bei einer Bewegung von Zustand x zu y ist doppelt so groß wie der einer Bewegung von y nach z."

2.4. Informationserfordernisse welfaristischer Gerechtigkeitstheorien 53

3. Nutzen ist auf einer *Verhältnisskala* messbar, d.h., wenn man eine gegebene Nutzenindex-Funktion u_i einer positiv linearen Transformation f_i unterzieht, so enthält die neue Funktion

$$v_i = f_i(u_i) = b_i \cdot u_i \quad \text{mit} \quad b_i > 0 \quad (2.4)$$

dieselbe Information wie die ursprüngliche Funktion u_i. Im Unterschied zur kardinalen Skala ist hier auch der Nullpunkt festgelegt, und Aussagen der Form „Der Nutzen in Zustand x ist doppelt so hoch wie in Zustand y" ergeben einen Sinn. Ein Beispiel für eine Verhältnisskala sind Geldbeträge, und Aussagen wie „ein Ei kostet halb so viel wie ein Brötchen" behalten ihre Gültigkeit, wenn man die Recheneinheit z. B. von US-Dollar auf Euro umstellt.

4. Nutzen ist auf einer *Absolutskala* messbar, d.h., die gesamte Nutzenindex-Funktion ist eindeutig festgelegt, Transformationen sind nicht erlaubt, und auch Aussagen über absolute Nutzenniveaus wie „Individuum is Nutzen beträgt 100 Einheiten" sind sinnvoll.

2.4.2 Interpersonelle Vergleichbarkeit der Nutzen

Bezüglich der *interpersonellen Vergleichbarkeit* kann man alternativ annehmen:

a) Nutzen ist interpersonell *nicht* vergleichbar.
b) Nutzen ist interpersonell nur *teilweise vergleichbar*, d.h., nicht jede Information aus der individuellen Nutzenmessung lässt sich auch für interpersonelle Vergleiche verwenden. Z.B. könnten Nutzendifferenzen vergleichbar sein, absolute Nutzenniveaus dagegen nicht.
c) Nutzen ist interpersonell *voll vergleichbar*, d.h., die gesamte Information aus der individuellen Nutzenmessung lässt sich auch für interpersonelle Vergleiche verwenden.

Im Folgenden sollen nun einige Fälle aufgezeigt werden, die man durch die Kombination von Messbarkeits- und Vergleichbarkeitsannahmen erhält (für eine Übersicht vgl. Tabelle 2.2, in der die verbalen Bezeichnungen in den einzelnen Feldern zunächst zu ignorieren sind).

Dazu bezeichne $[u_1(x), u_2(x), \ldots, u_m(x)]$ einen beliebigen Vektor von Nutzenindex-Funktionen und $f = (f_1, \ldots, f_m)$ den Vektor erlaubter Transformationen, die auf den Nutzenindex-Vektor angewendet werden dürfen, ohne die darin enthaltene Aussage – und insbesondere die daraus abgeleitete Aussage über die gesellschaftliche Wohlfahrt – zu verändern.

In dieser Notation heißt Nutzen

– *ordinal messbar und nicht vergleichbar* (ONV), wenn jeder Vektor monotoner Transformationen zugelassen ist, d.h., wenn der Nutzenvektor $(v_1, \ldots, v_m)$ mit $v_i = f_i(u_i)$ und $f_i' > 0$ für alle i dieselbe Information enthält wie der Nutzenvektor $(u_1, \ldots, u_m)$;
– *ordinal messbar und voll vergleichbar* (OVV), wenn jeder Vektor

$$(f, f, \ldots, f) \quad \text{mit} \quad f' > 0$$

Tabelle 2.2: Messbarkeit und interpersonelle Vergleichbarkeit von Nutzen

Nutzen-messbarkeit	Interpersonelle Vergleichbarkeit		
	keine	Nutzeneinheiten	volle
Ordinalskala	ONV: Arrow	–	OVV: Maximin, Leximin
Kardinalskala	KNV: Bernoulli-Nash	KEV: Utilitarismus	KVV
Verhältnisskala	VNV: Nash	–	VVV: isoelastische GWF ($\rho > 0$)
Absolutskala	–	–	AVV

zugelassen ist; wenn der Nutzenvektor $(v_1, \ldots, v_m)$ mit $v_i = f(u_i)$ für alle i dieselbe Information enthält wie der Nutzenvektor $(u_1, \ldots, u_m)$. Sinnvoll sind dabei Vergleiche absoluter Nutzen*niveaus* wie: „der Nutzen von i ist höher als der Nutzen von j" weil sie durch Anwendung derselben monotonen Transformation auf alle Nutzenfunktionen nicht zerstört werden;
- *kardinal messbar und nicht vergleichbar* (KNV), wenn jeder Vektor positiv affiner Transformationen zugelassen ist, d. h., wenn der Nutzenvektor $(v_1, \ldots, v_m)$ mit $v_i = f_i(u_i) = a_i + b_i \cdot u_i$ für beliebige a_i und beliebige $b_i > 0$ dieselbe Information enthält wie der Nutzenvektor $(u_1, \ldots, u_m)$;
- *kardinal messbar und in den Nutzeneinheiten vergleichbar* (KEV), wenn jeder Vektor positiv affiner Transformationen mit identischer Steigung zugelassen ist, d. h., wenn der Nutzenvektor $(v_1, \ldots, v_m)$ mit $v_i = f_i(u_i) = a_i + b \cdot u_i$ für beliebige a_i und beliebiges $b > 0$ dieselbe Information enthält wie der Nutzenvektor $(u_1, \ldots, u_m)$. Sinnvoll sind dabei Vergleiche von Nutzenänderungen wie: „Der Nutzenzuwachs von i ist größer als die Nutzeneinbuße von j";
- *kardinal messbar und voll vergleichbar* (KVV), wenn jeder Vektor identischer positiv affiner Transformationen zugelassen ist, d. h., wenn der Nutzenvektor $(v_1, \ldots, v_m)$ mit $v_i = f_i(u_i) = a + b \cdot u_i$ für beliebiges a und beliebiges $b > 0$ dieselbe Information enthält wie der Nutzenvektor $(u_1, \ldots, u_m)$;
- *auf einer Verhältnisskala messbar und nicht vergleichbar* (VNV), wenn jeder Vektor positiv linearer Transformationen zugelassen ist, d. h., wenn der Nutzenvektor $(v_1, \ldots, v_m)$ mit $v_i = f_i(u_i) = b_i \cdot u_i$ für beliebige $b_i > 0$ dieselbe Information enthält wie der Nutzenvektor $(u_1, \ldots, u_m)$. Sinnvoll sind dabei Vergleiche relativer Nutzenänderungen wie: „Der Nutzenzuwachs von i macht einen größeren Prozentsatz seines Ausgangsniveaus aus als der von j";
- *auf einer Verhältnisskala messbar und voll vergleichbar* (VVV), wenn jeder Vektor identischer positiv linearer Transformationen zugelassen ist, d. h., wenn der Nutzenvektor $(v_1, \ldots, v_m)$ mit $v_i = f_i(u_i) = b \cdot u_i$ für beliebiges $b > 0$ dieselbe Information enthält wie der Nutzenvektor $(u_1, \ldots, u_m)$;
- *absolut messbar und voll vergleichbar* (AVV), falls überhaupt keine Transformationen zugelassen sind, ohne dass die im Nutzenvektor $(u_1, \ldots, u_m)$ enthaltene Information verändert würde.

2.4.3 Gerechtigkeitsurteile ohne Mess- und Vergleichbarkeit

2.4.3.1 Das Unmöglichkeitstheorem von Arrow

Da sowohl die (kardinale) Messbarkeit als auch die interpersonelle Vergleichbarkeit des Nutzens unter Ökonomen stark umstritten sind, wäre es wünschenswert, Aussagen über eine gesellschaftliche Wertung von Allokationen allein aufgrund der Präferenzordnungen der Gesellschaftsmitglieder zu treffen. Wir bezeichnen dabei die Präferenz*ordnung* des i-ten Individuums mit dem Symbol R_i, so dass $x\ R_i\ y$ als „Individuum H_i findet Allokation x mindestens so gut wie Allokation y" interpretiert wird.[8] Dieses Ziel ist im Konzept der „Arrowschen Gesellschaftlichen Wohlfahrtsfunktion" formuliert:[9]

Definition 2.3: Gegeben sei eine Menge von Allokationen $X = \{x, y, z, \ldots\}$. Eine *Gesellschaftliche Wohlfahrtsfunktion nach Arrow* ist eine Vorschrift φ, die jedem Element einer Teilmenge aller möglichen Vektoren individueller Präferenzordnungen über X, $R_1, \ldots, R_m$, eine (vollständige und transitive) gesellschaftliche Rangordnung R zuordnet.

Bei dem hier definierten Begriff ist zunächst zu beachten, dass als grundlegende Informationen lediglich die ordinalen Präferenzen der Individuen verlangt werden und dass zudem von interpersoneller Vergleichbarkeit des Nutzens vollkommen abgesehen wird. Andererseits ist auch nicht verlangt, dass es sich bei dem Bild einer gesellschaftlichen Wohlfahrtsfunktion φ um eine reelle Funktion W handelt; es wird lediglich eine gesellschaftliche Wohlfahrts*ordnung* verlangt. Im Übrigen ist zu erkennen, dass die Definition einer gesellschaftlichen Wohlfahrtsfunktion die Postulate des Individualismus und des Welfarismus erfüllt.

Eine Reihe weiterer Eigenschaften von gesellschaftlichen Wohlfahrtsaussagen wurden von Arrow als wünschenswert bezeichnet:

Eigenschaft U („Universelle Gültigkeit"): Die Funktion φ ist für alle logisch denkbaren Kombinationen individueller Präferenzordnungen definiert, d. h., sie führt *immer* zu einer vollständigen und transitiven gesellschaftlichen Präferenzordnung.

Eigenschaft I („Unabhängigkeit von irrelevanten Alternativen"): Die gesellschaftliche Reihung zweier Allokationen x und y hängt *nur* von den Präferenzen der Individuen bezüglich *dieser beiden* Alternativen ab, nicht jedoch von den Präferenzen bezüglich anderer Paare von Alternativen (x und z, z und w usw.).

---

[8] Die individuellen Präferenzordnungen *können* vollkommen egoistisch sein. In dem Fall hängt R_i nur von den Komponenten der Allokations-Vektoren ab, die den Konsum (und gegebenenfalls die Arbeitsleistungen) des H_i selbst beinhalten. Von ihrer Definition her können sie aber allgemeiner sein und z. B. Verteilungsaspekte mit berücksichtigen.
[9] Man beachte, dass Arrow den Begriff der „gesellschaftlichen Wohlfahrtsfunktion" anders verwendet, als er in (2.1) definiert wurde. Bei ihm handelt es sich um die Abbildung, mit der den individuellen Präferenzen eine gesellschaftliche Wohlfahrtsordnung zugeordnet wird.

Eigenschaft P („Schwaches Pareto-Prinzip"): Für jedes Paar von Alternativen, $x, y \in X$ gilt: Wenn jedes Gesellschaftsmitglied x gegenüber y strikt vorzieht, so soll es auch die Gesellschaft tun.

Eigenschaft D („Nicht-Diktatur"): Es gibt kein Individuum $i \in \{1, \ldots, m\}$, das seine strikte Präferenz über die Menge *aller* Allokationen, *unabhängig* von den Präferenzen aller anderen Gesellschaftsmitglieder, der Gesellschaft aufzwingen kann.

Die Eigenschaft U erfasst eine spezielle Idee der Toleranz: Wäre U verletzt, so schlösse man die Koexistenz bestimmter Kombinationen von Präferenzordnungen aus. Darüber hinaus wäre für mindestens eine denkbare Kombination individueller Präferenzen nicht bestimmt, wie die zugehörige gesellschaftliche Präferenz aussehen soll. Eigenschaft I dient der Praktikabilität. Sie ermöglicht es, die gesellschaftliche Reihung aus paarweisen Vergleichen der Alternativen zu gewinnen: Ändern sich die Präferenzen aller Gesellschaftsmitglieder bezüglich eines Paares von Alternativen (x, y) nicht, so soll auch die Reihenfolge der Bewertung dieser beiden Alternativen durch die Gesellschaft gleich bleiben. Man spricht hier von einer „binären" Entscheidungsregel.

Demgegenüber erfüllen die beiden restlichen Eigenschaften Minimalanforderungen an demokratische Prozeduren: Eigenschaft P sichert lediglich, dass die gesellschaftliche Präferenz den individuellen Präferenzen dort folgt, wo zwischen diesen Konsens herrscht, und nicht z. B. von außen aufgezwungen ist. Eigenschaft D schließt Diktatoren aus, allerdings nur „globale", d. h. solche, die alles allein bestimmen dürfen und zwar völlig unabhängig von den Präferenzen aller übrigen Gesellschaftsmitglieder. Eigenschaft D ist damit eine extrem harmlose Form einer Demokratie-Anforderung. Sie ist sehr viel schwächer als der ebenfalls als wünschenswert anzusehende Gleichheitsgrundsatz, der in der folgenden Eigenschaft verkörpert ist:

Eigenschaft A („Anonymität"): Die gesellschaftliche Präferenzordnung ändert sich nicht, wenn die Menge der individuellen Präferenzen permutiert wird, d. h., es spielt keine Rolle, wer welche Präferenzen hat.

Auch wenn jede einzelne der in den vier zuerst genannten Eigenschaften verkörperten Forderungen harmlos klingt, sind sie doch nicht alle gleichzeitig erfüllbar, denn es gilt das folgende „Unmöglichkeits-Theorem":

Theorem (Arrow 1951)

Sei $m \geq 3$ und enthalte X mindestens 3 Elemente, so existiert keine gesellschaftliche Wohlfahrtsfunktion, die zugleich die Eigenschaften U, I, P und D hat.

Zu diesem Theorem existieren mittlerweile zahlreiche, auch graphisch illustrierte Beweise.[10] Die Beweisidee ist es, durch wiederholte Ausnutzung der Eigenschaften U, I und P zu zeigen, dass eines der Gesellschaftsmitglieder ein Diktator sein muss.

---

[10] Ein solcher findet sich bei Boadway/Bruce, Kapitel 7. Für einen algebraischen Beweis vgl. Bernholz/Breyer (1994), Kapitel 10.

2.4. Informationserfordernisse welfaristischer Gerechtigkeitstheorien 57

Aus dem Theorem folgt, dass jede Regel der Zusammenfassung individueller Präferenzen mindestens eine der vier postulierten Eigenschaften verletzen muss.

Beispiel (die Mehrheitsregel): Formal definiert, lautet φ : Für alle $x, y \in X$ gilt: Wenn die Anzahl der Individuen, die x gegenüber y präferieren, größer ist als die Anzahl derer, die y gegenüber x präferieren, dann präferiert die Gesellschaft x gegenüber y. Diese Regel verletzt die Bedingung U, wie man sich anhand eines Beispiels mit drei Alternativen (x, y, z) und drei Individuen $(i = 1, 2, 3)$ mit den Präferenzordnungen $x\,P_1\,y\,P_1\,z$, $y\,P_2\,z\,P_2\,x$ und $z\,P_3\,x\,P_3\,y$ leicht klarmachen kann. Hier führt die Mehrheitsregel zur intransitiven Gruppenpräferenz $x\,P\,y$ (2 : 1 Stimmen), $y\,P\,z$ (2 : 1 Stimmen), $z\,P\,x$ (2 : 1 Stimmen).

2.4.3.2 Das Konzept der „Fairness"

> *„Ein Kompromiss, das ist die Kunst, einen Kuchen so zu teilen,*
> *dass jeder meint, er habe das größte Stück bekommen."*
> (Ludwig Erhard)

Eine grundsätzliche Schwierigkeit bei der Formulierung von Gerechtigkeitsprinzipien besteht darin, dass Individuen unterschiedliche Präferenzen haben und damit ein und dasselbe Güterbündel unterschiedlich bewerten. Daher ist es unmöglich, „objektive" Maßstäbe für die Gerechtigkeit einer Güterverteilung aufzustellen. Die dargestellten Ansätze, dieses Problem mit interpersonellen Nutzenvergleichen zu lösen, führen, wie wir noch sehen werden, ebenfalls zu großen Schwierigkeiten.

Einen Ausweg aus dem Dilemma bietet auf den ersten Blick das Konzept der Fairness, das von Kolm (1971) und Varian (1975) entwickelt wurde und wie folgt definiert ist: Wir betrachten das Problem der Aufteilung fester Gütermengen auf m Individuen. Eine Alternative x_i lässt sich dann aufspalten in $\{x_i^1, \ldots, x_i^m\}$, und wir sagen, dass Individuum k Individuum l in der Allokation x_i *beneidet*, falls $u^k(x_i^l) > u^k(x_i^k)$ gilt. Daher kann eine Allokation x_i *neidfrei* genannt werden, falls kein Individuum irgendein anderes Individuum beneidet, d. h., wenn für $k = 1, \ldots, m$ gilt: $u^k(x_i^k) \geq u^k(x_i^l)\ \forall\ l \neq k\ \forall\ k$. Dann wird eine Allokation x_i als *fair* bezeichnet, wenn sie sowohl neidfrei als auch ein Pareto-Optimum ist.

Die Existenz fairer Allokationen stellt ein größeres Problem dar, wenn man nicht nur die Verteilung, sondern auch die Produktion von Gütern in die Betrachtung einbezieht und davon ausgeht, dass zur Produktion Arbeitszeit erforderlich ist, die die Freizeit der Konsumenten verringert und damit in deren Nutzenfunktion eingeht. Das folgende einfache Beispiel zeigt, dass möglicherweise keine faire, also neidfreie und Pareto-optimale Allokation existiert.

Beispiel: Es gebe zwei Konsumenten ($i = 1, 2$) und ein Konsumgut. Bezeichne x_i den Konsum, L_i (mit $0 \leq L_i \leq 1$) die Arbeitszeit und $Z_i = 1 - L_i$ die Freizeit des i-ten Konsumenten. Die Nutzenfunktionen der beiden Konsumenten lauten:

$$u_1(x_1, Z_1) = x_1 + \beta_1 \cdot Z_1 \,, \tag{2.5}$$
$$u_2(x_2, Z_2) = x_2 + \beta_2 \cdot Z_2 \,. \tag{2.6}$$

Die Gesamtmenge des Konsumgutes,

$$x = x_1 + x_2,\qquad (2.7)$$

werde mit der Produktionsfunktion

$$\begin{aligned}x &= F(L_1, L_2) = \alpha_1 \cdot L_1 + \alpha_2 \cdot L_2\\ &= \alpha_1 \cdot (1 - Z_1) + \alpha_2 \cdot (1 - Z_2)\end{aligned}\qquad (2.8)$$

hergestellt.
Trifft man nun folgende Annahme über die Parameter:

$$\alpha_1 > \beta_1 > \beta_2 > \alpha_2,\qquad (2.9)$$

wobei α_i als die Produktivität und β_i als die „Faulheit" des i-ten Konsumenten interpretierbar ist, so erfordert eine Pareto-optimale Allokation des Faktors Arbeit: $L_1 = 1$ und $L_2 = 0$, und Neidfreiheit erfordert:

$$u_1(x_1, 0) \geq u_1(x_2, 1) \quad \text{oder} \quad x_1 \geq x_2 + \beta_1,\qquad (2.10)$$
$$u_2(x_2, 1) \geq u_2(x_1, 0) \quad \text{oder} \quad x_2 + \beta_2 \geq x_1,\qquad (2.11)$$

und somit $\beta_2 \geq \beta_1$ im Widerspruch zur Annahme (2.9). Es gibt also keine faire Allokation in dieser Ökonomie. Der Grund hierfür ist darin zu suchen, dass Konsument 2 den anderen um seine größere Produktivität „beneidet". Da diese Fähigkeit selbst nicht übertragen werden kann (anders als es bei Konsumgütern möglich ist), lässt sich der „Neid" nicht überwinden. Implizit unterstellt dieses Konzept daher, dass die produktiven Fähigkeiten gerechtigkeitsrelevant sind.

Das Konzept der „Fairness" hat den offenkundigen Vorzug, dass zu seiner Anwendung interpersonelle Nutzenvergleiche nicht notwendig sind. Gerechtigkeitsurteile können also selbst in einer ONV-Welt begründet werden. Diesem Vorteil stehen jedoch zwei offenkundige Schwächen entgegen:

1. Es bildet keine vollständige Rangordnung aller Allokationen, sondern nur eine Einteilung in zwei Klassen: faire und nicht-faire Allokationen. Damit können beim Vergleich zweier Allokationen drei Fälle auftreten:
    a) beide Allokationen sind fair,
    b) keine der beiden Allokationen ist fair,
    c) eine ist fair, die andere nicht.
   Das Konzept der Fairness kann nur im Fall c) eine Entscheidung unterstützen.
2. Selbst diese schwache Form der Gerechtigkeitsaussage kann, wie gezeigt, in Ökonomien mit Produktion unmöglich sein, wenn nämlich eine der beiden Klassen, die der fairen Allokationen, leer ist.

2.4.4 Isoelastische Wohlfahrtsfunktionen

Nachdem gezeigt wurde, dass Gerechtigkeitsaussagen in einer ONV-Welt nur in sehr eingeschränktem Maße möglich sind, diskutieren wir im Folgenden eine weite Klasse von Bergson-Samuelson-Wohlfahrtsfunktionen, die in der Literatur diskutiert worden sind, im Hinblick auf zwei Fragen:

2.4. Informationserfordernisse welfaristischer Gerechtigkeitstheorien

1. Welche Annahmen über Messbarkeit individueller Nutzen und über deren interpersonelle Vergleichbarkeit setzen diese Wohlfahrtsfunktionen voraus?
2. Wie lassen sich diese Funktionen gerechtigkeitstheoretisch begründen?

Die angesprochene Klasse von Wohlfahrtsfunktionen, die die meisten der später zu diskutierenden konkreten Funktionen als Spezialfälle umfasst, lässt sich formal durch die sog. isoelastische Funktion[11]

$$W(x) = \frac{1}{1-\rho} \cdot \sum_{i=1}^{m} \alpha_i \cdot [u_i(x)]^{1-\rho}. \tag{2.12}$$

definieren. Für $\rho > 0$ erfordert sie, wie man sich leicht klar machen kann (vgl. Aufgabe 2.2) die Messbarkeit des Nutzens auf einer Verhältnisskala sowie volle interpersonelle Vergleichbarkeit. Im Folgenden werden konkrete gesellschaftliche Wohlfahrtsfunktionen (GWFs) behandelt, die als Spezialfälle der isoelastischen Wohlfahrtsfunktion betrachtet werden können, weil sie sich im Wesentlichen durch die Wahl des Parameters ρ in (2.12) unterscheiden (vgl. auch Tabelle 2.2).

2.4.4.1 Utilitarismus

Struktur: Der Utilitarismus ist eine der für die normative Ökonomik einflussreichsten Gerechtigkeitstheorien. Diese Denkschule entstand im 18. und 19. Jahrhundert in England, und seine herausragenden Vertreter zu dieser Zeit waren Jeremy Bentham (1748–1832), John Stuart Mill (1806–1873) und Henry Sidgwick (1838–1900).

Der Grundgedanke, dass das Ziel einer Gesellschaft die Schaffung des größten Glücks der größten Zahl sei, ist in der „*allgemeinen utilitaristischen GWF*" die gesellschaftliche Wohlfahrt als die gewichtete Summe der individuellen Nutzen definiert:

$$W^{AU}(x) = \sum_{i=1}^{m} \alpha_i \cdot u_i(x). \tag{2.13}$$

Sie ist ein Spezialfall von (2.12) mit $\rho = 0$. Für zwei Individuen 1, 2 sind die Wohlfahrts-Indifferenzkurven im (u_1, u_2)-Raum Geraden mit der Steigung $-\alpha_1/\alpha_2$.

Die „*spezielle utilitaristische GWF*" ist wiederum ein Spezialfall von (2.13) mit $\alpha_1 = \cdots = \alpha_m = 1$:

$$W^{SU}(x) = \sum_{i=1}^{m} u_i(x). \tag{2.14}$$

Hier beträgt folglich die Steigung der Wohlfahrts-Indifferenzkurven -1. Zu beachten ist, dass nur bei der speziellen utilitaristischen GWF die Eigenschaft A (Anonymität) erfüllt ist.

---
[11] Der Ausdruck ist dadurch begründet, dass hier die Substitutionselastizität zwischen den Nutzenwerten zweier Individuen konstant gleich ρ ist. Vgl. Boadway und Bruce (1984), S.142.

Kasten 2.2: Der Utilitarismus

Kern des Utilitarismus ist ein hedonistischer Ansatz zur Beurteilung der Gerechtigkeit eines Zustands: Ein Zustand ist gerecht, wenn er das Glück im Sinne des Lustempfindens der Individuen maximiert. Leid und Freude der Individuen werden damit zum Maßstab für die Beurteilung von Situationen gemacht. Damit handelt es sich beim Utilitarismus um eine *konsequenzialistische* Theorie, weil sie das Ergebnis, die Konsequenz einer Handlung zum Maßstab für deren normative Beurteilung macht.

Hedonistische Ethiken finden sich bereits in der Antike z. B. bei Aristoteles (384–322 v.C) oder Epikur (341–271 v.C.), dort allerdings in einer individualistischen Ausprägung. Im Utilitarismus erfährt der Begriff des Glücks eine soziale Uminterpretation, nach der ein Zustand gerecht ist, wenn mit ihm *das größte Glück der größten Zahl* verbunden ist. Glück ist damit nicht mehr nur ein individuelles Empfinden, sondern eine messbare Größe. Insbesondere in ökonomischen Modellen wird diese Maxime durch die Maximierung einer Nutzensumme operationalisiert.

Der Hintergrund des Benthamschen Denkens war der Antagonismus zwischen überkommenen Feudalstrukturen und sozialem Elend großer Bevölkerungsgruppen im Großbritannien des 18. Jahrhunderts. Hier eine Orientierung am größten Glück der größten Zahl vorzugeben, muss als ausgesprochen radikaler, sozialrevolutionärer Entwurf gewertet werden, verweist er doch auf die Ansprüche auch der Armen einer Gesellschaft auf ein glückliches Leben.

Die Anwendung der (allgemeinen oder speziellen) utilitaristischen GWF setzt voraus, dass die individuellen Nutzen kardinal messbar sind und dass interpersonelle Vergleiche der Nutzen*einheiten* möglich sind, d. h., dass eine KEV-Welt betrachtet wird.

Die Begründung von Harsanyi: Der klassische Utilitarismus des 18. und 19. Jahrhunderts hatte den Anspruch, seine Maxime der Beförderung des größten Glücks der größten Zahl aus Erfahrungstatsachen ableiten zu können; es handelte sich um eine *naturalistische* Theorie. Da der Naturalismus als Begründungsmodell in der folgenden Zeit immer stärker angezweifelt und schließlich als Legitimation nicht mehr anerkannt wurde, haben neuere Vertreter des Utilitarismus kontraktualistische Begründungsmuster an die Stelle des Naturalismus gesetzt. An erster Stelle ist hier John Harsanyi zu nennen, der mit zwei Aufsätzen in den 50er Jahren des 20. Jahrhunderts dem Utilitarismus eine kontraktualistische Basis schuf und damit mitverantwortlich für eine Renaissance utilitaristischen Denkens in der Ökonomik wurde.

Harsanyi hat gezeigt, dass die utilitaristische gesellschaftliche Wohlfahrtsfunktion analog zum Rawlsschen Differenzprinzip durch ein „Gesellschaftsvertrags-Kalkül" begründet werden kann. Dazu betrachtet er im Urzustand eine „Seele", die noch nicht weiß, in welchen Körper („Rolle") sie einmal schlüpfen wird. Zu jeder „Rolle" gehört auch eine Präferenzordnung über Allokationen. Eine Seele hat also keine eigenen Präferenzen über Allokationen, sondern sie hat stattdessen sogenannte „moralische Präferenzen". Sie sind definiert auf dem kartesischen Produkt der Menge der Allokationen und der Menge der Rollen in der Gesellschaft, $X \times N$. Allgemein ma-

2.4. Informationserfordernisse welfaristischer Gerechtigkeitstheorien

chen moralische Präferenzen der „Seele" j Aussagen der Form

$$u^j(x,i) > u^j(y,k), \tag{2.15}$$

in Worten: „Die Seele j würde lieber Rolle i in Zustand x einnehmen als Rolle k in Zustand y".

Mit diesem Konzept ist allerdings weiterhin die Schwierigkeit verbunden, dass nicht nur eine einzige, sondern m verschiedene moralische Präferenzordnungen existieren, die irgendwie aggregiert werden müssten. Diese kann dadurch verringert werden, dass man die Gültigkeit des „Identitätsaxioms" unterstellt. Dieses sagt aus, dass alle m moralischen Präferenzordnungen miteinander in der Beurteilung der Lage ein und derselben Rolle i in verschiedenen Zuständen übereinstimmen, weil jeder im Urzustand die Präferenzen aller Personen (= Rollen) in der tatsächlichen Welt akzeptiert. Dies kann man als eine Art der Abwesenheit von Paternalismus deuten. Formal gilt also:

$$u_i(x) \geq u_i(y) \Leftrightarrow u^j(x,i) \geq u^j(y,i). \tag{2.16}$$

Die moralischen Präferenzen der Seelen können sich dann lediglich noch hinsichtlich des Vergleichs der Nutzenniveaus *verschiedener* Rollen in ein und demselben Zustand unterscheiden, was ein weiteres Aggregationsproblem aufwirft:

Wann soll eine Seele j in ihren moralischen Präferenzen zwei Rollen i und k denselben Nutzenwert u zuweisen? Haben i und k die gleichen ordinalen Präferenzen (die gleichen Indifferenzkurvensysteme), so erscheint die Antwort offensichtlich: wenn die beiden von i und k konsumierten Güterbündel auf der gleichen Indifferenzkurve liegen. Sind die ordinalen Präferenzen jedoch unterschiedlich, so ist die Antwort nicht mehr eindeutig: Plausibel erscheint es, wenn sie ein und dasselbe Güterbündel x konsumieren,

$$u_i(x) = u_k(x) \tag{2.17}$$

zu definieren. Man erkennt jedoch, dass bei unterschiedlicher Steigung der Indifferenzkurven dann ein y existiert mit

$$u_i(y) = u_i(x) \quad \text{und} \quad u_k(y) > u_k(x), \tag{2.18}$$

so dass Gleichung (2.17) nicht auch noch für die Allokation y erfüllt sein kann. Damit entsteht jedoch eine Willkürlichkeit, *welche* Allokation man zur Angleichung der beiden Nutzenskalen wählt.

Kontraktualistische Entscheidungstheorien benötigen eine Entscheidungstheorie der Individuen im Urzustand. Harsanyi wählt ein Modell der rationalen Entscheidung unter Unsicherheit, die Maximierung des erwarteten Nutzens. Diese Konzeption geht davon aus, dass Rationalverhalten bei Unsicherheit durch die Erfüllung einer Reihe von (plausiblen) Axiomen gekennzeichnet werden kann. Diese Axiome begründen das Modell der *Maximierung des erwarteten Nutzens*. Ist dann π_i die Wahrscheinlichkeit, Rolle i einzunehmen, und $u^j(x,i)$ deren Nutzen in Allokation x (aus der Sicht der moralischen Präferenzen der Seele j), so ist aus dieser Sicht diejenige Allokation gerecht, die den erwarteten Nutzen

$$W_j(x) = \sum_{i=1}^{m} \pi_i \cdot u^j(x,i) \tag{2.19}$$

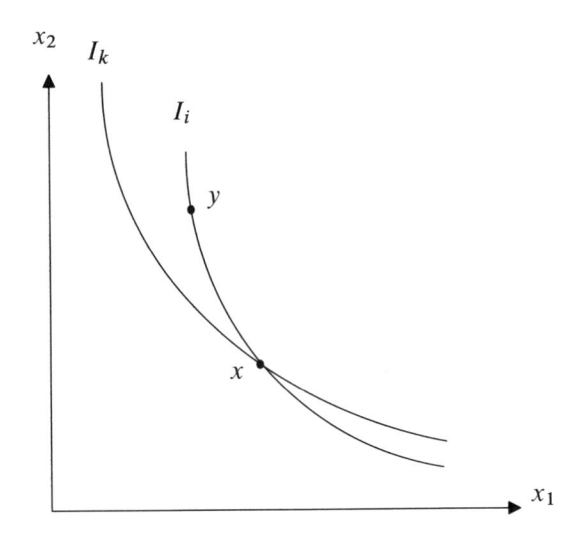

Abbildung 2.2: Ein Dilemma beim Vergleich von Nutzenniveaus

maximiert. Nach dem „Prinzip des unzureichenden Grundes" müssen die Wahrscheinlichkeiten π_i alle als gleich groß angesehen werden, so dass eine (individualistische) *spezielle utilitaristische Wohlfahrtsfunktion* W^{SU} als Kriterium der Gerechtigkeit resultiert.

Beinhaltet dieses Modell eine Aversion gegen Ungleichheit, oder ist es „blind" in Verteilungsfragen? Es berücksichtigt Verteilungsaspekte, soweit dies in den individuellen Nutzenfunktionen u_i der Fall ist (und damit gemäß dem Identitätsaxiom auch in den $u^j(.,i)$), denn diese drücken die Verteilungspräferenz dadurch aus, dass, wenn man z. B. jedes $u_i(x)$ durch die *indirekte Nutzenfunktion* $V(M_i, p)$ ersetzt, diese strikt konkav im Einkommen M_i ist.[12] Damit erhalten bei einer Maximierung durch Bildung der ersten Ableitung nach M_i diejenigen Haushalte mit geringem Einkommen ein höheres (Grenznutzen-) Gewicht.

Diese Rechtfertigung des Utilitarismus durch Harsanyi ist in der Literatur heftig kritisiert worden, so von Roemer (1996). Dabei stehen die beiden folgenden Punkte im Vordergrund:

1. Die in (2.15) definierten „moralischen Präferenzen" sind nur dann wohldefiniert, wenn individuelle Nutzenniveaus interpersonell vergleichbar sind. Sie erfordern damit eine OVV-Welt. Die utilitaristische Wohlfahrtsfunktion selbst erfordert eine KEV-Welt. Beides zusammengenommen, ist somit Kardinalität und volle Vergleichbarkeit KVV erforderlich und damit mehr, als der Utilitarismus selbst postuliert. Mit anderen Worten muss jeder, der zwar die Begründung von Harsanyi für überzeugend, aber empirisch die Informationserfordernisse nicht für erfüllbar hält, die Theorie als irrelevant ablehnen; sie lässt sich nicht verwirklichen.

---

[12] Auf individueller Ebene wird diese Eigenschaft Risikoaversion genannt.

2.4. Informationserfordernisse welfaristischer Gerechtigkeitstheorien 63

2. Das harmlos klingende Identitätsaxiom, nach dem ja lediglich die Präferenz*ordnungen* der „Rollen" respektiert werden müssen, reicht nicht aus, sobald man die daraus abgeleiteten Nutzenwerte, wie in (2.19) gezeigt, addiert.

Die „Rechtfertigung" durch Harsanyi muss also als problematischer bezüglich der Informationsanforderungen angesehen werden als der Utilitarismus selbst. Zu diesem ist auf jeden Fall zu sagen, dass er nur dann einen Sinn ergibt, wenn man unter dem Begriff des „Nutzens" mehr als die bloße Repräsentation einer Präferenzordnung versteht, nämlich eine kardinal messbare Größe, die noch dazu von Person zu Person verglichen werden kann.

2.4.4.2 Maximin und Leximin

Bei der Maximin-GWF handelt es sich um eine welfaristische Interpretation des Differenzprinzips von Rawls. Auch wenn Rawls selbst dieses Prinzip nicht auf Nutzengrößen angewendet wissen wollte, kann eine solche Interpretation damit gerechtfertigt werden, dass der von Rawls eingeführte „Vektor von Grundgütern" irgendwie zu einem Index zusammengefasst werden muss, um festzustellen, für welches Individuum dieser Wert am kleinsten ist. Unter dem „Nutzen" kann man sich dann eine beliebige Aggregatorfunktion vorstellen.

Die „Maximin-GWF" ist ein Spezialfall von (2.12) mit $\rho \to \infty, \alpha_1 = \ldots = \alpha_n = 1$. Sie ist definiert durch

$$W^M(x) = \min[u_1(x), u_2(x), \ldots, u_m(x)], \qquad (2.20)$$

und die Wohlfahrts-Indifferenzkurven verlaufen L-förmig. Ihre Anwendung benötigt nur ein ordinales Nutzenkonzept, jedoch müssen zur Feststellung des Minimums die Nutzenniveaus interpersonell vergleichbar sein. Vorausgesetzt wird also eine OVV-Welt.

Ein Problem bei dieser GW stellt jedoch die Tatsache dar, dass sie zwar das schwache Pareto-Kriterium erfüllt, das starke jedoch verletzt: Bleibt der Nutzen des am schlechtesten gestellten Individuums gleich und erhöhen sich die Nutzen aller anderen Bürger, so bleibt der Wohlfahrt-Index W^M gleich, während er nach dem starken Pareto-Kriterium steigen müsste.

Dieser Mangel lässt sich durch die folgende Modifikation der Maximin-GWF beheben, die sog. *Leximin-Regel*, die auch das Pareto-Kriterium erfüllt:
Seien die Nutzenvektoren zu zwei Allokationen x und y, $u(x) = [u_1(x), \ldots, u_m(x)]$ bzw. $u(y) = [u_1(y), \ldots, u_m(y)]$ nach der Größe geordnet, so dass $u_{(1)}(x) \le u_{(2)}(x) \le \cdots \le u_{(m)}(x)$ und desgleichen für $u(y)$. Dabei bezeichnen die Klammern um den Index die Permutation der individuellen Nutzenwerte, die sich gerade nach der Größe ordnen lässt. Sei ferner k der kleinste Index mit $u_{(k)}(x) \ne u_{(k)}(y)$. Dann ist die „*Leximin-Regel*" durch folgende gesellschaftliche Wohlfahrtsordnung R^L definiert:

$$x P^L y \quad \Leftrightarrow \quad u_{(k)}(x) > u_{(k)}(y). \qquad (2.21)$$

Nach der Leximin-Regel ist also die Allokation x besser als y, wenn es den $k-1$ am schlechtesten gestellten Individuen in x genauso gut geht wie in y, aber dem

64   Kap. 2. Theorien der Gerechtigkeit

$k-t$ schlechtesten in x besser als in y. Man beachte, dass die Leximin-Regel zwar eine gesellschaftliche Wohlfahrts*ordnung* definiert, jedoch keine GWF induziert, da die beschriebene Stetigkeitsbedingung nicht erfüllt ist. Daher lassen sich auch keine Wohlfahrts-Indifferenzkurven angeben.

2.4.4.3 Nash und Bernoulli-Nash

Bei der „*Nash-GWF*" wird die gesellschaftliche Wohlfahrt gleichgesetzt mit der gewichteten Summe der Logarithmen der Einzelnutzen bzw., was dazu äquivalent ist, mit dem Produkt der (durch Potenzierung gewichteten) Einzelnutzen:

$$\ln W^N(x) = \sum_{i=1}^{m} \alpha_i \cdot \ln[u_i(x)] \quad \text{bzw.} \quad W^N(x) = \prod_{i=1}^{m} [u_i(x)]^{\alpha_i}. \quad (2.22)$$

Die zugehörigen Wohlfahrts-Indifferenzkurven sind rechtwinklige Hyperbeln. Die Funktion W^N ist ein Spezialfall von (2.12) mit $\rho \to 1$. Auch hier gilt: Verlangt man, dass φ zusätzlich die Eigenschaft der Anonymität hat, so müssen in (2.22) alle Gewichtungsfaktoren gleich groß sein, d. h., man kann sie gleich 1 setzen.

Die Anwendung einer Nash-GWF setzt voraus, dass die individuellen Nutzen auf einer Verhältnis-Skala messbar sind, wohingegen interpersonelle Vergleichbarkeit nicht erforderlich ist. Wir müssen uns also in einer VNV-Welt befinden. Man beachte, dass Wohlfahrtsaussagen mittels der Nash-GWF sich durch Addition einer Konstanten a zu allen Elementen des Nutzenvektors durchaus ändern können. Dies zeigt, dass Kardinalität für die Nash-GWF nicht ausreicht.

Eine Variante der Nash-GWF ist als *Bernoulli-Nash-GWF* bekannt geworden. Hier werden alle Nutzenhöhen im Vergleich zu einer Referenz-Allokation x^0 gemessen. Diese Allokation könnte z. B. einen „Drohpunkt" darstellen, der sich ergibt, wenn sich die Mitglieder der Gesellschaft nicht auf eine Zusammenarbeit einigen können. Diese GWF ist definiert durch:

$$W^{BN}(x) = \prod_{i=1}^{m} [u_i(x) - u_i(x^0)]^{\alpha_i}. \quad (2.23)$$

Diese Formel ist allerdings nur anwendbar, falls $u_i(x) > u_i(x^0)$ für alle i. Sie lässt sich im Übrigen nicht als Spezialfall der isoelastischen GWF (2.12) darstellen. Ihre Wohlfahrts-Indifferenzkurven sind Hyperbeln in einem Nutzen-Diagramm, in dem die Achsen des Koordinatensystems durch den Punkt $[u_1(x^0), u_2(x^0)]$ laufen. Die Anwendung einer Bernoulli-Nash-GWF setzt zwar kardinale Messbarkeit der Nutzen, aber *keine interpersonelle Vergleichbarkeit* voraus. Zum Beweis ersetze man u_i in (2.23) durch eine positive affine Transformation für jedes i mit $v_i(x) = a_i + b_i \cdot u_i(x)$. Man sieht dann, dass dies einen Vergleich zwischen zwei Allokationen x und y nicht umkehren kann. Man muss sich also in einer KNV-Welt befinden.

In Abbildung 2.3 sind die Wohlfahrts-Indifferenzkurven für die (spezielle) utilitaristische, die Rawlssche, die Nash- und die Bernoulli-Nash-gesellschaftlichen Wohlfahrtsfunktionen dargestellt. Ferner enthält Tabelle 2.2 einen Überblick über die Informationserfordernisse, die mit den einzelnen GWFs verbunden sind.

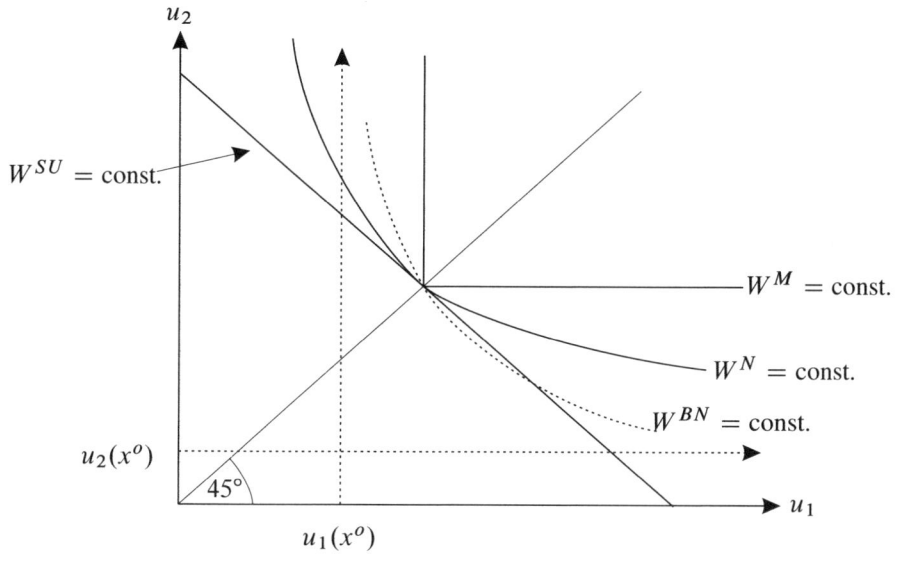

Abbildung 2.3: Verschiedene Wohlfahrts-Indifferenzkurven

2.5 Implementierung am Beispiel der Kompensationskriterien

„*Es gibt nichts Gutes, außer man tut es.*"
Erich Kästner

In diesem Abschnitt soll ein Verfahren erörtert werden, mit dem in der wirtschaftspolitischen Praxis, etwa bei der Entscheidung über Großprojekte, eine Auswahl zwischen verschiedenen Pareto-optimalen Allokationen vorgenommen werden kann und oft auch tatsächlich vorgenommen wird. Der populäre Name dieses Verfahrens lautet „Kosten-Nutzen-Analyse". Eine solche monetäre Bewertung von Kosten und Erträgen ist z. B. nach EU-Verordnung 1260/99 zwingend vorgeschrieben, wenn eine Mitgliedsstaat für die Durchführung eines Investitionsprojekts mit einem Gesamtbudget ab 50 Mio. Euro Mittel aus dem EU-Strukturfonds in Anspruch nehmen möchte.

In der folgenden Darstellung geht es uns insbesondere um die gerechtigkeitstheoretische bzw. welfaristische Fundierung. Diese Fundierung liefert der so genannte *(Kaldor-Hicks-Scitovsky-)Kompensations-Test*, von dem vielfach behauptet wird, er komme ohne interpersonelle Nutzenvergleiche aus. Diese Einschätzung ist allerdings nicht berechtigt, wie noch zu zeigen sein wird.

Die Grundidee des Ansatzes ist, dass von zwei Allokationen x und y, die nicht Pareto-vergleichbar sind, die eine (x) der anderen (y) im folgenden Sinne überlegen sein kann: Es gibt eine dritte Allokation x', die aus x durch reine Umverteilung gewonnen werden kann und gegenüber y Pareto-superior ist (vgl. Abb. 2.4). Man nennt dann:

- x gegenüber y „potenziell Pareto-superior" oder „überlegen nach dem Kompensations-Test"; in Symbolen:
$$x \, P^{pot} \, y \, , \qquad (2.24)$$
- die Individuen i mit $u_i(x) > u_i(y)$ die „Gewinner eines Übergangs von Allokation y zu Allokation x",
- die Individuen i mit $u_i(x) < u_i(y)$ die „Verlierer eines Übergangs von y zu x",
- die notwendigen Transfers, um von x zu x' zu gelangen, „Kompensationszahlungen".

Man kann drei verschiedene Versionen des Kompensations-Tests danach unterscheiden, worin die Transfers bestehen dürfen und wiederum drei danach, welchen Zustand man als Referenzsituation verwendet, mithin insgesamt neun Versionen. Nach dem zuerst genannten Kriterium unterscheidet man

a) den *starken Kompensationstest:* hier sind alle Pauschal-Umverteilungen des in der jeweiligen Allokation (z. B. x) produzierten Güterbündels zugelassen (In der Realität könnten diese Transfers unzulässig sein, da ein Transfer das Verhalten ändern und damit eventuell die Produktion reduzieren kann.);

b) den *schwachen Kompensationstest:* falls z. B. Allokationen x und y zu unterschiedlichen Transformationskurven gehören (z. B. durch beschränkten Handel versus Freihandel mit Produktionsfaktoren), so darf vor der Pauschal-Umverteilung zusätzlich die Produktion entlang der Transformationskurve zu Allokation x variiert werden;

c) der *Kaufkraft-Test:* hier werden alle Nutzenverteilungen betrachtet, die durch Pauschal-Umverteilungen von Einkommen bei festen Preisen und nutzenmaximierenden Güterkäufen aus einer Allokation x gewonnen werden könnten. Eine so definierte Nutzenverteilung muss als solche nicht unbedingt einer zulässigen Allokation entsprechen.

Im Folgenden werden wir uns nur noch mit dem Kaufkraft-Test beschäftigen, da er als einziger empirisch relevant ist. Nach der Wahl der Referenzsituation unterscheidet man die folgenden Versionen des Kaufkraft-Tests:

1. den *Kaldor-Test:* $x \, P^K \, y$ gilt genau dann, wenn nach einem Übergang von y nach x die Gewinner die Verlierer entschädigen könnten und alle dadurch bessergestellt wären als in y. Referenzsituation für die Ausgleichszahlungen ist hierbei also die (neue) Situation x;
2. den *Hicks-Test:* $x \, P^H \, y$ gilt genau dann, wenn in Situation y die potenziellen Verlierer eines Übergangs zu x die potenziellen Gewinner nicht für einen Verzicht auf x entschädigen könnten, so dass alle mindestens so gut gestellt sind wie in x. Referenzsituation für die Zahlungen ist hier also die (alte) Situation y.
3. den *Scitovsky-Test:* $x \, P^S \, y$ gilt genau dann, wenn sowohl $x \, P^K \, y$ als auch $x \, P^H \, y$.

Abbildung 2.4 illustriert den Kaldor-Kaufkraft-Test. Hier sind für eine Zwei-Personen-Ökonomie in einem u_1-u_2-Diagramm zwei Allokationen x und y eingezeichnet. Die Kurve durch Punkt x gibt alle Nutzen-Paare an, die durch Umverteilung von

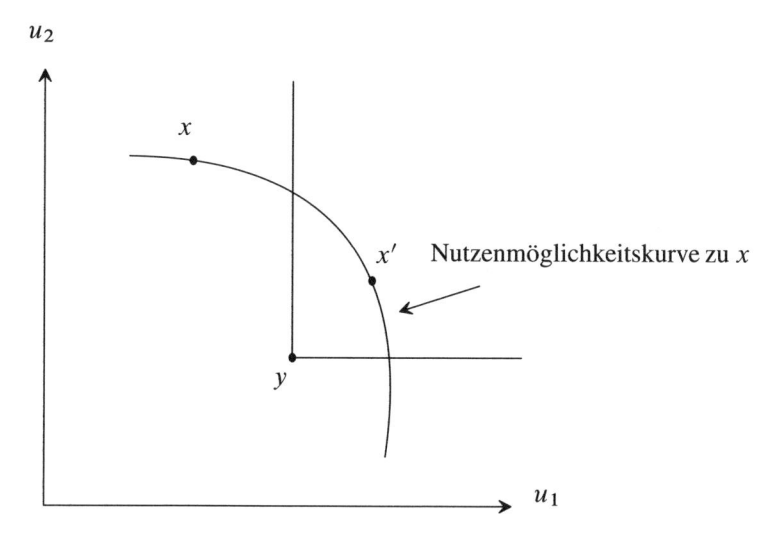

2.5. Implementierung am Beispiel der Kompensationskriterien 67

Abbildung 2.4: Illustration des Kaldor-Tests

Geldeinkommen aus Allokation x gewonnen werden können und heißt „Nutzenmöglichkeitskurve zu x". Man erkennt sofort, dass x und y selbst nicht Paretovergleichbar sind, dass aber Punkt x', der auf der Nutzenmöglichkeitskurve zu x liegt, Pareto-superior zu y ist.

Der Kaldor-Kaufkraft-Test hat eine erhebliche praktische Bedeutung erfahren. So bildet er die Grundlage der „Kosten-Nutzen-Analyse" zur Bewertung öffentlicher Projekte. Die Kosten-Nutzen-Analyse befürwortet eine Maßnahme, wenn die Summe der Zahlungsbereitschaften höher ist als die Kosten der Maßnahme. Diese Regel beruht insbesondere auf zwei Werturteilen:

1. Allein die subjektiven Zahlungsbereitschaften sind bei der Messung des Vorteils einer Maßnahme relevant.
2. Es ist irrelevant, *wer* welche Zahlungsbereitschaft hat. Allein die Summe der Zahlungsbereitschaften ist von Interesse.

Das erste Werturteil basiert auf der subjektiven Nutzenlehre. Da die Kosten-Nutzen-Analyse ausschließlich Zahlungsbereitschaften als Informationsgrundlage verwendet, kann sie als welfaristischer Ansatz rekonstruiert werden, wenn es gelingt, sie auf eine Bergson-Samuelsonsche Wohlfahrtsfunktion zurückzuführen. Das zweite Werturteil ist auf den ersten Blick attraktiv, weil die Zahlungsbereitschaft aller betroffenen Personen gleich in die Entscheidung einfließt. Ob eine Person von einer Maßnahme profitiert, hängt jedoch ebenso davon ab, welchen *Finanzierungsbeitrag* sie leistet. Ein Maß, das beide Aspekte berücksichtigt, ist der *Nettovorteil* einer Person. Dieser ist definiert durch

$$NV_i = Z_i - \alpha_i K \, . \tag{2.25}$$

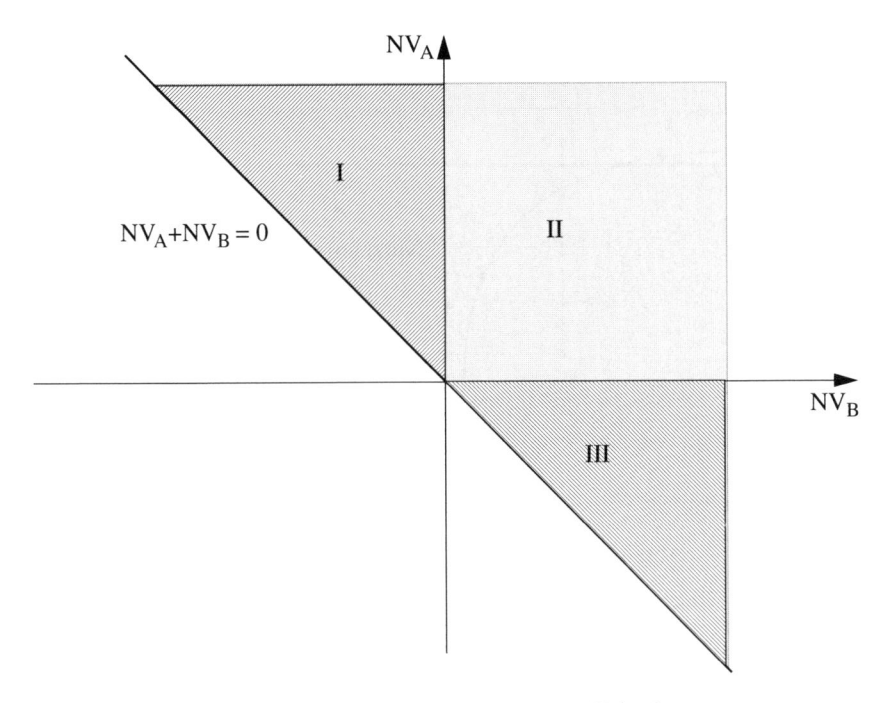

Abbildung 2.5: KNA versus Pareto-Kriterium

Hierbei beschreibt Z_i die Zahlungsbereitschaft von Person i und K die Kosten der Maßnahme. α_i gibt den Finanzierungsanteil von Person i wieder, wobei $\sum_i \alpha_i = 1$. Es ist leicht ersichtlich, dass aus der Bedingung der Kosten-Nutzen-Analyse

$$\sum_i Z_i > K \Leftrightarrow \sum_i NV_i > 0 \qquad (2.26)$$

nicht folgt, dass alle betroffenen Personen einen positiven Nettovorteil haben. Dies wird in Abbildung 2.5 für den Fall zweier Personen A und B illustriert. Der schraffierte Bereich gibt alle Kombinationen der Nettovorteile wieder, bei denen die Kosten-Nutzen-Analyse eine Maßnahme befürwortet. Nur im Bereich II findet jedoch eine Pareto-Verbesserung statt. In Bereich I wird Person A auf Kosten von Person B besser gestellt, in Bereich III ist es umgekehrt.

2.5.1 Kritik an der Kosten-Nutzen-Analyse

Hier sollen zunächst zwei grundsätzliche Kritikpunkte angesprochen werden, die gegen die Konzeption des Kompensations-Kriteriums nach dem Kaufkraft-Test vorgebracht worden sind. Zum einen wird darauf hingewiesen, dass die Kompensationszahlungen, die einen Übergang von Allokation y zu x erst zu einer Pareto-Verbesserung machen würden, in der Realität regelmäßig nicht geleistet werden. Wür-

2.5. Implementierung am Beispiel der Kompensationskriterien 69

den sie nämlich geleistet, so bräuchte man den Kaufkraft-Test nicht, sondern könnte gleich das weniger kontroverse Pareto-Kriterium anwenden. Da sie aber nicht geleistet werden, ist es für die Verlierer des Übergangs wenig tröstlich zu wissen, dass die Gewinner davon mehr profitiert haben, als sie selbst verloren haben, das potenzielle Pareto-Kriterium hingegen behauptet, dass schon die Möglichkeit, etwas Gutes zu tun, gut ist und es nicht darauf ankommt, ob man es tut oder nicht. Dies mag unbefriedigend erscheinen. Insbesondere ist es kein besonderer Trost, dass man alle hätte besser stellen können, falls tatsächlich einige Personen große Nutzeneinbußen hinnehmen müssen. Dagegen wird vorgebracht, dass die strikte Anwendung der Kosten-Nutzen-Analyse letztendlich doch zu einer Pareto-Verbesserung führen würde, weil sich bei vielen Maßnahmen die Fälle, in denen eine Person sich auf Kosten anderer besser stellt, und die Fälle, in denen ihr Nettovorteil negativ ist, neutralisierten. In Abbildung 2.5 würde dies bedeuten, dass Person A genauso häufig damit rechnen kann, dass die Bewertung in Bereich I liegt wie in Bereich III. Somit sind im Schnitt nur die Fälle zu berücksichtigen, die im Bereich II liegen und bei denen sich beide Individuen besser stellen. Das Problem dieser Begründung ist, dass sich die Höhe der Nettovorteile nicht *systematisch* bei den befragten Personen unterscheiden darf. Andernfalls ist sie nicht stichhaltig. Hängt zum Beispiel die Zahlungsbereitschaft für gesundheitsverbessernde Maßnahmen nicht vom Einkommen ab, aber der Finanzierungsbeitrag, dann sind die Nettovorteile negativ mit dem Einkommen korreliert. Entsprechend befürwortet die Kosten-Nutzen-Analyse systematisch Maßnahmen, die Personen mit niedrigem Einkommen auf Kosten von Personen mit hohem Einkommen besser stellen. Wäre z. B. Person A die Person mit dem niedrigen Einkommen, dann würden viele Bewertungen in Bereich I fallen, aber nur wenige in Bereich III. Ob dies wünschenswert sein kann, wollen wir offen lassen. In jedem Fall kann man sich auch hier nicht auf das Pareto-Kriterium berufen.

Ein zweiter, vielleicht noch gravierenderer Einwand, der von Scitovsky erhoben wurde, ist der Hinweis darauf, dass sowohl der Kaldor-Test als auch der Hicks-Test zu widersprüchlichen Aussagen gelangen können:

a) Betrachten wir in Abbildung 2.6 den Übergang von Allokation y zu z. Da z auf derselben Nutzenmöglichkeitskurve liegt wie z', folgt sofort: $z \, P^K \, y$. Andererseits gibt es aber einen Punkt y' auf der Nutzenmöglichkeitskurve zu y, der rechts oberhalb von Punkt z liegt. Daraus folgt sofort: $y \, P^K \, z$, d. h., nicht nur der Übergang von y nach z stellt eine potenzielle Pareto-Verbesserung dar, sondern auch seine Rückgängigmachung! Damit kann der Kaldor-Test keine gesellschaftliche Rangordnung von Allokationen erzeugen, da er die wichtige Eigenschaft der Antisymmetrie der strikten Präferenz verletzt.[13]

b) Ähnliches gilt für den Hicks-Test. Vergleicht man in Abbildung 2.6 die Allokationen y' und z', so erhält man, da kein Punkt auf der Nutzenmöglichkeitskurve zu y' rechts oberhalb von Punkt z' liegt: $z' \, P^H \, y'$, analog gilt aber auch: $y' \, P^H \, z'$. Dieser Test ist also ebenfalls widersprüchlich.

---

[13] Antisymmetrie bedeutet: wenn $x \, P \, y$, dann nicht $y \, P \, x$.

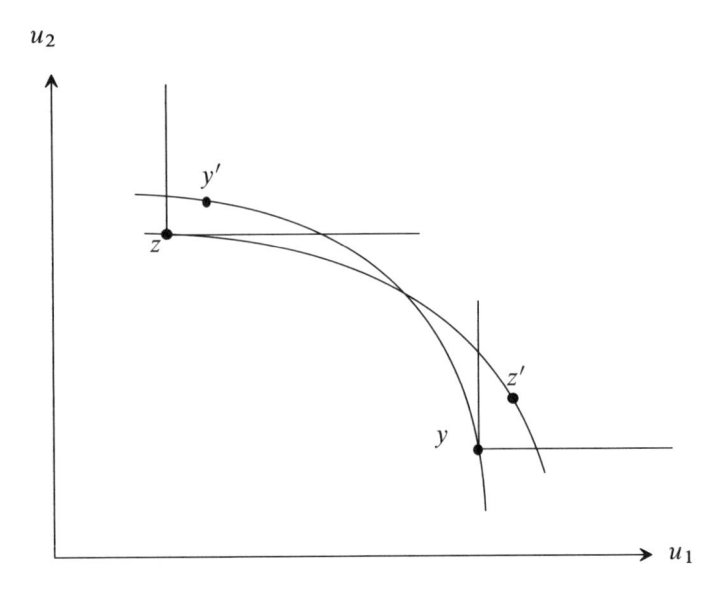

Abbildung 2.6: Scitovsky-Paradoxon

Andererseits gilt, wie man sich leicht klarmachen kann, für jedes Paar von Allokationen x, y:
$$x \, P^K \, y \Leftrightarrow \neg \, (y \, P^H \, x) \, . \tag{2.27}$$
Somit gilt für den Scitovsky-Test, dass er nicht widersprüchlich ist, denn es gilt:
$$x \, P^S \, y \Leftrightarrow x \, P^K \, y \wedge x \, P^H \, y \Leftrightarrow \neg(y \, P^H \, x) \wedge \neg(y \, P^K \, x)$$
$$\Rightarrow \neg(y \, P^S \, x) \, . \tag{2.28}$$
Die Schwäche des Scitovsky-Tests besteht allerdings darin, dass er intransitiv ist. In Abbildung 2.7 ist eine weitere Allokation z eingezeichnet, die gegenüber x nach dem Scitovsky-Test überlegen ist, aber nicht gegenüber y.

2.5.2 Kosten-Nutzen-Analyse und gesellschaftliche Wohlfahrtsfunktionen

Wir hatten zuvor das Konzept einer Bergson-Samuelson-Wohlfahrtsfunktion entwickelt. Im Folgenden ist zu untersuchen, in welcher Beziehung die Kosten-Nutzen-Analyse zu diesem Konzept steht. Genauer geht es um die Frage, ob sie als Operationalisierung einer bestimmten Wohlfahrtsfunktion im Sinne von Bergson-Samuelson interpretiert werden kann. Dazu beschränken wir uns der Einfachheit halber auf den Fall mit zwei Personen, $i = A, B$, und nehmen an, dass der Nutzen der Person i von zwei Argumenten abhängt, nämlich dem Vektor θ^j, der die Verwirklichung „öffentlicher" Projekte in Situation j beschreibt, und seinem Nettovermögen y_i. In der Ausgangssituation $j = 1$ sei die gesellschaftliche Wohlfahrt somit

$$W^1 = F(u_A(\theta^1, y_A), u_B(\theta^1, y_B)) \, . \tag{2.29}$$

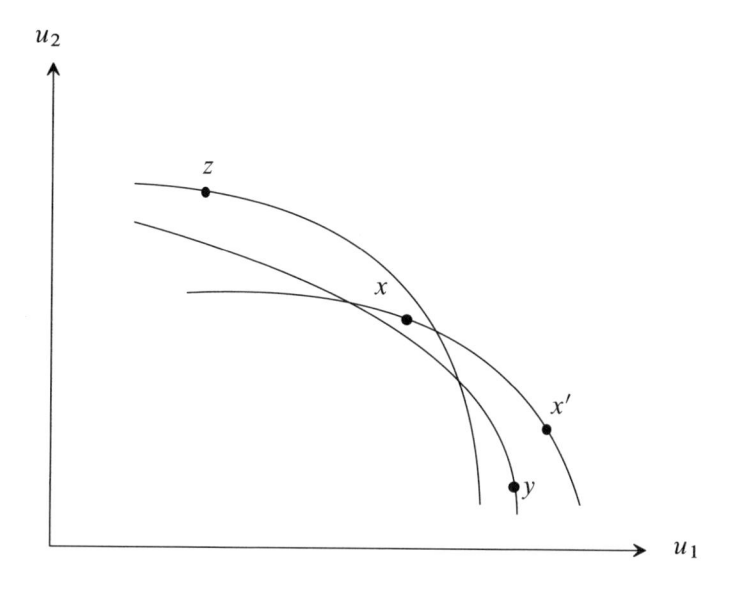

2.5. Implementierung am Beispiel der Kompensationskriterien

Abbildung 2.7: Intransitivität des Scitovsky-Tests

Eine Maßnahme, die Kosten in Höhe von K verursacht, könne die Situation θ^2 herbeiführen. Die Zahlungsbereitschaft der Individuen für diese Maßnahme ist definiert durch

$$u_i(\theta^2, y_i - Z_i) = u_i(\theta^1, y_i). \qquad (2.30)$$

Trägt jedes Individuum einen Anteil α_i der Kosten, wobei $\alpha_A + \alpha_B = 1$, dann beträgt die gesellschaftliche Wohlfahrt bei Durchführung der Maßnahme

$$W^2 = F(u_A(\theta^2, y_A - \alpha_A K), u_B(\theta^2, y_B - \alpha_B K)). \qquad (2.31)$$

Die Änderung der gesellschaftlichen Wohlfahrt lässt sich folgendermaßen approximieren

$$W^2 - W^1 = \Delta W \approx \frac{\partial F}{\partial u_A} \Delta u_A + \frac{\partial F}{\partial u_B} \Delta u_B. \qquad (2.32)$$

Für die Änderung des Nutzens ergibt sich unter Verwendung von (2.30)

$$\Delta u_i = u_i(\theta^2, y_i - \alpha_i K) - u_i(\theta^1, y_i)$$
$$= u_i(\theta^2, y_i - \alpha_i K) - u_i(\theta^2, y_i - Z_i). \qquad (2.33)$$

Approximativ gilt

$$u_i\left(\theta^2, \hat{y}_i^2\right) - u_i\left(\theta^2, \hat{y}_i^1\right) \approx \frac{\partial u_i}{\partial y_i}\left(\hat{y}_i^2 - \hat{y}_i^1\right). \qquad (2.34)$$

Mit $\hat{y}_i^2 = y_i - \alpha_i K$ und $\hat{y}_i^1 = y_i - Z_i$ erhalten wir folglich

$$\Delta u_i \approx \frac{\partial u_i}{\partial y_i}(Z_i - \alpha_i K) = \frac{\partial u_i}{\partial y_i} NV_i, \qquad (2.35)$$

und durch Einsetzen in (2.32) somit

$$\Delta W \approx GN_A NV_A + GN_B NV_B \quad \text{mit} \quad GN_i \equiv \frac{\partial F}{\partial u_i} \frac{\partial u_i}{\partial y_i}. \tag{2.36}$$

D. h. die Veränderung der Wohlfahrt entspricht approximativ der Summe der mit dem gesellschaftlichen Grenznutzen des Einkommens GN_i gewichteten Nettovorteilen der Maßnahme.

Aus (2.36) wird ersichtlich, dass die Kosten-Nutzen-Analyse nur dann *mit Sicherheit* zu einer Wohlfahrtserhöhung führt, falls der gesellschaftliche Grenznutzen des Einkommens von beiden Individuen gleich ist. Dann ergibt sich

$$\Delta W \approx GN_i(NV_A + NV_B), \quad i = A, B \tag{2.37}$$

und folglich

$$\Delta W > 0 \Leftrightarrow NV_A + NV_B > 0 \Leftrightarrow Z_A + Z_B > K. \tag{2.38}$$

Die Gleichheit der gesellschaftlichen Grenznutzen der Einkommen ist in der Lösung folgenden Optimierungsproblems gegeben:

$$\max_{y_A, y_B} F(u_A(\theta, y_A), u_B(\theta, y_B)) \quad u.d.Nb. \quad y_A + y_B = \bar{y}. \tag{2.39}$$

In diesem Fall stimmen bei einer optimalen Einkommensverteilung die gesellschaftlichen Grenznutzen überein, d. h. eine Entscheidung gemäß der Kosten-Nutzen-Analyse führt genau dann immer zu einer Erhöhung der gesellschaftlichen Wohlfahrt, wenn das Einkommen optimal verteilt ist. Ist dies jedoch nicht der Fall, dann kann eine von der Kosten-Nutzen-Analyse befürwortete Maßnahme die gesellschaftliche Wohlfahrt senken, falls für ein Individuum $Z_i < \alpha_i K$ ist. Dann besagt Gleichung (2.36), dass der Nettovorteil der Personen mit hohem gesellschaftlichen Grenznutzen des Einkommens höher gewichtet werden sollte. Die Kosten-Nutzen-Analyse hingegen gewichtet die Nettovorteile aller Personen gleich und führt deshalb nicht generell zu einer Erhöhung der gesellschaftlichen Wohlfahrt. Abbildung 2.8 zeigt die unterschiedlichen Empfehlungen der Kosten-Nutzen-Analyse und der gesellschaftlichen Wohlfahrtsanalyse. Dort ist neben der Bedingung $NV_A + NV_B > 0$ auch Gleichung (2.36) für $\Delta W = 0$ abgetragen. Wir nehmen dabei an, dass $GN_A > GN_B$, d. h. dass der gesellschaftliche Grenznutzen des Einkommens bei Person A größer ist als bei Person B. Deshalb erhalten wir

$$-\frac{NV_A}{NV_B}\bigg|_{\Delta W=0} = \frac{GN_B}{GN_A} < 1, \tag{2.40}$$

d. h. die Grenze für eine Verbesserung der gesellschaftlichen Wohlfahrt verläuft (absolut) flacher als die Bedingung der Kosten-Nutzen-Analyse.

Die schraffierten Flächen zeigen die Bereiche, in denen sich die Kosten-Nutzen-Analyse und die gesellschaftliche Wohlfahrtsanalyse in ihren Empfehlungen unterscheiden. Im Bereich I ist die gesellschaftliche Wohlfahrtsanalyse im Gegensatz zur

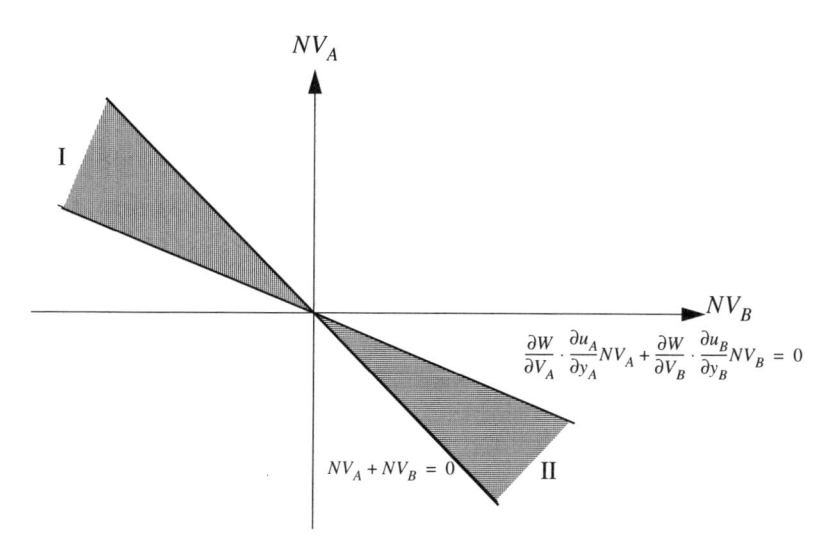

2.5. Implementierung am Beispiel der Kompensationskriterien 73

Abbildung 2.8: KNA und gesellschaftliche Wohlfahrtsanalyse

Kosten-Nutzen-Analyse für eine Durchführung der Maßnahme. Dies liegt daran, dass Person A einen höheren gesellschaftlichen Grenznutzen des Einkommens hat und deshalb ihr Nettovorteil höher gewichtet wird als der von Person B. Aus dem gleichen Grund lehnt die gesellschaftliche Wohlfahrtsanalyse im Bereich II eine Maßnahme ab, während sie die Kosten-Nutzen-Analyse befürwortet. Aus Sicht der gesellschaftlichen Wohlfahrtsanalyse ist somit die entscheidende Frage für die Anwendbarkeit der Kosten-Nutzen-Analyse, ob das Einkommen optimal verteilt ist. Ist dies nicht der Fall, dann fordert die gesellschaftliche Wohlfahrtsanalyse, dass eine Maßnahme nur dann durchgeführt wird, wenn

$$\Delta W \approx GN_A NV_A + GN_B NV_B > 0, \qquad (2.41)$$

d. h. falls die Summe der mit dem gesellschaftlichen Grenznutzen des Einkommens gewichten Nettovorteile der einzelnen Personen positiv ist.[14] Für diese Entscheidungsregel, die auf Weisbrod (1968) zurückgeht, muss im Gegensatz zur Kosten-Nutzen-Analyse neben der Zahlungsbereitschaft auch der Finanzierungsbeitrag $\alpha_i K$ sowie der Grenznutzen des Einkommens bestimmt werden. Des Weiteren muss sich die Gesellschaft auf eine Wohlfahrtsfunktion einigen, um den gesellschaftlichen Grenznutzen zu ermitteln. In der Praxis wird es hier sicherlich unterschiedliche Meinungen geben, und es ist unklar, ob sich ein Konsens finden lässt. Dies ist jedoch kein Problem der gesellschaftlichen Wohlfahrtsanalyse, sondern der Tatsache, dass die Bewertung von Maßnahmen grundsätzlich mit Werturteilen verbunden ist. Die Kosten-Nutzen-Analyse umgeht dieses Problem nur scheinbar, indem sie implizit unterstellt,

---

[14]Hierfür lassen sich auch die sich zu eins summierenden Gewichte $w_i = \dfrac{GN_i}{GN_A + GN_B}$ verwenden.

dass die Einkommen in der Gesellschaft optimal bezüglich einer bestimmten Gerechtigkeitsvorstellung verteilt sind.

2.5.3 Die Messung der Zahlungsbereitschaft

Ein wichtiges Problem bei der Anwendung der Kosten-Nutzen-Analyse auf konkrete wirtschaftspolitische Fragestellungen lautet:

1. Wie kann man den Vorteil oder Nachteil einer Maßnahme für einen Konsumenten in Geld ausdrücken?
2. Wie kann man die dafür benötigten Informationen aus seinem beobachtbaren Verhalten ablesen, so dass es sich um ein empirisch anwendbares Messkonzept handelt?

Die in der Literatur am häufigsten behandelte Situation, anhand derer die beiden Fragen untersucht werden, ist eine Änderung des Preisvektors (z. B. durch einen ordnungspolitischen Eingriff in Märkte oder die Änderung einer Preisregulierungspolitik) von $p^0 = (p_1^0, \ldots, p_n^0)$ auf $p' = (p_1', \ldots, p_n')$. Betrachtet wird ein Haushalt mit der Nutzenfunktion

$$u = u(x_1, \ldots, x_n) \tag{2.42}$$

und einem Einkommen von Y. Seine Marshallschen Nachfragefunktionen nach den n Konsumgütern lauten:

$$x_j^\circ = x_j^\circ(p, Y), \quad j = 1, \ldots, n, \tag{2.43}$$

und der Wert seiner indirekten Nutzenfunktion ist

$$V(p, Y) = u[x_1^\circ(p, Y), \ldots, x_n^\circ(p, Y)]. \tag{2.44}$$

Den Wert der indirekten Nutzenfunktion beim Preisvektor p^0 bezeichnen wir auch mit u^0, den bei p' mit u', so dass gilt:

$$u^0 := V(p^0, Y), \tag{2.45}$$
$$u' := V(p', Y). \tag{2.46}$$

Das erste für den Kaldor-Test relevante Maß für den Vorteil, den der Konsument beim Übergang vom Preisvektor p^0 zu p' erzielt, heißt „kompensierende Variation" (engl. compensating variation) und wird mit dem Symbol CV bezeichnet. Es misst den Geldbetrag, den er bereit ist abzugeben, damit er beim Übergang von p^0 zu p' gerade gleich gut gestellt bleibt, und ist mit Hilfe von (2.44) implizit definiert durch

$$V(p^0, Y) = V(p', Y - CV). \tag{2.47}$$

Das zweite, für den Hicks-Test relevante Maß heißt „äquivalente Variation" (engl. equivalent variation) und wird mit dem Symbol EV bezeichnet. Es misst den Geldbetrag, den man ihm geben müsste, um ihn dafür zu entschädigen, dass er auf den Übergang von p^0 zu p' verzichtet. Es ist mit Hilfe von (2.44) definiert durch

$$V(p^0, Y + EV) = V(p', Y). \tag{2.48}$$

2.5. Implementierung am Beispiel der Kompensationskriterien

Sei ferner

$$E(p, u^0) = \min_x \{p \cdot x \mid u(x) = u^0\} \quad (2.49)$$

die zum Ausgangs-Nutzenniveau u^0 zugehörige Ausgabenfunktion, die die minimalen Ausgaben zur Aufrechterhaltung des Nutzenniveaus zu alternativen Preisvektoren angibt. Es gilt wegen der inversen Beziehung zwischen indirekter Nutzenfunktion und Ausgabenfunktion

$$V[p, E(p, u^0)] = u^0 \quad \text{für jedes } p, \quad (2.50)$$
$$E[p, V(p, Y)] = Y \quad \text{für jedes } p. \quad (2.51)$$

Aus (2.45), (2.47) und (2.51) folgt:

$$Y - CV = E(p', u^0). \quad (2.52)$$

Wiederum unter Verwendung von (2.51) erhält man

$$CV = Y - E(p', u^0) = E(p^0, u^0) - E(p', u^0). \quad (2.53)$$

Ferner folgt aus (2.45), (2.48) und (2.50)

$$V(p^0, Y + EV) = u' = V(p^0, E(p^0, u')). \quad (2.54)$$

Ausgehend von (2.51)

$$E(p^0, V(p^0, Y + EV)) = Y + EV \quad (2.55)$$

erhalten wir damit unter Verwendung von (2.54) und (2.46)

$$EV = E(p^0, u') - Y = E(p^0, u') - E(p', u'). \quad (2.56)$$

Ferner wissen wir aus der Dualitätstheorie (vgl. etwa Breyer 2008, S.140), dass

$$\frac{\partial E(p, u^0)}{\partial p_j} = x_j^*(p, u^0), \quad (2.57)$$

wobei x_j^* die Hickssche Nachfrage zum Nutzenniveau u^0 bezeichnet. Wir betrachten nun eine isolierte Änderung des Preises des 1. Gutes von p_1^0 auf p_1'. Dann gilt wegen (2.53) und (2.57):

$$CV = \int_{p_1'}^{p_1^0} \frac{\partial E(p, u^0)}{\partial p_1} \, dp_1 = \int_{p_1'}^{p_1^0} x_1^*(p, u^0) \, dp_1, \quad (2.58)$$

und aus (2.56) und (2.57) folgt analog mit u' anstelle von u^0:

$$EV = \int_{p_1'}^{p_1^0} \frac{\partial E(p, u')}{\partial p_1} \, dp_1 = \int_{p_1'}^{p_1^0} x_1^*(p, u') \, dp_1. \quad (2.59)$$

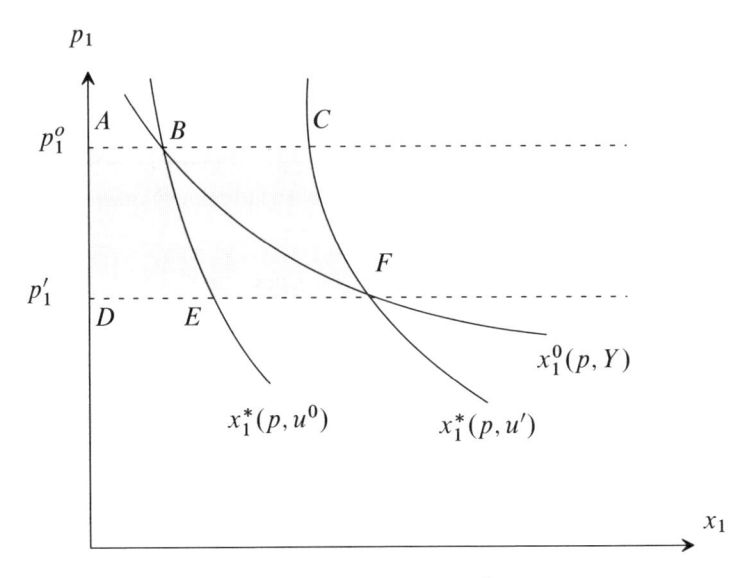

Abbildung 2.9: Kompensierende und Äquivalente Variation

Die rechten Seiten von (2.58) und (2.59) messen die Flächen unter den Hicksschen Nachfragekurven zu den Nutzenniveaus u^0 bzw. u', jeweils zwischen den Preisen p'_1 und p_1^0, also entspricht in Abbildung 2.9 CV der Fläche $ADEB$ und EV der Fläche $ADFC$. Ökonomisch lässt sich der Zusammenhang zwischen der Zahlungsbereitschaft und der Fläche unter der Hicksschen Nachfragekurve wie folgt begründen: Die Hickssche Nachfrage misst die Änderung der Ausgaben des Haushalts bei einer Preisänderung, wenn das Nutzenniveau aufrechterhalten wird (Shepards Lemma). Die Ausgabenfunktion selbst drückt aus, wie teuer es ist, dieses Nutzenniveau bei einem bestimmten Preisvektor zu erreichen. Somit besagt die Fläche unter der Hicksschen Nachfragekurve zwischen den Preisen p'_1 und p_1^0, wie viel Geld der Haushalt einspart, wenn der Preis, wie hier unterstellt, von p_1^0 auf p'_1 fällt.

In der Realität sind die Hicksschen Nachfragekurven nicht beobachtbar, wohl aber die Marshallsche Nachfragekurve $x_1^\circ(p, Y)$, die wegen

$$Y = E(p^0, u^0) = E(p', u') \qquad (2.60)$$

durch die Punkte B und F verläuft. Falls das Gut 1 nicht inferior ist, tritt hier zu dem Substitutionseffekt noch ein positiver Einkommenseffekt hinzu, so dass die Marshallsche Nachfrage preiselastischer ist als die Hickssche. Misst man nun die Fläche unter der Marshallschen Nachfragekurve, also die Fläche $ADFB$, die sogenannte „(Marshallsche) Konsumentenrente", so ist diese offensichtlich eine obere Schranke für CV, die kompensierende Variation, und eine untere Schranke für EV, die äquivalente Variation.

Daraus lassen sich nun die folgenden Kompensationskriterien für den Übergang von einer Situation S^0 zu einer Situation S' ableiten. Dabei bezeichne CV_i die Zahlungsbereitschaft des Individuums i, um S' statt S^0 zu erhalten – unterstellt ist hierbei

2.5. Implementierung am Beispiel der Kompensationskriterien

ein Anspruch auf die „alte" Situation S^0 – und EV_i den *Kompensationsbetrag*, mit dem man i zu einem Verzicht auf S' bewegen könnte – unterstellt ist jetzt ein Anspruch auf die „neue" Situation S':

1. Gilt

$$\sum_{i=1}^{m} CV_i(S^0 \to S') > 0, \quad (2.61)$$

so könnten die Nutznießer eines Übergangs von S^0 auf S', also die Personen mit $CV_i(S^0 \to S') > 0$, die Geschädigten, also diejenigen mit $CV_i(S^0 \to S') < 0$, kompensieren, d. h., es gilt: $S' P^K S^0$. Werden die Zahlungen tatsächlich durchgeführt, so liegt eine Pareto-Verbesserung vor, andernfalls nur eine potenzielle Pareto-Verbesserung.

2. Gilt andererseits

$$\sum_{i=1}^{m} EV_i(S^0 \to S') > 0, \quad (2.62)$$

so könnten die Geschädigten eines Übergangs von S^0 auf S', also die Personen mit $EV_i(S^0 \to S') < 0$, die Nutznießer, also diejenigen mit $EV_i(S^0 \to S') > 0$, für einen Verzicht auf S' nicht kompensieren, und es gilt: $S' P^H S^0$.

Dabei ist zu beachten, dass für jeden einzelnen Haushalt i gilt:

$$CV_i(S^0 \to S') = -EV_i(S' \to S^0), \quad (2.63)$$
$$CV_i(S' \to S^0) = -EV_i(S^0 \to S'). \quad (2.64)$$

Die gleichen Beziehungen gelten natürlich auch für die Summe aller Haushalte.

Das Kompensationsprinzip gibt dann eine eindeutige Antwort auf die Frage, welche von beiden Situationen die bessere für die Gesellschaft ist, falls $\sum_i CV_i$ und $\sum_i EV_i$ dasselbe Vorzeichen haben. Dies muss, wie wir in Abbildung 2.9 gesehen haben, wegen des Einkommenseffektes nicht der Fall sein. Bei verschiedenen Vorzeichen kann es wegen (2.63) und (2.64) vorkommen, dass nach dem $\sum_i CV_i$-Kriterium *sowohl* der Übergang von S^0 nach S' *als auch* die Rückkehr nach S^0 als Wohlfahrtssteigerung erscheinen, nach dem $\sum_i EV_i$-Kriterium jedoch beide Übergänge als Wohlfahrtsminderungen:

$$\sum_{i=1}^{m} CV_i(S^0 \to S') > 0 > \sum_{i=1}^{m} EV_i(S^0 \to S') \quad (2.65)$$

$$\sum_{i=1}^{m} CV_i(S' \to S^0) > 0 > \sum_{i=1}^{m} EV_i(S' \to S^0), \quad (2.66)$$

m. a. W. das Scitovsky-Paradoxon kann auftreten.

Unter bestimmten Voraussetzungen an die individuellen Präferenzen können solche Inkonsistenzen allerdings ausgeschlossen werden. Wenn z. B. angenommen wird, dass alle Individuen quasi-lineare Nutzenfunktionen vom Typ $u^i(x_1^i, \ldots, x_n^i) = v^i(x_1^i, \ldots, x_{n-1}^i) + x_n^i$ haben, kann man für eine innere Lösung mit positiven Nachfragen nach allen Gütern das Folgende zeigen. Sei λ der Lagrange-Parameter des Nutzenmaximierungsproblems und μ der Lagrange-Parameter des Ausgabenminimierungsproblems. Dann gelten die folgenden Bedingungen erster Ordnung:

$$\frac{\partial u^i}{\partial x_j^i} = \lambda p_i, \quad j = 1, \ldots, n-1, \tag{2.67}$$

$$\lambda = 1/p_n \tag{2.68}$$

bzw.

$$\frac{\partial u^i}{\partial x_j^i} = \lambda p_i, \quad j = 1, \ldots, n-1, \tag{2.69}$$

$$\mu = -p_n. \tag{2.70}$$

Dies bedeutet, dass (a) der Grenznutzen des Einkommens Y für alle Individuen (der Wert des Lagrange-Parameters) konstant ist und dass die Marshallschen und Hicksschen Nachfragefunktionen nach den Gütern $1, \ldots, n-1$ nur Funktionen der Preise $p_1, \ldots, p_{n-1}$ und *identisch* sind. Wenn aber Hickssche und Marshallsche Nachfragen übereinstimmen, kann es nicht zu Inkonsistenzen kommen.

Die Eigenschaft identischer Marshallscher und Hicksscher Nachfragen liegt daran, dass alle Einkommenseffekte von Gut n getragen werden, so dass für die Güter $1, \ldots, n-1$ die reinen Substitutionseffekte übrig bleiben. Da sich gemäß der Slutsky-Zerlegung Marshallsche und Hickssche Nachfrage gerade um den Einkommenseffekt unterscheiden,

$$\frac{\partial x_i^*(p, u)}{\partial p_j} = \frac{\partial x_i^\circ(p, Y)}{\partial p_j} + x_i^\circ(p, Y) \frac{\partial u^\circ(p, Y)}{\partial Y},$$

folgt die Behauptung. Normiert man o. B. d. A. den Preis von Gut n auf eins, so lässt sich dieses Gut als „Geld" interpretieren, und der Grenznutzen des Geldes ist dann für alle Individuen gleich eins. Dies ist die entscheidungstheoretische Fundierung der in der Kosten-Nutzen-Analyse ermittelten Zahlungsbereitschaften, so dass für diese Klasse von Präferenzen auch keine Inkonsistenz zwischen dem Entscheidungskriterium der Kosten-Nutzen-Analyse und dem einer Bergson-Samuelson-Wohlfahrtsfunktion auftreten kann, weil bei Linearität der indirekten Nutzenfunktion im Einkommen dieses immer optimal verteilt ist.

Zusammenfassend kann also gefolgert werden, dass die Kosten-Nutzen-Analyse sowohl eine widerspruchsfreie Messung von Zahlungsbereitschaften als auch eine welfaristische Fundierung erlaubt. Allerdings muss darauf hingewiesen werden, dass die Annahme quasilinearer Präferenzen alles andere als harmlos ist, da nicht klar ist, inwieweit reales Auswahlverhalten konsistent aus einer solchen Annahme ableitbar ist. Darüber hinaus verschwindet das Problem der interpersonellen Vergleichbarkeit von Nutzen nicht dadurch, dass alle Nutzen in Zahlungsbereitschaften gemessen werden können. Hierauf hat schon Samuelson sehr ausdrücklich hingewiesen:

"Whatever the merits of the money-metric utility concept developed here, a warning must be given against its misuse. Since money can be added across people, those obsessed by Pareto-optimality in welfare economics as against interpersonal equity may feel tempted to add money-metric utilities across people and think that there is ethical warrant for maximizing the resulting sum. That would be an illogical perversion, and any such temptation should be resisted."

Lektürevorschläge zu Kapitel 2

Die philosophischen Grundlagen der hier behandelten Gerechtigkeitstheorien können in HARE (1952), HABERMAS (1981), SEN (1985) und KERSTING (1994) nachgelesen werden. Gute Gesamtdarstellungen der Gerechtigkeitstheorien bieten HAUSMAN UND MACPHERSON (1996), KOLM (1996), (1997) sowie ROEMER (1996). Standardwerke der Wohlfahrtsökonomik sind ARROW (1951) und SEN (1970), eine gute Aufsatzsammlung findet sich in ARROW (1983). Brauchbare Lehrbuchdarstellungen sind BOADWAY UND BRUCE (1984) sowie BOSSERT UND STEHLING (1990). Wer die in Abschnitt 2.5 dargestellten Gerechtigkeitstheorien im Original nachlesen möchte, sei auf HARSANYI (1953), (1955), RAWLS (1971), NOZICK (1974) bzw. VARIAN (1974) verwiesen. Grundlegende Literatur zur Verwendung von Kompensationskriterien sind KALDOR (1939) und SCITOVSKI (1941). Kritisch zu deren Verwendung äußern sich BLACKORBY UND DONALDSON (1990).

Zusammenfassung der Grundüberlegungen dieses Kapitels

1. Gerechtigkeitskriterien erlauben vergleichende Aussagen über verschiedene zulässige Allokationen. Aus wissenschaftlicher Sicht kann man sich für die formalen Strukturen von Gerechtigkeitskriterien (vor allem ihre Informationsanforderungen) interessieren, für ihre Begründung mit Hilfe allgemeinerer ethischer Prinzipien sowie für konkrete Mechanismen ihrer Implementierung.
2. Gerechtigkeitskriterien haben sehr unterschiedliche Gleichheitsideale und basieren daher auf sehr unterschiedlichen Vorstellungen darüber, welche Ordnung das Gerechtigkeitsproblem bestmöglich löst. Es können deontologisch-prozedurale Theorien, die das Zustandekommen einer Entscheidung für normativ relevant halten, und konsequenzialistische Theorien, die das Ergebnis von Entscheidungen für normativ relevant halten, unterschieden werden. Unter den konsequenzialistischen finden sich welfaristische Theorien, die Wohlfahrtsurteile auf Basis der Nutzenbewertung der Individuen vornehmen, und andere, die auch nicht nutzenrelevante Informationen über Konsequenzen aufnehmen.
3. Im Bereich der welfaristischen Theorien sind verschiedene gesellschaftliche Wohlfahrtsfunktionen vorgeschlagen worden, die unterschiedliche Anforderungen an die Messbarkeit und interpersonelle Vergleichbarkeit individueller Nutzen stellen. Insbesondere unterscheidet man Vergleiche der Nutzenabstände von Vergleichen absoluter Nutzenniveaus.
4. Das Arrow-Unmöglichkeitstheorem beschreibt die Grenzen der Formulierung von Aussagen über die gesellschaftliche Wohlfahrt, wenn man nicht bereit ist, kardinale Nutzenmessung und interpersonelle Nutzenvergleiche vorzunehmen.
5. Sowohl die Maximin- als auch die utilitaristische gesellschaftliche Wohlfahrtsfunktion können mit Hilfe individueller Nutzenmaximierung hinter dem „Schleier des Nichtwissens" gerechtfertigt werden. Sie unterscheiden sich dann lediglich noch in den Annahmen über das Maß der Risikoscheu in dieser Situation.
6. In der Praxis wird eine Auswahl zwischen verschiedenen Pareto-effizienten Allokationen mittels der Kosten-Nutzen-Analyse vorgenommen. Deren welfaristisches wohlfahrtstheoretisches Fundament ist der Kaldor- bzw. Hicks-

Kaufkrafttest. Eine solche Fundierung ist im Allgemeinen nicht konsistent möglich. Sie gelingt aber, wenn man annimmt, alle Individuen hätten quasilineare Präferenzen.

7. Der Kaufkrafttest kann eine wohlfahrtstheoretische Begründung der Verwendung der Marshallschen Konsumentenrente als Maß für den geldwerten Vorteil des Tausches liefern: Diese dient als Approximation an zwei exakte, aber unbeobachtbare Maße, nämlich die kompensierende und die äquivalente Variation.

Schlüsselbegriffe

Gerechtigkeitskriterien
Werturteilsstreit
Konsequenzialistische und Deontologische
 Theorien
Gesellschaftsvertrag
Schleier des Nichtwissens
Liberalismus
Verwirklichungschancen (Capabilities)
Arrow-Unmöglichkeitstheorem
Gesellschaftliche Wohlfahrtsfunktion
Ordinalskala
Kardinalskala
Verhältnisskala

Absolutskala
Interpersonelle Nutzenvergleichbarkeit
Utilitarismus
Maximin-Gerechtigkeit
Fairness
Neidfreiheit
Kompensationskriterien
Kaldor-, Hicks-, Scitovsky-Test
Zahlungsbereitschaft
kompensierende Variation
äquivalente Variation
Konsumentenrente

Übungsaufgaben

Aufgabe 2.1:
a) Zeigen Sie für jede der beiden folgenden GWFs, welche der von Arrow postulierten Eigenschaften sie entbehrt:
  a) (Borda-Regel): Für jeden Haushalt i ($i = 1, \ldots, n$) und jede Allokation $x \in X$ sei die Rangziffer $r_i(x)$ definiert durch $r_i(x) = 1 + [\# \ y \in X \ \text{mit} \ u_i(y) > u_i(x)]$. Ferner sei $r(x) = \sum_i r_i(x)$. Dann lautet die Borda-Regel F: $W(x) \geq W(y) \Leftrightarrow r(x) \leq r(y)$.
  b) (Erweiterte Pareto-Regel): Für $x, y \in X$ gelte: $W(y) \geq W(x) \Leftrightarrow \neg[u_i(x) \geq u_i(y)$ für alle $i = 1, \ldots, n$ und $u_j(x) > u_j(y)$ für mindestens ein $j]$.
b) Ist die Rawlssche Maximin-Regel eine GWF im Sinne von Arrow?

Aufgabe 2.2: Zeigen Sie:
a) Aussagen über Nutzenzuwächse erfordern (mindestens) kardinale Nutzenmessung.
b) Aussagen über relative Nutzenhöhen erfordern eine Nutzenmessung auf einer Verhältnisskala.
c) Die utilitaristische GWF erfordert nicht nur kardinale Nutzenmessung, sondern auch interpersonelle Vergleichbarkeit der Nutzeneinheiten. (Konstruieren Sie am besten ein Gegenbeispiel, in dem Kardinalität erfüllt und Vergleichbarkeit verletzt ist.)

2.5. Implementierung am Beispiel der Kompensationskriterien

d) Die isoelastische GWF erfordert für $\rho > 0$ Nutzenmessbarkeit auf einer Verhältnisskala und volle interpersonelle Vergleichbarkeit.

Aufgabe 2.3: In einer Zwei-Güter-Welt habe ein Haushalt die Nutzenfunktion

$$u(x_1, x_2) = x_1 x_2$$

Seine Preis-Einkommens-Situation sei ($y = 12$, $p_1 = 1$, $p_2 = 1$). Berechnen Sie
a) die kompensierende Variation,
b) die äquivalente Variation und
c) die Marshallsche Konsumentenrente
einer Erhöhung von p_2 auf 4 Geldeinheiten. Kommentieren Sie Ihr Ergebnis.

Aufgabe 2.4: In einer Zwei-Güter-Welt habe ein Haushalt mit dem Einkommen y die quasi-lineare Nutzenfunktion

$$u(x_1, x_2) = 2\ln(x_1) + x_2 \,.$$

Die (relativen) Preise der beiden Güter seien p_1 und p_2.
a) Leiten Sie die Marshallschen Nachfragefunktionen und die indirekte Nutzenfunktion des Haushalts her.
b) Leiten Sie die Hicksschen Nachfragefunktionen nach beiden Gütern her.
c) Bei welchen Preisänderungen stellt die Marshallsche Konsumentenrente ein exaktes Wohlfahrtsmaß dar?

Kapitel 3

Staat, Eigentum, Effizienz

> *„Erstens gebietet sie uns, der gotterfüllten Sirenen*
> *tönenden Sang zu meiden sowie ihre blumige Wiese.*
> *Mich allein hieß sie, die Stimme zu hören; doch ihr sollt dann [...]*
> *aufrecht mich an den Mastschuh binden, mit Tauen umwunden:*
> *Wenn ich dann flehe und euch befehle, ihr möchtet mich lösen,*
> *alsdann sollt ihr mich fester mit noch mehr Banden umschnüren."*
> Homer, Odyssee, 13. Gesang

In den ersten beiden Kapiteln haben wir mit den beiden Zielen der Pareto-Effizienz und der Verteilungsgerechtigkeit des Wirtschaftens bereits zwei normative Ziele kennen gelernt, mit Hilfe derer wir unterschiedliche wirtschaftliche Ordnungsrahmen bewerten wollen. Dieses Kapitel nun hat zwei Ziele: Zunächst werden wir uns mit der Frage beschäftigen, was im Sinne einer ökonomischen Theorie ein Staat ist, welche Eigenschaften ihn von anderen wirtschaftlichen Akteuren unterscheiden und welche Mindestaufgaben ihm im wirtschaftlichen Prozess zukommen sollten. Dabei wird sich der Begriff „sollten" in diesem Kapitel auf das normative Kriterium der Pareto-Effizienz beziehen, wenn es nicht anders vermerkt wird. Wir werden also zunächst begründen, warum die Existenz eines Staates effizient sein kann. Anschließend werden wir anhand dieser Begründung das fundamentale Leitprinzip staatlichen Handelns kennen lernen, anhand dessen man gegebene Institutionen bewerten und optimale Institutionen bestimmen kann.

Wir beschränken uns hier auf das Ziel der Pareto-Effizienz, um ein möglichst großes Maß an Übereinstimmung über eine minimale Rolle des Staates zu erreichen. Andere normative Kriterien, wie etwa eine möglichst gerechte *Verteilung* der Güter, sind weit weniger konsensfähig, und somit hinge eine Theorie, die von ihrem Beginn an mit solchen Kriterien arbeitete, von der möglicherweise nicht gegebenen Akzeptanz der jeweiligen Verteilungsnorm ab. Die hier getroffene Beschränkung auf das Kriterium der Effizienz bedeutet aber nicht, dass andere Kriterien für die Beurteilung eines Wirtschaftssystems nicht wichtig sind, wie wir in Kapitel 1 ausführlich diskutiert haben. Zunächst wollen wir aber untersuchen, welche Aufgaben für den Staat schon allein aus Effizienzgründen erwachsen.

In diesem Kapitel folgen wir dem in Kapitel 1 eingeführten weiten Staatsbegriff (Ebene E2). Der Staat in diesem Sinne ist ein System von Regeln zur Steuerung individueller Handlungen, ohne dass wir uns zunächst fragen, wie dieses Regelsystem umgesetzt werden kann (enger Staatsbegriff, Ebene E3). Auf die mit dieser Beschränkung verbundenen Probleme werden wir in Abschnitt 3.1.7 eingehen.

3.1 Staat und Eigentum

Um sagen zu können, was wir uns unter dem Begriff des Staats vorstellen, muss zunächst bestimmt werden, wie wir uns einen Zustand ohne Staat vorstellen wollen. Erst dann können wir ableiten, was genau der Staat eigentlich ist, was ihn von anderen Wirtschaftsakteuren wie Unternehmen oder privaten Haushalten unterscheidet und welche Aufgaben ihm übertragen werden sollten.

Der Staat regelt Interaktionen seiner Bürger, indem er Zwang ausübt. Der Begriff des Staats hat in dieser sehr vorläufigen Bestimmung die Funktion der Regelung von Interaktionen zwischen Menschen. Aus diesem Grund scheint zur Begründung der Staatstätigkeit ein Zustand gut gewählt, in dem nur ein Individuum existiert. In einer solchen autarken Situation findet sich kein Grund, so etwas wie einen Staat einzurichten. Ausgehend von dieser Situation können wir dann untersuchen, was sich ändert, wenn ein zweites Individuum hinzutritt. Aus den Problemen, die aus dem Übergang von einem zu zwei Individuen erwachsen, lässt sich dann eventuell ein Regelungsbedarf ableiten, dessen Lösung wir als „Staat" interpretieren können. Die Untersuchung einer solchen Zwei-Personen-Ökonomie wird ausreichen, um alle hier wesentlichen Probleme mit hinreichender Genauigkeit zu erfassen und zu analysieren.

3.1.1 Robinson

Stellen wir uns also vor, ein Land sei von nur einem Individuum a bewohnt. Es gibt zwei Güter G_1 und G_2, und das Individuum sei in der Lage, für seine Bedürfnisse die Menge y_1 des Gutes G_1 zu produzieren. Wir nehmen des Weiteren an, dass es Gut G_2 nicht selbst herstellen kann. Aus dem Konsum eines Güterbündels $x^a = (x_1^a, x_2^a)$ zieht das Individuum einen Nutzen $u_a(x^a) = u_a(x_1^a, x_2^a)$,[1] wobei alle von ihm nicht produzierten Güter in einer Menge von Null vorhanden sind. Die Produktion der Menge y_1 des Gutes G_1 reduziert seinen Nutzen um $C_a(y_1)$. Der Nettonutzen eines solchen autarken Individuums beträgt

$$\tilde{u}_a(x^a, y_1) = u_a(x_1^a, x_2^a) - C_a(y_1). \tag{3.1}$$

In dieser Ein-Personen-Ökonomie gilt darüber hinaus die Restriktion $y_1 = x_1^a$. Gehen wir davon aus, dass es sich für das Individuum lohnt, überhaupt etwas zu produzieren,[2] dann lässt sich die optimale Produktionsmenge anhand der Bedingung erster Ordnung

$$\frac{\partial u_a}{\partial x_1^a}(x_1^a, 0) = \frac{\partial C_a}{\partial y_1}(x_1^a) \tag{3.2}$$

---

[1] Wenn hier oder im Weiteren von „Nutzen" die Rede ist, so ist die Nutzenfunktion als Repräsentation einer Präferenzordnung zu verstehen, mit der alle möglichen (x_1^a, x_2^a) Güterbündel geordnet werden. Daher verwenden wir die Begriffe „Nutzenfunktion" und „Präferenzfunktion" synonym.

[2] Wir gehen hier sowie im gesamten Kapitel davon aus, dass alle Funktionen den üblichen Annahmen der Mikroökonomik genügen und dass sie hinreichend strukturierte Eigenschaften besitzen, um eine innere, durch Bedingungen erster Ordnung charakterisierbare Lösung zu garantieren. In diesem Fall bedeutet dies, dass $u_a(x_1^a, 0)$ nicht für alle x_1^a den Wert 0 haben darf. Somit ist z. B. eine Nutzenfunktion wie $u_a = x_1^a \cdot x_2^a$ ausgeschlossen, wohingegen eine additiv-separable Nutzenfunktion $u_a = x_1^a + x_2^a$ zulässig ist.

3.1. Staat und Eigentum 85

bestimmen. Das Individuum wird im Zustand der Autarkie also gerade so viel von Gut G_1 produzieren, bis sein Grenznutzen den Grenzkosten einer weiteren Einheit entspricht. Um dieses Ergebnis durchzusetzen, bedarf es keiner weiteren Institutionen oder Regeln. Da es nur ein Individuum gibt, wird es immer seine optimale Menge produzieren. In einer Welt des Robinson Crusoe ergibt sich keine Notwendigkeit, das Leben durch Institutionen zu regeln, und damit stellt sich auch nicht die Frage, wie solche Institutionen optimal ausgestaltet werden können.

3.1.2 Robinson und Freitag

Nehmen wir nun an, dass ein zweites Individuum b in diesem Land lebe. Dieses Individuum sei in der Lage, für seine Bedürfnisse das Gut G_2, nicht aber das Gut G_1 zu produzieren. Beide Individuen stellen also unterschiedliche Güter her. Beide Individuen ziehen aus den von ihnen produzierten Gütern Nutzen, sie würden aber auch Nutzen aus den Gütern ziehen, die das jeweils andere Individuum produziert. Hier sind die Möglichkeiten der insgesamt die Wohlfahrt verbessernden Interaktion angelegt. Auch Individuum b entstehen bei der Produktion seines Gutes Nutzeneinbußen in Höhe von $C_b(y_2)$. Der Nettonutzen beträgt

$$\tilde{u}_b(x^b, y_2) = u_b(x_1^b, x_2^b) - C_b(y_2) \,. \tag{3.3}$$

An dieser Stelle stellt sich die Frage, wie eine solche aus zwei Individuen bestehende Gruppe organisiert werden sollte: Da beide Individuen auch aus dem vom jeweils anderen Individuum produzierten Gut Nutzen ziehen können, könnte es aus Effizienzgründen sinnvoll sein, dass Individuum a die von Individuum b produzierten Güter konsumiert und umgekehrt. Um die optimale Produktion und Aufteilung der Güter zu bestimmen, werden wir das folgende Vorgehen wählen, welches im Verlaufe des Buches zur Bestimmung des gesellschaftlichen Optimums noch häufig Anwendung finden wird: Wir maximieren über die Wahl eines Produktions- und Konsumplans $(x_1^a, x_2^a, x_1^b, x_2^b, y_1, y_2)$ den Nutzen eines Individuums (hier: Individuum a) unter den Restriktionen, dass das andere Individuum (hier: Individuum b) einen bestimmten Mindestnutzen nicht unterschreitet und dass nicht mehr konsumiert als produziert wird. Dies entspricht gerade der Definition der Pareto-Optimalität für ein bestimmtes, dem Individuum b vorgegebenes Nutzenniveau. Variiert man dieses Niveau, so kann man die gesamte Menge der Pareto-effizienten Allokationen folgendermaßen bestimmen:

$$\max \quad u_a(x_1^a, x_2^a) - C_a(y_1) \quad \text{u.d.B.d.} \quad u_b(x_1^b, x_2^b) - C_b(y_2) \geq \overline{u}_b$$
$$x_1^a + x_1^b \leq y_1$$
$$x_2^a + x_2^b \leq y_2 \,. \tag{3.4}$$

Wir gehen im Folgenden davon aus, dass die Restriktionen im Optimum gerade mit Gleichheit erfüllt sind. Damit können wir dieses Problem lösen, indem wir die Mengenrestriktionen in die Kostenfunktionen einsetzen und für das reduzierte Problem die

Bedingungen erster Ordnung des folgenden Lagrangeproblems untersuchen:

$$\mathcal{L}(x_1^a, x_2^a, x_1^b, x_2^b, \lambda) = u_a(x_1^a, x_2^a) - C_a(x_1^a + x_1^b)$$
$$+ \lambda \left[u_b(x_1^b, x_2^b) - C_b(x_2^a + x_2^b) - \overline{u}_b \right]. \quad (3.5)$$

Sie lauten:

$$\frac{\partial \mathcal{L}}{\partial x_1^a} = \frac{\partial u_a}{\partial x_1^a} - \frac{\partial C_a}{\partial y_1} \frac{\partial y_1}{\partial x_1^a} = 0, \quad (3.6)$$

$$\frac{\partial \mathcal{L}}{\partial x_2^a} = \frac{\partial u_a}{\partial x_2^a} - \lambda \frac{\partial C_b}{\partial y_2} \frac{\partial y_2}{\partial x_2^a} = 0, \quad (3.7)$$

$$\frac{\partial \mathcal{L}}{\partial x_1^b} = \lambda \frac{\partial u_b}{\partial x_1^b} - \frac{\partial C_a}{\partial y_1} \frac{\partial y_1}{\partial x_1^b} = 0, \quad (3.8)$$

$$\frac{\partial \mathcal{L}}{\partial x_2^b} = \lambda \frac{\partial u_b}{\partial x_2^b} - \lambda \frac{\partial C_b}{\partial y_2} \frac{\partial y_2}{\partial x_2^b} = 0. \quad (3.9)$$

Elementare Umformungen dieser Gleichungen ergeben die folgenden Optimalitätsbedingungen für unsere Zwei-Personen-Gesellschaft:

$$GRS_a(x_1^a, x_2^a) := \frac{\partial u_a/\partial x_1^a}{\partial u_a/\partial x_2^a} = \frac{\partial u_b/\partial x_1^b}{\partial u_b/\partial x_2^b} =: GRS_b(x_1^b, x_2^b), \quad (3.10)$$

$$\frac{\partial u_a}{\partial x_1} = \frac{\partial C_a}{\partial y_1}, \quad (3.11)$$

$$\frac{\partial u_b}{\partial x_2} = \frac{\partial C_b}{\partial y_2}. \quad (3.12)$$

Bedingung (3.10) besagt, dass im Optimum die Grenzrate der Substitution zwischen den beiden Gütern für beide Individuen gleich sein muss. Diese Bedingung ist im Vergleich zur Autarkie neu. In ihr spiegeln sich die Möglichkeiten der Individuen wider, sich im Vergleich zur Autarkie dadurch besser zu stellen, dass beide Individuen beide Güter konsumieren. Bedingungen (3.11) und (3.12) spezifizieren, dass die Produktion eines Gutes so lange ausgedehnt werden sollte, bis der Grenznutzen einer weiteren Einheit dieses Gutes für Individuum i, $i = a, b$, gleich den Grenzkosten der Produktion ist. An dieser Stelle ist zu beachten, dass diese Bedingungen strukturell mit denen im Falle der Autarkie übereinstimmen, die optimalen Werte aber andere sind, da die Funktionen an einer anderen Stelle ausgewertet werden.

Analog könnte man hier auch positive Effekte der Arbeitsteilung modellieren, wie Adam Smith es in seinem berühmten Beispiel der industriellen im Vergleich zur handwerklichen Produktion von Nadeln getan hat. Alle in unserem Beispiel entwickelten Argumente gelten auch für das Beispiel der Arbeitsteilung und sonstige Vorteile der Kooperation in analoger Weise.

Kasten 3.1: Adam Smith zur Arbeitsteilung

Adam Smith (1986) verweist in seinem berühmten Buch[3] „The Wealth of Nations" auf den fairen Tausch als Voraussetzung für die Realisierung der wohlfahrtssteigernden Effekte der Arbeitsteilung und schreibt über dessen institutionelle Voraussetzungen: *„As it is the power of exchanging that gives occasion to the division of labour, so the extent of this division must always be limited by the extent of that power, or, in other words, by the extent of the market. When the market is very small, no person can have any encouragement to dedicate himself entirely to one employment, for want of the power to exchange all that surplus part of the produce of his own labour, which is over and above his own consumption, for such parts of the produce of other men's labour as he has occasion for."* (S. 121).

An diesem Beispiel lässt sich sehr leicht der Grund festmachen, warum sich aus ökonomischer Sicht, also bei einer Betrachtung der Welt aus dem Blickwinkel der Knappheit, Individuen überhaupt zu Gruppen zusammenschließen: Durch die Interaktion der Individuen können sich alle Individuen verbessern. Das Problem der Knappheit lässt sich verringern, wenn es zu Interaktionen zwischen Individuen kommt.

Nun können wir uns wieder dem Programm dieses Kapitels zuwenden: Bislang haben wir uns eine einfache Begründung dafür überlegt, warum Individuen interagieren, warum sie sich zu Gruppen zusammenschließen und nicht jedes Individuum autark für sich wirtschaftet. Die nächste Frage lautet nun aber, ob dieses gesellschaftliche Leben in irgendeiner Art und Weise organisiert werden muss. Dazu wenden wir uns nun der Idee einer vollkommen anarchischen Gesellschaft zu.

3.1.3 Anarchie

In einem Zustand der Anarchie gibt es weder Menschen- noch Bürgerrechte und keinerlei Eigentum an Dingen. Die Anarchie ist der Ausgangspunkt der klassischen Staatstheorie seit Thomas Hobbes. Dieser Zustand zeichnet sich durch die Abwesenheit der Zuweisung von Kontrollrechten aus. Unterschiedliche Staatstheoretiker haben für ihre jeweiligen Begründungsansätze unterschiedlich strukturierte Anarchien herangezogen, die sich insbesondere in der Motivation der Individuen in diesem rechtsfreien Raum unterscheiden. Während also etwa Thomas Hobbes die egoistische Natur des Menschen betont, welche zum Krieg aller gegen alle führt, hat Immanuel Kant über seinen Vernunftbegriff eine positivere Vorstellung von der menschlichen Natur. Er sieht den Menschen als zur Einsicht des vernünftigen Handelns fähiges Wesen an, dem aus der Erkenntnis der Vernünftigkeit einer Handlung auch die Pflicht zu dieser Handlung erwächst. Auch ein rechtsfreier Raum müsste daher für Kant nicht notwendigerweise in einen Krieg aller gegen alle ausarten.

Aus der Fiktion einer anarchischen Gruppe lässt sich eine Begründung für die Existenz von Eigentumsrechten ableiten, weshalb wir uns nun mit dem allokativen

---

[3] Adam Smith (1986): The Wealth of Nations, Books I-III", Penguin Books, London.

Ergebnis der „Minimalinstitution" Anarchie beschäftigen werden. In einer Anarchie gehört allen alles oder niemandem etwas. Jeder kann ohne die Gefahr einer durch die Gruppe gestützten Strafe jedem anderen etwas wegnehmen. Dies wäre nicht einmal Diebstahl, da der Begriff des Diebstahls bereits eine Eigentumsordnung voraussetzt. In einer solchen Situation wird der Einzelne gerade so viel an Gütern besitzen, wie er gegen andere Individuen verteidigen kann.

Hier ist es nicht nötig, genau auf das Prozedere einzugehen, mit dem die Individuen ihren Besitz erobern oder verteidigen. Wir nehmen an, dass Individuum a im Zustand der Anarchie sich einen Anteil α an den hergestellten Gütern aneignen kann. Analog kann sich Individuum b einen Anteil $1-\alpha$ sichern. Man kann argumentieren, dass Werte von $\alpha > 0{,}5$ einer Situation entsprechen, in der Individuum a über größere Körperkräfte, ein besseres Drohpotenzial etc. als Individuum b verfügt. Wenn nun die Individuen ihre Produktionsentscheidung fällen, werden sie berücksichtigen, dass sie sich nur einen Anteil ihrer Produktionsergebnisse werden aneignen können. Individuum a wird das folgende Maximierungsproblem lösen:

$$\max_{y_1} \; u_a(\alpha y_1, \alpha y_2) - C_a(y_1) \,. \tag{3.13}$$

Ein analoges Maximierungsproblem lässt sich für Individuum b schreiben. Die optimalen Produktionsmengen sind damit durch die folgenden Bedingungen erster Ordnung charakterisiert:

$$\alpha \frac{\partial u_a}{\partial x_1^a}(\alpha y_1, \alpha y_2) - \frac{\partial C_a}{\partial y_1} = 0 \,, \tag{3.14}$$

$$(1-\alpha) \frac{\partial u_b}{\partial x_2^b}((1-\alpha) y_1, (1-\alpha) y_2) - \frac{\partial C_b}{\partial y_2} = 0 \,. \tag{3.15}$$

Vergleicht man diese Bedingungen mit den Bedingungen für ein Pareto-Optimum, so folgt unmittelbar, dass in einer Anarchie ein Pareto-effizientes Allokationsergebnis verfehlt wird. Jedes Individuum antizipiert, dass es zwar die gesamten marginalen Kosten tragen muss, nicht aber den gesamten marginalen Ertrag erhält. Dies senkt seine Anreize zur Produktion, und diese verringert sich auf ein ineffizientes Niveau. Die Ursache für dieses Ergebnis liegt in der mangelnden Möglichkeit der Individuen begründet, sich vor Beginn der Produktion glaubwürdig an eine effiziente Aufteilungsregel zu binden. Da sie wissen, dass das Produktionsergebnis nach den Drohgewichten verteilt wird, kann die Produktions- nicht von der Konsumscheidung getrennt werden.

Dieses Ergebnis ist die Grundlage für jedes weitere Nachdenken über eine Rolle des Staates aus Gründen der Pareto-Effizienz: Möglicherweise ist der Staat eine Institution, die eine glaubwürdige Selbstbindung der Individuen an effiziente Handlungsweisen erlaubt. Wir werden im Folgenden zeigen, dass die glaubwürdige Einführung einer Eigentumsordnung eine mögliche Grundlage dafür ist, dass Individuen solche Anreize zu Produktion und Tausch bekommen, dass idealer Weise die Pareto-effiziente Allokation realisiert wird. In Kapitel 5 wird dann die hier für ein einfaches Beispiel abgeleitete Intuition für einen allgemeineren Fall bewiesen.

3.1. Staat und Eigentum 89

An dieser Stelle kann noch eine weitere interessante Folgerung abgeleitet werden: Vergleicht man die Bedingungen erster Ordnung im Zustand der Anarchie mit denen der Autarkie, so kann keine generelle Aussage über die Vorzugswürdigkeit der einen oder der anderen rudimentären Organisationsform getroffen werden. Zwar erhält in der Anarchie jedes Individuum nur einen Bruchteil seiner zusätzlichen Produktion, aber es erhält in unserer Modellierung auch einen Bruchteil der Produktion des anderen Individuums. Nehmen wir allerdings an, dass die Nutzenfunktion der Individuen strikt quasikonkav ist und dass – im Unterschied zu der oben getroffenen Annahme – die Indifferenzkurven die Achsen nicht berühren (wie es etwa bei einer Cobb-Douglas-Funktion erfüllt ist), folgt, dass die Anarchie der Autarkie stets vorgezogen wird, da kein Individuum aus einem Gut allein einen positiven (Grenz-)Nutzen ziehen kann.

3.1.4 Einführung einer Eigentumsordnung

Die Ausführungen in den bisherigen Kapiteln wären in gewisser Hinsicht wertlos, wenn es nicht zu zeigen gelänge, dass es ausgehend von diesem Zustand der Anarchie alternative Organisationsformen gibt, die das Ideal einer Pareto-effizienten Allokation besser verwirklichen. Wir werden in diesem Abschnitt zeigen, dass dies durch die Institution einer idealen Eigentumsordnung gewährleistet wird. In Kapitel 5 wird dann gezeigt, dass unter bestimmten Voraussetzungen diese Eigenschaft für eine ganze Reihe von Institutionen wie zum Beispiel auch eine Zentralverwaltungswirtschaft gilt. Da in diesem Kapitel aber die Frage nach der Legitimation des Staats an sich zur Debatte steht, werden wir uns darauf beschränken, hier nur eine Idee des Staates zu entwickeln.

Wir wollen im Folgenden unter dem Begriff Eigentum die residualen Kontrollrechte an einem ökonomischen Gut verstehen. Was bedeutet diese Definition? Dazu ist zunächst zu bemerken, dass Eigentum nichts in der Natur vorkommendes ist, sondern ein besonderes, von der Gruppe zugeteiltes Recht an der Nutzung von ökonomischen Gütern darstellt. Unter einem Kontrollrecht verstehen wir die durch die Gruppe erteilte Berechtigung, ein ökonomisches Gut in einer gewissen Weise zu nutzen. Es kann also etwas so spezielles wie das Recht sein, unter bestimmten Voraussetzungen eine Lampe anzuschalten.

Es gibt nun spezifische und residuale Kontrollrechte. Spezifische Kontrollrechte geben die genauen Umstände an, unter denen ein Individuum, welchem dieses Recht zugewiesen wurde, mit dem Gut wie verfahren kann. Die Gruppe könnte also etwa das Individuum ermächtigen, die Lampe bei Regenwetter anzuschalten, sie aber bei Sonnenschein nicht anzuschalten. Solche spezifischen Kontrollrechte kann man sich als in einer beliebig komplizierten Liste niedergeschrieben vorstellen. Unter einem residualen Kontrollrecht wollen wir das Recht verstehen, mit dem Gut in den Fällen umzugehen, in denen keine spezifischen Kontrollrechte zugeordnet wurden. So findet sich in der Realität üblicherweise keine komplizierte Liste von Anweisungen, unter welchen Bedingungen wie mit einer Lampe umzugehen ist, sondern es wird nur gesagt, dass der Eigentümer der Lampe nach seinen Vorstellungen mit ihr umgehen darf. Dieser Begriff impliziert demnach auch die Vertragsfreiheit des Inhabers, wenn diese nicht durch spezifische Kontrollrechte beschränkt ist.

Das Beispiel des Kündigungsschutzes im deutschen Mietrecht kann als ein weiteres Beispiel zur Verdeutlichung des Zusammenhangs von residualen und spezifischen Kontrollrechten herangezogen werden. Der Vermieter ist der Eigentümer einer Wohnung, der Mieter der Besitzer. Vermietet der Eigentümer die Wohnung nicht, hat er im Rahmen des rechtlich Erlaubten die Möglichkeit, mit seiner Wohnung nach seinen Vorstellungen zu verfahren. Sobald er die Wohnung vermietet, sind die residualen Kontrollrechte an der Wohnung aber unabhängig von den Abmachungen im Mietvertrag zwischen Vermieter und Mieter aufgeteilt; zum Beispiel hat der Vermieter keine unbeschränkte Zutrittsmöglichkeit mehr zu seiner Wohnung, und die Möglichkeit der Kündigung ist beschränkt.

Die Zuordnung von Kontrollrechten stellt also zunächst eine *Einschränkung* der *formellen* Handlungsfreiheit der Individuen dar. Dies kann unter Umständen aber im Hinblick auf eine *Vergrößerung* der *materiellen* Handlungsfreiheit geschehen, wie im Folgenden noch klar werden wird.

Es wird hier gezeigt, dass die Zuweisung einer idealtypischen Eigentumsordnung, also eines Systems residualer Kontrollrechte, zu effizienten Allokationen führt. Theoretisch wäre ein effizientes Ergebnis auch durch eine Zuweisung eines Systems spezifischer Kontrollrechte erreichbar. Die dem Begriff der residualen Kontrollrechte innewohnende Berechtigung, diese frei zu veräußern, dient als Substitut für den Verlust an Regelungsmöglichkeiten durch den Verzicht auf die Zuweisung spezifischer Kontrollrechte. Auch wenn man aus theoretischen Erwägungen in diesem Modell die Lösung des Anreizproblems in einer Anarchie durch die Zuweisung spezifischer Kontrollrechte nicht zurückweisen kann, brächte sie in der Praxis doch erhebliche Umsetzungsprobleme wegen ihrer enormen Komplexität und der damit verbundenen Regelungskosten mit sich. Dies kann als ein Hauptgrund dafür gesehen werden, dass spezifische Kontrollrechte nur in Ausnahmefällen von einer Verfassung spezifiziert werden.

Wir gehen damit im Folgenden davon aus, dass jedem Individuum das Eigentum an den von ihm produzierten Gütern garantiert werden kann. Eine solche, im Folgenden *perfekt* genannte Eigentumsordnung hat wichtige Eigenschaften:

1. Die Eigentumsrechte und die darauf aufbauenden residualen Kontrollrechte sind *vollständig* und *disjunkt* zugewiesen. Das bedeutet, dass die residualen Kontrollrechte an allen Entscheidungsdimensionen aller ökonomischen Güter jeweils genau einem Individuum zugeordnet sind.
2. Die Individuen können die Zuweisung der Eigentumsrechte und der darauf aufbauenden residualen Kontrollrechte verändern, wenn sie dieser Änderung freiwillig zustimmen, indem sie z. B. dem Tausch von Gütern zustimmen.
3. Die Zuweisung der Eigentumsrechte und der darauf aufbauenden residualen Kontrollrechte wird ebenso durchgesetzt wie die freiwillige Veränderung dieser Zuweisung.

Wir werden in den folgenden Kapiteln unter den Stichwörtern der Externen Effekte und des Gemeinschaftseigentums noch unvollständige Eigentumsordnungen und ihre Konsequenzen für das Allokationsergebnis kennen lernen.

3.1. Staat und Eigentum

Im nächsten Abschnitt werden wir uns mit der Relevanz der Durchsetzung von Eigentumsrechten näher beschäftigen. In der Praxis hat man häufig den Fall, in dem Eigentumsrechte zwar formell zugewiesen sind, materiell aber nicht durchgesetzt werden (können). Dies kann an den zu hohen Kosten liegen, die im Einzelfall aus der Durchsetzung resultieren oder aus der mangelnden Verifizierbarkeit des Eigentums vor Gericht. Dies gilt insbesondere bei komplexen Verträgen.

Wir beschäftigen uns also zunächst nur mit einer idealtypischen Eigentumsordnung und werden zeigen, dass die Etablierung einer solchen Ordnung zu einer Pareto-Verbesserung gegenüber dem Status-Quo der Anarchie führt. Wir gehen dabei von der Fiktion aus, dass die durch die Etablierung einer Eigentumsordnung ermöglichten Wohlfahrtsgewinne so zwischen den beiden Individuen aufgeteilt werden können, dass sich beide durch den Übergang besser stellen. Diese Annahme ist hier nötig, um bestimmte Fälle auszuschließen, bei denen etwa ein Individuum mit einer Eigentumsordnung eine sehr geringe Produktivität hat, sich im Zustand der Anarchie aber durch sein Drohpotenzial einen großen Teil des (kleinen) Kuchens sichern kann.

In einer Gruppe mit perfekter Eigentumsordnung können zwischen den Individuen Verträge geschlossen werden. Der Begriff des Vertrags hängt von der Institution des Eigentums ab. Nur wenn man Eigentümer von etwas ist, kann man es oder seine Früchte auch veräußern. Damit ist der Begriff des bilateralen Tauschs nur innerhalb einer gegebenen Eigentumsordnung denkbar, wenn die Individuen wie hier egoistisch modelliert werden und Reputationseffekte aufgrund wiederholter Interaktion keine Rolle spielen.[4] Wir untersuchen nun den Prozess des bilateralen Tauschs.

---

[4] Modellergebnisse folgen aus den Annahmen, die man trifft. Die Rolle des Staates, die man ableitet, ist demnach eine direkte Konsequenz der in das hier entwickelte Modell einfließenden Annahmen. Wir gehen hier davon aus, dass sich die Individuen egoistisch und in gewissem Sinne kurzsichtig, aber rational verhalten, da sie die Ineffizienz des Gleichgewichts bei Anarchie nicht in ihrem Verhalten antizipieren. Wie wir noch sehen werden, führt dies zu einem relativ „starken" Staat, der durch seine Institutionen die Ineffizienz überwinden hilft. Modellierte man die Individuen allerdings so, dass sie – das Problem der Anarchie erkennend – aus innerem Antrieb heraus bilaterale Abkommen auch dann nicht brächen, wenn sie keine Sanktionen zu befürchten hätten (Moral, Ebene E1 im Williamson-Modell von Kapitel 1), änderte sich das Bild. Die Ineffizienz der Anarchie verschwände, und es wäre kein Regelungsbedarf ableitbar. In diesem Sinne sind die individuelle Moral und die gesellschaftlichen Institutionen Substitute; handelten alle Individuen z. B. stets nach dem kategorischen Imperativ Immanuel Kants, wäre eine externe Ordnung obsolet. Von einer solchen Vorstellung eines in diesem Sinne „vernünftigen" Miteinanders in der Anarchie gehen z. B. die sogenannten „Anarcho-Liberalisten" wie Murray Rothbard aus, die in der Anarchie die perfekte Gesellschaftsform erblicken. Weder die eine noch die andere Annahme ist ohne weiteres zu verwerfen, da jeder anarchische Urzustand stets nur ein hypothetisches Konstrukt ist, welches sich empirisch nicht ohne weiteres testen lässt. Vernünftigerweise sollte man aber wohl davon ausgehen, dass die Wahrheit zwischen beiden Extremen liegt, dass also ein Teil des Koordinationskonflikts durch die freiwillige Einhaltung impliziter Regeln gelöst wird, auf der anderen Seite aber auch explizite Regeln benötigt werden, um sonst entstehende Übergriffe zu vermeiden. Eine weitere interessante Sichtweise auf die Funktion expliziter Regeln in Situationen, in denen Individuen auch freiwillig die prinzipielle Bereitschaft aufbrächten, Absprachen einzuhalten, geht auf John Rawls zurück. Er sieht in ihnen ein kostensparendes Instrument in Situationen, in denen der Einzelne die Konsequenzen seiner Handlungen nur unter großen Aufwendungen überhaupt überblicken könnte.

Das Grundproblem der Anarchie liegt ja darin, dass die Unfähigkeit der Individuen, sich vor Beginn der Produktionsentscheidung glaubwürdig an eine Aufteilungsregel zu binden, dazu führt, dass die Produktionsanreize verwässert werden. Dieses Problem der glaubwürdigen Bindung tritt bei einer perfekten Eigentumsordnung nicht mehr auf, da die Individuen davon ausgehen können, dass alle Absprachen bzw. Verträge auch eingehalten werden. Dabei können wir zwei Typen von Verträgen untersuchen:

- Ein Vertrag kann ein Tupel (x_1^b, x_2^a) sein, welches für jedes Individuum die an das andere Individuum abzutretende Konsummenge spezifiziert. Dieser Vertrag legt implizit ein Tauschverhältnis $p = x_1^b / x_2^a$ fest.
- Ein Vertrag macht genau ein Individuum zum Eigentümer an einem der produzierten Güter und legt ein Tauschverhältnis bzw. einen Preis p für die beiden Güter fest.

Wir werden im Folgenden den zweiten Fall untersuchen. Für einen solchen Preis gilt damit: Gibt Individuum b eine Einheit von Gut 2 an Individuum a, so erhält es dafür p Einheiten von Gut 1. Der gesamte Produktionswert ist daher für Individuum a: y_1 und für Individuum b: $p \cdot y_2$. Der Produktionswert y_1 stellt für Individuum a die Obergrenze für den Wert des Güterbündels (x_1^a, x_2^a) dar, das es sich leisten kann, seine Budgetbeschränkung lautet also $x_1^a + p \cdot x_2^a \leq y_1$. Analoges gilt für Individuum b.

Ein solcher Vertrag trennt aus Sicht des Individuums die Produktions- von der Konsumentscheidung. Es muss aus individueller Sicht lediglich sichergestellt sein, dass die Ausgaben für Konsum nicht die Einnahmen aus den Verkäufen übersteigen (dies definiert die individuelle Budgetrestriktion).

Bei der Festlegung des Preises zum Zeitpunkt vor der Produktionsentscheidung müssen die Individuen aber darauf achten, dass die Gesamtnachfrage nach Gütern das Gesamtangebot nicht übersteigt. Preise, die nicht markträumend sind, sind aus Sicht der Individuen nicht rational, da ihre Nachfragepläne später nicht umsetzbar wären. Wir bezeichnen einen solchen markträumenden Preis als einen *Gleichgewichtspreis*.

Damit kann das Maximierungsproblem von a bei einer solchen Eigentumsordnung wie folgt geschrieben werden:

$$\max_{x_1^a, x_2^a, y_1} u_a(x_1^a, x_2^a) - C_a(y_1) \quad \text{u.d.B.d.} \quad x_1^a + p x_2^a = y_1 \,. \tag{3.16}$$

Analog gilt für Individuum b:

$$\max_{x_1^b, x_2^b, y_2} u_b(x_1^b, x_2^b) - C_b(y_2) \quad \text{u.d.B.d.} \quad x_1^b + p x_2^b = p y_2 \,. \tag{3.17}$$

Bildet man die jeweilige Lagrangefunktion, bei der mit λ_a bzw. λ_b die Lagrangeparameter bezeichnet werden, lässt sich das individuelle Optimum durch die folgenden Bedingungen erster Ordnung charakterisieren:

$$\frac{\partial u_a}{\partial x_1^a} - \lambda_a = 0 \,, \tag{3.18}$$

3.1. Staat und Eigentum   93

$$\frac{\partial u_a}{\partial x_2^a} - \lambda_a p = 0, \quad (3.19)$$

$$-\frac{\partial C_a}{\partial y_1} + \lambda_a = 0, \quad (3.20)$$

sowie

$$\frac{\partial u_b}{\partial x_1^b} - \lambda_b = 0, \quad (3.21)$$

$$\frac{\partial u_b}{\partial x_2^b} - \lambda_b p = 0, \quad (3.22)$$

$$-\frac{\partial C_b}{\partial y_2} + \lambda_b p = 0. \quad (3.23)$$

Die Lösung des jeweiligen Gleichungssystems beider Individuen definiert Nachfrage- und Angebotsfunktionen $x_1^a(p), x_2^a(p), x_1^b(p), x_2^b(p), y_1(p), y_2(p)$. Ein Preis p' ist ein Gleichgewichtspreis, wenn $x_1^a(p') + x_1^b(p') = y_1(p')$ und $x_2^a(p') + x_2^b(p') = y_2(p')$ gilt.

Elementare Umformungen dieser Gleichungen zeigen, dass das obige Gleichungssystem das Pareto-Optimum charakterisiert:

$$GRS_a(x_1^a, x_2^a) = \frac{\partial u_a/\partial x_1^a}{\partial u_a/\partial x_2^a} = \frac{1}{p'} = \frac{\partial u_b/\partial x_1^b}{\partial u_b/\partial x_2^b} = GRS_b(x_1^b, x_2^b), \quad (3.24)$$

$$\frac{\partial u_a}{\partial x_1} = \frac{\partial C_a}{\partial y_1}, \quad (3.25)$$

$$\frac{\partial u_b}{\partial x_2} = \frac{\partial C_b}{\partial y_2}. \quad (3.26)$$

Im Gleichgewicht stimmen die Grenzraten der Substitution beider Individuen überein, und der Grenznutzen jedes Individuums entspricht seinen Grenzkosten an dieser Stelle. Damit haben wir aber gezeigt, dass ein Übergang von einem Zustand der Anarchie zu einem Zustand einer perfekten Eigentumsordnung Wohlfahrtsgewinne mit sich bringt. Der durch die Eigentumsordnung ermöglichte bilaterale Tausch führt dazu, dass alle möglichen Effizienzgewinne auch tatsächlich realisiert werden.

Nun liegt es aber bereits im Begriff der Eigentumsordnung, dass nur eine einzige solche Ordnung gültig sein kann. Gäbe es gleichzeitig unterschiedliche Eigentumsordnungen, so wäre nicht klar, welche im Fall eines Tauschs zur Anwendung kommen sollte. Dies führte aber zu einem Zustand, der von der Anarchie nicht mehr unterscheidbar wäre. Die Tatsache, dass es nur eine Eigentumsordnung in einer Gruppe geben kann, diese aber im Vergleich zur Anarchie Effizienzgewinne mit sich bringt, hat uns nun schon einen Schritt weiter in Richtung auf die Begründung der Notwendigkeit eines Staats gebracht: Wir wissen, dass die regellose Interaktion der Individuen dominiert wird, und wir wissen auch, dass es nur eine Eigentumsordnung geben kann. Bislang ist aber noch kein Argument geliefert worden, welches explizit eine Autorität mit dem exklusiven Recht, Zwang auszuüben, begründet. Dies wird im nächsten Abschnitt geschehen.

An dieser Stelle ist ein kurzer Exkurs angebracht: So wie wir das Beispiel konstruiert haben, liegen die Vorteile der Schaffung einer Eigentumsordnung in den gesteigerten Anreizen zur Produktion, da sich jedes Individuum sicher sein kann, dass es die Früchte seiner Arbeit auch genießen können wird. Dabei handelt es sich aber nur um ein partielles Begründungsprogramm. In einem Zustand der Anarchie ist es ohne weiteres denkbar, dass das einzelne Individuum bei der Aneignung der Güter entweder umgebracht oder selbst als „Gut" angeeignet wird, und wir somit eine Sklavenhaltergesellschaft in der Anarchie erhalten. Mit anderen Worten haben wir bislang nur Eigentumsrechte an Gütern betrachtet und den Bereich der Menschen- und Bürgerrechte ausgeklammert.

Ein analoges Argument lässt sich aber auch für die Ableitung von Menschen- und Bürgerrechten konstruieren. Aus diesem Grunde werden diese Rechte auch häufig als Eigentum an sich selbst („Self-Ownership") bezeichnet. In dieser Sichtweise haben die Menschenrechte rein funktionalen Charakter; sie werden wegen der dadurch erreichbaren Effizienzgewinne zugewiesen. Diese Sichtweise widerspricht allerdings der grundlegenden abendländischen Sichtweise der Menschenrechte, die wohl am besten durch einen von Immanuel Kants kategorischen Imperativen ausgedrückt wird, nach dem man den anderen Menschen stets als Zweck an sich und niemals nur als Mittel sehen solle.[5]

3.1.5 Durchsetzung einer Eigentumsordnung

Zu einer perfekten Eigentumsordnung gehört neben der Vollständigkeit auch die Durchsetzung. Diesen Gedanken werden wir anhand unseres obigen Beispiels entwickeln und daraus die Institution der monopolistischen Zwangsgewalt ableiten.

Um die Frage der Durchsetzung von Eigentumsrechten diskutieren zu können, müssen wir den bisherigen Analyserahmen insoweit erweitern, dass zwischen der Zuweisung und der Durchsetzung von Eigentumsrechten unterschieden werden kann. Wir gehen dabei weiterhin davon aus, dass jedes Individuum Eigentumsrechte an dem von ihm produzierten Gut hat. Wir führen aber die folgende zeitliche Struktur in das Modell ein: Jedes Individuum kann zu einem Zeitpunkt 0 Verträge über den Tausch von Gütern abschließen. Ein Vertrag ist nach wie vor ein Tupel (x_1^b, x_2^a), welches für jedes Individuum die an das andere Individuum abgetretene Produktionsmenge spezifiziert. Dieser Tausch findet nach Maßgabe der Verträge zum Zeitpunkt 2 statt. Im Zeitpunkt 1 entscheiden die Individuen, wie viele Einheiten des Gutes sie produzieren wollen. Wird das Austauschverhältnis p wie in Abschnitt 3.1.4 bestimmt, so wissen

---

[5]In der Formulierung Kants (1976) lautet er wie folgt: „Handle so, dass du die Menschheit sowohl in deiner Person, als auch in der Person eines jeden andern jederzeit zugleich als Zweck, niemals bloß als Mittel brauchst." (Grundlegung zur Metaphysik der Sitten, Berlin 1976, S. 429) In diesem Buch gehen wir nicht weiter auf diese Zweck-Mittel-Diskussion ein. Gegenstand der Ableitung ist damit zunächst nur ein Staatsbegriff über die effizienzsteigernden Effekte einer Eigentumsordnung an Gütern, bei denen die Fundierung von Menschen- und Bürgerrechten als vorausgesetzt erachtet wird. Siehe auch Kapitel 11.

wir, dass ein solcher Vertrag Anreize zu Pareto-effizientem Verhalten böte, könnte man sich auf seine Einhaltung verlassen.

Was bedeutet es, dass eine Autorität eine Eigentumsordnung durchsetzt? Sie muss jedes Individuum davon abhalten, die Eigentumsrechte zu missachten, indem es entweder dem anderen Individuum sein Eigentum stiehlt oder auf einer Eigentumsstruktur aufbauende Verträge bricht. Beide Formen von Verstößen sind Vertragsbrüche. Sie haben aber einen unterschiedlichen Bezug: Ein Übergriff der ersten Art ist eine Verletzung des Status-Quo der durch die Eigentumsordnung erzeugten Güterverteilung, wohingegen ein Verstoß der zweiten Art eine auf diese Eigentumsordnung aufbauende geplante Güterverteilung missachtet. Eine Eigentumsordnung wird durchgesetzt, wenn kein Anreiz für einen Verstoß existiert, z. B. weil eine Autorität die Individuen in ausreichender Höhe bestrafen würde, wenn sie gegen den Status-Quo oder darauf aufbauende Verträge verstießen, so dass sie sich konform mit der Eigentumsordnung verhalten.

Eine Eigentumsordnung wird partiell nicht durchgesetzt, wenn eine zentrale Autorität nur unzureichend bestraft. Schließlich wird eine Eigentumsordnung nicht durchgesetzt, wenn eine zentrale Autorität Verstöße gar nicht bestraft bzw. keine zentrale Autorität existiert.

Es ist unmittelbar klar, dass die Nichtdurchsetzung einer formell existierenden Eigentumsordnung zu den gleichen Anreizen führt, die wir auch in einem Zustand der Anarchie analysiert haben: Da weder der Bestand an Eigentum noch darauf aufbauende Verträge durchgesetzt werden, wird die Verteilung der Güter allein durch das Drohgewicht α bestimmt.

Anderes gilt für den Fall, in dem eine Autorität die Eigentumsordnung partiell insoweit nicht durchsetzt, dass sie zwar Übergriffe auf den Status-Quo ahndet, aber keine darauf aufbauenden Verträge schützt. Die sich aus einer solchen Struktur ergebende Situation unterscheidet sich von einer Anarchie: Produziert ein Individuum i, $i = a, b$, die Gütermenge y_j^i, so geht sie in sein Eigentum über. Übergriffe des jeweils anderen Individuums sind Diebstahl, welcher von der zentralen Autorität in ausreichendem Maße geahndet wird. Sie sind aber nicht an etwaige vertragliche Absprachen gebunden, die sie im Zeitpunkt 0 getroffen haben. Wenn jedoch solche Verträge nicht einklagbar sind, werden sie auch nicht geschlossen. Vielmehr ist zu erwarten, dass das Tauschverhältnis erst dann zwischen den Individuen ausgehandelt wird, wenn es tatsächlich zum Tausch kommt, nämlich im Zeitpunkt 2. Bei diesen Preisverhandlungen spielen die Produktionskosten keine Rolle mehr, da sie bereits im Zeitpunkt 1 angefallen sind. Es handelt sich vom Standpunkt des Zeitpunkts 2 aus um „versunkene Kosten". Durch den Schutz des Bestands an Eigentum können die Individuen sich in diesen Verhandlungen nicht schlechter stellen, als wenn sie einfach ihr Eigentum konsumieren; ihr Mindestnutzen lautet also

$$u_a^V = u_a(x_1^a, x_2^a) \geq u_a(y_1, 0) = u_a^0, \qquad (3.27)$$
$$u_b^V = u_b(x_1^b, x_2^b) \geq u_b(0, y_2) = u_b^0, \qquad (3.28)$$

Kasten 3.2: Der wandernde Thunfisch

In den 80er Jahren des vergangenen Jahrhunderts war das GATT (General Agreement on Tariffs and Trade) mehrmals mit Entscheidungen konfrontiert, die mit den Fischereirechten an Thunfischen vor der amerikanischen Westküste zu tun hatten. Diese Fälle sind für das Verständnis der Definition und Durchsetzung einer Eigentumsordnung von besonderem Interesse. Uns interessiert hier ein Streit zwischen Kanada und den USA über die Schaffung exklusiver Fangzonen vor der Küste eines jeweiligen Staats. Während die USA nur eine 12-Meilen-Zone anerkennen wollte, beanspruchte Kanada eine 50-Meilen-Zone. Dabei ging es ausschließlich um den Fang von Thunfisch. US-amerikanische Fischerboote wurden, als sie innerhalb der kanadischen 50-Meilen-Zone nach Thunfisch fischten, dann auch von der kanadischen Marine aufgebracht. Der Streit landete vor dem GATT.

Warum ist dieser Fall interessant? Wir wollen dies vor dem Hintergrund des Ziels der Schaffung effizienter Institutionen diskutieren. Zunächst kann man die Einrichtung exklusiver Fischereizonen als Schaffung von residualen Kontrollrechten am Meer werten. Im Sinne unserer Theorie wäre dann eine vollständige und disjunkte Zerlegung des Meeres in exklusive Fischereizonen anzuraten: Da außerhalb exklusiver Fischereizonen jedes Land mit seinen Fischereiflotten frei fischen kann, entspräche das einer Situation mit Gemeinschaftseigentum, was mit hoher Wahrscheinlichkeit zu einer Überfischung der Bestände führte. Wäre diese Schlussfolgerung korrekt, so könnte man der kanadischen Sichtweise Recht geben, und aus Gründen einer effizienten Fischereiwirtschaft nicht nur für die Schaffung einer 50- anstelle einer 12-Meilen-Zone plädieren, sondern darüber hinaus eine vollständige und disjunkte Aufteilung der Weltmeere in Exklusivzonen fordern.

Ist diese Position also richtig? Zur Beantwortung der Frage müssen wir uns ein wenig mit der Ressource „Thunfisch" auseinandersetzen. Hier sind drei Dinge für die ökonomische Analyse von Belang:

Die erste Beobachtung ist, dass es sich bei Thunfischen um eine erneuerbare Ressource handelt, bei der nicht beliebig viele Fische pro Zeiteinheit entnommen werden können, ohne den Fortbestand der Art zu gefährden. Abbildung 3.1 gibt einen typischen Zusammenhang zwischen dauerhaftem Bestand und maximaler Entnahmemenge einer Periode wieder. Der Zusammenhang ist einfach: Der Zuwachs je Periode ist eine Funktion des Bestandes, wie in Abbildung 3.1 dargestellt: Zunächst steigt der Zuwachs mit wachsendem Bestand, jenseits einer kritischen Grenze sinkt er jedoch, weil die Aufnahmekapazität der Umwelt erreicht ist. Ist man an der Aufrechterhaltung des Bestandes (und somit an einem langfristigen Ertrag) interessiert, so kann man höchstens so viel entnehmen, wie pro Periode nachwächst. Die maximale Entnahme ergibt sich aus dem Maximum der Zuwachskurve in Abbildung 3.1 (vgl. Fisher 1981, S.79ff.).

Eine zweite wichtige Beobachtung ist, dass das ökonomische Gut die Ressource „Thunfisch" und nicht das Meer ist. Daher sollten Eigentumsrechte vollständig und disjunkt an den Beständen der Thunfische zugewiesen werden. Hier sieht man, dass die Unterscheidung von Zuweisung und Durchsetzung von Eigentumsrechten in gewisser Weise eine „akademische" Unterscheidung ist: In diesem Fall ist unklar, ob das eigentumsrechtliche Problem an der Zuweisung oder an der Durchsetzung der residualen Kontrollrechte scheitert. Zwar können wir formal stets die Kontrollrechte zuweisen, durchsetzen können wir sie dann aber nicht. Wir werden im Folgenden jedoch das Problem der Errichtung einer perfekten Eigentumsordnung an der Ressource „Thunfisch" als Problem der Durchsetzung behandeln.

3.1. Staat und Eigentum

```
         Zuwachs
            ▲
            │
            │
maximale Entnahme ├ - - - - - - - - ─╮
            │             ╱         ╲
            │           ╱             ╲
            │         ╱                 ╲
            │        │                   │
            │       ╱                     ╲
            │      ╱                       ╲
            └──────────────────────────────────▶ Bestand
```

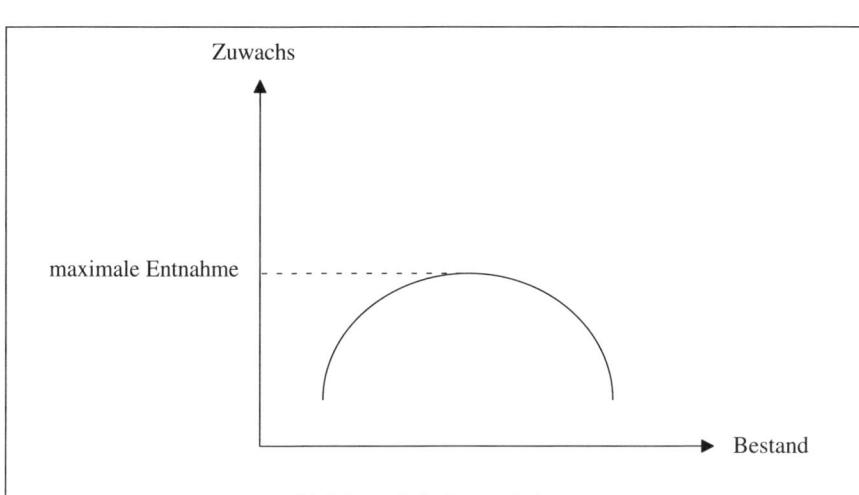

Abbildung 3.1: Zuwachskurve

Nun könnte man argumentieren, dass es für eine perfekte Eigentumsordnung an der Ressource „Thunfisch" Substitute geben kann, und dass die Einrichtung exklusiver Fischereizonen ein solches Substitut darstellt. Exklusive Fischereirechte sind problemlos einzurichten und unter Aufwendung überschaubarer Kosten auch durchsetzbar. Eine solche Lösung geht hier aber am Problem vorbei, da Thunfische im Meer wandern.

Damit können wir als dritte Beobachtung festhalten, dass es sich bei der Ressource Thunfisch um eine erneuerbare und wandernde Ressource handelt, die sich wenig um die Grenzen exklusiver Fischereizonen kümmert. Anders als bei anderen Fischen, die keine so großen Wanderungen hinter sich bringen, kann daher die Einrichtung exklusiver Fischereizonen nicht als Substitut für Eigentumsrechte an der Ressource selbst benutzt werden. Ein ähnliches Problem existiert bei Bienen, weshalb im BGB (Bürgerliches Gesetzbuch) eine Reihe von speziellen eigentumsrechtlichen Vorschriften zum Umgang mit Bienen erlassen wurden.

Diese drei Beobachtungen erlauben uns jetzt, die Frage nach der Effizienz unterschiedlich weit ausgedehnter exklusiver Fischereizonen präziser zu stellen. Wir betrachten zunächst den Fall mehrerer Länder, denen exklusive Fischereirechte eingeräumt werden sollen: Eine ungeordnete Entnahmepolitik entspricht approximativ der Situation der Anarchie, wie wir sie in Abschnitt 3.1.3 vorgestellt haben. Sie würde damit zu ineffizienten Anreizen führen, welche mit hoher Wahrscheinlichkeit in einer Überfischung der Bestände resultierte. Da Eigentumsrechte an der Ressource „Thunfisch" nicht durchsetzbar sind, stellt sich die Frage, welche Abkommen bezüglich der Meeresbewirtschaftung zu einem möglichst effizienten Umgang mit der Ressource dienlich sind. Prinzipiell existiert hier immer eine Dilemmasituation, wenn mehr als einem Land exklusive Fischereirechte zugeordnet werden, bei dem jede einzelne Fischereiflotte den Anreiz hat, den Bestand zu überfischen.

wobei $x_1^a + x_1^b = y_1$ und $x_2^a + x_2^b = y_2$ erfüllt sein muss. Wir bezeichnen den Mindestnutzen eines Individuums auch als seinen *Drohpunkt*, um damit zum Ausdruck zu bringen, dass es stets drohen kann, die Verhandlungen abzubrechen und sich mit seinem Mindestnutzen zufriedenzugeben. Handel findet im Zeitpunkt 2 nur statt, wenn beide Individuen zustimmen. Damit verfügt jedes Individuum über ein Vetorecht, mittels dessen es die gesamten Verhandlungen über einen Gütertausch zunichte machen kann. Wir nehmen an, dass sich die Individuen im Zeitpunkt 2 für beliebige Produktionsmengen $\{y_1, y_2\}$ auf eine Aufteilung $\{\tilde{x}_1^a, \tilde{x}_2^a, \tilde{x}_1^b, \tilde{x}_2^b\}$ einigen werden, die aus einem Verhandlungsspiel resultiert, welches das Produkt der individuellen Nutzenüberschüsse maximiert:

$$\max_{x_1^a, x_1^b, x_2^a, x_2^b} \left(u_a(x_1^a, x_2^a) - u_a(y_1, 0)\right)\left(u_b(x_1^b, x_2^b) - u_b(0, y_2)\right). \tag{3.29}$$

Dabei muss als Nebenbedingung beachtet werden, dass nicht mehr als verfügbar auf die beiden Individuen verteilt wird, $x_1^a + x_1^b = y_1$, $x_2^a + x_2^b = y_2$. Die axiomatischen Eigenschaften dieses Verhandlungsspiels wurden von John Nash untersucht. Aus diesem Grund wird die dadurch charakterisierte Allokation auch *Nash-Verhandlungslösung* genannt. Diese ist durch die folgenden Bedingungen erster Ordnung charakterisiert:

$$\frac{\partial u_a}{\partial x_1^a}(\tilde{x}_1^a, \tilde{x}_2^a)\left(u_b^V - u_b^0\right) - \frac{\partial u_b}{\partial x_1^b}(\tilde{x}_1^b, \tilde{x}_2^b)\left(u_a^V - u_a^0\right) = 0, \tag{3.30}$$

$$\frac{\partial u_a}{\partial x_2^a}(\tilde{x}_1^a, \tilde{x}_2^a)\left(u_b^V - u_b^0\right) - \frac{\partial u_b}{\partial x_2^b}(\tilde{x}_1^b, \tilde{x}_2^b)\left(u_a^V - u_a^0\right) = 0. \tag{3.31}$$

Division der beiden Gleichungen zeigt, dass diese Aufteilungsregel effizient in dem Sinne ist, dass alle potenziellen Handelsgewinne für die gegebenen Gesamtgütermengen auch realisiert werden. Es ergibt sich nämlich durch Division und Umformung

$$GRS_a(\tilde{x}_1^a, \tilde{x}_2^a) = GRS_b(\tilde{x}_1^b, \tilde{x}_2^b). \tag{3.32}$$

Damit ist eine Bedingung für Pareto-Effizienz gegeben. Es stellt sich nun aber die Frage, ob die Individuen im Zeitpunkt 1 im Wissen um diese Aufteilung effiziente Produktionsanreize haben. Ein rationales Individuum wird die Aufteilungsregel $\{\tilde{x}_1^a(y_1, y_2), \tilde{x}_2^a(y_1, y_2), \tilde{x}_1^b(y_1, y_2), \tilde{x}_2^b(y_1, y_2)\}$ bei seiner Investitionsentscheidung antizipieren. Vergleicht man diese Aufteilungsregel mit einer Aufteilungsregel bei langfristig bindenden Verträgen, so erkennt man, dass die Gesamtproduktionsmenge der Güter y_1, y_2 nicht mehr Gegenstand eines Vertrages sein kann: Vereinbarungen im Zeitpunkt 0 sind nicht bindend, und im Zeitpunkt 2 liegt die Gesamtproduktionsmenge bereits fest. Wir untersuchen nun, ob dieser Mangel an Möglichkeiten vertraglicher Bindung, der durch die Nichtdurchsetzung von vertraglichen Vereinbarungen durch die zentrale Autorität verursacht wird, Einfluss auf die Produktionsentscheidung hat. Wie man erkennen kann, hängt die letztendlich konsumierte Menge eines Individuums von den Produktionsmengen beider Güter ab, da diese die Drohpunkte der Individuen festlegen. Bei der Bestimmung der optimalen Produktionsmengen behandeln die Individuen die Gesamtproduktionsmenge des jeweils anderen Individuums als Parameter. Wir bestimmen also ein Nash-Gleichgewicht in den Produktionsentscheidungen. Individuum a löst das folgende Maximierungsproblem:

$$\max_{y_1} u_a(\tilde{x}_1^a(y_1, y_2), \tilde{x}_2^a(y_1, y_2)) - C_a(y_1). \tag{3.33}$$

3.1. Staat und Eigentum

Es wird y_1 also so wählen, dass

$$\frac{\partial u_a}{\partial x_1^a}\frac{\partial \tilde{x}_1^a}{\partial y_1}(y_1, y_2) + \frac{\partial u_a}{\partial x_2^a}\frac{\partial \tilde{x}_2^a}{\partial y_1}(y_1, y_2) - \frac{\partial C_a}{\partial y_1} = 0 \qquad (3.34)$$

erfüllt ist. Eine Ausweitung der Gesamtproduktionsmenge hat drei Effekte auf den Nutzen des Individuums: Erstens erhöht es die Produktionskosten, zweitens und drittens hat es einen Effekt auf die konsumierten Mengen beider Güter; sowohl der Konsum von Gut 1 als auch der Konsum von Gut 2 werden sich durch eine Änderung des Drohpunkts des Individuums verändern. Eine analoge Bedingung gilt für Individuum b. Vergleicht man diese Bedingung mit der Bedingung erster Ordnung für eine optimale Produktionsentscheidung, so sieht man, dass die Nichtdurchsetzung von vertraglichen Vereinbarungen im Zeitpunkt 0 dazu führt, dass im Allgemeinen das Ziel der Pareto-Effizienz verfehlt wird. Dieser Zusammenhang wird in einer der Übungsaufgaben zu diesem Kapitel weiter verdeutlicht.

An dieser Stelle sollte auf die Ursache der Ineffizienz noch einmal näher eingegangen werden. Das Problem besteht darin, dass innerhalb der Beziehung zwischen Individuum a and b Handelsgewinne existieren, da der Wert des Eigenkonsums den Wert des Tauschs unterschreitet. Stellen wir uns vor, dass in dieser Ökonomie mehr als zwei Individuen leben, so tritt ein weiterer Effekt hinzu, da zum Beispiel Individuum a nicht mehr auf Individuum b als Tauschpartner angewiesen ist, es kann gegebenenfalls auch mit anderen Individuen tauschen. Damit sinkt aber der beziehungsspezifische Überschuss, also die Höhe des Handelsgewinns durch Tausch mit b, da a auch mit anderen Individuen tauschen kann. Dadurch wird die Ineffizienz reduziert. Mit anderen Worten verschwindet in all den Fällen, in denen viele mögliche Tauschpartner existieren, das Problem der Ineffizienz aufgrund mangelnder Durchsetzung langfristiger Verträge, da kein beziehungsspezifischer Überschuss mehr existiert; jeder Einzelne übt durch seine Produktionsentscheidung keinen Einfluss mehr auf seine Verhandlungsposition aus.

Damit haben wir eine Begründung für eine vollständige und vollständig durchgesetzte Eigentumsordnung gefunden. Wie wir aber bereits gesehen haben, benötigt man zur Durchsetzung der Eigentumsordnung die Fähigkeit, Abweichler von Verträgen zu bestrafen, und damit Zwangsgewalt. Wir haben damit die Pareto-verbessernde Wirkung der Schaffung einer zentralen Zwangsgewalt rekonstruiert. Dies ist die klassisch *liberale Sichtweise des Staats als Nachtwächter*, also der Konzeption eines Minimalstaats: Seine Organe sollen für die Durchsetzung einer vollständigen Eigentumsordnung Sorge tragen.

3.1.6 Welche Eigentumsordnung sollte gewählt werden?

Bisher haben wir uns damit beschäftigt, ob es aus Gründen der Effizienz sinnvoll sein kann, einen Staat zu gründen. Dabei haben wir festgestellt, dass die Einrichtung einer Institution als Anbieter einer monopolistischen Eigentumsordnung, die über ein ausreichendes Ausmaß an Zwangsgewalt verfügt, tatsächlich zu einer Pareto-Verbesserung der Gruppenmitglieder führt. Was diese Institution von anderen Akteuren unterscheidet, ist ihre Befugnis Zwang auszuüben. Diese Ausübung von Zwang ist notwendig, um die Individuen an die Respektierung eines Status-Quo und die daraus erwachsenden vertraglichen Verpflichtungen zu binden. Eine Institution mit Zwangsgewalt ist aber der Staat.

Dabei haben wir uns aber noch nicht mit der Frage beschäftigt, ob genau eine, manche oder gar alle perfekten Eigentumsordnungen in gleichem Maße eine Pare-

---

Kasten 3.3: Das Bosman-Urteil

Dass die Zuweisung der Eigentumsrechte einen Einfluss auf die Einkommensverteilung hat, nicht jedoch notwendigerweise auf die Effizienz der resultierenden Allokation, zeigt das Beispiel des Marktes für Profi-Fußballer. Vor der Verkündung des sog. Bosman-Urteils durch den Europäischen Gerichtshof (EuGH-Urteil vom 15.12.1995, C-415/93 ASBL) konnte der Verein, bei dem ein Spieler unter Vertrag stand, diesem auch noch nach Ablauf des Vertrages die Freigabe für einen anderen Verein verweigern, der Verein hatte also das Eigentumsrecht an den Leistungen des Spielers. Durch das Urteil, das sich auf die generelle Freizügigkeit der Arbeitnehmer in der EU beruft, ist diese Praxis für rechtswidrig erklärt worden, und der Spieler kann nun nach Vertragsablauf frei entscheiden, ob er den Verein wechselt. Damit ist das Recht an den Spieler selbst übergegangen, und wir dürfen vermuten, dass sich die Einkommenssituation zugunsten der Spieler und zuungunsten des Vereins verändert hat.

Hat die Verteilung der Eigentumsrechte auch einen Einfluss auf die tatsächliche Wechsel-Entscheidung, und ist die Effizienz der Allokation der Spieler auf die Vereine berührt? Betrachten wir dazu der Einfachheit halber das Beispiel eines Spielers, der genau ein Jahr vor seinem Karriereende steht. Sein Vertrag beim Härter Berlin sei abgelaufen, und er stehe in Verhandlungen mit Hinter Mailand. Nehmen wir ferner an, dass sein Wert für Härter 3 Mio. Euro betrage, für Hinter jedoch 6 Mio. Euro. Sein Reservationsgehalt betrage 0 Euro, darunter ist er nicht bereit, weiter zu spielen. Damit sind die potenziellen Handelsgewinne mit Härter 3 Mio. und mit Hinter 6 Mio. Euro.

Man sieht sofort, dass es sich für beide Vereine lohnt, wenn er zu Hinter wechselt, der entstehende Handelsgewinn beträgt 3 Mio. Euro.

Da beide Vereine für eine Einigung gleich wichtig sind und auch der Spieler durch Leistungsverweigerung die Realisierung der Handelsgewinne verhindern kann, gehen wir davon aus, dass in der Situation vor dem Bosman-Urteil der Handelsgewinn zu gleichen Teilen auf alle Parteien aufgeteilt wird. Damit zahlt Hinter eine Ablösesumme von 4 Mio. Euro an Härter, und der Spieler erhält ein Gehalt von 1 Mio. Euro.

Nach dem Bosman-Urteil kann der Spieler selber entscheiden, wo er spielen möchte, und das gibt ihm die Gelegenheit, direkt mit Hinter zu verhandeln. Da nun Härter für eine Einigung nicht mehr benötigt wird, wollen wir davon ausgehen, dass sich Hinter und der Spieler die potenziellen Handelsgewinne von 6 Mio. Euro − 0 Euro = 6 Mio. Euro teilen. Damit erhält Härter 0 Euro, und das Gehalt des Spielers beträgt 3 Mio. Euro.

Vergleicht man beide Situationen, so ist die Allokation immer effizient, denn der Spieler spielt in beiden Fällen für den Verein, bei dem sein Wert am größten ist, aber die Verteilung des Handelsgewinns hat sich geändert. Während sein alter Verein am Überschuss seiner Leistung zuvor mit 1 Mio. beteiligt war, geht er nun leer aus.

3.1. Staat und Eigentum

to-effiziente Allokation herbeiführen. Wir werden nun zeigen, dass für den Fall der Existenz zweier perfekter Eigentumsordnungen beide Male eine Pareto-effiziente Allokation realisiert wird. In Kasten 3.3 findet sich der Fall des Bosman-Urteils, welches die residualen Kontrollrechte im Bereich des Vertragsrechts im Fußball radikal geändert hat.

In Abschnitt 3.1.4 hatten wir gesehen, dass in dem Fall, in dem Individuum a Eigentum an der Produktion von Gut 1 hat, und Individuum b Eigentum an der Produktion von Gut 2, das resultierende Tauschgleichgewicht Pareto-effizient ist. In gewisser Hinsicht ist diese Eigentumsordnung naheliegend, da die Fähigkeit zur Produktion häufig mit dem Eigentum verbunden ist. Aber auch eine umgekehrte Ordnung ist möglich, bei der Individuum a Eigentum an der Produktion von Gut 2 hat und Individuum b Eigentum an der Produktion von Gut 1. Alternativ kann auch ein Individuum Eigentum an beiden Gütern haben. Diese Fälle entsprechen einem Arbeitgeber-Arbeitnehmer-Verhältnis. Wir wollen nun den vielleicht ungewöhnlichsten Fall dieser umgekehrten Eigentumsordnung betrachten. Dabei kann zunächst festgestellt werden, dass der alte Vertragstyp zur Stützung der effizienten Allokation nicht mehr ausreicht. Legen die Individuen allein ein Tauschverhältnis p' fest, so gilt:

$$\max_{x_1^a, x_2^a, y_1} u_a(x_1^a, x_2^a) - C_a(y_1) \quad \text{u.d.B.d.} \quad x_1^a + px_2^a = py_2 \,, \tag{3.35}$$

$$\max_{x_1^b, x_2^b, y_2} u_b(x_1^b, x_2^b) - C_b(y_2) \quad \text{u.d.B.d.} \quad x_1^b + px_2^b = y_1 \,. \tag{3.36}$$

Individuum a erhält nun den gesamten Ertrag aus Gut 2 und Individuum b aus Gut 1. In diesem Fall kann aber wegen

$$-\frac{\partial C_a}{\partial y_1} < 0 \,, \tag{3.37}$$

$$-\frac{\partial C_b}{\partial y_2} < 0 \tag{3.38}$$

für jeden der beiden Produzenten nur ein Randoptimum mit $y_j = 0$, $j = 1, 2$, vorliegen. Da der Produzent und der Eigentümer eines Gutes auseinanderfallen, hat der Produzent keinen Anreiz zur Produktion, wenn er dafür nicht entschädigt wird. Die Festlegung einer Tauschrelation p' ist also im Fall einer umgekehrten Eigentumsordnung unzureichend. Vielmehr muss sie von Realtransfers vom Eigentümer an den Produzenten des Gutes flankiert werden. Wir nehmen im Folgenden an, dass der Eigentümer i dem Produzenten des Gutes j einen von der Produktion abhängigen Lohn $w_i(y_j)$ zahlt. Dies verändert die Nebenbedingungen wie folgt:

$$\max_{x_1^a, x_2^a, y_1} u_a(x_1^a, x_2^a) - C_a(y_1) \tag{3.39}$$

$$\text{u.d.B.d.} \quad x_1^a + px_2^a = py_2 + \underbrace{w_b(y_1) - w_a(y_2)}_{\text{Nettozahlung}} \,,$$

$$\max_{x_1^b, x_2^b, y_2} u_b(x_1^b, x_2^b) - C_b(y_2) \qquad (3.40)$$

$$\text{u.d.B.d.} \quad x_1^b + p x_2^b = y_1 + \underbrace{w_a(y_2) - w_b(y_1)}_{\text{Nettozahlung}}.$$

Der Ausdruck „Nettozahlung" bezeichnet die Differenz aus erhaltenen und gezahlten Löhnen in diesem überkreuzten Angestelltenverhältnis. Bilden wir die Bedingungen erster Ordnung bezüglich der produzierten Mengen, so erhalten wir

$$\frac{\partial C_a}{\partial y_1} = \lambda_a \frac{\partial w_b}{\partial y_1} \qquad (3.41)$$

für Individuum a und

$$\frac{\partial C_b}{\partial y_2} = \lambda_b \frac{\partial w_a}{\partial y_2} \qquad (3.42)$$

für Individuum b. Vergleicht man diese Bedingungen mit (3.20) und (3.23), von denen wir ja bereits wissen, dass sie effizient sind, so folgt unmittelbar, dass

$$\frac{\partial w_b}{\partial y_1} = 1, \qquad \frac{\partial w_a}{\partial y_2} = p \qquad (3.43)$$

sein muss, damit die Individuen effiziente Produktionsanreize haben. Das bedeutet aber, dass der Lohnvertrag beiden Individuen marginal gerade den zusätzlichen Ertrag aus der Produktion zusprechen muss. Dies ist ein wichtiges Ergebnis, welches uns noch häufiger in diesem Buch begegnen wird: Ein effizienter Vertrag ist dadurch gekennzeichnet, dass jedes Individuum marginal die richtigen Anreize besitzt. Damit ist jeder konkave Lohnvertrag $w_a(y_2)$, $w_b(y_1)$ mit der Eigenschaft $w_b' = 1$ und $w_a' = p$ an der Stelle der Pareto-optimalen Produktionsmengen effizient. (Die Konkavität benötigt man, um die Bedingungen zweiter Ordnung für ein Nutzenmaximum zu erfüllen.) Dies sieht man am einfachsten, wenn man sich auf lineare Lohnverträge beschränkt und (3.43) über y_1 bzw. y_2 integriert. Dann gilt

$$w_b(y_1) = y_1 - c_b, \qquad w_a(y_2) = p y_2 - c_a.$$

Dabei sind c_b und c_a Konstanten, mittels derer man die Aufteilung des Überschusses bestimmen kann. Setzt man z. B. $c_b = 0$, so erhält Individuum a nicht nur den marginalen Ertrag seiner Arbeit, sondern den Gesamtertrag. Setzt man $c_b > 0$, so verbleibt der Teil c_b des Ertrags beim Eigentümer b.

Damit haben wir aber gezeigt, dass auch die umgekehrte Eigentumsordnung zu einer Pareto-effizienten Allokation führt. Analog könnte für die Fälle nur eines Eigentümers an beiden Gütern gezeigt werden, dass die resultierende Allokation Pareto-effizient ist.

Dieses Ergebnis weist darauf hin, dass unter den idealen Voraussetzungen einer vollständigen und durchgesetzten Eigentumsordnung die Frage, wer Eigentümer ist, für die Effizienz der resultierenden Allokation irrelevant ist. Diese Aussage wird uns in allgemeiner Form in Kapitel 5 als „Erster Hauptsatz der Wohlfahrtsökonomik" und in Kapitel 8 als „Coase-Theorem" wieder begegnen.

3.1. Staat und Eigentum

Wir hatten in Abschnitt 3.1.5 aber auch schon die negativen Konsequenzen einer nicht durchgesetzten Eigentumsordnung kennen gelernt. Es sind zahlreiche Fälle denkbar, in denen der Staat keine Rechtssicherheit für freiwillig geschlossene Verträge bieten kann, weil ihm dazu die Möglichkeiten fehlen. Beispielsweise könnten die Vertragsbestandteile, die für eine Stützung der effizienten Allokation notwendig wären, auf Größen beruhen, die vor Gericht nicht verwertbar sind. Dies kann den Grund haben, dass die Leistung bei der Erbringung untergegangen ist oder dass ex-ante die Leistung selbst noch nicht bekannt ist. Der letzte Fall liegt typischerweise bei Innovationen vor. Dort kann ein Ex-ante-Vertrag definitionsgemäß nicht alle Merkmale der Innovation im Voraus spezifizieren. In all diesen Fällen kann eine Eigentumsordnung notwendigerweise nur unvollständig durchgesetzt werden. Alternativ könnten die Vertragsparteien auf einen vollständigen Vertrag im Zeitpunkt 0 verzichten, weil seine Aufstellung zu kompliziert und teuer wäre. Zu fragen ist nun, ob in einem solchen Fall die Eigentumsordnung selbst einen Einfluss auf das Allokationsergebnis hat und ob damit einerseits die Trennung des Ziels der Effizienz von dem Ziel der gerechten Verteilung verloren geht, andererseits aber damit eine Grundlage für eine Theorie der optimalen Integration von Entscheidungskompetenzen gelegt werden kann.

Kehren wir also zu dem Beispiel nicht durchgesetzter freiwilliger Verträge zurück. Im Fall, dass Individuum a Eigentum an der Produktion von Gut 1 hat und Individuum b Eigentum an der Produktion von Gut 2, definierten die folgenden Ungleichungen die möglichen Verhandlungsergebnisse im Zeitpunkt 2:

$$u_a(x_1^a, x_2^a) \geq u_a(y_1, 0), \tag{3.44}$$

$$u_b(x_1^b, x_2^b) \geq u_b(0, y_2). \tag{3.45}$$

Wir hatten gesehen, dass die Spezifikation der Drohpunkte einen Einfluss auf die resultierende Aufteilung der Güter hat und damit auch auf die Produktionsentscheidungen im Zeitpunkt 1. Nehmen wir nun an, dass Individuum a Eigentum an beiden Gütern hat. Dies verändert die Verhandlungssituation im Zeitpunkt 2. Da Individuum a Eigentümer beider Güter ist, muss es sich nicht mehr auf einen Tausch einigen. Es kann die insgesamt produzierten Mengen beider Güter konsumieren. Da zu diesem Zeitpunkt die Produktionsentscheidungen bereits getroffen wurden, wird ein rationales Individuum a keine Kompensationszahlung an b für seine Produktion leisten. Da irgendwelche Lohnverträge von Zeitpunkt 0, die Individuum b eine Kompensation für seine Produktion versprechen, nicht durchgesetzt werden, wird b also antizipieren, dass es keinerlei Kompensation für seine Anstrengung erhalten wird. Sein Güterbündel im Zeitpunkt 2 ist damit $\{0, 0\}$. Dies führt natürlich dazu, dass Individuum b im Zeitpunkt 1 keinerlei Produktionsanstrengungen unternehmen wird. Damit löst Individuum a im Zeitpunkt 1 aber das folgende Maximierungsproblem:

$$\max_{y_1} u_a(y_1, 0) - C_a(y_1). \tag{3.46}$$

Es wird y_1 so wählen, dass

$$\frac{\partial u_a}{\partial x_1}(y_1, 0) - \frac{\partial C_a}{\partial y_1} = 0 \tag{3.47}$$

Tabelle 3.1: Mögliche Kontrollrechte an den Gütern

| | Eigentum an Gut 1 | | |
Eigentum an Gut 2	a	b	a,b
a	1	2	7
b	3	4	8
a,b	5	6	9

gilt. Dies entspricht der Lösung in Autarkie. Kann es nun sein, dass diese Eigentumsordnung der Ordnung, in der beide Individuen Eigentum an den jeweils von ihnen produzierten Gütern haben, (schwach) vorgezogen wird? Dieser Fall wird z. B. immer dann auftreten, wenn sich die Güter leicht substituieren lassen und die negativen Anreizeffekte auf die Entscheidung des a bei getrenntem Eigentum vergleichsweise groß sind. Analoges gilt für den Fall des Gesamteigentums in den Händen von b. Wir behandeln diesen Punkt ausführlich im 11. Kapitel. Damit hängt aber im Fall nicht vollständig durchgesetzter Eigentumsrechte die optimale Eigentumsordnung von den Parametern des Problems ab. In Tabelle 3.1 sind alle möglichen Fälle der Zuordnung der Eigentumsrechte an den Gütern zu den Personen angegeben.

Es sind damit sehr unterschiedliche Eigentumsordnungen vorstellbar, die bei nicht vollständig durchgesetzten Eigentumsrechten zu unterschiedlichen Allokationsergebnissen führen können. Damit ist aber die Trennung von Effizienz- und Gerechtigkeitsfragen nicht mehr gewährleistet. Es lässt sich damit also begründen, warum ein bestimmtes Individuum Eigentümer eines speziellen Gutes sein sollte. So ist es in dieser Welt unvollständig durchgesetzter Eigentumsrechte beispielsweise nicht irrelevant, welche Individuen Eigentum an den Produktionsmitteln – und damit indirekt an den mit ihnen produzierten Gütern – haben: In den Fällen 1 und 4 ist ein Individuum Eigentümer aller Güter, während in den Fällen 2 und 3 jedes Individuum Eigentum an einem der beiden Güter hat.

An dieser Stelle wollen wir bereits einen sich an diese Problematik anschließenden Aspekt kurz diskutieren, der im Verlauf des Buches noch ausführlicher behandelt wird: Da bei einer unvollständig durchsetzbaren Eigentumsordnung Verteilungs- und Effizienzfragen nicht notwendigerweise voneinander getrennt werden können, stellt sich die Frage, auf welche Weise Verteilungsaspekte Berücksichtigung finden können. In einer Welt mit perfekter Eigentumsordnung konnte man ja Verteilungsziele in dem Sinne „kostenlos" verwirklichen, dass die Effizienz der resultierenden Allokation nicht durch Änderungen der Eigentumsrechte betroffen wurde. Für die hier vorliegende Analyse mussten wir voraussetzen, dass es eine Ex-ante-Periode gibt, in der sich die Individuen auf eine effiziente Eigentumsordnung einigen können, so dass ein Individuum, welches Eigentumsrechte aufgibt, dafür eine Kompensation vom anderen Individuum erhält. Nur wenn sichergestellt ist, dass beide Individuen von der Vergrößerung der Produktionsmengen durch eine Änderung der Eigentumsrechtstruktur profitieren, kann von einer Effizienzverbesserung gesprochen werden.

3.1. Staat und Eigentum

Wie wir in Kapitel 11 noch sehen werden, kann die Existenz einer solchen Ex-ante-Periode in vielen praktischen Problemen der Festlegung einer Eigentumsstruktur als erfüllt angenommen werden. Eigentümer zweier für ein Projekt erforderlicher Produktionsmittel können sich beispielsweise darauf einigen, dass dem produktiveren Individuum A ex-ante die residualen Kontrollrechte verkauft werden. Der Kaufpreis ist dann die Kompensation für das weniger produktive Individuum B, welches sich danach in einem Angestelltenverhältnis zum A befindet. Da annahmegemäß die Produktionsmengen durch den Übergang aller residualen Kontrollrechte auf A steigen, existieren hier Effizienzgewinne, so dass stets ein beide Individuen besser stellender Kaufpreis bestimmt werden kann.

Im Kontext einer allgemeinen Begründung staatlicher Aufgaben kann aber in der Regel nicht davon ausgegangen werden, dass eine Ex-ante-Kompensation erfolgt, da ja ex-ante noch kein Vermögen existiert. Auch eine Übereignung der residualen Kontrollrechte an ein Individuum, welches sich vertraglich verpflichtet, ex-post eine Kompensationszahlung zu leisten, scheidet als Möglichkeit aus, da annahmegemäß vertragliche Vereinbarungen vom Staat nicht durchgesetzt werden. Wenn dies aber so ist, besteht für kein Individuum ein Anreiz, seine Eigentumsrechte freiwillig auf das produktivere Individuum zu übertragen, da es dafür keinerlei Kompensationen erhielte; mögliche Vergrößerungen der Produktionsmengen blieben ungenutzt.

Ein Ausweg besteht in einem solchen Fall in der Ausweitung des staatlichen Aufgabenbereichs. So kann man sich in einer solchen Situation vorstellen, dass die Individuen den Staat mit seinem Gewaltmonopol dazu ermächtigen, ex-post Umverteilungen des Einkommens mittels z. B. umverteilender Steuern (im Falle von Kapital etwa einer Kapitalertragssteuer) vorzunehmen. Dies führt dazu, dass das weniger produktive Individuum wieder einen Anreiz bekommt, die residualen Kontrollrechte an das produktivere Individuum zu übertragen, da es durch die umverteilende Steuer an den Erträgen des Eigentums beteiligt wird. Faktisch bedeutet dies, dass eine staatliche Umverteilungsmaßnahme die Erträge aus Eigentum für den Eigentümer nach oben begrenzt, um mit den Steuereinnahmen das Individuum ohne Eigentum zu kompensieren. Eine Maßnahme, die wie eine reine Ex-post-Umverteilung aussieht, ist dann vielmehr als staatliches Substitut für einen Kaufpreis in einer Welt mit eingeschränkten Möglichkeiten vertraglicher Koordination zu sehen. Eine solche Regelung könnte Verfassungsrang erhalten, um ihr die notwendige Verlässlichkeit zu verleihen.

Nehmen wir an, dass von einer solchen umverteilenden Steuer ex-post keine negativen Anreizwirkungen auf die belasteten Individuen ausgehen. Dann ist diese Ausweitung staatlicher Aufgabenbereiche ein vollständiges Substitut für privatrechtliche Ex-ante-Regelungen. Dies gilt aber nicht mehr, wenn von einer solchen Steuer negative Anreizwirkungen auf das individuelle Angebots- und Nachfrageverhalten ausgehen. In diesem Fall muss der durch die Anreizeffekte erzeugte Effizienzverlust in das Kalkül aufgenommen werden. Als modifizierte Regel gilt dann, dass der durch die Übertragung der residualen Kontrollrechte auf das produktivere Individuum ermöglichte Produktionsgewinn größer sein muss als der durch die Umverteilungssteuer induzierte Produktionsverlust. Ist dies nicht gewährleistet, so kann aus Effizienzgründen nicht entschieden werden, ob die eine oder die andere Eigentumsrechtsstruktur vorzuziehen ist.

Wir haben hier intuitiv ein Argument kennen gelernt, warum zumindest in einer statischen Betrachtungsweise Verteilungsziele effizienter mittels einer Umverteilung der Eigentumsrechte erreicht werden können als durch eine Umverteilung der aus der Eigentumsordnung erwachsenden Erträge: Eine Veränderung der Bestände induziert keine Anreizwirkungen, wohingegen eine Veränderung der Ströme dies in der Regel tut. Wenn Kompensationen für Änderungen der Eigentumsrechtsstruktur einzig durch eine Umverteilung der Stromgrößen (Erträge aus Produktionsmitteln) geleistet werden können – also insbesondere bei einer nicht vollständig durchgesetzten Eigentumsordnung – sind aber die bemerkenswerten Ergebnisse der Analyse, dass

1. der Staat aus Effizienzgründen Aufgaben übernehmen sollte, die über die Definition und Sicherung der Eigentumsordnung hinausgehen, und dass
2. staatliche Umverteilungspolitik im Sinne einer Umverteilung von Erträgen aus Produktionsmitteln einzig auf das Ziel der Effizienz zurückgeführt werden kann.

Die Fälle 5–9 in Tabelle 3.1 entsprechen strenggenommen nicht unserer Definition von Eigentum als disjunkte residuale Kontrollrechte. Wir haben sie hier dennoch aufgenommen, um die Organisationsformen des (partiellen oder vollständigen) Gesellschaftseigentums zu erfassen, deren Anreizwirkungen wir uns hier schon überlegen können. Nehmen wir Fall 9 des vollständigen Gesellschaftseigentums. Da in diesem Fall beiden Individuen alles gehört, ist nicht klar, auf welche Art eine Einigung über die Verwendung der Güter getroffen wird. Das einzige, was festgestellt werden kann, ist, dass eine solche Einigung mittels Verhandlungen erfolgen muss. Auch hier wird das Individuum mit der größeren Macht oder dem größeren Verhandlungsgeschick sich einen größeren Anteil an Konsumgütern sichern können. Die Konsequenzen für die Produktionsentscheidung sind vergleichbar mit denen einer nicht durchgesetzten Eigentumsordnung (es sind nicht nur die Verträge aus Zeitpunkt 0 verhandelbar, sondern auch der Status-Quo).

Zurückkommend auf die nicht vollständige Durchsetzung einer Eigentumsordnung haben wir aber auch gesehen, dass von der Wahl einer optimalen Eigentumsordnung nicht erwartet werden kann, dass das Problem mangelnder Effizienz bei nicht durchgesetzten Eigentumsordnungen vollständig beseitigt werden kann. Hier schließt sich damit die Frage an, ob es andere Instrumente gibt, die dem Staat zur Verfügung stehen und die zu einer weiteren Verbesserung der Effizienz der Allokation führen. Dieses Ergebnis liefert damit eine Begründung, nach Staatsaufgaben zu suchen, die über die bloße Tätigkeit des Nachtwächters hinausgehen.

3.1.7 Wer ist der Staat?

Es ist uns gelungen, ein Regelsystem und damit eine zentrale Autorität mit Zwangsgewalt – den klassischen Nachtwächterstaat – aus Effizienzüberlegungen heraus zu begründen und mögliche Denkrichtungen für eine darüber hinaus reichende Rolle staatlicher Aktivitäten anzugeben. Diese Ausführungen beschränkten sich auf die Ebene E2 aus dem Williamson-Modell von Kapitel 1. Ausgeklammert blieb noch die Frage der Umsetzung der Ordnung (Ebene E3). Da eine Eigentumsordnung sich nicht selbst durchsetzt, muss sie von jemandem durchgesetzt werden. Da diese Rolle aber

3.1. Staat und Eigentum

niemand außerhalb der Ökonomie übernehmen kann, muss sie von Individuen innerhalb der Ökonomie übernommen werden. Dies führt zu begründungstheoretischen Problemen dieses Ansatzes, auf die wir hier kurz eingehen wollen. Sie werden am deutlichsten, wenn wir in unserem Zwei-Personen-Beispiel bleiben und die relevanten Alternativen diskutieren.

1. Die Zwangsgewalt wird einem der beiden Individuen übertragen: Diese Situation führt zu einem Dilemma. Wenn ein Individuum das Recht der Setzung und Durchsetzung der Eigentumsordnung besitzt, wird es – einmal im Amt – versuchen, das andere Individuum auszubeuten. Es ist daher unklar, wie wir uns auf diesem Wege von der Situation der Anarchie werden fortbewegen können. Eine Möglichkeit bestünde in der Annahme, dass ein Individuum das „Gemeinwohl" insofern internalisiert hat, dass es aus eigenem Antrieb die Eigentumsordnung im Sinne aller Individuen setzte und durchsetzte. Diese Idee ist so alt wie das abendländische staatstheoretische Denken überhaupt, findet sie sich doch schon in Platons „Der Staat". Dort wird gefordert, dass der Herrscher ein weiser Mensch oder Philosoph sein solle. Interpretiert man diese Äußerung nicht als wohlkalkulierte Interessenpolitik eines Menschen, der selbst diesem Berufsstand angehörig war, kommt diese Sichtweise des weisen Herrschers der Lösung unseres Problems doch sehr nahe. In abgewandelter Form findet sich diese Idee auch bei Niccolò Machiavelli, dem ersten neuzeitlichen Staatsdenker: Da die Individuen nicht von Natur aus politische Wesen sind, solche politischen Tugenden aber durch Vorbilder erlernen können, bedarf es in der Zeit der Errichtung einer staatlichen Ordnung einer großen Persönlichkeit, eines „Uomo Virtuoso", der auf der einen Seite die Macht an sich reißt, um eine Ordnung zu errichten, der auf der anderen Seite aber bei der Errichtung dieser Ordnung das Gemeinwohl berücksichtigt und durch sein Verhalten ein Vorbild für die Bildung eines Bürgersinns ist. Diese Konstruktion wurde dann von Jean-Jaques Rousseau durch die Gestalt des „Législateur" aufgegriffen. In der ökonomischen Theorie findet sich regelmäßig das Konstrukt des *wohlwollenden Diktators*, das diese Ideen aufnimmt. Seine Funktion besteht einerseits darin, optimale Allokationen auf eine bequeme Art zu bestimmen. Andererseits wird in ihm aber auch die institutionelle Stützung solcher Allokationen subsumiert. In der Theorie des Allgemeinen Gleichgewichts findet sich mit der Figur des „Walrasianischen Auktionators", dessen Funktion die Ermittlung und Bekanntgabe von Gleichgewichtspreisen ist, ein enger Verwandter des wohlwollenden Diktators.
2. Die Zwangsgewalt wird beiden Individuen übertragen: Diese Situation führt zu nicht minder großen Schwierigkeiten. Haben beide Individuen die Zwangsgewalt, so hat sie faktisch kein Individuum. Auch auf diesem Wege fallen wir in den Zustand der Anarchie zurück, wenn wir eine Eigentumsordnung implementieren wollen.
3. Die Individuen internalisieren in ihrem Verhalten die richtige Ordnung (Ebene E1). Das bedeutet, dass niemand das Gewaltmonopol direkt besitzt, sondern die Individuen – aus der Einsicht in die Wohlfahrtsgewinne der Einhaltung einer Ordnung – sich freiwillig an eine Eigentumsordnung halten, die dann mehr

den Charakter einer Heuristik besitzt. Diese Sichtweise findet theoretische wie empirische Stützung durch die Analyse wiederholter Spiele. So zeigt sich, dass die wiederholte Interaktion von Individuen in der Regel und über lange Zeiträume zu kooperativem Verhalten führt, wenn dies im langfristigen Interesse der Beteiligten liegt, auch wenn sie kurzfristig einen Anreiz zu nichtkooperativem Verhalten haben. Die Notwendigkeit der Internalisierung bestimmter Normen kommt der faktischen Rolle einer Eigentumsordnung wohl recht nahe, da auch dort die Zwangsgewalt nur so lange besteht, wie eine Mehrheit der Bevölkerung sich noch mit ihr identifizieren kann.

Diese Beobachtung verweist auf die außerinstitutionellen Voraussetzungen von Institutionen: Da Institutionen immer von den durch sie erfassten Individuen gestützt werden müssen, bedarf es einer Einsicht in die Richtigkeit dieser Ordnung. Nicht jede Ordnung ist mit allen Wertvorstellungen vereinbar. Diese Feststellung hat weitreichende Konsequenzen für den Anwendungsbereich einer Theorie der Ordnungspolitik, wie sie hier entwickelt wird: Eine Grundvoraussetzung für die Möglichkeit einer erfolgreichen Wirtschaftspolitik ist ihre Konsistenz mit den Wertvorstellungen der Bürger. Wird dies vernachlässigt, so werden politische Maßnahmen mit einer großen Wahrscheinlichkeit scheitern. In dieser Sichtweise ist aber noch keine wirklich befriedigende Antwort auf die Rolle und die Natur des staatlichen Zwangs gegeben worden, denn wenn die Individuen die Ordnung perfekt durch ihre Werte – die Schaffung einer *impliziten* Ordnung – internalisieren, bedarf es keiner *expliziten* Ordnung mehr. Die Sichtweise einer Ordnung ändert sich dann, ihr kommt keine Rolle als Internalisierungsinstrument zu, sondern sie kann als Instrument zur Koordinierung von Erwartungen gesehen werden, wenn es multiple Gleichgewichte gibt. Diese Sichtweise wird in der juristischen Literatur die *expressive* Funktion des Rechts genannt (McAdams 2000).

Kasten 3.4: Machiavelli und die gemeinsamen Werte

Das Problem der Notwendigkeit einer besonderen Motivation für die Erhaltung einer Ordnung wurde bereits von Niccolò Machiavelli (1469–1528), dem ersten neuzeitlichen Staatsdenker, gesehen. Da sich in seiner Gesellschaftskonzeption bereits viele der heute in der ökonomischen Theorie benutzten Elemente vorfinden, soll seine Theorie kurz dargestellt werden. Machiavelli sucht nach den Grundlagen eines guten Staats, sieht das Problem seiner Verwirklichung aber darin, dass die Menschen egoistisch und selbstsüchtig handeln und in ihren Bedürfnissen unbeschränkt sind. Sie sind unsoziale und unpolitische Wesen, welche freiwillig nicht bereit sind, die Bedingungen friedlicher Koexistenz zu beachten. Da die Gesamtmittel zur Bedürfnisbefriedigung aber beschränkt sind, führt dies notwendigerweise zu Konflikten.

An dieser Stelle greift nun Machiavellis Staatskonzeption an: Die konfligierenden Neigungen der Menschen sollen durch eine politische Ordnung diszipliniert werden. Eine gute Ordnung ist dabei eine solche, die die Bürger nicht in die Korruption stürzt, sondern die Fähigkeiten der Einzelnen zum Wohle Aller kanalisiert und in der die unvorhersehbaren Wirkungen des Zufalls bestmöglich eingedämmt sind.

3.1 Staat und Eigentum

Ohne dies explizit so zu nennen, thematisiert Machiavelli hier die in der modernen ökonomischen Theorie herausgearbeitete Versicherungsfunktion des Staates sowie dessen Notwendigkeit zur Überwindung des Gefangenendilemmas durch die Ausübung von Zwangsgewalt. Krisen und gesellschaftliche Zerfallserscheinungen sind dabei nicht Ausdruck eines unabwendbaren Schicksals, sondern Resultat einer mangelhaften Ordnung. Immer dann, wenn es ohne Risiko möglich ist, wird der Mensch gegen Gesetze verstoßen, sobald es zu seinem Vorteil ist.

Das Unsoziale ist zwar Teil der Natur des Menschen, doch er ist erziehbar. Er kann lernen, dass die Befolgung von Regeln und die Achtung einer Ordnung Werte darstellen, an die man sich halten soll. Eine solche Erziehung zu staatsbürgerlichen Idealen gelingt aber nur in einer guten Ordnung. Um dorthin zu kommen, bedarf es nach Machiavelli eines starken, guten und charismatischen Führers – des „Uomo Virtuoso" –, der in einem anarchischen Zustand die Gewalt an sich reißt und eine gute Ordnung etabliert. Dabei schafft er als Vorbild die staatsbürgerliche Gesinnung, die zur Erhaltung der Ordnung notwendig ist. Schließlich tritt er zurück, um die Macht in Form einer Republik an die Bürger zu verteilen.

Die Figur des Uomo Virtuoso muss in der Machiavelli'schen Theoriekonzeption als Notlösung gewertet werden, da es ihm sonst nicht gelingt zu erklären, wie eine Gruppe aus dem Zustand der Anarchie heraus zu einem guten, geordneten Staatswesen kommt: Da der Mensch im Zustand der Anarchie keinerlei staatsbürgerliche Gesinnung aufbaut, muss ein Einzelner zunächst die Gewalt an sich reißen, um eine Ordnung zu schaffen. Auf dem Weg dorthin darf dieser nicht zimperlich sein und muss sich daher aller Mittel bedienen, die zur Etablierung und Stabilisierung der Ordnung erforderlich sind.

An die Stelle ethischer Beurteilungen der Handlungen des Uomo Virtuoso setzt Machiavelli erstmalig ein auf die Wirkungszusammenhänge abstellendes Kosten-Nutzen-Kalkül, nach dem zwei Dinge für die Beurteilungen der Handlungen relevant sind: Erstens sind allein die Konsequenzen einer Handlung für deren Beurteilung entscheidend. Zweitens muss daher Klarheit über die Wirkungszusammenhänge geschaffen werden.

Der Politikberater wird hier zu einem konsequenzialistischen Technokraten, der über die Wirkungen bestimmter Handlungen aufklären soll. Diese Sichtweise entspricht auch heute noch für Fragen der Knappheit weitgehend dem Verständnis der Rolle von Ökonomen. Woher ein solches mit herausragenden sittlichen wie machtpolitischen Fähigkeiten ausgestattetes Individuum stammt, wird von Machiavelli nicht erklärt. Ebenso wenig wird klar, warum sich die anderen Menschen an dieser Figur ein Beispiel nehmen und ihre staatsbürgerlichen Tugenden entwickeln sollen.

In der Republik sieht Machiavelli die beste aller möglichen Staatsformen verwirklicht. Dies liegt zum einen an dem System der Gewaltenteilung, welches die Dekadenz und Korruption einzelner Gruppen erschwert, und zum anderen an der Vielfalt der an der Regierung beteiligten Individuen mit ihren unterschiedlichen Fähigkeiten, die eine bessere Problemerkennung und -lösung ermöglichen, als dies z. B. in einer Monarchie möglich wäre. Eine langfristige Etablierung der Macht des Uomo Virtuoso oder gar die Schaffung eines Erbrechts an dieser Macht würde nur zu einer Schwächung seiner Gesinnung und zu einer mangelhaften Nutzung gesellschaftlicher Fähigkeiten, das heißt Dekadenz und Zerfall, führen. Die Delegation der Machtbefugnisse an Andere erfordert aber deren sittliche Bildung, da den Menschen die politische Lebensform nicht wesenhaft zu eigen ist.

Machiavellis wichtige Einsicht ist, dass auch das vollkommenste Regelwerk notwendigerweise scheitern muss, wenn die dadurch gegebene Form der Machtverteilung und der

> Gesellschaftsorganisation nicht von den Individuen respektiert wird. Eine solche Respektierung wird durch das Wertesystem der Individuen bestimmt. Er schreibt: „*Wie zur Erhaltung guter Sitten gute Gesetze nötig sind, so sind auch zur Beachtung der Gesetze gute Sitten erforderlich.*" Umgekehrt gilt aber auch, dass unterschiedliche Wertesysteme zu unterschiedlich guten Institutionen oder Verfassungen führen. Hier nimmt Machiavelli Max Webers These von der protestantischen Ethik als Bedingung für den Erfolg des kapitalistischen Wirtschaftssystems der Struktur nach vorweg.
>
> Daher ist für Machiavelli eine wesentliche Voraussetzung einer guten Ordnung die sittliche und insbesondere religiöse – nicht christliche – Erziehung der Bevölkerung: Wenn die Strafandrohung der Gesellschaft nicht ausreicht, um das Verhalten der Individuen zu kanalisieren, muss an deren Stelle der strafende Gott treten. Das Gewissen als eine internalisierte Bestrafungsinstanz tritt an die Seite der notwendigerweise imperfekten Bestrafungsinstanz der gesetzlichen Ordnung: Ich halte mich an einen Vertrag auch dann, wenn ich keinerlei gesellschaftliche Sanktion bei Vertragsbruch zu erwarten habe, weil ein Vertragsbruch mit meinem Gewissen nicht in Einklang steht. Hier nimmt Machiavelli wesentliche Gedanken der modernen Institutionenökonomik vorweg, die den Sinn von Normen in einer Senkung gesellschaftlicher Transaktionskosten sieht.

Wir haben es hier mit einem schwierig zu lösenden methodischen Problem zu tun. Sind die Menschen durch ihre Normen und Moralvorstellungen freiwillig bereit, eingegangene Verpflichtungen einzuhalten, so bedarf es für einen effizienten Ablauf gesellschaftlicher Interaktionen keiner Ordnung und damit keines Staates: Die Individuen haben sich bei der Wahl zwischen einer externen und einer internen Ordnung für die interne Ordnung, für die freiwillige Selbstdisziplinierung ihrer Handlungen zum Wohle aller Individuen entschieden. Diese Situation ist nach dem Schlaraffenland – also einer Welt ohne Knappheit – wohl die zweitbeste aller denkbaren Welten. Hier funktioniert die Anarchie als effiziente „Staatsform". Handeln Individuen jedoch egoistisch und unsozial, suchen sie den Vorteil immer dann, wenn keine Bestrafung droht, benötigt man eine externe Ordnung, also den Staat, um die wohlfahrtssteigernde Wirkung der gesellschaftlichen Interaktion erst möglich zu machen. Diese wird zum einen sehr teuer sein, da jede konfliktträchtige Situation durch einen externen Ordnungsrahmen geregelt werden muss. Darüber hinaus gilt aber ein noch fundamentalerer Einwand: Wer ist in dieser Situation der Staat? Werden nicht die Individuen, die mit der Ausübung der Zwangsgewalt beauftragt sind, alle anderen ausbeuten, so dass es nicht gelingen kann, aus dem Zustand der Anarchie auszubrechen? In dieser Welt werden die Individuen im Zustand der destruktiven Anarchie verhaftet bleiben. Die Wahrheit wird dazwischen liegen: Menschen sind zur Einsicht in das Gesamtwohl fähig, werden sich aber in vielen Situationen trotzdem egoistisch verhalten. Das Zusammenspiel von internalisierter und externer Ordnung muss sich mangels Alternative als Lösungsmodell sowohl für das Problem der Begründung der Existenz einer nichtausbeuterischen Ordnung als auch für das Problem der Kosten der externen Ordnung anbieten.

3.2 Das Prinzip der vollständigen Internalisierung

Mit den Erörterungen der vergangenen Abschnitte sind die Fragen, mit denen sich eine Theorie der Wirtschaftspolitik unter dem Gesichtspunkt der Effizienz zu beschäftigen hat, klar umgrenzt: In einer idealen Welt kann die Aufgabe des Staates auf die Implementierung und Durchsetzung einer vollständigen Eigentumsordnung beschränkt werden. Verteilungsziele können durch eine Umverteilung der Eigentumsrechte gelöst werden. Wir hatten aber bereits gesehen, dass es unter Umständen nicht ohne weiteres möglich ist, eine Eigentumsordnung vollständig zu definieren und durchzusetzen. Des Weiteren haben wir gesehen, dass in einer unvollständigen Eigentumsordnung die Verteilungsfrage nicht ohne weiteres von der Effizienzfrage abgekoppelt werden kann. Damit stellen sich die folgenden Fragen:

1. Unter welchen Bedingungen lässt sich eine Eigentumsordnung nicht vollständig definieren oder durchsetzen?
2. Was sind die Konsequenzen einer nicht vollständig definierten oder durchgesetzten Eigentumsordnung?
3. Welche Alternativen stehen zur Verfügung, um die allokativen Konsequenzen einer unvollständigen Eigentumsordnung auszugleichen?
4. Welche Alternativen stehen zur Verfügung, um die Konsequenzen einer unvollständigen Eigentumsordnung auf die Gerechtigkeit der Verteilung auszugleichen?

Eine Theorie der Wirtschaftspolitik ist eine Theorie des Institutionenvergleichs. Dies gilt in doppelter Hinsicht: Zum einen soll die Leistungsfähigkeit bestimmter Institutionen untersucht werden. Zum anderen kann die Frage nach einer für ein gegebenes Problem optimalen Institution gestellt werden. Nun wäre es hilfreich, wenn es ein leitendes Prinzip gäbe, anhand dessen man einen Institutionenvergleich oder die Bestimmung optimaler Institutionen durchführen könnte. Glücklicherweise gibt es für eine Operationalisierung des Kriteriums der Pareto-Effizienz ein solches Prinzip, welches wir nun vorstellen werden.

> **Prinzip der vollständigen Internalisierung:**
>
> Eine Institution ist Pareto-effizient, wenn jedes Individuum (marginal) den vollständigen erwarteten Effekt seiner Handlungen zu tragen hat.

In Abschnitt 3.1 haben wir bereits einige Institutionen in einem sehr weiten Sinne des Wortes kennen gelernt. Einige von ihnen führen zu Pareto-effizienten Ergebnissen, andere nicht. Was war das gemeinsame Merkmal, anhand dessen man auf die Effizienz schließen konnte?

Der Zustand der Autarkie war definitionsgemäß Pareto-effizient, da es annahmegemäß nur ein Individuum gab. Das für die hier gestellte Frage Bemerkenswerte an der Autarkie-Lösung war, dass das Individuum den Gesamtertrag seiner Investition auch für sich selbst beanspruchen konnte. Eine weitere produzierte Einheit kam dem Individuum vollständig zugute und es musste die gesamten zusätzlichen Kosten dieser weiteren Einheit tragen. Damit gilt insbesondere auch marginal, dass das Individuum den Gesamtertrag und die Gesamtkosten seiner Handlung trägt.

Die Ineffizienz der Anarchie lag darin begründet, dass dieses in der Autarkie selbstverständliche Prinzip durchbrochen wurde: Da jedes Individuum nur einen Bruchteil seiner zusätzlich produzierten Güter für sich selbst beanspruchen kann, es aber die gesamten zusätzlichen Kosten zu tragen hat, sinkt der Anreiz zu produzieren.

In einer perfekten Eigentumsordnung ist wiederum sichergestellt, dass jedes Individuum den vollen Grenzertrag und die vollen Grenzkosten einer weiteren Einheit Produktion selbst erhält bzw. trägt. Es trägt die gesamten Kosten einer weiteren produzierten Einheit, hat aber durch den Schutz des Eigentums und der freiwillig geschlossenen Verträge auch den gesamten zusätzlichen Ertrag zu seiner Verfügung.

Dieses Prinzip wird im Falle einer nicht vollständig durchgesetzten Eigentumsordnung wieder durchbrochen: Die Investitionsentscheidung eines Individuums beeinflusst seinen Drohpunkt in den Verhandlungen über einen Gütertausch im Zeitpunkt 2. Damit führt aber eine Veränderung der produzierten Gütermengen sowohl zu einer Veränderung des eigenen Konsums als auch des Konsums des Tauschpartners.

Bisher ist das Prinzip der vollständigen Internalisierung nur heuristisch eingeführt worden, so dass es nur als ein Suchprinzip zur Ordnung der Gedanken dienen kann. Ein formaler Beweis ist bisher noch nicht erbracht worden. Wir werden im Verlauf des Buches aber anhand vieler Anwendungsfälle die Gültigkeit dieses Prinzips belegen und für die Fälle der Existenz optimaler Institutionen bei asymmetrisch informierten Individuen (Kapitel 10) und unvollständig durchgesetzten Eigentumsordnungen (Kapitel 11) formale Beweise für eine Reihe von Allokationsproblemen präsentieren sowie Bedingungen charakterisieren, unter denen das Prinzip keine Gültigkeit mehr besitzt.

Wir wollen an dieser Stelle die Logik des Prinzips aber noch einmal anhand eines einfachen Beispiels verdeutlichen. Wir halten an der Annahme fest, es gebe genau zwei Individuen, a und b, von der nur eines eine Handlung $x \in [0, \bar{x}]$ vornehmen kann. Beispielsweise gibt es einen Sack Äpfel, und Individuum a kann entscheiden, wie viele Gramm es davon essen möchte. Seine Nutzenfunktion $u_a(.)$ ist dabei streng monoton steigend und strikt konkav in der Menge der verzehrten Äpfel, oder alternativ in der Handlung x, $\partial u_a(x)/\partial x > 0$, sowie linear in einem Numéraireg ut y. Individuum b zieht auch einen positiven Nutzen (strikt konkav) aus dem Verzehr von Äpfeln und des Numéraireg utes (linear), kann selbst aber keine Handlung durchführen. Da entweder Individuum a oder b die Äpfel verzehren kann, ist b negativ durch die Handlung des a betroffen: entscheidet sich a, einen Apfel zu essen, so kann b ihn nicht mehr essen. Damit lässt sich der Nutzen des b aus Äpfeln als Funktion der Handlung des a darstellen: $u_b(x)$ mit $\partial u_b(x)/\partial x < 0$.

Nehmen wir an, die Aufteilung des Numéraireg utes addiere sich stets zu null, $y_a + y_b = 0$, und das gesellschaftliche Optimum wird durch die Maximierung der Nutzensumme $u_a(x) + u_b(x)$ charakterisiert. Eine optimale Verteilung der Äpfel x^* auf die beiden Individuen ist damit charakterisiert durch

$$\frac{\partial u_a}{\partial x}(x^*) + \frac{\partial u_b}{\partial x}(x^*) = 0 \,. \tag{3.48}$$

3.2. Das Prinzip der vollständigen Internalisierung

Da annahmegemäß Individuum a über die Aufteilung der Äpfel entscheiden kann, wird es in der Abwesenheit weiterer Institutionen alle Äpfel selbst essen, da

$$\frac{\partial u_a}{\partial x} > 0 \quad \forall\, x \in [0, \bar{x}]\,.$$

In dieser Situation berücksichtigt Individuum a nicht, dass seine Handlung einen Einfluss auf den Nutzen des Individuums b hat. Wie müssen nun Institutionen gestaltet werden, damit Individuum a über effiziente Handlungsanreize verfügt? Dies ist durch eine Umverteilung des Numérairegutes y möglich. Wir können zunächst ganz allgemein eine Transferfunktion $r(x)$ zum Optimierungsproblem des a hinzufügen. Eine solche Transferfunktion ist die formale Umsetzung einer Institution, die als Regel das Verhalten des Individuums in einer bestimmten Weise beeinflusst. Wenn nur Individuum a und b existieren und in einer geschlossenen Volkswirtschaft Transfers weder einfach aus dem Nichts entstehen noch einfach verschwinden, muss Individuum b einen Transfer in Höhe von $-r(x)$ erhalten. Das Optimierungsproblem von a lautet dann

$$\max_x u_a(x) + r(x)\,.$$

Die Bedingung erster Ordnung dieses Optimierungsproblems lautet:

$$\frac{\partial u_a}{\partial x} + \frac{\partial r}{\partial x} = 0\,.$$

Betrachten wir noch einmal die Optimalitätsbedingung (3.48), so sehen wir, dass das neue Optimierungsproblem von Individuum a mit dem gesellschaftlichen Optimierungsproblem zusammenfällt, wenn

$$\frac{\partial r}{\partial x}(x^*) = \frac{\partial u_b}{\partial x}(x^*)$$

erfüllt ist und durch die Bedingung erster Ordnung ein globales Maximum beschrieben wird. Als hinreichende Bedingung muss mit anderen Worten die Steigung der Transferfunktion $r(x)$ an der Stelle x^* dem Grenznutzen des b entsprechen. Jede Funktion, die diese Eigenschaft erfüllt und die Konkavität der Zielfunktion nicht zerstört, führt dazu, dass Individuum a die gesellschaftlich optimalen Handlungsanreize hat. Dies besagt das Prinzip der vollständigen Internalisierung in diesem Beispiel.

Wir diskutieren im Folgenden zwei mögliche Ausgestaltungen, die an verschiedenen Stellen des Buchs in verallgemeinerter Form wieder auftauchen werden.

- *Affine Transfers:* Ein einfaches Transferschema, das das Optimum mit den individuellen Verhaltensanreizen verträglich macht, ist eine affine Funktion der folgenden Gestalt:

$$r(x) = \underbrace{\frac{\partial u_b}{\partial x}(x^*)}_{-p} x + m\,.$$

Diese Transferfunktion ist linear in der Menge der verzehrten Äpfel x. Sie kann wie folgt interpretiert werden: Individuum a muss für jeden verzehrten Apfel einen Preis p in Einheiten des Numérairegutes in Höhe des Grenzschadens entrichten, der durch den Verzehr der effizienten Einheit beim b erzeugt wird. Die Ableitung von u_b an der Stelle x^* ist ja eine Konstante. Der Term m ist eine Konstante, die keinen Einfluss auf die Verhaltensanreize hat. (Im Fall von nur zwei Individuen kann man sich etwa denken, dass der Preis p an Individuum b ausgezahlt wird.) Eine solche affine Transferfunktion spielt bei der Analyse von Allokationsmechanismen eine große Rolle, wie wir im 5. Kapitel noch sehen werden. So bilden sich zum Beispiel auf Wettbewerbsmärkten Preise, zu denen man beliebige Mengen der Güter kaufen kann.

- *Übertragung des Gesamtnutzens:* Fast noch näher liegend als die Verwendung einer affinen Transferfunktion ist die Übertragung des Gesamtnutzens von Individuum b auf Individuum a,

$$r(x) = u_b(x) + m.$$

Auch hier gilt die marginale Anreizverträglichkeit, da Individuum a den gesamten Nutzen des Individuums b (zu- oder abzüglich einer Konstanten) erhält.

Bislang wurde nur eine technische Erläuterung der Konstanten m gegeben; man kann sie hinzu addieren oder abziehen, ohne damit die Verhaltensanreize von a zu verändern. Stellen wir uns für das obige Beispiel etwa vor, dass es eine geschlossene Ökonomie beschreibt. In dieser muss der Betrag, den das eine Individuum erhält, vom anderen Individuum gezahlt werden. Durch eine Veränderung von m lässt sich nun die Verteilung der Nutzen zwischen beiden Individuen steuern. Dabei kann es allerdings Grenzen geben, die etwa dadurch entstehen, dass beide Individuen nach Einführung der Institution mindestens ebenso gut gestellt werden müssen wie ohne Einführung der Institution. Für Individuum a und eine affine Transferfunktion würde dann etwa gelten, dass $\max u(x) + px + m \geq u(\bar{x})$ gilt, da Individuum a's Präferenzen monoton in x sind und es sich diese Allokation sichern kann. Analoges gilt für Individuum b. In diesem Fall kann man m nicht beliebig verändern, was die Umsetzbarkeit von effizienten, das Prinzip der vollständigen Internalisierung erfüllenden Institutionen beeinträchtigen kann. Mit diesem Problem werden wir uns noch ausführlich im 10. Kapitel beschäftigen.

3.3 Schlussfolgerungen

Zunächst haben wir festgestellt, dass die Einrichtung einer Eigentumsordnung alle Individuen potenziell besser stellen kann. Sie erlaubt es den Individuen, Verträge zu schließen und damit Handelsgewinne zu realisieren. Die Einführung der Institution des Eigentums hat damit vor dem Hintergrund des Ziels der Pareto-Effizienz eine Begründung.

Eine Eigentumsordnung muss aber nicht nur eingerichtet werden. Es bedarf noch der Durchsetzung dieser Ordnung, so dass sich die jeweiligen Handelspartner auf die einmal geschlossenen Verträge verlassen können. Die Durchsetzung der Eigentumsordnung hat damit ebenfalls Effizienzvorteile. Es bedarf somit der Erteilung der Befugnis, Zwang auszuüben.

Der Begriff einer Eigentumsordnung impliziert, dass nur eine einzige solche Ordnung gelten kann. In diesem Sinne kann der Staat als dasjenige Monopolunternehmen gelten, welches mit der Einrichtung und Durchsetzung einer Eigentumsordnung betraut ist. Dieser Staat muss mit dem Recht ausgestattet sein, Zwangsgewalt auszuüben, um seiner Aufgabe nachkommen zu können.

Wenn die ökonomische Interaktion der Individuen nicht vollständig durch zu Beginn der Interaktion geschlossene Verträge strukturiert werden kann, werden unterschiedliche Eigentumsordnungen in der Regel zu unterschiedlichen Allokationsergebnissen führen. Im Fall einer perfekten Eigentumsordnung gilt hingegen, dass Effizienz- und Verteilungsziele getrennt voneinander erreicht werden können.

Lektürevorschläge zu Kapitel 3

Der Erfolg unterschiedlicher Strategien in wiederholten Kooperationsspielen wurde von AXELROD (1984) und AXELROD UND KEOHANE (1986) untersucht. Standardwerke einer auf die Überwindung von Dilemmasituationen abstellenden Staatstheorie sind BRENNAN UND BUCHANAN (1985), BUCHANAN (1975), BUCHANAN (1986) und BUCHANAN (1991). Das erste formale Modell der Anarchie findet sich in BUSH UND MAYER (1974). COWEN (1992) zeigt, dass sich die Existenz von Eigentumsrechten als Öffentliches Gut interpretieren lässt. Die Problematik der Durchsetzung von Eigentumsrechten bei Umweltgütern findet sich in zahlreichen Lehrbüchern zur Ressourcenökonomik. Stellvertretend sei hier FISHER (1981) genannt. GROSSMAN (2001) und GROSSMAN UND KIM (1995) entwickeln eine Theorie der Entstehung von Eigentum aus einem Zustand der Anarchie. Die moderne Theorie der Firma ist methodisch verwandt mit der Theorie der Anarchie. Sie wurde entwickelt von GROSSMAN UND HART (1986). HARDIN (1989) entwickelt eine Theorie der Verfassung als Lösung eines Koordinationsproblems zwischen Gleichgewichten. In HIRSHLEIFER (1995) wird untersucht, unter welchen Bedingungen eine Anarchie stabil sein kann und wann sie zusammenbricht. Die Konzeption eines Minimalstaats findet sich in KLIEMT (1993). Eine Theorie menschlichen Zusammenlebens ohne formelle Institutionen entwickelt Rothbard (1973). Eine sehr detaillierte Analyse der Struktur von Anarchiegleichgewichten findet sich in SKAPERDAS (1992). Ebenfalls lesenswert zum Thema sind SUGDEN (1986), SUTTER (1995) und WÄRNERYD (1993). Die expressive Funktion von Regeln wird in MCADAMS (2000) diskutiert. Eine Übersicht über die theoretische Analyse wiederholter Spiele findet sich in FUDENBERG UND TIROLE (1991). Eine Zusammenfassung der Ergebnisse der experimentellen Spieltheorie findet sich in KAGEL UND ROTH (1995).

Zusammenfassung der Grundüberlegungen dieses Kapitels

1. Durch Spezialisierung und Arbeitsteilung existieren potenzielle Vorteile der Organisation von Individuen zu Gruppen gegenüber einem Zustand der Autarkie. In einem ordnungslosen Zustand der Anarchie ist die gleichgewichtige Allokation aber in der Regel nicht Paretoeffizient, da keine bindenden Absprachen zwischen den Individuen möglich sind und die Verteilung der Güter sich nach den Aneignungsfähigkeiten bzw. dem Drohgewicht der Individuen richtet. Damit trägt ein Individuum zwar die vollen Grenzkosten seiner Produktionsentscheidungen, erhält aber nicht den vollen Grenzertrag.

2. Die Einführung einer perfekten Eigentumsordnung führt zu einer Pareto-effizienten Allokation. Bei einer perfekten Eigentumsordnung sind die Kontrollrechte an allen ökonomisch relevanten Ressourcen und Gütern genau einem Individuum zugeordnet und diese Zuordnung sowie alle darauf aufbauenden Verträge werden durchgesetzt.
3. Der Staat lässt sich damit als monopolistische Agentur mit der Befugnis zur Ausübung von Zwangsgewalt verstehen. Das obige Ergebnis legitimiert die Existenz des Staates als Nachtwächter: Er muss dafür Sorge tragen, dass die Eigentumsordnung eingehalten wird.
4. Existiert eine perfekte Eigentumsordnung, so ist es nach dem Kriterium der Pareto-Effizienz irrelevant, wer Eigentum woran hat. Individuelle Verträge werden dafür Sorge tragen, dass das resultierende Gleichgewicht Pareto-effizient ist.
5. Ist eine Eigentumsordnung aber notwendigerweise imperfekt, so ist das Ziel der Pareto-Effizienz institutionell nicht mehr ohne weiteres zu verwirklichen. Desgleichen muss es auch nicht mehr irrelevant sein, welches Individuum Eigentum woran hat; Effizienz- und Verteilungsfragen lassen sich nicht mehr trennen.
6. Fragt man sich, wer die Funktion des Nachtwächterstaats übernehmen soll, so kann man in begründungstheoretische Schwierigkeiten kommen, da die Rechtsdurchsetzung nicht einfach von außen angenommen werden darf, eine Übertragung der Machtbefugnis an ein Individuum von diesem aber ausgebeutet werden wird.
7. Am Beispiel dieses Kapitels lässt sich das grundlegende Leitprinzip zur Beurteilung und Entwicklung von Institutionen ableiten, welches wir das Prinzip der vollständigen Internalisierung nennen: Eine Institution ist effizient, wenn jedes Individuum marginal die gesamten Kosten und Erträge seiner Handlungen zu tragen hat.

Schlüsselbegriffe

Autarkie
Anarchie
Kontrollrechte
perfekte Eigentumsordnung
Pareto-Effizienz

Durchsetzbarkeit
Selbstbindung
Zwangsgewalt
Prinzip der vollständigen Internalisierung

Übungsaufgaben

Aufgabe 3.1: Robinson und Freitag können unter Verwendung von Arbeitszeit jeweils ein Gut herstellen. Robinson kann Gut G_1 herstellen und Freitag Gut G_2. Ihre Nutzenfunktionen lauten

$$\tilde{u}_R(x_1^R, x_2^R, y_1) = (x_1^R)^{1/2} + (x_2^R)^{1/2} - y_1 ,$$
$$\tilde{u}_F(x_1^F, x_2^F, y_2) = (x_1^F)^{1/2} + (x_2^F)^{1/2} - y_2 .$$

Dabei bezeichnen x_i^j, $i = 1, 2$, $j = F, R$, die konsumierten und y_i, $i = 1, 2$, die produzierten Mengen der beiden Güter.
a) Bestimmen Sie den optimalen Konsum- und Produktionsplan sowie das resultierende Nutzenniveau unter der Annahme der Autarkie. Warum existiert in der Autarkie kein Bedarf an Institutionen?
b) Bestimmen Sie den optimalen Konsum- und Produktionsplan sowie das resultierende Nutzenniveau unter der Annahme, dass Robinson und Freitag gemeinsam

3.3. Schlussfolgerungen

wirtschaften. Sie können dazu den Wert des Lagrange-Parameters auf 1 normieren. Interpretieren Sie Ihr Ergebnis.

c) Bestimmen Sie den gleichgewichtigen Konsum- und Produktionsplan sowie das resultierende Nutzenniveau unter der Annahme der Anarchie. Vergleichen Sie Ihr Ergebnis sowohl mit dem aus Aufgabenteil *a* als auch mit dem aus Aufgabenteil *b*. Interpretieren Sie.

d) Gehen Sie nun davon aus, dass eine perfekte Eigentumsordnung existiert und dass Robinson das Eigentum des von ihm produzierten Gutes G_1 und Freitag das Eigentum des von ihm produzieren Gutes G_2 hat. Darüber hinaus konnten sich beide bindend auf ein Austauschverhältnis p der beiden Güter einigen. Bestimmen Sie die gleichgewichtige Allokation als Funktion des Austauschverhältnisses p. Wie muss das Austauschverhältnis bestimmt werden, damit das dezentrale Gleichgewicht der optimalen Allokation entspricht?

e) Was ändert sich an Ihrer Argumentation, wenn die Individuen sich vor der Produktionsentscheidung nicht bindend auf ein Austauschverhältnis einigen konnten?

Aufgabe 3.2: Diskutieren Sie vor dem Hintergrund der Ergebnisse aus Aufgabe 3.1 die folgenden Fragen:

a) Warum benötigt man zur Erreichung einer optimalen Allokation von Gütern in einer Ökonomie mit mehr als einer Person Institutionen?
b) Welche Rolle kann dabei für den Staat abgeleitet werden?
c) Welche Rolle spielt dabei die Annahme egoistischen Verhaltens der Individuen, und zu welchen Begründungsproblemen führt diese Annahme?
d) Kennen Sie andere gesellschaftliche Mechanismen, die eine explizite Institution überflüssig machen können?

Aufgabe 3.3: Robinson und Freitag streiten sich über die Aufteilung eines Bratens. Der Braten hat für beide Individuen einen Wert x. Sie können I^R und I^F Einheiten investieren, um an den Braten zu gelangen. Die Investitionsniveaus erhöhen ihre Wahrscheinlichkeit, an den Braten zu kommen, gleichzeitig senken sie ihren Nutzen um den Betrag der Investition. Damit lauten die Nutzenfunktionen

$$u^R = p(I^R, I^F)x - I^R,$$
$$u^F = (1 - p(I^R, I^F))x - I^F.$$

a) Welches Vorzeichen müssen die partiellen Ableitungen der Funktion p haben, damit die Nutzenfunktionen die obige Geschichte abbilden?
b) Bestimmen Sie die optimalen Investitionsniveaus in dem Konflikt unter der Annahme, dass beide Individuen gleich gut gestellt werden. Wie hoch ist die Nutzensumme, die so erreicht werden kann?
c) Bestimmen Sie die Bedingungen erster Ordnung, die die individuell rationalen Investitionsniveaus in einem Zustand der Anarchie charakterisieren. Vergleichen Sie Ihr Ergebnis mit dem aus a).

d) Diskutieren Sie die Anwendbarkeit des obigen Beispiels auf die folgenden Fälle: Aufrüstung, Sportwettkämpfe, Fischfang. Inwieweit können Institutionen etwas zur Lösung des Problems beitragen?

Aufgabe 3.4: Robinson und Freitag können unter Verwendung von Arbeitszeit jeweils ein Gut herstellen. Robinson kann Gut G_1 herstellen und Freitag Gut G_2. Ihre Nutzenfunktionen lauten

$$\tilde{u}_R(x_1^R, x_2^R, y_1) = x_1^R \cdot x_2^R - \tfrac{1}{6} y_1^2 ,$$
$$\tilde{u}_F(x_1^F, x_2^F, y_2) = x_1^F \cdot x_2^F - \tfrac{1}{6} y_2^2 .$$

Dabei bezeichnen x_i^j, $i = 1, 2, j = F, R$, die konsumierten und $y_i \in [0, 1]$, $i = 1, 2$, die produzierten Mengen der beiden Güter.

a) Gehen Sie davon aus, dass die produzierten Mengen gemäß der Nash-Verhandlungslösung auf die beiden Individuen verteilt wird. Zeigen Sie, dass dann $x_i^j = 0.5 y_i$, $i = 1, 2, j = F, R$ gilt.
b) Welche Mengen produzieren die Individuen, wenn sie wissen, dass die Produktion gemäß der Nash-Verhandlungslösung aufgeteilt wird?
c) Zeigen Sie, dass die Produktionsmengen, welche die Nutzensumme maximieren, $y_i = 1, i = 1, 2$ sind.
d) Interpretieren Sie, warum sich die Lösung zu b) und die Lösung zu c) unterscheiden.

Teil II

Perfekte Steuerbarkeit

Kapitel 4

Allokationsprobleme

> „*Ordnung führt zu allen Tugenden. Was aber führt zur Ordnung?*"
> Georg Christoph Lichtenberg

> „*Vom höchsten Ordnungssinn ist es nur ein Schritt zur Pedanterie.*"
> Christian Morgenstern

4.1 Methodische Vorbemerkungen

In den folgenden Kapiteln wenden wir uns in allgemeiner Form dem Problem der Auswahl einer Wirtschaftsordnung nach dem Kriterium einer Pareto-effizienten Güterversorgung unter den Bedingungen für die perfekte Steuerbarkeit wirtschaftlicher Prozesse zu. Es geht dabei darum, aus der theoretischen Lösung des Kernproblems des Wirtschaftens heraus auf Wirtschaftssysteme zu schließen, die zu einer solchen Lösung geeignet sein könnten. Dabei beginnen wir hier mit dem Fall, in dem perfekte Eigentumsordnungen existieren können, um aus diesem Referenzfall erstens zu lernen, welche Funktionen Anreizsysteme idealerweise haben und zweitens die nahe Verwandtschaft zentraler und dezentraler Ordnungsmodelle aus theoretischer Sicht zu verstehen.

Es bietet sich an, zur Analyse realer Phänomene mit einem Modell zu beginnen, welches zwar von vielen relevanten Aspekten abstrahiert, dadurch aber bestimmte Grundphänomene erst sichtbar macht, die dann anschließend durch die Hinzunahme weiterer Aspekte systematischer untersucht werden können. In der Physik ist es zum Verständnis der Bewegung eines Pendels nützlich, zunächst von der Reibung der Aufhängung zu abstrahieren und sich die Masse als in einem Punkt am Pendelende konzentriert vorzustellen, auch wenn wir wissen, dass dies in der Realität nicht erfüllt ist.

So werden wir mit diesem Teil II besser verstehen lernen, welche Faktoren für die Relevanz einer Wirtschaftsordnung wichtig sind. Dies wird gerade deshalb gelingen – und hier nehmen wir ein wesentliches Ergebnis dieses Teils vorweg –, weil unter den hier getroffenen Annahmen die Wirtschaftsordnung *keinen* Einfluss auf die Effizienz des Wirtschaftsergebnisses hat. Darüber hinaus werden wir auf die in diesem Teil vorgenomme Untersuchung im Teil III, in dem Abweichungen von perfekten Eigentumsordnungen näher betrachtet werden, immer wieder Bezug nehmen können, um die dort abgeleiteten Lösungen in Hinsicht auf die idealen Steuerungsmöglichkeiten des hier vorgestellten Referenzmodells einordnen zu können.

In Kapitel 3 hatten wir gesagt, dass wir die Ordnungsform des Privateigentums, die ja bereits eine bestimmte Organisationsform – nämlich die marktwirtschaftliche –

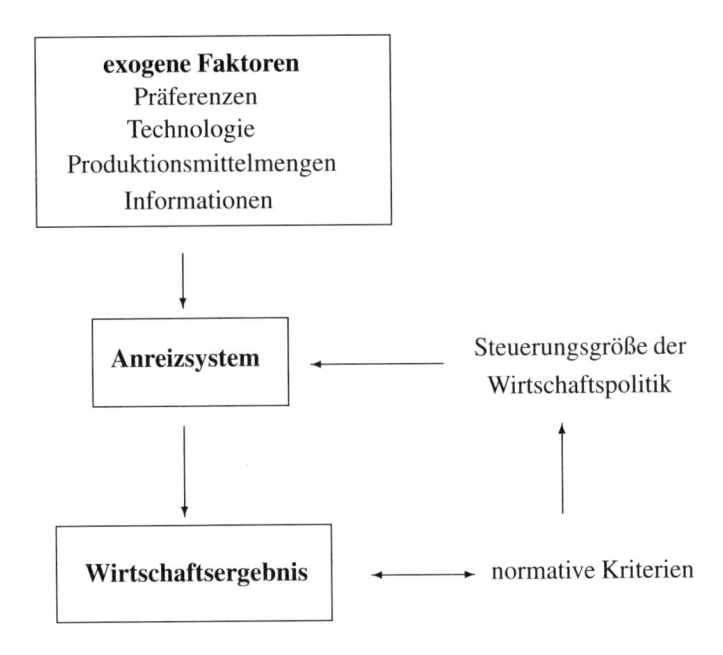

```
┌─────────────────────────────┐
│     exogene Faktoren        │
│       Präferenzen           │
│       Technologie           │
│    Produktionsmittelmengen  │
│       Informationen         │
└─────────────────────────────┘
              │
              ▼
┌──────────────────┐
│   Anreizsystem   │ ◄────── Steuerungsgröße der
└──────────────────┘          Wirtschaftspolitik
         │                          ▲
         ▼                          │
┌──────────────────┐
│ Wirtschaftsergebnis │ ◄──────► normative Kriterien
└──────────────────┘
```

Abbildung 4.1: Modell der Ordnungspolitik

prinzipiell voraussetzt, nur beispielhaft verwenden, um die Grundeinsichten in die Rolle des Staates herausarbeiten zu können. Mit einer kurzen Vorüberlegung können wir aber sehen, dass der Ansatz des Kapitels 3 nicht besonders restriktiv war: Die Schaffung einer perfekten Eigentumsordnung hat die Funktion, Verhaltensanreize der Individuen effizient zu gestalten. Ganz allgemein können wir sagen, dass die Grundaufgabe einer Wirtschaftsordnung die Schaffung eines Systems von möglichst effizienten Verhaltensanreizen ist. Abbildung 4.1 gibt ein Schema der hinter diesem Ansatz stehenden Modellvorstellung wieder.

Die Grundannahme des Ansatzes ist damit, dass Individuen systematisch auf die ihnen durch das bestehende Rechtssystem vorgegebenen Restriktionen reagieren. In einer Marktwirtschaft wird dies institutionell im Wesentlichen durch die Schaffung einer Eigentumsordnung, gegebenenfalls ergänzt um selektive staatliche Eingriffe, erreicht. Dabei muss insbesondere auch festgelegt werden, was bei Verstößen gegen die Eigentumsordnung zu geschehen hat. Mit anderen Worten ist eine *vollständige Liste* von *individuellen Handlungen* und den *daraus resultierenden* Konsequenzen festzulegen. In einer Zentralverwaltungswirtschaft wird der Anreizrahmen durch die Vorgabe von zu erfüllenden Wirtschaftsplänen gegeben. Aber auch dies ist nicht genug; darüber hinaus muss spezifiziert werden, welche Konsequenzen aus einer Über- oder Untererfüllung der Pläne resultieren. Mit anderen Worten ist auch hier, genau wie in einem marktwirtschaftlichen Ordnungsrahmen, eine vollständige Liste von Handlungen und den daraus resultierenden Konsequenzen festzulegen. In diesem Sinne unterscheiden sich marktwirtschaftliche nicht von zentralistischen Ordnungen.

In diesem Teil II werden wir von Annahmen ausgehen, die es uns erlauben, ein perfektes Anreizsystem zu schaffen. Die hierfür wesentlichen Annahmen sind

1. die vollständige Information (VI) aller Marktteilnehmer und des die Ordnung vorgebenden Akteurs sowie
2. die Möglichkeit der Bezugnahme des Anreizsystems auf jede allokationsrelevante Größe (BA).

Die beiden Annahmen erlauben es, mit der Ordnung auf alle ökonomisch relevanten Größen auch in der für die Effizienz richtigen Weise Bezug nehmen zu können. An dieser Stelle sei nochmals betont, dass diese Annahmen nicht als realistisch verstanden werden sollten, sondern dass sie dazu dienen, anhand eines Referenzpunktes Zugang zur Frage nach der Rolle einer Wirtschaftsordnung zu finden. Insbesondere geht es in diesem und den nächsten Kapiteln darum zu fragen, unter welchen Voraussetzungen marktwirtschaftliche und andere Ordnungsrahmen idealiter – und damit meinen wir unter den oben getroffenen Annahmen – dazu geeignet sind, das Ziel einer Pareto-effizienten Güterversorgung zu erreichen.

Unsere Vorgehensweise besteht also darin, die Analyse und den Vergleich verschiedener Wirtschaftsordnungen zunächst unter denselben, ggf. unrealistischen Annahmen vorzunehmen. Im Weiteren werden dann die unrealistischen Annahmen nach und nach aufgehoben, um zu Urteilen über die relative Leistungsfähigkeit von Wirtschaftsordnungen bei der Lösung spezifischer Probleme zu gelangen. Zusätzliche einschränkende Annahmen werden innerhalb des gesamten Buches beibehalten. So betrachten wir eine Realtauschwirtschaft, sehen also von den Komplikationen eines Geldsystems ab, und nehmen an, sie sei geschlossen, habe also keine Außenbeziehungen. Zudem handelt es sich fast durchweg um ein statisches Modell; Sparen, Investieren und das Phänomen des Zinses spielen also für den überwiegenden Teil des Buchs keine Rolle.

4.2 Klassifikation von Allokationsproblemen

Das grundlegende Charakteristikum einer Gesellschaft ist die Interdependenz der Handlungen der Wirtschaftssubjekte. Individuen beeinflussen sich gegenseitig in ihren Handlungsmöglichkeiten und ihrem Nutzen, und diese Beeinflussung stellt das Grundproblem der Organisation der Gesellschaft dar. Wenn Individuum A ein Brot isst, so kann es Individuum B nicht mehr essen. Wenn ich mich entschließe, eine Laterne vor mein Haus zu setzen, um nachts die Straße zu beleuchten, haben meine Nachbarn auch Licht vor ihrem Haus. Wenn jemand sich entscheidet, sich zum Computeringenieur auszubilden, geht er davon aus, dass es andere gibt, die seine Qualifikation nutzen können. Gäbe es keine Interdependenz, so gäbe es auch keinen Grund, sich gesellschaftlich zu organisieren.

Um das aus dem Phänomen der Interdependenz erwachsende Steuerungsproblem fassen zu können, werden wir zunächst unterschiedliche Arten von Interdependenzen wie z. B. private und öffentliche Güter unterscheiden. Dazu ist es erforderlich, den technologischen Hintergrund der Ökonomie zu spezifizieren und einen allgemeinen

Begriff einer Nutzenfunktion für die Individuen zu definieren. Dabei gehen wir davon aus, dass es n unterschiedliche, vertraglich spezifizierbare Güter und Dienstleistungen $G_1, \ldots, G_n$ gibt, deren insgesamt konsumierte Mengen wir mit $(x_1, \ldots, x_n) \in \mathbb{R}^n_+$ bezeichnen und die von m Haushalten konsumiert werden können. Die Menge der Haushalte bezeichnen wir mit M.

Dabei sollte der Ausdruck „konsumieren" als eine Kurzschrift für einen recht komplexen Vorgang verstanden werden. Individuen konsumieren nur selten das Gut physisch. Vielmehr sind sie an bestimmten Merkmalen oder Eigenschaften interessiert, die sie mit diesen Gütern verbinden. Diese werden wir im Folgenden Charakteristika nennen. Dabei kann es sich im einfachsten Fall um die Eigenschaften eines Apfels handeln, zu ernähren und gut zu schmecken. Im Fall eines Kleidungsstücks kann aber neben seiner Funktion des Schutzes vor der Witterung auch eine gesellschaftliche Signalfunktion das primäre Interesse eines Individuums an ihm ausmachen. Die wenigsten Menschen werden das physisch beschreibbare Gut „Panzer" aus ästhetischen oder mobilitätsbezogenen Aspekten nachfragen, sondern weil sie denken, dass mit ihm das Gut „Sicherheit" produziert werden kann. Mit anderen Worten zieht ein Individuum Nutzen aus den Charakteristika, deren „Träger" die physischen Güter oder Dienstleistungen sind.[1] Dabei gehen wir davon aus, dass es v verschiedene Charakteristika $C_1, \ldots, C_v$ gibt, deren Ausprägungen oder Mengen wir mit $(c_1, \ldots, c_v) \in \mathbb{R}^v_+$ bezeichnen. Für jedes Gut j beschreibt die Funktion $\zeta_j : x_j \to (c_1, \ldots, c_v)$ die Ausprägungen oder Mengen der Charakteristika, die von einer Menge x_j des Gutes G_j „getragen" werden.

Folgen wir dieser Trennung von Charakteristika und Gütern, so erscheint es konsequent, die Nutzenfunktion der Individuen $\hat{u}^i$, $i = 1, \ldots, m$ direkt auf der Menge der Charakteristika zu definieren, $\hat{u}^i : \mathbb{R}^{v \times m}_+ \to \mathbb{R}$. Diese Definition lässt zu, dass ein Individuum auch Präferenzen über die Menge der von den anderen Individuen konsumierten Charakteristika hat.

Da die Funktionen $\zeta = \zeta_1, \ldots, \zeta_n$ jedoch beschreiben, welche Charakteristika in welchen Mengen von den Gütern getragen werden, lässt sich die Nutzenfunktion auch als verkettete Abbildung $u = \hat{u} \circ \zeta$ direkt auf der Menge der Güter definieren:

$$u^i = u^i(x_1^1, \ldots, x_1^m, x_2^1, \ldots, x_2^m, \ldots, x_n^1, \ldots, x_n^m). \tag{4.1}$$

Mit dieser Definition werden wir im Folgenden arbeiten.[2] Ihre Argumente sind die konsumierten Mengen x_j^i, $i = 1, \ldots, m$, $j = 1, \ldots, n$, die sich von den produzierten und beschafften Mengen in folgender Weise unterscheiden.

Wir bezeichnen mit $y = (y_1, \ldots, y_n)$ die Menge der *produzierten* Güter. Diese können mit l unterschiedlichen Produktionsfaktoren produziert werden, die in

---
[1] Die Unterscheidung von Charakteristika und Gütern, die deren Träger sind, geht auf K. Lancaster (1966) zurück.
[2] Diese traditionelle Darstellungsweise hat den Vorzug, dass als Argumente der Nutzenfunktion Größen erscheinen, über die von den Wirtschaftssubjekten Verträge geschlossen werden können. In einer Welt unvollständiger Verträge (vgl. Kap. 11) ist es nicht möglich, direkt auf Produktcharakteristika zu kontrahieren.

4.2. Klassifikation von Allokationsproblemen

endlichen Mengen $(r_1, \ldots, r_l) \in \mathbb{R}_+^l$ vorhanden sind. Produktion findet an S unterschiedlichen Standorten (Betrieben) statt. An Standort s werden die Mengen $(r_{s1}, \ldots, r_{sl})$ der l Produktionsfaktoren eingesetzt, so dass die Ressourcenbeschränkung für jeden Faktor k lautet

$$\sum_{s=1}^{S} r_{sk} \leq r_k, \quad k = 1, \ldots, l \,. \tag{4.2}$$

Der technologische Zusammenhang zwischen Produktionsfaktoren und Gütermengen wird durch eine Produktionsfunktion F beschrieben, die jeder Aufteilung $(r_{sk})_{s=1,\ldots,S, k=1,\ldots,l}$ der Faktormengen auf Betriebe einen Vektor von Produktionsmengen $y = (y_1, \ldots, y_n)$ eindeutig zuordnet:

$$y = (y_1, \ldots, y_n) = F(r_{11}, \ldots, r_{1l}, \ldots, r_{S1}, \ldots, r_{Sl}) \,. \tag{4.3}$$

Wir bezeichnen mit $z^i = (z_1^i, \ldots z_n^i)$ die von Individuum i *beschafften* Mengen der Güter.[3] Dabei gilt für jedes Gut j:

$$\sum_{i=1}^{m} z_j^i = z_j, \quad j = 1, \ldots, n \,. \tag{4.4}$$

Wir nennen eine solche Zuordnung auf die Haushalte eine *Aufteilung* der gegebenen Produktionsmengen y. Ein Güterbündel $z = (z_1, \ldots, z_n)$ heißt *erreichbar*, wenn es für einen gegebenen Ressourcenvektor $(r_1, \ldots, r_l)$ eine Ressourcenallokation (r_{sk}) und einen Outputvektor $y = (y_1, \ldots, y_n)$ gibt, die (4.2) und (4.3) erfüllen und für die zudem

$$z_j \leq y_j, \quad j = 1, \ldots, n \tag{4.5}$$

gilt.

Mit $x^i = (x_1^i, \ldots, x_n^i)$ schließlich bezeichnen wir die Mengen der Güter, die Individuum i tatsächlich *konsumiert*. Diese müssen nicht mit den beschafften Mengen übereinstimmen, sondern können von ihnen abweichen, z. B. wenn sich Individuum i im Zustand der Anarchie Güter, die Individuum k produziert hat, gegen dessen Willen aneignet und konsumiert. Sie können aber auch davon abweichen, wenn Individuum i ein von Individuum k beschafftes Gut konsumiert, ohne dieses dadurch in dessen Konsum zu stören. Wir fassen den Zusammenhang zwischen produzierten und konsumierten Mengen eines Gutes j durch eine Matrix $\Delta_j = [\delta_j^{ik}]_{m \times m}$, $i = 1, \ldots, m$, $k = 1, \ldots, m$. Dabei gibt ein Element δ_j^{ik} dieser Matrix an, welchen Anteil Individuum i von der von Individuum k beschafften Menge des Gutes j konsumiert, so dass für die von Individuum i insgesamt konsumierte Menge des Gutes j gilt:

$$x_j^i = \sum_{k=1}^{m} \delta_j^{ik} z_j^k \quad i = 1, \ldots, m \,. \tag{4.6}$$

---

[3] Die Beschaffung kann im einfachsten Fall darin bestehen, dass das Individuum das Gut entweder kauft oder selbst produziert.

Wir nennen ein Gut j

- *rivalisierend*, wenn alle Aufteilungen der beschafften Menge (und nur die) zulässig sind, bei denen die Summe der konsumierten Mengen die Summe der beschafften Mengen nicht übersteigt, wenn also gilt:

$$\sum_{i=1}^{m} \delta_j^{ik} \leq 1 , \ k = 1, \ldots, m . \quad (4.7)$$

- *nicht-rivalisierend*, wenn alle Aufteilungen der beschafften Menge (und nur die) zulässig sind, bei denen die konsumierte Menge jedes einzelnen Konsumenten die Summe der beschafften Mengen nicht übersteigt, wenn also gilt:

$$\delta_j^{ik} \leq 1 , \ i = 1, \ldots, m ; \ k = 1, \ldots, m . \quad (4.8)$$

Bei dieser Definition liegt die Betonung auf dem Wort „kann", da es z. B. nicht-rivalisierenden Gütern nicht notwendigerweise der Fall ist, dass Individuum i die von Individuum k beschaffte Menge auch tatsächlich konsumiert. So kann Individuum i z. B. darauf verzichten, ein von Individuum k gemaltes und ausgestelltes Bild zu betrachten.

Andererseits könnte auch Individuum k Individuum i daran hindern, das von ihm gemalte Bild zu betrachten, indem es Individuum i den Zutritt zu seiner Ausstellung verweigert. Wir führen daher noch den Begriff des Ausschlusses ein und betrachten zunächst ein rivalisierendes G_j.

Wie wir bereits aus Kapitel 3 wissen, ist der Nichtausschluss anderer vom Konsum der beschafften Menge eines rivalisierenden Gutes ein Zustand der Anarchie. Der vollständige Ausschluss anderer vom Konsum der beschafften Mengen entspricht demgegenüber einer perfekten Eigentumsordnung.

Wir nehmen an, dass die Individuen in einer Situation ohne Ausschluss einen Anteil $\delta_j^{ik} = \alpha^i, i = 1, \ldots, m$, eines jeden rivalisierenden Gutes konsumieren, wobei wie in Kapitel 3 α^i ein Maß für das Drohpotenzial des Individuums i ist, und bezeichnen in diesem Fall Δ_j mit $\mathbf{A}$.[4]

Eine perfekte Eigentumsordnung hingegen ist für jedes rivalisierende Gut j dadurch gekennzeichnet, dass $x_j^i = z_j^i, i = 1, \ldots, m$, gilt. In diesem Fall entspricht Δ_j der Identitätsmatrix $\mathbf{I}$.[5] Diese Situation nennen wir perfekten Ausschluss.

Bei nicht rivalisierenden Gütern ist dagegen eine Situation ohne Ausschluss dadurch gekennzeichnet, dass jedes Individuum nicht nur die selbst beschafften, sondern auch die von allen anderen Individuen beschafften Mengen konsumieren kann, so dass $\delta_j^{ik} = 1, i = 1, \ldots, m, k = 1, \ldots, m$, gilt. Die Matrix δ_j entspricht in diesem Fall der Einsmatrix $\mathbf{E}$.[6] Eine Situation mit perfektem Ausschluss ist hingegen bei $\Delta_j = \mathbf{I}$ gegeben.

---

[4] Die Matrix $\mathbf{A}_{m \times m}$ besteht aus m Zeilen und m Spalten, wobei jedes Element der Zeile i den Wert α^i annimmt.

[5] Die Elemente auf der Hauptdiagonalen der Identitätsmatrix $\mathbf{I}_{m \times m}$ haben den Wert 1, alle anderen Elemente nehmen den Wert 0 an. Damit gilt $\delta_j^{ii} = 1, i = 1, \ldots, m$ und $\delta_j^{ik} = 0, i \neq k$.

[6] Die Einsmatrix $\mathbf{E}$ bezeichnet eine $m \times m$-Matrix, deren Elemente alle der Wert 1 annehmen.

4.2. Klassifikation von Allokationsproblemen

Wir müssen nun noch berücksichtigen, dass es sich bei dem Ausschluss um eine ökonomische Aktivität handelt, die ihrerseits Ressourcen benötigen kann. Wir modellieren diesen Ressourcenverbrauch durch Kosten, unter denen man sich den Verbrauch eines Numéraire-Gutes vorstellen mag (z. B. Zeit). Jeder Matrix Δ_j wird eine Zahl $C_j(\Delta_j)$ zugewiesen, die die mit dem Ausschluss verbundenen Ressourcenkosten misst. Sie ist eine steigende Funktion im Ausschlussgrad.

Für rivalisierende Güter gilt: $C_j(\mathbf{A}) = 0$ und $C_j(\mathbf{I}) \geq 0$. Bei einem nicht rivalisierenden Gut j betragen die Ressourcenkosten im Falle des Nicht-Ausschlusses $C_j(\mathbf{E}) = 0$ und bei Ausschluss $C_j(\mathbf{I}) \geq 0$. Wir unterscheiden zwei Spezialfälle:

- Ein Gut j heißt perfekt (bzw. kostenlos) ausschließbar, falls $C_j(\mathbf{I}) = 0$ gilt.
- Ein Gut j heißt nicht ausschließbar, falls $C_j(\mathbf{I}) \to \infty$ gilt.

Wir sind jetzt in der Lage, mit Hilfe der Eigenschaft der Ausschließbarkeit innerhalb der Klassen der rivalisierenden und der nicht rivalisierenden Güter Untergruppen zu bilden, die im Hinblick auf die mit ihnen gestellten Allokationsprobleme interessante Spezialfälle darstellen. Wir nennen dabei ein Gut j

- *Privates Gut*, wenn es rivalisierend und perfekt (kostenlos) ausschließbar ist, so dass für jedes Individuum i die beschaffte mit der konsumierten Menge übereinstimmen wird: $x_j^i = z_j^i$ für alle $i = 1, \ldots, m$,
- ein *Allmende-Gut* (engl. *Common-Pool-Good*), wenn es rivalisierend, aber nicht ausschließbar ist,
- *Öffentliches Gut*, wenn es nicht-rivalisierend und überhaupt nicht ausschließbar ist, so dass für jedes Individuum i die konsumierte Menge mit der von allen Individuen insgesamt beschafften Menge übereinstimmen wird: $x_j^i = z_j$ für alle $i = 1, \ldots, m$,
- ein *Club-Gut*, wenn es nicht-rivalisierend, aber kostenlos ausschließbar ist.

Die Definition eines privaten Guts besagt, dass jedes Individuum nur die Gütermenge konsumiert, die es beschafft. Ein Beispiel für ein privates Gut ist Kuchen, da ein und dasselbe Stück Kuchen nur von einem Individuum verzehrt werden kann und von diesem auch durch Verzehr direkt im Bäckerladen vor Aneignung durch Dritte bewahrt werden kann.

Als ein typisches Beispiel für ein Öffentliches Gut wird oft die Landesverteidigung genannt: Nehmen wir an, Sicherheit durch Landesverteidigung wird ausschließlich mit Hilfe von Panzern „produziert", deren einziger Nutzen in der Sicherheit durch Landesverteidigung besteht. In diesem Fall ist ein Panzer das physisch beschreibbare Gut, welches das Bedürfnis nach Landesverteidigung befriedigt. Das Gesamtniveau an Landesverteidigung, welches für den Einzelnen relevant ist, hängt nur von der Gesamtzahl an Panzern ab, die in einer Ökonomie existieren, nicht aber davon, wer diese beschafft oder über sie verfügt. An dieser Stelle wird auch deutlich, warum wir oben etwas umständlich geschrieben haben, dass „$z_j^i, i = 1, \ldots, m$, die Konsumgütermenge von Gut j [ist], die Individuum i beschafft". Nehmen wir an, dass ein Individuum sich entscheidet, zu seiner eigenen Sicherheit einen Panzer anzuschaffen. In diesem Fall profitieren auch alle anderen Individuen im Land von der Zunahme an äußerer

Sicherheit.[7] Jedenfalls wäre es prohibitiv teuer, eine einzelne Person in einem Land von dem Schutz, der durch die Existenz einer Armee gewährt wird, auszuschließen. Das Konzept perfekter Ausschließbarkeit steht stellvertretend für den Fall, in dem sehr niedrige Ausschließungskosten vorliegen. In einem solchen Fall kann das Eigentum an Gütern perfekt durch das Rechtssystem geschützt werden. In der Realität werden niedrige Ausschließungskosten regelmäßig zum Beispiel bei Immobilien vorliegen, da eine Aneignung durch Fremde einfach nachzuweisen ist, so dass hier das Rechtssystem effektiv arbeiten kann. Ein weiteres Beispiel für ein Gut mit niedrigen Ausschließungskosten ist ein Museumsbesuch. Sehen wir von Überfüllungseffekten einmal ab, gilt für die Betrachtung der Kunst die Nichttrivialität. Der einzelne Besucher kann aber effektiv vom Besuch des Museums ausgeschlossen werden. Daher handelt es sich hierbei um ein typisches Club-Gut.

Im Fall der Nichtausschließbarkeit hingegen ist Ausschluss prohibitiv teuer, so dass kein Schutz des Eigentums möglich ist. Ein Beispiel für ein Allmende-Gut ist Sauerstoff, der rivalisierend im Konsum ist, an dem man zwar formal Eigentumsrechte zuweisen könnte, diese dann aber nicht durchzusetzen imstande wäre.

Wie wir in den folgenden Kapiteln noch sehen werden, hängt die Struktur eines Pareto-Optimums entscheidend davon ab, welche Güter rivalisierend sind. Für die Frage der institutionellen Umsetzung des Pareto-Optimums sind darüber hinaus die Ausschließungskosten entscheidend.

Neben der Interdependenz auf der Haushaltsseite wollen wir unterschiedliche Möglichkeiten der Produktion unterscheiden. Die in (4.3) formulierte Produktionsfunktion lässt noch alle denkbaren Formen der Interdependenz in der Produktion zu. So können wir z. B. zwischen privaten Produktionsfaktoren und öffentlichen Produktionsfaktoren unterscheiden. Ein Beispiel für einen privaten Produktionsfaktor ist Leder, das entweder zur Produktion des einen oder zur Produktion des anderen Schuhs verwendet werden kann. Ein Beispiel für einen öffentlichen Produktionsfaktor ist – abgesehen von Überfüllungseffekten – die Infrastruktur, die von allen Produzenten gleichermaßen genutzt wird. Um die Anzahl der Unterscheidungen gering zu halten, werden wir in allen Kapiteln dieses Buches bis auf Abschnitt 8.2 davon ausgehen, dass keine direkten Interdependenzen in der Produktion vorliegen. Dies bedeutet, dass a) in jedem Betrieb nur ein Gut hergestellt wird und b) dessen Ausbringungsmenge nur von den in diesem Betrieb eingesetzten Faktormengen abhängt, mit anderen Worten gibt es eine Partition $\Phi = (\Phi_1, \ldots, \Phi_n)$ der Zahlen $(1, \ldots, S)$, so dass jedem Gut $G_j, j = 1, \ldots, n$ eine Menge Φ_j von Indizes aus der Menge $\{1, \ldots, S\}$ zugeordnet wird. Wir sagen dann, in den Betrieben der Teilmenge Φ_j wird nur das Gut G_j hergestellt, und es gilt

$$y_j = \sum_{s \in \Phi_j} y_j^s.$$

---

[7]Es sollte beachtet werden, dass die Definition eines Öffentlichen Guts nicht beinhaltet, dass alle Individuen aus seiner Bereitstellung den gleichen oder auch nur einen positiven Nutzen ziehen. Vielmehr kann es sein, dass das gleiche physische Gut bei unterschiedlichen Individuen unterschiedliche Bedürfnisse in unterschiedlicher Weise befriedigt. Die Definition sagt nur, dass die gesamte bereitgestellte Menge des physischen Guts von jedem Individuum konsumiert werden kann.

4.2. Klassifikation von Allokationsproblemen

Aus b) folgt dann, dass sich die Produktionsfunktion F in folgender Weise partitionieren lässt:

$$y_j^s = f_j(r_{s1},\ldots,r_{sl}), \quad s = 1,\ldots,S. \tag{4.9}$$

Zusätzlich sagen wir, dass ein Gut j mit abnehmenden, konstanten oder zunehmenden Skalenerträgen produziert wird, wenn für alle $\lambda > 1$

$$f_j(\lambda r_{s1},\ldots,\lambda r_{sl}) \begin{Bmatrix} < \\ = \\ > \end{Bmatrix} \lambda f_j(r_{s1},\ldots,r_{sl}) \tag{4.10}$$

erfüllt ist. In den folgenden Kapiteln beschäftigen wir uns näher mit den Fällen rivalisierender und nicht-rivalisierender Güter sowie den Fällen abnehmender, konstanter sowie zunehmender Skalenerträge. Wir werden sehen, dass sich in Abhängigkeit von der Interdependenz unterschiedliche Regeln als Prinzipien der vollständigen Internalisierung herausbilden werden und dass daher Institutionen in Abhängigkeit von der Interdependenz unterschiedliche Steuerungsfunktionen besitzen. Die meisten Güter, die wir tagtäglich konsumieren, werden weder privat noch öffentlich, sondern Mischformen sein. Die ökonomische Forschung hat sich jedoch am ausführlichsten mit den Fällen privater und öffentlicher Güter beschäftigt. In Kapitel 8 werden uns allerdings Fälle interessieren, die als Mischformen von öffentlichen und privaten Gütern gedeutet werden können, und in Kapitel 9 werden wir mit sogenannten Positionsgütern ebenfalls Güter kennen lernen, die eine spezifische Interdependenzstruktur aufweisen.

Zusammenfassung der Grundüberlegungen dieses Kapitels

1. Individuen ziehen Nutzen aus Charakteristika von Gütern. Güter sind vertraglich spezifizierbare Träger von Charakteristika.
2. Das Steuerungsproblem der Wirtschaft wird dadurch begründet, dass individuelle Handlungen interdependent sind. Zwei Extremformen von Interdependenzen sind private Güter, bei denen für alle Charakteristika nur die eigenen beschafften Mengen in die Nutzenfunktion eingeht, und Öffentliche Güter, bei denen für alle Charakteristika die Summe aller beschafften Mengen in die Nutzenfunktion eingeht. Diese Unterscheidung trennt nach der Rivalität im Konsum.
3. Neben der Rivalität ist für eine wirtschaftspolitisch relevante Klassifizierung von Gütern auch die Ausschließbarkeit von Bedeutung. Verschiedene Güter erzeugen unterschiedliche Kosten der Durchsetzung von Eigentumsrechten, die Ausschließungskosten. Rivalisierende Güter mit Ausschließungskosten von null nennt man privat, solche mit prohibitiv hohen Ausschließungskosten Allmendegüter. Nicht-rivalisierende Güter mit prohibitiv hohen Ausschließungskosten nennt man öffentlich, solche mit Ausschließungskosten von null Clubgüter.
4. Auch im Bereich der Produktion können analog unterschiedliche Interdependenzen unterschieden werden. Zusätzlich kann man Produktionsprozesse nach den Skalenerträgen unterscheiden, die sie aufweisen.

Schlüsselbegriffe

Charakteristikum
Gut
Interdependenz
Ausschließungskosten
rivalisierendes Gut
privates Gut

Allmendegut
nicht rivalisierendes Gut
Öffentliches Gut
Clubgut
Skalenerträge

Übungsaufgaben

Aufgabe 4.1:
a) Definieren Sie die Begriffe „Gut" und „Charakteristikum".
b) Definieren Sie „rein Öffentliches" und „rein privates Gut".
c) Wenn die Individuen Nutzen aus den Charakteristika ziehen und nicht aus den Gütern selbst, warum werden die Charakteristika dann häufig nicht selbst gehandelt?

Kapitel 5

Rivalisierende Güter

> Pangloss zu Candide: „*In dieser besten aller Welten sind alle Geschehnisse eng miteinander verknüpft.*" (30. Kapitel)
> Candide: „*Wenn das hier die beste aller Welten ist, wie muss es dann erst auf den anderen aussehen?*"
> (6. Kapitel) (Voltaire, Candide).

In diesem Kapitel werden wir den Fall rivalisierender Güter näher untersuchen. Weitaus häufiger wurde der Fall privater Güter untersucht, die mit abnehmenden oder konstanten Skalenerträgen produziert werden, mit dem wir auch beginnen werden. Bei diesen Gütern kann, wie bereits in Kapitel 4 ausgeführt, ein Marktmechanismus zur Bereitstellung genutzt werden. Dies ist anders bei Allmende-Gütern, mit deren Bereitstellung wir uns im Anschluss beschäftigen werden.

Die Funktionsweise des Marktmechanismus für den Fall vollständig kompetitiver Märkte und nicht zunehmender Skalenerträge (die notwendig für die Funktionsweise vollständig kompetitiver Märkte sind) wurde im Rahmen der Allgemeinen Gleichgewichtstheorie ausführlich erforscht. Um die aus wirtschaftspolitischer Sicht zentralen Ergebnisse dieser Theorie vorzustellen, erhöhen wir innerhalb dieses Kapitels die Komplexität Schritt für Schritt. Wir beginnen in Abschnitt 5.1 mit möglichen Organisationsformen der Angebotsseite. Die Nachfrageseite sei durch einen einzigen Haushalt repräsentiert. Durch diese Vorgehensweise bleiben Probleme der gesellschaftlichen Willensbildung vorerst noch ausgeblendet, und es ist leicht festzulegen, was man in dieser Ökonomie unter einer „optimalen Güterversorgung" verstehen will: Es ist die Maximierung des Nutzens unter den Nebenbedingungen, die durch die vorhandenen Ressourcen und die bekannten Produktionstechniken gesetzt sind. Als Ergebnis lassen sich die Bedingungen für eine optimale Verwendung der Produktionsmittel in der betrachteten Wirtschaft ableiten.

Die Ergebnisse bezüglich der Bedingungen für eine optimale Güterversorgung legen eine erste Diskussion möglicher Institutionen und Regeln nahe, die eine effiziente Organisation der Verwendung der Produktionsmittel gewährleisten können. Zentralverwaltungswirtschaft, Konkurrenzsozialismus, Marktsozialismus und Marktwirtschaft mit Privateigentum werden in diesem Zusammenhang erörtert. Dabei haben wir eine recht spezielle Vorstellung von einer marktwirtschaftlichen Ordnung. Wir verstehen darunter ein System von Wettbewerbsmärkten, bei dem sich jeder Marktteilnehmer als Mengenanpasser an die bestehenden Preise anpasst. Kommunikation ist in dieser Ökonomie nur über Preissignale möglich. Insbesondere sind damit direkte Verhandlungen zwischen den Akteuren ausgeschlossen.

In Abschnitt 5.2 wird dann der Abstraktionsgrad gesenkt, indem eine Mehr-Personen-Ökonomie angenommen wird. An die Stelle der einzigen Nutzenfunktion treten dann die Nutzenfunktionen der m Haushalte, und es wird das zusätzliche

Problem der Organisation der Konsumseite der Ökonomie behandelt. Dabei muss nämlich geklärt werden, auf welche Weise die unterschiedlichen Konsumpläne der einzelnen Haushalte miteinander koordiniert werden können. Dabei wird die Frage der Einkommensverteilung zwar noch ausgeklammert, aber es werden – unter dieser Einschränkung – sowohl der Markt als auch die demokratische Abstimmung als Mechanismen der gesellschaftlichen Willensbildung analysiert.

Im abschließenden Abschnitt 5.3 werden wir das Allmendeproblem formal behandeln und diskutieren, welche Mechanismen an die Stelle des Marktes treten können.

5.1 Organisationsformen des Produktionssektors

5.1.1 Beschreibung des Modells

In der betrachteten Wirtschaft können zwei beliebig teilbare, private Konsumgüter, G_1 und G_2, hergestellt werden. Die Beschränkung auf nur 2 Güter dient dabei allein dem Zweck der graphischen Darstellbarkeit, während alle inhaltlichen Aussagen bei einer Erweiterung auf jede beliebige endliche Anzahl von Gütern gültig bleiben.

Über die gesellschaftliche Zielfunktion wird vorausgesetzt, dass diese die üblicherweise in der Theorie des Haushalts angenommenen Eigenschaften besitzt. Vor allem unterstellen wir, dass die Präferenzen des einzigen Konsumenten Nichtsättigung sowie eine abnehmende Grenzrate der Substitution aufweisen.

Bezeichnen wir mit x_1 und x_2 die Mengen, die der einzige Konsument von beiden Gütern G_1 und G_2 konsumiert, und mit u den Index für den Nutzen, der ihm aus dem Konsum erwächst, so lassen sich diese Annahmen wie folgt ausdrücken:

$$u = u(x_1, x_2), \tag{5.1}$$

$$\frac{\partial u}{\partial x_j} > 0 \quad (j = 1, 2), \quad \text{(Nichtsättigung)} \tag{5.2}$$

$$\left. \frac{d^2 x_2}{dx_1^2} \right|_{du=0} > 0. \quad \text{(abnehmende Grenzrate der Substitution)} \tag{5.3}$$

Aus (5.1) folgt durch totale Differentiation:

$$du = \frac{\partial u}{\partial x_1} dx_1 + \frac{\partial u}{\partial x_2} dx_2. \tag{5.4}$$

Für $u = $ const. ist $du = 0$, so dass wegen (5.2)

$$\left. \frac{dx_2}{dx_1} \right|_{du=0} = -\frac{\partial u / \partial x_1}{\partial u / \partial x_2} < 0 \tag{5.5}$$

gilt. Die Annahmen bedingen, dass die Indifferenzkurven zur Präferenzfunktion (5.1) fallend und konvex zum Ursprung sind, die Funktion u ist strikt quasikonkav.

Als nächstes beschreiben wir die Produktionsseite der Wirtschaft. Die produzierten Mengen der beiden Konsumgüter werden mit y_1 bzw. y_2 bezeichnet. Jedes der beiden

5.1. Organisationsformen des Produktionssektors

Güter werde in genau einem Betrieb mit zwei Produktionsfaktoren hergestellt, die der Einfachheit halber „Kapital" und „Arbeit" genannt werden. Die Produktionstechnik lässt sich dann durch die beiden konkaven Produktionsfunktionen

$$y_1 = f_1(K_1, L_1), \quad (5.6a)$$
$$y_2 = f_2(K_2, L_2) \quad (5.6b)$$

ausdrücken, wobei K_j, $j = 1, 2$ die in der Produktion des Gutes G_j eingesetzte Kapitalmenge und L_j die entsprechende Arbeitsmenge angibt, und f_j die zugehörige Produktionsfunktion ist, d. h. die rechte Seite von (5.6a) gibt die *maximale* Menge des Gutes G_1 an, die mit den Faktormengen K_1 und L_1 erzeugt werden kann. Entsprechendes gilt für (5.6b).

Die zur Produktion der beiden Güter verwendeten Produktionsmittelmengen dürfen die in der Wirtschaft insgesamt vorhandenen Mengen nicht überschreiten. Diese Mengen bezeichnen wir mit K bzw. L. Im Einklang mit der Nutzenfunktion (5.1), die insbesondere Freizeit nicht als Argument enthält, unterstellen wir, dass das Faktorangebot konstant und damit völlig unelastisch ist. Wir erhalten daher die folgenden Bedingungen:

$$K_1 + K_2 \leq K, \quad (5.7a)$$
$$L_1 + L_2 \leq L. \quad (5.7b)$$

Die (Un-)gleichungen (5.6a), (5.6b) und (5.7a), (5.7b) bestimmen alle Wertepaare, die von den Variablen y_1 und y_2 angenommen werden können. Dabei werden solche Wertepaare (y_1, y_2) als „gesamtwirtschaftlich effizient" bezeichnet, von denen aus es nicht möglich ist, die Produktion eines Gutes noch weiter zu steigern, ohne die des anderen zu senken. Unter bestimmten Annahmen erhält man diese durch Maximierung der Menge des ersten Gutes, y_1, bei vorgegebener Menge y_2^* des zweiten Gutes. Unterstellt man, dass die Faktorbeschränkungen bindend sind, so lautet die Lagrange-Funktion für dieses Maximierungsproblem:

$$\mathcal{L}(K_1, L_1, \mu) = f_1(K_1, L_1) + \mu \{ f_2(K - K_1, L - L_1) - y_2^* \}.$$

Als Bedingungen erster Ordnung für ein inneres Maximum erhält man

$$\frac{\partial \mathcal{L}}{\partial K_1} = \frac{\partial f_1}{\partial K_1} - \mu \cdot \frac{\partial f_2}{\partial K_2} = 0, \quad (5.8a)$$

$$\frac{\partial \mathcal{L}}{\partial L_1} = \frac{\partial f_1}{\partial L_1} - \mu \cdot \frac{\partial f_2}{\partial L_2} = 0, \quad (5.8b)$$

und durch Division der beiden Bedingungen ergibt sich

$$-\frac{dK_1}{dL_1} = \frac{\partial f_1 / \partial L_1}{\partial f_1 / \partial K_1} = \frac{\partial f_2 / \partial L_2}{\partial f_2 / \partial K_2} = -\frac{dK_2}{dL_2}, \quad (5.9)$$

d. h. die Grenzrate der technischen Substitution zwischen den Faktoren Kapital und Arbeit muss bei der Produktion der beiden Güter gleich groß sein.

134   Kap. 5. Rivalisierende Güter

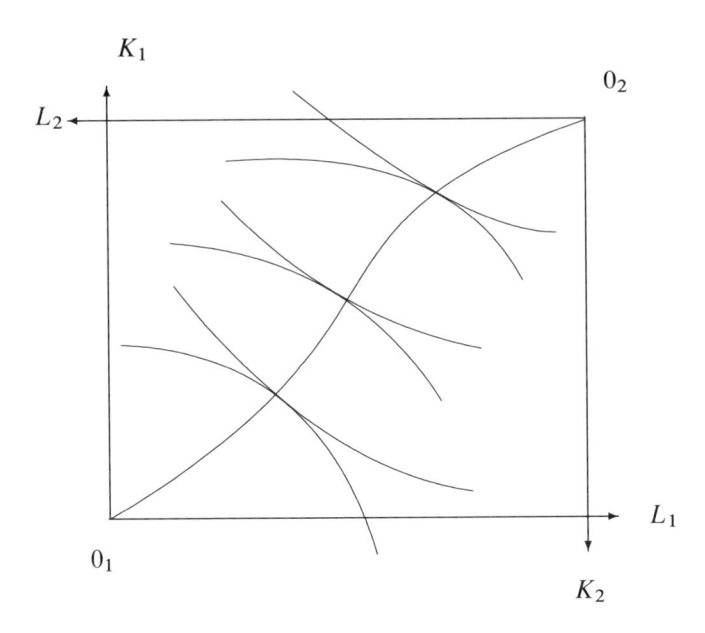

Abbildung 5.1: Faktor-Box

In Abbildung 5.1 ist eine Faktorbox dargestellt, deren Seitenlängen den insgesamt verfügbaren Faktormengen L bzw. K entsprechen. Alle Faktoraufteilungen, die die Bedingung (5.8a) und (5.8b) erfüllen – d. h. der geometrische Ort der Tangentialpunkte von je zwei Isoquanten – bilden die Kontraktkurve $0_1 0_2$. Jeder Punkt dieser Kurve entspricht einer gesamtwirtschaftlich effizienten Produktionsmengen-Kombination (y_1, y_2). In Abbildung 5.2 übertragen, bilden diese Mengenkombinationen die Transformationskurve der betrachteten Wirtschaft, die dort als Kurve ACB eingezeichnet ist. Sie umfasst die Menge aller effizienten Produktionspläne. Die Menge aller realisierbaren Produktionspläne wird durch die Fläche unter dieser Kurve angegeben. Wegen der Nichtsättigung der gesellschaftlichen Zielfunktion werden bei deren Maximierung als gesamtwirtschaftliche Konsumpläne nur technisch effiziente Produktionspläne gewählt, das heißt Punkte auf der Transformationskurve.

Bevor wir uns der Lösung des Problems der optimalen Güterversorgung in unserer Modellwirtschaft zuwenden, sind noch die letzten Voraussetzungen des Modells anzugeben. Nennen wir eine beliebige Mengenkombination von Konsumgütern (x_1, x_2) einen *gesamtwirtschaftlichen Verbrauchsplan*, so ist offensichtlich, dass ein Verbrauchsplan nur realisierbar ist, wenn die darin für den Verbrauch vorgesehenen Mengen beider Güter höchstens so groß sind wie die produzierten Mengen. Folglich gilt:

$$x_1 \leq y_1, \quad (5.10a)$$
$$x_2 \leq y_2. \quad (5.10b)$$

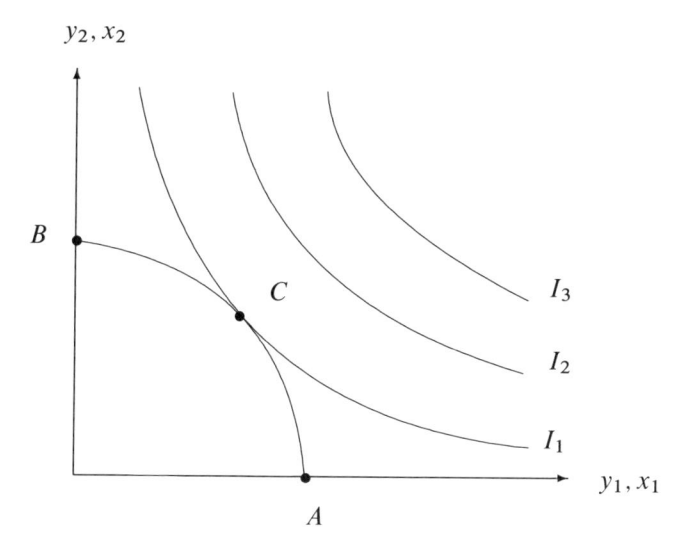

Abbildung 5.2: Optimaler Produktions- und Verbrauchsplan

5.1.2 Der optimale Verbrauchs- und Produktionsplan

Wir wollen nun einen gemäß der vorgegebenen Zielfunktion (5.1) optimalen Konsum- und Produktionsplan, kurz: eine optimale „Allokation" finden. Zu maximieren ist also die Zielfunktion (5.1) unter Berücksichtigung der angegebenen Nebenbedingungen (5.6a), (5.6b), (5.7a), (5.7b) und (5.10a), (5.10b). Daher definieren wir als nächstes die Lagrange-Funktion:

$$\mathcal{L}(x_1, x_2, K_1, L_1, K_2, L_2, p_1, p_2, p_K, p_L)$$
$$= u(x_1, x_2) + p_1 \cdot \{f_1(K_1, L_1) - x_1\} + p_2 \cdot \{f_2(K_2, L_2) - x_2\}$$
$$+ p_K\{K - K_1 - K_2\} + p_L\{L - L_1 - L_2\}, \quad (5.11)$$

wobei es sich bei p_1, p_2, p_K und p_L um Lagrange-Multiplikatoren handelt, die wir mit dem Symbol p bezeichnen, weil diese Größen in der Lösung angeben, um wie viel der Wert der Zielfunktion steigen würde, wenn sich die jeweilige Restriktion um eine (marginale) Einheit lockerte.[1] Damit haben die Lagrange–Parameter die Funktion, die Knappheit der jeweiligen Güter oder Faktoren ausgedrückt in ihrem Einfluss auf die Zielfunktion anzugeben. Aus diesem Grunde werden sie auch „Schattenpreise" genannt, was unsere Notation begründet. Da wir mit dem obigen Problem die gesellschaftlich optimale Allokation bestimmen, können wir bereits einen kurzen Ausblick auf die institutionelle Umsetzung in einem System von Wettbewerbsmärkten wagen: Da die Lagrange–Multiplikatoren in dieser Schreibweise der Lagrange-Funktion als Schattenpreise interpretiert werden können, wird eine Wettbewerbslösung gerade dann effizient sein, wenn die sich dort bildenden Marktpreise den Schattenpreisen

---
[1] Überprüfen Sie dies bitte unter Zuhilfenahme des Envelope-Theorems.

entsprechen; dies kann, muss aber nicht von Märkten geleistet werden. Konzeptionell müssen beide Konzepte – Schattenpreise als optimale Knappheitsindikatoren und Marktpreise als Koordinationssignale auf Märkten – sorgfältig auseinandergehalten werden.

Wir bezeichnen die optimalen Werte der Variablen mit dem Symbol °. Als Lösung des formulierten Problems erhält man nach dem Theorem von Kuhn und Tucker:

$$\frac{\partial \mathcal{L}}{\partial x_1} = \frac{\partial u}{\partial x_1} - p_1^\circ \leq 0, \tag{5.12}$$

$$\frac{\partial \mathcal{L}}{\partial x_2} = \frac{\partial u}{\partial x_2} - p_2^\circ \leq 0, \tag{5.13}$$

$$\frac{\partial \mathcal{L}}{\partial K_1} = p_1^\circ \cdot \frac{\partial f_1}{\partial K_1} - p_K^\circ \leq 0, \tag{5.14}$$

$$\frac{\partial \mathcal{L}}{\partial K_2} = p_2^\circ \cdot \frac{\partial f_2}{\partial K_2} - p_K^\circ \leq 0, \tag{5.15}$$

$$\frac{\partial \mathcal{L}}{\partial L_1} = p_1^\circ \cdot \frac{\partial f_1}{\partial L_1} - p_L^\circ \leq 0, \tag{5.16}$$

$$\frac{\partial \mathcal{L}}{\partial L_2} = p_2^\circ \cdot \frac{\partial f_2}{\partial L_2} - p_L^\circ \leq 0, \tag{5.17}$$

$$x_1^\circ, x_2^\circ, K_1^\circ, K_2^\circ, L_1^\circ, L_2^\circ \geq 0, \tag{5.18}$$

$$p_1^\circ, p_2^\circ, p_L^\circ, p_K^\circ \geq 0. \tag{5.19}$$

In jeder der Bedingungen (5.12) bis (5.17) ist das Ungleichheitszeichen „≤" durch „=" zu ersetzen, falls der optimale Wert der Variablen, nach der differenziert wird, strikt positiv ist. Die resultierenden Fallunterscheidungen lassen sich in den folgenden Gleichungen zusammenfassen:

$$\left(\frac{\partial u}{\partial x_j} - p_j^\circ\right) \cdot x_j^\circ = 0 \quad (j = 1, 2), \tag{5.20}$$

$$\left(p_j^\circ \cdot \frac{\partial f_j}{\partial K_j} - p_K^\circ\right) \cdot K_j^\circ = 0 \quad (j = 1, 2), \tag{5.21}$$

$$\left(p_j^\circ \cdot \frac{\partial f_j}{\partial L_j} - p_L^\circ\right) \cdot L_j^\circ = 0 \quad (j = 1, 2). \tag{5.22}$$

Zusätzlich müssen die optimalen Werte die Mengenbeschränkungen (5.6a) bis (5.7b) sowie (5.10a) und (5.10b) erfüllen:

$$f_j(K_j^\circ, L_j^\circ) - x_j^\circ \geq 0 \quad (j = 1, 2), \tag{5.23}$$

$$K - K_1^\circ - K_2^\circ \geq 0, \tag{5.24}$$

$$L - L_1^\circ - L_2^\circ \geq 0. \tag{5.25}$$

Gilt im Optimum in einer der Bedingungen (5.23) bis (5.25) die strikte Ungleichheit, so ist der entsprechende Lagrange-Multiplikator in (5.19) Null. Diese Aussagen las-

5.1. Organisationsformen des Produktionssektors

sen sich wiederum jeweils in den folgenden Gleichungen zusammenfassen:

$$p_j^\circ \left(f_j(K_j^\circ, L_j^\circ) - x_j^\circ \right) = 0 \quad (j = 1, 2), \tag{5.26}$$

$$p_K^\circ \left(K - K_1^\circ - K_2^\circ \right) = 0, \tag{5.27}$$

$$p_L^\circ \left(L - L_1^\circ - L_2^\circ \right) = 0. \tag{5.28}$$

Wie ist diese Lösung zu interpretieren? Beginnen wir mit der Interpretation der Lagrange-Multiplikatoren p_L und p_K. Nach dem Envelope-Theorem für Maximierungsprobleme mit Nebenbedingungen entspricht die partielle Ableitung der Lagrange-Funktion nach einem exogenen Parameter der Ableitung des maximierten Werts der Zielfunktion nach diesem Parameter. Leitet man $\mathcal{L}$ nach dem exogenen Ressourcenbestand L bzw. K ab, so ergeben sich die genannten Multiplikatoren p_L° bzw. p_K°. Diese geben daher an, um wie viel der maximal erreichbare Nutzen des (einzigen) Konsumenten steigen würde, wenn eine zusätzliche (marginale) Einheit Arbeit bzw. Kapital zur Verfügung stünde. Die Multiplikatoren entsprechen also der marginalen Wertschätzung des Konsumenten für eine zusätzliche Faktoreinheit (in Nutzeneinheiten), was unsere Interpretation als Schattenpreis bestätigt. Analog geben p_1° und p_2° die Schattenpreise der beiden Konsumgüter an. (5.19) gibt an, dass die Schattenpreise nicht negativ sein können.

Wir gehen vorerst davon aus, dass in (5.18) jeweils die strikte Ungleichheit gilt. Aus (5.20) bis (5.22) folgt dann, dass (5.12) bis (5.17) jeweils mit Gleichheit gelten. (5.12) und (5.13) besagen, dass die Schattenpreise der Konsumgüter dem von diesen jeweils gestifteten Grenznutzen gleich sind. Dividiert man die beiden Gleichungen (5.12) und (5.13) durcheinander, so ergibt sich, dass die Grenzrate der Substitution des einzigen Konsumenten zwischen den beiden Konsumgütern dem Verhältnis der Schattenpreise entsprechen muss:

$$-\frac{dx_2}{dx_1} = \frac{\partial u/\partial x_1}{\partial u/\partial x_2} = \frac{p_1^\circ}{p_2^\circ}. \tag{5.29a}$$

Interpretiert man p_L° bzw. p_K° als Schattenpreise der beiden Produktionsmittel, so sagen (5.14) und (5.15) aus, dass das Wertgrenzprodukt des Faktors Kapital als Produkt aus dem gesellschaftlichen Grenznutzen p_1° und der Grenzproduktivität $\partial f_i/\partial K_i$ bei der Herstellung des j-ten Gutes ($j = 1, 2$) im Optimum seinem Schattenpreis entspricht. Nach (5.16) und (5.17) gilt die gleiche Aussage für den Faktor Arbeit. Aus allen vier Gleichungen zusammen ergibt sich, dass (5.9), die Bedingung für gesamtwirtschaftlich effiziente Produktion, erfüllt sein muss. Ferner gilt, wenn man die beiden Gleichungen (5.14) und (5.15) durcheinander dividiert:

$$-\frac{dy_2}{dy_1} = \frac{\partial f_2/\partial K_2}{\partial f_1/\partial K_1} = \frac{p_1^\circ}{p_2^\circ}. \tag{5.29b}$$

Das linke Gleichheitszeichen in (5.29b) gilt, da die Grenzrate der Transformation gleich dem Verhältnis der Grenzproduktivitäten eines Faktors in beiden Verwendungen ist. (5.29a) und (5.29b) zusammen implizieren, dass in der angenommenen inneren Lösung die Grenzrate der Substitution des Konsumenten mit der Grenzrate der Transformation übereinstimmen muss: $-dx_2/dx_1 = -dy_2/dy_1$. Graphisch (vgl. Abbildung 5.2) ergibt sich der optimale Konsumplan durch den Berührungspunkt der am weitesten rechts oben liegenden Indifferenzkurve mit der Transformationskurve (Punkt C).

Als nächstes ist die Bedeutung von (5.20) bis (5.22) zu klären. Dazu müssen zunächst (5.12) bis (5.17) wieder als Ungleichungen betrachtet werden. In (5.20) ist der Ausdruck in Klammern wegen der Ungleichungen (5.12) und (5.13) kleiner oder gleich Null. Daraus ergibt sich, dass bei Gültigkeit der strengen Ungleichheit in (5.12), (5.13) die Gleichung (5.20) nur erfüllt ist, wenn der zugehörige Wert von x_j° gleich Null ist. Ist der Grenznutzen des Gutes G_j im Optimum kleiner als sein Schattenpreis p_j°, so wird es nicht konsumiert.

Entsprechende Überlegungen gelten für Gleichungen (5.21) und (5.22). Da die Ausdrücke in Klammern wegen (5.14), (5.15) und (5.16), (5.17) kleiner oder gleich Null sind, folgt, dass die strenge Ungleichheit in einer oder mehrerer dieser Ungleichungen nur dann gelten kann, wenn die zugehörigen Werte K_j° oder L_j° gleich Null sind. Ist also das Wertgrenzprodukt des Faktors Kapital bei der Produktion eines Gutes G_j kleiner als sein (Schatten-) Faktorpreis p_K°, so wird er nicht zur Herstellung von G_j eingesetzt. Das entsprechende gilt für den Faktor Arbeit.

Schließlich sind die Bedingungen (5.26) bis (5.28) zu interpretieren. Dazu erinnern wir uns, dass wegen (5.23) bis (5.25) die Ausdrücke in den Klammern jeweils größer oder gleich Null sind. Das gleiche gilt wegen (5.19) auch für die jeweiligen Preise. Das Produkt kann aber nur dann den Wert Null haben, wenn mindestens einer der beiden Faktoren Null ist. Die ökonomische Bedeutung dieser Folgerungen ist offensichtlich. Gilt z. B. in (5.24) im Optimum die strenge Ungleichheit, so besteht ein Überangebot des Produktionsfaktors Kapital. In diesem Fall ist der Schattenpreis dieses Produktionsmittels $p_K^\circ = 0$. Entsprechendes gilt für den Faktor Arbeit. „Freie" Faktoren haben also einen Schattenpreis von Null: Eine weitere Erhöhung ihres Bestandes verändert den Wert der Zielfunktion nicht.

Im gleichen Sinne sagt (5.26) aus, dass der Schattenpreis eines Konsumguts im Optimum Null beträgt, wenn von ihm eine größere Menge produziert als konsumiert wird. Allerdings folgt aus (5.12) und (5.13) in Verbindung mit (5.2): $p_1^\circ, p_2^\circ > 0$. Folglich gilt nach dem eben Gesagten in (5.23) das Gleichheitszeichen; produzierte und beschaffte Konsumgütermengen sind im Optimum gleich. Daraus folgt insbesondere:

$$p_1^\circ x_1^\circ + p_2^\circ x_2^\circ = p_1^\circ y_1^\circ + p_2^\circ y_2^\circ \,. \tag{5.30}$$

Auf der linken Seite von (5.30) steht der hypothetische Gesamtwert des Konsums in der betrachteten Wirtschaft bewertet zu den Schattenpreisen, also das hypothetische Volkseinkommen von der Verwendungsseite. Auf der rechten Seite steht der hypothetische Wert der gesamtwirtschaftlichen Produktion. Dieser ist gleich dem hypothetischen Volkseinkommen von der Entstehungsseite, das als Summe aus hypothetischen Faktoreinkommen und hypothetischem Gewinn definiert ist:

$$p_1^\circ y_1^\circ - p_K^\circ K_1^\circ - p_L^\circ L_1^\circ + p_2^\circ y_2^\circ - p_K^\circ K_2^\circ - p_L^\circ L_2^\circ \\ + p_K^\circ \left(K_1^\circ + K_2^\circ\right) + p_L^\circ \left(L_1^\circ + L_2^\circ\right) = p_1^\circ y_1^\circ + p_2^\circ y_2^\circ \,. \tag{5.31}$$

5.1. Organisationsformen des Produktionssektors 139

Die Gleichung (5.30) besagt also nichts anderes, als dass das hypothetische Volkseinkommen von der Verwendungsseite her gleich dem hypothetischen Volkseinkommen von der Entstehungsseite ist.

Nach Abschluss der ökonomischen Interpretation verdient eine Tatsache besonders hervorgehoben zu werden. Mit der Zielfunktion $u(x_1, x_2)$ haben wir einen ganz speziellen Nutzenindex u gewählt, der ein gegebenes Schema von Indifferenzkurven (vgl. Abbildung 5.2) abbildet. Die abgeleiteten Ergebnisse bleiben jedoch erhalten, wenn der Nutzenindex u einer beliebigen monotonen Transformation V mit $dV/du > 0$ unterworfen wird. Wählt man statt u den dadurch entstehenden Nutzenindex

$$\tilde{u}(x_1, x_2) = V[u(x_1, x_2)],$$

so bleiben sowohl die optimalen Werte y_j°, x_j° ($j = 1, 2$) als auch die relativen Schattenpreise

$$\frac{p_1^\circ}{p_2^\circ}, \frac{p_L^\circ}{p_2^\circ}, \frac{p_K^\circ}{p_2^\circ}$$

erhalten, da diese nicht von dem speziell gewählten Nutzenindex abhängen. Dies ist aber sehr wohl für die absoluten Werte der Schattenpreise p_j° ($j = 1, 2$) und p_K°, p_L° der Fall.

Mit Hilfe des Ungleichungssystems (5.12) bis (5.28) können die optimalen Werte $y_j^\circ, x_j^\circ, p_j^\circ, p_K^\circ, p_L^\circ$ bestimmt werden, sobald die Werte der Konstanten L und K, die Produktionsfunktionen und die Zielfunktion bekannt sind.

Abschließend sei noch auf folgende wichtige Tatsache hingewiesen. Wie aus der Struktur der Lösung (5.12) bis (5.28) hervorgeht, lassen sich unsere Schlussfolgerungen auch für den Fall beliebig vieler Konsumgüter und Produktionsmittel ableiten, d. h. alle getroffenen Aussagen gelten für diesen verallgemeinerten Fall.

5.1.3 Dezentralisierung der Produktionsentscheidungen

Bei der Bestimmung der optimalen Allokation im vergangenen Abschnitt hatten wir bislang noch keine Aussage darüber getroffen, wer nun genau dieses Optimierungsproblem löst. Um uns mit dieser Frage zu beschäftigen, gehen wir im Folgenden davon aus, dass keine Ausschließungskosten und keine Durchsetzungskosten existieren.

Wir können uns vorstellen, dass es von einer vollständig informierten Planungsbehörde gelöst wird. Folgen wir dieser Interpretation, so lässt sich dieser Planungsprozess als idealisierte Form der Zentralverwaltungswirtschaft interpretieren, und wir sehen, dass diese das Optimum sehr einfach erreichen kann, indem die berechneten Mengen den einzelnen Wirtschaftssubjekten vorgegeben werden.[2]

---

[2]Diese Schlussfolgerung setzt voraus, dass die Individuen keine Präferenzen über den *Prozess* haben, der dazu führt, dass sie ein Güterbündel bekommen. Für die meisten Menschen macht es einen Unterschied, ob sie ein Güterbündel „freiwillig" auf einem Markt wählen, oder ob ihnen ein Planer dasselbe Güterbündel „aufzwingt". In der traditionellen Interpretation von Gütern werden diese nicht nach dem Produktions- bzw. Verteilungsprozess unterschieden, so dass kein Raum für einen solchen Unterschied bleibt. Ließe man durch eine entsprechende Vergrößerung des Güterraums Raum für solche Präferenzen, wäre aber auch nicht viel gewonnen, weil die Überlegenheit einer Wirtschaftsweise direkt durch die Präferenzen „erklärt" würde.

Interessanterweise folgt damit in diesem Modell, dass ideale Planungssysteme sozusagen automatisch das Optimum erreichen, wenn sie nur in der Lage sind, das Problem (5.11) zu lösen. Demgegenüber ist es überhaupt nicht klar, dass ein dezentrales Marktsystem, bei dem sich Marktpreise über Angebots- und Nachfragemengen bilden, ebenfalls in der Lage ist, die optimale Allokation als Gleichgewicht zu generieren. Die intellektuelle Herausforderung besteht also in diesem Modellrahmen nicht darin zu zeigen, dass Planungsprozesse zu einer möglichst reichhaltigen Güterversorgung führen, sondern gerade umgekehrt, dass dies unter den gleichen Annahmen ein dezentrales Marktsystem *auch* kann.

Ein Hinweis darauf, dass dezentrale Allokationsprozesse dazu sehr wohl in der Lage sind, bietet die folgende Beobachtung: Den Lesern, denen die Ergebnisse der Preistheorie bekannt sind, wird aufgefallen sein, dass verschiedene Aussagen, die sich für die optimale Allokation in der zentral geplanten Wirtschaft ergaben, bekannten Resultaten des Modells der vollständigen Konkurrenz entsprechen. *„Die Grenznutzen der Konsumgüter verhalten sich wie ihre (in diesem Fall nun Markt-) Preise"* und *„der (Markt-) Preis eines Faktors ist seinem Wertgrenzprodukt gleich"* sind Beispiele für diese Übereinstimmung. Zu beachten ist allerdings, dass deren Werte bei Märkten mit vollständiger Konkurrenz als Gleichgewichtspreise, bei der optimalen Güterversorgung in der Planwirtschaft dagegen mittels der Schattenpreise bestimmt werden.

Prinzipiell können damit auch Marktpreise dieselbe Koordinationsfunktion übernehmen, die durch eine Mengensteuerung der Wirtschaft erreicht wird. Dies hängt aber ganz entscheidend davon ab, ob für alle relevanten Güter auch Märkte existieren und wie sich die Preise auf diesen Märkten bilden. Es ist unsere Absicht, in diesem Abschnitt zu beweisen, dass bei Existenz eines Konkurrenzgleichgewichts unter den grundlegenden Voraussetzungen des Modells die vollständige Konkurrenz ebenso wie die zentrale Planung zu einer optimalen Allokation führt, die Gleichgewichtswerte also die Nutzenfunktion (5.1) maximieren.

Im Modell der vollständigen Konkurrenz wird angenommen, dass alle Wirtschaftssubjekte unabhängig voneinander die jeweils eigene Zielfunktion maximieren und eine so große Anzahl von Unternehmen und Haushalten existiert, dass sie sich als Mengenanpasser verhalten, die Marktpreise also als gegeben annehmen und zur Maximierung ihrer Zielfunktion nur die nachgefragten und angebotenen (produzierten) Mengen der verschiedenen Güter variieren. Die Annahme wird regelmäßig bei einer großen Anzahl von Verbrauchern bzw. Unternehmungen, die das gleiche Gut beziehen bzw. anbieten, für gerechtfertigt gehalten. Handelt eine große Zahl von Marktteilnehmern, wie angenommen, in Konkurrenz, so wird der Einfluss einzelner Wirtschaftssubjekte auf die Preise bei nicht zu unterschiedlicher Größe der Haushalte bzw. Unternehmungen sehr gering sein und kann daher vernachlässigt werden.

In dem von uns betrachteten Modell wollen wir an den Annahmen einer selbständigen Maximierung der Zielfunktion und eines Verhaltens als Mengenanpasser festhalten, obwohl wir es nur mit drei Wirtschaftssubjekten zu tun haben. Die Produktion der beiden Konsumgüter erfolgt in je einem selbständigen Betrieb. Die Eigentumsrechte an jedem der Betriebe sind eindeutig definiert, und der jeweilige Eigentümer hat das Ziel, seinen Gewinn zu maximieren. Dagegen wird die Nachfrage nach Konsumgütern durch den einzigen Konsumenten ausgeübt, der seinen Nutzen

5.1. Organisationsformen des Produktionssektors

unter Berücksichtigung der Beschränkung zu maximieren sucht, dass er nicht mehr als das Volkseinkommen ausgeben kann.

Die Annahme, dass sich unsere wenigen Wirtschaftssubjekte wie Mengenanpasser verhalten, erfolgt aus methodischen Gründen. Denn erstens interessieren uns Aussagen, die bei Vorhandensein vieler unterschiedlicher Haushalte (Verbraucher) und Unternehmungen gültig sind. Nun wurde bereits im letzten Abschnitt darauf hingewiesen, dass die Ergebnisse über die optimale Allokation sich ohne weiteres auf den Fall vieler Güter und Betriebe übertragen lassen. Entsprechendes gilt auch bei Existenz vieler Verbraucher (vgl. Abschnitt 5.2.1 über die Dezentralisierung der Verbrauchsentscheidungen). Daraus folgt, dass Ergebnisse, die bei einem Verhalten weniger Wirtschaftssubjekte als Mengenanpasser für das Gleichgewicht der vollständigen Konkurrenz zutreffen, auch richtig bleiben, wenn viele Haushalte und Unternehmungen auf jedem Markt auftreten und viele Güter produziert und verbraucht werden. Daher ist die Annahme, dass sich die drei in unserem Modell betrachteten Wirtschaftssubjekte, nämlich die beiden Unternehmungen und der Konsument, als Mengenanpasser verhalten, eine zweckmäßige, didaktisch begründete Annahme.

Zweitens sind wir an der Frage interessiert, ob und unter welchen Bedingungen sich bei einer Dezentralisierung der wirtschaftlichen Entscheidungen auf viele Unternehmen und Haushalte die optimale Güterversorgung realisieren lässt. Es wird sich zeigen, dass das unter der angenommenen perfekten Eigentumsordnung der Fall ist, wenn zudem die Wirtschaftssubjekte wie Mengenanpasser, also wie bei vollständiger Konkurrenz handeln.

Wir wenden uns nun der Beschreibung des Gleichgewichts bei vollständiger Konkurrenz unter den Voraussetzungen zu, die wir in Abschnitt 5.1.1 bezüglich der Produktionstechnik, der Art und Anzahl der vorhandenen Produktionsmittel, der Konsumgüter und der Zielfunktion des Konsumenten gemacht hatten. Y wird als Symbol für das Volkseinkommen eingeführt. Dieses steht dem einzigen Konsumenten für Konsumgüterkäufe zur Verfügung. Er wird also seine Zielfunktion u unter der Bedingung maximieren, dass höchstens das in diesem Fall nicht hypothetische, sondern reale, zu Marktpreisen ermittelte Volkseinkommen für Konsumgüterkäufe ausgegeben wird:

$$Y - p_1 x_1 - p_2 x_2 \geq 0 \, . \tag{5.32}$$

Im Übrigen gelten für die Zielfunktion die Annahmen (5.2) und (5.3). Der Erlös der Unternehmung j beträgt $p_j \cdot y_j$, während sich die Ausgaben für den Kauf von Produktionsmitteln auf $p_K K_j + p_L L_j$ belaufen. Der Gewinn ergibt sich als Differenz dieser Größen und ist von der Firma zu maximieren:[3]

$$\max_{K_1, L_1} \{p_1 f_1 (K_1, L_1) - p_K K_1 - p_L L_1\} \, , \tag{5.33}$$

$$\max_{K_2, L_2} \{p_2 f_2 (K_2, L_2) - p_K K_2 - p_L L_2\} \, . \tag{5.34}$$

---

[3] Die hier gewählte Formulierung mag den Anschein erwecken, dass den Unternehmen das Ziel der Gewinnmaximierung exogen vorgegeben werden muss. Es lässt sich hingegen in einer einfachen Erweiterung zeigen, dass nutzenmaximierende Individuen als Eigentümer von Unternehmen diesen das Ziel der Gewinnmaximierung endogen vorschreiben würden.

p_j

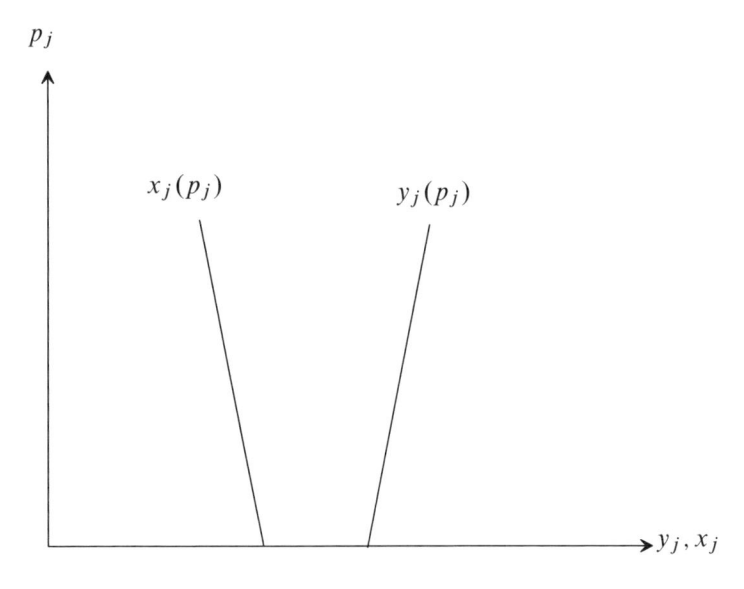

$x_j(p_j)$ $y_j(p_j)$

y_j, x_j

Abbildung 5.3: Randgleichgewicht

(5.33) beschreibt folglich das Optimierungsproblem für die erste Unternehmung, (5.34) das für die zweite Unternehmung. Auf den Märkten für Konsumgüter und Produktionsmittel müssen die Bedingungen

$$Z_j := y_j - x_j \geq 0 \quad (j = 1, 2), \tag{5.35}$$
$$Z_K := K - K_1 - K_2 \geq 0, \tag{5.36}$$
$$Z_L := L - L_1 - L_2 \geq 0 \tag{5.37}$$

erfüllt sein, das Angebot an Konsumgütern bzw. Produktionsmitteln muss also mindestens so groß wie die Nachfrage nach denselben sein.

Hier wird der Leser sofort fragen: Muss denn nicht im Marktgleichgewicht immer Angebot gleich Nachfrage sein und daher in (5.34) bis (5.36) das Gleichheitszeichen gelten? Die Antwort lautet, dass das in der Regel zutrifft, und zwar immer dann, wenn Angebots- und Nachfragekurve sich bei einem positiven Preis schneiden. Anders liegen die Dinge jedoch, wenn es keinen positiven Preis gibt, bei dem Angebot und Nachfrage einander gleich sind. Ein solcher Fall ist in Abbildung 5.3 dargestellt. Hier ist das betrachtete Gut offenbar selbst bei einem Preis von Null im Überfluss vorhanden; es handelt sich also um ein freies Gut. In diesem Fall wird der Preis des Gutes so lange fallen, bis er gleich Null ist. Wir kommen daher zu folgenden zusätzlichen Definitionen für das Konkurrenzgleichgewicht:

$$\text{Ist } Z_j > 0, \quad \text{so gilt} \quad p_j = 0 \quad (j = 1, 2). \tag{5.38}$$
$$\text{Ist } Z_k > 0, \quad \text{so gilt} \quad p_k = 0 \quad (k = K, L). \tag{5.39}$$

Die Gleichgewichtspreise sind bei einem Überangebot im Konkurrenzgleichgewicht gleich Null („Randgleichgewicht"). Dieser Fall kann mit der Annahme der Nichtsät-

5.1. Organisationsformen des Produktionssektors

tigung allerdings nicht auftreten. Liegt dagegen im Gleichgewicht kein Überangebot vor, so sind sie positiv. Es gilt daher

$$p_1, p_2, p_K, p_L \geq 0. \tag{5.40}$$

Schließlich setzen wir voraus, dass die Einkommen aller eingesetzten Produktionsmittel und die Gewinne der Unternehmungen (vgl. (5.33) und (5.34)) als Volkseinkommen dem einzigen Verbraucher zufließen. Es ergibt sich daher:

$$Y = \sum_{j=1}^{2} \left(p_j y_j - p_K K_j - p_L L_j \right) + p_K (K_1 + K_2) + p_L (L_1 + L_2)$$

$$= \sum_{j=1}^{2} p_j y_j. \tag{5.41}$$

Das Volkseinkommen entspricht also dem Wert der seitens der Betriebe geplanten Konsumgüterverkäufe.

Die Werte $p_j, p_K, p_L, y_j, x_j, j = 1, 2$, und Y, die die Bedingungen (5.32) bis (5.41) erfüllen, beschreiben ein Konkurrenzgleichgewicht. In der Folge soll dies durch die Symbole $p'_j, p'_K, p'_L, y'_j, x'_j, Y'$ usw. ausgedrückt werden. Dagegen seien y_j, x_j usw. beliebige realisierbare Werte, die die Bedingungen (5.35) bis (5.37) erfüllen.

Wir beweisen nun, dass bei Existenz eines Wettbewerbsgleichgewichts[4] dieses optimal in dem Sinne ist, dass es die gesellschaftliche Zielfunktion (5.1) unter den Nebenbedingungen (5.35) bis (5.37) maximiert. Es wird gezeigt, dass in diesem Fall die Werte der Lösung des Konkurrenzmodells denen der Lösung des Modells der zentral geleiteten Planwirtschaft entsprechen.

Zunächst sei gezeigt, dass die Bedingungen (5.32) und (5.41) keine zusätzlichen Restriktionen gegenüber dem Planungsmodell darstellen. Wir erwähnen zuerst, dass (5.41) eine reine Definitionsgleichung für das Volkseinkommen Y ist. Daraus sowie aus (5.35) ergibt sich:

$$\sum_{j=1}^{2} p_j x_j \leq \sum_{j=1}^{2} p_j y_j = Y. \tag{5.42}$$

Diese Ungleichungen zeigen, dass die Ungleichung (5.32) immer erfüllt ist und keine zusätzliche Einschränkung bedeutet.

Wir können aufgrund dieser Überlegungen feststellen, dass die Menge der realisierbaren Allokationen in beiden Modellen übereinstimmt, da die Nebenbedingungen (5.23) bis (5.25) und (5.35) bis (5.37) für beide Modelle identisch sind und (5.32) und (5.41) bei Gültigkeit dieser Nebenbedingungen ebenfalls erfüllt sind.

Da die Menge der realisierbaren Produktions- und Konsumpläne in beiden Modellen die gleiche ist, braucht nunmehr lediglich noch bewiesen zu werden, dass Allokationen, die ein Konkurrenzgleichgewicht darstellen, gleichzeitig die gesellschaftliche Zielfunktion (5.1) maximieren.

---

[4] Die Existenz eines Wettbewerbsgleichgewichts lässt sich unter allgemeineren Bedingungen als denen unseres Modells beweisen. Siehe z. B. Debreu (1959).

Zunächst folgt aus der Annahme (5.38), dass bei einem Angebotsüberschuss der Preis des betreffenden Gutes Null sein muss. Damit gilt wegen (5.35):

$$\sum_{j=1}^{2} p'_j x'_j = \sum_{j=1}^{2} p'_j y'_j \,, \tag{5.43}$$

d. h. der Wert der konsumierten Gütermengen ist im Konkurrenzgleichgewicht gleich dem Wert der produzierten Gütermengen. Es gilt weiterhin wegen (5.33) und (5.34):

$$\sum_{j=1}^{2} \left(p'_j y'_j - p'_K K'_j - p'_L L'_j \right) \geq \sum_{j=1}^{2} \left(p'_j y_j - p'_K K_j - p'_L L_j \right), \tag{5.44}$$

da kein Gewinn größer sein kann als der maximale. Daraus folgt:

$$\sum_{j=1}^{2} p'_j (y'_j - y_j) \geq \sum_{j=1}^{2} p'_K (K'_j - K_j) + \sum_{j=1}^{2} p'_L (L'_j - L_j) \,. \tag{5.45}$$

Für beliebige realisierbare K_j, L_j gilt ferner wegen (5.36), (5.37)

$$\sum_{j=1}^{2} p'_K K_j + \sum_{j=1}^{2} p'_L L_j \leq p'_K K + p'_L L \,. \tag{5.46}$$

Dagegen gilt für K'_j, L'_j wegen (5.39)

$$\sum_{j=1}^{2} p'_K K'_j + \sum_{j=1}^{2} p'_L L'_j = p'_K K + p'_L L \,. \tag{5.47}$$

Aus beiden Überlegungen folgt, dass die rechte Seite von (5.45) nicht negativ ist. Demnach erhält man:

$$\sum_{j=1}^{2} p'_j y'_j \geq \sum_{j=1}^{2} p'_j y_j \,. \tag{5.48}$$

Diese Ungleichung sagt aus, dass zu den Preisen p'_j das im Konkurrenzgleichgewicht produzierte Güterbündel (y'_1, y'_2) unter allen zulässigen Güterbündeln den Wert des Sozialprodukts maximiert (vgl. Abbildung 5.4).[5]

In Verbindung mit (5.43) sagt (5.48) aus, dass das im Konkurrenzgleichgewicht realisierte Konsumgüterbündel – bewertet mit den Gleichgewichtspreisen – den maximalen Wert aller zulässigen Konsumbündel hat. Nun ist es nur noch ein kleiner Schritt zum Beweis, dass es den gesellschaftlichen Nutzen maximiert: Angenommen, es gebe ein anderes Güterbündel (x_1^*, x_2^*) mit

$$u(x_1^*, x_2^*) > u(x'_1, x'_2) \,. \tag{5.49}$$

---

[5]Die Aussage, dass im Konkurrenzgleichgewicht der Wert des Sozialprodukts maximiert wird, gilt immer dann, wenn – wie hier vorausgesetzt – das Faktorangebot exogen ist.

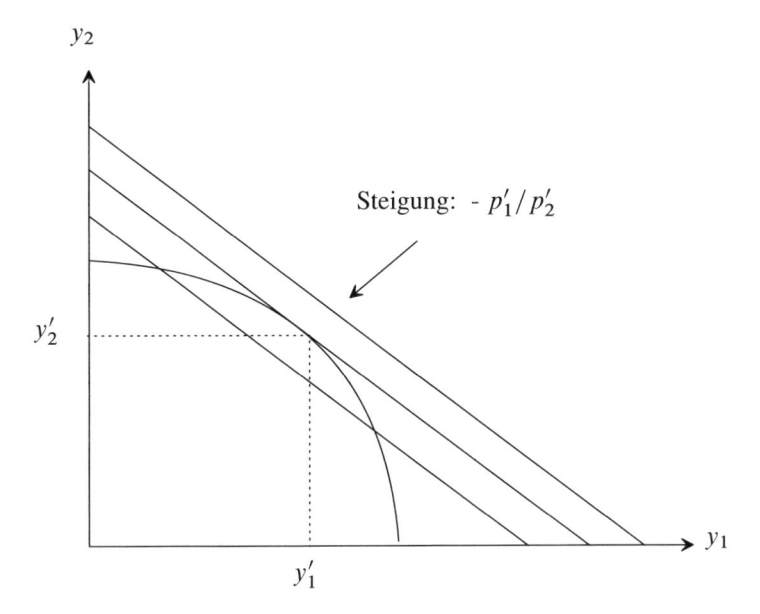

5.1. Organisationsformen des Produktionssektors

Abbildung 5.4: Maximierung des Sozialprodukts

Da das Bündel (x'_1, x'_2) das zum Preis-Einkommensvektor (p'_1, p'_2, Y') nutzenmaximale ist, folgt, dass das Bündel (x^*_1, x^*_2) teurer sein muss als (x'_1, x'_2), somit gilt

$$\sum_{j=1}^{2} p'_j (x^*_j - x'_j) > 0, \qquad (5.50)$$

womit gezeigt ist, dass (x^*_1, x^*_2) nicht zulässig sein kann.

Die Werte y'_1, y'_2 und x'_1, x'_2 des Konkurrenzgleichgewichts maximieren also die Wohlfahrt der Gesellschaft, hier ausgedrückt durch den Nutzen des einzigen Konsumenten. Da die Zielfunktion wegen (5.3) strikt quasikonkav ist, gibt es nach dem Theorem von Kuhn und Tucker nur ein globales Wohlfahrtsmaximum. Folglich müssen die Wohlfahrtsmaxima der vollständigen Konkurrenz und der optimalen Allokation identisch sein. Es gilt $y'_j = y^\circ_j$ und $x'_j = x^\circ_j$ ($j = 1, 2$) (vgl. Abbildung 5.5). Diese Aussage ist ein Spezialfall des 1. Hauptsatzes der Wohlfahrtsökonomik, bezogen auf eine 1-Personen-Ökonomie. Den 1. Hauptsatz in seiner allgemeinen Fassung werden wir in Abschnitt 5.2.1.1 kennen lernen.

Schaut man sich die Bedingungen erster Ordnung der Firma und des Haushalts an, so erkennt man die Übereinstimmung von gleichgewichtigen Markt- und optimalen Schattenpreisen. Ausgehend von einer inneren Lösung lauten die notwendigen Bedingungen des Unternehmens für ein Gewinnmaximum

$$p_j \frac{\partial f_j}{\partial K_j} = p_K, \quad j = 1, 2, \qquad p_j \frac{\partial f_j}{\partial L_j} = p_L, \quad j = 1, 2.$$

146 Kap. 5. Rivalisierende Güter

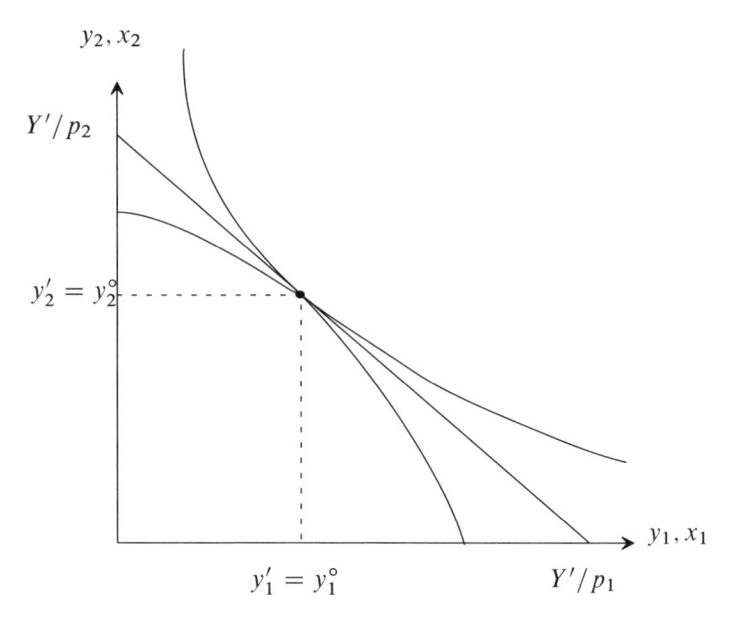

Abbildung 5.5: Der 1. Hauptsatz in der Ein-Personen-Ökonomie

Da die gleichgewichtigen Mengen den optimalen Mengen gerade entsprechen (siehe oben), müssen diese Bedingungen mit (5.14) und (5.15) übereinstimmen. Analog gilt dies für den Haushalt. Damit müssen aber auch die Schattenpreise mit den Marktpreisen übereinstimmen.

Das Ergebnis ist bemerkenswert, zumal sich die Beweisführung Schritt für Schritt auf viele Unternehmungen, Konsumgüter und Produktionsmittel erweitern lässt. Es zeigt u. a., dass die Verfolgung eines völlig anders gearteten Ziels, nämlich der Gewinnmaximierung durch die Unternehmungen, zu einer optimalen Güterversorgung der Bevölkerung führt, wenn auf diese Weise das Konkurrenzgleichgewicht verwirklicht wird. In dem beschriebenen Konkurrenzsystem wird sogar eine starke Motivation wie das Gewinnstreben der Optimierung der Wohlfahrt des einzigen Konsumenten dienstbar gemacht. Wir werden nach der Erweiterung des Modells um die Konsumseite dieses Ergebnis noch ausführlich diskutieren.

5.1.4 Ideale Organisation der Produktionsseite

Wir waren von dem Problem ausgegangen, eine Allokation zu bestimmen, der bei einer vorgegebenen gesellschaftlichen Zielfunktion eine bestmögliche Güterversorgung der Bevölkerung sichert.

Die Lösung dieses Problems lieferte uns nicht nur Bedingungen zur Bestimmung der optimalen Mengen der zu verwendenden Produktionsmittel und der herzustellenden Konsumgüter, sondern ebenso Bedingungen zur Ermittlung von Verrechnungspreisen für alle Güter. Diese Preise stellen damit einen Maßstab für die Knappheit

5.1. Organisationsformen des Produktionssektors

Tabelle 5.1: Organisationsformen der Angebotsseite einer Wirtschaft

Eigentum an Produktionsmitteln	Koordination der einzelwirtschaftlichen Pläne		
	zentraler Plan mit		Markt
	Mengensteuerung	Preissteuerung	
öffentlich	Zentralverwaltungswirtschaft	Konkurrenzsozialismus	Marktsozialismus
privat	kapitalistische Rationierungswirtschaft	kapitalistische Wirtschaft mit Preiskontrollen	kapitalistische Marktwirtschaft

von Konsumgütern und Produktionsmitteln im Optimum dar. Schließlich ergab die Lösung des Planungsproblems gewisse Bedingungen wie „Das Wertgrenzprodukt eines Faktors ist gleich dessen Schattenpreis" oder „Die Grenznutzen von zwei Konsumgütern verhalten sich wie ihre Schattenpreise", die bei einer Maximierung der gesellschaftlichen Zielfunktion erfüllt sein müssen.

Unsere Überlegungen haben auch gezeigt, dass im Rahmen unseres Modells bei vollständiger Konkurrenz oder bei einem Verhalten aller Wirtschaftssubjekte als Mengenanpasser auch eine Dezentralisierung der wirtschaftlichen Entscheidungen zu einer optimalen Güterversorgung der Gesellschaft führt. Unter den in diesem Kapitel getroffenen Annahmen war dazu insbesondere die Vollständigkeit der Märkte erforderlich: Wenn alle ökonomisch relevanten Größen auf Märkten koordiniert werden können, dann gibt es Marktpreise, die unter den Bedingungen der vollständigen Konkurrenz den Schattenpreisen gerade entsprechen. Daher bilden Preise auf Wettbewerbsmärkten die optimalen Knappheitsrelationen der Ökonomie gerade ab. Durch die Identität von Markt- und optimalen Schattenpreisen lässt sich folgern, dass diese gerade den Wert von Gütern und Faktoren im Sinne einer Veränderung des Maximalwerts der Zielfunktion wiedergeben. Der Nobelpreisträger G. Debreu hat sein wichtiges Buch zur Theorie des Allgemeinen Konkurrenzgleichgewichts deshalb auch *Theory of Value* genannt.

Für die Vollständigkeit der Märkte ist es aber erforderlich, dass eine perfekte Eigentumsordnung existiert, dass also den Individuen die Kontrollrechte an den Gütern vollständig und disjunkt zugeordnet sind und dass die Vertragsdurchsetzung sichergestellt ist. Für Güter, an denen keine Eigentumsrechte zugewiesen sind, kann kein Markt existieren.

Diese Ergebnisse erlauben es, erste Schlussfolgerungen bezüglich möglicher Organisationsformen der Angebotsseite einer Wirtschaft zum Zweck einer möglichst guten Versorgung mit Konsumgütern zu ziehen (vgl. Tabelle 5.1).

Als denkbare Organisationsform wäre zunächst die Konzentration aller Entscheidungen bei einer zentralen Planungsstelle zu nennen. Diese beschafft sich alle Informationen über die Produktionstechnik, über die verfügbaren Mengen der Produktionsmittel sowie über die Zielfunktion, d. h. die Nutzenfunktion des einzigen Konsumenten. Aufgrund dieser Informationen berechnet die Planstelle diejenigen

Mengen an Produkten und Produktionsmitteln, die in jedem einzelnen Betrieb bei einer Maximierung der gesellschaftlichen Zielfunktion hergestellt und verbraucht werden. Schließlich teilt sie den Betrieben die errechneten Mengen als Zielgrößen mit und weist ihnen die benötigten gesamtwirtschaftlichen Produktionsmittelmengen zu. Die Betriebe führen die ihnen vorgegebenen Produktionspläne tatsächlich aus, da wir ja von perfekter Durchsetzbarkeit ausgehen.

Die beschriebene idealtypische Wirtschaftsorganisation wollen wir im Anschluss an Walter Eucken als „Zentralgeleitete Verwaltungswirtschaft" (Zentralverwaltungswirtschaft) bezeichnen.[6] Da das Privateigentum hier keine Funktion zu erfüllen hätte, wird man sich diese Organisationsform regelmäßig als mit öffentlichem Eigentum verbunden vorzustellen haben. Notwendig ist die Abwesenheit des Privateigentums allerdings nicht, wie das der beschriebenen Organisation recht ähnliche System der deutschen Kriegswirtschaft der beiden Weltkriege zeigt. Die Abwesenheit von individuellen Eigentumsrechten bedeutet aber nicht, dass die Produktionsmittel nicht in individuellem Besitz sind (in wessen Besitz sollten sie sonst auch sein?). Vielmehr weist ein Planungssystem die Produktionsmittel den jeweiligen Individuen zu, die mit ihnen die Planvorgaben erfüllen müssen.

Die Möglichkeit der Bestimmung von optimalen Schattenpreisen erlaubt auch eine weniger weitgehende Zentralisation der Wirtschaft. Wir können uns diese zweite Organisationsform wie folgt vorstellen. Die zentrale Planungsstelle berechnet aufgrund der von ihr gesammelten Informationen die optimalen Schattenpreise und verwendet sie als Verrechnungspreise. Diese werden den Betrieben und dem einzigen Haushalt zugeleitet. Die Betriebe erhalten die Auflage, so viele Güter zu produzieren, zu liefern und zu beziehen, dass sie ihre Gewinne maximieren. Der Haushalt wird angewiesen, durch seine Konsumgüterbezüge seinen Nutzen zu maximieren. Alle Wirtschaftssubjekte haben sich als Mengenanpasser zu verhalten. Alternativ könnte auch die Regel ausgegeben werden, dass die Wirtschaftseinheiten Produktion, Lieferung und Beschaffung der Güter so einrichten sollen, dass die Preise der Produkte den Grenzkosten bzw. der gestifteten Grenzwohlfahrt gleich sind. Eine in dieser Art organisierte Wirtschaft, bei der ebenfalls das Privateigentum an den Produktionsmitteln keine wichtige Funktion hätte, wird im Anschluss an die Literatur als Konkurrenzsozialismus bezeichnet.

Eine dritte denkbare Organisationsform ist der Marktsozialismus. In diesem Fall wird von der Möglichkeit der Dezentralisierung der Produktionsentscheidungen voll Gebrauch gemacht, jedoch am öffentlichen Eigentum der Produktionsmittel festgehalten. Alle Unternehmungen stehen wegen ihrer Zahl in vollständiger Konkurrenz und suchen ihre Gewinne zu maximieren. Der Haushalt verhält sich als Mengenanpasser und maximiert durch Konsumgüterkäufe seine Zielfunktion, wobei ihm das aus den Gewinnen der Unternehmungen und den Einkommen der Produktionsmittel zufließende Volkseinkommen zur Verfügung steht. Bei Zustandekommen der Preise des Konkurrenzgleichgewichts wird eine optimale Allokation erreicht.

Die letzte zu erwähnende Organisationsform unterscheidet sich vom Marktsozialismus durch das Privateigentum an Produktionsmitteln. Das Privateigentum hat in

---

[6]Eucken, W. (1989): Die Grundlagen der Nationalökonomie. Springer-Verlag.

diesem System der kapitalistischen Marktwirtschaft die Funktion, die Unternehmungen über die erwirtschafteten Gewinne und die Eigentümer von Produktionsmitteln über die durch den Verkauf derselben erzielten Einkommen zu einem Verhalten zu veranlassen, das die gesellschaftliche Wohlfahrt maximiert. Allerdings müsste dazu in einer Mehr-Personen-Gesellschaft die Versorgung der einzelnen Haushalte mit Konsumgütern von dem von ihnen erzielten Einkommen abhängen, wenn diese Art der Motivation wirksam sein soll. So könnten die Einkommen aus Gewinnen und Produktionsmitteln den jeweiligen Eigentümern ganz oder teilweise zufließen und von ihnen nach ihren Wünschen zum Kauf von Konsumgütern verwendet werden. Die angeschnittene Frage der Dezentralisation der Nachfrage wird uns in Abschnitt 5.2 eingehend beschäftigen.

Wir stellen also fest, dass unter den eingangs dieses Kapitels genannten einschränkenden Annahmen sowohl Planwirtschaften (mit Mengen- oder Preissteuerung) als auch Marktwirtschaften mit und ohne Privateigentum an Produktionsmitteln das Problem einer reichlichen Güterversorgung auf optimale Weise lösen. In diesem einfachen Modellrahmen kann also noch nicht von der relativen Überlegenheit der einen oder anderen Wirtschaftsordnung gesprochen werden. Wir haben aber gesehen, welche Funktion Preise im Idealfall erfüllen sollten. Wenn wir also im Folgenden nach Gründen für die Imperfektion von Organisationen suchen, können wir auf die ideale Steuerungsfunktion Bezug nehmen. Darüber hinaus haben wir gesehen, dass eine Organisationsform mit Mengensteuerung und eine Organisationsform mit Preissteuerung nur zwei Seiten einer Medaille sind: Aus dem Problem der Mengensteuerung lassen sich Schattenpreise errechnen, die als Bezugspunkt für die Beurteilung der Effizienz realer Marktpreise dienen. Die optimale Steuerung einer Ökonomie durch ein Verfahren der Mengensetzung und durch ein Verfahren der Preisbildung sind unter den in Kapitel 4 eingeführten Annahmen (VI) und (BA) zueinander duale Probleme.

Dieses Urteil wird revidiert werden müssen, wenn (in Kapitel 8) zunächst Konsequenzen einer imperfekten Eigentumsordnung betrachtet werden und in den Kapiteln 10 und 11 Ursachen für die Imperfektion einer Eigentumsordnung – und damit auch für die Imperfektion eines Steuerungssystems allgemein – erarbeitet werden. Dabei werden wir uns insbesondere mit den Annahmen (VI) und (BA) eingehend beschäftigen.

Schließlich ist für alle beschriebenen Wirtschaftssysteme zu erörtern, wie die einzelnen Teilnehmer am Wirtschaftsprozess veranlasst werden können, sich in der für eine optimale Allokation erforderlichen Weise zu verhalten. Während in einer Marktwirtschaft mit Privateigentum zwar eine entsprechende Motivation vorhanden ist, mag gerade das Gewinnstreben zu einem Zusammenschluss der Unternehmungen und damit zum Verfall der vollständigen Konkurrenz führen. Wird andererseits bei der Planung nicht berücksichtigt, dass Gesellschaftsmitglieder als Funktionsträger in Organisationen auch Eigeninteressen verfolgen, so kann dieser Umstand dazu führen, dass die Pläne der zentralen Planungsstelle bzw. der Betriebe und Unternehmungen nicht durchgeführt werden. Zusätzlich verliert die Annahme (VI) ihre Berechtigung, da z. B. die einzelnen Betriebe keine Motivation haben, Informationen über Technologie und vorhandene Ressourcen wahrheitsgemäß der zentralen Planungsstelle weiterzugeben.

> **Kasten 5.1: Theorie der Wirtschaftssysteme und „Corporate Governance"**
>
> Die hier analysierten Allokationswirkungen verschiedener Formen der Steuerung des Produktionsprozesses sind nicht nur für ganze Länder relevant, sondern auch für die Koordination von Abteilungen innerhalb einer Unternehmung. Der „Zentralverwaltungswirtschaft" entspricht eine Steuerungsform, bei der die Unternehmensleitung sich zentral über die in den einzelnen Abteilungen verfügbaren technologischen Möglichkeiten informiert und jene mittels des hierarchischen Prinzips der Anweisung von oben steuert: Jeder Abteilung werden dabei die Faktorverbräuche und die Output-Ziele genau vorgeschrieben. Analog zum „Konkurrenzsozialismus" ist die Bildung von Profit-Zentren zu interpretieren, bei denen die Abteilungen selbstständig entscheiden, aber die Preise für Faktoren und produzierte Güter von der Zentrale fest vorgegeben werden. Allerdings wird sich eine einzelne Unternehmung dabei in der Regel der herrschenden Marktpreise bedienen, womit die Analogie zum Wirtschaftssystem als Ganzem endet – es sei denn, der Preisvektor werde dort nicht durch einen Optimierungsprozess bestimmt, sondern vom Weltmarkt übernommen.
>
> Dem „Marktsozialismus" wiederum entspricht es, die Abteilungen zu rechtlich selbstständigen Tochterunternehmen zu machen und es ihnen frei zu stellen, mit einander sowie mit anderen Firmen Verträge zu beliebigen Konditionen abzuschließen. Lediglich die Gewinne müssen an das Mutterunternehmen abgeliefert werden, woraus sich die naheliegenden Motivationsprobleme ergeben.
>
> Die volle rechtliche Selbstständigkeit der Töchter mit dem Recht, über das erwirtschaftete Betriebsergebnis selbst zu verfügen, entspricht dem letzten im Text genannten Wirtschaftssystem, der kapitalistischen Marktwirtschaft. Man sieht also, dass die historisch fast schon überlebte Frage nach einem idealen Wirtschaftssystem ganz eng verknüpft ist mit einem der aktuellsten ökonomischen Themen der Gegenwart, nämlich dem der Corporate Governance: Definiert man ein Unternehmen als den Ort, innerhalb dessen das hierarchische Prinzip vorherrscht, so ist die genannte Frage nach dem idealen Steuerungsmechanismus äquivalent zur Frage, wo nach dem Kriterium der Effizienz die Grenzen der Unternehmung liegen sollten.

5.2 Organisationsformen des Konsumsektors

Im bisherigen Verlauf unserer Überlegungen haben wir die Nachfrageseite stets durch eine vorgegebene gesellschaftliche Zielfunktion modelliert, die man sich als Nutzenfunktion des einzigen Konsumenten vorstellen konnte. Dieses Verfahren erlaubte es, die grundlegenden Probleme der Organisation des Produktionssektors der Wirtschaft im Hinblick auf eine optimale Allokation zu untersuchen, ohne gleichzeitig auf die Fragen der gesellschaftlichen Willensbildung eingehen zu müssen. Mit der Verwendung einer von außen vorgegebenen Zielfunktion blieb dagegen die Frage unbeantwortet, auf welche Weise die Ziele eines Gemeinwesens mit mehreren Mitgliedern gebildet werden. In der Regel bestehen ja mehr oder minder große Meinungsverschiedenheiten zwischen den verschiedenen Individuen der Bevölkerung bezüglich der Zusammensetzung der Güterproduktion. Es wird folglich zu prüfen sein, welche

Arten der gesellschaftlichen Willensbildung zur Verfügung stehen, um die widerstreitenden Ziele der Gesellschaftsmitglieder auf einen gemeinsamen Nenner zu bringen, und wie diese mit den Zielen einer möglichst reichlichen Güterversorgung und der Freiheit kompatibel sind.

Das Kriterium der Freiheit wurde von uns dahingehend operationalisiert, dass jede Person bei allen Entscheidungen mitwirken kann, die sie neben anderen selbst betreffen. Gleichzeitig wird es daran gemessen, dass jedem ein möglichst großer Spielraum bei der Entscheidung seiner eigenen Belange eingeräumt wird. Aus diesem Grunde werden in diesem Abschnitt zwei Entscheidungsverfahren betrachtet, die die genannten Eigenschaften aufweisen und die gleichzeitig eine Koordinierung der unterschiedlichen Ziele der Beteiligten erlauben. Wir beginnen in Abschnitt 5.2.1 mit der Betrachtung eines Wirtschaftssystems, in dem bei vorgegebenen Geldeinkommen die einzelnen Haushalte selbständig über die zu beziehenden Mengen der Konsumgüter entscheiden und in dem die unterschiedlichen Wünsche derselben durch die Preise und Märkte koordiniert werden. Die Festsetzung der zu produzierenden Gütermengen erfolgt daher mit Hilfe von dezentralen und durch den Markt aufeinander abgestimmten Entscheidungen der Haushalte.

Als zweites Entscheidungssystem zur Koordinierung der einander möglicherweise widersprechenden Wünsche der Haushalte zu gesellschaftlichen Zielen und damit zur Lösung der bestehenden Konfliktsituation wird ein einfaches politisches Verfahren betrachtet, bei dem die Haushalte sich bei vorgegebenen Anteilen an der Güterversorgung mehrheitlich für eine gesamtwirtschaftliche Allokation zu entscheiden haben.

Politische Entscheidungsverfahren und Entscheidungen mit Hilfe des Marktes sind keine absoluten Gegensätze. So lässt sich zeigen, dass unter bestimmten Bedingungen die Dezentralisierung der Verbrauchsentscheidungen auf die Haushalte und ihre Koordinierung durch den Markt als politisches Abstimmungsverfahren aufgefasst werden kann, bei dem jedes Individuum eine bestimmte Anzahl von Stimmen besitzt, mit denen es seine Wünsche für die verschiedenen Güter gewichten kann, und bei dem die Ziele aller, also auch von Minderheiten, berücksichtigt werden (vgl. Abschnitt 5.2.1.3). Andererseits zeigt sich deutlich, dass bei ungleichmäßiger Einkommensverteilung die Stimmenzahlen dieses Wahlverfahrens – anders als bei politischen Abstimmungen – nicht gleichmäßig verteilt sind.

5.2.1 Die Dezentralisierung der Nachfrageentscheidungen

5.2.1.1 Dezentralisierung und Pareto-Optimalität

Wir wollen zunächst zeigen, dass eine Dezentralisierung der Nachfrageentscheidungen auf die Haushalte bei gegebenen, beliebigen Geldeinkommen und voneinander unabhängigen Zielfunktionen der einzelnen Haushalte zu einer Pareto-optimalen Allokation führt.

Bei unserem Beweis gehen wir von dem Modell einer Konkurrenzwirtschaft aus Abschnitt 5.1.1 aus, wobei jedoch das einzige Individuum durch m Haushalte H^i ($i = 1, \ldots, m$) mit entsprechenden Nutzenfunktionen ersetzt wird. Die Nutzenfunktionen der Haushalte sollen sich durch folgende Eigenschaften auszeichnen:

$$u^i = u^i(x_1^i, x_2^i),\tag{5.51}$$

$$\frac{\partial u^i}{\partial x_j^i} > 0, \quad \text{(Nichtsättigung)}\tag{5.52}$$

$$\left.\frac{d^2 x_2^i}{dx_1^{i2}}\right|_{du^i=0} > 0 \quad (i = 1, \ldots, m).$$
$$\text{(abnehmende Grenzrate der Substitution)}\tag{5.53}$$

x_j^i ist die Menge des Gutes G_j, die Individuum H^i konsumiert, u^i der Index für den Nutzen des gleichen Individuums. Die insgesamt nachgefragten Mengen x_j der beiden Konsumgüter ergeben sich wie folgt:

$$x_j = \sum_{i=1}^{m} x_j^i \quad (j = 1, 2).\tag{5.54}$$

Schließlich nehmen wir an, dass insgesamt Geldeinkommen in Höhe von Y ausgeschüttet werden, von denen jedes Individuum H^i einen Anteil α^i erhält, so dass

$$Y^i = \alpha^i Y \quad (0 < \alpha^i < 1)\tag{5.55}$$

$$\text{mit } \sum_{i=1}^{m} \alpha^i = 1\tag{5.56}$$

gilt, wobei Y^i das Einkommen des i-ten Individuums bezeichnet.

Es folgt aus der Annahme eines Ein-Perioden-Modells, dass die Haushalte keine Kredite aufnehmen können. Jedes Individuum kann daher höchstens im Wert seines Einkommens Konsumgüter beziehen:

$$p_1 x_1^i + p_2 x_2^i \leq Y^i,\tag{5.57}$$

$$x_1^i, x_2^i \geq 0 \quad (i = 1, \ldots, m).\tag{5.58}$$

Das einzelne Individuum maximiere seine Nutzenfunktion:

$$\max_{x_1^i, x_2^i} u^i(x_1^i, x_2^i)\tag{5.59}$$

unter den Nebenbedingungen (5.57) und (5.58).

Die Werte $x_j^i, x_j, y_j, Y^i, p_j$ ($i = 1, 2, \ldots, m$; $j = 1, 2$), p_K und p_L, die die Bedingungen für das Konkurrenzgleichgewicht – (5.32) bis (5.41) – und außerdem (5.54), (5.59), (5.57) und (5.58) erfüllen, bezeichnen wir als Konkurrenzgleichgewicht bei dezentralisierten Konsumentscheidungen und kennzeichnen sie mit einem $\prime$, während die Symbole ohne diese Kennzeichnung beliebige realisierbare Werte angeben.

5.2. Organisationsformen des Konsumsektors

Im Konkurrenzgleichgewicht bei dezentralisierten Verbrauchsentscheidungen sind die Bedingungen (5.57), (5.58) und (5.59) für alle Haushalte erfüllt. Die notwendigen Bedingungen für ein Nutzenmaximum des Haushaltes H^i erhalten wir mit Hilfe des Theorems von Kuhn und Tucker und unter Verwendung der Funktion

$$\mathcal{L}^i = u^i(x_1^i, x_2^i) + \lambda^i \left(Y^i - p_1 \cdot x_1^i - p_2 \cdot x_2^i \right) \qquad (5.60)$$

wie folgt:

$$\frac{\partial \mathcal{L}^{i\prime}}{\partial x_j^i} = \frac{\partial u^{i\prime}}{\partial x_j^i} - \lambda^{i\prime} p_j' \leq 0 \quad (j = 1, 2), \qquad (5.61)$$

$$\frac{\partial \mathcal{L}^{i\prime}}{\partial \lambda^i} = Y^{i\prime} - p_1' x_1^{i\prime} - p_2' x_2^{i\prime} \geq 0, \qquad (5.62)$$

$$\left(Y^{i\prime} - p_1' x_1^{i\prime} - p_2' x_2^{i\prime} \right) \lambda^{i\prime} = 0, \qquad (5.63)$$

$$\lambda^{i\prime}, x_1^{i\prime}, x_2^{i\prime} \geq 0. \qquad (5.64)$$

Aus (5.61) und (5.52) ergibt sich:

$$\lambda^{i\prime} \cdot p_j' > 0,$$

so dass gemäß (5.64) und $p_j' \geq 0$

$$\lambda^{i\prime} > 0,$$

ist. Dementsprechend folgt aber aus (5.63) und (5.55):

$$p_1' x_1^{i\prime} + p_2' x_2^{i\prime} = Y^{i\prime} = \alpha^i \cdot Y' \qquad (5.65)$$

für alle $i = 1, \ldots, m$, mit anderen Worten geben die Haushalte ihr gesamtes Einkommen für Konsumgüter aus. Nach (5.56) und (5.65) gilt:

$$\sum_{i=1}^{m} \sum_{j=1}^{2} p_j' \cdot x_j^{i\prime} = Y', \qquad (5.66)$$

so dass wegen (5.54) und (5.41)

$$\sum_{j=1}^{2} \sum_{i=1}^{m} p_j' \cdot x_j^{i\prime} = Y' = \sum_{j=1}^{2} p_j' \cdot y_j' \qquad (5.67)$$

sein muss. Wir kommen nun zum Beweis der Pareto-Optimalität, den wir durch Widerspruch führen: Angenommen, das Konkurrenzgleichgewicht sei nicht Pareto-optimal. Dann kann der Nutzen eines Individuums (ohne Einschränkung der Allgemeinheit: Individuum H^1) noch gesteigert werden, ohne den irgendeines anderen Individuums zu senken. Wegen (5.65) müsste dazu jedoch – bei konstanten Preisen –

das Einkommen Y^1 erhöht werden. Dies ist wegen (5.56) nur auf zweierlei Weisen möglich:

a) durch eine Erhöhung des Sozialprodukts, die jedoch wegen (5.48) ausgeschlossen ist;
b) durch eine Umverteilung zugunsten von H^1 und zu Lasten eines anderen Individuums H^i ($i \neq 1$).

Alternative b) bedeutet jedoch für das i-te Individuum, da dieses zum alten Einkommen Y'^i seinen Nutzen maximiert hatte, eine Nutzeneinbuße – im Widerspruch zur Annahme einer Pareto-Verbesserung.

Damit haben wir bewiesen, dass unter den hier zugrunde gelegten Annahmen – private Güter und perfekte Eigentumsordnung – das Konkurrenzgleichgewicht bei dezentralisierten Konsumentscheidungen Pareto-optimal ist. Dies ist die Aussage des ersten Hauptsatzes der Wohlfahrtsökonomik:

Erster Hauptsatz der Wohlfahrtsökonomik

Bei privaten Gütern und einer perfekten Eigentumsordnung ist jedes Marktgleichgewicht bei vollkommener Konkurrenz ein Pareto-Optimum.

Die Beweisführung des ersten Hauptsatzes wird in Abbildung 5.6 für den Fall zweier Haushalte ($m = 2$) illustriert: AB ist die gesamtwirtschaftliche Transformationskurve, Punkt C symbolisiert das produzierte Güterbündel (y_1, y_2) und bildet damit den rechten oberen Eckpunkt der Edgeworth-Box, die sämtliche zulässigen Aufteilungen dieser Gesamtmengen auf die beiden Haushalte enthält. Die gemeinsame Steigung der beiden parallelen Geraden CD und EF entspricht dem Verhältnis der Marktpreise, p_1'/p_2'. EF ist die gemeinsame Budgetgerade der beiden Haushalte, wenn die Einkommensanteile α_1 und α_2 sich zueinander wie die Strecken 0^1F zu FD verhalten. Beide Haushalte maximieren dann ihren Nutzen in Punkt E, der somit ein Marktgleichgewicht darstellt. Eine Nutzenerhöhung für H^1 würde eine Güteraufteilung in der schraffierten Menge oberhalb der Indifferenzkurve des ersten Individuums durch den Punkt E erfordern. Dies ist aber notwendig mit einer Einkommenserhöhung bei ihm und damit einer Einkommens- (und damit Nutzen-)senkung bei H^2 verbunden, da das Volkseinkommen insgesamt in Punkt C bereits maximiert ist.

Wir stellen ebenfalls fest, dass die Steigung der Geraden CD die Grenzrate der Transformation und die der Geraden EF die (miteinander identischen) Grenzraten der Substitution der beiden Haushalte ausdrücken. Beide stimmen im Marktgleichgewicht überein

Die hier benutzte Beweisführung lässt sich leicht auf viele Güter verallgemeinern. Wir können die Realisierung eines Pareto-Optimums durch die unabhängigen Entscheidungen aller Haushalte bei Existenz eines Konkurrenzgleichgewichts als Hinweis für eine optimale Allokation in diesem System auffassen. Damit ist jedoch nicht gesagt, dass jedes einzelne Individuum gut mit Konsumgütern versorgt, die Güterverteilung also gerecht ist. Die Pareto-Optimalität wird ja vom Konkurrenzgleichgewicht bei jeder beliebigen Einkommensverteilung verwirklicht.

5.2. Organisationsformen des Konsumsektors

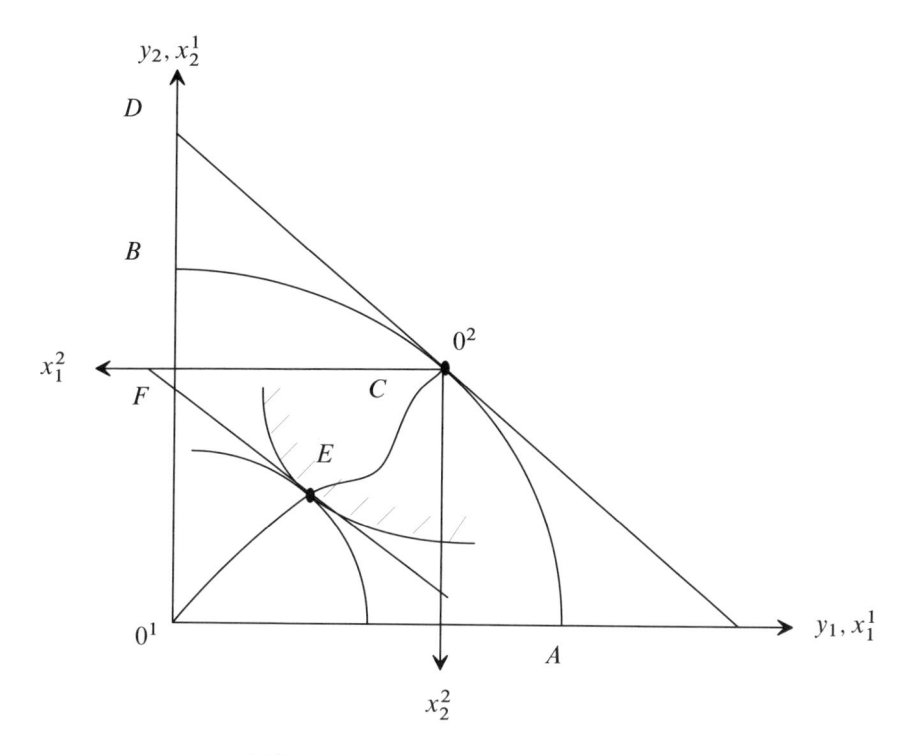

Abbildung 5.6: Beweis des 1. Hauptsatzes

Die Verteilung könnte im Extremfall so beschaffen sein, dass eine Minderheit der Bevölkerung außerordentlich gut versorgt wäre, während der Rest sich am Rande des Existenzminimums befände. Andererseits darf nicht übersehen werden, dass ein Konkurrenzgleichgewicht auch bei einer „gerechten" Einkommensverteilung, also z. B. in unserem Modell auch im Fall gleicher Einkommen für alle Haushalte ($\alpha_1 = \alpha_2 = \cdots = \alpha_m$) Pareto-optimal ist.

Ferner drängt sich die Frage auf, ob auch umgekehrt jedes beliebige Pareto-Optimum – also in Abb. 5.6 jeder Punkt auf der Kontraktkurve $0^1 0^2$ – auf dezentrale Weise, d. h. als Gleichgewicht einer Konkurrenzwirtschaft realisierbar ist. Dazu liefert der folgende Satz eine Antwort:

Zweiter Hauptsatz der Wohlfahrtsökonomik

Unter bestimmten einschränkenden Voraussetzungen (Nichtsättigung der Präferenzen, alle Indifferenzkurven sind konvex, keine zunehmenden Skalenerträge) lässt sich jede Pareto-optimale Allokation als Konkurrenzgleichgewicht realisieren, d. h. es gibt Anfangsausstattungen und Preise, die garantieren, dass in dieser Allokation bei Mengenanpasser-Verhalten alle Haushalte ihren Nutzen und alle Unternehmen ihren Gewinn maximieren und alle Märkte geräumt sind.

Wir beweisen den 2. Hauptsatz hier nur für den Spezialfall einer Tauschökonomie.[7] Dies ist eine Ökonomie, in der alle Produktionsentscheidungen schon getroffen sind und lediglich noch über die Aufteilung des festen Güterbündels (x_1, x_2) auf die m Haushalte entschieden werden muss. Sei dann eine Pareto-optimale Allokation A^* durch die Güterbündel (x_1^{i*}, x_2^{i*}), $i = 1, \ldots, m$, beschrieben. Wir wählen die Allokation A^* selbst als Anfangsausstattung. Aufgrund der Annahme der Nichtsättigung wissen wir, dass zu jeder Anfangsausstattung ein totales Konkurrenzgleichgewicht existiert.[8] Nennen wir diese Allokation A', den Gleichgewichts-Preisvektor p' und die zugehörigen Güterbündel $(x_1^{i'}, x_2^{i'})$. Da in einem Konkurrenzgleichgewicht jeder Haushalt bei gegebenem Preisvektor p' das beste aller erreichbaren Güterbündel wählt und die Anfangsausstattung erreichbar ist, folgt daraus:

$$u_i(x_1^{i'}, x_2^{i'}) \geq u_i(x_1^{i*}, x_2^{i*}), \quad i = 1, \ldots, m. \tag{5.68}$$

Wäre eine der m Ungleichungen in (5.68) strikt, so wäre dies ein Widerspruch zur Voraussetzung, dass Allokation A^* ein Pareto-Optimum ist. Daher steht in (5.68) überall das Gleichheitszeichen, und es ist bewiesen, dass auch in A^* jeder Haushalt bei gegebenem Preisvektor p' seinen Nutzen maximiert. Damit ist jedoch A^* ein Konkurrenzgleichgewicht in dieser Tauschökonomie.

5.2.1.2 Bedeutung der Hauptsätze der Wohlfahrtsökonomie

Wie wir zuvor schon für die Produktionsseite gesehen haben, sind idealtypische Märkte also in der Lage, das Knappheitsproblem in dem Sinne befriedigend zu lösen, dass es zumindest keine Verschwendung gibt. Der Beweis der Effizienz eines allgemeinen Konkurrenzgleichgewichts übersetzt die von Adam Smith (1723–1790), dem Begründer der Nationalökonomik, geäußerte Intuition von der „unsichtbaren Hand des Marktes", welche die eigennutzorientierten Handlungen Einzelner zum maximalen Gesamtwohl führe, in ein formales Modell und erlaubt es daher, die zugrundeliegenden Annahmen besser zu verstehen. Die Metapher von der unsichtbaren Hand findet sich an mehreren Stellen in mehreren Schriften Smiths. Hier ist ein Zitat aus dem Buch *The Wealth of Nations*:

> *„As every individual, therefore, endeavours as much as he can, both to employ his capital in the support of domestic industry, and so to direct that industry that its produce maybe of the greatest value; every individual necessarily labours to render the annual revenue of the society as great as he can. He generally, indeed, neither intends to promote the public interest, nor knows how much he is promoting it. By preferring the support of domestic to that of foreign industry, he intends only his own security; and by directing that industry in such a manner as its produce may be of the greatest value, he intends only his own gain; and he is in this, as in many other cases, led by an invisible hand to promote an end which was no part of his intention.*

---

[7]Ein Beweis für den allgemeinen Fall findet sich in Mas-Colell, Whinston und Green (1995), S. 551 ff.

[8]Für einen Beweis der Existenz eines Konkurrenzgleichgewichts in einer Tauschökonomie sei auf Varian (1992), S. 317 ff verwiesen.

5.2. Organisationsformen des Konsumsektors

Nor is it always the worse for the society that it was no part of it. By pursuing his own interest, he frequently promotes that of the society more effectually than when he really intends to promote it. "

Diese Tatsache verdeutlicht weiterhin, dass eine Kritik, die sich nur deshalb gegen eine Wirtschaftsordnung richtet, weil in dieser die einzelnen Wirtschaftssubjekte andere Ziele als das Ziel einer Vergrößerung der gesellschaftlichen Wohlfahrt verfolgen, fehlgeleitet sein kann. Gerade die Verwirklichung der individuellen Ziele, z. B. der Unternehmungen, führt unter bestimmten Bedingungen zu einer Maximierung der gesellschaftlichen Zielfunktion.

Wir haben aber nur hinreichende Bedingungen kennen gelernt, unter denen sich die Intuition von Adam Smith bewahrheitet. Für den 1. Hauptsatz gelten die folgenden Annahmen:

1. Es ist vollkommene Konkurrenz vorausgesetzt, womit alle Eigenschaften eingeschlossen sind, die einen „vollkommenen Markt" ausmachen, insbesondere die Transparenz bezüglich der Qualitäten und Preise aller Gebote der „Marktgegenseite"; dies schließt Phänomene wie asymmetrische Information über Produktqualitäten („Markt für Zitronen"[9]) aus. Die Annahme (VI) ist hier also relevant.
2. Die Aussage gilt nur für Gleichgewichte, für die gewinnmaximierendes Verhalten aller Unternehmen angenommen wird. Verfolgen die Firmen andere Ziele wie etwa die Maximierung des Umsatzes oder der Arbeitseinkommen (dies wäre in arbeiterselbstverwalteten Unternehmen naheliegend), so gilt die Aussage möglicherweise nicht mehr.

Wissenschaftlich befriedigender (aber wohl unlösbar) wäre es daher, notwendige Bedingungen für die Effizenz von Märkten abzuleiten. Lassen wir zu diesem Problem Joseph Stiglitz (2006) zu Worte kommen:

„Adam Smith [...] is often cited as arguing for the "invisible hand" and free markets [...]. But unlike his followers, Adam Smith was aware of some of the limitations of free markets, and research since then has further clarified why free markets, by themselves, often do not lead to what is best. [...] Whenever there are "externalities"—where the actions of an individual have impacts on others for which they do not pay or for which they are not compensated—markets will not work well. [...] But recent research has shown that these externalities are pervasive, whenever there is imperfect information or imperfect risk markets – that is always."

Dieses Zitat verweist auf das Arbeitsprogramm in den weiteren Kapiteln dieses Buchs.

---

[9]Unter einem Markt für Zitronen versteht man nach einer Arbeit von George Akerlof (1970) die aus asymmetrischen Informationen der Marktteilnehmer resultierende Situation, dass nur noch Güter schlechter Qualität angeboten werden. Die Logik ist die folgende: Wenn die Nachfrager die Produktqualität beim Kauf nicht beurteilen können, werden sie ihre Zahlungsbereitschaft bezüglich der durchschnittlich erwarteten Qualität bestimmen. Das führt aber dazu, dass Produkte mit hoher Qualität nicht mehr angeboten werden. Dies kann zu einer Anpassung der Qualitätserwartung führen, so dass der Prozess sich fortsetzt, bis nur noch qualitativ schlechte Güter – also so genannte Zitronen – auf dem Markt übrigbleiben.

Die wirtschaftspolitische Bedeutung des 2. Hauptsatzes ist – nicht nur wegen der Konvexitätsannahmen – wesentlich geringer als die des 1. Hauptsatzes. Für die Realisierbarkeit einer Allokation muss nämlich vorausgesetzt werden, dass der Staat durch Umverteilung der Ressourcen jede beliebige Anfangsausstattung durchsetzen kann. Dies setzt jedoch die Zulässigkeit von Pauschaltransfers und Pauschalsteuern voraus – letzteres sind Steuern, die nicht auf die ökonomische Aktivität Bezug nehmen und deren Existenz daher mit gutem Grund bestritten werden kann.

Abschließend wollen wir noch kurz zu einem weiteren interpretatorischen Problem des vorgestellten Marktmodells Stellung nehmen. So ist die Existenz eines Gleichgewichts formal nichts anderes als der Nachweis, dass die Annahmen des Modells logisch konsistent sind. Dies ist beruhigend zu wissen, doch verrät uns diese Eigenschaft noch nichts darüber, wie ein Gleichgewicht zustande kommt. Diese Frage wird in der Regel mit der Fiktion eines „Walrasianischen Auktionators" beantwortet, der Preise ausruft und zu den Preisen Angebots- und Nachfragepläne entgegennimmt. Die Idee ist, dass der Auktionator so lange die Preise variiert, bis auf allen Märkten Angebot gleich Nachfrage ist. Zu dem Preis ist dann Handel möglich. Mit anderen Worten darf kein Handel außerhalb des Gleichgewichts stattfinden. Diese Annahme ist in der Realität natürlich nicht erfüllt, und es stellt sich die Frage nach ihrer Relevanz.

5.2.1.3 Deutung der Koordination der Nachfrageentscheidungen der Haushalte über den Markt als politisches Wahlverfahren

Im Folgenden wollen wir zeigen, dass die selbstständigen Konsumentscheidungen der Haushalte und ihre Koordinierung durch den Markt bei vollständiger Konkurrenz einem optimal organisierten politischen Wahlverfahren entsprechen, in dem die Wähler in der Lage sind, die Intensität ihrer Wünsche für die einzelnen Güter zum Ausdruck zu bringen. Wir wollen damit klar machen, dass die Entscheidungsprinzipien „Markt" und „Wahlen" keine diametralen Gegensätze sind, sondern dass das Marktgeschehen eine spezielle Form von Abstimmung oder Wahl darstellt.

Wir nehmen bei unseren Überlegungen die Existenz einer Wahlleitung an, die das Abstimmungsverfahren organisiert und durchführt. Der Einfachheit halber wird wieder von zwei Konsumgütern ausgegangen. Die Wahlleitung weist zunächst jedem Individuum eine bestimmte Zahl von Punkten (sein Einkommen) zu, die vorher auf irgendeine Weise festgelegt wurde. Die Haushaltsvorstände begeben sich nun in ein Wahllokal (analog: auf den Markt) und erfahren dort, für wie viele Punkte sie je eine Einheit der beiden Konsumgüter erhalten würden (oder anders ausgedrückt, welche Werte die Preise p_1 und p_2 annehmen). Anschließend geben sie ihre gesamten Stimmpunkte in von ihnen gewünschter Aufteilung in die beiden Wahlurnen, die jeweils eines der beiden Konsumgüter repräsentieren. Dabei halten die Wahlhelfer die von jedem Haushaltsvorstand für die beiden Güter abgegebenen Punktezahlen schriftlich fest. Die Wahl ist also nicht geheim.

Nach der Wahl lässt der Wahlleiter die insgesamt in den Urnen für beide Güter abgegebenen Punkte zählen und erhält, nach Division durch die je Einheit erforderliche Punktezahl, die zu dieser für die Konsumgüter gewünschte Gesamtnachfragemen-

5.2. Organisationsformen des Konsumsektors

ge. Parallel zur Abstimmung hat der Wahlvorstand die je Einheit der Konsumgüter festgesetzten Punktezahlen (Preise) den als Mengenanpasser handelnden Betrieben mitgeteilt. Diese berichten zurück, welche Mengen der Konsumgüter sie zu diesen Preisen anbieten wollen.

Bei dem beschriebenen Verfahren wird unterstellt, dass bei den vorgegebenen Punktezahlen (Preisen) die Haushalte ihren Nutzen und die Unternehmungen als Mengenanpasser ihren Gewinn maximieren. Sind zusätzlich Angebot und gesamte Nachfrage zu den vorgegebenen Punktezahlen einander gleich, so wissen wir, dass eine gleichgewichtige Allokation erreicht wurde.

Es ist jedoch unwahrscheinlich, dass das schon bei den von der Wahlleitung zuerst festgesetzten Punktezahlen je Einheit der Fall ist. Stellt nun der Wahlvorstand eine Differenz zwischen Angebot und Nachfrage für eines oder beide der Güter fest, so wird er die erforderliche Punktezahl erhöhen, wenn die Nachfrage das Angebot übersteigt, und senken, wenn die umgekehrte Sachlage vorliegt. Dabei wird die Änderung der Punktezahl so vorgenommen, dass sie annähernd proportional zur Größe der Differenz zwischen Angebot und Nachfrage ist.

Anschließend wiederholt sich das zuvor beschriebene Verfahren: Die Haushaltsvorstände geben ihre Punkte für die beiden Güter ab, die Unternehmungen melden das beabsichtigte Angebot usw. Ergibt sich die Gleichheit von Angebot und Nachfrage für beide Güter, so ist der Wahlvorgang abgeschlossen. Ist das nicht der Fall, so wird die Prozedur in der bekannten Weise fortgeführt, bis schließlich dieses Ergebnis erreicht ist. Daraufhin erklärt die Wahlleitung die Produktions- und Konsumpläne für verbindlich; die Güter werden erzeugt, gemäß der Abstimmung auf die Haushalte verteilt und von diesen verbraucht.

Unser Beispiel hat gezeigt, dass die dezentralisierte Bestimmung des Konsums durch die Haushalte und die Koordinierung ihrer Pläne mit Hilfe des Marktes einem Abstimmungsverfahren entspricht, das es den Haushalten erlaubt, ihre relativen Präferenzen für die Konsumgüter genau zum Ausdruck zu bringen. Da die Haushaltsvorstände Teilmengen der ihnen zugeteilten Punkte für jedes der Güter abgeben können, sind sie in der Lage, die von ihnen bei den erforderlichen Punktezahlen je Einheit (Preise) gewünschte Mengenkombination selbst anzugeben. Andererseits erlaubt die Änderung der erforderlichen Punktezahl (Preise) eine Abstimmung ihrer Pläne aufeinander und ihre Koordinierung mit den realisierbaren Produktionsplänen der Wirtschaft. Da die Abstimmungsergebnisse jederzeit für verbindlich erklärt werden können und damit die Güterzuteilung für jedes Individuum fixiert wird, sind die Haushalte gezwungen, verantwortlich zu handeln und ihre wirklichen Präferenzen bei der Abstimmung offenzulegen. Das ist auch der Grund dafür, warum die Wahl nicht geheim sein kann. Schließlich ist es wichtig, darauf hinzuweisen, dass es bei dem beschriebenen Verfahren keine überstimmte Minderheit gibt.

Bei aller Qualität lässt jedoch das Wahlverfahren zwei wichtige Fragen offen.[10] Erstens hat es keinen Einfluss auf die Zahl der Punkte, also auf die Anzahl Stimmen (das Einkommen), die jedes Individuum erhält. Das Problem der Stimmverteilung

---

[10]Wir sehen hier auch davon ab, dass zur Durchführung des Verfahrens Produktionsmittel benötigt werden, dass dieses also nicht kostenlos ist.

(der Einkommensverteilung) muss also vorher irgendwie gelöst werden. Siehe dazu Übungsaufgabe 5.3. Zweitens ist nicht ohne weiteres klar, ob die oben beschriebene Prozedur auch tatsächlich zu einer Lösung führt, bei der Angebot und Nachfrage für alle Güter gleich sind. Das ist nur dann der Fall, wenn das beschriebene System dynamisch stabil ist. Ganz analoge Probleme gelten für dezentralisierte Entscheidungen und ihre Koordinierung mit Hilfe des Marktes.

5.2.2 Bestimmung der Konsumgütermengen durch Mehrheitswahlrecht

Im Folgenden wird eine Alternative zur oben behandelten Dezentralisierung der Konsumgüterverteilung über Märkte betrachtet. Soll vom Preismechanismus kein Gebrauch gemacht werden, so verbleibt nur die Möglichkeit, jedem Haushalt ein bestimmtes Bündel von Konsumgütern zuzuweisen, über dessen Zusammensetzung in einem politischen Entscheidungsverfahren entschieden wird. Ein solches Allokationsverfahren wird als „Nicht-Preis-Rationierung" oder kurz „Rationierung" bezeichnet, womit der Gegensatz zur oben beschriebenen Rationierung mittels des Preismechanismus deutlich gemacht wird. Der Begriff der Rationierung wird dabei synonym mit „Zuteilung" oder „Allokation" gebraucht.[11]

Bei der politischen Entscheidung über die Zusammensetzung des Sozialprodukts verfüge jedes Individuum über eine Stimme, und ein Vorschlag gelte als angenommen, wenn sich die Mehrheit der Wähler für ihn ausspricht.

Damit die beiden Lösungen vergleichbar sind, wollen wir von identischen Einkommensverteilungen ausgehen. Da jedoch bei dem hier zu diskutierenden Wahlverfahren keine Preise verwendet werden, kann die Einkommensverteilung nicht in Form eines Vektors von Geldeinkommen, $(Y_1, \ldots, Y_m)$, beschrieben werden. Stattdessen nehmen wir an, dass der gleiche Verteilungsschlüssel $(\alpha^1, \ldots, \alpha^n)$ wie oben jetzt für die Aufteilung der Gesamtmenge jedes einzelnen Konsumguts maßgeblich ist.

Unsere Frage ist nun erstens, ob es in diesem Fall einer vorab festgelegten Aufteilung der (anschließend zu bestimmenden) Konsumgütermengen[12] eine gesamtwirtschaftliche Allokation gibt, die mit Mehrheit oder einstimmig gewählt wird, und zweitens, ob eine solche Allokation Pareto-optimal sein kann. Die erste Frage wollen wir für ein spezielles Beispiel, die zweite generell zu beantworten suchen.

5.2.2.1 Gütermengenzuteilung und Pareto-Optimalität

Wir beginnen mit der zweiten Frage und vergleichen zu diesem Zweck zwei Situationen miteinander, in denen m Haushalte einmal bei gegebener Einkommensverteilung und das andere Mal bei gegebener Verteilung der Mengen der einzelnen Güter

---

[11] Beispielsweise wird in vielen Ländern bei der Zuteilung von Gesundheitsleistungen von der Nicht-Preis-Rationierung Gebrauch gemacht. So bestimmt im Vereinigten Königreich das Parlament, das Budget, das dem Nationalen Gesundheitsdienst zugewiesen wird, und die Leistungen werden an die einzelnen Bürger nach dem Prinzip des Bedarfs bzw. bei Nachfrageüberhang nach Wartelisten abgegeben.

[12] Ein solches Allokationsverfahren wird allgemein als „Nicht-Preis-Rationierung" oder kurz „Rationierung" bezeichnet.

5.2. Organisationsformen des Konsumsektors

selbständig über ihre Konsumpläne entscheiden. Sowohl für die Verteilung der Einkommen als auch für die Verteilung der einzelnen Mengen auf die Haushalte seien dieselben Anteile α^i ($i = 1, 2, \ldots, m$) maßgeblich, für die (5.55) und (5.56) erfüllt sind.

Es gilt also $Y^i = \alpha^i \cdot Y$ bzw. $x_j^i = \alpha^i \cdot x_j$, ($j = 1, 2$). Die bei dieser Verteilung der Konsumgütermengen auf die Haushalte sich ergebenden Mengen werden mit dem Symbol *, die Pareto-optimalen Größen durch das Symbol ∘ gekennzeichnet.

Es lässt sich zunächst zeigen, dass bei vorgegebener Verteilung der Geldeinkommen im Konkurrenzgleichgewicht jedes beliebige Individuum H^i zumindest die Mengen $x_j^{*i} = \alpha^i x_j^*$ erhalten kann, die er bei einer durch ein gleich großes α^i bestimmten Verteilung beliebiger realisierbarer Mengen der Konsumgüter bekommen könnte. Durch Multiplikation dieser Definitionsgleichung mit p_j° und Summation über j ergibt sich:

$$\sum_{j=1}^{2} p_j^\circ \cdot x_j^{i*} = \alpha^i \cdot \sum_{j=1}^{2} p_j^\circ \cdot x_j^* . \tag{5.69}$$

Bei Verwendung von (5.48) folgt aus der Tatsache, dass die x_j^* beliebige realisierbare x_j sind:

$$\alpha^i \cdot \sum_{j=1}^{2} p_j^\circ \cdot x_j^* \leq \alpha^i \cdot \sum_{j=1}^{2} p_j^\circ \cdot x_j^\circ = \alpha^i \cdot Y^\circ , \tag{5.70}$$

wobei die letzte Gleichung aus (5.65) folgt. Aus (5.69) und (5.70) ergibt sich dann unter Verwendung von (5.55), dass

$$\sum_{j=1}^{2} p_j^\circ \cdot x_j^{i*} \leq Y^{\circ i} \tag{5.71}$$

ist. Die x_j^{i*} hätten sich also bei Dezentralisierung der Konsumentscheidungen und vollständiger Konkurrenz von Individuum i auch verwirklichen lassen.

Da Individuum H^i jedoch bei vorgegebener Verteilung von Geldeinkommen möglicherweise ein anderes Güterbündel kaufen würde, ist damit gezeigt, dass sein Nutzen bei fester Güteraufteilung in der Regel kleiner ist als in dem Fall, in dem nur die Geldeinkommen in gleicher Weise auf die Haushalte verteilt sind.

Dieses Ergebnis ist in Abbildung 5.7 illustriert, die eine Reproduktion von Abbildung 5.6 darstellt. Die Diagonale $0_1 0_2$ in der Edgeworth-Box entspricht der Menge aller Aufteilungen der Gütermengen (x_1°, x_2°) auf die beiden Haushalte im gleichen Verhältnis, und Punkt E' gibt dasjenige Verhältnis $\alpha^1 : \alpha^2$ an, in dem in der vorherigen Analyse die Einkommen aufgeteilt waren. Es zeigt sich, dass in diesem Punkt *beide* Haushalte niedrigere Indifferenzkurven erreichen als im Punkt E, dem Marktgleichgewicht bei Verteilung von Geldeinkommen.

Die abgeleitete Schlussfolgerung gilt für beliebige vorgegebene Verteilungen. Sie trifft deshalb auch für die Gleichverteilung $\alpha^1 = \alpha^2 = \cdots = \alpha^m$ zu. In diesem Fall kommt es nur dann nicht zu einem Wohlfahrtsverlust bei den Individuen, wenn diese alle die gleichen Präferenzen bezüglich der Konsumgüter besitzen.

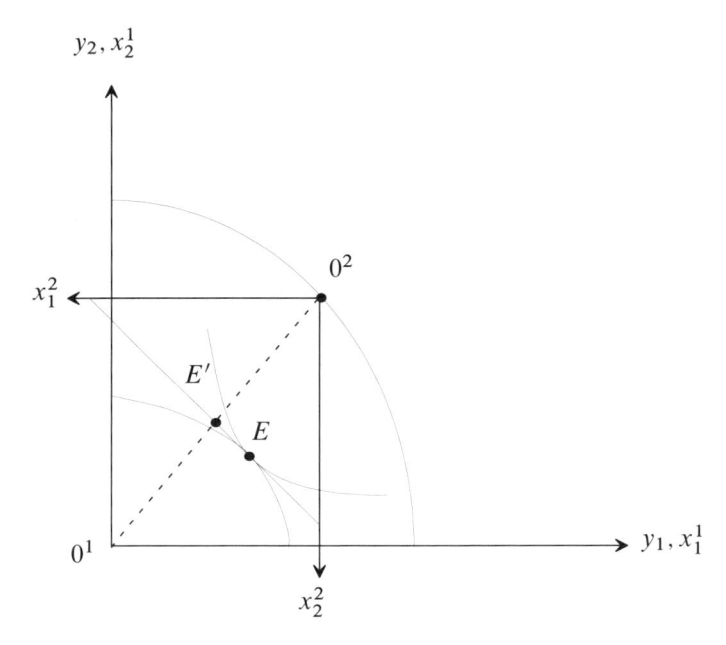

Abbildung 5.7: Sub-Optimalität der Güterzuteilung

5.2.2.2 Das Ergebnis des Abstimmungsprozesses

Nachdem wir gesehen haben, dass eine vorgegebene Verteilung der Konsumgütermengen regelmäßig nicht Pareto-optimal ist, wenden wir uns der Beantwortung der Frage zu, ob bei Erfordernis einer Stimmenmehrheit überhaupt eine Entscheidung zustande kommt und wie diese beschaffen ist. Die betrachtete Gesellschaft bestehe aus m Individuen.

Die Produktionsseite werde der Einfachheit halber durch eine Transformationskurve
$$y_2 = g(y_1) \tag{5.72}$$
beschrieben.

Gemäß der vorab festgelegten Verteilung der produzierten Mengen der Konsumgüter auf die m Haushalte im Verhältnis $\alpha_1 : \alpha_2 : \ldots : \alpha_m$ gilt für ein beliebiges Individuum H^i
$$x_j^i = \alpha^i y_j \quad (i = 1, \ldots, m; j = 1, 2). \tag{5.73}$$
Damit kann man zu jedem Bündel gesamtwirtschaftlicher Produktion (y_1, y_2) den zugehörigen Konsumvektor (x_1^i, x_2^i) des i-ten Individuums durch „Schrumpfung" im Verhältnis $\alpha^i : 1$ ermitteln. Dies wird in Abbildung 5.8 für das produzierbare Güterbündel P und den zugehörigen Konsumpunkt P' demonstriert. Mit diesem Verfahren kann man dann aus der gesamtwirtschaftlichen Transformationskurve die Konsummöglichkeiten-Kurve für das i-te Individuum konstruieren (vgl. die Kurven AD und $A'D'$ in Abbildung 5.8).

5.2. Organisationsformen des Konsumsektors

Das für das Individuum H^i optimale Konsumgüterbündel ist dasjenige, das seine individuelle Präferenzfunktion

$$u^i = u^i(x_1^i, x_2^i) \tag{5.74}$$

unter den Nebenbedingungen (5.10a), (5.10b), (5.72) sowie (5.73) maximiert. Bei konvexen Indifferenzkurven ist ein Optimum durch den Berührungspunkt einer Indifferenzkurve mit der Beschränkungskurve $A'D'$ gekennzeichnet. Wegen der vorgegebenen Aufteilung der Produktion kann man nun aus der Präferenzfunktion des Individuums für seinen eigenen Konsum (x_1^i, x_2^i) seine impliziten Präferenzen bezüglich der Gesamtproduktion (y_1, y_2) ableiten.

Nennen wir die entsprechende Präferenzfunktion V^i, so ist diese definiert durch

$$V^i(y_1', y_2') \geq V^i(y_1^\circ, y_2^\circ) \tag{5.75}$$

genau dann wenn

$$u^i(x_1^{i'}, x_2^{i'}) = u^i(\alpha^i \cdot y_1', \alpha^i \cdot y_2')$$
$$\geq u^i(\alpha^i \cdot y_1^\circ, \alpha^i \cdot y_2^\circ) =: u^i(x_1^{i\circ}, x_2^{i\circ}).$$

Folglich kann man die Schar von Indifferenzkurven des Individuums H^i, die seine impliziten Präferenzen V^i für produzierbare Güterbündel ausdrücken, durch Aufblähung seiner Indifferenzkurven zur Präferenzfunktion u^i im Verhältnis von $1 : \alpha^i$ gewinnen. Dies ist ebenfalls in Abbildung 5.8 demonstriert, und zwar anhand der

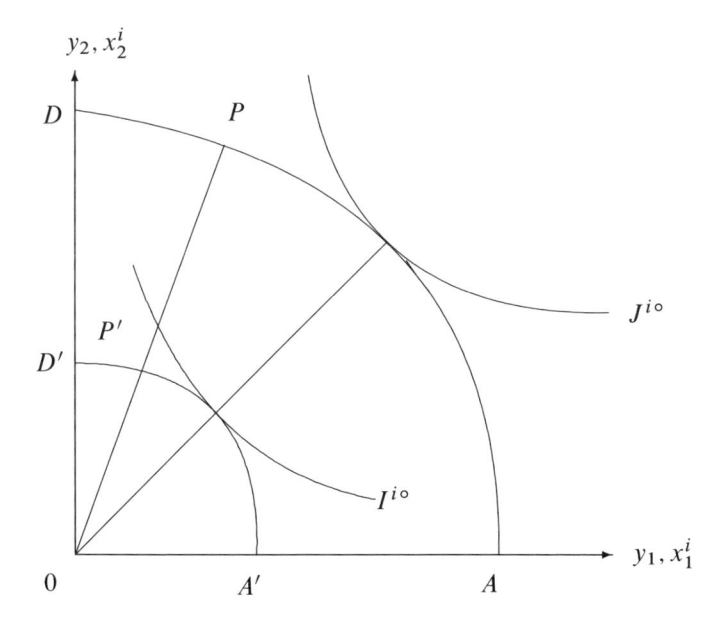

Abbildung 5.8: Konsummöglichkeiten eines Individuums

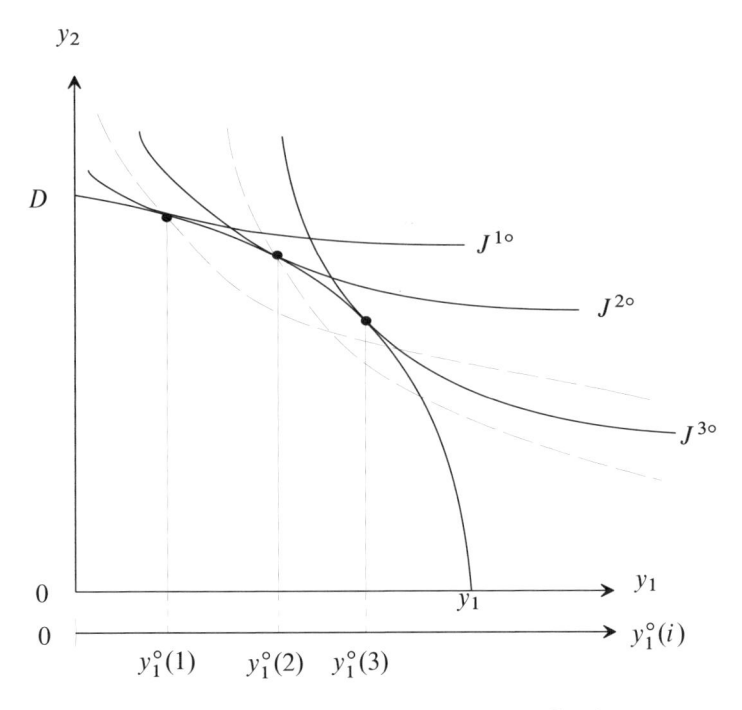

Abbildung 5.9: Optimale Mengen von Gut 1

höchsten erreichbaren Indifferenzkurve $I^{i\circ}$, aus der die Indifferenzkurve $J^{i\circ}$ über produzierbare Güterbündel abgeleitet wird.

Den Prozess der Abstimmung über den gesamtwirtschaftlichen Produktionsplan wollen wir im Folgenden an einem Beispiel mit $m = 3$ Individuen illustrieren, um später allgemeinere Schlussfolgerungen zu ziehen. Wir gehen vom Mehrheitswahlrecht aus und nehmen an, dass jedes Individuum anfangs das für ihn optimale Bündel als gesamtwirtschaftlichen Produktionsplan vorschlägt. Da die Haushalte i.a. unterschiedliche Präferenzen haben, sind in Abbildung 5.9 drei verschiedene Indifferenzkurvenscharen eingezeichnet, die zu unterschiedlichen Berührpunkten mit der für alle drei verbindlichen Transformationskurve führen, und zwar ist $(y_1^\circ(i), y_2^\circ(i))$ der Optimalpunkt für Individuum H^i ($i = 1, 2, 3$). Die Vorschläge können vereinfachend durch Angabe der Menge des 1. Gutes, $y_1^\circ(i)$, charakterisiert werden, denn bei effizienter Produktion liegt $y_2^\circ(i)$ eindeutig fest, sobald $y_1^\circ(i)$ gegeben ist (untere Achse in Abbildung 5.9).

Sind diese drei Alternativen zur Wahl gestellt, so erhält jede derselben eine Stimme und keine die erforderliche Mehrheit. Angesichts dieser Sachlage wird es für die Wähler notwendig, zusätzliche Alternativen in die Diskussion zu bringen, bei denen auf eine Mehrheit der Stimmen zu hoffen ist.

Bei dem auf diese Weise anhebenden Spiel befindet sich das 2. Individuum, dessen relative Gewichtung der beiden Güter zwischen derjenigen der anderen Haushalte

5.2. Organisationsformen des Konsumsektors 165

liegt, in einer strategisch günstigen Lage, da es für das 1. und 3. Individuum vorteilhafter ist, mit ihm eine gemeinsame Basis zu finden als miteinander.

Die Tatsache, dass sowohl das 1. als auch das 3. Individuum einen Kompromiss mit ihm anstreben werden, kann sich Individuum H^2 auf folgende Weise zunutze machen: Von den ursprünglichen Vorschlägen jener beiden bewertet er den des 3. Individuums, $y_1^o(3)$ höher als den des 1., wie aus dem Verlauf seiner Indifferenzkurven abzulesen ist. Er hat allen Grund, diese Tatsache dem 1. Individuum mitzuteilen, um diesen zu einem neuen Vorschlag zu bewegen, der technisch effizient ist und ihm einen höheren Nutzen verspricht als der Vorschlag $y_1^o(3)$.

Man kann sich den weiteren Gang der Dinge leicht vorstellen. Haushalte H^1 und H^3 werden sich so lange überbieten, um Individuum H^2 bei den Wahlen für sich zu gewinnen, bis die für diesen günstigste Situation erreicht ist. Als Lösung unseres Problems kommt also eine Entscheidung zugunsten des Produktionsplans $(y_1^o(2), y_2^o(2))$ heraus. Die einzelnen Haushalte bekommen $x_1^i = \alpha^i \cdot y_1^o(2)$ und $x_2^i = \alpha^i \cdot y_2^o(2)$ ($i = 1, 2, 3$) zugeteilt.

Unsere Lösung ist nicht zufällig in dem Sinne, dass sie etwa von der Zahl der Wähler oder von den speziellen Präferenzordnungen des Beispiels abhängt. Man überzeugt sich leicht, dass bei einer Zunahme der Zahl der wählenden Haushalte die Lösung ebenfalls bei der Alternative liegen wird, die der Wähler bevorzugt, der mit der relativen Wertschätzung der beiden Güter gerade in der Mitte liegt.[13] Dieser Wähler heißt „Medianwähler", weil er die Medianposition in der Verteilung der Wähler entlang der unteren y_1^o-Achse in Abbildung 5.9 einnimmt. Ist die Zahl der Wähler gerade, so gibt es allerdings zwei „mittlere" Wähler, so dass die Lösung ein Kompromiss zwischen den von diesen beiden am meisten geschätzten Alternativen ist.

Wie nach dem oben angeführten Beweis zu erwarten war, ist diese Situation nicht Pareto-optimal. Die Haushalte H^1 und H^3 können ihre Lage dadurch verbessern, dass Individuum H^1 einen Teil seiner Zuteilung des ersten Gutes an Individuum H^3 für eine gewisse Menge des zweiten Gutes abgibt. Dadurch würden sich beide verbessern, da ihre Grenzraten der Substitution, wie aus Abbildung 5.9 ersichtlich ist, im Punkt $(y_1^o(2), y_2^o(2))$ unterschiedlich sind. Tatsächlich wäre unter den beschriebenen Bedingungen mit der Entwicklung eines Tauschhandels unter den Individuen zu rechnen, wie die Erfahrungen während des Zweiten Weltkrieges und in der Nachkriegszeit mit ihren blühenden Tauschgeschäften und Tauschzentralen bei Rationierung der Konsumgüter gezeigt haben.

Diese Überlegung wirft die Frage auf, ob denn wenigstens nach Ablauf des Tauschhandels eine Pareto-optimale Versorgung der Gesellschaft erreicht wird. In diesem Falle würde es ausreichen, den Tauschhandel gesetzlich zuzulassen, wenn man eine gleichwertige Lösung wie bei voller Dezentralisierung auch in dem beschriebenen demokratischen Wahlverfahren erzielen möchte. Die Frage muss jedoch deshalb verneint werden, weil der nachträgliche Tauschhandel eine „falsche", d. h. von voller Pareto-Optimalität abweichende Zusammensetzung der Produktion nicht mehr rück-

---

[13]Voraussetzung ist allerdings, dass die Präferenzen der Wähler eingipflig sind. Konvexität der Indifferenzkurven und der Menge der zulässigen Konsumgüterbündel ist hierzu hinreichend.

gängig machen kann. Die Leistung der Konsumentensouveränität besteht nämlich nicht nur darin, die Aufteilung eines gegebenen Sozialprodukts auf die Konsumenten bestmöglich zu regeln, sondern auch dessen Zusammensetzung durch Nachfrage- und Preissignale an die Produzenten Pareto-optimal zu bestimmen.

Es kann ferner gezeigt werden, dass das abgeleitete Ergebnis keinesfalls nur auf die Annahme zurückzuführen ist, dass alle Güter nach dem gleichen Schlüssel auf die Haushalte aufgeteilt werden. Auch jedes beliebige andere Aufteilungsschema – das durch eine feste Matrix von Anteilen $(\alpha_j^i)_{j=1,2}^{i=1,...,m}$ gekennzeichnet werden kann – führt im Allgemeinen zu einer nicht Pareto-optimalen Allokation, wenn über die Zusammensetzung des Sozialprodukts getrennt und demokratisch abgestimmt wird. Einzige Voraussetzung dafür ist, dass die Präferenzen der Haushalte nicht alle homothetisch sind, so dass ein bestimmtes Aufteilungsschema nicht für jedes Niveau des Sozialprodukts zugleich effizient sein kann.

5.2.3 Schlussfolgerungen

Unsere Überlegungen in den vorausgegangenen Abschnitten legen verschiedene Schlussfolgerungen für eine Organisation der Wirtschaft nahe, die es erlauben soll, die bezüglich der in Kapitel 1 genannten Ziele der Freiheit und einer reichlichen Güterversorgung möglichst gut zu erreichen.

Als erstes mögliches Verfahren zur Bestimmung der Ziele einer Gesellschaft behandelten wir die Dezentralisierung der Verbrauchsentscheidungen und ihre Koordination durch den Markt. Wird von den unabhängigen Nachfrageentscheidungen der Haushalte indirekt, d. h. durch ihre Auswirkungen auf die Konsumgüterpreise auch die Zusammensetzung der Produktion in einer Wirtschaft bestimmt, so spricht man von „Konsumentensouveränität". Als Alternative dazu lernten wir ein politisches Entscheidungsverfahren kennen, bei dem jedes Gesellschaftsmitglied über eine Stimme verfügt und in dem mit einfacher Mehrheit oder mit einem höheren Anteil der Stimmberechtigten gültige Beschlüsse gefasst werden. Ist ein solches Verfahren maßgeblich für die Zusammensetzung der Produktion, so liegt „Wählersouveränität" vor.

Wir konnten uns davon überzeugen, dass die Konsumentensouveränität der Wählersouveränität regelmäßig überlegen und niemals unterlegen ist, da erstere immer Pareto-optimale Ergebnisse ermöglicht, letztere jedoch nur in Ausnahmefällen. Diese Tatsache ist darauf zurückzuführen, dass bei Konsumentensouveränität jedermann die Intensität seiner Wünsche zum Ausdruck bringen kann und muss und es keine überstimmte Minderheit gibt, da jedermann im Rahmen seines Einkommens die von ihm gewünschten Käufe durchführen kann.

Das geschilderte Resultat legt die Schlussfolgerung nahe, dass die Dezentralisierung der Konsumentscheidungen auf die Haushalte eine zufriedenstellende Güterversorgung ermöglicht, falls nicht politische Entscheidungsverfahren, bei gleichen oder geringeren Entscheidungskosten, ebenfalls Pareto-optimale Ergebnisse zu erzielen erlauben. In der Realität dürfte es allerdings unmöglich sein, die benötigten Informationen allen zugänglich zu machen, und die Entscheidungskosten dürften außerordentlich hoch sein. Andererseits treten bei Konsumentensouveränität die Probleme der dynamischen Instabilität und der unvollkommenen Konkurrenz auf.

5.3 Allmende-Güter

Abschließend wollen wir noch auf den Fall zu sprechen kommen, in dem die Ausschließungskosten an einem Gut prohibitiv hoch sind. In diesem Fall kann das Allokationsproblem nicht mit Hilfe eines Marktmechanismus gelöst werden, da jeder Versuch der Durchsetzung von Eigentumsrechten aufgrund der damit verbundenen Kosten zum Scheitern verurteilt ist. Hardin (1968) hat in seinem für diese Literatur sehr einflussreichen Artikel „The Tragedy of the Commons" darauf hingewiesen, dass in einer rein dezentralen Lösung mit einer Unterversorgung mit Allmendegütern gerechnet werden muss. Dieses Phänomen der Unterversorgung stellt sich in der Praxis häufig als ein Problem der Übernutzung eines Guts dar.

Um das Phänomen der Allmendegüter präziser zu verstehen, werden wir das m-Individuen-Modell aus (5.51) bis (5.53) wieder aufgreifen und modifizieren. Die Nutzenfunktionen der m Haushalte seinen wieder auf zwei Gütern 1 und 2 definiert, $u^i = u^i(x_1^i, x_2^i)$, wobei von Nichtsättigung und einer abnehmenden Grenzrate der Substitution ausgegangen wird. Bei Gut 2 handelt es sich um ein privates Gut, das heißt, dass Rivalität im Konsum und Ausschließbarkeit vorausgesetzt werden. Formal

---

Kasten 5.2: Das Allmendeproblem am Beispiel Kabeljau

Der Kabeljau war lange Zeit der wichtigste Nutzfisch der Menschheit. Er machte z. B. ca. 60% des europäischen Fischverzehrs aus. Hafenstädte wie La Rochelle, Bilbao oder Bristol verdankten der Kabeljaufischerei ihren wirtschaftlichen Aufschwung. Im Jahre 1992 brachen die ersten Bestände vor der Küste Neufundlands zusammen. Zehntausende Arbeitsplätze gingen hierdurch verloren. Diese Bestände haben sich trotz eines absoluten Fangverbots aufgrund von Anpassungen im Ökosystem bis heute nicht erholt. 2002 brachen die Bestände auch in der Nordsee und anderen europäischen Meeresgebieten fast zusammen. Derzeit wird weltweit ca. 70% weniger Kabeljau gefischt als noch vor 40 Jahren.

Die Europäische Kommission hat zum allgemeinen Problem der Überfischung im Jahre 2008 folgendes publiziert: „*Wissenschaftliche Einrichtungen bewerten jedes Jahr, ob bei den einzelnen Beständen die Gefahr besteht, dass ihre künftige Reproduktionsfähigkeit beeinträchtigt wird, mit anderen Worten, ob sie sich außerhalb biologisch sicherer Grenzen befinden. Es ist vor allem auf ungenaue Fangmeldungen zurückzuführen, dass die Bestandslage bei etwa 57% der Bestände unbekannt ist. Zu denjenigen Beständen, deren Bestandslage bekannt ist, ist festzustellen, dass bei 68% eine große Gefahr der Erschöpfung besteht, während von nur 32% jener Bestände bekannt ist, dass sie nachhaltig befischt werden. Bei 88% der Bestände ist die Überfischung so gravierend, dass mehr Fisch gefangen würde, wenn weniger Fischfang stattfände. Diese Zahl ist deutlich höher als vergleichbare Werte außerhalb der EU, wo im Gesamtdurchschnitt 25% der Bestände überfischt werden. Etwa 19% der Bestände sind in so schlechtem Zustand, dass Wissenschaftler empfehlen, die Befischung ganz einzustellen....*"[14]

---

[14] EU-Kommission (2008): Mitteilung der Kommission, Fangmöglichkeiten 2009, Absichtserklärung der Europäischen Kommission.

bedeutet dies, dass die beschafften und konsumierten Mengen dieses Gutes identisch sind, $z_2^i = x_2^i, i = 1, \ldots, m$. Gut 1 ist ein Allmende-Gut, so dass Rivalität im Konsum, aber Nichtausschließbarkeit vorausgesetzt wird. Um den Zielkonflikt zwischen Gut 1 und Gut 2 zu erfassen, gehen wir davon aus, dass es eine Transformationsfunktion f^i zwischen Gut 1 und Gut 2 gibt, so dass $z_1^i = f^i(x_2^i)$ gilt. Das hinter diesem Zusammenhang stehende Ressourcenallokationsproblem wird als gelöst vorausgesetzt.

5.3.1 Pareto-effiziente Versorgung

Eine Pareto-effiziente Allokation kann in diesem Modell durch die Lösung des Lagrange-Problems

$$\mathcal{L} = u^1\left(x_1^1, x_2^1\right) + \sum_{j=2}^{m} \lambda^j \left(u^j(x_1^j, x_2^j) - \bar{u}^j\right)$$

$$+ \mu \left(\sum_{i=1}^{m} z_1^i - \sum_{i=1}^{m} x_1^i\right) + \sum_{k=1}^{m} \gamma^k \left(z_1^k - f^k(x_2^k)\right) \quad (5.76)$$

bestimmt werden.
Ein inneres Optimum wird durch die Bedingungen erster Ordnung

$$\frac{\partial u^i / \partial x_1^i}{\partial u^i / \partial x_2^i} = -\frac{1}{\partial f^i / \partial x_2^i}. \quad (5.77)$$

und

$$\lambda^i \frac{\partial u^i}{\partial x_1^i} = -\mu, \quad \frac{\partial u^i}{\partial x_2^i} = \gamma^i \frac{\partial f^i}{\partial x_2^i} \quad (5.78)$$

bestimmt. (5.1.3) ist die bekannte Bedingung, dass die Grenzrate der Substitution jedes Haushalts der Grenzrate der Transformation gleich sein muss: die Nichtausschließbarkeit hat keine Bedeutung für die optimale Allokation, sondern nur für deren institutionelle Umsetzung. (5.78) wird später noch Verwendung finden.

5.3.2 Dezentrale Bereitstellung

Im Allgemeinen können die beschafften und konsumierten Mengen bei einem Allmendegut auseinanderfallen. Wir gehen davon aus, dass jedes Individuum $i = 1, \ldots, m$ aufgrund der Nichtausschließbarkeit einen Anteil $\omega \in [0, 1]$ der beschafften Mengen von Gut 1 von Individuum $j \neq i$ konsumiert. Der restliche Anteil $(1 - (m-1)\omega)$ wird von Individuum i selbst konsumiert. Wir gehen davon aus, dass m und ω sich so zueinander verhalten, dass $(1 - (m-1)\omega) \geq 0$ stets erfüllt ist. Damit konsumiert jedes Individuum $j \neq i$ insgesamt eine Menge

$$x_1^i = (1 - (m-1)\omega)z_1^i + \sum_{j \neq i} \omega z_1^j$$

5.3. Allmende-Güter

von Gut 1. Die zentrale Annahme in der folgenden Bestimmung des gleichgewichtigen Verhaltens ist, dass die Individuen rein dezentral und ohne weitere Regeln ihren Beitrag zur Produktion des Allmendeguts bestimmen. Wir suchen nach einem Nash-Gleichgewicht des Spiels. Mit diesen Information können wir das Optimierungsproblem eines Individuums i wie folgt spezifizieren:

$$\max_{x_2^i} u^i \left((1-(m-1)\omega)f^i(x_2^i) + \sum_{j \neq i} \omega f^j(x_2^j), x_2^i \right), \quad i=1,\ldots,m. \quad (5.79)$$

Wir gehen von der Existenz einer inneren Lösung aus. Die Bedingung erster Ordnung für ein Nutzenmaximum für Individuum i ist dann

$$\frac{\partial u^i/\partial x_1^i}{\partial u^i/\partial x_2^i} = -\frac{1}{(1-(m-1)\omega)\partial f^i/\partial x_2^1}. \quad (5.80)$$

Wie man sieht, erreicht ein dezentrales Gleichgewicht die Pareto-effiziente Allokation (5.1.3) lediglich dann, wenn $(1-(m-1)\omega) = 1$ bzw. $(m-1)\omega = 0$ ist. Dieser Fall tritt entweder auf, wenn $m = 1$ ist, das Allmende-Problem also dadurch verschwindet, dass überhaupt nur ein Individuum existiert, oder $\omega = 0$ ist, so dass es keine Mitnutzung durch andere gibt. In allen anderen Fällen wird gegen das Prinzip der vollständigen Internalisierung verstoßen, weil jedes Individuum zwar die gesamten (Opportunitäts-)Kosten der Beschaffung trägt, aber nur einen Bruchteil des Nutzens realisieren kann. Daher ist *ceteris paribus* die Grenzrate der Substitution zwischen x_1^i und x_2^i in einem Gleichgewicht mit freiwilliger Beschaffung von Gut 1 größer als im Pareto-Optimum, was wiederum *ceteris paribus* auf eine Unterversorgung mit dem Allmendegut schließen lässt. Die Bedingungen erster Ordnung legen nahe, dass das Allmende-Problem mit dem Grad der Mitnutzung ω und der Bevölkerungszahl m steigt.

Für den Fall einer linearen Transformationskurve $x_2^i = 1 - x_1^i$, wobei 1 die maximal mögliche Konsummenge von x_1 darstellt, und isoelastischen Nutzenfunktionen $u^i(x_1^i, x_2^i) = \ln[x_1^i] + \ln[x_2^i]$ ergibt sich nach elementaren Rechenschritten als (symmetrische) Pareto-effiziente Lösung für Gut 1, $x_1^o = 1/2$. Das Nash-Gleichgewicht des Spiels mit freiwilliger Bereitstellung ist hingegen $x_1^N = \frac{1-(m-1)\omega}{2+3(m-1)\omega}$, was für alle zulässigen Kombinationen $(m-1)\omega \leq 1$ und $\omega > 0, m > 1$ kleiner als $1/2$ ist. Es kommt also zu einer Unterversorgung.

5.3.3 Lösungsmöglichkeiten

Die Frage, die an diesem Punkt gestellt werden kann, ist die nach der Repräsentativität des oben dargestellten Unterversorgungsproblems. Diese Frage ist entscheidend für die Bewertung möglicher Lösungsansätze für eine Pareto-optimale Bereitstellung von Allmendegütern. Es ist sicherlich richtig, dass Allmendegüter quasi definitionsgemäß nicht effizient auf Märkten gehandelt werden können. Gleichzeitig stellt sich aber natürlich auch die Frage, inwieweit das oben beschriebene Spiel Anspruch auf Legitimität zur Wahrnehmung von Allmendeproblemen hat. Um diese Frage näher zu beleuchten, gehen wir daher zunächst von einem modifizierten Spiel aus, um zu zeigen, dass mit einer leicht geänderten Spielstruktur das Unterversorgungsproblem verschwindet. Wir nehmen an, dass der Staat zwar nicht direkt Eigentumsrechte an dem Allmendegut durchsetzen kann, aber einem Individuum (ohne Beschränkung der Allgemeinheit Individuum 1) ein ganz spezifisches Eigentumsrecht geben kann. Individuum 1 kann vor Beginn der eigentlichen Allokationsentscheidung den anderen Individuen 2 bis m ein ultimatives Angebot (engl. „take-it-or-leave-it-offer") unterbreiten. Ein solches Angebot umfasst eine Menge des Allmendeguts $\hat{z}_1^i$, welches jedes Individuum zu beschaffen hat. Analog lässt sich das Problem auch über die Bestimmung einer Konsummenge $\hat{x}_2^i$ schreiben, so dass sich über die Transformationskurve $\hat{z}_1^i = f^i(\hat{x}_2^i)$ die Beschaffung von Gut 1 indirekt ergibt. Wir gehen aus Gründen der Vereinfachung von letzterer Möglichkeit aus.

Wird das Angebot von allen Individuen angenommen, so wird der Beschaffungsplan realisiert, ansonsten wird die dezentrale Lösung des nicht-kooperativen Nash-Gleichgewichts, die implizit durch (5.80) charakterisiert ist, realisiert. Der Staat kann sich glaubhaft daran binden, nach einem einmal angenommenen oder abgelehnten Angebot nie wieder ein neues Angebot zuzulassen.

Alle Individuen $i = 2, \ldots, m$ seien in dem Sinn rational, dass jeder den Vorschlag des 1 akzeptiert, sofern dieser ihm mindestens das Nutzenniveau u^{iD} sichert, das es im nicht-kooperativen Nash-Gleichgewicht realisieren kann. Daher ist die Bedingung für einen erfolgreichen Vorschlag von Individuum 1, $\{\hat{x}_2^i\}_{i=1,\cdots,m}$, dass für alle $i = 1, \ldots, m$

$$u^i[x_1^i, x_2^i] \geq u^{iD}$$

u.d.B.d. $\quad x_1^i = (1-(m-1)\omega)z_1^i + \sum_{j \neq i} \omega z_1^j \wedge \hat{z}_1^i = f^i(\hat{x}_2^i)\,.$

erfüllt ist. Daher ergibt sich aus Sicht von Individuum 1 das folgende Optimierungsproblem in Lagrange-Schreibweise:

$$\begin{aligned}\mathcal{L} = &u^1\left((1-(m-1)\omega)f^1(\hat{x}_2^1) + \sum_{j=2}^m \omega f^j(\hat{x}_2^j), \hat{x}_2^1\right) \\ &+ \sum_{j=2}^m \lambda^j \left(u^j\left((1-(m-1)\omega)f^j(\hat{x}_2^j) + \sum_{k \neq j} \omega f^k(\hat{x}_2^k), \hat{x}_2^j\right) - u^{jD}\right).\end{aligned}$$
(5.81)

Sei $\lambda^1 \equiv 1$ und $\tilde{\lambda}^j = \lambda^j/\lambda^i$. Die Lösung dieses Problems ist durch die folgende Bedingung erster Ordnung charakterisiert:

$$\frac{\partial f^i}{\partial x_2^i}\frac{\partial u^i}{\partial x_1^i} + \omega \frac{\partial f^i}{\partial x_2^i}\left(\sum_{j \neq i}\left(\tilde{\lambda}^j \frac{\partial u^j}{\partial x_1^j} - \frac{\partial u^i}{\partial x_1^i}\right)\right) + \frac{\partial u^i}{\partial x_2^i} = 0\,. \quad (5.82)$$

5.3. Allmende-Güter

Wir zeigen im Folgenden, dass die Werte des Pareto-Optimums diese Bedingung erfüllen. Dazu setzen wir den ersten Teil der Gleichung (5.78) für $1 = 2, \ldots, m$ in (5.82) ein und erkennen, dass jeder Summand in der großen Klammer den Wert $\mu - \mu = 0$ hat, so dass die große Klammer wegfällt. Der Rest entspricht jedoch gerade der Gleichung (5.1.3). Daher ist die durch diesen Mechanismus gewählte Allokation Pareto-effizient.

Die Relevanz des obigen Ergebnisses ergibt sich nicht so sehr daraus, dass der dort zur Anwendung kommende Mechanismus besonders realistisch ist. Im Gegenteil macht insbesondere die Annahme vollständiger Informationen und die Annahme, dass der Staat der Versuchung, nach einer erfolglosen Verhandlung diese nochmals zu initiieren (was, wenn dies antizipiert wird, das Verhalten verändert), diesen Mechanismus nicht sehr überzeugend. Was das Ergebnis allerdings zeigt, ist, dass zu erwarten ist, dass rationale Individuen nach Wegen suchen werden, das Effizienzproblem der rein dezentralen Lösung durch die Schaffung spezifischer Regelsysteme zu überwinden.

Für den Fall von Allmendegüter bieten sich unterschiedliche Lösungsmöglichkeiten an, um auch in diesem Fall das Pareto-Optimum dezentral zu implementieren:

1. Auch wenn für bestimmte Güter die Ausschlusskosten prohibitiv hoch sind, kann man versuchen, Eigentumsrechte an Gütern, die in einem engen Komplementaritätsverhältnis zu ihnen stehen, als Ersatz zu verwenden. So kann es etwa unmöglich sein, das Eigentumsrecht an einem einzelnen Fisch durchzusetzen, wenn der Schwarm aber nicht migriert, kann das Eigentumsrecht an einem bestimmten Gebiet des Meeres als vollständiges Substitut dienen, auch wenn man kein direktes Interesse an dem Meer hat. Da die Ressource Fisch immer an derselben Stelle des Meeres auftritt, kann diese Komplementarität genutzt werden, um Eigentum am Meer als Substitut für das Eigentum an dem Fischschwarm zu nutzen.

2. Weitere Lösungsmöglichkeiten bestehen, falls das Allmendeproblem unbestimmt oft wiederholt auftritt. In wiederholten Spielen lassen sich Abweichungen von einer bestimmten Strategie durch zukünftige Handlungen bestrafen. Der damit verbundene Ressourcenverlust kann klein genug sein, um Anreize zu effizientem Handeln zu setzen. Im gleichen Zusammenhang kann auch die Rolle von Normen und intrinsisch motivierter Kooperation als Möglichkeiten zur Lösung des Problems der Ineffizienz bei Allmendegütern genannt werden.

3. Darüber hinaus gibt es zahlreiche Regelsysteme zum Umgang mit dem Allmendeproblem, die so gedeutet werden können, dass es ihr Ziel ist, das Unterversorgungsproblem zu lösen. Zentrale Arbeiten in diesem Bereich wurden von Elinor Ostrom geleistet, die in vielen empirischen und vergleichenden Studien die unterschiedlichen Mechanismen, die Gesellschaften zum Umgang mit dem Allmendeproblem herausgebildet haben, erfasst und strukturiert hat. Ein zentrales Ergebnis dieser Arbeiten ist, dass es anscheinend eine Vielzahl unterschiedlicher Mechanismen gibt, die in der Lage sind, Allmendeprobleme erfolgreich zu lösen. Dabei sind zwei Bereiche relevant: zum einen das Verhältnis von Individuum und Gruppe und zum anderen der institutionelle Rahmen, der sich in der Gruppe bildet. Für das Verhältnis von Individuum und Gruppe spielen die wahrgenommene Identität der Individuen, der Gruppenkontext und die Wiederholung der Interaktion entscheidende Rollen (worüber wir weiter

oben schon gesprochen haben). Identität und Gruppenkontext sind dabei eng verwoben, weil die Identifikation mit der Gruppe ein zentraler motivationaler Faktor für die freiwillige individuelle Kooperationsbereitschaft ist. Daher ist das wahrgenommene Verhältnis zwischen Individuum und Gruppe wichtig für das Hervorbringen von gemeinsamen Normen und intrinsischer Motivation.

Bezüglich der zur Anwendung kommenden Institutionen finden sich häufig Modelle des Gemeinschaftseigentums, was in einem gewissen Widerspruch zur gängigen Auffassung unter Ökonomen steht, dass Privateigentum Gemeinschaftseigentum klar überlegen sei. Diese Sichtweise basiert häufig auf einer unnötig vergröbernden Sichtweise dessen, was mit Privat- und Gemeinschaftseigentum gemeint ist. Gemeinschaftseigentum ist keine Anarchie mit umgekehrten Vorzeichen, bei der jeder wie es ihm beliebt mit dem Gut verfahren kann, sondern geht in der Regel ähnlich wie das Privateigentum mit einem komplexen System von Regeln einher, welche die Nutzung des Gemeinschaftseigentums steuern.

In der Realität finden sich auch Gemeinschaftseigentums-Modelle, deren einzige Regel die Abwesenheit von Regeln ist und die daher einer Anarchie sehr nahe kommen. Solche „Open-Access"- oder „Res-Nullius"-Regime existierten und existieren z. B. für die Gemeindewiese, die Allmende, aber auch für die Offene See, den Himmel bzw. die Atmosphäre oder wilde Tiere. Solange Güter nicht knapp sind, funktioniert ein solches Regime gut, es stößt allerdings an Grenzen, wenn Knappheit – z. B. durch Bevölkerungswachstum oder technologischen Fortschritt – entsteht. Daher findet sich im Internationalen Öffentlichen Recht insbesondere für das Gut „Land" das Prinzip, dass bisher freies Land durch erste Inbesitznahme dem Staat zufällt, der es zuerst besetzt hat („Terra-Nullius-Prinzip").

Fasst man Eigentumsrechte nicht als die residualen Kontrollrechte an einem Gut auf, die sich ergeben, wenn man alle sonstigen durch die Gesellschaft auferlegten Regeln in Abzug bringt, sondern allgemeiner als spezifische einem Individuum von der Gemeinschaft zugeordnete Nutzungsrechte, so ist es möglich, auch bei Gemeinschaftseigentum spezifische Eigentumsrechte zu identifizieren. Bei einer solchen Zuordnung von individuellen Rechten müssen eine Reihe von Fragen geklärt werden, wenn es funktionieren soll. Es muss festgelegt werden, wer unter welchen Voraussetzungen (physischen) Zugang zu einem Allmendegut hat, Ressourcen entnehmen darf, die Ressource verändern darf, die bisher genannten Rechte vergeben darf, wer sie durchsetzt und nach welchen Prinzipien sie verändert werden können. Solche Regelsysteme müssen sich, damit sie erfolgreich sein können, am Prinzip der vollständigen Internalisierung orientieren. Wie sie im Einzelnen gestaltet sind, hängt von den spezifischen Gründen für das Problem mangelnden Ausschlusses ab.

In der Geschichte der Menschheit gibt es zahlreiche Beispiele dafür, dass Allmendeprobleme nicht gelöst werden konnten, was bis zum Zusammenbruch ganzer Kulturen führte. Umgekehrt gibt es aber auch zahlreiche Beispiele für den erfolgreichen Umgang mit ihnen. Empirische Analysen zeigen, dass es zur Beurteilung des Erfolges eines Modells aber keine einfachen Lösungsschemata gibt, sondern vielfältige Modelle bestehend aus formellen und informellen Regeln, Normen und intrinsischer Motivation koexistieren, die ähnlich erfolgreich sind.

Lektürevorschläge zu Kapitel 5

Eine einfache Darstellung elementarer Allokationsprobleme für private Güter findet sich in KOOPMANS (1957). Die Frage einer möglichst guten Organisation der Wirtschaft, d. h. ein Vergleich der Leistungsfähigkeit verschiedener Steuerungssysteme steht im Zentrum der Werke von HAYEK (1956), LANGE UND TAYLOR (1966) und EUCKEN (1975). Ein grundlegendes Werk der Theorie des allgemeinen Gleichgewicht ist DEBREU (1959). Hervorragende Gesamtdarstellungen, einschließlich der Beweise für die Hauptsätze der Wohlfahrtsökonomik bieten MALINVAUD (1972), HILDENBRAND UND KIRMAN (1976) sowie CORNWALL (1984) und MAS-COLELL, WHINSTON UND GREEN (1995). Die klassische Referenz zum Allmendeproblem ist HARDIN (1968). Eine sehr gute Übersicht über die Institutionen, die zur Steuerung von Allmendeproblemen existieren, bietet OSTROM (1990 und 2005). OSTROM (2000) bietet eine ausführliche Diskussion zum Unterschied zwischen Privat- und Gemeinschaftseigentum.

Zusammenfassung der Grundüberlegungen dieses Kapitels

1. Anhand eines einfachen statischen Modells mit zwei Gütern, zwei Produktionsfaktoren und m Haushalten kann die relative Leistungsfähigkeit verschiedener Formen der Koordination individueller Wirtschaftspläne untersucht werden. Unter idealisierten Bedingungen wird gezeigt, dass die Optimallösung einer Planwirtschaft bei vollkommener Information identisch mit dem vollkommen Konkurrenzgleichgewicht einer Marktwirtschaft ist.

2. Die Bedingungen für eine Optimallösung einer Planwirtschaft weisen – unter Verwendung der zugehörigen Schattenpreise – eine auffallende Übereinstimmung mit den Bedingungen für ein totales Marktgleichgewicht in einer Wettbewerbswirtschaft auf, z. B. „Preis gleich Grenzkosten" oder „Wertgrenzprodukt gleich Faktorpreis".

3. Die Schattenpreise können auch in einer Planwirtschaft (als „Verrechnungspreise") zur Steuerung des Verhaltens der Betriebe herangezogen werden. Diese erhalten dann die Anweisung, gewinnmaximierend zu produzieren.

4. Planwirtschaftliche Organisationsformen der Wirtschaft sind im Prinzip mit Privateigentum an Produktionsmitteln vereinbar; vollgültige Eigentumsrechte würden allerdings auch die Verfügung über die Verwendung des Kapitals beinhalten, die mit der Umsetzung zentral erarbeiteter Pläne nicht vereinbar wäre. Volle Eigentumsrechte sind ferner eine notwendige Voraussetzung für die Motivation der Unternehmer, sich gewinnmaximierend zu verhalten.

5. Eine Möglichkeit der Koordination der Wünsche der Konsumenten ist die Dezentralisierung der Verbrauchsentscheidungen und ihre Koordination durch den Markt (Konsumentensouveränität). Der erste Hauptsatz der Wohlfahrtsökonomik sagt aus, dass das dabei erreichte totale Marktgleichgewicht Pareto-optimal ist.

6. Eine Alternative dazu ist ein politisches Entscheidungsverfahren, bei dem jedes Gesellschaftsmitglied über eine Stimme verfügt und in dem mit einfacher Mehrheit Beschlüsse über die Zusammensetzung der Produktion getroffen werden (Wählersouveränität). Anschließend werden die Güter nach einem zuvor festgelegten Schlüssel auf die Haushalte verteilt. Bei der Abstimmung setzen sich im Gleichgewicht die Präferenzen des Wählers im Median der Verteilung durch.

7. Dieses Verfahren führt bei heterogenen Präferenzen nicht zu einem Pareto-Optimum. Auch nachträglicher Tauschhandel kann nur noch die Aufteilung verbessern, jedoch nicht mehr das Optimum bei Konsumentensouveränität erreichen, da Fehlallokationen in der Zusammensetzung der Produktion dadurch nicht korrigiert werden können.

8. Wenn bei rivalisierenden Gütern Ausschluss nicht möglich ist, ergibt sich bei rein dezentralen Entscheidungen über solche Allmende-Güter eine Unterversorgung.

9. Diese Unterversorgung kann aber mit Mechanismen, die den Ausschluss simulieren, prinzipiell behoben werden. Aus dieser Einsicht ergibt sich die Perspektive, aus der das Effizienzproblem betrachtet werden sollte: Welche realistischen Regelsysteme erlauben es, das Prinzip der vollständigen Internalisierung weitestgehend umzusetzen?

Schlüsselbegriffe

Zentralverwaltungswirtschaft
Konkurrenzsozialismus
Marktsozialismus
Planungsoptimum
Schattenpreise
Verrechnungspreise
Konkurrenzgleichgewicht
Konsumentensouveränität
Wählersouveränität

Dezentralisierung
Medianwähler
Gütermengenzuteilung
Rationierung
Hauptsätze der Wohlfahrtsökonomik
Allmende-Güter
Simulation von Ausschluss
Gemeinschaftseigentum

Übungsaufgaben

Aufgabe 5.1: Eine 2-Güter-2-Faktoren-Ökonomie sei durch die folgenden Produktionsfunktionen der beiden Güter gekennzeichnet:

$$y_1 = \alpha_1 \cdot L_1; \quad y_2 = \alpha_2 \cdot L_2 + \beta_2 \cdot K_2.$$

Dabei bezeichnen L_j, K_j ($j = 1, 2$) die Mengen der Produktionsfaktoren Arbeit und Kapital, die zur Produktion der Gütermengen y_j ($j = 1, 2$) eingesetzt werden.
a) Bestimmen Sie die Isoquanten.
b) Ermitteln Sie die Menge der gesamtwirtschaftlich effizienten Aufteilungen der insgesamt zur Verfügung stehenden Faktormengen L und K und die Transformationskurve der Wirtschaft.
c) Bestimmen Sie für die Parameterausprägungen

$$L = 6; \quad K = 1; \quad \alpha_1 = \frac{1}{4}; \quad \alpha_2 = \frac{1}{3}; \quad \beta_2 = 2$$

und die gesellschaftliche Zielfunktion

$$u(x_1, x_2) = x_1 - \frac{1}{2}(x_2)^2 + 2x_2$$

die Optimallösung sowohl graphisch als auch mittels des Kuhn-Tucker-Verfahrens.
Erläutern Sie die Werte der Schattenpreise p_1^*, p_2^*, p_L^* und p_K^* im Optimum.
d) Wie lässt sich das Optimum prinzipiell mit Hilfe der Organisationsform „Privateigentum mit vollständigem Wettbewerb" stützen, wie mit den Organisationsformen „Zentralverwaltungswirtschaft" und „Konkurrenzsozialismus"?
e) Identifizieren Sie Elemente der Zentralverwaltungswirtschaft und des Konkurrenzsozialismus in der kapitalistischen Firma.

5.3. Allmende-Güter

Aufgabe 5.2: Die Transformationskurve einer 2-Güter-Ökonomie sei durch $y_2 = 20 - 1/3 y_1$ gegeben. Es gebe drei Haushalte H_i mit den Nutzenfunktionen $u_i = (x_1^i + d_{i1}) \cdot (x_2^i + d_{i2})$, $i = 1, 2, 3$ mit den Werten $d_{11} = 22$, $d_{12} = 2$, $d_{21} = 10$, $d_{22} = 2$, $d_{31} = 4$, $d_{32} = 2$.

a) Alle Wirtschaftssubjekte verhalten sich als Mengenanpasser, die Nachfrageentscheidungen werden dezentral von den Haushalten über den Markt gefällt. Die Einkommen Y_i seien alle gleich hoch und betragen 120, ($i = 1, 2, 3$). Welche Gleichgewichtswerte ergeben sich für die $y'_j = x'_j$ und die $x_j^{i'}$ ($i = 1, 2, 3; j = 1, 2$)?

b) Vorausgesetzt sei Gleichverteilung aller produzierten Gütermengen auf die drei Haushalte. Über das zu produzierende Güterbündel (y_1, y_2) werde jedoch durch Mehrheitsentscheid abgestimmt. Wie wird die Lösung in diesem Fall aussehen?

c) Zeigen Sie, dass sich jeder der drei Haushalte bei Dezentralisierung besser oder gleich gut stellt wie bei der in b) ermittelten Lösung.

d) Skizzieren Sie einen möglichen Tauschhandel zwischen den Haushalten, für die die in b) ermittelte Lösung nicht optimal ist.

e) Es kann gezeigt werden, dass ausgehend von der in b) ermittelten Lösung bei nachträglichem Tauschhandel nicht alle drei Haushalte so gut gestellt werden können wie bei Dezentralisierung. Warum?

Aufgabe 5.3: In einer m-Individuen Ökonomie gebe es zwei Güter. Gut 1 ist ein Allmendegut und Gut 2 ist ein privates Gut. Jedes Individuum hat eine Erstausstattung von $X_2 > 0$ Einheiten des privaten Guts. Mit Hilfe einer Einheit des privaten Guts kann jeweils eine Einheit des Allmendeguts hergestellt werden, $z_1^i = X_2 - x_2^i$. Von jeder durch ein Individuum beschafften bzw. hergestellten Einheit des Allmendeguts verbleiben ihm $(1 - \omega(m-1))$ Einheiten. Die Individuen haben identische, quasilineare Nutzenfunktionen $u^i(x_1^i, x_2^i) = \ln(x_1^i) + x_2^i$.

a) Bestimmen Sie das Nash-Gleichgewicht bei dezentralen Entscheidungen über die Bereitstellung.

b) Bestimmen Sie das Nash-Gleichgewicht, wenn Individuum 1 *ex-ante* ein verbindliches Angebot der Form formulieren kann.

Aufgabe 5.4: Interpretieren Sie den Markt als Wahlverfahren. Beziehen Sie sowohl Güter- als auch Faktormärkte in die Beschreibung ein.

Kapitel 6

Nichtrivalisierende Güter

> „[...] Und säumig zusammenkommend erwägen sie in einem kleinen Teile der Zeit etwas von dem Gemeinsamen, in dem größeren aber verhandeln sie die eigenen Angelegenheiten; und jeder meint, dass er ja durch seine Sorglosigkeit nicht schaden werde, sondern auch wohl ein anderer die Sorge übernehme, an seiner statt Vorsicht zu üben, sodass durch die gleiche Privatgesinnung aller einzelnen unvermerkt das Allgemeine zusammen zu Grunde gerichtet wird."
> Thukydides, Der Peloponnesische Krieg, Buch 1, Sektion 141.

> „I knew I belonged to the public and to the world, not because I was talented or even beautiful, but because I had never belonged to anything or anyone else."
> Marylin Monroe

Vergegenwärtigen wir uns noch einmal, was man unter nicht rivalisierenden Gütern im Gegensatz zu den in Kapitel 5 betrachteten rivalisierenden Gütern versteht. Ein nicht rivalisierendes Gut ist dadurch definiert, dass die maximal konsumierbare Menge eines jeden Individuums der Summe der von allen Individuen beschafften Mengen entspricht. Wird etwa zum Schutze vor Überschwemmungen ein Deich errichtet, so profitieren davon alle in Küstennähe Lebenden. Der Schutz, den ein Bauer durch den Deich genießt, hängt nicht davon ab, wie viele andere Bauern sich ebenfalls hinter dem Deich angesiedelt haben. Jeder konsumiert gewissermaßen die volle Menge des Gutes „Deich". Will nun eine Person isoliert ihren Schutz vor Überschwemmungen durch eine Erhöhung des Deiches verbessern, so profitieren alle anderen hinter dem Deich ansässigen Personen ebenfalls von dieser Maßnahme. In diesem Fall ist das Gut auch nicht ausschließbar. Wenn wir uns an das Prinzip der vollständigen Internalisierung erinnern, wird klar, warum es hier zu Ineffizienzen kommen kann: Da jede einzelne Person nur den eigenen Nutzen in ihr Kalkül mit aufnimmt, nicht aber den Nutzen der anderen betroffenen Personen, haben wir einen Verstoß gegen das Prinzip.

Man erkennt sofort, dass Fälle absoluter Nichtrivalität selten sind. Eine gewisse Rivalität zeigt sich nämlich auch bei Gütern wie einem Schwimmbad, in dem bei zunehmender Überfüllung der Genuss für den einzelnen nach und nach abnimmt. Wir werden es also in der Realität oft mit Mischformen aus rivalisierenden und nicht rivalisierenden Gütern zu tun haben.

Eine Besonderheit vieler nicht rivalisierender Güter ist, dass am Bezug des Gutes auch diejenigen Konsumenten nicht gehindert werden können, die nicht zu seiner Bereitstellung oder Finanzierung beigetragen haben, dass mit anderen Worten die Ausschließungskosten prohibitiv hoch sind. Finanziert eine Flotte einen Leuchtturm, so können auch Schiffe von anderen Flotten nicht an der Nutzung der Dienstleistung gehindert werden. Diese können nicht vom Bezug des Gutes ausgeschlossen werden.[1]

---

[1] Es gibt eine lange, auf Coase zurückgehende Debatte zur Frage, ob Leuchttürme Öffentliche Güter sind oder nicht. Coase (1974) zeigte anhand historischer Beispiele, dass Leuchttürme sehr wohl privatwirtschaftlich bewirtschaftet werden können, indem die lokalen, vom Schiffsverkehr

Weitere nicht rivalisierende Güter, bei denen sich das Ausschließungsprinzip nicht anwenden lässt, sind etwa Sicherheit gegenüber Angriffen durch das Ausland, Feuerschutz, Schutz vor ansteckenden Krankheiten und Verkehrssicherheit. Diese Güter hatten wir Öffentliche Güter genannt. Nicht rivalisierende Güter mit vernachlässigbar niedrigen Ausschließungskosten hatten wir Clubgüter genannt.

Wir werden in diesem Abschnitt sehen, dass sich in allen Fällen, in denen die Ausschließung kostenlos ist, nicht rivalisierende Güter privat effizient bereitstellen lassen, wohingegen bei sehr hohen Ausschließungskosten ein effizientes privates Angebot kaum sicherzustellen ist. Popkonzerte werden in der Regel nicht staatlich, sondern privat angeboten, da die Ausschließungskosten relativ gering sind. Nehmen wir eine Welt vollständiger Informationen an, in der jede Privatperson das Recht besitzt, Konzerte zu veranstalten. Dann wird eine solche Person, um das Mithören des Konzerts durch Personen, die nicht dafür gezahlt haben, zu verhindern, die Veranstaltung in eine Halle verlegen und am Eingang von jedem Besucher gerade seine marginale Zahlungsbereitschaft als Preis fordern. Damit ist das Prinzip der vollständigen Internalisierung aber erfüllt; die Schaffung einer Ausschließungsmöglichkeit kompensiert die Probleme, die aus der Nichtrivalität im Konsum resultieren könnten, auch dann, wenn alle Besucher des Konzerts in ihrem Konsum nicht rivalisieren.

Zusammenfassend können wir also sagen, dass die (Nicht-)Rivalität das für die Charakterisierung optimaler Allokationen entscheidende Merkmal eines Gutes ist, wohingegen die Frage nach der Ausschließbarkeit für die optimale Organisationsform entscheidend ist.

6.1 Pareto-optimale Versorgung

An dieser Stelle soll nun gezeigt werden, welche Bedingungen eine Pareto-optimale Versorgung mit einem nicht rivalisierenden und einem privaten Gut impliziert. Wir betrachten also zunächst wieder die Frage, welche Teilmenge aller erreichbaren Allokationen Pareto-Optima darstellen, ohne uns mit der Frage zu beschäftigen, welche Institutionen bzw. Organisationsformen der Wirtschaft in der Lage sind, solche Allokationen als Gleichgewicht zu erreichen. Anschließend werden wir dann unterschiedliche Institutionen bezüglich ihrer Allokationswirkung untersuchen und fragen, welche Folgerungen für die Bereitstellung nicht rivalisierender Güter daraus abgeleitet werden können.

Analog zum Modell des Kapitels 5 wird davon ausgegangen, dass in der Ökonomie genau zwei Güter produziert und konsumiert werden, von denen nun aber das Gut G_1 ein nicht rivalisierendes und G_2 ein privates ist. Die Präferenzfunktionen der m Haushalte H^i ($i = 1, 2, \ldots, m$) sind durch die Gleichungen (5.51) gegeben (vgl.

---

profitierenden Händler für den Leuchtturm bezahlen. Allerdings wurde in jüngerer Vergangenheit nachgewiesen, dass diese rein freiwillige Art der Finanzierung von Leuchttürmen in der Regel nach kurzer Zeit zu einem ökonomischen Misserfolg wurde. Erst durch den Staat, der den Leuchtturmbetreibern ein Recht auf die Erhebung einer Zwangsabgabe zuwies, wurde der Betrieb nachhaltig.

6.1. Pareto-optimale Versorgung

Kapitel 5), und es gilt:

$$\partial u^i / \partial x^i_j > 0 \quad (i = 1, \ldots, m; j = 1, 2). \tag{6.1}$$

Da wir hier zunächst nicht unterscheiden, welches Individuum das nicht rivalisierende Gut beschafft, bezeichnen wir mit δ^i den Grad der Mitnutzung des i-ten Individuums am Konsum des nicht rivalisierenden Gutes und mit $C(\delta^1, \ldots, \delta^m)$,

$$C(1, \ldots, 1) = 0, \quad \partial C / \partial \delta^i \leq 0, \quad \partial^2 C / \partial (\delta^i)^2 \geq 0, \quad i = 1, \ldots, m, \tag{6.2}$$

die Ausschließungskosten. Diese treten in Form eines Verlusts von Einheiten des privaten Gutes auf.

Als Bedingungen für den gesamten Konsum aller Haushalte des nicht rivalisierenden und des privaten Gutes, x_1 und x_2, ergeben sich:

$$\delta^i x_1 - x^i_1 \geq 0 \quad (i = 1, \ldots, m), \tag{6.3}$$

$$x_2 - \sum_{i=1}^{m} x^i_2 - C(\delta^1, \ldots, \delta^m) \geq 0. \tag{6.4}$$

Die Menge des privaten Guts G_2 muss gemäß (6.4) wenigstens der Summe der Nachfragemengen aller Haushalte entsprechen. Anders liegen die Dinge für das nicht rivalisierende Gut G_1. Hier ist bei Verzicht auf Ausschluss, also $\delta^1 = \delta^2 = \cdots = \delta^n = 1$, die Gesamtnachfrage eine obere Grenze für die Nachfrage jedes einzelnen Haushalts. Ein nicht rivalisierendes Gut kann ja von allen gleichzeitig konsumiert werden, ohne den Verbrauch anderer einzuschränken. Gleichung (6.3) drückt damit die Nichtrivalität im Konsum aus. Andererseits kann ein Ausschluss vorgenommen werden, der sich in den Kosten niederschlägt, die in (6.4) aufgeführt sind.

Wir verzichten in diesem Modell darauf, die Produktionstechnik explizit zu beschreiben, sondern unterstellen der Einfachheit halber, dass gesamtwirtschaftlich effizient produziert wird. Dies bedeutet, dass die insgesamt konsumierbaren Mengen der beiden Güter durch die Transformationskurve der Ökonomie

$$x_1 = g(x_2) \tag{6.5}$$

begrenzt sind, wobei

$$\frac{dx_1}{dx_2} = g'(x_2) < 0 \tag{6.6}$$

die Grenzrate der Transformation misst. Man beachte, dass $x^i_1, x^i_2, x_1, x_2 \geq 0$ ($i = 1, 2, \ldots, m$) sind.

Definitionsgemäß ist ein Pareto-Optimum genau dann erreicht, wenn das Nutzenniveau eines Haushalts nicht mehr erhöht werden kann, ohne das mindestens eines anderen Haushalts zu verringern. Anders ausgedrückt, ist im Pareto-Optimum das Maximum des Nutzens eines beliebig ausgewählten Haushalts bei konstantem Nutzen aller übrigen Haushalte erreicht. Wir wählen für den Haushalt, dessen Nutzen maximiert werden soll, den Index $i = 1$ und erhalten daher das folgende Optimierungsproblem: Maximiere $u^1(x_1^1, x_2^1)$ unter den Nebenbedingungen

$$u^i(x_1^i, x_2^i) - \bar{u}^i \geq 0 \quad (i = 2, \ldots, m) \tag{6.7}$$

für beliebige, aber fest vorgegebene Werte $\bar{u}^2, \ldots, \bar{u}^m$ sowie (6.3) bis (6.5). Außerdem gilt $0 \leq \delta^i \leq 1, i = 1, \ldots, m$.

Die Lagrange-Funktion für das beschriebene Problem des Auffindens einer Pareto-optimalen Versorgung mit einem privaten und einem nicht rivalisierenden Gut lautet

$$\mathcal{L} = u^1(x_1^1, x_2^1) + \sum_{i=2}^{m} p_u^i \cdot \left[u^i(x_1^i, x_2^i) - \bar{u}^i \right] + \sum_{i=1}^{m} p_1^i \left[\delta^i x_1 - x_1^i \right]$$
$$+ p_2 \left[x_2 - \sum_{i=1}^{m} x_2^i - C(\delta^1, \ldots, \delta^m) \right] + p_1 \left[g(x_2) - x_1 \right] + \sum_{i=1}^{m} \mu_i (1 - \delta^i)$$

oder, wenn man $p_u^1 = 1$ vereinbart:

$$\mathcal{L} = \sum_{i=1}^{m} p_u^i \cdot u^i(x_1^i, x_2^i) - \sum_{i=2}^{m} p_u^i \cdot \bar{u}^i + \sum_{i=1}^{m} p_1^i \left[\delta^i x_1 - x_1^i \right]$$
$$+ p_2 \left[x_2 - \sum_{i=1}^{m} x_2^i - C(\delta^1, \ldots, \delta^m) \right] + p_1 \left[g(x_2) - x_1 \right] + \sum_{i=1}^{m} \mu_i (1 - \delta^i) .$$
(6.8)

Wir nehmen im Folgenden an, dass jeder Haushalt beide Güter konsumiert, so dass gilt

$$x_j^i, x_j > 0 \quad (i = 1, \ldots, m; j = 1, 2) .$$

Dann lauten die Bedingungen 1. Ordnung für ein Optimum nach dem Theorem von Kuhn und Tucker:

$$\frac{\partial \mathcal{L}}{\partial x_1^i} = p_u^i \cdot \frac{\partial u^i}{\partial x_1^i} - p_1^i = 0, \quad i = 1, \ldots, m, \tag{6.9}$$

$$\frac{\partial \mathcal{L}}{\partial x_2^i} = p_u^i \cdot \frac{\partial u^i}{\partial x_2^i} - p_2 = 0, \quad i = 1, \ldots, m, \tag{6.10}$$

$$\frac{\partial \mathcal{L}}{\partial x_1} = \sum_{i=1}^{m} \delta^i p_1^i - p_1 = 0, \tag{6.11}$$

$$\frac{\partial \mathcal{L}}{\partial x_2} = p_2 + p_1 \cdot g'(x_2) = 0, \tag{6.12}$$

$$\frac{\partial \mathcal{L}}{\partial \delta^i} = p_1^i x_1 - p_2 \frac{\partial C}{\partial \delta^i} - \mu_i \leq 0, \quad \delta^i \geq 0, \quad \frac{\partial \mathcal{L}}{\partial \delta^i} \delta^i = 0, i = 1, \ldots, m, \tag{6.13}$$

$$\frac{\partial \mathcal{L}}{\partial p_u^i} = u^i(x_1^i, x_2^i) - \bar{u}^i \geq 0, \quad p_u^i \geq 0, \quad \frac{\partial \mathcal{L}}{\partial p_u^i} p_u^i = 0, \quad i, = 2, \ldots, m, \tag{6.14}$$

6.1. Pareto-optimale Versorgung

$$\frac{\partial \mathcal{L}}{\partial p_1^i} = \delta^i x_1 - x_1^i \geq 0, \quad p_1^i \geq 0, \quad [\delta^i x_1 - x_1^i] p_1^i = 0, \quad i = 1, \ldots, m,$$
(6.15)

$$\frac{\partial \mathcal{L}}{\partial p_2} = x_2 - \sum_{i=1}^m x_2^i - C(\delta^1, \ldots, \delta^m) \geq 0, \quad p_2 \geq 0, \quad \frac{\partial \mathcal{L}}{\partial p_2} p_2 = 0,$$
(6.16)

$$\frac{\partial \mathcal{L}}{\partial p_1} = g(x_2) - x_1 = 0,$$
(6.17)

$$\frac{\partial \mathcal{L}}{\partial \mu_i} = 1 - \delta_i \geq 0, \quad \mu_i \geq 0, \quad [1 - \delta^i] \mu_i = 0, \quad i = 1, \ldots, m.$$
(6.18)

Wegen $p_u^1 = 1$ und (6.1) folgt aus (6.10) für $i = 1$, dass p_2 positiv ist. Wiederum wegen (6.10) sind daher alle p_u^i strikt positiv:

$$p_2 = p_u^i \cdot \frac{\partial u^i}{\partial x_2^i} > 0 \quad (i = 1, \ldots, m).$$
(6.19)

Zusammen mit (6.9) impliziert dies, dass alle p_1^i ($i = 1, \ldots, m$) positiv sind:

$$p_1^i = p_u^i \cdot \frac{\partial u^i}{\partial x_1^i} > 0 \quad (i = 1, \ldots, m).$$
(6.20)

Gemäß (6.12) gilt wegen $p_2 > 0$ und $g'(x_2) < 0$, dass p_1 strikt positiv ist.

Mit $p_2, p_u^i, p_1^i > 0$ und (6.14) bis (6.16) gilt für (6.3), (6.4) und (6.7) das Gleichheitszeichen.

Mit $p_1^i, x_1 > 0$ und $p_2 \frac{\partial C}{\partial \delta^i} \leq 0$ folgt aus (6.13), dass $\mu_i > 0$ ist, was wiederum wegen (6.18) zu $\delta^i = 1, i = 1, \ldots, m$ führt. Der Ausschluss eines Haushalts vom Konsum des nicht rivalisierenden Guts verringert seinen Nutzen um $p_1^i x_1$, ohne den Nutzen eines anderen Haushalts zu verändern. Zusätzlich kann die Ausschließung Ressourcen verbrauchen, die nicht mehr zu Konsumzwecken zur Verfügung stehen. Damit können wir folgern, dass selbst bei Ausschließungskosten von Null im Optimum niemals ausgeschlossen werden sollte.

In den Gleichungen (6.9) bis (6.18) sind p_1 und p_2 offenbar wieder wie in Abschnitt 5.1.2 als Schattenpreise von G_1 bzw. G_2 zu deuten.[2]

Was bedeuten jedoch die p_u^i und $p_1^i, i = 1, 2, \ldots, m$? Die Größe $(-p_u^i)$ misst die Reaktion des Nutzenmaximums des Haushalts H^1 auf Änderungen des exogen vorgegebenen Nutzenniveaus des i-ten Haushalts, $\bar{u}^i$. Dies ergibt sich gemäß dem Envelope-Theorem aus einer Differentiation des Maximalwerts der Zielgröße $\mathcal{L}$ der Lagrange-Funktion nach dem vorgegebenen Nutzenniveau $\bar{u}^i$. Da das Nutzenniveau des H^1 sinkt, wenn die Restriktion durch Anhebung von $\bar{u}^i$ verschärft wird, ist $(-p_u^i)$ negativ und p_u^i positiv. Die p_1^i sind als die Schattenpreise von H^i für eine Einheit von G_1 aufzufassen.

---

[2] Wir haben hier im Gegensatz zu Abschnitt 5.1.2 die optimalen Größen nicht mit dem Symbol ° gekennzeichnet.

Der Schattenpreis p_1 für die Erhöhung der Menge des nicht rivalisierenden Gutes G_1 um eine Einheit ist nach (6.11) gleich der Summe der Schattenpreise p_1^i der einzelnen Haushalte. Dieses Ergebnis ist intuitiv einleuchtend, wenn man sich klar macht, dass alle Haushalte die selben x_1 Einheiten des nicht rivalisierenden Gutes erhalten.

Die Division von Gleichung (6.20) durch Gleichung (6.19) ergibt

$$\frac{\partial u^i/\partial x_1^i}{\partial u^i/\partial x_2^i} = \frac{p_1^i}{p_2}, \quad (i = 1,\ldots,m). \tag{6.21}$$

Für jeden Haushalt entspricht die Grenzrate der Substitution dem Verhältnis seiner individuellen Schattenpreise. Summiert man auf beiden Seiten dieser Gleichung über alle Haushalte, so erhält man unter Verwendung von (6.11), (6.12) und (6.6)

$$\sum_{i=1}^{m} \frac{\partial u^i/\partial x_1^i}{\partial u^i/\partial x_2^i} = \frac{\sum_{i=1}^{m} p_1^i}{p_2} = \frac{p_1}{p_2} = -\frac{1}{g'(x_2)} = -\frac{dx_2}{dx_1}. \tag{6.22}$$

Diese Gleichung sagt aus, dass in einem Pareto-Optimum die Summe der Grenzraten der Substitution aller Haushalte der Grenzrate der Transformation zwischen dem privaten und dem nicht rivalisierenden Gut entsprechen muss. Diese Gleichung spezifiziert das Prinzip der vollständigen Internalisierung für nicht rivalisierende Güter und heißt nach ihrem Entdecker „Samuelson Bedingung". Sie stellt das Analogon zu der entsprechenden Bedingung für zwei private Güter dar, nach der die Grenzraten der Substitution aller Haushalte untereinander gleich sein und der Grenzrate der Transformation entsprechen müssen. Die Samuelson-Bedingung trägt der Nichtrivalität Rechnung, die ja bedeutet, dass alle m Konsumenten dieselbe physische Einheit eines nicht rivalisierenden Gutes gleichzeitig nutzen können.

Um diese Intuition weiter zu verdeutlichen, seien in Abb. 6.1 zwei Haushalte H^A und H^B betrachtet. Die Kurven $p_1^A(x_1)$ und $p_1^B(x_1)$ stellen den in Geldeinheiten bewerteten Grenznutzen („Zahlungsbereitschaft") der beiden Haushalte in Abhängigkeit von der konsumierten Menge eines nicht rivalisierenden Gutes x_1 dar. Wir nehmen an, das Marktangebot des nicht rivalisierenden Gutes sei bei einem Preis von p_1^* vollkommen elastisch.

Wegen der Nichtrivalität muss man – anders als bei privaten Gütern – die Zahlungsbereitschafts-Kurven der einzelnen Haushalte vertikal addieren, um die Zahlungsbereitschaft der Nachfrager insgesamt zu ermitteln. Daher ergibt sich die Pareto-optimale Menge in Abb. 6.1 dort, wo die Summe der individuellen Zahlungsbereitschaften gerade dem Marktpreis p_1^* entspricht.

Dieses Ergebnis gilt unabhängig von den Ausschließungskosten. Damit haben wir gezeigt, dass die Ausschließungskosten für die Charakterisierung des Pareto-Optimums irrelevant sind: Sowohl Öffentliche Güter als auch Clubgüter unterliegen derselben Effizienzregel. Für die Möglichkeiten einer institutionellen Umsetzung der effizienten Allokation wird die Höhe der Ausschließungskosten jedoch von Bedeutung sein.

6.2. Die Umsetzung der Samuelson-Regel bei Clubgütern 183

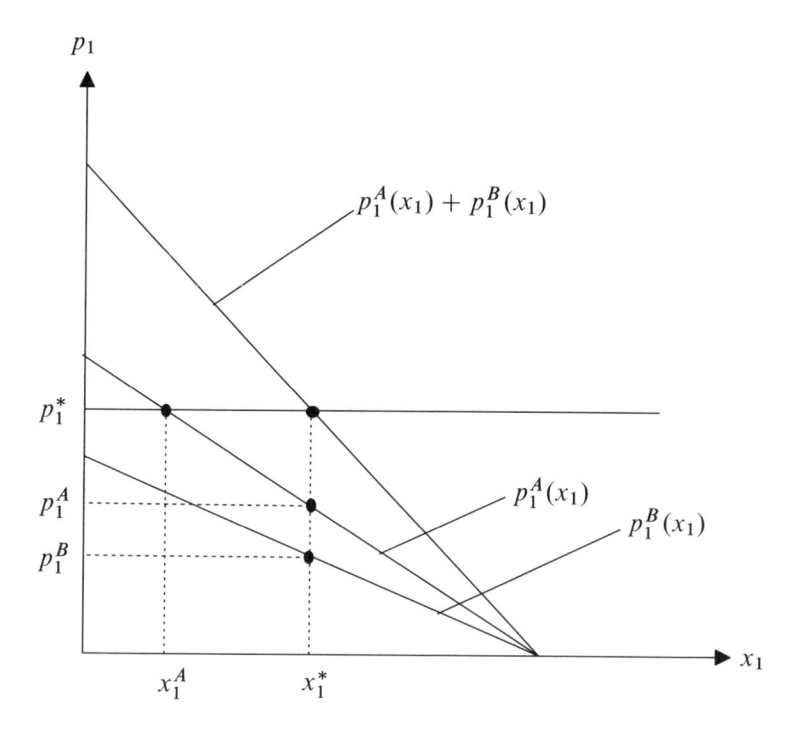

Abbildung 6.1: Samuelson-Bedingung

6.2 Die Umsetzung der Samuelson-Regel bei Clubgütern

Wir hatten in Abschnitt 5.1.2 gesehen, dass die Lagrange-Multiplikatoren des Optimierungsproblems die Interpretation von Knappheitsindikatoren bzw. Schattenpreisen haben, eine Rolle, die im Idealfall auch Marktpreise haben sollen. Die Analogie von Marktpreisen und Schattenpreisen (also Lagrange-Multiplikatoren) erwies sich bei der Ableitung der Effizienzeigenschaft eines Wettbewerbsgleichgewichts mit perfekter Eigentumsordnung als außerordentlich nützlich. Wir werden diese Analogie hier wieder nutzen, um einige prinzipielle Eigenschaften von Institutionen herauszuarbeiten.

Aus Gleichung (6.22) können wir erkennen, dass zur Umsetzung einer Pareto-optimalen Lösung in einer Marktwirtschaft die einzelnen Haushalte in der Regel mit verschieden hohen Beiträgen zur Finanzierung der vom Staat bereitgestellten Menge x_1 herangezogen werden müssen, da der Preis pro Einheit, p_1^i, sich von Haushalt zu Haushalt unterscheiden wird. Die in (6.21) definierten Verrechnungspreise

$$\frac{\partial u^i/\partial x_1^i}{\partial u^i/\partial x_2^i} = \frac{p_1^i}{p_2}, \quad i = 1, \ldots, m, \qquad (6.23)$$

werden – wiederum nach ihrem Entdecker – „Lindahl-Preise" genannt.

Aus Gleichung (6.21) kann man folgende Interpretation der Lindahl-Preise ableiten: Glaubte jeder Haushalt H^i, er könne nur die Menge des nicht rivalisierenden Gutes konsumieren, die er selbst nachfragt, und verhielte er sich als Mengenanpasser, d. h. nähme er die Schattenpreise p_1^i und p_2 für die beiden Güter als gegebene Marktpreise an, so würde jeder Haushalt dieselbe Menge x_1 des nicht rivalisierenden Gutes (und jeweils die Menge x_2^i des privaten Gutes) wählen und damit die Pareto-optimale Lösung verwirklichen. Diese Fiktion ist bei Clubgütern gerade erfüllt.

Bei Ausschließungskosten von Null sind Lindahl-Preise ohne weitere Friktionen wie Informationsasymmetrien auch ohne weiteres umsetzbar: Der Veranstalter eines Konzerts kann bei vollständiger Information über die Präferenzen von jedem Besucher ein Eintrittsgeld in Höhe des Lindahl-Preises erheben. Zur Umsetzung dieser Lösung könnte der Staat durch Ausübung seiner Zwangsgewalt einen Monopolmarkt unter Zulassung von Preisdiskriminierung (siehe hierzu Abschnitt 7.2) für das Clubgut schaffen. Es kann zwar von verschiedenen Unternehmen hergestellt werden, der Verkauf an die Endverbraucher muss allerdings – um im Bild des Clubguts zu bleiben – von nur einem Türsteher vorgenommen werden. Bei Clubgütern haben wir es mit einem Spezialfall von Gütern zu tun, die mit zunehmenden Skalenerträgen produziert werden. Zunehmende Skalenerträge äußern sich in abnehmenden Durchschnittskosten. Da bei Clubgütern die Grenzkosten des Konsums durch einen weiteren Nutzer null sind, liegt ein solcher Fall hier vor. Die Theorie der Lindahl-Preise ist daher ein Spezialfall der Theorie des perfekt preisdiskriminierenden Monopolisten.

6.3 Die Versorgung mit Öffentlichen Gütern auf Wettbewerbsmärkten

Im vorangegangenen Abschnitt wurden die Bedingungen abgeleitet, die in einer Pareto-optimalen Allokation in einer Ökonomie mit privaten und nicht rivalisierenden Gütern erfüllt sein müssen. Hier wollen wir nun analog zur Vorgehensweise in Kapitel 5 überprüfen, ob diese Bedingungen im Gleichgewicht einer Marktwirtschaft bei dezentralen Nachfrageentscheidungen der Haushalte erfüllt sind. Wir gehen dabei vom Fall eines Öffentlichen Gutes aus, bei dem die Haushalte ex ante wissen, dass sie von den durch die anderen Individuen beschafften Mengen nicht ausgeschlossen werden können. Zusätzlich folgen wir der Idee, dass auf einem solchen Markt nur ein Preis existieren kann, also Preisdiskriminierung gemäß der Lindahl-Preisregel nicht möglich ist oder nicht praktiziert wird.

Man kann die dezentralen Nachfrageentscheidungen der m Haushalte als ein nichtkooperatives Spiel modellieren, bei dem jeder Haushalt i die Mengen des Öffentlichen Gutes, z_1^k, die jeder andere Haushalt k ($k \neq i$) beschafft, als gegeben hinnimmt und seinen Nutzen

$$u^i = u^i(x_1^i, x_2^i) = u^i\left(\sum_{k=1}^{m} z_1^k, x_2^i\right) \tag{6.24}$$

6.3. Die Versorgung mit Öffentlichen Gütern auf Wettbewerbsmärkten

unter Beachtung seiner Budgetrestriktion

$$p_1 z_1^i + p_2 x_2^i \leq Y^i \tag{6.25}$$

maximiert, wobei Y^i für das exogene Einkommen des Haushalts steht und im Falle des privaten Gutes – wie in Kapitel 5 – keine Unterscheidung zwischen der konsumierten Menge x_2^i und der beschafften z_2^i getroffen wird. Die Lagrange-Funktion für das beschriebene Optimierungsproblem des Haushalts H^i lautet:

$$\mathcal{L}^i(z_1^i, x_2^i, \lambda^i) = u^i \left(\sum_{k=1}^{m} z_1^k, x_2^i \right) + \lambda^i \left[Y^i - p_1 z_1^i - p_2 x_2^i \right] \tag{6.26}$$

mit den Bedingungen 1. Ordnung für ein inneres Optimum:

$$\frac{\partial \mathcal{L}^i}{\partial z_1^i} = \frac{\partial u^i}{\partial x_1^i} \cdot \frac{\partial x_1^i}{\partial z_1^i} - \lambda^i p_1 = \frac{\partial u^i}{\partial x_1^i} - \lambda^i p_1 = 0 \tag{6.27}$$

$$\frac{\partial \mathcal{L}^i}{\partial x_2^i} = \frac{\partial u^i}{\partial x_2^i} - \lambda^i p_2 = 0 \tag{6.28}$$

Löst man diese beiden Bedingungen unter Verwendung von (6.24a) nach z_1^i auf, so erhält man:

$$z_1^i = z_1^i(z_1^{-i}, p_1, p_2, Y^i), \quad z_1^{-i} = \sum_{k \neq i} z_1^k, \tag{6.29}$$

wobei z_1^{-i} die Gesamtnachfrage aller anderen Haushalte nach dem Öffentlichen Gut ist. Die Reaktionsfunktion (6.28) beschreibt, wie der Haushalt i mit seiner Beschaffungs-Entscheidung auf die (als gegeben unterstellten) Entscheidungen aller anderen Haushalte reagiert. Im Nash-Gleichgewicht müssen die als gegeben unterstellten mit den tatsächlichen Entscheidungen übereinstimmen, d. h. das Gleichgewicht bildet einen Schnittpunkt der Reaktionsfunktionen im m-dimensionalen Raum.

Um zu überprüfen, ob das Nash-Gleichgewicht Pareto-optimal ist, dividieren wir Bedingung (6.27) durch (6.28) und erhalten:

$$\frac{\partial u^i / \partial x_1^i}{\partial u^i / \partial x_2^i} = \frac{p_1}{p_2}, \tag{6.30}$$

d. h. jeder Haushalt passt seine Grenzrate der Substitution für gegebene Nachfragemengen aller anderen Haushalte dem Preisverhältnis an. Wir erkennen damit, dass die Samuelson-Bedingung (6.22) im Nash-Gleichgewicht verfehlt wird: Da die rechte Seite von (6.30) mit dem mittleren Term in (6.22) übereinstimmt, wäre dies nur der Fall, wenn auch die beiden linken Seiten gleich wären.

Für den Fall nur zweier Haushalte kann man sich dieses Ergebnis wiederum an Abb. 6.1 graphisch verdeutlichen. Dazu sei zunächst angenommen, dass Haushalt B die Menge $x_1^B = 0$ nachfragt. In diesem Fall lässt sich die Zahlungsbereitschaftskurve des Haushalts A als dessen Nachfragekurve deuten, da ja seine Nachfrage und die

Gesamtmenge des Öffentlichen Gutes übereinstimmen. Wir erkennen, dass die Menge x_1^A, bei der seine Nachfragekurve die Preis-Horizontale schneidet, geringer als die Pareto-optimale Menge x_1^* am Schnittpunkt der vertikalen Summe der Zahlungsbereitschafts-Kurven mit der Preis-Horizontalen ist. Unter dieser Voraussetzung wird Haushalt B tatsächlich die Menge 0 nachfragen, da bei der Menge x_1^A, die er ja mitkonsumieren kann, seine Zahlungsbereitschaft für die nächste Einheit geringer ist als der Marktpreis des Gutes. Somit stellt der Vektor $(x_1^A, 0)$ ein Nash-Gleichgewicht dar.

Anders als im Fall privater Güter verstößt diese dezentrale Lösung gegen das Prinzip der vollständigen Internalisierung, da hier im Gleichgewicht jedes Individuum nur den Effekt seiner Kaufentscheidung auf seinen eigenen Konsum berücksichtigt, nicht aber auf den Konsum und Nutzen der anderen.

6.4 Eine alternative Sichtweise des Staates am Beispiel unteilbarer Öffentlicher Güter

Eine interessante Erweiterung und Ausnahme vom obigen Ergebnis erhält man für den Fall, dass das Öffentliche Gut unteilbar ist, so dass die Wahl besteht, das Öffentliche Gut entweder anzuschaffen oder nicht. In einer Situation, in der jedes Individuum ohne Koordination mit anderen oder sogar ohne das Wissen um die Existenz anderer Individuen verschärft die Unteilbarkeit das Bereitstellungsproblem. Gibt es hingegen eine minimale Kooperation zwischen den betroffenen Individuen in Form freiwillig gezahlter Beiträge zur Finanzierung des Öffentlichen Guts, so erzeugt die Unteilbarkeit eine Eigenschaft, die dem Ausschlussprinzip nahe kommt und die dazu führt, dass eine effiziente Bereitstellungsmenge stets ein Nash-Gleichgewicht des dezentralen Spiels ist. Allerdings gibt es in einer solchen Situation in der Regel multiple Nash-Gleichgewichte, so dass ein Gleichgewichtsauswahlproblem resultiert. Dies wird eine alternative Legitimation für staatliche Eingriffe bieten.

Um die obigen Behauptungen verstehen zu können, beginnen wir mit einer ersten Vorüberlegung, in der es darum geht zu sehen, welche Probleme bei einer rein dezentralen Beschaffung eines unteilbaren Öffentlichen Guts bestehen können. Es gebe wie bisher m Individuen. Diese können dezentral entscheiden, ob sie eine Einheit eines Öffentlichen Guts anschaffen wollen. $s^i = 1$ bedeutet Anschaffung durch Individuum i, $s^i = 0$ Nichtanschaffung. Wird das Gut angeschafft, so haben die Individuen ein Nutzenniveau von V^i, unabhängig davon, wie oft es angeschafft wird, und 0, wenn es nicht angeschafft wird. Mehrfachanschaffungen sind also ineffizient. Diese Annahme wird einzig getroffen, um die Analyse zu vereinfachen. Die qualitativen Ergebnisse gelten auch in allgemeineren Fällen. Die Nutzenniveaus seien so geordnet, dass $V^1 \geq V^2 \geq \ldots \geq V^m \geq 0$ gilt. Die Kosten der Anschaffung betragen $K > 0$ und müssen privat getragen werden. Effizienz ist gegeben, wenn das Gut genau einmal angeschafft wird, sobald $\sum_i V^i > K$ gilt.

Der Nettonutzen von Individuum i bei einem Strategientupel $\{s^1, \ldots, s^m\}$ ist dann $V^i \cdot \max_j s^j - K \cdot s^i$. Wir suchen ein Nash-Gleichgewicht, in dem alle Individuen simultan ihre Strategie wählen. Ein solches Gleichgewicht hat eine einfache Struktur:

- Falls $V^1 < K$ gilt $s^i = 0$ für alle i.
- Falls $V^1 \geq K$ und $V^2 < K$, gilt $s^1 = 1$ und $s^i = 0$ für alle $i \neq 1$.
- Falls $V^j \geq K$ für $j \geq 2$, gilt $\exists s^i = 1$ für $i \in \{1, \ldots, j\}$ und $s^k = 0$ für alle $k \neq 1$.

Vergleichen wir die Effizienz- mit der Gleichgewichtsbedingung, so stellen wir fest, dass es zu einer Ineffizienz kommt, sobald $V^1 < K$ und $\sum_i V^i > K$ ist. Es ist zu erwarten, dass diese Ineffizienz *ceteris paribus* häufiger auftritt, je höher die Kosten K sind und je größer die betroffene Gruppe m ist.

Dieses Ergebnis zeigt, dass bei einer rein dezentralen Entscheidung über die Anschaffung eines unteilbaren Öffentlichen Guts Ineffizienzen insbesondere dann auftreten, wenn die Anschaffung des Guts relativ teuer ist oder viele Individuen von seiner Anschaffung betroffen sind. Dieses Ergebnis ist natürlich eine direkte Konsequenz der Annahme, dass die gesamten Kosten der Bereitstellung von nur einem Individuum getragen werden müssen. Interpretiert man z. B. die Folgen des anthropogenen Klimawandels als ein Öffentliches Gut, so hieße dies, dass nur ein Individuum bzw. Land die Finanzierung der gegensteuernden Maßnahmen finanzieren müsste, ein wohl in der Tat unlösbares Unterfangen.

Die beste Interpretation dieses Spiels ist wohl daher die einer Anarchie, in der die einzelnen Individuen keinerlei Absprachen treffen und ggf. nicht einmal voneinander wissen. Daher ergibt es Sinn, nach einem variierten Spiel zu suchen, in dem die Bereitstellung des Öffentlichen Guts zwar nach wie vor dezentral und freiwillig entschieden wird, die Bildung einer Gruppe zur gemeinsamen Finanzierung des Öffentlichen Gutes jedoch erlaubt ist. Daher betrachten wir nun das folgende Modell. Es gebe wie bisher m Individuen. Diese können freiwillig Finanzierungsbeiträge $b^i, i = 1, \ldots, m$ zu einem öffentlichen Gut leisten (oder nicht). Wenn das Öffentliche Gut angeschafft wird, dann ist seine Menge fix vorgegeben. Es kann z. B. an einen Deich gedacht werden, der eine bestimmte vorgegebene Höhe haben muss, damit er wirksam ist. Die Kosten des Öffentlichen Guts seien $K > 0$. Wenn das Öffentliche Gut angeschafft wird, dann haben die Individuen einen (in monetären Einheiten ausgedrückten) Nutzen in Höhe von V^i. Der Nettonutzen bei Anschaffung beträgt daher $V^i - b^i$, wenn sie b^i zahlen. Im Falle der Nichtanschaffung des Öffentlichen Guts sei der Nutzen aller Individuen auf null normiert. Wir bezeichnen mit $s \in \{0, 1\}$ die Strategie das Öffentliche Gut anzuschaffen ($s = 1$) oder nicht ($s = 0$).

Die Pareto-effiziente Anschaffungsregel lautet $s^*(V^1, \ldots, V^m) = 1 \Leftrightarrow \sum_i V^i > K$, wobei wir davon ausgehen, dass im Fall der Indifferenz das Öffentliche Gut nicht angeschafft wird. Wir gehen davon aus, dass diese Bedingung erfüllt ist, da es hier darum geht herauszufinden, ob eine Bereitstellung auf freiwilliger Basis stattfindet. Um zu sehen, ob diese Regel auch bei dezentralen Beiträgen als Gleichgewicht umgesetzt wird, gehen wir davon aus, dass die Individuen das folgende Spiel spielen: Jedes Individuum wählt simultan einen Finanzierungsbeitrag b^i. Auf der Basis der Finanzierungsbeiträge $\{b^1, \ldots, b^m\}$ wird dann nach der Regel $\bar{s}(b^1, \ldots, b^m) = 1 \Leftrightarrow \sum_i b^i \geq K$ entschieden. Unabhängig davon, ob das Öffentliche Gut angeschafft wird, zahlen die Individuen ihre Finanzierungsbeiträge, und es wird davon ausgegangen, dass im Fall $\sum_i b^i > K$ die Individuen ihr gesamtes Gebot zahlen müssen, obwohl zu viel Geld eingeht. Diese Annahme führt zu einem einfach zu lösenden Modell. Die qualitativen Ergebnisse bleiben aber gegenüber einem komplizierteren Modell, in dem in einem solchen Fall die zu viel gezahlten Beiträge zurückerstattet werden, unverändert.

Zur Bestimmung der Nash-Gleichgewichte des Spiels sei ohne Einschränkung der Allgemeinheit angenommen, dass die Spieler-Indizes nach der Höhe der Wertschätzungen für das Öffentliche Gut geordnet sind, so dass gilt: $V^1 \geq V^2 \geq \ldots \geq V^m$. Dann können wir die folgenden Aussagen hinsichtlich der Nash-Gleichgewichte dieses Spiels treffen:

- Jeder Strategienvektor $\{\bar{b}^1, \ldots, \bar{b}^m\}$ mit $\sum_i \bar{b}^i = K$ und $\bar{b}^i \leq V^i \; \forall \; i = 1, \ldots, m$ ist ein Gleichgewicht dieses Spiels: Sei i ein Spieler mit einem strikt positiven Finanzierungsbeitrag. Bei gegebenen Finanzierungsbeiträgen aller anderen Spieler reduziert eine Erhöhung von b^i seinen Nutzen, da das Gut nach wie vor angeschafft wird, der Spieler aber mehr bezahlen muss. Senkt er seinen Beitrag, so wird das Gut nicht mehr angeschafft. Dies stellt ihn also schlechter oder indifferent. Ein analoges Argument gilt für einen Spieler mit einem Finanzierungsbeitrag von null. Diese Gleichgewichte setzen die effiziente Regel um.
- $b^i = 0 \; \forall i = 1, \ldots, m$ ist ein Gleichgewicht, falls $V^1 < K$ ist. (Ist $V^1 \geq K$, so ist $b^1 = K, b^i = 0 \; \forall i \neq 1$ ein Gleichgewicht.)

Dieses Ergebnis zeigt zweierlei. Zum einen wird deutlich, dass die Unteilbarkeit des Gutes dazu führt, dass die Bereitstellung der effizienten Menge in einer dezentralen Entscheidungssituation mit rein freiwilligen Beiträgen durchaus möglich ist. Dies liegt daran, dass durch die Unteilbarkeit jedes Individuum, welches einen positiven Beitrag zur Finanzierung leistet, entscheidend dafür ist, dass das Gut angeschafft wird, falls alle anderen Individuen die richtigen Beiträge leisten. Damit hat es effiziente Anreize bei der Bestimmung seines Finanzierungsbeitrags. Zum anderen ist die dezentrale Lösung von einem Problem multipler Gleichgewichte geplagt, so dass nicht klar ist, ob die Existenz eines effizienten Gleichgewichts wirklich eine gute Nachricht ist. Es gibt in der Regel sowohl ein *Kontinuum* effizienter Gleichgewichte als auch ein ineffizientes Gleichgewicht. Da aus Sicht eines Individuums die effizienten Gleichgewichte unterschiedlich gut sind, da jedes Individuum ein Gleichgewicht bevorzugt, bei dem es einen niedrigen Finanzierungsbeitrag leisten muss, ist auch nicht klar, anhand welcher Mechanismen das Koordinationsproblem dezentral gelöst werden kann, da Uneinigkeit über das „beste" Gleichgewicht besteht.

Aus dieser Analyse ergeben sich drei Schlussfolgerungen für die Grundlagen der Wirtschaftspolitik bzw. unsere Sichtweise des Staates. Erstens kann es sein, dass bei unteilbaren Öffentlichen Gütern spontan effiziente und spontan ineffiziente Lösungen koexistieren. Aufgabe des Staates ist dann nicht primär, durch die Ausübung von Zwangsgewalt Anreize richtig zu setzen, sondern durch die Schaffung eine Koordinationsmechanismus eine Koordination der Erwartungen auf ein effizientes Gleichgewicht zu ermöglichen. Wenn diese Koordination einmal erfolgt ist, muss der Staat nichts mehr zur Durchsetzung der „Finanzierungsnorm" tun, weil diese ein Gleichgewicht und daher selbstdurchsetzend ist. Führt der Staat in einer solchen Situation trotzdem Zwangsabgaben zur Finanzierung ein, so kann dies höchstens so legitimiert werden, dass anders das Koordinationsproblem nicht gelöst werden kann. Zwang hat dann einen eher symbolischen Wert, weil er Glaubwürdigkeit bezüglich eines spezifischen Vektors von Finanzierungsbeiträgen schafft.

Zweitens verweist die Duplizität von möglichen Deutungsmustern individuellen Verhaltens auf ein schwierig zu lösendes Problem für die Wirtschaftspolitik: da die „richtigen" Maßnahmen zur Überwindung von Ineffizienzen durch die Ursache der Ineffizienz mitbestimmt werden, ist es von entscheidender Bedeutung, das beobachtbare Verhalten richtig zu deuten: wir beobachten eine Ineffizienz und *interpretieren* sie in Bezug auf ein *hypothetisches* Referenzmodell. Darüber hinaus überlappen sich für reale Öffentliche Güter beide Problemstrukturen häufig: Ein Deich weist bis zu einem gewissen Grad Unteilbarkeiten auf, doch lässt sich die Deichhöhe variieren. Der Unterhalt auch einer kleinen Feuerwehr lohnt sich erst, wenn sie eine gewisse Mindestgröße hat, doch gibt es Variationsbreiten.

Drittens sieht man exemplarisch an diesem Beispiel, dass es eine alternative Rechtfertigung staatlicher Aktivitäten geben kann: eine Aufgabe des Staates kann die Koordination von Erwartungen sein, wenn das dezentrale Verhalten zu multiplen Gleichgewichten führt, für die es keinen natürlichen Selektionsmechanismus gibt. Prominentes Beispiel hierfür ist die Norm, Rechts- oder Linksverkehr für verbindlich zu erklären. Die Position, die Aufgaben des Staates nur vollständig verstehen zu können, wenn man ihn (auch) als Koordinationsmechanismus sieht, ist in der Literatur zu Recht und Ökonomik durchaus verbreitet und nennt sich dort *Theorie des expressiven Rechts* (McAdams 2000).

Generell kann man zwei Typen von Gruppenproblemen unterscheiden: Kooperationsprobleme, bei denen eine effiziente Allokation kein Gleichgewicht ist, und Koordinationsprobleme, bei denen es neben der effizienten Allokation noch weitere Gleichgewichte gibt (und natürlich Mischungen zwischen beiden Problemtypen). Im ersten Fall kann der Staat als ein Mechanismus verstanden werden, der durch die Änderung der Regeln des Spiels die individuellen Anreize so steuert, dass die effiziente Lösung als Gleichgewicht erreicht wird. Institutionen als Regeln eines Spiels zu verstehen, ist die in weiten Teilen dieses Buches vorherrschende Sichtweise. (Siehe hierzu auch Kapitel 1.) Die Idee, den Staat als einen Koordinationsmechanismus zu sehen, folgt der Sichtweise, dass Institutionen selbstdurchsetzend sein müssen, damit sie bestehen können. Regeln sind daher Gleichgewichte eines Spiels, und entweder muss man dann die Struktur des Gleichgewichts als Institution interpretieren oder es entsteht ein Gleichgewichtsauswahlproblem, dessen Auswahlmechanismus man dann als Institution interpretieren kann.

6.5 Die Versorgung mit Öffentlichen Gütern bei dezentralen Verhandlungen

Wir hatten bereits angesprochen, dass aus der Ineffizienz des Wettbewerbsgleichgewichts nicht schon folgt, dass sich selbst öffentliche Güter nicht auf andere Weise dezentral effizient bereitstellen lassen. In diesem Abschnitt werden wir diese Intuition präzisieren, indem wir einen einfachen dezentralen Verhandlungsprozess angeben, dessen Gleichgewicht das Pareto-Optimum ist. Die wesentliche Intuition dieses Abschnitts besteht darin zu sehen, dass die Problematik einer effizienten Versorgung mit Öffentlichen Gütern nicht per se und notwendigerweise an die Organisationsform der Wirtschaft gebunden ist, sondern dass möglicherweise der Charakter Öffentlicher Güter zusammen mit anderen Problemen, also etwa Informationsasymmetrien, die Organisationsfrage erst relevant machen.

Im Folgenden wollen wir für eine Ökonomie, in der der Staat ausschließlich die Verfügungsrechte festlegt, untersuchen, unter welchen Voraussetzungen die private Organisation der Bereitstellung des Öffentlichen Gutes zu einem Pareto-Optimum führt. Dazu betrachten wir eine Ökonomie ohne Informationskosten, so dass jeder Haushalt über die Präferenzen aller anderen Haushalte voll informiert ist, und ohne Transaktionskosten. Wir nehmen ferner an, dass der Staat an einen Haushalt (ohne Beschränkung der Allgemeinheit: H^1) ein ganz spezifisches Eigentumsrecht vergibt. Haushalt H^1 kann allen anderen Haushalten H^2 bis H^m ein ultimatives Angebot (engl. „take-it-or-leave-it-offer") unterbreiten, das eine Menge des Öffentlichen Gutes x_1^V und einen Vektor der von den einzelnen Haushalten zu konsumierenden Mengen des privaten Gutes $(x_2^{1V}, \ldots, x_2^{mV})$ beinhaltet.

Das ultimative Angebot ist so zu verstehen, dass jeder der anderen Haushalte es entweder annehmen oder ablehnen kann. Verhandlungen über eine Nachbesserung des Angebots sind ebenso ausgeschlossen wie die Unterbreitung eines neuen Angebots durch einen anderen Haushalt im Falle des Scheiterns dieses Vorschlags. Dieser wird nur dann umgesetzt, falls er von allen Haushalten akzeptiert wird. Andernfalls kommt es zu der im Abschnitt 6.3 abgeleiteten dezentralen Lösung, dem nicht-kooperativen Nash-Gleichgewicht.

Die anderen Haushalte $H^i, i = 2, \ldots, m$, seien in dem Sinne rational, dass jeder den Vorschlag des H^1 akzeptiert, sofern dieser ihm mindestens das Nutzenniveau u^{iD} sichert, das er im nicht-kooperativen Nash-Gleichgewicht realisieren kann. Formal lautet daher die Bedingung dafür, dass der Vorschlag angenommen wird:

$$u^{iV} = u^i[x_1^V, x_2^{iV}] \geq u^{iD} \quad i = 1, \ldots, m \, . \tag{6.31}$$

Da wir von vollständiger Information aller Individuen ausgegangen sind, ergibt sich für H^1 das folgende Optimierungsproblem: Maximiere $u^1[x_1^V, x_2^{1V}]$ unter den Nebenbedingungen (6.31), (6.4) und (6.5). Die zugehörige Lagrange-Funktion lautet:

$$\mathcal{L} = u^1(x_1^V, x_2^{1V}) + \sum_{i=2}^{m} \lambda^i \cdot \left[u^i(x_1^V, x_2^{iV}) - u^{iD} \right]$$

$$+ p_2 \left[x_2^V - \sum_{i=1}^{m} x_2^{iV} \right] + p_1 \left[g(x_2^V) - x_1^V \right] \, . \tag{6.32}$$

Man erkennt sofort, dass (6.32) die gleiche Struktur wie (6.8) hat, wobei hier lediglich die Variablen p_u^i und u^{i*} die Benennung λ^i und u^{iD} haben. Daher sind die Bedingungen erster Ordnung für ein Optimum von (6.32) identisch mit denen für ein Optimum von (6.8), also ein Pareto-Optimum. Insbesondere ist (6.22) erfüllt.

Damit ist gezeigt, dass bei vollkommener Information und Abwesenheit von Transaktionskosten eine dezentrale Bereitstellung selbst von Öffentlichen Gütern Pareto-optimal sein kann. Die hier verwendete Voraussetzung besteht darin, dass ein Eigentumsrecht, hier das Recht zur Unterbreitung eines ultimativen Angebots, individuell zugeordnet ist. Die eigentumsrechtliche Konstruktion des ultimativen Angebots funktioniert hier, weil sie die ökonomischen Wirkungen eines Ausschlussprinzips simuliert: Jedes Individuum weiß, dass es bei der Nichtannahme des Angebots auf das Niveau an Öffentlichen Gütern bei dezentraler Bereitstellung zurückfällt. Da dies glaubwürdig ist, wirkt es wie ein Ausschluss.

6.6 Ein Verfahren zur Aufdeckung der wahren Präferenzen der Konsumenten

In Abschnitt 6.1 hatten wir gesehen, dass ein staatlicher Planer die optimale Menge eines Öffentlichen Gutes bestimmen kann, wenn er die Präferenzen der Konsumenten kennt. Eine direkte Umfrage unter den Haushalten wird aber dann nicht zu wahrheitsgemäßen Antworten führen, wenn – wie es gemäß (6.21) der Fall ist – diejenigen, die eine intensivere Präferenz für das Öffentliche Gut äußern, einen größeren Anteil an den Finanzierungskosten tragen müssen, da sie ja bei fehlenden Ausschließungsmöglichkeiten die gesamte Menge des Guts auch dann mitnutzen können, wenn sie zuvor ihr Desinteresse geäußert haben. Wenn dagegen der Finanzierungsbeitrag völlig unabhängig von den geäußerten Präferenzen festgelegt ist, werden die befragten Konsumenten ihre Nachfrage für das Öffentliche Gut bis zu ihrer Sättigungsmenge ausdehnen, denn es „kostet" sie ja nichts.

Um dieses „Trittbrettfahrerverhalten" zu verhindern, haben unabhängig voneinander E. Clarke, T. Groves und W. Vickrey das folgende Verfahren zur Aufdeckung der Präferenzen entwickelt. Wir nehmen an, es gebe m Haushalte $H^i, i = 1, \ldots, m$, und r Alternativen $a_j, j = 1, \ldots, r$, die eine Alternativenmenge A bilden und von denen eine ausgewählt werden soll. Auf das Problem der Versorgung mit einem Öffentlichen Gut angewendet, spezifiziert z. B. jede Alternative zum einen die Menge des Öffentlichen Gutes, die bereitgestellt werden soll, und gleichzeitig die Finanzierungsbeiträge, die die verschiedenen Haushalte dazu leisten sollen. Jeder Haushalt H^i habe quasilineare Präferenzen in dem Öffentlichen Gut und einem Numérairegut und sei so gut über die Alternativen informiert, dass er jedes a_j mit einem Geldwert V_j^i (seiner „maximalen Zahlungsbereitschaft" für a_j) belegen kann. Der Nutzen von Individuum i sei dann darstellbar als $u^i = V_j^i + c^i$, wobei c^i konsumierte Menge des Numérairegutes ist. Jedes Individuum i kennt seine eigenen Wertschätzungen $V_j^i, j = 1, \ldots, r$, nicht aber die Wertschätzungen der anderen Individuen. Auch der Staat kennt die Wertschätzungen der Individuen nicht. Individuen und Staat gehen aber davon aus, dass die tatsächlichen Wertschätzungen der jeweils anderen Individuen aus einer Menge möglicher Wertschätzungen $\mathcal{V}^i \subset \mathbb{R}^r, i = 1, \ldots, n$ stammen. Das Verfahren der Clarke-Steuer basiert auf der Idee, dass die Offenbarung der wahren Zahlungsbereitschaft eine dominante Strategie für alle Individuen sein soll. Daher ist es nicht erforderlich, dass die Individuen Erwartungen über $\mathcal{V}^i, i = 1, \ldots, n$ bilden.

Zunächst einmal machen wir uns klar, dass ein Vorschlag a_j einer Alternative a_k nach dem Kriterium der potenziellen Pareto-Verbesserung (vgl. Abschnitt 2.5) überlegen ist, wenn

$$\sum_{i=1}^{m}(V_j^i - V_k^i) = \sum_{i=1}^{m} V_j^i - \sum_{i=1}^{m} V_k^i > 0 \quad (6.33)$$

erfüllt ist. Gilt dagegen in (6.33) das Gleichheitszeichen, so sind a_j und a_k potenziell Pareto-gleichwertig. Diese Schlussfolgerung folgt direkt aus der Definition des potenziellen Pareto-Kriteriums. Gilt z. B. das „>" -Zeichen, so hätten diejenigen Haushalte H^i, für die der Klammerausdruck auf der linken Seite von (6.33) positiv ist, so große Vorteile aus einer Entscheidung für a_j, dass sie die Haushalte H^i, für die der Klammerausdruck negativ ist, ohne weiteres durch entsprechende Zahlungen für den Verzicht auf a_k entschädigen könnten. Es könnte also jeder Haushalt besser gestellt werden, wenn a_j anstelle von a_k gewählt würde. Entsprechendes würde bei einer Entscheidung für a_k gelten, wenn in (6.33) das „<"-Zeichen gelten würde.

Die Individuen können ihre Bewertungen der r Alternativen einer staatlichen Behörde mitteilen. Wir nennen diese Bewertungen, die ja nicht unbedingt mit den wahren Präferenzen V_j^i übereinstimmen müssen, zur Unterscheidung $B_j^i \in \mathcal{B}^i$ ($i = 1,\ldots,m; j = 1,\ldots,r$). Vor Beginn der Wahl bestimmt und kommuniziert die Wahlbehörde eine Allokationsregel $a: (\mathcal{B}^1,\ldots,\mathcal{B}^n) \to A$, die festlegt, welche Alternative bei welchem Wahlergebnis umgesetzt wird. Diese Regel besagt, dass die Wahlbehörde die Summe der Bewertungen für die einzelnen Alternativen feststellt und diejenige Alternative j^* als gewählt erklärt, bei der sich die höchste Summe ergibt, für die also gilt:

$$\sum_{i=1}^{m} B_{j^*}^i \geq \sum_{i=1}^{m} B_j^i \quad \forall\, j \neq j^* . \quad (6.34)$$

Haben mehrere Alternativen sie selbe höchste Summe, so wird unter ihnen fair gelost. Bei wahrheitsgemäßen Angaben durch die Haushalte ($B_j^i = V_j^i \,\forall\, i, j$) entspricht diese Formel wegen (6.33) gerade der Bedingung dafür, dass Alternative a_{j^*} gegenüber allen anderen Alternativen potenziell Pareto-superior ist. Wie aber können die Haushalte dazu veranlasst werden, der staatlichen Behörde die ihrer Bewertung tatsächlich entsprechenden Geldbeträge anzugeben, also ihre wahren Präferenzen zu enthüllen? Um diesen Zweck zu erreichen, wird die sogenannte Clarke-Steuer eingeführt, die jeden einzelnen Haushalt belastet, dessen Bewertung für die Entscheidung zugunsten von a_{j^*} ausschlaggebend ist – in dem Sinne, dass ohne seine Beteiligung eine andere Alternative als a_{j^*} gewählt worden wäre. Jeder dieser „ausschlaggebenden" Haushalte H^k zahlt eine Steuer in Höhe des Nachteils, den er den anderen Wählern insgesamt auferlegt, nämlich

$$C^k = \max\left[\left(\max_{j \neq j^*} \sum_{i \neq k} B_j^i\right) - \sum_{i \neq k} B_{j^*}^i, 0\right] . \quad (6.35)$$

Man erkennt zunächst, dass sich in der Formel (6.35) das Prinzip der vollständigen Internalisierung widerspiegelt: der Nutzen lautet dann $u^i = V^i(a(B_1^1,\ldots,B_r^n)) + C^i - C^k$; jegliche Kosten, die das betrachtete Individuum k seinen Mitbürgern durch sein

6.6. Ein Verfahren zur Aufdeckung der wahren Präferenzen

Abstimmungsverhalten auferlegt, müssen von ihm selbst in Form der Clarke-Steuer getragen werden. (C_i bezeichnet einen vom Verhalten von Individuum i unabhängigen Transfer.)

Im Folgenden ist zu zeigen, dass es sich angesichts der Besteuerungsregel (6.35) für keinen Haushalt H^i lohnt, andere Bewertungen anzugeben, als es seinen tatsächlichen Präferenzen V_j^i ($j = 1, \ldots, r$) entspricht. Dabei hilft uns zunächst die Beobachtung, dass gemäß (6.35) die Höhe der von einem Haushalt H^k zu entrichtenden Steuer C^k nicht von den von ihm selbst angegebenen Bewertungen abhängt (die B_j^k kommen nicht in (6.35) vor). Lediglich die Entscheidung, welcher der Vorschläge als die Alternative a_{j*} gewählt wird, und damit die Frage, ob Haushalt H^k überhaupt eine Steuer zu entrichten hat, hängt von seinen Bewertungen B_j^k ab.

Man macht sich leicht klar, dass es nur zwei Fälle gibt, in denen Haushalt H^k eventuell eine wahrheitsgemäße Stimmabgabe bereuen könnte:

1. Haushalt H^k muss eine Clarke-Steuer zahlen, möchte diese aber durch eine niedrigere Bewertung für die Alternative a_{j*} vermeiden. Gewählt wird dann Alternative $a_{j\circ}$. Er spart dadurch die Clarke-Steuer in Höhe von

$$C^k = \sum_{i \neq k} B_{j\circ}^i - \sum_{i \neq k} B_{j*}^i . \tag{6.35a}$$

Dem steht ein Nutzenverlust im Wert von $V_{j*}^k - V_{j\circ}^k$ gegenüber. Wegen (6.33) gilt aber, wenn er seine Bewertungen wahrheitsgemäß angibt,

$$\sum_{i=1}^m B_{j*}^i = \sum_{i \neq k} B_{j*}^i + V_{j*}^k > \sum_{i \neq k} B_{j\circ}^i + V_{j\circ}^k = \sum_{i=1}^m B_{j\circ}^i , \tag{6.36}$$

woraus unmittelbar folgt:

$$V_{j*}^k - V_{j\circ}^k > \sum_{i \neq k} B_{j\circ}^i - \sum_{i \neq k} B_{j*}^i = C^k , \tag{6.37}$$

d. h. sein Verlust ist größer als seine Ersparnis.

2. H^k setzt sich mit seiner am meisten gewünschten Alternative $a_{j\circ}$ nicht durch, wenn er seine Bewertungen wahrheitsgemäß abgibt. Gewählt wird stattdessen a_{j*}. Durch übertriebene Angabe von $B_{j\circ}^k$ ($B_{j\circ}^k > V_{j\circ}^k$) würde es ihm aber gelingen, das Ergebnis zugunsten von $a_{j\circ}$ zu ändern. Dadurch ist er jetzt verpflichtet, eine Clarke-Steuer in Höhe von

$$C^k = \sum_{i \neq k} B_{j*}^i - \sum_{i \neq k} B_{j\circ}^i \tag{6.35b}$$

zu entrichten. Dem steht ein Nutzenzuwachs in Höhe von $V_{j\circ}^k - V_{j*}^k$ gegenüber. Aus der mittleren Ungleichung in (6.36) folgt jedoch sofort

$$C^k = \sum_{i \neq k} B_{j*}^i - \sum_{i \neq k} B_{j\circ}^i > V_{j\circ}^k - V_{j*}^k , \tag{6.38}$$

d. h. auch dieses Verhalten lohnt sich für den Betreffenden nicht.

Wir können aus diesen Ableitungen den Schluss ziehen, dass das beschriebene Verfahren tatsächlich zur Angabe der richtigen Bewertungen und damit zur Aufdeckung der wahren Präferenzen veranlasst, egal ob die übrigen Beteiligten dies auch tun oder nicht. (Man beachte, dass in (6.36) die angegebenen Bewertungen B_j^i der anderen Wähler und nicht die wahren V_j^i vorkommen.) Hat aber jeder Wähler diese Anreize, so werden letztlich alle ihre Präferenzen wahrheitsgemäß angeben, und das Clarke-Verfahren wird, wie oben im Zusammenhang mit (6.34) argumentiert, einen Vorschlag auswählen, der gegenüber allen anderen Alternativen potenziell Paretoüberlegen (oder -gleichwertig ist).

Anschließend wollen wir das beschriebene Verfahren mit Hilfe eines einfachen Zahlenbeispiels illustrieren, an dem auch seine Schwächen aufgezeigt werden können.

Wir betrachten fünf Haushalte H^i, $i = 1, \ldots, 5$, und drei Alternativen a_1, a_2 und a_3, zwischen denen zu entscheiden ist. In den ersten drei Spalten von Tabelle 6.1 sind die (wahren) Bewertungen der drei Alternativen durch die Haushalte in Euro angegeben. Bei wahrheitsgemäßen Angaben der Präferenzen durch die Haushalte wird die Alternative a_3 mit einer Summe von 120 Euro gewählt.

Tabelle 6.1: Entscheidungsbeispiel

Haushalt	Alternativen Bewertung durch Haushalt H^i			Alternativen Summe der Bewertungen ohne Haushalt H^i			Steuer
	a_1	a_2	a_3	a_1	a_2	a_3	
H^1	0	25	40	105	65	80	25
H^2	50	0	30	55	90	90	0
H^3	10	45	0	95	45	120	0
H^4	0	20	30	105	70	90	15
H^5	45	0	20	60	90	100	0
Summe	105	90	120				

Wir stellen zunächst fest, welche Haushalte dafür verantwortlich sind, dass Alternative a_3 statt a_1 oder a_2 gewählt wird. Zu diesem Zweck sind in den Spalten 4–6 von Tabelle 6.1 die für die verschiedenen Alternativen berechneten Summen nach Abzug der Euro-Beträge, mit denen der jeweilige Haushalt die betrachtete Alternative bewertet, eingetragen. So ist z. B. in der vierten Spalte für H^2 55 Euro eingetragen. Dieser Betrag ergibt sich durch Abzug von 50 Euro (Spalte 1) von der Summe 105 Euro in Spalte 1. Entsprechend ergibt sich in Spalte 6 für H^1 120 Euro – 40 Euro = 80 Euro. Bei den so erhaltenen Beträgen handelt es sich also um die Summen, die sich ergeben würden, wenn nur vier der Haushalte entschieden hätten. So stehen jetzt in der zu H^1 gehörenden Zeile in den Spalten 4–6 für die Alternativen a_1, a_2 und a_3 die Werte 105 Euro, 65 Euro und 80 Euro. Diese hätten sich ohne Beteiligung von H^1 an der Entscheidung als Summen ergeben (vgl. Spalten 1–3).

6.6. Ein Verfahren zur Aufdeckung der wahren Präferenzen 195

Das bedeutet aber, dass ohne die Beteiligung von Wähler H^1 die Alternative a_1 mit 105 Euro und nicht a_3 mit 80 Euro gewählt worden wäre. Die Beteiligung von H^1 hat also zur Wahl von a_3 geführt. Aus diesem Grunde muss H^1 eine Clarke-Steuer entrichten. Diese wird aus der Differenz der Summen in den Spalten 4 bis 6 für die beiden fraglichen Alternativen gebildet, die mit und ohne Beteiligung von H^1 gewählt würden. Sie beträgt also 105 Euro – 80 Euro = 25 Euro und entspricht dem Nachteil, den die Haushalte H^2, H^3, H^4 und H^5 insgesamt durch die Mitwirkung von H^1 erleiden.

Eine Überprüfung der Spalten 4–6 in den anderen Zeilen ergibt, dass außer H^1 auch noch H^4 mit seinem Verhalten für die Wahl von a_3 verantwortlich ist. Alle übrigen Haushalte sind dagegen nicht ausschlaggebend für die Wahl von a_3 und brauchen folglich keine Clarke-Steuer zu zahlen.

Um zu zeigen, dass sich tatsächlich kein einzelner Haushalt durch die Angabe falscher Bewertungen besser stellen kann, betrachten wir z. B. Haushalt H^2, der stark an Alternative a_1 interessiert ist. Wäre es für diesen Haushalt nicht sinnvoll, der staatlichen Behörde eine z. B. um 20 Euro höhere Bewertung von a_1 zu melden, um dieser erwünschten Alternative zum Erfolg zu verhelfen? In diesem Fall würde man statt Tabelle 6.1 Tabelle 6.2 erhalten. Wie ein Vergleich der Summen der Spalten 1–3 der letzten Zeile zeigt, würde nun tatsächlich die Entscheidung zugunsten von a_1 ausfallen. Berechnet man jedoch die Clarke-Steuern für das geänderte Beispiel, so sieht man, dass H^2 eine Clarke-Steuer in Höhe von 35 Euro zu zahlen hätte. Das übertrifft aber den wahren Vorteil, den er bei einer Entscheidung für a_1 statt a_3 erzielen könnte, nämlich 50 Euro – 30 Euro = 20 Euro (vgl. Tabelle 6.1). Die Angabe einer falschen Bewertung lohnt sich also wegen der Clarke-Steuer für H^2 nicht und unterbleibt.

Tabelle 6.2: Entscheidungsbeispiel bei Angabe falscher Bewertungen durch H^2

Haushalt	Alternativen a_1 a_2 a_3 Bewertung durch Haushalt H^i			Alternativen a_1 a_2 a_3 Summe der Bewertungen ohne Haushalt H^i			Steuer
H^1	0	25	40	125	65	80	0
H^2	70	0	30	55	90	90	35
H^3	10	45	0	115	45	120	5
H^4	0	20	30	125	70	90	0
H^5	45	0	20	80	90	100	20
Summe	125	90	120				

Umgekehrt würde es sich auch für H^4 nicht lohnen, z. B. durch die Angabe einer höheren Bewertung für a_1 oder (und) einer niedrigeren Bewertung für a_3 die Clarke-Steuer zu vermeiden. In diesem Fall könnte die Entscheidung für a_1 fallen. Dadurch würde zwar H^4 die Steuer in Höhe von 15 Euro vermeiden, aber wegen der Änderung des Entscheidungsergebnisses einen Verlust von 30 Euro erleiden (vgl. Tabelle 6.1).

Die beschriebene Eigenschaft der Anreiz-Kompatibilität geht allerdings verloren, wenn mehrere Wähler gleichzeitig das Wahlergebnis durch Angabe falscher Bewertungen zu manipulieren versuchen. Um dies zu zeigen, nehmen wir für unser obiges Beispiel jetzt an, dass Haushalte H^2 und H^5 ihre Präferenzen für die von ihnen am meisten geschätzte Alternative a_1 um jeweils 45 Euro übertreiben. (Spalte 1 in Tabelle 6.3). Die gegenüber Tabelle 6.1 geänderten Werte in Spalte 4 von Tabelle 6.3 führen nun dazu, dass niemand eine Clarke-Steuer zahlt, da kein einzelner Haushalt dafür ausschlaggebend ist, dass a_1 eine höhere Gesamtbewertung erhalten hat als a_2 oder a_3. Jeder der beiden Haushalte H^2 und H^5 hat durch das große Ausmaß seiner Überbewertung den anderen davor bewahrt, eine Clarke-Steuer entrichten zu müssen. Beim Clarke-Verfahren ist also eine Manipulation des Ergebnisses und damit eine Abweichung vom Pareto-Optimum möglich, wenn mehrere Haushalte sich verabreden, ihre Präferenzen verfälscht darzustellen.

Tabelle 6.3: Entscheidungsbeispiel bei Angabe falscher Bewertungen durch H^2 und H^5

Haushalt	Alternativen a_1 a_2 a_3 Bewertung durch Haushalt H^i			Alternativen a_1 a_2 a_3 Summe der Bewertungen ohne Haushalt H^i			Steuer
H^1	0	25	40	195	65	80	0
H^2	95	0	30	100	90	90	0
H^3	10	45	0	180	45	120	0
H^4	0	20	30	195	70	90	0
H^5	90	0	20	105	90	100	0
Summe	195	90	120				

Dabei ist andererseits wieder zu beachten, dass sich der einzelne Beteiligte an einer solchen Absprache ebenso gut stellt, wenn nur die anderen Teilnehmer die Manipulation tatsächlich durchführen, er selbst seine Präferenzen jedoch aufrichtig angibt. Die Gefahr der Manipulation ist daher in kleinen Gruppen besonders groß, in denen mit der Einhaltung solcher Absprachen gerechnet werden kann. In großen Gemeinschaften ist es zum einen schwierig, Koalitionen mit dem Zweck der gemeinsamen Verfälschung der angegebenen Präferenzen zu bilden, die groß genug sind, um das Abstimmungsergebnis zu beeinflussen. Zum anderen ist gerade bei Koalitionen mit vielen Mitgliedern der Zusammenhalt besonders lose, wenn jeder Teilnehmer einen Anreiz hat abzuspringen. Dadurch wird der genannte Einwand gegen das Clarke-Verfahren für den Fall großer Gruppen wieder abgeschwächt.

Ferner stellen auch die Einnahmen aus der Clarke-Steuer ein Problem dar. So müsste eine von der Besteuerung unabhängige Verteilung dieser Einnahmen regelmäßig zu einer Neubewertung der Alternativen durch die Beteiligten führen, so dass die ohne diese Verteilung gewählte Alternative nicht Pareto-optimal zu sein braucht.

Man sollte diese Tatsache jedoch wiederum nicht überbewerten. Ihre Auswirkung ist vermutlich gering, da der Anteil der Clarke-Steuer an den Ausgaben mit zunehmender Zahl der Entscheidungsberechtigten immer kleiner und schließlich verschwindend klein wird. Trotzdem kann die Clarke-Steuer nicht als abschließende Lösung des Problems der Bereitstellung Öffentlicher Güter bei asymmetrischer Information gesehen werden da in Abhängigkeit vom Ausmaß asymmetrischer Informationen das Problem, alle Individuen freiwillig zur Teilnahme an einem solchen Mechanismus zu bewegen und gleichzeitig keinen (nicht ohne Anreizwirkungen rückverteilbaren) Überschuss zu erzielen, nicht lösbar ist. In Kapitel 10 werden wir uns daher ganz allgemein mit den durch Informationsasymmetrien hervorgerufenen Transaktionskosten im Rahmen eines sehr allgemeinen Modells befassen.

Abschließend ist anzumerken, dass die Clarke-Steuer ein Spezialfall eines sehr viel allgemeineren Mechanismus ist, der prinzipiell in der Lage ist, beliebige Interdependenzen in Form von Ausgleichszahlungen, die nach dem Muster der Clarke-Steuer konzipiert sind, zu internalisieren. Für den Fall eines unteilbaren privaten Gutes ist das Clarke-Verfahren etwa äquivalent zu einer Zweitpreisauktion. Dort zahlt der Gewinner das Gebot des zweithöchsten Bieters. Da das Gebot der Wertschätzung dieses Bieters entspricht und dieser ohne die Anwesenheit des Höchstbieters die Auktion gewonnen hätte, kann diese Zahlung als Internalisierung des Externen Effekts gedeutet werden, der dadurch entsteht, dass der Höchstbieter an der Auktion teilnimmt. (Dass diese Zahlung nicht an den zweithöchsten Bieter gezahlt wird, ist für die Effizienz unerheblich.)

6.7 Das Modell des Zwei-Parteien-Wettbewerbs

Im Folgenden wollen wir untersuchen, mit welchen Ergebnissen zu rechnen ist, wenn die Versorgung mit einem Öffentlichen Gut in einem demokratischen Abstimmungsverfahren bestimmt wird. Im Vergleich zu Abschnitt 5.2.2 senken wir hier allerdings den Abstraktionsgrad und unterstellen eine indirekte Demokratie, in der regelmäßig Wahlen stattfinden, bei denen nur zwei Parteien um die Wählerstimmen konkurrieren. Während es die einzige Funktion staatlicher Stellen ist, ein Öffentliches Gut für die Bevölkerung am Markt nachzufragen, wird das einzige private Gut von den Haushaltungen am Markt bezogen. Die Ausgaben für das Öffentliche Gut werden durch Steuereinnahmen finanziert, wobei wir in Annäherung an die Realität davon ausgehen, dass kein Versuch unternommen wird, die einzelnen Haushalte entsprechend ihren Präferenzen für das Öffentliche Gut zu besteuern, sondern die Finanzierung mittels einer proportionalen Einkommensteuer vorgenommen wird. Außer zum Kauf des Öffentlichen Gutes können Steuermittel möglicherweise auch für eigennützige Zwecke der Regierungspartei(en) verwendet werden.

6.7.1 Grundannahmen des Modells

In der Folge wird ein vereinfachtes Modell eines Zweiparteiensystems betrachtet, das durch die folgenden Annahmen gekennzeichnet ist: Es gibt zwei Güter, von denen das erste (G_1) ein Öffentliches und das zweite (G_2) ein privates Gut ist.[3] Die einzige Aufgabe der Regierung ist die Bereitstellung des Öffentlichen Gutes, und einziges Finanzierungsinstrument ist eine proportionale Einkommensteuer.[4]

Es gibt zwei Parteien. Am Anfang einer jeden Wahlperiode finden Wahlen statt. In den Wahlprogrammen werden die Menge des Öffentlichen Gutes, die von der jeweiligen Partei für die Versorgung der Bevölkerung vorgesehen wird, und der von ihr geplante Einkommensteuersatz angegeben. Die Wähler (Haushalte) sind voll über die von den Parteien zur Wahl vorgelegten Programme informiert. Jeder Haushalt entscheidet sich gemäß seinen Wünschen durch Stimmabgabe für das von ihm präferierte Wahlprogramm, d. h. es gibt keine Parteiloyalität. Bei Indifferenz zwischen den Programmen der beiden Parteien enthält sich der Wähler.

Nach diesen Wahlen übernimmt die Partei, die die Mehrheit der Wählerstimmen erhalten hat, die Regierungsgewalt. Erhalten beide Parteien die gleiche Stimmenzahl, so wird nach einem Zufallsverfahren entschieden, welche Partei die Regierungsgewalt übernimmt, so dass die Wahrscheinlichkeit eines Wahlerfolges in diesem Fall für jede Partei gleich groß, also gleich $1/2$ ist. Eine Partei, die als Regierungspartei ihr Wahlprogramm nicht durchführt, wird von keinem Wähler wieder gewählt. Aus diesem Grunde führt die bei der Wahl erfolgreiche Partei ihr Wahlprogramm ohne Änderungen bis zu den nächsten Wahlen durch. Beide Parteien sind vor der Aufstellung ihrer Wahlprogramme vollständig über die Wünsche der Wähler und über die Auswirkungen aller staatlichen Maßnahmen informiert.

Das private und das Öffentliche Gut werden von privatwirtschaftlich organisierten Unternehmen unter Bedingungen des vollständigen Wettbewerbs produziert und geliefert. Sowohl die Regierung beim Bezug des Öffentlichen Gutes, das sie anschließend den Haushalten zur Verfügung stellt, als auch die Haushalte beim Kauf des privaten Gutes verhalten sich als Mengenanpasser. Wir gehen von einer vorgegebenen Einkommensverteilung aus, die sich z. B. aus den am Markt erzielten Produktionsmittelpreisen und der bestehenden Vermögensverteilung in einer kapitalistischen Marktwirtschaft ergibt. Jeder Haushalt H_i, $i = 1, \ldots, m$, verfügt also über ein exogenes Bruttoeinkommen Y_i, dessen Höhe insbesondere nicht mit dem Einkommensteuersatz variiert.

Zum Bezug des privaten Gutes verbleibt H_i ein verfügbares Einkommen von $(1-t)Y_i$. Bei einem Preis p_2 für das private Gut ergibt sich folglich für jeden Haushalt H_i die Budgetbedingung:

$$(1-t)Y_i - p_2 x_2^i \geq 0 \quad (i = 1, \ldots, m). \tag{6.39}$$

Dabei ist x_2^i die von H_i gekaufte Menge des privaten Gutes. Ferner gehen wir wieder von der bereits in Kapitel 5 verwendeten Nutzenfunktion für jeden beliebigen Haushalt H_i aus. Insbesondere gelten weiterhin die Bedingungen (5.2) und (5.3).

Bisher haben wir keine Annahmen über die Ziele der Parteien gemacht. Alternativ könnte man die folgenden Typen von Parteizielen betrachten:

---

[3] Diese Annahme wird getroffen, um die folgende Darstellung zu vereinfachen. Alle Beweise lassen sich analog für beliebig viele private Güter durchführen.

[4] Alle wesentlichen Schlussfolgerungen lassen sich jedoch auch für eine progressive Einkommensteuer ableiten.

6.7. Das Modell des Zwei-Parteien-Wettbewerbs

1. das Ziel, sich aus Steuermitteln zu bereichern,
2. das Ziel, die eigene Stimmenzahl bei den Wahlen zu maximieren,
3. ideologische Ziele, d. h. eine besonders knappe oder besonders reichliche Versorgung mit dem Öffentlichen Gut zu erreichen.

Das erste Ziel ist möglicherweise nicht unplausibel; wir werden jedoch später zeigen, dass es unter den bisher schon getroffenen Annahmen irrelevant ist. Daher werden wir darauf verzichten, es zu unterstellen. Das zweite Ziel ist wenig sinnvoll, da die politischen „Pfründe" größtenteils nicht in der Proportion zur Stimmenzahl vergeben werden. Dies gilt zwar für Abgeordnetenmandate; die viel wichtigeren Ministersessel erhält eine Partei aber bereits mit einer (absoluten) Stimmenmehrheit, jede weitere Stimme erhöht diese „Auszahlung" nicht mehr. Ideologische Ziele sind dagegen recht wahrscheinlich, da sie erklären, warum Menschen überhaupt Parteien gründen oder sich in ihnen engagieren. Die Antwort auf die Frage, warum Menschen sich politisch engagieren, liegt darin, dass diese Personen in den Präferenzen für das Öffentliche Gut innerhalb der Gruppe (Partei) relativ homogen sind, sich aber von der Mehrzahl ihrer Mitmenschen unterscheiden und es darum lohnend finden, für ihre Ziele einzutreten.[5]

Im Sinne dieser dritten Zielsetzung wollen wir unterstellen, dass es sich bei den beiden Parteien um eine „linke" und um eine „rechte" Partei handelt, die wir im Folgenden „Partei L" bzw. „Partei R" nennen werden. Die Mitglieder der Partei L möchten die Versorgung mit dem Öffentlichen Gut x_1 so weit wie möglich erhöhen, während die der Partei R den Steuersatz so klein wie möglich halten wollen. Wir unterstellen daher, dass die Ziele der beiden Parteien lauten:

$$\max\{x_1^L\}, \tag{6.40}$$

$$\min\{t^R\}. \tag{6.41}$$

Dabei muss jede von ihnen die Nebenbedingung beachten, dass sie eine Mehrheit der Wählerstimmen erhält.

Man beachte, dass die siegreiche Partei die von ihr geplante Nachfrage x_1^k, $k = L, R$, als Regierung realisiert, so dass für die Haushalte in diesem Fall

$$x_1 = x_1^k, \quad k = L, R \tag{6.42}$$

gilt.

Die von den Parteien vorgeschlagene Menge x_1^k des Öffentlichen Gutes muss zum Preis p_1 bei den Unternehmungen gekauft werden. Hierfür hat die künftige Regierung einen Betrag $p_1 x_1^k$ aufzuwenden, der durch Steuern aufzubringen ist. Das Steueraufkommen beträgt nach unseren Annahmen

$$t^k Y = \sum_{i=1}^m t^k Y_i, \tag{6.43}$$

wobei t^k, $k = L, R$, der von der Partei k vorgesehene Steuersatz und Y das Volkseinkommen ist. Folglich erhalten wir für das dem Parteiprogramm entsprechende

---
[5]Ein treffendes Beispiel ist die Partei der GRÜNEN in Deutschland, die historisch aus mehreren Bürgerinitiativen zum Umweltschutz hervorgegangen ist.

geplante staatliche Budget:

$$t^k Y - p_1 x_1^k \geq 0, \quad k = L, R. \tag{6.44}$$

Die Parteien sehen sich gemäß diesen Überlegungen der Aufgabe gegenüber, ihre Zielfunktion (6.40) bzw. (6.41) unter folgenden Nebenbedingungen jeweils zu maximieren bzw. zu minimieren: erstens, dass sie die Mehrheit der Wählerstimmen gewinnen, und zweitens, dass die Budgetbedingung (6.44) erfüllt ist, die vorgesehenen Staatsausgaben für das Öffentliche Gut also durch die geplanten Steuereinnahmen zumindest gedeckt werden. Im Folgenden werden wir die vorgelegten Wahlprogramme durch die Vektoren $P^L := (x_1^L, t^L)$ und $P^R := (x_1^R, t^R)$ ausdrücken.

6.7.2 Zur Irrelevanz der Parteiziele

Wir haben uns in Abschnitt 6.3 davon überzeugt, dass die Versorgung mit Öffentlichen Gütern gar nicht oder nur unzureichend gesichert ist, wenn sie aufgrund der individuellen Nachfrage der einzelnen Haushalte erfolgt. Eine mögliche Alternative zur dort betrachteten individuellen Versorgung ist die vom Staat ausgeübte kollektive Nachfrage nach Öffentlichen Gütern. Gewährleistet diese Alternative eine bessere Versorgung eines jeden Haushalts, so wird jeder Haushalt (Wähler) bereit sein, sich selbst durch den Staat notfalls zur Zahlung der erforderlichen Steuern zwingen zu lassen. Er kann also den Staat und seine geschriebene oder ungeschriebene Verfassung bejahen. Die entscheidende Frage dieses Abschnitts ist daher die folgende: Ermöglicht ein Staat mit einem Zweiparteiensystem unter den Bedingungen unseres Modells eine bessere Versorgung der Haushalte mit dem Öffentlichen Gut, als das ohne seine Existenz der Fall wäre? Wie weit ist die Güterversorgung befriedigend, obwohl die Parteien eigene Ziele verfolgen? Ist die sich ergebende Güterversorgung Pareto-optimal oder nicht?

Bevor wir versuchen können, diese Fragen zu beantworten, müssen wir zunächst die Ergebnisse des Modells ableiten. Als erstes lässt sich zeigen, dass in Ungleichung (6.39) das Gleichheitszeichen gilt, jeder Haushalt also sein verfügbares Einkommen voll für den Kauf des privaten Gutes ausgibt. Denn nach (6.1) verbessert Haushalt H_i seine Lage, wenn er mehr von dem privaten Gut verbraucht. Dazu ist er aber bei gegebenem Steuersatz t und Preis p_2 immer in der Lage, solange in (6.39) das strikte Ungleichheitszeichen gilt.

Als nächstes lässt sich beweisen, dass in Ungleichung (6.44) ebenfalls das Gleichheitszeichen gelten muss. Die von den beiden Parteien in ihren Wahlprogrammen geplanten Steuereinnahmen dürfen nur zum Kauf des Öffentlichen Gutes verwendet werden. Sie könnten also von den Parteien z. B. nicht für eigene Zwecke benützt werden, selbst wenn diese das wollten (vgl. das oben unter 1. genannte Ziel). Für die Beweisführung betrachten wir Abb. 6.2. Dort sind drei Indifferenzkurven des Haushalts H_i eingezeichnet. Aus (5.3) folgt, dass sie konvex zum Ursprung verlaufen.

Betrachten wir nun ohne Einschränkung der Allgemeinheit ein bestimmtes Wahlprogramm $P^{L1} = (x_1^{L1}, t^{L1})$ der Partei L, für das die Steuereinnahmen die staatlichen Ausgaben überschreiten. In diesem Fall gilt in (6.44) das strikte Ungleichheitszeichen. Die sich für den Haushalt H_i ergebende Situation wird in Abb. 6.2 bei diesem Programm durch den Punkt P beschrieben. Der Haushalt hätte bei Verwirklichung des

6.7. Das Modell des Zwei-Parteien-Wettbewerbs

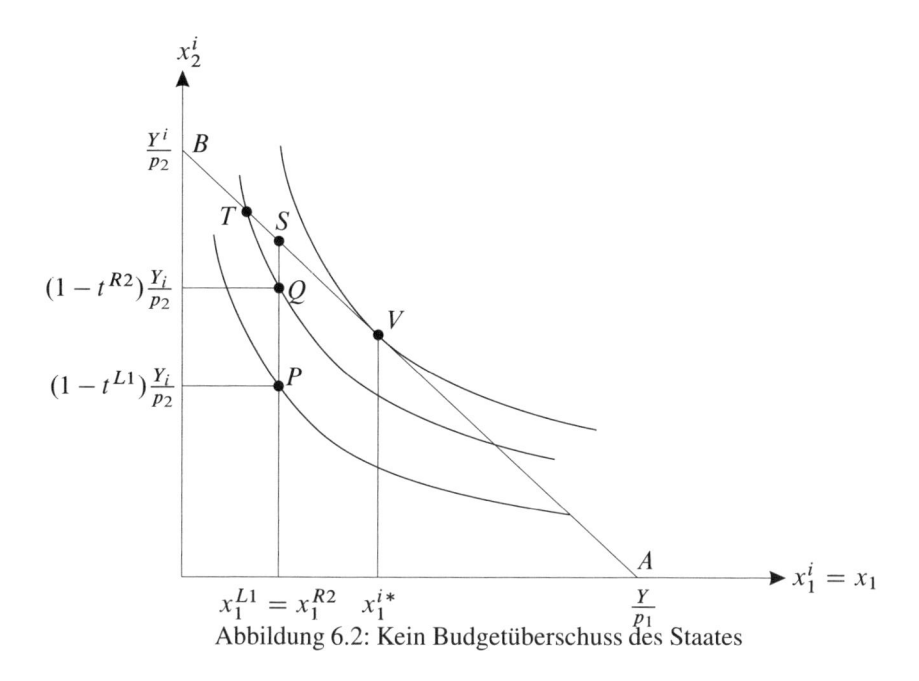

Abbildung 6.2: Kein Budgetüberschuss des Staates

Programms $t^{L1} \cdot Y_i$ Steuern zu zahlen. Sein verfügbares Einkommen würde sich auf $(1-t^{L1}) \cdot Y_i$ belaufen, und er könnte dafür die Menge $(1-t^{L1}) \cdot Y_i/p_2$ des privaten Gutes erstehen. Gleichzeitig könnte er $x_1^i = x_1^{L1}$ des Öffentlichen Gutes konsumieren.

Programm P^{L1} ist nun jedoch mit Steuereinnahmen verbunden, die die staatlichen Ausgaben für das Öffentliche Gut übertreffen würden. Folglich könnte die Partei R diesem Programm ein eigenes Programm $P^{R2} := (x_1^{R2}, t^{R2})$ entgegensetzen, das im Einklang mit ihren Zielen einen niedrigeren Steuersatz bei gleich großer Menge des Öffentlichen Gutes vorsieht, so dass $x_1^{R2} = x_1^{L1}$ und $t^{R2} < t^{L1}$ ist. Der Konsumplan, den Haushalt H_i bei diesem Programm verwirklichen würde, wird durch Punkt Q bezeichnet. Q wird von H_i Punkt P wegen der in (5.2) angenommenen Nichtsättigung vorgezogen. Da dies für jeden Haushalt H_i ($i = 1, \ldots, m$) gilt, würden bei einer Abstimmung über die Wahlprogramme P^{R2} und P^{L1} alle Wähler die Partei R wählen.

Keine der beiden Parteien kann also die Wahl gewinnen, wenn ihr Programm Steuereinnahmen vorsieht, die über die geplanten Ausgaben für das Öffentliche Gut hinausgehen. Da jedoch der Gewinn der Wahl für jede Partei eine Nebenbedingung darstellt – und da Nebenbedingungen den Zielen lexikographisch übergeordnet sind –, werden beide Parteien bei vollständiger Information über die Wählerwünsche von vornherein Wahlprogramme beschließen, für die das Gleichheitszeichen in (6.44) gilt. Da jeder von einer Partei vorgesehenen Menge des Öffentlichen Gutes, x_1^k, folglich ein bestimmter Steuersatz t^k zugeordnet werden kann (wobei t^k mit x_1^k steigen muss), kann ein Wahlprogramm allein schon durch Angabe von x_1^k eindeutig charakterisiert werden. Damit kann das Ziel der Partei R im Folgenden als min x_1^R geschrieben werden.

Wir setzen nun Gleichung (6.44) in Gleichung (6.39) ein und erhalten durch Auflösen nach x_1^k, da bei einer Realisierung des entsprechenden Wahlprogramms $t = t^k$ ist,

$$x_1^k = \frac{Y}{p_1} - \frac{p_2}{p_1} \cdot \frac{Y}{Y_i} \cdot x_2^i \qquad i = 1, \ldots, m. \tag{6.45}$$

Die Gleichung (6.45) wird in Abb. 6.2 durch die Gerade AB abgebildet. Sie gibt alle Mengen des privaten Gutes an, die Haushalt H_i höchstens kaufen könnte, wenn er sein gesamtes verfügbares Einkommen ausgeben würde und wenn solche Mengen $x_1 = x_1^k$ des Öffentlichen Gutes entsprechend dem Programm von Partei k vom Staat bezogen würden, bei denen der Staatshaushalt gerade ausgeglichen ist. Wie man aus (6.45) für $x_1^k = 0$ bzw. $x_2^i = 0$ erkennt, ist $0A$, die Menge des privaten Gutes bei einem Steuersatz von $t = 0$, gleich Y_i/p_2 und $0B$, die Menge des Öffentlichen Gutes bei $t = 1$, gleich Y/p_1.

Wir können also feststellen, dass bei Betrachtung aller möglichen Wahlprogramme die für Haushalt H_i realisierbaren Konsumpläne durch die Fläche OAB und die effizienten Konsumpläne durch AB angegeben werden. Wir haben also gezeigt, dass die Parteien in unserem Modell Wahlprogramme vorschlagen, die den Haushalten die Verwirklichung effizienter Konsumpläne wie z. B. von S in Abb. 6.2 erlauben. Zu beantworten bleibt die Frage, wie viel von dem Öffentlichen Gut die beiden Parteien vorschlagen werden, und damit, welchen effizienten Konsumplan die Haushalte tatsächlich durchführen können.

Zur Beantwortung dieser Frage werden wir als nächstes zeigen, dass die von den Parteien in ihren Programmen vorgeschlagene Menge des Öffentlichen Gutes nur von den Wählerwünschen, nicht jedoch von den durch (6.40) und (6.41) beschriebenen Zielen der Parteien abhängt. Um diese Behauptung beweisen zu können, muss zunächst festgestellt werden, welcher Partei ein beliebiger Haushalt H_i bei unterschiedlichen Wahlprogrammen, die beide die Verwendung aller Staatseinnahmen für den Kauf des Öffentlichen Gutes vorsehen, seine Stimme geben würde. Zur Lösung dieses Problems betrachten wir wiederum Abbildung 6.2.

Man erkennt, dass Haushalt H_i seinen bei gegebener Einkommensverteilung und Betrachtung aller möglichen Wahlprogramme optimalen Konsumplan V nur verwirklichen kann, wenn vom Staat eine Menge $x_1 = x_1^{i*}$ des Öffentlichen Gutes nachgefragt und zur Verfügung gestellt wird. Ferner lässt sich feststellen, dass andere effiziente Mengen des Öffentlichen Gutes als x_1^{i*} Konsumpläne implizieren, die um so weniger geschätzt werden, je weiter sie auf AB in derselben Richtung vom optimalen Konsumplan entfernt liegen: S wird also höher geschätzt als T, da er auf einer höheren Indifferenzkurve liegt als T. Abbildung 6.3 gibt diesen Zusammenhang in einem Diagramm an, in dem auf der Abszisse die Menge des Öffentlichen Gutes und auf der Ordinate u_i, das Nutzenniveau des Haushalts H_i, abgetragen ist – wobei vorausgesetzt ist, dass die Budgetbedingung (6.45) als Gleichung erfüllt ist. Wir sehen, dass u_i monoton fällt, wenn man sich von x_1^{i*} entfernt.

u_i

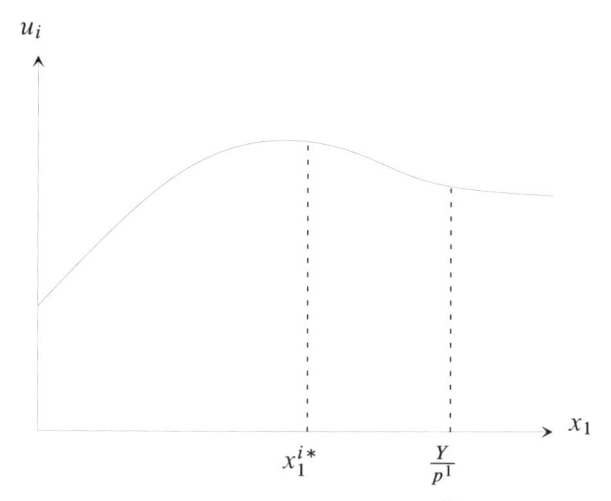

Abbildung 6.3: Präferenzen bezüglich des Öffentlichen Gutes

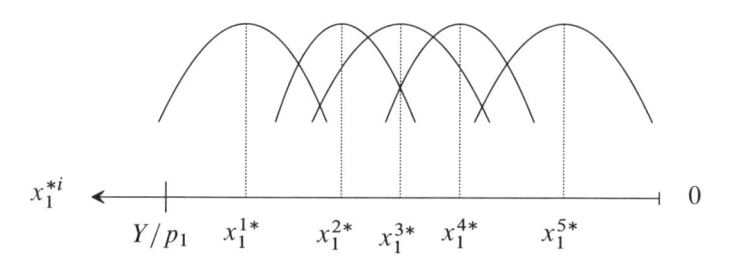

Abbildung 6.4: Reihung der Wähler nach optimaler Menge des Öffentlichen Gutes

Wir können nun die m Haushalte nach der Größe der von ihnen im Optimum gewünschten Menge ordnen. Und zwar bezeichnen wir als Haushalt H_1 den Haushalt, der in seinem Optimum die größte Menge, mit Haushalt H_2 den Haushalt, der die zweitgrößte Menge beziehen möchte, usw. Haushalt H_m wünscht also die kleinste Menge des Öffentlichen Gutes. Wir gehen zunächst davon aus, dass die Zahl der Haushalte ungerade ist und bezeichnen den Haushalt im Median als Haushalt H_M, so dass $M = (m+1)/2$. Die daraus folgende Anordnung der Haushalte ist in Abb. 6.4 für das Beispiel mit 5 Haushalten wiedergegeben, in der auf der Abszisse die von den Haushalten gewünschte optimale Menge des öffentlichen Gutes abgetragen ist.[6]

6.7.3 Das Gleichgewicht bei vollständiger Information

Nach diesen Vorarbeiten kann die Frage beantwortet werden, ob es ein politisches Gleichgewicht gibt und wie dieses gegebenenfalls beschaffen ist. Unter einem poli-

---
[6]Die Menge des Öffentlichen Gutes wird vom Nullpunkt aus nach links abgetragen, um die bildliche Vorstellung aufrechtzuerhalten, dass die Partei L eine größere Menge des Öffentlichen Gutes anzubieten wünscht als die Partei R.

tischen Gleichgewicht verstehen wir eine Situation, in der beide Parteien mit ihren Programmen in ihrem jeweiligen Optimum sind, d. h. dass keine von beiden durch Abänderung des Programms ihre Lage hinsichtlich der Erreichung ihres Zieles oder der Erfüllung der Nebenbedingung, eine Mehrheit der Wählerstimmen zu erhalten, noch verbessern könnte. Aus beweistechnischen Gründen wird dabei unterstellt, dass jede Partei bei der Formulierung ihres Wahlprogramms das der anderen Partei kennt.

Wir formulieren dazu den folgenden Satz:

Satz 6.1 („Medianwähler-Theorem")

Im politischen Gleichgewicht schlagen beide Parteien identische Wahlprogramme vor, die dem Optimum des Medianwählers entsprechen.

Beweis: Um dies zu beweisen, müssen wir zwei Dinge zeigen:

1. Das Paar von Wahlprogrammen ($x_1^L = x_1^R = x_1^{M*}$) ist ein politisches Gleichgewicht.
2. Kein anderes Paar von Wahlprogrammen ist ein politisches Gleichgewicht.

ad 1: Schlagen beide Parteien identische Wahlprogramme vor, die dem Optimum des Medianwählers entsprechen, so sind alle Wähler indifferent, und beide Parteien erhalten gleich viele Stimmen (nämlich Null). Die Wahl wird folglich per Los entschieden. Weicht nun ceteris paribus eine Partei (etwa die Partei R) von dem Programm x_1^{M*} ab und bietet z. B. eine geringere Menge des Öffentlichen Gutes an, so verliert sie die Wahl mit Sicherheit. Denn sowohl der Medianwähler als auch alle links von diesem stehenden Wähler ziehen das Programm der Partei L, x_1^{M*}, jedem anderen Programm mit $x_1^R < x_1^{M*}$ vor, wie man am Verlauf der Nutzenkurven in Abb. 6.4 ablesen kann. Diese Wähler zusammen bilden jedoch nach der Definition des Medians eine Mehrheit von $(m+1)/2$ Stimmen. Die Partei R würde damit die Wahl auf jeden Fall verlieren, was für sie schlechter ist als eine 50:50-Siegchance. Folglich lohnt sich die Abweichung für sie nicht, und es ist damit gezeigt, dass die Situation $x_1^L = x_1^R = x_1^{M*}$ ein Gleichgewicht darstellt.

ad 2: Folgende andere Paare von Wahlprogrammen sind darauf zu untersuchen, ob sie weitere politische Gleichgewichte darstellen:

a) Eine Partei bietet das Programm x_1^{M*} an, die andere ein beliebiges anderes Programm. Dass diese Situation kein politisches Gleichgewicht ist, haben wir bereits oben im 1. Teil des Beweises gezeigt.
b) Beide Parteien bieten Programme an, die sich von x_1^{M*} unterscheiden. Da in (6.40) und (6.41) angenommen wurde, dass Partei L möglichst viel, Partei R dagegen möglichst wenig von dem Öffentlichen Gut anbieten möchte, können wir z. B. davon ausgehen, dass L ein $x_1^{L1} > x_1^{M*}$ und R ein $x_1^{R1} < x_1^{M*}$ vorschlägt (vgl. Abb. 6.5). Würde nun etwa Partei L eine Mehrheit erhalten, so könnte R durch die Wahl eines hinreichend stark geänderten Programms x_1^{R2} mit $x_1^{M*} > x_1^{R2} > x_1^{R1}$ Partei L Stimmen abwerben. Denn durch die Bewegung nach links kann die Par-

6.7. Das Modell des Zwei-Parteien-Wettbewerbs

x_1^{i*} ⟵ | | | | 0
    x_1^{L1} x_1^{M*} x_1^{R2} x_1^{R1}

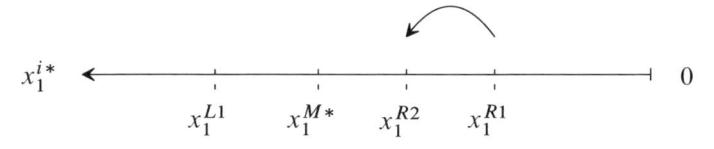

Abbildung 6.5: Beweis zu Satz 6.1

tei R wegen der Annahme der Abwesenheit von Parteiloyalität keine Stimmen verlieren, da die Wähler mit einem Optimum rechts von x_1^{R1} das Programm x_1^{R2} immer noch höher schätzen als das noch weiter von ihrem Optimum entfernte x_1^{L1}. Sie wird jedoch Stimmen von Wählern H_i hinzugewinnen, für deren Optimum $x_1^{L1} > x_1^{i*} > x_1^{R1}$ gilt. R kann also durch eine Bewegung nach links nur Stimmen gewinnen, aber keine verlieren. Dabei kann sie eine Mehrheit der Wähler gewinnen und somit ihre Nebenbedingung erfüllen, wenn sie ihr Programm nur genügend weit nach links bewegt, also eine so große Menge des Öffentlichen Gutes anbietet, dass der Medianwähler und alle rechts von ihm stehenden Wähler das neue Programm der Partei R gegenüber x_1^{L1} vorziehen. Damit ist gezeigt, dass die Ausgangssituation kein politisches Gleichgewicht gewesen sein kann.   QED.

Mit dieser Schlussfolgerung haben wir ein wichtiges Ergebnis abgeleitet. In einem Zweiparteiensystem werden beide Parteien bei vollständiger Information identische Wahlprogramme vorlegen, die dem optimalen Konsumplan des Wählers im Median entsprechen, obwohl sie beide unterschiedliche Ziele anstreben. Die Wahlen selbst werden, da die Programme für die Haushalte gleichwertig sind, durch Zufall entschieden. Man beachte, dass dieses Ergebnis nicht etwa dadurch zustande kommt, dass sich die Parteien offen oder stillschweigend auf ein gemeinsames Programm einigen und die Wählerwünsche nicht berücksichtigen, sondern ganz im Gegenteil die Folge davon ist, dass sie im Wettbewerb um die Übernahme der Regierungsgewalt den Präferenzen der Haushalte Rechnung tragen müssen, um die Wahlen zu gewinnen. Man beachte die Analogie dieses Ergebnisses mit den Eigenschaften eines politischen Gleichgewichts in einer *direkten* Demokratie mit Mehrheitswahlrecht (Abschnitt 5.2.2). Auch dort war gezeigt worden, dass sich der Median-Haushalt mit seinen Präferenzen durchsetzt.

Ganz entsprechende Schlussfolgerungen lassen sich für eine gerade Wählerzahl ziehen.[7] In diesem Fall befinden sich sozusagen zwei Haushalte im Median. Die Parteien werden daher im Gleichgewicht ein Programm vorschlagen, das dem optimalen Konsumplan eines dieser beiden Wähler entspricht oder aber zwischen diesen Konsumplänen liegt. Das bedeutet jedoch, dass sich die beiden Wahlprogramme bei einer geraden Wählerzahl geringfügig unterscheiden können.

Vergleicht man diese Ergebnisse mit den Bedingungen für ein Pareto-Optimum (Abschnitt 6.1), so scheint es, dass die sich im politischen Gleichgewicht ergebende Güterversorgung nicht Pareto-optimal ist. Denn in Abschnitt 6.2 wurde ja abgeleitet,

---

[7]Dieser Fall wird nur der Vollständigkeit halber behandelt, da lediglich bei sehr kleinen Wählerzahlen ein leicht abweichendes Ergebnis folgt.

dass die Steuersätze für die Haushalte im Allgemeinen unterschiedlich sein müssen, damit die Versorgung mit einem Öffentlichen und einem privaten Gut Pareto-optimal ist.

In der Tat würden alle Haushalte, deren Position sich in Abb. 6.5 links vom Median befindet, eine größere Menge des Öffentlichen Gutes der von den Parteien angebotenen vorziehen. Sie wären auch bereit, für eine Erhöhung des Steuersatzes zu stimmen, wenn sie dadurch eine größere Menge des Öffentlichen Gutes erhalten könnten. Umgekehrt würden es die in Abb. 6.5 rechts vom Median befindlichen Wähler vorziehen, auf einen Teil des Öffentlichen Gutes zu verzichten, wenn dafür der Steuersatz herabgesetzt würde.

Ob die Ausgangslage Pareto-optimal ist, lässt sich dadurch feststellen, dass man untersucht, ob eine dieser beiden Gruppen in der Lage ist, die andere durch Transferzahlungen zu einem Entgegenkommen zu bewegen. Die links vom Median befindlichen Haushalte könnten z. B. an die rechts davon befindlichen Ausgleichszahlungen vornehmen, wenn diese mit einer größeren Nachfrage für das Öffentliche Gut einverstanden wären. Dabei müsste allerdings die jedem dieser Haushalte gewährte Transferzahlung die durch die erforderliche Erhöhung des Steuersatzes t bedingte Nutzenminderung mindestens wettmachen. Ist dies möglich, so ergibt sich ein Pareto-superiorer neuer Zustand.

Sollten die links vom Median befindlichen Wähler jedoch nicht bereit sein, die erforderliche Summe unter den angegebenen Bedingungen aufzubringen, so besagt das offenbar folgendes. Die rechts vom Median befindlichen Wähler sind so stark an einer Verminderung der Menge des Öffentlichen Gutes interessiert, dass sie durch Transferzahlungen an die Wähler links vom Median eine Verschlechterung der Lage derselben verhindern oder deren Situation sogar verbessern könnten. In diesem Fall würde also eine Verminderung der Versorgung mit dem Öffentlichen Gut zu einem Pareto-superioren Zustand führen.

Nur unter sehr speziellen Umständen ist *keine* der beiden Gruppen in der Lage, die jeweils andere durch Transferzahlungen für eine Änderung der Menge des Öffentlichen Gutes gegenüber dem Medianwähler-Optimum zu entschädigen, so dass dieses dann ein Pareto-Optimum darstellt. Die folgenden Bedingungen sind, wie Bergström (1979) gezeigt hat, insgesamt für diesen Spezialfall hinreichend:

1. die Wähler-Präferenzen sind log-linear in den beiden Gütern, d. h. sie lassen sich durch die Funktion $u_i = \ln x_2^i + \alpha_i \cdot \ln x_1$ ausdrücken.
2. Die Verteilung des Präferenzparameters α_i ist symmetrisch über die Wähler und unabhängig von deren Einkommen.
3. Das Öffentliche Gut wird zu konstanten Stückkosten produziert.

Wenngleich diese Bedingungen nur hinreichend und nicht notwendig sind, zeigt doch ihr einschränkender Charakter, vor allem der der 2. Bedingung, wie unwahrscheinlich es ist, dass das politische Gleichgewicht ein Pareto-Optimum ist.

Andererseits wurde festgestellt, dass in einem rein marktwirtschaftlichen System mit Mengenanpassung ebenfalls keine Pareto-optimale Lösung, ja sogar eine ausgesprochene Unterversorgung mit dem Öffentlichen Gut zu erwarten ist. Da im politischen Gleichgewicht immerhin eine Menge des Öffentlichen Gutes zur Verfügung gestellt wird, die den Wünschen des Haushalts im Median entspricht, ist zu vermuten, dass die Güterversorgung in dem diskutierten politisch-ökonomischen System wenigstens für die meisten, wenn nicht für alle Haushalte besser als in einer Marktwirtschaft mit vollständiger Konkurrenz und ohne weitergehende Staatsaufgaben ist.

Abschließend ist zu bemerken, dass es sich hierbei zunächst nur um eine erste grundlegende Betrachtung politisch-ökonomischer Zusammenhänge handeln konnte. Eine Vertiefung und Erweiterung der Analyse müsste die Existenz von mehr als 2 Parteien, unterschiedliche Parteiziele, die Existenz parteitreuer Wähler, Restriktionen für Parteiprogramme sowie unvollkommene Information der Parteien über Wählerpräferenzen berücksichtigen.

Lektürevorschläge zu Kapitel 6

Grundlegende Werke zum Verständnis der Pareto-effizienten Allokation Öffentlicher Güter sind SAMUELSON (1954), (1969). Das Konzept der Lindahl-Preise geht zurück auf LINDAHL (1919), wieder abgedruckt in LINDAHL (1958). Die Möglichkeit einer optimalen Versorgung bei privaten Verhandlungen zeigte ARROW (1977a) auf. Das Nash-Gleichgewicht bei rein privater Bereitstellung Öffentlicher Güter untersuchen BERGSTROM, BLUME UND VARIAN (1976). Das Modell der Clarke-Steuer geht auf CLARKE (1971) zurück. Gute Darstellungen für den Fall unendlicher Alternativenmengen finden sich in TIDEMAN UND TULLOCK (1976) sowie in GREEN UND LAFFONT (1979). Das Grundmodell der Zwei-Parteien-Demokratie geht zurück auf DOWNS (1957). Eine ausführliche Darstellung findet sich in BERNHOLZ UND BREYER (1994). Die Bedingungen einer Pareto-optimalen Versorgung in der Demokratie untersucht BERGSTROM (1979). Gute Gesamtdarstellungen des Gegenstands dieses Kapitels finden sich in OAKLAND (1987), MAS-COLELL, WHINSTON UND GREEN (1995), Kap. 11, und ARNOLD (2000).

Zusammenfassung der Grundüberlegungen dieses Kapitels

1. Öffentliche Güter sind durch Nichtrivalität im Konsum gekennzeichnet. Ob eine Ausschließung von der Mitnutzung eines Öffentlichen Gutes vorgenommen wird, ist dagegen eine Frage der Ausschlusskosten.

2. Das Prinzip der vollständigen Internalisierung ist hier durch die Samuelson-Bedingung charakterisiert: Eine Pareto-optimale Versorgung verlangt, dass die Summe der Grenzraten der Substitution der Grenzrate der Transformation entspricht.

3. Eine Allokation über Wettbewerbsmärkte muss gegen das Prinzip der vollständigen Internalisierung verstoßen, da hier bei mangelnder Ausschließung im Gleichgewicht jedes Individuum nur den Effekt seiner Handlung auf seinen eigenen Konsum berücksichtigt, nicht aber auf den Konsum und Nutzen der anderen.

4. Bei vollständiger Information und kostenloser Ausschließung wird das Prinzip durch individuelle Zugangsbeschränkungen erfüllt, bei denen jedes Individuum gerade seine marginale Zahlungsbereitschaft als „Eintrittspreis" entrichtet. Diese individualisierten Eintrittspreise entsprechen den Lindahl-Preisen.

5. Ist eine Ausschließung nicht möglich, so kann bei vollkommener Information das Pareto-Optimum sowohl durch eine zentralisierte Organisationsform erreicht werden, bei der ein Planer die optimale Menge bestimmt oder durch eine dezentrale Verhandlungslösung, bei der die residualen Kontrollrechte einem Individuum zugeordnet sind, das den anderen Individuen ein ultimatives Angebot machen kann.

6. Das zuletzt genannte Ergebnis zeigt, dass eine etwaige Fehlallokation bei Öffentlichen Gütern nicht durch die Eigenschaft der Nichtrivalität bedingt ist, sondern durch zu hohe Ausschließungskosten, verbunden mit unvoll-

kommener Information über die Präferenzen anderer Konsumenten.

7. Das Prinzip der vollständigen Internalisierung kann auch dann erfüllt werden, wenn die Konsumenten über die Menge des Öffentlichen Gutes und seine Finanzierung nach dem Clarke-Verfahren abstimmen. Bei diesem ist die wahrheitsgemäße Offenbarung der Präferenzen ein Nash-Gleichgewicht, jedoch ist es nicht immun gegen eine verabredete Verfälschung der Präferenzen von mehreren Individuen. Das Pareto-Optimum kann auch dann verfehlt werden, wenn das Clarke-Verfahren ein positives Steueraufkommen generiert, was bei einer kleinen Zahl von Abstimmenden eher vorkommt als bei einer großen.

8. In der Realität werden Öffentliche Güter häufig vom Staat bereitgestellt und durch allgemeine Steuern finanziert. In einer Zwei-Parteien-Demokratie entspricht die Versorgung im politischen Gleichgewicht den Präferenzen des Medianwählers.

9. Bei vollkommener Information der Wähler über die Parteiprogramme ist nicht zu erwarten, dass die Regierung Steuermittel für private Zwecke verwendet. Ebenso spielen die Ziele der Parteien für das politische Gleichgewicht keine Rolle.

10. Die dabei resultierende Versorgung mit dem Öffentlichen Gut (und einem oder mehreren privaten Gütern) ist im Allgemeinen nicht Pareto-effizient.

Schlüsselbegriffe

Nichtrivalität
Trittbrettfahrer-Verhalten
Samuelson-Bedingung
Lindahl-Preise
Ausschließungskosten
Ultimatives Angebot
Clarke-Verfahren

Zwei-Parteien-Wettbewerb
Politisches Gleichgewicht
Parteiprogramme
Einkommensteuer
Parteiziele
Medianwähler-Theorem

Übungsaufgaben

Aufgabe 6.1: Anna, Berta und Gabi bewohnen zusammen eine Wohngemeinschaft (WG). Sie können mit Hilfe des Faktors Zeit ein privates Gut (Freizeit) und ein Öffentliches Gut (Sauberkeit) produzieren.
a) Wie viel Sauberkeit sollte im Optimum in der WG herrschen?
b) Skizzieren Sie eine dezentrale Organisationsform der WG, die das Optimum stützt.
c) Diskutieren Sie die Anwendbarkeit der Organisationsform. Gehen Sie dabei insbesondere auf die Begriffe Transaktionskosten und glaubwürdige Selbstbindung ein.

Aufgabe 6.2: In einer Modellökonomie gebe es ein privates Gut G_2 und ein Öffentliches Gut G_1. Zwei Haushalte i, $i = A, B$, mit den Nutzenfunktionen $u^i = \phi^i(x_1) + x_2^i$, mit $\phi^{i\prime} > 0, \phi^{i\prime\prime} < 0$, maximieren ihren Nutzen über den Konsum des privaten (x_2^i) und des Öffentlichen Gutes (x_1). Die Gesamtmenge des privaten Gutes $\bar{G}_2$ ist exogen gegeben. Das Öffentliche Gut wird mit Hilfe des privaten Gutes produziert. Die Produktionsfunktion lautet $G_1 = \alpha Z_2$, wobei Z_2 die Menge des privaten Gutes darstellt, die für die Produktion des Öffentlichen Gutes eingesetzt wird. Sie können im Folgenden von inneren Lösungen der Optimierungsprobleme ausgehen.

a) Ein zentraler Plan mit vollständiger Information stellt die Pareto-effiziente Menge des Öffentlichen Gutes bereit. Formulieren Sie das Optimierungsproblem des Planers und leiten Sie die Bedingung für die effiziente Bereitstellung des Öffentlichen Gutes her.
b) Betrachten Sie eine Marktwirtschaft, in der vollständige Konkurrenz herrscht. Die beiden Haushalte verfügen über die gleiche Ausstattung mit dem privaten Gut. Dessen Preis ist auf 1 normiert. Produzenten des Öffentlichen Gutes werden mit Einheiten des privaten Gutes bezahlt. Bei der Entscheidung über ihre Bereitstellung des Öffentlichen Gutes nehmen die Haushalte die Menge, die vom anderen Haushalt bereitgestellt wird, als gegeben. Formulieren Sie das Optimierungsproblem der Haushalte. Wie lautet die Bedingung erster Ordnung? Gehen Sie von identischen Haushalten und einem symmetrischen Nash-Gleichgewicht aus und vergleichen Sie ihre Lösung mit der aus Aufgabenteil a) in einer geeigneten Graphik.
c) Nehmen Sie an, dass $\phi^{A\prime}(x_1) > \phi^{B\prime}(x_1)$ für alle x_1 gilt. Welche Mengen des Öffentlichen Gutes stellen die Haushalte in einem Nash-Gleichgewicht bereit?
d) Berechnen Sie die Lindahl-Preise. Zeigen Sie, dass das mit diesen Preisen verbundene Gleichgewicht effizient ist.
e) Zeigen Sie mit Hilfe des Envelope-Theorems, dass die Ableitung der indirekten Nutzenfunktion nach dem Lindahl-Preis negativ ist. Was bedeutet dies für das Konzept des Lindahl-Gleichgewichts, wenn man davon ausgeht, dass der zentrale Planer bei der Festsetzung der Preise auf private Informationen angewiesen ist?

Aufgabe 6.3: In einer Gemeinde mit 3 Haushalten H^i, $i = 1, 2, 3$, soll mit Hilfe des Clarke-Verfahrens darüber entschieden werden, ob ein Hallenschwimmbad errichtet werden soll (Alternative a_1) oder nicht (Alternative a_0). Die Vorteile von a_1 gegenüber a_0 betragen für die drei Haushalte +30, -40, +20.
a) Ermitteln Sie, welche Alternative sich durchsetzt und bei welchem(n) Haushalt(en) Clarke-Steuern in welcher Höhe erhoben werden, wenn alle ihre Präferenzen wahrheitsgemäß angeben.
b) Untersuchen Sie, ob diejenigen Haushalte, die mit einer Clarke-Steuer belastet werden, diese 1. durch eine isolierte Manipulation 2. durch eine abgesprochene Manipulation der offenbarten Präferenzen vermeiden könnten, ohne sich selbst zu schaden.
c) Zeigen Sie, dass mit zunehmender Gruppengröße das Aufkommen der Clarke-Steuer abnimmt. Verändern Sie dazu das Beispiel derart, dass Sie annehmen, von jedem der Typen, H^1, H^2, H^3, gebe es nicht nur einen, sondern zwei (drei) Haushalte.

Kapitel 7

Zunehmende Skalenerträge in der Produktion

> *„Like many businessmen of genius he learned that free competition was wasteful, monopoly efficient. And so he simply set about achieving that efficient monopoly."*
> Mario Puzo, The Godfather

Als nächste Erweiterung unseres Referenzmodells betrachten wir den Fall zunehmender Skalenerträge. Anders als in den beiden bisherigen Fällen handelt es sich hier um eine Besonderheit des Produktionsprozesses, die dazu führt, dass eine Konzentration der Produktion eines Gutes auf nur eine Produktionsstätte aus Effizienzgesichtspunkten erwünscht ist. Zur Behandlung dieses Phänomens betrachten wir das folgende Modell: Zwei Betriebe stellen je ein Konsumgut her. Zunehmende Skalenerträge liegen nach Kapitel 4 vor, wenn bei einer proportionalen Veränderung aller zur Produktion notwendigen Faktoren die produzierte Menge überproportional zunimmt. Dabei sei hier der Einfachheit halber angenommen, dass zur Produktion nur ein Produktionsmittel (Arbeit) verwendet wird. Bei der Erzeugung des 2. Konsumguts wird mit zunehmender Produktmenge eine gleichbleibende Menge des Produktionsmittels zur Erzeugung einer zusätzlichen Produkteinheit benötigt (konstante Skalenerträge), während bei der Herstellung des 1. Konsumgutes eine abnehmende Menge erforderlich ist (zunehmende Skalenerträge). So können etwa bei größerer Stückzahl Verfahren der Massenproduktion eingesetzt werden, die den Arbeitsaufwand je Produkteinheit reduzieren. Eine solche Produktionstechnologie führt zu sinkenden Durchschnittskosten, wenn die Faktormärkte kompetitiv sind. Insbesondere digitalisierte Güter weisen eine extreme Form zunehmender Skalenerträge auf, das fast die gesamten Kosten für die Entwicklung anfallen. Kopie und Vertrieb sind dann fast kostenlos. Wie in Kapitel 6 bereits erwähnt, lassen sich auch Clubgüter als ein Spezialfall zunehmender Skalenerträge interpretieren, da die Kosten in der Nutzerzahl konstant sind und somit abnehmende Durchschnittskosten vorliegen. Dies führt zu Besonderheiten der institutionellen Umsetzung des Optimums, die wir im Folgenden besprechen wollen.

7.1 Optimale Allokationen

Die gesellschaftliche Zielfunktion möge der in Kapitel 5 verwendeten entsprechen:

$$u = u(x_1, x_2), \qquad (7.1)$$

$$\frac{\partial u}{\partial x_j} > 0 \quad (j = 1, 2), \qquad (7.2)$$

$$\left.\frac{d^2 x_2}{d x_1^2}\right|_{du=0} > 0. \qquad (7.3)$$

An Arbeitsleistungen steht der Wirtschaft insgesamt die Menge L zur Verfügung. Die technischen Bedingungen der Produktion der beiden Güter werden durch die Produktionsfunktionen

$$y_1 = \alpha_1 \cdot L_1^\gamma, \quad (\alpha_1 > 0, \gamma > 1), \tag{7.4}$$

$$y_2 = \alpha_2 \cdot L_2, \quad (\alpha_2 > 0) \tag{7.5}$$

beschrieben. y_1 und y_2 bezeichnen weiterhin die produzierten Mengen der beiden Güter, L_1 und L_2 die dazu benötigten Arbeitsleistungen. α_1, α_2 und γ sind Konstanten, durch die die gegebene Technologie beschrieben wird. Da zur Produktion der beiden Güter jeweils nur ein einziger Faktor verwendet wird, liegen zunehmende (konstante, abnehmende) Skalenerträge genau dann vor, wenn der Produktionsfaktor zunehmende (konstante, abnehmende) Grenzerträge aufweist. Wir betrachten daher zunächst die Grenzproduktivität des Faktors Arbeit in beiden Betrieben, nämlich die ersten Ableitungen von (7.4) bzw. (7.5) nach dem Faktoreinsatz L_j ($j = 1, 2$):

$$\frac{dy_1}{dL_1} = \alpha_1 \cdot \gamma \cdot L_1^{\gamma-1} \,; \quad \frac{dy_2}{dL_2} = \alpha_2 \,.$$

Wie man sieht, wachsen die Grenzerträge bei der Produktion des 1. Gutes mit L_1, da $\gamma - 1 > 0$ ist, während sie bei der Herstellung des 2. Gutes konstant sind. Die verwendeten Arbeitsleistungen dürfen die insgesamt verfügbare Menge nicht übersteigen, so dass

$$L_1 + L_2 \leq L \,. \tag{7.6}$$

Jedes Gut j, $j = 1, 2$, kann in $b_j \in [1, 2, \ldots)$ Betriebsstätten hergestellt werden, und wir gehen aus Gründen der formalen Vereinfachung davon aus, dass in jeder Betriebsstätte gleich viel produziert wird. Dann gilt

$$y_1 = b_1 \alpha_1 \left(\frac{L_1}{b_1}\right)^\gamma = \alpha_1 b_1^{1-\gamma} L_1^\gamma \,, \tag{7.7}$$

$$y_2 = b_2 \alpha_2 \left(\frac{L_2}{b_2}\right) = \alpha_2 L_2 \,. \tag{7.8}$$

Für die Produktion des zweiten Guts ist damit die Betriebsstättenzahl unwesentlich. Dies gilt jedoch nicht für das erste Gut, für das wegen $1 - \gamma < 0$ die produzierte Menge (7.7) am größten ist, wenn es nur in einer Betriebsstätte produziert wird. Man spricht daher von einem „natürlichen Monopol".

Unter den Bedingungen zunehmender Skalenerträge sollte die Produktion weitestgehend konzentriert werden, um die Skaleneffekte bestmöglich auszunutzen. Damit können wir bereits an dieser Stelle Schlussfolgerungen für die institutionelle Umsetzung des Optimums ziehen: Wettbewerbsmärkte sind bei zunehmenden Skalenerträgen keine geeignete Organisationsform, mit der man eine Pareto-optimale Allokation der Güter und Ressourcen sicher stellen kann. Die große Zahl der Produzenten führt zu Ineffizienz, weil die Güter nicht mit minimalem Ressourcenverbrauch hergestellt werden. Ab sofort setzen wir daher $b_1 = 1$.

7.1. Optimale Allokationen

Kasten 7.1: Regulierung von Geschäftsbereichen mit natürlichem Monopol

Häufig versucht man, durch Formen der staatlichen Regulierung die Ausschöpfung zunehmender Skalenerträge mit den Vorteilen eines kompetitiven Marktes zu verknüpfen. Hier ist ein Beispiel. In der Regulierung des ehemals staatseigenen Unternehmens Telekom AG findet sich ein Passus, der regeln soll, dass für natürliche Monopole wie Kundendatenbanken, die von der Telekom AG unterhalten werden, ein diskriminierungsfreier Zugriff für andere Wettbewerber möglich wird. Hierbei wird die Telekom AG verpflichtet, anderen Unternehmen Zugang zu ihren Informationsdatenbanken zu gewähren. Dieser Zugang muss nicht kostenlos gewährt werden, bei der Berechnung eines Zugangspreises muss man sich aber an den tatsächlich entstandenen Kosten orientieren. Ohne eine solche Regulierung könnte entweder kein Wettbewerb auf diesem Markt entstehen, weil andere Unternehmen die Informationen gar nicht haben, oder es käme zu einer ineffizienten Kostenmultiplizierung, wenn andere Unternehmen solche Datenbanken selbst aufbauen müssten. Durch den diskriminierungsfreien Zugriff auf die Datenbanken der Telekom AG soll es möglich werden, die mit den Daten möglichen Dienstleistungen auf einem Markt mit einer möglichst großen Wettbewerbsintensität anzubieten.

Schließlich kann der Verbrauch der beiden Konsumgüter höchstens so groß wie die produzierten Mengen sein:

$$x_j \leq y_j \quad (j=1,2). \tag{7.9}$$

Die gesellschaftliche Zielfunktion ist unter Berücksichtigung der Nebenbedingungen (7.4) bis (7.6) und (7.9) zu maximieren. Zur Ableitung der notwendigen Bedingungen für ein Maximum verwenden wir das Lagrange-Verfahren und bilden zunächst die Funktion

$$\mathcal{L}(x_1, x_2, L_1, L_2, p_1, p_2, p_L) = u(x_1, x_2) + p_1\left(\alpha_1 L_1^\gamma - x_1\right)$$
$$+ p_2(\alpha_2 L_2 - x_2)$$
$$+ p_L(L - L_1 - L_2), \tag{7.10}$$

wobei p_j ($j = 1, 2$) und p_L Lagrange-Multiplikatoren darstellen. Durch Nullsetzen der ersten Ableitungen dieser Funktion erhält man die notwendigen Bedingungen für ein inneres Wohlfahrtsmaximum:[1]

$$\frac{\partial \mathcal{L}}{\partial x_j} = \frac{\partial u}{\partial x_j} - p_j = 0 \quad (j=1,2), \tag{7.11}$$

$$\frac{\partial \mathcal{L}}{\partial L_1} = p_1 \alpha_1 \gamma L_1^{\gamma-1} - p_L = 0, \tag{7.12}$$

$$\frac{\partial \mathcal{L}}{\partial L_2} = p_2 \alpha_2 - p_L = 0, \tag{7.13}$$

$$\frac{\partial \mathcal{L}}{\partial p_1} = \alpha_1 L_1^\gamma - x_1 = 0, \tag{7.14}$$

---
[1] Der Einfachheit halber verzichten wir auf eine besondere Kennzeichnung der optimalen Werte.

$$\frac{\partial \mathcal{L}}{\partial p_2} = \alpha_2 L_2 - x_2 = 0 \,, \tag{7.15}$$

$$\frac{\partial \mathcal{L}}{\partial p_L} = L - L_1 - L_2 \geq 0, \quad p_L \geq 0, \quad p_L(L - L_1 - L_2) = 0 \,. \tag{7.16}$$

Die Gleichung (7.11) ist uns aus den vorhergehenden Kapiteln bekannt: Die Schattenpreise der beiden Konsumgüter sind der von ihnen bewirkten gesellschaftlichen Grenzwohlfahrt gleich, und diese ist gemäß Annahme (7.2) positiv. In (7.12) und (7.13) sind $\alpha_1 \cdot \gamma \cdot L_1^{\gamma-1}$ bzw. α_2 die Grenzprodukte des Produktionsmittels Arbeit, ausgedrückt in Einheiten der beiden Produkte. Multipliziert mit dem jeweiligen Produktpreis ergibt sich das (Schatten-) Wertgrenzprodukt (der Grenzerlös) des Faktors Arbeit. Dieses ist im Optimum wieder dem Schattenpreis des Faktors Arbeit p_L gleich, der folglich ebenfalls positiv ist.

Wegen (7.16) und $p_L > 0$ gilt in (7.6) das Gleichheitszeichen. Löst man nun (7.14) und (7.15) nach den Arbeitseinsätzen L_j ($j = 1, 2$) auf und setzt diese dann in (7.6) ein, so erhält man die Gleichung

$$\left(\frac{y_1}{\alpha_1}\right)^{1/\gamma} + \frac{y_2}{\alpha_2} = L \,,$$

bzw. nach y_2 aufgelöst:

$$y_2 = \alpha_2 \cdot L - \alpha_2 \cdot \left(\frac{y_1}{\alpha_1}\right)^{1/\gamma} \,. \tag{7.17}$$

Gleichung (7.17) gibt alle Wertepaare von y_1 und y_2 an, die mit den vorhandenen Mengen an Arbeitsleistungen höchstens hergestellt werden können. Sie wird in Abb. 7.1 durch die gesamtwirtschaftliche Transformationskurve AB abgebildet. Die Steigung von AB, d. h. die Grenzrate der Transformation, erhält man durch Differentiation von (7.17) nach y_1:

$$\frac{dy_2}{dy_1} = -\frac{\alpha_2}{\alpha_1 \cdot \gamma} \cdot \left(\frac{y_1}{\alpha_1}\right)^{(1-\gamma)/\gamma} < 0 \,. \tag{7.18}$$

Die Kurve AB fällt also von links oben nach rechts unten. Ferner erkennt man durch Bildung der zweiten Ableitung von y_2 nach y_1:

$$\frac{d^2 y_2}{dy_1^2} = -\frac{\alpha_2 \cdot (1-\gamma)}{\alpha_1^2 \cdot \gamma^2} \cdot \left(\frac{y_1}{\alpha_1}\right)^{(1-2\gamma)/\gamma} > 0 \,, \tag{7.19}$$

wegen $\gamma > 1$, d. h. die (negative) Steigung der Transformationskurve (7.17) wird mit zunehmendem y_1 größer, die Kurve also flacher. Diese Tatsache der Konvexität der gesamtwirtschaftlichen Transformationskurve ist auf die steigenden Skalenerträge bei der Erzeugung des 1. Konsumgutes zurückzuführen. Neben den Punkten auf AB können auch alle Punkte links unterhalb dieser Kurve als Produktionspläne realisiert werden. Effizient können jedoch nur die Pläne auf AB sein. Mit Hilfe des Lagrange-

7.1. Optimale Allokationen

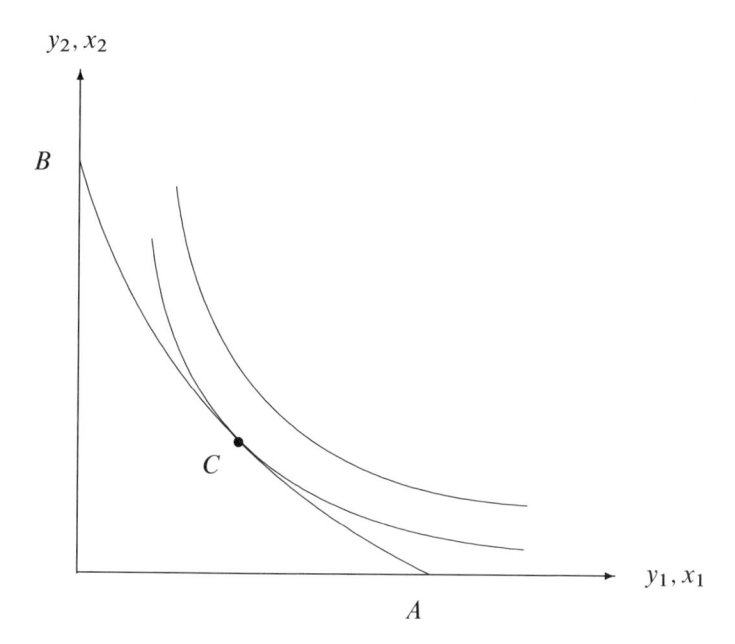

Abbildung 7.1: Illustration von Bedingung (7.20)

Verfahrens – Gleichungen (7.11) bis (7.16) – kann ein Tangentialpunkt einer gesellschaftlichen Indifferenzkurve an die gesamtwirtschaftliche Transformationskurve bestimmt werden. Ein solcher Tangentialpunkt gibt aber nur dann das höchste erreichbare Niveau der Zielfunktion an, wenn die Indifferenzkurven stärker gekrümmt sind als die Transformationskurve (7.17), wenn also im Tangentialpunkt gilt:

$$\left.\frac{d^2 x_2}{dx_1^2}\right|_{du=0} > \frac{d^2 y_2}{dy_1^2}, \tag{7.20}$$

(vgl. Abb. 7.1). Andernfalls liefert das Lagrange-Verfahren ein lokales Wohlfahrtsminimum; das Maximum befände sich entweder in A oder in B. In diesem Fall würde also im Optimum nur eines der beiden Konsumgüter hergestellt und verbraucht. Da wir uns für den Fall interessieren, in dem beide Verbrauchsgüter erzeugt werden, sei angenommen, dass (7.20) erfüllt ist. Dann ergibt sich aus (7.4), (7.12), (7.13) und (7.18) für das Verhältnis der Schattenpreise beider Güter:

$$\frac{p_1}{p_2} = \frac{\alpha_2}{\alpha_1 \cdot \gamma} \cdot L_1^{(1-\gamma)} = \frac{\alpha_2}{\alpha_1 \cdot \gamma} \cdot \left(\frac{y_1}{\alpha_1}\right)^{(1-\gamma)/\gamma} = -\frac{dy_2}{dy_1}. \tag{7.21}$$

Andererseits folgt aus (7.11)

$$\frac{p_1}{p_2} = \frac{\partial u / \partial x_1}{\partial u / \partial x_2} = -\frac{dx_2}{dx_1}. \tag{7.22}$$

Damit gilt wie bisher im Optimum, dass die Grenzrate der Substitution der Grenzrate der Transformation entsprechen muss.

7.2 Institutionelle Umsetzung des Optimums

Wir hatten bereits gesehen, dass es im Fall zunehmender Skalenerträge zu einer Konzentration der Betriebsstättenzahl kommen sollte. Deshalb konnten wir sehr einfach folgern, dass Wettbewerbsmärkte keine geeignete Institution zur Umsetzung des Optimums sind.

Wir wissen aus dem vergangenen Kapitel, dass wir die im gesellschaftlichen Optimum geltenden Verrechnungspreise prinzipiell als Gleichgewichtspreise einer noch näher zu bestimmenden Institution verwenden können. Wir gehen daher davon aus, dass ein Monopol bei der Produktion des ersten Gutes existiert, welches sich aber als Mengenanpasser verhält. Wir gehen von dieser Konvention aus, um die zusätzlichen Probleme aufzuzeigen, die bei zunehmenden Skalenerträgen existieren.

Stellen wir zunächst die Gewinngleichungen für beide Betriebe für den Fall auf, dass sie die Mengen y_1 und y_2 produzieren, die dem Wohlfahrtsoptimum entsprechen, und dass die ermittelten optimalen Verrechnungspreise als gleichgewichtige Marktpreise gelten:

$$\pi_j = p_j \cdot y_j - p_L \cdot L_j \,. \tag{7.23}$$

Daraus folgt für den 2. Betrieb wegen (7.5) und (7.13):

$$\pi_2 = p_2 \cdot \alpha_2 \cdot L_2 - p_L \cdot L_2 = (p_2 \cdot \alpha_2 - p_L) \cdot L_2 = 0 \,. \tag{7.24}$$

Dies trifft jedoch nicht für den Gewinn des 1. Betriebs zu. Aufgrund von (7.4) und (7.12) gilt:

$$\begin{aligned}\pi_1 &= p_1 \cdot y_1 - p_L \cdot L_1 \\ &= p_1 \cdot y_1 - p_1 \cdot \alpha_1 \cdot \gamma \cdot L_1^{\gamma} \\ &= p_1 (y_1 - \gamma y_1) \\ &= p_1 y_1 (1 - \gamma) < 0 \,,\end{aligned} \tag{7.25}$$

da $1 - \gamma < 0$ und $y_1 > 0$ ist. Der mit zunehmenden Skalenerträgen arbeitende Betrieb hat, berechnet zu den Verrechnungspreisen, einen Verlust zu verzeichnen, wenn die Güterproduktion und der Güterverbrauch gesamtwirtschaftlich optimal organisiert werden.

Man kann jedoch noch eine weitergehende Feststellung treffen. Ersetzt man in der Gewinngleichung der 1. Firma, (7.25), L_1 durch die Umkehrfunktion der Produktionsfunktion, $L_1 = (y_1/\alpha_1)^{1/\gamma}$, und leitet dann nach der Produktmenge ab, so ergibt sich die Regel „Preis gleich Grenzkosten":

$$\frac{d\pi_1}{dy_1} = p_1 - p_L \cdot \alpha_1^{-1/\gamma} \cdot y_1^{1/\gamma - 1} \cdot \gamma^{-1} \,, \tag{7.26}$$

$$\frac{d^2\pi_1}{dy_1^2} = (1 - 1/\gamma) \cdot p_L \cdot \alpha_1^{-1/\gamma} \cdot y_1^{1/\gamma - 2} \cdot \gamma^{-1} > 0 \quad (\text{wegen } \gamma > 1) \,. \tag{7.27}$$

Aus der in Gleichung (7.27) gezeigten Konvexität des Gewinns einer Unternehmung in ihrer Produktionsmenge folgt, dass ein inneres Gewinnmaximum nicht existiert.

7.2. Institutionelle Umsetzung des Optimums 217

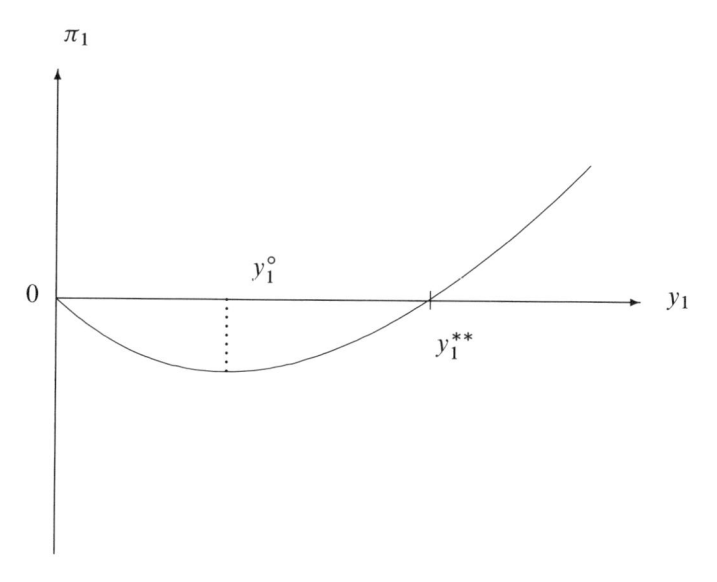

Abbildung 7.2: Absatzmenge und Gewinn

Vielmehr gibt es (bei gegebenem Faktorpreis p_L) für jeden Wert des Produktpreises p_1 einen Schwellenwert $y_1^{**}(p_1)$ mit der Eigenschaft, dass die Firma für alle Ausbringungsmengen $y_1 > y_1^{**}$ einen positiven Gewinn erzielt, der mit zunehmender Menge steigt (vgl. Abb. 7.2).

Es gibt also kein endliches Gewinnmaximum, und damit hat die einzelne Firma keine Angebotsfunktion. Diese ist aber eine notwendige Voraussetzung für die Existenz eines Gleichgewichts bei Mengenanpasser-Verhalten, das durch einen Preis definiert ist, bei dem geplantes Angebot und geplante Nachfrage übereinstimmen. Unterstellt man wie üblich, dass letztere bei jedem positiven Preis endlich ist, so kann kein Konkurrenzgleichgewicht existieren, da ein endliches Marktangebot zu keinem Preis existiert. Aus dieser Überlegung folgt, dass unter der Annahme der Gewinnmaximierung zunehmende Skalenerträge mit Mengenanpasser-Verhalten nicht vereinbar sind.

Unsere Schlussfolgerungen sind für eine Zentralverwaltungswirtschaft ohne weitere Bedeutung, wenn die zentrale Planungsstelle vollständige Information besitzt und den Betrieben direkte Anweisungen über die zu produzierenden und dabei zu verbrauchenden Mengen gibt. Da Preise in diesem System keine Steuerungsfunktion haben, entfällt auch eine Gewinn- oder Verlustrechnung der einzelnen Betriebe.

Da Mengenanpasserverhalten mit optimalen Verrechnungspreisen inkompatibel mit der Annahme zunehmender Skalenerträge ist, betrachten wir im Folgenden einen Monopolmarkt mit anderen Preisfindungsregeln und unterstellen zusätzlich, dass ein Marktzutritt weiterer Anbieter ausgeschlossen ist.

In Abb. 7.3 ist $p_1(x_1)$ die Preis-Absatzfunktion des Anbieters von Gut 1, die sich als Kurve marginaler Zahlungsbereitschaften der Nachfrager interpretieren lässt. R' ist seine Grenzerlöskurve bei Cournot-Preissetzung. $GK = p_L \cdot \frac{1}{\alpha_1 \gamma} \cdot (y_1/\alpha_1)^{(1-\gamma)/\gamma}$

218   Kap. 7. Zunehmende Skalenerträge in der Produktion

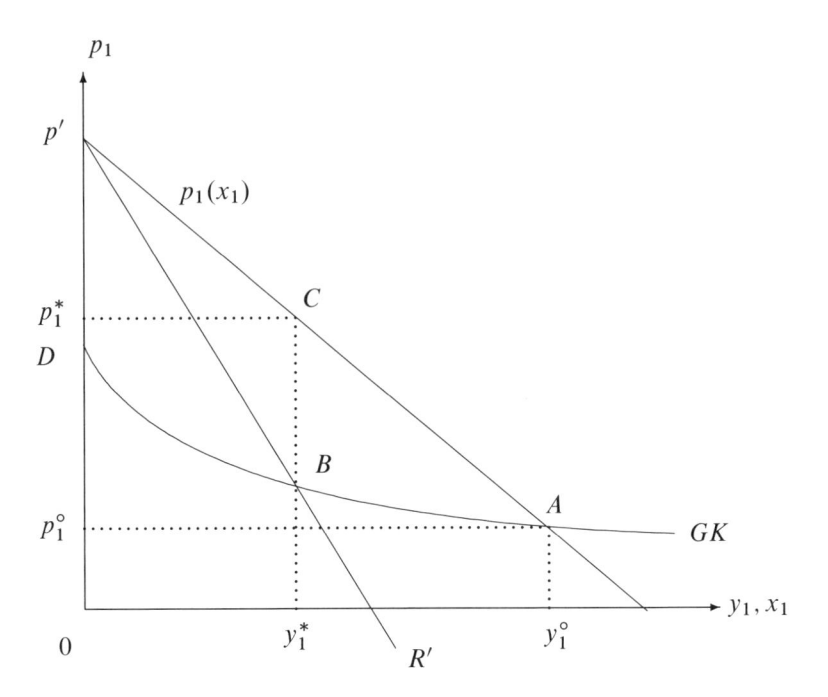

Abbildung 7.3: Gewinnmaximierung im natürlichen Monopol

ist seine Grenzkostenkurve (vgl. (7.26).). Wie wird das gewinnmaximierende Verhalten eines Monopolisten auf einem solchen Markt aussehen? Er wird versuchen, durch vollständige Preisdiskriminierung jedem Käufer gerade seine marginale Zahlungsbereitschaft für das Gut als Preis zu setzen. In diesem Fall wird er y_1° Einheiten des Gutes verkaufen, und dabei jedem Haushalt einen anderen Preis setzen. Damit wird er weitere Einheiten des Gutes verkaufen, bis

$$p_1^\circ = p_L \cdot \frac{1}{\alpha_1 \gamma} \cdot \left(\frac{y_1}{\alpha_1}\right)^{\frac{1-\gamma}{\gamma}}$$

$$= p_L \cdot \frac{1}{\alpha_1 \gamma} \cdot \underbrace{\left(\left(\frac{\alpha_1}{y_1}\right)^{\frac{1}{\gamma}}\right)^{\gamma-1}}_{1/L_1} \qquad (7.28)$$

erfüllt ist. Diese Bedingung ist aber identisch zur Optimalitätsbedingung (7.12). Die Strategie der vollständigen Preisdiskriminierung führt dazu, dass der Monopolist das Angebot so lange ausdehnen wird, bis der zusätzliche Erlös einer weiteren Einheit, der gerade aus der Grenzzahlungsbereitschaft des marginalen Käufers besteht, den zusätzlichen Kosten entspricht. Der durch die Optimalitätsbedingung (7.12) definierte Schattenpreis p_1° misst nur den Grenznutzen der letzten Einheit. Die Tatsache, dass der Monopolist für alle anderen verkauften Einheiten einen höheren Preis nimmt, ist aus

7.2. Institutionelle Umsetzung des Optimums

Effizienzgesichtspunkten irrelevant, und über die Verteilung können wir ohne Kenntnis der Verteilung der Eigentumsrechte am Monopol nichts aussagen. Vielmehr ist die Preisdiskriminierung ein Mechanismus, der dem Monopolisten die richtigen Anreize setzt, die letzte Einheit auch zu Grenzkostenpreisen zu verkaufen. Der Gewinn des Monopolisten entspricht dabei der Fläche $0p'Ay_1^\circ - 0DAy_1^\circ$. Er wird bei vollständiger Information also vollständig die Preise diskriminieren. Der damit erzielbare Gewinn übersteigt den Gewinn bei einer Cournot-Preissetzung, bei der der Monopolist den Gewinn unter der Annahme maximiert, dass alle Haushalte zum gleichen Preis bedient werden müssen. In diesem Fall ist seine gewinnmaximale Ausbringungsmenge y_1^*; der dazugehörige Marktpreis p_1^* liegt über den Grenzkosten $GK(y_1^*)$, und der Gewinn beträgt $0p_1^*Cy_1^* - 0DBy_1^*$. Es folgt unmittelbar, dass $0p'Ay_1^\circ - 0DAy_1^\circ > 0p_1^*Cy_1^* - 0DBy_1^*$. Gleichzeitig wissen wir, dass das Wohlfahrtsoptimum eine Produktmenge y_1° erfordert, bei der die Grenzkosten GK dem durch die Nachfragekurve dargestellten gesellschaftlichen Grenznutzen entsprechen. Die Ineffizienz einer einheitlichen Preissetzung führt aus Sicht des Monopolisten zu einem Konflikt: Der zusätzliche Erlös einer weiteren Einheit wird durch den niedrigeren Preis für alle inframarginalen Einheiten geschmälert.

Aus diesen Überlegungen ergibt sich, dass in einer Marktwirtschaft mit zunehmenden Skalenerträgen in der Produktion eine dezentrale Lösung auch dann effizient ist, wenn sich die Marktform des Monopols einstellt, da es die Produktion so lange ausdehnt, bis die Grenzkosten einer weiteren produzierten Einheit gerade der Grenzzahlungsbereitschaft der Konsumenten entsprechen. Diese kommt aber gerade im Schattenpreis p_1° zum Ausdruck. Die Tatsache, dass alle anderen Haushalte einen von p_1° verschiedenen Preis zahlen, ist für die Effizienz unerheblich. Die Bedingungen erster Ordnung sagen nur etwas über die letzte zur Verfügung gestellte (marginale) Einheit aus. Preisdiskriminierung ermöglicht es, durch die Abschöpfung der für die Effizienz irrelevanten inframarginalen Renten der Haushalte die Verluste zu decken, die bei einem einheitlichen Grenzkostenpreis entstünden.

Entscheidend für die Effizienz der Monopollösung ist die Fähigkeit des Monopolisten, effektiv die Preise zu diskriminieren. Dazu müssen drei Voraussetzungen erfüllt sein:

1. *Ausschluss des Weiterverkaufs*: Es muss ausgeschlossen sein, dass sich ein zweiter Markt für das Gut bildet. In einem solchen Fall würde nur ein Haushalt – z. B. der mit der geringsten Zahlungsbereitschaft – als Nachfrager beim Monopolisten auftreten und dann die Güter an die anderen Haushalte weiterverkaufen. Aus Gründen der Arbitrage kann sich in einem solchen Fall nur *ein* Preis bilden, so dass der Monopolist durch die Unmöglichkeit des Ausschlusses von Weiterverkäufen zu einer Cournot-Preissetzung gezwungen wäre. Ob sich ein Zweitmarkt für solche Güter bilden kann, hängt in entscheidendem Maße von der Regulierung des Marktes ab.[2] Der Staat kann den Weiterverkauf zulassen oder verbieten oder dem Monopolisten das Recht geben, darüber zu entscheiden. Ob wir auf einem monopolisierten Markt preisdiskriminierendes Verhalten beobachten oder nicht, hängt

---

[2] Ob sich ein solcher Zweitmarkt bilden kann, hängt natürlich auch von der Art des Gutes ab. Bei einigen Gütern wie z. B. bestimmten Dienstleistungen ist ein Weiterverkauf technisch unmöglich.

also ganz wesentlich von der Ausgestaltung der Eigentumsrechte ab. Erlaubt es die Vertragsfreiheit, dass in den Kaufvertrag ein Passus eingefügt wird, der den Weiterverkauf verbietet, so kann es zu effektiver Preisdiskriminierung kommen. In der Realität beobachten wir beide Formen von Eigentumsrechten, auch wenn nicht immer klar ist, ob wir es mit Monopol- oder Oligopolmärkten zu tun haben: Für Autos gilt in der Europäischen Union (EU), dass Re-Importe aus dem Ausland zugelassen werden müssen. So hatten sich historisch in unterschiedlichen Ländern der EU unterschiedliche Preise für sonst gleiche PKW etabliert. Mit der Schaffung eines gemeinsamen Marktes ist hier ein attraktiver Arbitragemarkt mit re-importierten Autos entstanden. In einem Urteil des Europäischen Gerichtshofs wurde VW, die diese Praxis ihren Händlern untersagen wollten, eine solche Politik verboten, weil sie gegen den freien Warenverkehr verstoße. Andererseits gilt für viele Versicherungen, dass sie nicht weiterveräußert werden dürfen. So kann man etwa den Begünstigten einer Lebensversicherung in der Regel nicht ohne explizite Zustimmung der Versicherungsgesellschaft ändern.

2. *Abwesenheit expliziter Verbote*: Alternativ kann preisdiskriminierendes Verhalten natürlich auch direkt verboten werden. So haben beispielsweise die Bahn und die Post in Deutschland als Regulierungsbestandteile ihrer Preispolitik die Tarifeinheit im Raum zusammen mit dem Kontrahierungszwang. Dies impliziert, dass jeder Kunde die gleiche Transportleistung zum gleichen Preis erwerben kann, womit preisdiskriminierendes Verhalten explizit verboten wird.[3] Auch eine solche Maßnahme ist Ausdruck einer bestimmten Regulierung des Marktes, spricht aber nicht für eine dem Monopol innewohnende Tendenz zur Ineffizienz.

3. *Abwesenheit von Informationsasymmetrien*: Auch wenn durch die Regulierungspolitik Preisdiskriminierung zugelassen wird, muss der Monopolist, um effektiv Preise diskriminieren zu können, die Zahlungsbereitschaften der einzelnen Haushalte kennen. Diese Annahme wird in der Realität nicht immer erfüllt sein. Ob und inwieweit Informationsasymmetrien die bisherigen Ergebnisse in Frage stellen, werden wir systematisch in Kapitel 10 erörtern.

Sollte ein preisdiskriminierendes Verhalten dagegen nicht realisierbar sein, verbleibt zur Umsetzung der wohlfahrtsoptimalen Outputmenge y_1^o nur die Möglichkeit der staatlichen Regulierung des natürlichen Monopols. Der Staat müsste hierzu 1. dem Unternehmen vorschreiben, soviel zu produzieren, dass der Produktpreis den Grenzkosten der Herstellung entspricht (bzw. die Faktorpreise den jeweiligen Wertgrenzprodukten), und 2. die aus diesem Verhalten resultierenden Betriebsverluste durch Subventionen ausgleichen, damit die betroffenen Unternehmungen ihre Erzeugung nicht ganz einstellen.

Es liegt auf der Hand, dass die Realisierung einer solchen Wirtschaftspolitik ähnliche Informationserfordernisse mit sich bringt, wie sie in der Zentralverwaltungswirtschaft bestehen. Zum einen müsste das verantwortliche Ministerium über eine

---

[3]Tatsächlich geht die Regulierung der Post AG noch darüber hinaus: Sie muss nicht nur homogene Leistungen zu identischen Preisen anbieten, sondern sogar inhomogene, z. B. die Auslieferung eines Pakets in der Innenstadt von Berlin und die auf einer abgelegenen Alm, die ein Mehrfaches an Kosten verursacht als erstere.

genaue Kenntnis der Produktionstechnologie und der relevanten (gleichgewichtigen) Preise verfügen, um zu überprüfen, ob die Unternehmungen sich an die erlassenen Anweisungen gehalten haben, und um die richtige Höhe der Subventionen zu ermitteln. Keinesfalls dürften nämlich solche Unternehmensverluste ausgeglichen werden, die lediglich aus ineffizienter Produktion bzw. einer Verschwendung von Produktionsmitteln resultieren. Zum anderen ist es notwendig, die Mittel zur Subvention durch Steuern aufzubringen, wobei jedoch die Erhebung der Steuern bei den Haushalten Verzerrungen hervorrufen wird.

An dieser Stelle sei noch auf die formale Ähnlichkeit zwischen Gütern, die mit zunehmenden Skalenerträgen zu Grenzkosten von null produziert werden, und Öffentlichen Gütern hingewiesen. Die Nichtrivalität im Konsum bei öffentlichen Gütern entspricht gerade einer Produktionsstruktur, bei der jedes Individuum genau eine Einheit nachfragt und die Grenzkosten der Produktion null betragen. Vergleicht man nun das Konzept der Lindahl-Preise mit den Preisen, welche ein perfekt preisdiskriminierender Monopolist setzen würde, so erkennt man, dass beide übereinstimmen.

7.3 Monopole, Effizienz und Verteilungswirkungen

Als vorläufiges Fazit können wir sagen, dass Produktion unter den Bedingungen zunehmender Skalenerträge eine Tendenz zur Monopolisierung hat. Unter den Annahmen dieses Kapitels kann Monopolen keine intrinsische Tendenz zu Ineffizienzen nachgesagt werden. Ineffiziente Cournot-Preissetzung ist Ausdruck einer ineffizienten Ausgestaltung der Eigentumsrechte. Damit gilt aber auch für die dezentrale Lösung, dass sie in der Lage ist, das Allokationsproblem effizient zu lösen. Wir sehen aber weiterhin, dass die effiziente Monopollösung möglicherweise aus Gründen der Verteilung als ungerecht empfunden wird. Auf den ersten Blick scheint das Monopol die gesamte Rente auf dem Markt durch seine Politik der Preisdiskriminierung abschöpfen zu können, so dass den Konsumenten keine Rente mehr verbleibt und sie sich im Vergleich zur Cournot-Preissetzung verschlechtern.

Diese Sichtweise erweist sich aber als kurzsichtig. Entscheidend für die Verteilung der ökonomischen Rente ist die Verteilung der Gewinnanteile des Monopols und daher der Eigentumsrechte an diesem. Nehmen wir idealiter an, dass alle Haushalte der Ökonomie einen gleichen Anteil am Monopol z. B. als Aktien besitzen. In diesem Fall profitiert jeder Haushalt in gleichem Maße von den Profiten des Monopols und damit auch von der Abweichung von der Cournot-Regel. Es findet allerdings eine Umverteilung von Individuen mit einer hohen Zahlungsbereitschaft für das Gut zu Individuen mit einer niedrigen Zahlungsbereitschaft statt, da bei einer Cournot-Preissetzung letztere nicht zum Zuge kommen und erstere einen niedrigeren Preis zu entrichten haben als im Fall der Preisdiskriminierung. Da insgesamt aber der Soziale Überschuss und damit die Wohlfahrt steigt, lässt sich prinzipiell ein Umverteilungsschlüssel finden, der letztlich alle Haushalte im Falle der Preisdiskriminierung besser stellt.

Die hier vertretene Sichtweise von Monopolen steht der landläufigen Meinung entgegen, dass Monopole inhärent ineffizient seien und zu Wohlfahrtsverlusten fühten. Diese Sichtweise entstammt der Vorstellung, dass Monopole quasi „von Natur aus" auf das Instrument der Preisdiskriminierung verzichten werden. Wie wir in diesem Abschnitt aber gesehen haben, besteht zu dieser Vermutung kein Anlass. In diesem Modell gilt, dass Monopole entweder durch eine ineffiziente Regulierung zu einer ineffizienten Strategie gezwungen werden oder dass sie möglicherweise aufgrund mangelnder Informationen nicht in der Lage sind, das effizienzsteigernde Instrument der Preisdiskriminierung zu nutzen. Im letzteren Fall können wir aber erst dann eine abschließende Beurteilung monopolistischen Verhaltens abgeben, wenn wir asymmetrische Informationen *explizit* untersucht haben. Dazu kommen wir aber erst in Kapitel 10.

Die Auffassung, dass unter den gegebenen Umständen Monopolen keine Tendenz zur Erzeugung von Ineffizienzen innewohnt, bedeutet natürlich nicht, dass es nicht andere relevante Aspekte gibt, die wir an dieser Stelle ausgeklammert haben. Diese sind insbesondere in der langfristigen Entwicklung einer Ökonomie zu suchen. Hier wird zu vermuten sein, dass Monopole aufgrund der mangelnden Konkurrenz eher zu firmeninternen Ineffizienzen neigen werden als Unternehmen in einer Situation mit Wettbewerb und dass Produktverbesserungen nicht im gleichen Maße stattfinden werden, wie dies auf Wettbewerbsmärkten geschieht. Diese Phänomene können aber in dem bisher unterstellten statischen Modellrahmen mit exogen vorgegebener Produktionstechnologie und Präferenzen nicht untersucht werden.

Zum Abschluss dieses Kapitels sei noch auf einen Unterschied zwischen den drei hier behandelten Problemen aufmerksam gemacht: Nach dem 1. Hauptsatz der Wohlfahrtsökonomik ist bekanntlich unter bestimmten einschränkenden Voraussetzungen jedes Marktgleichgewicht bei vollkommener Konkurrenz ein Pareto-Optimum. In Kapitel 6 ist eine der explizit genannten Voraussetzungen verletzt, und somit existiert zwar ein Marktgleichgewicht bei vollkommener Konkurrenz, es ist aber nicht Pareto-optimal. In diesem 7. Kapitel haben wir eine technologische Eigenschaft – zunehmende Skalenerträge – kennengelernt, die es verhindert, dass überhaupt ein Marktgleichgewicht bei vollkommener Konkurrenz existiert.

Lektürevorschläge zu Kapitel 7

Ausführliche Darstellungen der Allokationsprobleme, die mit zunehmenden Skalenerträgen verbunden sind, finden sich in BAUMOL, PANZAR UND WILLIG (1982), QUINZII (1992) sowie MAS-COLELL, WHINSTON UND GREEN (1995), Kap. 16. Wettbewerbs- und regulierungspolitische Implikationen werden in BROWN UND SIBLEY (1986) sowie in BORRMANN UND FINSINGER (1999) aufgezeigt. DEMSETZ zeigt, wie sich durch die Versteigerung von Monopolrechten eine Pareto-effiziente Allokation erreichen lässt.

Zusammenfassung der Grundüberlegungen dieses Kapitels

1. Bei zunehmenden Skalenerträgen in der Produktion existiert kein Marktgleichgewicht bei vollkommener Konkurrenz, denn eine Firma, die sich als Mengenanpasser verhält, besitzt kein inneres Gewinnmaximum, da ihr Gewinn mit der Verkaufsmenge monoton steigt.

7.3. Monopole, Effizienz und Verteilungswirkungen

2. Im gesellschaftlichen Optimum bedient nur ein Anbieter den gesamten Markt. Daher spricht man von einem „natürlichen Monopol". Der einzige Anbieter wird sich seiner Monopolstellung bewusst sein und seinen Monopolgewinn maximieren.
3. Nur wenn eine Preisdiskriminierung zwischen Nachfragern mit unterschiedlicher Zahlungsbereitschaft nicht durchführbar oder explizit verboten ist, kommt es zur Cournot-Preissetzung und damit zu einer ineffizienten Versorgung.
4. Ist dagegen Preisdiskriminierung durchführbar, so wird sie auch praktiziert, und eine effiziente Versorgung resultiert, bei der der Preis des gerade noch bedienten Nachfragers den Grenzkosten entspricht. Bedingung für Preisdiskriminierung ist zum einen, dass Weiterverkauf unterbunden werden kann, und zum anderen vollkommene Information des Monopolisten über die Zahlungsbereitschaften der einzelnen Käufer.
5. Wird hingegen der Monopolist durch staatliche Regulierung auf einen einheitlichen Preis in Höhe der Grenzkosten verpflichtet, so müssen die damit verbundenen Verluste durch Subventionen ausgeglichen werden. Der Nachteil dieser Lösung besteht darin, dass der Staat bei Unkenntnis der Produktionsfunktion im Allgemeinen nicht zwischen technologisch bedingten Verlusten und Verlusten durch unwirtschaftliches Verhalten unterscheiden kann.
6. Die Verteilungswirkungen eines Monopols mit Preisdiskriminierung hängen in erster Linie davon ab, in wessen Eigentum sich die Monopol-Unternehmung befindet. Verteilungsgesichtspunkte sind daher nicht primär als Argumente gegen die Duldung von natürlichen Monopolen geeignet.

Schlüsselbegriffe

Natürliches Monopol
Cournot-Preis
Preisdiskriminierung
Grenzkostenpreis

Weiterverkauf
Subvention
Arbitrage

Übungsaufgaben

Aufgabe 7.1:
a) Sie sind als Berater/in des Wirtschaftsministers V. Pareto eines Landes eingestellt worden und sollen einen marktwirtschaftlichen Ordnungsrahmen für eine Industrie mit zunehmenden Skalenerträgen entwickeln. Welchen Vorschlag können Sie ableiten, wenn der Minister nur an Effizienz interessiert ist? Gehen Sie dabei insbesondere auf die folgenden Aspekte ein:
- Anzahl der Unternehmen im Markt,
- Vertragsfreiheit und Preisgestaltung der Unternehmen,

b) Ihr Gutachten wird erst nach dem Regierungswechsel fertig, und inzwischen ist V. Pareto durch J. Rawls ersetzt worden, dem sehr an einer Gleichbehandlung der Konsumenten gelegen ist. Da Sie Ihren gut dotierten Beraterjob behalten möchten, überarbeiten Sie daraufhin Ihr Gutachten. Diskutieren Sie die Folgen eines einheitlichen Preises für alle Konsumenten. Wozu führt das gewinnmaximierende Verhalten eines Unternehmens, und kann man das entstehende Problem durch die Vorgabe von Höchstpreisen beseitigen? Gibt es alternative Konzepte, Verteilungsaspekte zu berücksichtigen?

Aufgabe 7.2:

a) Zeigen Sie anhand der Produktionstechnologie $A_1 = \alpha_1 L_1^\gamma$ ($\alpha_1 > 0, \gamma > 1$), dass eine Produktionsfunktion mit zunehmenden Skalenerträgen fallende Grenzkosten aufweist.

b) Nach dem Eulerschen Theorem gilt für homogene Produktionsfunktionen vom Grade b folgende Beziehung zwischen dem Output und den Grenzprodukten der Faktoren:

$$L\frac{\partial F(K,L)}{\partial L} + K\frac{\partial F(K,L)}{\partial K} = bF(K,L)$$

Nehmen Sie an, die Faktoren werden nach dem Wertgrenzprodukt entlohnt. Welche Beziehung besteht dann zwischen dem Erlös und den Faktorkosten einer Firma, die mit
a) abnehmenden Skalenerträgen
b) konstanten Skalenerträgen
c) zunehmenden Skalenerträgen arbeitet?
(Verwenden Sie die Symbole p_L, p_K für die Faktorpreise, p für den Produktpreis.)

c) In einer Marktwirtschaft arbeite eine Firma mit konstanten, die (einzige) andere mit zunehmenden Skalenerträgen. Muss letztere notwendiger Weise subventioniert werden, damit die Gesellschaft ihr Optimum erreichen kann?

Teil III

Imperfekte Steuerbarkeit

Kapitel 8

Konsequenzen einer Abweichung vom Prinzip der vollständigen Internalisierung

> „It is not possible to add pesticides to water anywhere without threatening the purity of water everywhere. Seldom if ever does Nature operate in closed and separate compartments, and she has not done so in distributing the earth's water supply."
> Rachel Carson, Silent Spring
>
> „The release of atom power has changed everything except our way of thinking...
> If only I had known, I should have become a watchmaker."
> Albert Einstein
>
> „Climate change is a result of the greatest market failure the world has seen."
> Nicholas Stern

Unsere Überlegungen hatten mit der Frage begonnen, welche Bedingungen bei gegebenen Produktionsmittelmengen und gegebener Produktionstechnik und den individuellen Nutzenfunktionen erfüllt sein müssen, damit bei privaten und Öffentlichen Gütern eine optimale Güterversorgung gewährleistet ist. Diese Bedingungen wurden in den Kapiteln 3 bis 7 abgeleitet. Dabei zeigte sich bei privaten Gütern, dass für eine dezentrale Organisationsform der Wirtschaft eine perfekte Eigentumsordnung für das Erreichen einer optimalen Allokation hinreichend ist: Wenn allen ökonomisch relevanten Größen Eigentumsrechte zugeordnet sind und diese auch durchgesetzt werden, hat der Einzelne die Sicherheit, die von ihm produzierten oder erworbenen Güter auch nutzen zu können. Diese Nutzung kann im Eigenkonsum oder Tausch liegen. Wenn ein solcher Tausch freiwillig erfolgt und sich eine Gruppe von potenziellen Anbietern und Nachfragern zusammenfindet, sprechen wir von einem Markt.

Eine spezielle Marktform – den vollständigen Wettbewerb – haben wir bereits in den vergangenen Kapiteln kennen gelernt. Da im Wettbewerbsgleichgewicht die Grenzraten der Substitution aller Haushalte, die Grenzraten der technischen Substitution und die Grenzraten der Transformation aller Unternehmen gleich den jeweiligen Preisverhältnissen und daher einander gleich sind, wird eine Pareto-effiziente Allokation erreicht. Über den Preismechanismus internalisieren die beteiligten Akteure die Effekte ihrer Handlungen auf andere Akteure vollständig, das Prinzip der vollständigen Internalisierung ist erfüllt. Verteilungsziele lassen sich durch eine Umverteilung der Eigentumsrechte an den Produktionsmitteln und Unternehmensanteilen verwirklichen. Darüber hinaus zeigte sich aber auch, dass unter den Annahmen, unter denen die Effizienz des Wettbewerbsgleichgewichts abgeleitet wurde, die Lenkung des Wirtschaftsprozesses auch mit Hilfe einer direkten Festlegung der optimalen Mengen durch eine Planungsbehörde erfolgen kann.

Ähnliche Schlussfolgerungen konnten wir auch für Öffentliche Güter und zunehmende Skalenerträge ziehen: Auch wenn die Institution „Markt bei vollkommenem

228 Kap. 8. Abweichung vom Prinzip der vollständigen Internalisierung

Wettbewerb" gegen das Prinzip der vollständigen Internalisierung für diese Interdependenzen verstößt, finden sich *andere* dezentrale Allokationsverfahren, die zu einem effizienten Ergebnis führen. Andererseits ist natürlich auch hier eine zentrale Institution effizient.

Wäre dies das Ende der Geschichte, so folgte daraus ein merkwürdiger Schluss: Erachten wir die Annahmen der letzten drei Kapitel allgemein für relevant, so folgt, dass die Organisationsform der Wirtschaft innerhalb bestimmter Grenzen irrelevant für die Effizienz der durch sie realisierten Allokation ist. Ob kapitalistische Marktwirtschaft, Marktsozialismus oder Zentralverwaltungswirtschaft, idealiter führen alle Wirtschaftsordnungen zum selben Ergebnis. Diese Folgerung aus der bisherigen Analyse steht nun aber in scharfem Kontrast zur empirischen Erfahrung: Die meisten von uns werden intuitiv die Organisationsform der Wirtschaft für relevant bezüglich der Effizienz des Wirtschaftsergebnisses erachten und dabei nicht nur meinen, dass perfekte Rechtsordnungen unvollständigen Rechtsordnungen überlegen sind. Wenn wir dieser Intuition vertrauen, müssen wir uns fragen, welche der Annahmen, die in unsere bisherige Analyse Eingang gefunden haben, als nicht gerechtfertigt erachtet werden müssen.

Der Schlüssel zum Verständnis dieser Frage wird in den Gründen für die notwendige Imperfektion einer Eigentumsordnung bzw. der notwendigen Imperfektion eines Planungsprozesses liegen. Die Beantwortung dieser Frage wird in zwei Teile zerlegt. In diesem Kapitel werden wir die *Folgen* einer imperfekten Eigentumsordnung untersuchen und sehen, dass in Fällen, in denen über ökonomisch relevante Größen keine vertraglichen Vereinbarungen geschlossen werden können, gegen das Prinzip der vollständigen Internalisierung verstoßen wird und aus diesem Grunde die Organisationsform der Wirtschaft für die Effizienz der resultierenden Allokation von Bedeutung ist. In den folgenden Kapiteln werden wir dann nach den *Ursachen* für imperfekte Eigentumsordnungen fragen. Erst wenn wir die Ursachen verstanden haben, können wir erörtern, welche Organisationsform für das jeweilige Allokationsproblem adäquat ist.

8.1 Grundsätzliche Bemerkungen

Im Folgenden wollen wir unter externen Vorteilen und externen Nachteilen Situationen verstehen, in denen durch Handlungen eines Akteurs *A* (Haushalt, Betrieb) anderen Akteuren Vor- oder Nachteile entstehen, die nicht in das Kalkül des *A* aufgenommen werden. Dabei deutet das Wort extern an, dass es sich bei einem solchen Effekt um eine Interdependenz handelt, die gewissermaßen „vorbei" an den institutionellen Gegebenheiten läuft. Die definitorische Frage Externer Effekte ist also einfach zu lösen.

Externer Effekt

Ein Externer Effekt liegt vor, wenn eine Institution gegen das Prinzip der vollständigen Internalisierung verstößt.

8.1. Grundsätzliche Bemerkungen

Die Frage, ob wir in der Realität für eine bestimmte Ordnung mit Externen Effekten konfrontiert sind, ist weitaus schwieriger zu beantworten, wie die folgenden Beispiele verdeutlichen mögen.

- Beispiel 1: Ein Chemiebetrieb leitet Abwässer in einen Fluss. Dadurch werden der Fischbestand und das Fangergebnis eines Fischereibetriebs vermindert.
- Beispiel 2: Klaus ist Nachhilfelehrer und trägt bei seinen Nachhilfestunden immer einen roten Pullover. Peter ist sein Schüler und hasst rote Pullover, so dass sein Lernerfolg durch die Wahl des Klaus beeinträchtigt wird.
- Beispiel 3: Auf meinem Weg zur Arbeit werde ich ständig mit Sinnesreizen überflutet, die einen positiven oder negativen Einfluss auf meinen Nutzen haben. Manche Gebäude finde ich schön, andere abstoßend; manche Menschen finde ich sympathisch, andere verderben mir die Laune. Aber insbesondere stört mich der Anblick des Gartenzwergs in Nachbars Garten.
- Beispiel 4: Person A ist im Besitz eines privaten Gutes, sagen wir eines Apfels. Dieser wird ihr von Person B weggenommen, da Person B stärker ist und keine Sanktionen zu befürchten hat. Person B berücksichtigt bei ihrer Handlung die Wirkung auf Person A nicht.

Die Beispiele folgen einer Logik, anhand derer das Grundproblem bei der Bestimmung des Vorliegens eines Externen Effekts deutlich gemacht werden kann. Alle vier Beispiele sind von ihrer formalen Struktur her gleich: Akteur A beeinflusst durch seine Handlung Akteur B. Beginnen wir mit Beispiel 3: Hier wird deutlich, dass jede gesellschaftliche Interaktion eine Interdependenz in der Zielerreichung der Akteure mit sich bringen kann, ja wahrscheinlich sogar mit sich bringen wird. Dadurch würde man aber wahrscheinlich noch nicht folgern, dass ein Externer Effekt vorliegt. Die meisten Menschen würden vermutlich sagen, dass es sich hier um zu tolerierende Beeinträchtigungen handelt, und wenn mich der Gartenzwerg auf meinem Weg zur Arbeit zu sehr stört, dann kann ich den Eigentümer ja bitten (notfalls gegen Bezahlung), ihn wegzustellen. Der gesunde Menschenverstand hat hier ganz Recht: Warum verhandle ich mit meinem Nachbarn nicht einfach und zahle ihm Geld für das Wegstellen des Gartenzwergs? Dafür kann es unterschiedliche Gründe geben:

1. Der geldwerte Nutzenzuwachs meines Nachbarn aus dem Aufstellen des Gartenzwergs übersteigt meine Zahlungsbereitschaft für das Wegstellen. In diesem Fall ist die Lösung, die wir beobachten, effizient, obwohl ich in meinem Nutzen beeinträchtigt bin. Es existiert keine Tauschmöglichkeit, mit der eine andere Allokation erreicht wird, die beide Personen besser stellt.
2. Ein Vertrag, den wir schließen, ist ungültig, da das Rechtssystem solche Verträge nicht vorsieht. In diesem Fall handelt es sich tatsächlich um einen Externen Effekt, da ich keine rechtlich durchsetzbare Möglichkeit besitze, mit meinem Nachbarn zu verhandeln.
3. Wir können zwar einen Vertrag schließen, dieser kann vor Gericht aber nicht durchgesetzt werden, da das Gericht die Vertragseinhaltung nicht überprüfen kann. So kann ich mich mit meinem Nachbarn einigen, ihm 10 Euro für die Umstellung des Gartenzwergs zu zahlen, er stellt den Gartenzwerg aber dann doch

von Zeit zu Zeit wieder an den angestammten Ort, ohne dass ich dies vor Gericht beweisen könnte. Auch in diesem Fall haben wir einen Externen Effekt.

Wir sehen also, dass für die Existenz Externer Effekte nicht allein die gegenseitige Interdependenz relevant, sondern die Frage entscheidend ist, warum es zu einer Beeinträchtigung kommt. In Beispiel 2 könnte etwa Peter Klaus bitten, in Zukunft einen anderen Pullover zu den Nachhilfestunden zu tragen und ihn dafür notfalls für seinen entgangenen Nutzen zu bezahlen. Falls solche Verträge möglich sind, muss bei vollständiger Information über die jeweiligen Nutzen die beobachtete Allokation als effizient bewertet werden, obgleich bestimmte Interdependenzen vorliegen: Eine Nichtbeachtung der Interdependenz muss dann nämlich daran liegen, dass die Zahlungsbereitschaft des Peter unterhalb der geforderten Mindestzahlung des Klaus liegt. Wir sehen also, dass Externe Effekte nicht „im Wesen" eines ökonomischen Guts liegen, sondern Ausdruck der Organisationsweise der Wirtschaft sind.

Dabei können wir zwischen zwei unterschiedlichen Gründen für das Auftreten Externer Effekte unterscheiden. Zum einen können sie auftreten, weil in einem bestimmten Umfeld die Institutionen *unnötigerweise* bestimmte Interdependenzen nicht koordinieren. Zum anderen können sie auftreten, weil die institutionellen Steuerungsmöglichkeiten *prinzipiell begrenzt* sind. In diesem Fall kann der Externe Effekt notwendiger Ausdruck der beschränkten Steuerungsmöglichkeiten sein. Während also in diesem Fall die Institution bereits perfekt gestaltet ist, muss im ersten Fall durch eine institutionelle Anpassung reagiert werden. Dies zeigt, dass ein Verständnis der Ursachen des Abweichens vom Prinzip der vollständigen Internalisierung zentral für die Beantwortung der Frage ist, ob und wie in einer bestimmten Situation wirtschaftspolitisch eingegriffen werden muss.

Wir können also festhalten, dass es in ökonomischen Systemen mit mehr als einem Akteur zu Interdependenzen kommt. *Ziel eines an Effizienz ausgerichteten Ordnungsrahmens ist es, die Interdependenzen so zu steuern, dass alle Akteure alle von ihnen ausgehenden Einflüsse auf andere Akteure bei ihrer Entscheidung berücksichtigen. Externe Effekte treten daher immer dann auf, wenn ein Ordnungssystem diese Aufgabe nicht erfüllt.* Eine alternative, häufig in der Literatur zu findende Definition des Begriffs Externer Effekt lautet, dass ein Externer Effekt immer dann auftritt, wenn Interaktionen nicht über Märkte koordiniert werden. Diese Sichtweise entspricht der hier vorgestellten für das Beispiel einer konkreten Organisation, nämlich der Marktwirtschaft. Da wir hier aber eine Theorie des Institutionen*vergleichs* entwickeln wollen, ist es unerlässlich, den Begriff des Externen Effekts allgemeiner zu fassen.

Beispiel 4 macht diesen Zusammenhang deutlich: In einem ordnungslosen Zustand erzeugt die Handlung des *B* eine Wirkung bei *A*, sein Nutzen wird sinken. Diese Wirkung wird nicht vom *B* berücksichtigt. Wenn wir eine perfekte Eigentumsordnung hätten, müsste der *B* dem *A* für das Gut den Marktpreis zahlen, was dazu führte, dass die Wirkung auf den *A* vom *B* durch den Preis berücksichtigt würde.

Kommen wir nun also zu Beispiel 1. Dieses Beispiel hat auf den ersten Blick die größte ökonomische Relevanz, doch sehen wir durch den Vergleich mit den anderen Beispielen, dass es keinen strukturellen Unterschied zwischen diesem und den

8.1. Grundsätzliche Bemerkungen

anderen Beispielen gibt. Auch hier gelten dieselben Folgerungen wie zuvor: Es ist ohne die Hinzuziehung des zugrundeliegenden Ordnungsrahmens nicht möglich zu beantworten, ob in der geschilderten Situation Externe Effekte auftreten oder nicht. Bei einer perfekten Eigentumsordnung und vollständiger Information zeigt die Einleitung der Schadstoffe des Chemiebetriebs nur, dass der Grenzertrag der Einleitung den Grenzkosten durch den verringerten Fischbestand des Fischereibetriebs entspricht. Nehmen wir beispielsweise an, der Fischer hätte das Eigentum am See. Dann müsste der Chemiebetrieb für die Einleitung der Schadstoffe bezahlen und bei effizienter Preisbildung käme es zu einem effizienten Verschmutzungsniveau. Ein Externer Effekt tritt nur auf, wenn der Ordnungsrahmen dazu führt, dass entweder der Fischer den Effekt seiner Handlungen auf das Chemieunternehmen nicht berücksichtigt oder umgekehrt.

Wir können also als Schlussfolgerung festhalten, dass Externe Effekte nur bezüglich des dem Allokationsprozess zugrundeliegenden Ordnungsrahmens feststellbar sind. Keinesfalls kann also allein aus der von den Institutionen abstrahierenden Situationsbeschreibung schon auf die Existenz Externer Effekte geschlossen werden. Hierin unterscheiden sich z. B. Probleme der Umweltverschmutzung nicht von Problemen der Allokation anderer Güter. Es mag allerdings so sein, dass der gegebene Ordnungsrahmen häufig dazu führt, dass bei Umweltgütern Externe Effekte auftreten, und zwar aus historischen Gründen. Zum Beispiel war Wasser früher ein freies Gut, so dass kein Organisationsbedarf bestand, also beispielsweise keine Eigentumsrechte daran vergeben wurden. Wenn im Zuge der Entwicklung das Gut aber knapp wird, so ist nun eine veränderte Allokationssituation mit einer unveränderten Ordnung konfrontiert. Ein ähnliches Beispiel besteht etwa bei der Schaffung von Eigentumsrechten auf geistiges Eigentum.

In der Literatur hat sich häufig eine weitere abweichende Definition von Externen Effekten etabliert. Demnach ist es üblich, von Externen Effekten dann zu sprechen, wenn Interdependenzen nicht den Charakter rein privater Güter haben. In dieser Sichtweise ist ein Öffentliches Gut ein Spezialfall eines Externen Effekts. Zu dieser Bezeichnung kommt es, weil auf den ersten Blick Wettbewerbsmärkte, wie wir sie im vergangenen Kapitel kennen gelernt haben, nicht in der Lage zu sein scheinen, solche Formen von Interdependenzen effizient zu koordinieren. In diesem Fall spricht man häufig auch von „Marktversagen". Für eine institutionenorientierte Theorie der Wirtschaftspolitik erweist sich eine solche Sichtweise als zu eng und irreführend, und dies aus zwei Gründen:

- Zum einen müssen wir in der Lage sein, unterschiedliche Institutionen bezüglich ihrer Allokationswirkungen zu beurteilen. Der Referenzpunkt „perfekter Wettbewerbsmarkt" ist hierfür nicht ausreichend breit gewählt.
- Zum anderen haben wir bei der Diskussion Öffentlicher Güter schon gesehen, dass es bei einer geschickten Zuweisung von Eigentumsrechten auch hier effiziente dezentrale Allokationsverfahren gibt. Vielmehr gilt, dass Ineffizienzen einer dezentralen Lösung bei symmetrisch informierten Individuen und ohne Transaktionskosten immer als ein Fehlen von Märkten – und damit als eine imperfekte Eigentumsordnung – gedeutet werden können. Diese wichtige Beobachtung geht

auf Arrow (1977b) zurück. Für die technisch interessierten Leser findet sich im Anhang zu diesem Kapitel der formale Beweis dieser Aussage.

Wenn wir in diesem Kapitel also die Wirkungen Externer Effekte näher analysieren, gehen wir mit anderen Worten implizit davon aus, dass die vertraglichen Koordinationsmöglichkeiten der Wirtschaftssubjekte beschränkt sind, so dass wir mit Fug und Recht von Externen Effekten sprechen können. Erst in den folgenden Kapiteln werden wir dann die Ursachen imperfekter Koordinationsmöglichkeiten genauer untersuchen. Wie sich in den Beispielen schon andeutete, werden wir dort als Ursachen für Externe Effekte Informationsasymmetrien und Kosten der Durchsetzung von Eigentumsordnungen sowie Kosten der Vertragsaufsetzung und Kontrollkosten kennen lernen. Externe Effekte, so können wir weiterhin folgern, sind also niemals die *Ursache* für Ineffizienzen, sondern *Wirkung* einer zugrundeliegenden Imperfektion, die sich durch die Abweichung vom Prinzip der vollständigen Internalisierung äußert. Unter den beobachtbaren Externen Effekten gibt es dann solche, die durch Reformen des Organisationsrahmens beseitigt werden können, und solche, die prinzipiell nicht zu beseitigen sind.

Kasten 8.1: Externe Effekte und das Verursacherprinzip

In der öffentlichen Meinung und Teilen der Literatur wird im Zusammenhang mit Externen Effekten immer wieder vom Verursacher dieses Effekts gesprochen. Wir wollen uns hier fragen, ob dieser Begriff sinnvoll ist, und falls ja, in welchem Sinne. Um das Problem zu verdeutlichen, wollen wir das folgende Beispiel betrachten: In einem Café sitzt Andrea und trinkt einen Kaffee. Andrea ist Nichtraucherin. Nun setzt sich Michaela an den Nebentisch und beginnt zu rauchen. Dies beeinträchtigt Andrea in ihrem Nutzen, ja sie befürchtet sogar, an den gesundheitsschädigenden Wirkungen des Passivrauchens zu erkranken.

In diesem Beispiel würden die meisten Menschen wohl Michaela als die Verursacherin des Externen Effekts sehen und somit fordern, dass sie das Rauchen unterlässt, was deren Nutzen allerdings reduzierte. An dieser Stelle wollen wir nicht weiter problematisieren, ob es sich bei der Beeinträchtigung der Andrea durch das Rauchen der Michaela tatsächlich um einen Externen Effekt handelt, der beseitigt werden sollte. Vielmehr wollen wir uns überlegen, ob die Sichtweise, Michaela als Verursacherin zu sehen, ökonomisch begründet werden kann. Drehen wir dazu die Geschichte um und gehen davon aus, dass Michaela bereits im Café saß und rauchte, als sich Andrea an den Nebentisch setzte. An der Beeinträchtigung durch das Rauchen der Andrea hat sich nichts geändert, doch hat nun Andrea, die ja erst später dazu kam, noch das Recht, Michaela das Rauchen zu verbieten? Wir sehen, dass die Frage nach der Verursacherin des Externen Effekts an der Sache vorbeigeht. Weder Andrea noch Michaela ist isoliert betrachtet *die* Verursacherin des Externen Effekts, dieser tritt vielmehr nur *relational*, also als Eigenschaft *zwischen* beiden Akteurinnen, auf. Es gibt nicht die Verursacherin Externer Effekte, zu einem Externen Effekt gehören immer mindestens zwei. Dies nennt man auch die *reziproke* Natur Externer Effekte: Raucht Michaela, so steigert das ihren Nutzen und senkt den der Andrea; raucht sie nicht, so ist es gerade umgekehrt. Ob wir das Rauchen oder das Nichtrauchen als Nutzenveränderung interpretieren, hängt davon ab, welche Situation wir als Bezugspunkt, als Status-Quo, wählen, und diese Wahl ist willkürlich.

Es gibt in diesem Beispiel nun z. B. die folgenden beiden Lösungen, um den Externen Effekt zu internalisieren: Wir können das Café prinzipiell zum Nichtraucher- oder zum Rauchercafé erklären, private Einigungen aber zulassen. Im ersten Fall müsste Michaela der Andrea etwas bezahlen, wenn sie rauchen möchte, im zweiten Fall ist es gerade umgekehrt. Wen wir hier zur „Verursacherin" in diesem Sinne machen, hat Wirkungen auf die Verteilung, nicht aber auf die Effizienz der Allokation.

Dass wir trotzdem in einigen Fällen intuitiv auf einen Verursacher schließen, hat mit bestimmten moralischen Prägungen (Ebene E1) zu tun, durch deren Brille wir das Problem betrachten. Wir können im Beispiel des Chemiebetriebs und des Fischerbetriebs also etwa die Vorstellung entwickeln, dass ein Großkonzern in seiner Profitgier die Lebensgrundlage eines sympathischen alten Fischers zerstört, und fordern, dass dies unterbleibe. Hier wird die Sympathie für den Fischer in dieser David-und-Goliath Geschichte genutzt, um eine Richtung für die Internalisierung der Externen Effekte vorzugeben: Es wäre unmoralisch, wenn der alte Fischer dem Chemiekonzern für die Unterlassung der Einleitung von Abwässern Geld zahlen müsste, aber gerecht, wenn dies der habgierige Großkonzern tut. Eine solche Parteinahme mag durchaus berechtigt sein, und an vielen Stellen wird auch so das Problem der Internalisierungsrichtung gelöst. Moralische Parteinahme löst somit das *Verteilungsproblem*. Für die ökonomische Effizienzanalyse ist sie aber fatal, wenn sie den Blick auf die prinzipiell reziproke Natur Externer Effekte verstellt.

Wir wollen im Folgenden Wirkungen Externer Effekte näher untersuchen. Dazu betrachten wir zunächst Externe Effekte in der Produktion und anschließend Externe Effekte im Konsum und leiten jeweils Bedingungen ab, die effiziente Allokationen erfüllen müssen. In einem weiteren Schritt werden dann verschiedene Institutionen darauf untersucht, ob sie geeignet sind, eine effiziente Allokation herbeizuführen.

8.2 Interdependenzen zwischen Produzenten

8.2.1 Modellannahmen

Wir nehmen zur Vereinfachung der Analyse an, dass es nur einen knappen Produktionsfaktor (Arbeit) gibt, von dem die Gesamtmenge L zur Verfügung steht und der zur Produktion zweier Güter verwendet werden kann. Jeder Produktionsprozess wäre – gäbe es den anderen Produktionsprozess nicht – linear-homogen, jedoch hängt die Grenz- und Durchschnittsproduktivität der Arbeit in dem zweiten Prozess davon ab, wie viel von dem ersten Gut produziert wird. Es besteht damit eine technologische Interdependenz zwischen beiden Produktionsprozessen.

Bei einer Ein-Faktor-Ein-Produkt-Technologie lässt sich die zugehörige Produktionsfunktion problemlos invertieren, wobei diese Umkehrfunktion als Faktorbedarfsfunktion interpretierbar ist. Im Folgenden werden die Parameter der Produktionsfunktionen so gewählt, dass die weitere Analyse mit einer möglichst sparsamen Notation auskommt. Bezeichnen L_1 und L_2 die in den beiden Prozessen eingesetzten Arbeitsmengen und y_1, y_2 die Ausbringungsniveaus, so seien die Produktionsfunktionen gegeben durch:

$$y_1 = L_1/\alpha_1 \,, \tag{8.1}$$
$$y_2 = L_2/g(y_1) \,, \tag{8.2}$$

wobei g eine streng monoton steigende Funktion ist, $g'(y_1) > 0$, die die Interdependenz misst, die die Produktionsentscheidung des ersten auf das Produktionsniveau des zweiten Prozesses hat. Daraus ergeben sich die folgenden Faktorbedarfs-Funktionen:

$$L_1 = \alpha_1 \cdot y_1 \,, \tag{8.3}$$
$$L_2 = g(y_1) \cdot y_2 \,. \tag{8.4}$$

Eingesetzt in die Produktionsmittel-Restriktion ergibt sich daraus

$$L_1 + L_2 = \alpha_1 \cdot y_1 + g(y_1) \cdot y_2 \leq L \,. \tag{8.5}$$

Aufgelöst nach der Menge des 2. Gutes, erhält man aus (8.5) die Gleichung für die Transformationskurve

$$y_2 = \frac{L}{g(y_1)} - \frac{\alpha_1}{g(y_1)} \cdot y_1 \,. \tag{8.6}$$

Zunächst wollen wir zeigen, dass – ähnlich wie im Fall zunehmender Skalenerträge – die Menge produzierbarer (y_1, y_2)-Güterbündel, die (8.5) erfüllen, nicht konvex und damit die gesamtwirtschaftliche Transformationskurve (8.6) nicht konkav ist. Zum Beweis verwenden wir die in der Definition konvexer Mengen enthaltene Eigenschaft, dass zu je zwei Elementen y' und y'' der Menge auch jede Linearkombination

$$y^* = \lambda \cdot y' + (1 - \lambda) \cdot y'' \quad \text{für alle } 0 < \lambda < 1 \tag{8.7}$$

zur Menge gehört.

Wir wählen dazu die Güterbündel y' mit $y_1' = 0$, $y_2' = L/g(0)$ und y'' mit $y_1'' = L/\alpha_1$, $y_2'' = 0$, die offensichtlich (8.5) erfüllen, und betrachten die Linearkombination (mit $\lambda = 1/2$)

$$y_1^* = \frac{L}{2\alpha_1}, \; y_2^* = \frac{L}{2g(0)} \,.$$

Setzt man diese Gütermengen in Bedingung (8.5) ein, so erhält man

$$L_1^* + L_2^* = \frac{L}{2} + \frac{L}{2} \cdot \frac{g(y_1^*)}{g(0)} > L \,, \tag{8.8}$$

da $y_1^* > 0$ und g streng monoton steigend ist und damit $g(y_1^*) > g(0)$ gilt. Folglich ist das Güterbündel y^* nicht produzierbar, die Menge unter der Transformationskurve ist nicht konvex (s. Abb. 8.1).[1]

---

[1] Es kann sogar gezeigt werden, dass die Transformationskurve durchgehend konvex zum Ursprung verläuft, falls g eine konvexe Funktion ist. Der Beweis sei dem Leser überlassen.

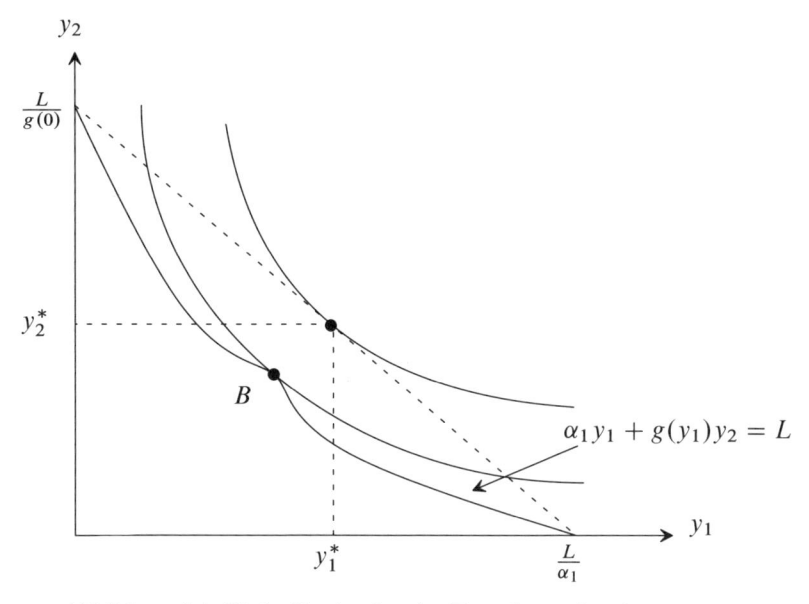

8.2. Interdependenzen zwischen Produzenten 235

Abbildung 8.1: Nicht-Konkavität der Transformationskurve

Grafisch kann man sich diese Tatsache wie folgt plausibel machen: Bei linearer Technologie und nur einem primären Produktionsfaktor wäre die Transformationskurve linear, wenn es keine Interdependenzen zwischen den Produktionsprozessen gäbe (vgl. die gestrichelte Gerade in Abb. 8.1). Negative Interdependenzen bedeuten, dass sich die Herstellungsprozesse der beiden Güter (gegenseitig oder – wie hier – in einer Richtung) stören. Diese Störungen werden aber nur dann relevant, wenn beide Produkte tatsächlich in positiven Mengen hergestellt werden. Sie fallen naturgemäß weg, wenn eines der beiden Produkte nicht hergestellt wird.[2] Daher sind die Achsenschnittpunkte der beiden Transformationskurven identisch. Bei positiven Mengen beider Güter bewirken die Störungen ceteris paribus eine Produktionseinbuße bei Gut 2, so dass die durchgezogene Transformationskurve ansonsten vollständig unterhalb der gestrichelten liegt.[3]

---

[2]Man sieht hieran, wie berechtigt die in Kasten 8.1 vertretene Auffassung ist, es gebe nicht einen Verursacher, sondern erst die simultane Durchführung zweier ökonomischer Aktivitäten führe zur Existenz einer Interdependenz.

[3]Diese strikte Aussage verliert ihre Gültigkeit, wenn es zwei (oder mehr) Produktionsfaktoren gibt und die beiden Produktionsfunktionen sich hinsichtlich ihrer partiellen Produktionselastizitäten voneinander unterscheiden, so dass *ohne* Interdependenzen die Transformationskurve strikt konkav verliefe. Liegen in diesem Fall negative Interdependenzen vor, so *kann* die Menge der produzierbaren Konsumgütervektoren konvex sein, dies ist aber auch hier nicht gesichert.

8.2.2 Optimale Allokationen

Wir wollen nun zunächst ermitteln, welche Allokation im Falle von Produktionsinterdependenzen optimal wäre. Das Lagrange-Verfahren, das einen Tangentialpunkt einer gesellschaftlichen Indifferenzkurve an die gesamtwirtschaftliche Transformationskurve berechnet, liefert bei einer nicht-konkaven Transformationskurve nur dann ein Wohlfahrtsmaximum, wenn im Berührpunkt die Indifferenzkurve stärker gekrümmt ist als die Transformationskurve, d. h. wenn gilt:[4]

$$\left.\frac{d^2 x_2}{d x_1^2}\right|_{du=0} > \frac{d^2 y_2}{d y_1^2} . \tag{8.9}$$

Wir nehmen aus Gründen der Vereinfachung an, es gebe genau einen solchen Berührpunkt (Punkt B in Abb. 8.1), in dem beide Güter produziert werden und (8.9) erfüllt ist. Dann können wir die Lagrange-Funktion aufstellen, die die gesellschaftliche Zielfunktion (5.1) unter den Nebenbedingungen (5.10a), (5.10b) und (8.5) maximiert:

$$\mathcal{L} = u(x_1, x_2) + p_1 \cdot (y_1 - x_1) \\ + p_2 \cdot (y_2 - x_2) + p_L [L - \alpha_1 \cdot y_1 - g(y_1) \cdot y_2] , \tag{8.10}$$

wobei p_j ($j = 1, 2$) und p_L wieder Lagrange-Multiplikatoren mit der üblichen Interpretation darstellen. Die Optimalitätsbedingungen erster Ordnung für eine innere Lösung lauten dann

$$\frac{\partial \mathcal{L}^\circ}{\partial x_j} = \frac{\partial u^\circ}{\partial x_j} - p_j^\circ = 0 \quad (j = 1, 2) , \tag{8.11}$$

$$\frac{\partial \mathcal{L}^\circ}{\partial y_2} = p_2^\circ - p_L^\circ \cdot g(y_1^\circ) = 0 , \tag{8.12}$$

$$\frac{\partial \mathcal{L}^\circ}{\partial y_1} = p_1^\circ - p_L^\circ \cdot \alpha_1 - p_L^\circ \cdot g'(y_1^\circ) \cdot y_2^\circ = 0 . \tag{8.13}$$

Die inzwischen bekannte Gleichung (8.11) besagt, dass der Schattenpreis jedes Konsumgutes gleich der von ihm gestifteten Grenzwohlfahrt ist. Gleichung (8.12) verlangt, dass der Schattenpreis des 2. Konsumguts den Grenzkosten seiner Herstellung entspricht. Diese ergeben sich als das Produkt aus dem Lohnsatz p_L° und dem marginalen Arbeitsbedarf, wobei letzterer, wie betont, mit der Produktion in der 1. Firma variiert. Den analogen Zusammenhang für das 1. Gut fordert Gleichung (8.13). Hier setzen sich die Grenzkosten der Herstellung zusammen aus den direkten Grenzkosten, $p_L^\circ \cdot \alpha_1$, und den indirekten Grenzkosten, die sich aus einem Mehrbedarf an Arbeit in dem 2. Prozess ergeben. Denn je Einheit der Ausbringungsmenge y_2° werden zusätzlich $g'(y_1^\circ)$ Einheiten Arbeit zum Lohnsatz von p_L° benötigt, wenn y_1 um eine (marginale) Einheit erhöht wird.

---

[4] Die Notation folgt der in Kapitel 5 eingeführten.

8.3 Interdependenzen zwischen Produzenten und Haushalten

8.3.1 Modellannahmen

Da wir in der Folge nur negative Interdependenzen bei den Verbrauchern betrachten wollen, können wir wieder die Produktionstechnik des Modells aus Abschnitt 8.2 verwenden – mit dem Unterschied, dass jetzt die Grenzproduktivität der Arbeit im 2. Prozess als konstant gleich $1/\alpha_2$ angenommen wird. Ferner sei angenommen, dass im 1. Prozess neben dem 1. Konsumgut ein drittes, unerwünschtes Konsumgut (oder besser: Konsum-„Übel") G_3 zwangsläufig mit erzeugt wird, und zwar gemäß der technischen Relation

$$y_3 = \varphi(y_1) \quad \text{mit} \quad \varphi'(y_1) > 0, \varphi''(y_1) \geq 0 \,. \tag{8.14}$$

Man kann hier z. B. an Abgase denken, die im 1. Prozess in Abhängigkeit von der produzierten Menge des 1. Konsumguts entstehen und von der Bevölkerung der Umgebung eingeatmet werden. Die Menge y_3 muss dabei voll verbraucht werden, ob die Konsumenten wollen oder nicht:

$$x_3 = y_3 \,. \tag{8.15}$$

Da dieses dritte Gut von den Konsumenten als unangenehm empfunden wird, muss die Nutzenfunktion aus Kapitel 5 modifiziert werden zu

$$u = u(x_1, x_2, x_3) \,, \tag{8.16}$$

$$\frac{\partial u}{\partial x_1} > 0, \quad \frac{\partial u}{\partial x_2} > 0, \quad \frac{\partial u}{\partial x_3} < 0 \,. \tag{8.17}$$

8.3.2 Optimale Allokationen

Die zur Bestimmung der optimalen Allokation abzuleitende Lagrange-Funktion lautet

$$\begin{aligned}\mathcal{L} = {}&u(x_1, x_2, x_3) + p_1 \cdot (y_1 - x_1) + p_2 \cdot (y_2 - x_2) + p_3 \cdot [x_3 - \varphi(y_1)] \\ &+ p_L \cdot [L - \alpha_1 \cdot y_1 - \alpha_2 \cdot y_2] \,.\end{aligned} \tag{8.18}$$

Die Bedingungen für ein inneres Optimum lauten jetzt:

$$\frac{\partial \mathcal{L}^\circ}{\partial x_j} = \frac{\partial u^\circ}{\partial x_j} - p_j^\circ = 0 \quad (j = 1, 2) \,, \tag{8.19}$$

$$\frac{\partial \mathcal{L}^\circ}{\partial x_3} = \frac{\partial u^\circ}{\partial x_3} + p_3^\circ = 0 \,, \tag{8.20}$$

$$\frac{\partial \mathcal{L}^\circ}{\partial y_2} = p_2^\circ - p_L^\circ \cdot \alpha_2 = 0 \,, \tag{8.21}$$

$$\frac{\partial \mathcal{L}^\circ}{\partial y_1} = p_1^\circ - p_L^\circ \cdot \alpha_1 - p_3^\circ \cdot \varphi'(y_1^\circ) = 0 \,. \tag{8.22}$$

238   Kap. 8. Abweichung vom Prinzip der vollständigen Internalisierung

Aus (8.20) und (8.22) folgt die Beziehung

$$p_1^\circ = p_L^\circ \cdot \alpha_1 - \frac{\partial u^\circ}{\partial x_3} \cdot \varphi'(y_1^\circ). \tag{8.23}$$

(8.23) sagt aus, dass im Optimum der Schattenpreis des 1. Gutes seinen Grenzkosten gleich ist. Diese setzen sich zusammen aus den Faktor-Schattenkosten $p_L^\circ \cdot \alpha_1$ und dem in Wohlfahrtseinheiten bewerteten Grenzschaden der Produktion einer Einheit des Gutes G_1.

8.4 Institutionelle Umsetzung des Optimums

Im Folgenden untersuchen wir für die verschiedenen Wirtschaftssysteme, mit welchen Instrumenten sie eine effiziente Allokation erzielen können. Dabei gehen wir im Beispiel der Interdependenzen innerhalb des Produktionssektors davon aus, dass jeder Produktionsprozess von einer eigenen Unternehmung ausgeführt wird, die Produktion ist also horizontal nicht integriert.

8.4.1 Instrumente der Steuerung in Zentralplanwirtschaften

Keine Schwierigkeiten ergeben sich in der Zentralverwaltungswirtschaft, wenn die zentrale Planstelle – wie in diesem Kapitel zunächst noch unterstellt – über Art und Ausmaß der in der Produktion hervorgerufenen Interdependenzen voll informiert ist. In diesem Fall kann sie die im Optimum zu erzeugenden Mengen y_1° bzw. y_2° der Konsumgüter und die dazu benötigten Mengen der Produktionsmittel bei Vorhandensein ausreichender Rechenkapazität berechnen und entsprechende Anweisungen an die Betriebe und die Besitzer der Produktionsmittel geben. Da man die Zentralverwaltungswirtschaft aber auch als eine einzige Firma deuten kann, in die alle Produktionsprozesse integriert sind, das heißt, in der Signale immer über Anweisungen weitergeleitet werden, ist hier die Annahme, dass beide Prozesse in unterschiedlichen Betrieben organisiert sind, eigentlich irrelevant.

Im Konkurrenzsozialismus ermittelt die zentrale Planstelle die zum Wohlfahrtsoptimum gehörigen Verrechnungspreise und gibt diese den Betrieben mit der Anweisung bekannt, so viele Produktionsmittel zu beziehen und Konsumgüter zu produzieren, dass der Gewinn maximiert wird. Dabei erhält jedoch der die Interdependenz hervorrufende 1. Betrieb die Mitteilung, dass er außer den Kosten für die verwendeten Produktionsmittel für jede Einheit des von ihm erzeugten Konsumguts eine Abgabe in Höhe von p_m° zu entrichten hat, die die bei anderen Wirtschaftssubjekten anfallenden Kosten in Folge der Produktion einer weiteren Einheit des 1. Gutes widerspiegelt.

- Im Falle einer Interdependenz innerhalb des Produktionssektors entspricht diese den dadurch ausgelösten Grenzkosten der 2. Firma und hat die Höhe

$$p_m^\circ = p_L^\circ \cdot y_2^\circ \cdot g'(y_1^\circ). \tag{8.24}$$

8.4. Institutionelle Umsetzung des Optimums

- Bei einer Interdependenz mit dem Haushaltssektor entspricht sie dem marginalen Nutzenverlust der Haushalte und beträgt

$$p_m^\circ = -\partial u^\circ / \partial x_3 \cdot \varphi'(y_1^\circ) \qquad (8.25)$$

Entsprechend werden die Konsumenten darauf hingewiesen, dass sie bei ihren Konsumgüterkäufen nicht nur über die Entgelte der Produktionsmittel und die Gewinne der Betriebe, sondern auch über die Betrieb 1 zusätzlich berechneten Kosten in Höhe von $p_m^\circ \cdot y_1^\circ$ verfügen können.

Unter diesen Voraussetzungen wird der Betrieb im Gewinnmaximum die optimale Produktionsmenge y_1° wählen. Ist die Planungsstelle nicht in der Lage, die Abgabe richtig zu berechnen, oder haben die Betriebe keinen Anreiz, sich an sie zu halten, dann existiert ein Externer Effekt.

8.4.2 Instrumente der Steuerung in Marktwirtschaften: Abgaben versus Auflagen

In Marktwirtschaften kommt es zu einer Fehlallokation der Produktionsmittel immer dann, wenn die Firmen die Interdependenz nicht in ihr Optimierungskalkül aufnehmen können, das heißt, nicht über sie verhandeln bzw. keine glaubwürdige Bindung an eine koordinierte Strategie eingehen können – sei es, weil an der Interdependenz keine Eigentumsrechte zugewiesen sind, sei es, weil sie nicht durchgesetzt werden (können). In diesen Fällen existiert ein Externer Effekt. Zu denkbaren Ursachen dieser Unmöglichkeit werden wir wie bereits erwähnt in den nächsten Kapiteln kommen. In diesen Fällen wird die 1. Firma bei der Bestimmung eines gewinnmaximierenden Verhaltens nur ihre direkten Grenzkosten $p_L \cdot \alpha_1$ berücksichtigen. Im Gleichgewicht müssen diese dann dem Produktpreis p_1 entsprechen. Es ergibt sich somit ein Widerspruch zu der Bedingung für ein Optimum, (8.13) bzw. (8.23).

Eine Korrektur dieser Fehlallokation ist jedoch in einer Marktwirtschaft auch dann möglich, wenn kein Markt für die Interdependenz geschaffen werden kann, indem eine staatliche Regulierungsbehörde (z. B. ein „Umweltministerium") errichtet wird, die zur Durchführung wirtschaftspolitischer Eingriffe befugt ist.[5] Diese Behörde könnte zum einen dem 1. Betrieb eine Abgabe in Höhe von p_m° je produzierter Gütereinheit auferlegen, oder sie könnte ihm explizit die Auflage erteilen, nicht mehr als y_1°

---

[5]Diese Möglichkeit setzt, wie die präskriptive Theorie der Wirtschaftspolitik allgemein, voraus, dass sich Politiker und Bürokraten als staatliche Funktionsträger bei ihren Handlungen am Ziel der Pareto-Effizienz orientieren. Implizit wird hier unterstellt, dass der allgemeine Ordnungsrahmen für die staatlichen Funktionsträger Anreize zu effizientem Handeln bereitstellt (Ebene E3). Dies wird in der Realität nicht immer erfüllt sein, und die dann entstehenden Ressourcenaufwendungen der Funktionsträger auch an anderer Individuen zur Beeinflussung der Politik in ihrem Sinne werden dann mit Effizienzverlusten verbunden sein. Die Möglichkeit von Effizienzverlusten kann aber sogar dann auftreten, wenn die Aufgaben der staatlichen Funktionsträger auf die Durchsetzung von Eigentumsrechten beschränkt sind. Auch hier entscheiden Menschen mit Eigeninteressen, und es muss vorausgesetzt werden, dass die damit verbundenen Anreizprobleme gelöst sind.

Einheiten des 1. Gutes zu produzieren. Eine solche Abgabe wird nach ihrem Entwickler A.C. Pigou auch Pigou-Steuer genannt. Diese beiden Lösungen internalisieren den Externen Effekt, so dass die modifizierte Organisationsform „Marktwirtschaft mit Abgabe/Auflage" keine Externalitäten mehr aufweist.

Beide Ordnungen unterscheiden sich aber voneinander vor allem in ihren Verteilungswirkungen. Denn im Falle einer Auflage entstehen dem 1. Betrieb, da (8.13) weiterhin gültig ist, Gewinne in Höhe von

$$p_m^\circ \cdot y_1^\circ = p_L^\circ \cdot y_2^\circ \cdot g'(y_1^\circ) \cdot y_1^\circ ,$$

falls er in beiden Fällen dieselbe (wohlfahrtsoptimale) Ausbringungsmenge y_1° realisiert. Man beachte, dass die staatliche Regulierungsbehörde in beiden Fällen praktisch dieselben Informationen besitzen muss wie das Planungsbüro in einer Zentralverwaltungswirtschaft, wenn sie die optimale Höhe der Abgabe, p_m°, oder das optimale Produktionsniveau y_1° errechnen will.

Ein wichtiger Unterschied in der Wirkungsweise zwischen Abgaben und Auflagen (Grenzwerten) wird erst deutlich, wenn man unterstellt, dass es mehrere Betriebe h ($h = 1, \ldots, H$) in der ersten Industrie gibt, die den Schadstoff (d. h. im Beispiel der Interdependenz mit dem Haushaltssektor: das unerwünschte 3. Gut) herstellen und dass diese über unterschiedliche Technologien φ_h der „Schadstoffproduktion" verfügen,[6] so dass die Gleichung (8.14) ersetzt werden muss durch

$$y_3 = \sum_{h=1}^{H} y_3^h = \sum_{h=1}^{H} \varphi_h(y_1^h) \quad h = 1, \ldots, H . \tag{8.26}$$

Es fragt sich nun, wie eine effiziente Steuerung der Produktion von Gütern und Schadstoffen aussehen müsste. Unter Effizienz wird dabei in diesem Zusammenhang verstanden, dass bei gegebenem Outputniveau des erwünschten Gutes, $y_1 = \sum_h y_1^h$ der in (8.26) definierte Gesamtausstoß des Schadstoffs minimiert wird.[7] Die zu diesem Optimierungsproblem zugehörige Lagrange-Funktion lautet:

$$\mathcal{L} = \sum_{h=1}^{H} \varphi_h(y_1^h) - \lambda \left[\sum_{h=1}^{H} y_1^h - y_1^* \right] , \tag{8.27}$$

mit den Bedingungen 1. Ordnung:

$$\frac{\partial \mathcal{L}}{\partial y_1^h} = \varphi_h'(y_1^h) - \lambda = 0 , \quad h = 1, \ldots, H . \tag{8.28}$$

Gleichung (8.28) sagt aus, dass in einer effizienten Lösung die marginale Schadstoffintensität der Produktion des 1. Gutes, $\varphi_h'(y_1^h)$, in allen Firmen $h = 1, \ldots, H$

---

[6]In der Realität handelt es sich dabei genau genommen um unterschiedliche Techniken zur Reduzierung des Schadstoffausstoßes.

[7]Es handelt sich also um die technische Effizienz oder Produktionseffizienz, die als notwendige Bedingung für die gesamtwirtschaftliche Effizienz erfüllt sein muss.

8.4. Institutionelle Umsetzung des Optimums

gleich hoch sein muss. Zwingt man nun jeden Betrieb dazu, die gleiche *durchschnittliche* Schadstoffkonzentration $y_3^h/y_1^h = \beta^\circ$ einzuhalten, so werden die marginalen Schadstoffintensitäten im Allgemeinen zwischen den Betrieben differieren. Dies bedeutet aber nichts anderes, als dass die Gesamtemission des Schadstoffs, y_3, bei gegebener Gesamtproduktion des erwünschten 1. Gutes, y_1, nicht minimal ist: Man könnte den Gesamtausstoß des Schadstoffs noch senken, wenn man die Produktion in Betrieben mit hohem φ_h' senkte und in Betrieben mit niedrigem φ_h' erhöhte.

Dieser Wohlfahrtsverlust wird bei Erhebung einer Abgabe in Höhe von p_3° je Schadstoffeinheit vermieden. Denn die Gewinngleichung der h-ten Firma, die das 1. Gut herstellt, lautet in diesem Fall:

$$\pi_h = p_1 \cdot y_1^h - p_L \cdot \alpha_1 \cdot y_1^h - p_3^\circ \cdot \varphi_h(y_1^h), \qquad (8.29)$$

und Maximierung bezüglich y_1^h resultiert offensichtlich in der Erfüllung der Bedingung (8.23) für jede einzelne Firma h:

$$\frac{\partial \pi_h}{\partial y_1^h} = p_1 - \alpha_1 p_L - p_3^\circ \cdot \varphi_h'(y_1^h) = 0. \qquad (8.30)$$

Da die beiden ersten Summanden in (8.30) nicht vom Index h abhängen, folgt daraus unmittelbar, dass alle $\varphi_h'(y_1^h)$ gleich hoch sein müssen, so dass die Erhebung einer Abgabe zu einer effizienten Aufteilung der Produktion auf die verschiedenen Firmen führt.

8.4.3 Instrumente der Steuerung in Marktwirtschaften: handelbare Zertifikate

Ein weiteres Instrument, das in der Klimapolitik eine wachsende Rolle spielt, ist die Ausgabe von handelbaren Emissionsrechten oder Zertifikaten. Es unterscheidet sich von der oben behandelten Erhebung einer Abgabe (oder Pigou-Steuer) lediglich dadurch, dass die Regulierungsbehörde im Falle einer Abgabe den *Preis* pro Schadstoffeinheit, bei den Zertifikaten jedoch die *Menge* des insgesamt erlaubten Schadstoffausstoßes festlegt.

Indem die Zertifikate jedoch als handelbar ausgestaltet werden, wird sich ein Markt mit einem einheitlichen Preis pro Schadstoffeinheit einstellen. Liegen nun für ein Unternehmen die Grenzkosten der Vermeidung einer Schadstoffeinheit (z. B. durch Verringerung der Produktion oder durch technische Maßnahmen wie den Einbau eines Filters zur Rückhaltung des Schadstoffs) höher als dieser Preis, so lohnt es sich für die Unternehmung, weitere Zertifikate zu kaufen. Sind dagegen die Grenzkosten der Schadstoffvermeidung kleiner als dieser Preis, so kann sie ihren Gewinn steigern, indem sie ihren Schadstoffausstoß verringert und Zertifikate verkauft. Im Marktgleichgewicht müssen folglich die Grenzvermeidungskosten in allen Unternehmen gleich hoch sein, mit anderen Worten, die Optimalbedingung (8.23) ist für alle Unternehmen erfüllt und somit ist die Allokation effizient.

Kasten 8.2: Europäischer Zertifikatehandel

Die EU hat sich im Rahmen des Kyoto-Protokolls verpflichtet, die Treibhausgasemissionen zwischen 2008 und 2012 um 8 % (bezogen auf 1990) zu senken. Deutschland hat sogar einer Verringerung um 21 % zugestimmt. Um dieses Ziel umzusetzen, wurde ein System handelbarer Emissionsrechte entwickelt und am 1. Januar 2005 gestartet. Handel findet bei der *European Energy Exchange (EEX)* statt. Unternehmen dürfen seit diesem Zeitpunkt nur noch im Rahmen ihrer in den Zertifikaten zugesicherten Mengen emittieren. Werden mehr Emissionen verursacht als in den Zertifikaten zugesichert, werden vom Staat Strafen verhängt. Diese beträgt derzeit 100 Euro pro fehlender Emissionsberechtigung. Außerdem muss das Zertifikat nachgereicht werden. Unterschreitet ein Unternehmen die Emissionsmengen, die es produzieren darf, kann es Zertifikate verkaufen, umgekehrt kann es Zertifikate zukaufen. In Deutschland nehmen die Betreiber von ca. 1850 Anlagen am Emissionshandel teil. Dazu gehören alle großen Feuerungsanlagen und größere Anlagen der energieintensiven Industrien (Stahlwerke, Raffinerien und Zementwerke). Damit sind ca. 57 % des Ausstoßes von Klimagasen erfasst.

Es gibt für den Zeitraum 2005 bis 2012 zwei Handelsperioden. In der ersten Handelsperiode 2005–2007 waren (politisch vorgegeben) Zertifikate für insgesamt jährlich ca. 509 Mio. Tonnen CO_2 auf dem Markt. In der zweiten Handelsperiode 2008–2012 kommt es zu einer Reduktion der insgesamt zulässigen Schadstoffmenge um 57 Mio. Tonnen CO_2 pro Jahr. In der ersten Handelsperiode wurden 100 % der Zertifikate kostenlos an die Unternehmen ausgegeben, während in der zweiten Handelsperiode ca. 10 % bei der Erstausgabe versteigert werden.

Ein System handelbarer Emissionsrechte kann nur funktionieren, wenn die ausgegebene Menge an Zertifikaten kleiner ist als die prognostizierte Ausstoßmenge. In der ersten Handelsperiode führte das System nach einem Start mit positiven Preisen dazu, dass der Preis schließlich auf null absank[8]. Ein solcher Preis von null weist möglicher Weise darauf hin, dass zu viele Zertifikate ausgegeben wurden. Möglicherweise fanden aber auch in Antizipation der kommenden Handelsperioden Investitionen in Vermeidungstechnologien statt, so dass das System auch bei einem Preis von null Wirkung zeigt.

Welches der beiden genannten Instrumente, die Abgabe oder das handelbare Zertifikat, ist nun vorzuziehen? Die Antwort auf diese Frage hängt, wie Weitzman (1974) gezeigt hat, davon ab, welche Informationen die Regulierungsbehörde über die Schädlichkeit der fraglichen Substanz hat. Das entsprechende Kriterium kann man sich am besten an einem konkreten Beispiel, etwa dem klimaschädlichen CO_2, klar machen: Nimmt man an, dass die Atmosphäre eine bestimmte Menge dieses Schadstoffs ohne negative Folgen für die Menschheit absorbieren kann, dass jedoch schon bei einem geringfügigen Überschreiten dieser Grenze gravierende negative Konsequenzen drohen, so ist eine Steuerung der gesamten Schadstoffmenge wünschenswert und das Zertifikat das Mittel der Wahl. Handelt es sich dagegen um einen Schadstoff, der zu einem späteren Zeitpunkt noch zu bestimmten Kosten je Einheit aus der Atmosphäre herausgelöst und unschädlich gemacht werden kann (etwa durch Abscheidung und

---

[8] Vgl. Sachverständigenrat zur Begutachtung der gesamtwirtschaftlichen Entwicklung, Verantwortung für Europa wahrnehmen, Jahresgutachten 2011/12, S. 246.

Einlagerung), so kann der so berechnete Grenzschaden als Maßstab für die Höhe einer Abgabe dienen.

8.4.4 Instrumente der Steuerung in Marktwirtschaften: Eigentumsrechte

Wir kehren zum Beispiel einer Interdependenz im Produktionssektor zurück und betrachten ein weiteres Instrument zur Steuerung der Allokation in Marktwirtschaften, das auf der Grundidee beruht, dass deren Leistungsfähigkeit ganz wesentlich auf der Existenz vollständig zugewiesener Eigentumsrechte beruht. Eine konsequente Übertragung dieses Gedankens auf den Fall der Interdependenz verlangt, dass einer der beiden betroffenen Parteien ein Recht zugewiesen wird:

- Den Eigentümern des 2. Betriebs könnte durch die Wirtschaftsverfassung das Recht eingeräumt werden, vollen Schadenersatz für die zusätzlich entstandenen Kosten von der 1. Firma einzuklagen. Hierbei ergibt sich die Notwendigkeit, die Gestalt der Funktion g genau zu ermitteln und gegebenenfalls vor Gericht zu belegen, damit die Schadenersatzforderung die zur Erreichung eines gesellschaftlichen Optimums erforderliche Höhe $p_m^\circ \cdot y_1^\circ$ hat.
- Alternativ kann auch den Eigentümern des 1. Betriebs das unbeschränkte, nicht durch Schadenersatzansprüche geminderte Recht auf die Produktion des ersten Guts eingeräumt werden. Dann können die Eigentümer des 2. Betriebs durch das Angebot von Kompensationszahlungen die Eigentümer des 1. Betriebs zur freiwilligen Reduktion ihrer Produktion bewegen.

In beiden Fällen lässt sich prinzipiell die effiziente Lösung dezentral erreichen, wichtig ist allein, dass die Eigentumsordnung vollständig ist, so dass die Produktionsinterdependenz auch durch privatrechtliche Verträge internalisiert werden kann. Auf diesen Zusammenhang hat erstmals Ronald Coase hingewiesen. Dem nach ihm benannten *Coase-Theorem* ist Kasten 8.3 gewidmet. Beide Lösungen sind zwar effizient, doch unterscheiden sie sich bezüglich ihrer Verteilungswirkungen: Die Eigentümer des 1. Betriebs stellen sich bei freiwilligen Kompensationszahlungen besser als bei einem Schadensersatzanspruch auf Seiten der Eigentümer des 2. Betriebs. Genau umgekehrt verhält es sich für die Eigentümer des 2. Betriebs.

Die beschriebene Wahrnehmung von Eigentumsrechten durch Einklagen von Schadenersatz stößt jedoch dort an enge Grenzen, wo es sich um eine größere Zahl von Betroffenen handelt, wie es bei Interdependenzen zwischen Produktion und Haushaltssektor regelmäßig der Fall sein wird. Häufig ist eine große Gruppe von Individuen insbesondere von negativen Umwelteinflüssen beeinträchtigt. In einer transaktionskostenfreien Welt bereitet das nun für das Zustandekommen einer effizienten Verhandlungslösung keine weiteren Probleme. Doch geht man davon aus, dass Verhandlungen Kosten erzeugen, kann eine Verhandlungslösung schlechter abschneiden als eine direkte staatliche Regulierung. Dies wird immer dann der Fall sein, wenn – bei gleicher Entscheidungsqualität – die staatliche Lösung zu geringeren Transaktionskosten zustande kommt als die Verhandlungslösung. So kann eine private Verhandlungslösung daran scheitern, dass derjenige Haushalt, der als erster eine Schadenersatzklage gegen ein Unternehmen in Form eines „Musterprozesses" erfolgreich durchsetzt, erhebliche Kosten (Zeitaufwand etc.) allein trägt, während die Vorteile der dadurch erreichten Verringerung des Schadstoffausstoßes allen anderen betroffenen Haushalten gleichermaßen zufließen. Mit anderen Worten, handelt es sich bei dem Ergebnis einer solchen Klage um ein Kollektivgut, und nach unserer Analyse in Kapitel 6 ist bei einer dezentralen Bereitstellung eine Unterversorgung mit diesem Gut zu erwarten.

Schließlich sei darauf hingewiesen, dass die Berücksichtigung der Interdependenz innerhalb des Produktionssektors auch durch einen Zusammenschluss des verursachenden und des betroffenen Betriebes und damit durch gemeinsame Gewinnmaximierung möglich ist. Dadurch wird die Interdependenz buchstäblich „internalisiert", und eine Abweichung zwischen privaten und gesellschaftlichen Grenzkosten besteht nicht mehr. Auch dadurch wird ein Externer Effekt vermieden. Im Übrigen beruht auch diese Lösung auf einem Eigentumsrecht, nämlich dem Recht, sein Unternehmen an die Eigentümer eines anderen Unternehmens zu veräußern.

Kasten 8.3: Das Coase-Theorem

Es gelingt nur wenigen Ökonomen, in ihrem Leben auf mehreren Gebieten Beiträge zu leisten, die die Sichtweise eines Problems revolutionieren. Einer von ihnen ist Ronald Coase, der bereits in den 30er und 60er Jahren des 20. Jahrhunderts mit seinen Arbeiten zum Wesen der Unternehmung und zum Problem der gesellschaftlichen Kosten mit dem vorherrschenden Paradigma brach und wesentliche Impulse zur Entwicklung der modernen Institutionenökonomik und zum Verständnis Externer Effekte gab. Wie es mit wissenschaftlichen Revolutionen manchmal so geht, blieben seine Arbeiten zur Theorie der Firma und zum Wesen gesellschaftlicher Kosten aber über mehr als dreißig Jahre fast völlig unbeachtet. Und auch heute sind seine Ideen zum Problem Externer Effekte häufig noch nicht wirklich aufgenommen worden, wie viele Interpretationen des nach ihm benannten Coase-Theorems belegen.

Zu der Zeit, zu der Coase über das Problem privater und gesellschaftlicher Grenzkosten – also Externer Effekte – nachdachte, war die durch Pigou geprägte Sichtweise Externer Effekte vorherrschend: Es gibt Güter, für die private und gesellschaftliche Grenzkosten auseinanderfallen, die mit anderen Worten Externe Effekte verursachen. Für solche Güter führt der marktwirtschaftliche Allokationsprozess zu Ineffizienzen, weil der einzelne Marktteilnehmer nur die privaten, nicht aber die gesellschaftlichen Grenzkosten in sein Optimierungskalkül aufnimmt. Dieses „Marktversagen" kann durch gezielte wirtschaftspolitische Eingriffe wie Höchst- oder Mindestmengen, Abgaben, Steuern oder Subventionen korrigiert werden.

Diese Sichtweise griff Coase an, indem er sagte, dass es unter bestimmten Voraussetzungen keinen Grund dafür gibt, dass die marktwirtschaftliche Allokation ineffizient sei: Wenn es eine Ineffizienz gibt, dann gibt es auch noch Handelsgewinne, und dann werden die betroffenen Parteien einen Anreiz haben, miteinander so lange zu verhandeln, bis der Externe Effekt durch eine vertragliche Regelung vollständig internalisiert ist, bis also mit anderen Worten keine Handelsgewinne mehr existieren. Die Voraussetzungen lauten a) vollständig zugewiesene Eigentumsrechte, b) vollständige Informationen über die Kosten aller Parteien und c) die Abwesenheit von Transaktions-, also insbesondere Verhandlungs-

8.4. Institutionelle Umsetzung des Optimums

kosten. In dieser Formulierung ist die Behauptung auch als sogenanntes „Coase-Theorem" in die Literatur eingegangen, und wird regelmäßig als – wenn auch wegen seiner unrealistischen Annahmen nicht besonders relevantes – Dezentralisierungsergebnis verstanden. Coase selbst würde eine solche Interpretation wohl ablehnen und hat sich immer gewehrt, als Fürsprecher marktwirtschaftlicher Lösungen missverstanden zu werden. Bei der Formulierung seiner Behauptung ging es ihm nicht darum, eine für die Realität geeignete dezentrale Lösung des Externalitäten-Problems zu finden, sondern auf ein methodisches Problem aufmerksam zu machen. Worin besteht dieses? In der traditionellen Sichtweise wird die Funktionsweise des Marktes betrachtet, ohne auf Transaktionskosten zu achten. Des Weiteren wird bei der Pigou'schen Sichtweise des Externalitäten-Problems davon ausgegangen, dass die das Marktgeschehen korrigierenden Politiker über vollständige Information verfügen, denn nur so können sie Steuern oder Standards effizient setzen. Mit anderen Worten unterscheiden sich die Annahmen der klassischen Sichtweise nur bezüglich der Vollständigkeit der Eigentumsrechte von den Modellannahmen von Coase.

Hier liegt nun aber die Brisanz des Ansatzes: Unter sonst gleichen Annahmen kann ein Staatseingriff in Märkte nur noch gerechtfertigt werden, wenn für bestimmte Güter keine Eigentumsrechte zugewiesen worden sind. Dies kann aber nicht als Markt-, sondern muss vielmehr als Staatsversagen gewertet werden: Wenn ein Planer in der Lage ist, eine Feinsteuerung des Marktgeschehens durch Steuern herbeizuführen, dann sollte er auch in der Lage sein, die wesentlich leichtere Aufgabe der Zuordnung von Eigentumsrechten zu erfüllen, insbesondere dann, wenn diese keine Kosten erzeugen und er vollständig informiert ist. Existiert aber eine perfekte Eigentumsordnung, dann können wir keine Aussage mehr darüber treffen, welche Organisationsform der Wirtschaft aus Effizienzgründen vorzuziehen ist.

Dies ist aber kein Dezentralisierungsergebnis mehr, sondern eine Methodenkritik, ein Irrelevanzergebnis, welches besagt, dass für die durch die oben genannten Annahmen bestimmte Modellklasse die Organisationsform hinsichtlich der Effizienz keine Rolle spielt.

Mit anderen Worten warf Coase der klassischen Sichtweise vor, dass ihre Staatseingriffe auf ad-hoc spezifizierten Annahmen beruhen, die – einmal zu Ende gedacht – das Ergebnis nicht stützen können. Wenn wir also verstehen wollen, unter welchen Voraussetzungen eine marktwirtschaftliche Lösung einer staatlichen aus Effizienzgründen vorzuziehen ist, so müssen wir nach Coase das Vakuum transaktionskostenfreier Ökonomien mit vollständiger Information verlassen und versuchen zu verstehen, welche Friktionen in welchen Organisationen zu erwarten sind. Der unzulässige Vergleich der Allokationsergebnisse realer, friktionsbehafteter Institutionen mit dem theoretischen Optimum, welches man unter der Annahme der Abwesenheit von Transaktionskosten ableitet, wird nach Demsetz (1969) etwas boshaft auch als *Nirwana-Ansatz* bezeichnet. Nur in Modellen, in denen unterschiedliche Organisationsformen zu unterschiedlichen Ergebnissen führen, kann die Frage nach dem optimalen Organisationsgrad einer Wirtschaft sinnvoll gestellt werden.[9]

---

[9]Coase ging es hauptsächlich um die Feststellung, dass eine perfekte Eigentumsordnung hinreichend für Pareto-Effizienz sei. Er thematisierte nicht explizit die Frage, wer diese Zuweisung und Durchsetzung leistet. Mit anderen Worten sagt das Coase-Theorem etwas über die Beschaffenheit des Ordnungsrahmens aus (Ebene E2), ohne die in ihm spezifizierten Funktionsträger ins Zentrum der Aufmerksamkeit zu rücken (Ebene E3). Diese Bemerkung wird insbesondere dann wichtig, wenn man sich noch einmal die Ausführungen aus Abschnitt 3.1.7 in Erinnerung ruft, welche sich mit den logischen Schwierigkeiten beschäftigten, die sich ergeben, wenn man versucht, die Funktionsträger zu endogenisieren.

8.5 Schlussfolgerungen

Wir hatten in diesem Abschnitt gesehen, dass der Begriff des Externen Effekts das Abweichen vom Prinzip der vollständigen Internalisierung beschreibt. Externe Effekte treten immer dann auf, wenn ein Wirtschaftssubjekt nicht vollständig die Effekte seiner Handlungen auf andere berücksichtigt. Dies führt zu Ineffizienzen, da die privaten von den gesellschaftlichen Grenzkosten abweichen. Dies liegt an einem notwendigerweise oder unnötigerweise imperfekten Ordnungssystem.

Wir hatten weiterhin gesehen, dass bei vollständiger Information das Optimum sowohl in einer Zentralverwaltungswirtschaft als auch in einem Modell des Konkurrenzsozialismus erreicht werden kann. Externe Effekte können unter sonst gleichen Bedingungen in marktwirtschaftlichen Systemen immer dann auftreten, wenn die Eigentumsordnung nicht perfekt ist, wenn also private Verhandlungen über die Interdependenzen und die damit möglichen Handelsgewinne nicht möglich sind. Auch in diesem Fall hatten wir gesehen, dass staatliche Eingriffe in Form von Mindest- oder Höchststandards, Abgaben, Subventionen oder Steuern das Marktergebnis eventuell korrigieren können. Allerdings hatten wir auch argumentiert, dass unter den Annahmen der Existenz einer effizienten Planungslösung die Bedingungen für die Schaffung einer perfekten Eigentumsordnung ebenfalls gegeben sind, so dass auch dezentrale Lösungen das Effizienzziel erreichen können.

Daraus ergeben sich zwei Konsequenzen: Zum einen zeigt dies, wie unpassend der klassische Begriff des Marktversagens, der sich im Zusammenhang mit Externen Effekten in der Literatur herausgebildet hat, gewählt ist. Unter den Annahmen der vollständigen Information (VI) und der Bezugnahme auf allokationsrelevante Größen (BA) ist das Auftreten eines Externen Effekts auf eine unnötigerweise imperfekte Ordnung zurückzuführen. Damit existiert hier ein Staatsversagen im Sinne eines weiten Staatsbegriffs (eines imperfekten Regelsystems, siehe Abschnitt 1.1). Ob und inwieweit hier ein Staatsversagen in seiner engen Definition vorliegt (Spezifikation der Aufgabenträger und Aufgabenbereiche), kann allerdings nicht ohne weiteres beantwortet werden.

Festzuhalten ist damit, dass es sachlich richtiger wäre, von einem Staatsversagen im weiten Sinne zu sprechen, das sich in allokativen Ineffizienzen auf Märkten äußert. Von einem Marktversagen wäre nur zu sprechen, wenn der dezentrale Organisationsprozess notwendigerweise zu Externen Effekten führte und gezeigt werden könnte, dass es alternative Organisationsformen gibt, die effizienter operieren, also zu einer Überantwortung von Aufgabenbereichen an staatliche Funktionsträger (enger Staatsbegriff). Zum anderen sehen wir, dass alle hier betrachteten Organisationsformen prinzipiell die effiziente Lösung verwirklichen können. Damit ist es uns bisher aber noch nicht gelungen, ein Argument für die eine oder andere Art, den Allokationsprozess zu organisieren, zu finden.

Damit ist die Fragestellung der nächsten Kapitel aber auch schon abgesteckt: Erst wenn wir eine Idee von den Ursachen Externer Effekte haben, können wir fragen, ob es idiosynkratische Probleme einzelner Wirtschaftssysteme gibt. Die bisherige Analyse gibt uns aber bereits Anhaltspunkte für die Suche nach diesen Ursachen:

8.5. Schlussfolgerungen

- Diese liegen möglicherweise darin begründet, dass Informationen über die individuellen Kosten der Externen Effekte nicht allgemein bekannt sind. Solche Informationsasymmetrien können dann aber dazu führen, dass optimale Mengen oder Verrechnungspreise nicht mehr bestimmbar sind, beziehungsweise dass private Verhandlungen nicht mehr die gesamten Handelsgewinne realisieren können. An dieser Stelle ist aber ein zweiter Blick auf das Problem notwendig: Wenn aufgrund asymmetrischer Informationen Externe Effekte nicht mehr vollständig internalisiert werden können, dann ist aber auch nicht mehr sichergestellt, dass der „normale" Güterhandel noch perfekt funktioniert. Auch hier ist für die Bestimmung der Gleichgewichtspreise die Information über individuelle Nutzenfunktionen von Relevanz. Wenn wir also hier das Problem asymmetrischer Informationen thematisieren, müssen wir sämtliche Allokationsprozesse nochmals genau untersuchen.
- Sie können möglicherweise aber auch darin begründet liegen, dass Eigentumsrechte notwendigerweise nur imperfekt durchgesetzt werden können oder dass eine detaillierte Erfassung aller relevanten Faktoren durch eine vertragliche Regelung nicht möglich ist. Auch hier zeigt ein zweiter Blick, dass dies zunächst einmal für alle Allokationsprobleme gelten kann. Zu fragen ist dann, welche Klasse von Allokationsproblemen besonders von einer solchen vertraglichen Unvollkommenheit betroffen ist und welche Implikationen dies für eine optimale Organisationsform solcher Allokationsprobleme hat. Zwei Beispiele dienen hier der Veranschaulichung:

a) Im Falle eines Externen Effekts, der nur zwischen zwei Wirtschaftssubjekten auftritt, kann eine effiziente privatvertragliche Regelung einen sehr komplizierten Vertrag zur Folge haben, bei dem für jede Eventualität eine vertragliche Folge vereinbart werden muss. Dies für sich kann schon zu sehr hohen Kosten der Vertragsaufsetzung führen. Darüber hinaus sind viele Folgen zum Zeitpunkt des Vertragsabschlusses gegebenenfalls noch gar nicht bestimmbar. Hier kann es rational bzw. zwingend sein, solche vertraglichen Regelungen unvollständig zu belassen.

b) Bei Dezentralisierung der Nachfrageentscheidungen in einer Marktwirtschaft entstehen bei externen Nachteilen ähnliche Probleme wie bei Öffentlichen Gütern, wenn die Interdependenz bei vielen Individuen auftritt. Das kann zur Folge haben, dass z. B. die Gewährung von Schadenersatzansprüchen durch die Wirtschaftsverfassung nicht zu einer genügenden Einschränkung der externen Nachteile führt. Der einzelne Haushalt muss zur Realisierung seines Schadenersatzanspruchs Zeit – entweder zur Geltendmachung seines individuellen Anspruchs oder zur Organisation der Gruppe – und Prozesskosten aufwenden, die ihm gewichtiger erscheinen können als der von ihm erlittene Schaden. Daher werden die einzelnen Haushalte geneigt sein, einander bei der Beseitigung oder Minderung der externen Nachteile mit Hilfe eines Gerichtsverfahrens den Vortritt zu lassen, da sie selbst auf diese Weise die erforderliche Zeit und die Prozesskosten sparen können. Das kann bedeuten, dass kein Verbraucher einen Prozess anstrengt, obwohl der bei allen Konsumenten bewirkte

Nachteil beträchtlich ist. In vielen solchen Fällen kann es dann günstiger sein, dass staatliche Stellen mit Hilfe eines Verbots oder einer Abgabe eingreifen.

Lektürevorschläge zu Kapitel 8

Die klassische Sichtweise der Allokationsprobleme, die bei Vorliegen „Externer Effekte" auftreten, geht auf PIGOU (1946) zurück und wird ausführlich dargestellt in MISHAN (1971), TRESCH (1981) und MAS-COLELL, WHINSTON UND GREEN (1995), Kap. 11. Auf das mit Externalitäten verbundene Problem der Nichtkonvexität hat STARRETT (1972) aufmerksam gemacht. Die Sichtweise von Externen Effekten als Abwesenheit von Märkten hat ARROW (1977b) vertreten. Das Coase-Theorem geht auf COASE (1960) zurück. Kritische Diskussionen dazu finden sich in FARRELL (1987) und SCHWEIZER (1988). Der Begriff des Nirwana-Ansatzes geht auf DEMSETZ (1969) zurück. Die Anwendung des Instrumentariums auf Umweltprobleme analysieren BAUMOL UND OATES (1988) und WEIMANN (1995). Eine sehr lehrreiche Diskussion des Externalitäten-Problems anhand des Beispiels von Leuchttürmen findet sich in COASE (1974).

Zusammenfassung der Grundüberlegungen dieses Kapitels

1. Von einem „Externen Effekt" sprechen wir, wenn die Zuweisung von Eigentumsrechten so erfolgt ist, dass das Prinzip der vollständigen Internalisierung verletzt ist. Externe Effekte sind demnach – und damit unterscheiden wir uns von den meisten herkömmlichen Darstellungen – keine technologische Gegebenheit, sondern ein Merkmal der gesellschaftlichen Institutionen, des Ordnungsrahmens.
2. Externe Effekte drücken Interdependenzen zwischen Wirtschaftssubjekten aus. Daher ist es generell nicht möglich, zwischen „dem Verursacher" und „dem Betroffenen" zu unterscheiden, „Verursacher" sind immer alle Beteiligten.
3. Externe Effekte in der Produktion können zur Nicht-Konvexität der Menge zulässiger Allokationen auch dann führen, wenn alle Produktionsfunktionen konstante Skalenerträge aufweisen.
4. Eine Form der Internalisierung Externer Effekte besteht in der Auferlegung einer optimalen Abgabe („Pigou-Steuer"). Diese setzt allerdings die Möglichkeit der staatlichen Regulierungsbehörde voraus, sich vollständige Informationen über alle relevanten Interdependenzen zu verschaffen. Weitere zentrale Instrumente zur institutionellen Umsetzung des Prinzips der vollständigen Internalisierung sind Abgaben, Auflagen, Mengenrestriktionen und handelbare Zertifikate.
5. Das „Coase-Theorem" sagt aus, dass es in einer Welt vollständig zugewiesener Eigentumsrechte, vollkommener Information und fehlender Transaktionskosten auch ohne Staatseingriffe durch dezentrale Verhandlungen und Kompensationszahlungen zu einer Pareto-optimalen Allokation kommt. Gerade unter diesen Annahmen ist also das Instrument einer Pigou-Steuer überflüssig. Unter diesen Annahmen ist es damit unmöglich, zwischen unterschiedlichen Allokationsverfahren aus Effizienzgründen zu unterscheiden.
6. Eine weitere Möglichkeit zur Internalisierung Externer Effekte bei unvollständigen Eigentumsrechten besteht in einem freiwilligen Zusammenschluss der beteiligten Wirtschaftseinheiten, z. B. einer Fusion von Firmen, wenn diese die Interdependenzen innerhalb der Firma vollständig internalisieren können.
7. Es ist missverständlich, die Ursache Externer Effekte in einem „Marktversagen" zu sehen, da die Zuweisung von Eigentumsrechten und die Schaffung des Ordnungsrahmens eine staatliche Aufgabe ist. Existieren keine Beschränkungen in der Möglichkeit der Zuweisung von Eigentumsrechten, so ist daher die Deutung als „Staatsversagen" stimmiger.

Schlüsselbegriffe

Eigentumsrechte
Verursacherprinzip
Pigou-Steuer
Abgabe
Auflage
Zusammenschluss

Kompensationszahlungen
Schadenersatz
Coase-Theorem
Marktversagen
Staatsversagen

Übungsaufgaben

Aufgabe 8.1: Was versteht man unter einer Interdependenz, was unter einem Externen Effekt? In welchem Verhältnis stehen beide Konzepte zueinander?

Aufgabe 8.2: Eine Zwei-Güter-ein-Faktor-Ökonomie sei durch die Produktionsfunktionen

$$y_1 = \tfrac{1}{2} L_1, \quad y_2 = \frac{L_2}{1 + y_1}$$

und die vorhandene Produktionsmittelmenge $L = 16$ gekennzeichnet. Der (einzige) Haushalt hat als Nutzenfunktion $u(x_1, x_2) = x_1 \cdot x_2$.

i) Bestimmen Sie die Transformationskurve der Wirtschaft. Welche Eigenschaften hat sie und woran liegt das? Geben Sie ein praktisches Beispiel, für das die obigen Produktionsfunktionen stellvertretend stehen könnten.

ii) Ermitteln Sie mit dem Lagrange-Verfahren den optimalen Produktions- bzw. Konsumplan und die zugehörigen Verrechnungspreise.

iii) Berechnen Sie die entsprechenden Werte eines Marktgleichgewichts unter der Annahme, dass beide Betriebe als Gewinnmaximierer nach der Regel „Preis gleich Grenzkosten" produzieren, der Haushalt sich als Mengenanpasser verhält, die Produktionsmittelrestriktion eingehalten wird und für die Interdependenz zwischen dem ersten und zweiten Produktionsprozess kein Markt existiert, wohl aber für den Handel zwischen den Unternehmen und dem Verbraucher. Vergleichen Sie Ihre Lösung mit der aus ii).

iv) Diskutieren Sie mögliche Ursachen dafür, warum ein Markt für die hier behandelte Interdependenz nicht existieren könnte. Nennen Sie alternative Möglichkeiten zur Umsetzung des Optimums. Gegeben die von Ihnen genannten Ursachen für ein Fehlen von Märkten, lassen sich diese Institutionen tatsächlich umsetzen?

8.6 Anhang zu Kapitel 8

In diesem Anhang werden wir zeigen, in welchem Sinne sich Märkte für jede Form von Interdependenz schaffen lassen. Dabei werden wir ein besseres Verständnis erlangen, warum jede auftretende Externalität in einem Modell mit symmetrischer Information und ohne Transaktionskosten notwendigerweise auf eine unvollständige Eigentumsordnung zurückgeführt werden kann und damit ein prinzipiell behebbares Versagen von Institutionen darstellt.

Arrow (1977b) hat das Problem des Auftretens Externer Effekte aufgrund universaler Interdependenz als Problem fehlender Märkte formalisiert. In unserem Modell vom Beginn des 4. Kapitels waren wir von n unterscheidbaren Gütern $x_1, \ldots, x_n$ und einer Menge M mit m Haushalten ausgegangen. Dann ist die Nutzenfunktion

$$u^i(x_1^1, \ldots, x_1^m, x_2^1, \ldots, x_2^m, \ldots, x_n^1, \ldots, x_n^m) \,. \tag{A8.1}$$

In diese Nutzenfunktion gehen neben den eigenen Konsummengen

$$\{x_1^i, \ldots, x_n^i\}$$

auch die Konsummengen aller übrigen Individuen $k \neq i$ ein. Wir gehen im Folgenden von einer Ökonomie aus, in der Gut j in einer Menge von $\overline{x}_j$, $j = 1, \ldots, n$, vorliegt, in der also nicht produziert wird. Damit ergeben sich die folgenden Beschränkungen für die Allokation der Konsumgüter auf die Haushalte:

$$\sum_{i=1}^{m} x_j^i \leq \overline{x}_j, \, j = 1, \ldots, n \,. \tag{A8.2}$$

Wir definieren nun individualisierte Mengen x_j^{ki} des Konsums von Gut j durch Individuum i für Individuum k. Die Nutzenfunktion von Individuum k lautet dann:

$$u^k = u^k(x_1^{k1}, \ldots, x_1^{km}, x_2^{k1}, \ldots, x_2^{km}, \ldots, x_n^{k1}, \ldots, x_n^{km}), \, k = 1, \ldots, m \,. \tag{A8.3}$$

Der Zweck dieser Umdefinition liegt darin, dass nun die Variablen in den Nutzenfunktionen der einzelnen Haushalte individuenspezifisch sind. Damit lässt sich das Problem der Bestimmung eines Pareto-Optimums genauso wie im Fall privater Güter analysieren, und die Analogie zwischen Schatten- und Marktpreisen bleibt vollständig erhalten. Man mag nun einwenden, dass die Variablen aber gar nicht von allen Individuen selbst gewählt werden. Dieser Einwand stimmt, doch ist er für die Untersuchung des allgemeinen Interdependenzproblems unerheblich, da im Gleichgewicht nur gelten muss, dass für jeden Haushalt i und jedes Gut j

$$x_j^{ki} = x_j^i, \quad k = 1, \ldots, m \tag{A8.4}$$

gilt. Diese Bedingung ist aber äquivalent zu den Markträumungsbedingungen im Modell Öffentlicher Güter, wie wir es in Kapitel 6 kennengelernt haben. Damit haben wir aber auch schon den Schlüssel zum Verständnis der Frage, in welchem Sinne für allgemeine Interdependenzen Märkte geschaffen werden können: Wir stellen uns vor, dass nicht nur für jede Gesamtmenge des Gutes j, x_j, ein Markt mit einem Preis p_j existiert, sondern auch für jedes der Güter x_j^{ki} ein Markt mit einem Preis p_j^{ki}, so dass die Individuen auch ihre Nachfrage nach dem Konsum aller anderen wählen können. Ein Gleichgewicht in dieser Ökonomie ist erreicht, wenn die Individuen ihren Nutzen maximieren und (A8.4) erfüllt ist. Wir wissen bereits, dass Marktpreise bei vollständigem Wettbewerb gleich den zugehörigen Schattenpreisen des Optimierungsproblems

8.6. Anhang zu Kapitel 8

eines Planers sind. Deshalb lautet das zugehörige Lagrange-Problem (wir beschränken uns im Folgenden auf innere Lösungen):

$$\mathcal{L} = u^1(x_1^{11}, \ldots, x_n^{1m}) + \sum_{i=2}^{m} \lambda_i \left(\bar{u}^i - u^i(x_1^{i1}, \ldots, x_n^{im}) \right)$$

$$+ \sum_{j=1}^{n} p_j \left(\sum_{i=1}^{m} x_j^i - \bar{x}_j \right)$$

$$+ \sum_{i=1}^{m} \sum_{k=1}^{m} \sum_{j=1}^{n} p_j^{ki} \left(x_j^{ki} - x_j^i \right).$$

Als Bedingungen erster Ordnung folgen:

$$\lambda_k \frac{\partial u^k}{\partial x_j^{ki}} = p_j^{ki}, \quad k = 1, \ldots, m; \ i = 1, \ldots, m; \ j = 1, \ldots, n, \quad \text{(A8.5)}$$

$$\sum_{k=1}^{m} p_j^{ki} = p_j, \quad j = 1, \ldots, n. \quad \text{(A8.6)}$$

Den Bedingungen kann man eine spezifische Interpretation geben. Kommen wir zunächst zu (A8.6) und stellen wir uns vor, dass Konsument i der Produzent von $n \cdot m$ Gütern x_j^{ki} ist. Der Produktionsprozess nutzt Gut j als Input (Konsum von Individuum i), für den er den Preis p_j zu zahlen hat, und liefert Outputs x_j^{ki} (die Interdependenzen bei den anderen Haushalten) zu Preisen p_j^{ki}. Die Nachfrager nach diesen Gütern sind die anderen Individuen $k \neq i$. Im Gleichgewicht muss die Nullgewinnbedingung gelten, was (A8.6) erklärt. Aus (A8.5) lässt sich leicht die bekannte Bedingung, dass im Optimum die Grenzrate der Substitution gleich dem Relativpreisverhältnis sein muss, ableiten.

Arrows Interpretation des allgemeinen Interdependenzmodells zeigt, dass direkte Interdependenzen sich qualitativ nicht von privaten Gütern unterscheiden, so dass sie mit Hilfe der Theorie des Allgemeinen Gleichgewichts untersucht werden können. Insbesondere gilt der Erste Hauptsatz der Wohlfahrtsökonomik. Damit haben wir aber gezeigt, dass das Auftreten von Externen Effekten bei direkten Interdependenzen die gleiche Ursache hat wie bei rein privaten Gütern, nämlich fehlende Märkte, bzw. eine imperfekte Eigentumsordnung.

Allerdings sollte hier betont werden, dass der formalen Analogie zwei inhaltliche Grenzen gesetzt werden müssen:
1. Die Nutzung eines Marktes mit Preisbildung setzt voraus, dass Individuen vom Konsum ausgeschlossen werden können. Wir hatten schon für den Spezialfall Öffentlicher Güter gesehen, dass Ausschluss nicht ohne weiteres möglich sein kann. Das ebenfalls von Arrow entwickelte, in Abschnitt 6.5 vorgestellte Verfahren der ultimativen Angebote kann als ein Mechanismus verstanden werden, der Ausschließung in Fällen simuliert, in denen bei Öffentlichen Gütern das Ausschließungsprinzip nicht gilt: Durch die glaubwürdige Drohung, nach Ablehnung

das Öffentliche Gut gar nicht bereitzustellen, wird de-facto eine Situation erzeugt, die dem Ausschließungsprinzip in seiner Wirkung entspricht: Der Referenzpunkt für das Individuum, welches das Angebot annehmen oder ablehnen kann, ist eine Situation, in der es nur die Menge des Öffentlichen Gutes konsumieren kann, die sich bei dezentraler Bereitstellung im Gleichgewicht ergibt.

2. Die hinter der Annahme perfekter Märkte stehende Voraussetzung einer großen Zahl von Anbietern und Nachfragern ist im allgemeinen Fall der Interdependenz nicht gerechtfertigt. Jedes Gut hat hier genau einen Anbieter und einen Nachfrager. Damit ist die sich ergebende Situation besser durch imperfekten Wettbewerb, ein bilaterales Monopol, beschrieben. In einer idealen Welt ohne Transaktionskosten und mit symmetrischen Informationen ist dies aber kein Problem für die Effizienz eines Gleichgewichts, wenn es existiert. Man kann immer eine Struktur von Eigentumsrechten finden, bei denen die resultierende Verhandlungslösung effizient ist. Dies zeigt, dass man nicht aus der *speziellen Struktur der Interdependenz* – privates Gut, Öffentliches Gut, Neid, Altruismus, ... – auf die Überlegenheit der einen oder anderen Organisationsform schließen kann. Das Auftreten von Externen Effekten in einem solchen Modell muss notwendigerweise Ausdruck einer unnötigerweise imperfekten Eigentumsordnung sein. Wollen wir also verstehen, warum bestimmte Institutionen anderen überlegen sind, müssen wir nach Ursachen suchen, warum eine Steuerung in der obigen Form nicht möglich ist.

Kapitel 9

Positionsgüter als Beispiel für Externe Effekte in einer Marktwirtschaft

> *„Unsere Zeit ist eine Zeit der Gleichheit, in der jeder alle anderen überragen will."*
> Marie von Ebner-Eschenbach, Aphorismen
>
> *„Vergleichen führt zu Enttäuschungen und ermutigt nur den Neid, den man als Wettbewerb bezeichnet."*
> Jiddu Krishnamurti, Vollkommene Freiheit
>
> *„[W]elches sind die Vorteile, die wir bei jedem großen Endziel menschlichen Lebens, das wir 'Verbesserung unserer Verhältnisse' nennen, im Sinne haben? Dass man uns bemerkt, dass man auf uns Acht hat, dass man mit Sympathie, Wohlgefallen und Billigung von uns Kenntnis nimmt... Es ist die Eitelkeit, nicht das Wohlbefinden oder das Vergnügen, was uns daran anzieht."*
> Adam Smith, Theorie der ethischen Gefühle

Ökonomen haben es lange Zeit als eines der zentralen Ergebnisse ihrer Wissenschaft angesehen, dass unter bestimmten idealen Voraussetzungen Wettbewerbsmärkte in der Lage sind, dass alle potenziellen Handelsgewinne ausgeschöpft werden, dass ein Marktgleichgewicht Pareto-effizient ist. Die bis in die zweite Hälfte des 20. Jahrhunderts hineinreichende und hier in Kapitel 5 vorgestellte Forschung zum Allgemeinen Konkurrenzgleichgewicht hat die Intuition von der unsichtbaren Hand des Marktes, die erstmals von Adam Smith formuliert wurde, konkretisiert und unser Verständnis über die Steuerungsfunktion von Marktpreisen in wesentlichen Bereichen weiterentwickelt. In den vergangenen Jahren wurde aber eine der zentralen Annahmen, die hinreichend für die Pareto-Effizienz des Allgemeinen Konkurrenzgleichgewichts ist, aus unterschiedlichen Richtungen der ökonomischen Forschung in Frage gestellt.

In Kapitel 4 hatten wir ganz allgemein angenommen, dass eine Nutzenfunktion eines Individuums i auf dem *gesamten Vektor* von Konsumgüterbündeln definiert ist,

$$u^i = u^i\left(x_1^1, \ldots, x_1^m, x_2^1, \ldots, x_2^m, \ldots, x_n^1, \ldots, x_n^m\right).$$

Damit hatten wir an dieser Stelle alle möglichen Interdependenzen zugelassen, also insbesondere auch Phänomene wie Altruismus oder Neid, die sich in einer positiven bzw. negativen Abhängigkeit des Nutzens von i von der Konsummenge eines anderen Individuums j auffassen lassen. In Kapitel 5 haben wir diese allgemeine Schreibweise fallen gelassen und durch eine sehr viel strengere Annahme ersetzt, die man als gegenseitiges Desinteresse interpretieren kann. Dies bedeutet, dass $\partial u^i / \partial x_j^k = 0 \ \forall j \ \forall k \neq i$ angenommen wird, so dass sich der individuelle Nutzen als Funktion ausschließlich des eigenen Konsumgütervektors schreiben lässt,

$$u^i = u^i(x_1^i, \ldots, x_n^i).$$

Sowohl die experimentelle Spieltheorie, die Forschung zu Positionsgütern als auch die Forschung zur „Happiness" haben diese vereinfachende Annahme in Frage gestellt. In allen drei Forschungsrichtungen hat sich systematisch in die selbe Richtung weisende Evidenz angehäuft, die es zumindest nahelegt, wenn nicht gar zwingend erscheinen lässt, das alte Paradigma des gegenseitigen Desinteresses durch ein Paradigma, welches man mit dem Begriff „relative Positionierung" beschreiben kann, zu ersetzen. Die zentrale Schlussfolgerung aus diesen Forschungsrichtungen ist, dass Individuen ihren Konsum oder ihr Einkommen nicht absolut wahrnehmen, sondern sich mit anderen Individuen vergleichen und Nutzen aus ihrer relativen Position bezüglich ihres Konsums, ihres Einkommens oder sonstiger Größen ziehen. Formal impliziert diese Hypothese, dass neben z. B. dem eigenen auch der Konsum anderer Individuen in einer spezifischen Weise als Argument in die Nutzenfunktion eingeht. Wie wir in diesem Kapitel sehen werden, ist diese Verallgemeinerung für unsere Wahrnehmung und insbesondere auch Bewertung vieler ökonomischer Phänomene von zentraler Bedeutung.

9.1 Das „Happiness-Paradoxon"

In den vergangenen Jahrzehnten hat sich mit der Lebenszufriedenheits-Forschung ein Bereich etabliert, der versucht, die Bestimmungsgrößen für individuelles Glück und Zufriedenheit („Happiness") zu verstehen. Dazu werden Individuen nach einer Reihe von z. B. ökonomischen Variablen und nach ihrem subjektiven Glücksniveau befragt. Nimmt man einen solchen Zufriedenheits-Wert als Proxi für den individuellen Nutzen, so ist es nach der Lektüre von Kapitel 2 nicht weiter verwunderlich, dass dieses Vorgehen der Ermittlung subjektiver Zufriedenheits-Kennzahlen zunächst zu großem Widerspruch in Teilen der Profession geführt hat, da bestimmte Anforderungen bezüglich der Messbarkeit und interpersonellen Vergleichbarkeit dieser Zufriedenheits-Werte als erfüllt angenommen werden müssen, will man solche Kennzahlen sinnvoll interpretieren. Strenge Anhänger einer ordinalen Nutzentheorie müssen daher skeptisch bezüglich der Interpretation solcher Befragungsergebnisse sein.

Aus der Vielzahl von Ergebnissen dieser Forschungsrichtung sind hier für uns drei von besonderem Interesse (siehe auch Easterlin 1974, 1995 sowie Frank 2007, 2009).

1. Bewohner reicher Länder sind im Durchschnitt glücklicher als Bewohner armer Länder. Allerdings gilt dies nur bis zu einem Durchschnittsjahreseinkommen von ca. 12.000 und 15.000 $ (je nach Studie). Danach gibt es keinen nachweisbaren Zusammenhang mehr zwischen dem durchschnittlichen Jahreseinkommen eines Landes und der durchschnittlichen Zufriedenheit des Landes.
2. Es gibt in entwickelten Volkswirtschaften keinen Zusammenhang zwischen Kaufkraft und Glück über die Zeit. Die Zunahme an materiellem Wohlstand in den entwickelten Volkswirtschaften war in den vergangenen Jahrzehnten nicht mit einer Zunahme an Zufriedenheit verbunden.
3. Zu jedem Zeitpunkt geben die Reichen eines Landes aber höhere Zufriedenheits-Werte an als die Armen.

Diese Beobachtungen sind an sich schon bemerkenswert, da sie der Annahme, dass ein höheres Niveau an materiellem Wohlstand auch zu einem höheren Niveau an Nutzen oder Zufriedenheit führt, zumindest auf makroökonomischer Ebene den Boden entzieht. Irgendein fundamentaler Regimewechsel muss sich zwischen einem Jahreseinkommen von 12.000 bis 15.000 $ vollziehen, der eine Koppelung zwischen beiden Größen auf Makroebene auflöst.

Nimmt man diese Beobachtung zusammen mit der Beobachtung, dass zu jedem Zeitpunkt reichere Individuen höhere Zufriedenheitswerte angeben als ärmere Individuen, so gelangt man zum sogenannten Happiness-Paradoxon, denn anscheinend gilt die Entkoppelung nur auf Makroebene, nicht auf Mikroebene. Mit dem Standardansatz nutzenmaximierender Individuen, die gegenseitig desinteressiert sind, sind diese Beobachtungen unvereinbar. Daher stellt sich die Frage, wie man sie entscheidungstheoretisch erklären kann.

9.2 Die Idee der Positionsgüter

Wir hatten in Kapitel 4 zwischen Charakteristika und Gütern als Trägern von Charakteristika unterschieden. Die Idee war anzunehmen, dass Menschen Nutzen aus dem Konsum von Charakteristika ziehen, und das Güter Träger von (Teilmengen dieser) Charakteristika sind. Schaut man sich diese Charakteristika näher an, so lassen sich grob zwei Gruppen unterscheiden.

Zum einen zieht der Mensch aufgrund seiner physiologischen Grundbedürfnisse Nutzen aus Gütern. Die Charakteristika sind z. B. der Kalorien- oder Vitamingehalt eines Lebensmittels oder die Fähigkeit eines Kleidungsstücks, vor Witterung zu schützen. Nach Hirsch (1976) nennen wir Güter, die primär solche Charakteristika tragen, *materielle Güter*. Sie werden überwiegend aufgrund dieser intrinsischen Eigenschaften konsumiert. Bis zu einem bestimmten Niveau an solchen Gütern gilt sowohl auf individueller als auch auf aggregierter, makroökonomischer Ebene, dass eine Verbesserung der Versorgung mit diesen Gütern auch eine Erhöhung des individuellen und durchschnittlichen Nutzens mit sich bringt.

Zum anderen hat der Mensch gesellschaftliche Bedürfnisse nach z. B. Ansehen, Prestige und Status. Güter, die primär solche Charakteristika tragen, nennt Hirsch (1976) *Positionsgüter*. Sie werden vorwiegend aufgrund ihrer extrinsischen Eigenschaften konsumiert. Welche Güter das sind, kann von Kulturkreis zu Kulturkreis unterschiedlich sein, da erst die gesellschaftliche Wahrnehmung einem Gut z. B. das Charakteristikum „hoher Status" vermittelt. Beispiele für Güter, die in unserem Kulturkreis einen wesentlichen Positionsgutcharakter haben, sind Autos und Häuser.

Die meisten Güter werden sowohl aufgrund ihrer materiellen Eigenschaften als auch aufgrund ihrer Positionseigenschaften nachgefragt. Ein größeres Auto beispielsweise weist in der Regel ein höheres Maß an Sicherheit, Bequemlichkeit und Geschwindigkeit auf. Gleichzeitig bedeutet es in einer bestimmten gesellschaftlichen Bezugsgruppe auch einen höheren Status für den Eigentümer. Zur einfacheren sprachlichen Abgrenzung nennen wir Positionsgüter *rein*, wenn aus ihnen kein materieller Nutzen gezogen werden kann.

Der Name *Positionsgut* ergibt sich aus einer allokativen Besonderheit, die diese Güter mit sich bringen. Anders als bei materiellen Gütern ist bei Positionsgütern einzig die relative Position eines Individuums bezüglich einer relevanten Bezugsgruppe (z. B. der Gesellschaft, in der es lebt) von Belang. Nehmen wir an, ein Gut G_j sei ein Positionsgut, welches von m Individuen in den Mengen $x_j^1, \ldots, x_j^m$ konsumiert wird. Dann lässt sich die relative Position eines Individuums, $\phi_j^i(x_j^1, \ldots, x_j^m)$ durch das Verhältnis $x_j^i / \sum x_j^k$ ausdrücken. Wenn alle Individuen nun ihren Konsum des Positionsguts vervielfachen, ändert sich an dem *relativen* Konsum im Vergleich zur Gesellschaft nichts, $\pi_j^i(x_j^1, \ldots, x_j^m) = x_j^i / \sum x_j^k = \phi x_j^i / \sum \phi x_j^k = \pi_j^i(\phi x_j^1, \ldots, \phi x_j^m)$, so dass sich auch an der damit verbundenen gesellschaftlichen Position und damit dem Nutzen nichts ändert. Eine solche Struktur nennt man in Anlehnung an den Sport auch einen *Wettkampf*, denn hier wie dort gilt, dass der *relativ* Leistungsfähigere besser abschneidet.

Damit existieren bei Positionsgütern Besonderheiten in der Interdependenzstruktur zwischen Individuen, die sie von privaten aber auch öffentlichen Gütern substanziell unterscheiden: Da eine Verbesserung z. B. des gesellschaftlichen Status eines Individuums notwendigerweise die Verschlechterung des gesellschaftlichen Status mindestens eines anderen Individuums nach sich zieht, existiert eine *direkte und negative* Interdependenz zwischen den Individuen. Gleichzeitig verändert sich das Wesen der Knappheit für solche Güter. Knappheit bezüglich materieller Güter lässt sich durch quantitatives Wachstum verringern. Dies ist bei reinen Positionsgütern nicht möglich, da es sich bei der gesellschaftlichen Position notwendiger Weise um ein Nullsummenspiel handelt, bei dem der Zugewinn an gesellschaftlicher Position eines Individuums die gesellschaftliche Position anderer Individuen verschlechtern muss.

Der Konsum von materiellen Gütern und Positionsgütern ist abhängig von der persönlichen Versorgung mit Gütern. Wenn die materielle Versorgung eines Individuums nicht oder kaum gesichert ist, wird die Versorgung mit materiellen Gütern Priorität haben. Je besser die Versorgung mit materiellen Gütern aber wird, umso stärker verschieben sich Konsum und Handlungen in Richtung der Befriedigung von gesellschaftlichen Bedürfnissen. Dieser Zusammenhang wurde bereits durch den Psychologen Abraham Maslow (1943 [2002]) postuliert, der eine Hierarchie von Bedürfnissen herausgearbeitet hat, die in Abhängigkeit vom Grad der Befriedigung materieller Bedürfnisse von Menschen angestrebt wird, die so genannte „Maslowsche Bedürfnispyramide" . Dieser Theorie zufolge bilden die menschlichen Bedürfnisse fünf „Stufen".

1. Körperliche Existenzbedürfnisse (Nahrung, Schlaf, Gesundheit, etc.),
2. Sicherheit (Schutz vor Gefahren, Versicherung, etc.),
3. Soziale Beziehungen (Familie, Kommunikation, Liebe, etc.),
4. Gesellschaftliche Wertschätzung (Status, Respekt, Anerkennung, Einfluss, etc.),
5. Selbstverwirklichung (Individualität, Entfaltung, Sinn, etc.).

Nach dieser Theorie versucht der Mensch zuerst, die Bedürfnisse der niedrigsten Stufe zu befriedigen, bevor mit steigendem materiellen Wohlstand die nächste Stufe zum neuen und stärkeren Bedürfnis wird. Schon Maslow wies darauf hin, dass die Bedürfnisse der unteren drei Stufen im Prinzip befriedigt werden können, nicht aber die Bedürfnisse der vierten und fünften Stufe.

Die Beobachtung, dass Güter sich in materielle Güter und Positionsgüter unterscheiden lassen, kann das Happiness-Paradoxon erklären. Wir werden im folgenden Abschnitt ein Modell entwickeln, in dem dies noch präzise herausgearbeitet wird, doch soll hier bereits das Grundargument genannt werden. Das Happiness-Paradoxon hat drei Komponenten, die erklärungsbedürftig sind.

1. Das Phänomen einer positiven Korrelation zwischen Pro-Kopf-Einkommen und Happiness für „kleine" Einkommen und keiner Korrelation für „große" Einkommen erklärt sich durch eine durch den Anstieg des Realeinkommens induzierte Verschiebung der Bedürfnisse von materiellen zu gesellschaftlichen. Von einem bestimmten Einkommen an ist die materielle Existenz so weit gesichert, dass sich das Konsummuster von materiellen Gütern zu Positionsgütern verschiebt.
2. Damit einher geht eine Verschiebung des Wesens der Knappheit. Während die materielle Knappheit bei niedrigen Einkommen durch quantitatives Wachstum in Form von steigenden Pro-Kopf-Einkommen noch verringert werden kann, was zu einer individuellen sowie makroökonomischen Zunahme an Zufriedenheit führt, ist dies nach dem Übergang zu „Positionsknappheit" nicht mehr möglich. Die Zunahme an Pro-Kopf-Einkommen wird zu einem überwiegenden Teil eingesetzt, um damit Status, gesellschaftliche Anerkennung, etc. zu erlangen. Da es sich bei einem solchen Positionswettkampf aber um ein Null-Summen-Spiel handelt, steigt die gesellschaftliche Zufriedenheit nicht weiter.
3. Auf der individuellen Ebene gilt aber weiterhin, dass Individuen mit hohen Einkommen sich mehr Positionsgüter leisten können als Individuen mit niedrigen Einkommen. Daher sind sie in der Lage, im Wettkampf um Positionen eine höhere Stellung Position einzunehmen. Dies erklärt die Beobachtung, dass zu jedem Zeitpunkt die Reichen eines Landes ein höheres Maß an Zufriedenheit angeben als die Armen eines Landes.

Wenn wir also die Relevanz von Positionsgütern anerkennen, sind wir in der Lage, das Happiness-Paradoxon als eine Konsequenz der rationalen Verfolgung individueller Eigeninteressen im Wettkampf um gesellschaftliche Anerkennung bzw. Positionsgüter zu rekonstruieren.

9.3 Evidenz für das Phänomen der relativen Positionierung

Wie oben bereits angesprochen, gibt es aus verschiedenen Quellen überzeugende Evidenz für die Existenz eines relativen Konsummotivs. Das folgende Beispiel diene zur Illustration der Relevanz dieser Idee. Angenommen Sie haben die Wahl zwischen zwei Welten. In Welt *A* haben Sie ein jährliches Einkommen von EUR 150.000, während alle anderen Menschen ein jährliches Einkommen von EUR 100.000 haben. In Welt *B* haben Sie ein jährliches Einkommen von EUR 200.000, während alle anderen Menschen ein jährliches Einkommen von EUR 300.000 haben. Welche Welt wählen Sie? In empirischen Studien zu solchen und ähnlichen Fragen kommt heraus, dass eine Mehrheit sich für Welt *A* entscheiden würde. Dieses Verhalten ist aber nicht mit gegenseitigem Desinteresse vereinbar, sondern verweist auf ein relatives Einkommensmotiv in der Nutzenfunktion. Im folgenden seien drei empirische Literaturrichtungen und eine theoretische Literaturrichtung kurz diskutiert.

- Die experimentelle Spieltheorie hat eine Fülle von Evidenz dafür hervorgebracht, dass Individuen bei ihren Entscheidungen ihre Position relativ zur Position anderer Individuen bewerten. Dies kann sowohl dazu führen, dass Individuen auf Einkommen verzichten, wenn sie es bei gegenseitigem Desinteresse nicht tun würden (z. B. in Diktatorspielen). Es kann aber auch zu antagonistischem Verhalten führen, wenn Individuen beispielsweise in einem Ultimatumspiel das Gefühl haben, ein unfaires Angebot bekommen zu haben. Fehr und Schmidt (1999), Bolton und Ockenfels (2000) und Shayo (2009) haben entscheidungstheoretische Modelle entwickelt, die die empirische Evidenz aus dem nutzenmaximierenden Verhalten von Individuen ableitbar macht. In all diesen Theorien finden sich Elemente einer relativen Bewertung von Einkommenspositionen.
- Es wurden neurowissenschaftliche Experimente zum Einfluss des relativen Gruppenrangs einer Versuchsperson auf ihre Neurotransmitter- und Hormonkonzentration durchgeführt. Dieser beeinflusst die Konzentration des Neurotransmitters Serotonin, der die individuelle Stimmung und das Verhalten beeinflusst. Innerhalb gewisser Grenzen führt ein höherer Rang zu einer höheren Konzentrationen von Serotonin, was zur Wahrnehmung einer besseren Stimmung und zu höherer Zufriedenheit führt. Bei Männern hat das Hormon Testosteron eine vergleichbare Wirkung. Ein Reduktion des relativen Rangs führt zu einer Absenkung des Testosteronspiegels, während eine Erhöhung des relativen Rangs diesen erhöht (Frank 2009).
- In den späten Siebzigerjahren des vergangenen Jahrhunderts haben die Sozialpsychologen Tajfel und Turner eine Reihe von Experimenten zum Einfluss einer Gruppenidentität auf das Verhalten von Individuen durchgeführt (siehe z. B. Tajfel und Turner 1986). Sie konnten zeigen, dass bereits die Zuweisung von zufälligen Markern wie „rot" und „blau" dazu führt, dass sich die Individuen mit den anderen Individuen mit demselben Marker identifizieren (die „Roten") und partiell mit ihnen kooperieren, während sie sich antagonistisch gegenüber der anderen Gruppe (die „Blauen") verhalten. Die Solidarisierung mit Individuen mit identischem Marker funktioniert aber nur, wenn es eine Gruppe von Individuen mit anderem Marker gibt, sonst verhalten sich die Individuen tendenziell gegenseitig desinteressiert. In Verteilungsexperimenten fand man heraus, dass Individuen nicht die absolute Auszahlung ihrer Gruppe maximieren, sondern bereit sind, auf Auszahlung zu verzichten, wenn dadurch die Auszahlung der anderen Gruppe hinreichend stark reduziert werden kann. In den vergangenen Jahren wurden diese Experimente im Kontext der experimentellen Spieltheorie mit ähnlichen Ergebnissen wiederholt.
- Die Evolutionstheorie startet mit dem Paradigma, dass das Verhalten von Individuen erklärt werden kann als Versuch, die Wahrscheinlichkeit der Reproduktion der Informationen, die in den Genen enthalten sind, zu maximieren. Dieses Kon-

zept der *Fitness* hat viel zu tun mit Verfügbarkeit von Ressourcen, die zum eigenen Überleben, zur Reproduktion und zum Überleben der Nachkommen nützlich sind. Die relative Stärke eines Individuums im Vergleich zur Gruppe ist dabei aus zwei Gründen zentral. 1. Bei der Paarung und damit der Weitergabe der genetischen Information an die nächste Generation sind in der Regel die relativ stärksten, mit Ressourcen relativ bestausgestatteten und relativ attraktivsten Individuen erfolgreich. Eine Orientierung des potentiellen Geschlechtspartners an absoluten Maßen hätte auch wenig Sinn, da es evolutionär rational ist, sich mit dem besten *verfügbaren* Partner zu paaren. 2. Die Fähigkeit, sich in Konflikten durchzusetzen, hängt davon ab, innerhalb der relevanten Gruppe eine starke Position einzunehmen. Daher ist wiederum das relative Verfügen über Ressourcen und die eigene relative Stärke relevant, und es existiert ein starker evolutionärer Druck, dass sich Individuen durchsetzen, die ein starkes Gewicht auf die relative Fitness legen (Dawkins 1976).

9.4 Ein Modell mit Positionsgütern

In diesem Abschnitt entwickeln wir ein Modell, in dem Individuen Nutzen aus Positionsgütern ziehen können. Wir werden zum einen die Menge der Pareto-effizienten Allokationen bestimmen und diese dann mit der Allokation vergleichen, die sich auf einem perfekten Wettbewerbsmarkt einstellt. Zur Vereinfachung der Analyse gehen wir davon aus, dass es nur zwei Individuen, $i = 1, 2$, und zwei Güter, G_1, G_2, gibt. Die beiden Individuen verfügen über Erstausstattungen mit einer Ressource $e = \{e^1, e^2\}$. Diese kann mit einer Grenzproduktivität von 1 in Gut 1 oder Gut 2 umgewandelt werden. Die Annahme dieses sehr rudimentären Produktionsprozesses erlaubt eine möglichst einfache Ableitung der zentralen Ergebnisse.

Die Individuen verhalten sich als Mengenanpasser auf dem Markt. Die von Individuum i nachgefragte Menge von Gut $j = 1, 2$, x_j^i führt zu materiellem Konsum x_j^i und zum „Konsum" einer relativen Position π_j^i.

Die relative Position von Individuum i wird gemessen durch eine Funktion $\pi_j^i : (x_j^1, x_j^2) \to [0, 1]$ mit den folgenden Eigenschaften: $\pi_j^1 = 1 - \pi_j^2$, $\partial \pi_j^i / \partial x_j^i > 0$, $\partial \pi_j^i / \partial x_j^k < 0, k \neq i$. Um eine innere Lösung zu garantieren, wird zudem angenommen, dass $\partial^2 \pi_j^i / \partial (x_j^i)^2 < 0$, $\partial^2 \pi_j^i / \partial (x_j^k)^2 > 0, k \neq i$ erfüllt ist. Eine solche Funktion ist aus der Wettkampftheorie unter dem Namen „Wettkampferfolgsfunktion" bekannt. Wir werden davon ausgehen, dass der Positionswettkampf für beide Güter eine identische Struktur hat, $\pi_1^i(.,.) = \pi_2^i(.,.) = \pi^i(.,.), i = 1, 2$. Aufgrund der Annahme $\pi_j^1 = 1 - \pi_j^2$ können wir ferner die Symbole π^1 bzw. π^2 durch π bzw. $1 - \pi$ ersetzen.

In der Wettkampftheorie wird häufig mit der vereinfachten Form einer so genannten Tullock-Wettkampferfolgsfunktion

$$\pi(x_j^1, x_j^2) = \begin{cases} \dfrac{x_j^1}{x_j^1 + x_j^2}, & \exists x_j^i > 0 \\ 1/2, & x_j^1 = x_j^2 = 0 \end{cases} \quad (9.1)$$

gearbeitet, bei der sich die relative Position über den Anteil des eigenen am Gesamtkonsum bemisst.

Darüber hinaus gehen wir aus Vereinfachungsgründen davon aus, dass beide Individuen symmetrische, strikt konkave Nutzenfunktionen haben. Damit ist der Nutzen der Individuen aus einer Allokation $\{x_1^1, x_2^1, x_1^2, x_2^2\}$

$$u^1 = u(\alpha_1 x_1^1, \beta_1 \Pi_1^1, \alpha_2 x_2^1, \beta_2 \Pi_2^1),$$
$$u^2 = u(\alpha_1 x_1^2, \beta_1 \Pi_1^2, \alpha_2 x_2^2, \beta_2 \Pi_2^2).$$

Hierbei stehen die Symbole Π_j^1 für $\pi(x_j^1, x_j^2)$ und Π_j^2 für $(1 - \pi(x_j^1, x_j^2))$, und die Eigenschaft der Symmetrie bezüglich der vier Argumente (a, b, c, d) bedeutet, dass für jeden Vektor (a, b, c, d) gilt: $u(a, b, c, d) = u(c, b, a, d)$ und $u(a, b, c, d) = u(a, d, c, b)$.

Ferner sind $\alpha_j \in \{0, 1\}, \beta_j \in \{0, 1\}$ Parameter, die angeben, ob ein materielles Konsummotiv, ein Positionskonsummotiv oder beides vorliegt. Die Parameter sind für alle Individuen identisch, weil wir davon ausgehen, dass gerade die Wichtigkeit des Positionsmotivs auf einer kulturellen Norm innerhalb der Gesellschaft basiert, die von den Individuen geteilt werden muss, damit sie funktioniert. Sie werden eine wichtige Rolle in der Bestimmung der Ineffizienz einer dezentralen Lösung spielen.

9.4.1 Pareto-Optima

Wie in den bisherigen Kapiteln bestimmen wir die Menge der Pareto-optimalen Allokationen, indem wir den Nutzen eines Individuums (1) unter Einhaltung der Ressourcenrestriktion und unter der Annahme maximieren, das andere Individuum (2) dürfe ein (erreichbares) Mindestnutzenniveau nicht unterschreiten. Wir werden hier aus der Menge der Pareto-Optima nur dasjenige charakterisieren, welches die Nutzensumme maximiert. Diese vereinfachende Annahme wird es erlauben, die zentralen Ergebnisse herauszuarbeiten, ohne komplizierte Algebra betreiben zu müssen.[1]

Sei λ der Lagrange-Parameter, dann ergibt sich das folgende Lagrange-Optimierungsproblem:

$$\mathcal{L} = u\left(\alpha_1 x_1^1, \beta_1 \pi(x_1^1, x_1^2), \alpha_2 x_2^1, \beta_2 \pi(x_2^1, x_2^2)\right)$$
$$+ u\left(\alpha_1 x_1^2, \beta_1 \left(1 - \pi(x_1^1, x_1^2)\right), \alpha_2 x_2^2, \beta_2 \left(1 - \pi(x_2^1, x_2^2)\right)\right)$$
$$+ \lambda \left(e^1 + e^2 - x_1^1 - x_1^2 - x_2^1 - x_2^2\right). \tag{9.2}$$

Die Menge der Pareto-Optima wird dann durch die Bedingungen erster Ordnung dieses Problems charakterisiert. Wir verzichten auf die Darstellung der Bedingungen

---

[1] Bei einer allgemeinen Charakterisierung der Pareto-Grenze muss man ein kompliziertes Kuhn-Tucker-Problem lösen, da nicht ausgeschlossen werden kann, dass ein Positionsgut gar nicht produziert und konsumiert oder von nur von einem Individuum konsumiert wird.

9.4. Ein Modell mit Positionsgütern

erster Ordnung bezüglich der Lagrangeparameter.

$$\frac{\partial \mathcal{L}}{\partial x_1^1} = \alpha_1 \frac{\partial u}{\partial x_1^1} + \beta_1 \frac{\partial \pi}{\partial x_1^1} \left(\frac{\partial u}{\partial \Pi_1^1} - \frac{\partial u}{\partial \Pi_1^2} \right) - \lambda \leq 0,$$

$$\frac{\partial \mathcal{L}}{\partial x_2^1} = \alpha_2 \frac{\partial u}{\partial x_2^1} + \beta_2 \frac{\partial \pi}{\partial x_2^1} \left(\frac{\partial u}{\partial \Pi_2^1} - \frac{\partial u}{\partial \Pi_2^2} \right) - \lambda \leq 0,$$

$$\frac{\partial \mathcal{L}}{\partial x_1^2} = \alpha_1 \frac{\partial u}{\partial x_1^2} + \beta_1 \frac{\partial \pi}{\partial x_1^2} \left(\frac{\partial u}{\partial \Pi_1^1} - \frac{\partial u}{\partial \Pi_1^2} \right) - \lambda \leq 0,$$

$$\frac{\partial \mathcal{L}}{\partial x_2^2} = \alpha_2 \frac{\partial u}{\partial x_2^2} + \beta_2 \frac{\partial \pi}{\partial x_2^2} \left(\frac{\partial u}{\partial \Pi_2^1} - \frac{\partial u}{\partial \Pi_2^2} \right) - \lambda \leq 0.$$

Neu im Vergleich zu privaten Gütern sind die Terme in Klammern. Sie messen den Nettoeffekt des Positionsgutwettkampfs auf die beiden Individuen. Im Folgenden betrachten wir eine symmetrische Lösung des Optimierungsproblems, in der beide Individuen identische Mengen von beiden Gütern konsumieren. Daher gilt, dass aufgrund des Nullsummen-Charakters des Positionswettkampfes

$$\frac{\partial u}{\partial \Pi_1^1} = \frac{\partial u}{\partial \Pi_1^2}, \quad \frac{\partial u}{\partial \Pi_2^1} = \frac{\partial u}{\partial \Pi_2^2},$$

da die Funktionen an jeweils symmetrischen Stellen ausgewertet werden. In einer symmetrischen Lösung wird der positive Positionseffekt für das eine Individuum genau durch den negativen Positionseffekt auf das andere Individuum ausgeglichen. Die Bedingungen erster Ordnung vereinfachen sich dann zu

$$\alpha_1 \frac{\partial u}{\partial x_1^1} - \lambda \leq 0,$$

$$\alpha_2 \frac{\partial u}{\partial x_2^1} - \lambda \leq 0,$$

$$\alpha_1 \frac{\partial u}{\partial x_1^2} - \lambda \leq 0,$$

$$\alpha_2 \frac{\partial u}{\partial x_2^2} - \lambda \leq 0.$$

Es können zwei interessante Fälle unterschieden werden:
 1. Für beide Güter existiert ein materielles Konsummotiv, $\alpha_1 = \alpha_2 = 1$. In diesem Fall werden die Güter so alloziiert, dass die Grenzraten der Substitution für beide Individuen übereinstimmen, so dass von beiden Gütern gleich viel produziert wird, $x_1^1 + x_1^2 = (e^1 + e^2)/2$, $x_2^1 + x_2^2 = (e^1 + e^2)/2$, und die Produktion von beiden Individuen in gleicher Menge konsumiert wird, $x_1^1 = x_1^2, x_2^1 = x_2^2$. Dieses Ergebnis entspricht genau dem für private Güter und gilt unabhängig davon, ob für kein Gut, ein Gut oder beide Güter ein Positionsmotiv vorliegt.
 2. Nur für ein Gut existiert ein materielles Konsummotiv, und für das andere existiert nur ein Positionsmotiv, z. B. $\alpha_1 = 1, \alpha_2 = 0, \beta_1 = 0, \beta_2 = 1$. In diesem

Fall wird im Optimum nur das Gut mit dem materiellen Konsummotiv produziert, $x_1^1 + x_1^2 = e^1 + e^2$, $x_2^1 + x_2^2 = 0$, und die Produktion wird von beiden Individuen in gleicher Menge konsumiert, $x_1^1 = x_1^2$. Im Optimum wird daher das reine Positionsgut nicht bereitgestellt, da sein Konsum zwar *ceteris paribus* jedes Individuum besser stellt, diese Besserstellungen sich aber über beide Individuen gerade neutralisieren, so dass aus gesellschaftlicher Sicht kein Zugewinn an Wohlfahrt erzielt werden kann.

9.4.2 Dezentrale Wettbewerbslösung

Wir betrachten nun die Allokation, die sich auf einem Markt ergibt, auf dem sich die beiden Individuen als Mengenanpasser verhalten. Wir wissen aus Kapitel 5, dass die gleichgewichtigen Marktpreise in diesem Modell für beide Güter 1 sein müssen, so dass die Budgetrestriktion für jedes Individuum $e^i = x_1^i + x_2^i$ lautet. Dann ergibt sich z. B. aus Sicht von Individuum 1 das folgende Optimierungsproblem:

$$\max_{x_1^1, x_2^1} u\left(\alpha_1 x_1^1, \beta_1 \pi(x_1^1, x_1^2), \alpha_2 x_2^1, \beta_2 \pi(x_2^1, x_2^2)\right) \quad \text{u.d.B.d.} \quad x_1^1 + x_2^1 = e^1. \quad (9.3)$$

Sei λ der Lagrange-Multiplikator des zugehörigen Lagrange-Optimierungsproblems. Dann ist das individuelle Optimum charakterisiert durch die folgenden Bedingungen erster Ordnung:

$$\frac{\partial \mathcal{L}}{\partial x_1^1} = \alpha_1 \frac{\partial u}{\partial x_1^1} + \beta_1 \frac{\partial \pi}{\partial x_1^1} \frac{\partial u}{\partial \Pi_1^1} - \lambda \leq 0,$$

$$\frac{\partial \mathcal{L}}{\partial x_2^1} = \alpha_2 \frac{\partial u}{\partial x_2^1} + \beta_2 \frac{\partial \pi}{\partial x_2^1} \frac{\partial u}{\partial \Pi_2^1} - \lambda \leq 0,$$

und analog für Individuum 2.

Zunächst fällt an den Bedingungen erster Ordnung auf, dass die Individuen den Effekt ihrer Nachfrageentscheidungen auf die Position des jeweils anderen Individuums nicht in ihr Kalkül aufnehmen. Damit haben wir eine Durchbrechung des Prinzips der vollständigen Internalisierung in einem dezentralen Marktgleichgewicht, so dass potenziell Externe Effekte auftreten können. Diese Nichtinternalisierung der Positionsinterdependenz kann, muss sich aber nicht notwendig in eine ineffiziente Allokation übersetzen, wie die folgende Analyse zeigen wird. Wir unterscheiden vier Fälle.

1. Für beide Güter existiert nur ein materielles Konsummotiv, $\alpha_1 = \alpha_2 = 1$, $\beta_1 = \beta_2 = 0$. In diesem Fall sind wir zurück im Standardmodell privater Güter, in dem ein Marktgleichgewicht stets Pareto-effizient ist.

2. Für genau ein Gut existiert nur ein materielles Konsummotiv, und für das andere Gut existiert nur ein Positionsmotiv, z. B. $\alpha_1 = \beta_2 = 1$, $\alpha_2 = \beta_1 = 0$. In diesem Fall wird jedes Individuum seine Konsumentscheidung so treffen, dass

$$\frac{\partial u}{\partial x_1^i} = \frac{\partial \pi}{\partial x_2^i} \frac{\partial u}{\partial \Pi_2^i},$$

9.4. Ein Modell mit Positionsgütern

bzw.
$$\frac{\partial u/\partial x_1^i}{\partial u/\partial \Pi_2^i} = \frac{\partial \pi/\partial x_2^i}{1}$$

erfüllt ist. Jedes Individuum trifft seine Konsumentscheidung so, dass die Grenzrate der Substitution zwischen dem Konsum des materiellen Guts und dem Konsum des Positionsguts der Grenzrate der Transformation zwischen der „Produktion" von gesellschaftlicher Position und der Produktion des materiellen Guts ist. In diesem Fall übersetzt sich die Abweichung vom Prinzip der vollständigen Internalisierung in einen Externen Effekt des Marktgleichgewichts: Verglichen mit der optimalen Allokation kommt es zu einer zu großen Produktion und zu einem zu großen Konsum des Positionsguts. Dieser Konsum ist aus gesellschaftlicher Sicht Verschwendung, weil sich im Gleichgewicht die individuellen Ausgaben gerade gegenseitig neutralisieren. Dieses Problem tritt auch im nächsten Fall auf, in dem für das Positionsgut zusätzlich noch ein materielles Konsummotiv existiert.

3. Für genau ein Gut existiert nur ein materielles Konsummotiv, und für das andere Gut existiert sowohl ein materielles Konsummotiv als auch ein Positionsmotiv, z. B. $\alpha_1 = \alpha_2 = \beta_2 = 1, \beta_1 = 0$. Im Vergleich zu Fall 3 tritt nun noch ein weiterer Effekt in den Bedingungen erster Ordnung auf, so dass

$$\frac{\partial u}{\partial x_1^i} = \frac{\partial u}{\partial x_2^i} + \frac{\partial \pi}{\partial x_2^i}\frac{\partial u}{\partial \Pi_2^i},$$

gelten muss. Während in der optimalen Lösung $\partial u/\partial x_1^i = \partial u/\partial x_2^i$ gelten muss, tritt in der dezentralen Lösung ein Externer Effekt $\partial \pi/\partial x_2^i \cdot \partial u/\partial \Pi_2^i > 0$ hinzu, der dazu führt, dass aufgrund der strikten Konkavität der Nutzenfunktion zu wenig von dem materiellen Gut und zu viel von dem Positionsgut konsumiert wird. Auch in diesem Fall ist das Marktgleichgewicht ineffizient.

Aufgrund der Tatsache, dass in den Fällen 2 und 3 im Wettbewerbsgleichgewicht zu viele Ressourcen für den Konsum des Positionsguts aufgewendet werden, ohne dass sich im Gleichgewicht die Position eines Einzelnen ändert, hat man eine solche Situation auch die *hedonische Tretmühle* genannt: Die Individuen sehen sich im Wettkampf um ihre relative Position immer härter zu arbeiten bzw. immer stärker ihre Konsumentscheidung in Richtung des Positionsguts zu verzerren, ohne dass die ganze Mühe am Ende etwas bringt.

4. Für beide Güter existiert sowohl ein materielles Konsummotiv als auch ein Positionsgutmotiv, $\alpha_1 = \alpha_2 = \beta_1 = \beta_2 = 1$. Aufgrund der identischen Bedingungen erster Ordnung für beide Individuen wird das Marktgleichgewicht symmetrisch sein. Damit gilt

$$\frac{\partial \pi}{\partial x_1^1}\frac{\partial u}{\partial \Pi_1^1} = \frac{\partial \pi}{\partial x_2^1}\frac{\partial u}{\partial \Pi_2^1}.$$

Dies bedeutet aber, dass auch in dem Fall, in dem beide Güter als Positionsgüter wahrgenommen werden, das Marktgleichgewicht effizient ist, da jedes Individuum die Grenzrate der Substitution beider Güter bezüglich des materiellen Konsummotivs gleich dem Relativpreisverhältnis (= 1) setzt, und dieses ist für beide Individuen gleich. Da das Positionsmotiv gleichmäßig für alle Güter gilt, führt es zu keiner *Verzerrung* der Konsumentscheidung, die entscheidend für eine Ineffizienz ist. Dieses Ergebnis macht deutlich, dass nicht die Existenz von relativen Positionsmotiven *per se* ein Marktgleichgewicht ineffizient macht. Vielmehr benötigt man eine Konzentration der Positionsmotive auf eine Teilmenge der existierenden Güter, damit aus der Konsuminterdependenz ein Externer Effekt wird.

Daher ist zu fragen, welcher der realistischere ist, der Fall, dass Positionsmotive nur für einen Teil aller Güter existieren, oder der Fall, dass sich Positionsmotive gleichmäßig auf alle Güter verteilen. Daran anknüpfend stellt sich die fundamentalere Frage nach dem Grund dafür, dass bestimmte Güter die Funktion eines Positionsguts übernehmen. Die Antwort auf die erste Frage fällt zumindest für die reicheren Länder des westlichen Kulturkreises relativ leicht: Es sind wenige Güter, die im Wettkampf um Status und gesellschaftliche Anerkennung einen Positionscharakter aufweisen, so dass der vierte Fall eher von akademischem Interesse sein dürfte, weil er unser Verständnis des Phänomens „Positionsgut" vervollständigt. Eine spezifische Interpretation bekommt das Modell, wenn man die beiden Güter als Konsum und Freizeit uminterpretiert. In Anknüpfung an unser Gedankenexperiment vom Beginn des Kapitels stelle man sich wiederum vor, die Wahl zwischen den folgenden beiden Welten zu haben. In Welt C habe man vier Wochen Urlaub pro Jahr, während alle anderen sechs Wochen haben. In Welt D habe man zwei Wochen Urlaub, während alle anderen eine Woche haben. Die meisten Menschen, die man mit diesen Alternativen konfrontiert, wählen Welt C. Dies bedeutet, dass Positionsgesichtspunkte bezüglich des Guts Freizeit in unserem Kulturkreis weniger ausgeprägt sind als bezüglich des Einkommens oder des Konsums. Akzeptieren wir diese Behauptung, so ist die Vorhersage unseres Modells, dass die Existenz eines relativ stärkeren Positionsmotivs bezüglich des Konsums dazu führt, dass die Konsum-Freizeitentscheidung verzerrt ist: die Individuen konsumieren ineffizient viel Güter auf Kosten ihrer Freizeit. Auch in diesem Fall ist ein Marktgleichgewicht ineffizient.[2]

Bezieht man abschließend nochmals die Ergebnisse unseres Modells auf das Happiness-Paradoxon, so ergibt sich eine weitere wichtige Feststellung. Wir hatten argumentiert, dass der empirisch beobachtbare „Strukturbruch" im Zusammenhang

---

[2]In der bisherigen Modellierung wurde von der Frage abstrahiert, mit welcher Referenzgruppe sich Individuen vergleichen. Aus soziologischen Studien folgt, dass diese Referenzgruppen in der Regel räumlich und sozial begrenzt sind (Frank 1985). Ein Handwerker vergleicht sich nicht mit einem Fußballstar, und ein Schweizer Büroangestellter nicht mit einem dänischen Büroangestellten. Frank (2003) hat zur Erklärung der Existenz von über die gesamte Gesellschaft wirksamen Positionsguteffekten die Idee einer Ausgabenkaskade entwickelt, die erklären kann, warum und wie Positionsguteffekte sich auch zwischen weit entfernten Gruppen ausbreiten können. Die Idee kann am besten anhand einer Einkommensverteilung illustriert werden. Selbst wenn jedes Individuum sich nur mit Individuen ähnlichen Einkommens vergleicht, entsteht durch die Überlappung dieser Vergleichsbereiche eine Beeinflussung über das gesamte Einkommensspektrum hinweg. Wenn z. B. das Einkommen der Individuen mit den 10 % höchsten Einkommen und damit ihr Konsum an Positionsgütern zunimmt, wird das einen Druck auf die Nachfrage nach Positionsgütern der Individuen mit den 10- bis 20 % höchsten Einkommen haben. Dies wiederum beeinflusst die Individuen im 20- bis 30 %-Einkommensbereich, auch wenn sie sich direkt gar nicht mit den 10 %-Bestverdienern vergleichen, usw.

zwischen Pro-Kopf-Einkommen und Lebenszufriedenheit darauf hinweist, dass es im Zuge der Entwicklung einer Volkswirtschaft zu einem Wechsel des Wesens der Knappheit kommt. Für geringe Einkommen ist das materielle Konsummotiv entscheidend, während für hohe Einkommen das Positionsmotiv entscheidend ist. Mit den Ergebnissen der normativen Analyse des Marktgleichgewichts folgt daraus aber auch ein „Strukturbruch" bezüglich der normativen Wahrnehmung von Wettbewerbsmärkten: In Ökonomien mit einem relativ geringen Entwicklungsstand gilt approximativ der erste Hauptsatz der Wohlfahrtsökonomik, das Marktergebnis ist Pareto-effizient, und das Festhalten an der Idee des quantitativen Wachstums führt zu mehr Wohlstand in der Gesellschaft. Ab einem bestimmten Punkt in der Entwicklung einer Gesellschaft kippt das Bild aber; durch die zunehmende Wichtigkeit des Positionsmotivs kann nicht länger von der Gültigkeit des ersten Hauptsatzes der Wohlfahrtsökonomik ausgegangen werden, und eine Orientierung am Ziel des quantitativen Wachstums führt nicht länger zu einer Zunahme an Wohlfahrt.[3]

9.5 Wirtschaftspolitische Implikationen

Wenn wir der bisherigen Argumentation dieses Kapitels folgen, stellt sich die Frage, auf welche Weise die Ineffizienz des Marktmechanismus behoben werden kann. In einer friktionslosen Welt ist die Ursache für ein solches Marktversagen stets in unnötigerweise unvollständigen Verträgen zu suchen. Daher ist es vernünftig, sich zunächst klarzumachen, welchen Typs von Verträgen es bedarf, um auf dezentralem Wege die effiziente Lösung zu erreichen. Da es sich bei Positionsexternalitäten um ein gesellschaftliches Phänomen handelt, welches sich auf die ganze Gruppe von In-

---

[3] Unsere bisherigen Überlegungen sind davon ausgegangen, dass unterschiedliche Güter in unterschiedlichem Ausmaß Träger des Charakteristikums „Position" sind. Da es *a priori* aber nicht klar ist, welche Güter Positionscharakter bekommen, und welche nicht, ist zu fragen, welche Mechanismen zu einer solchen Verknüpfung führen. Prinzipiell existiert ein Problem mit multiplen Gleichgewichten, da die einzige „materielle" Bedingung dafür, dass ein Gut Träger von Positionscharakteristika werden kann, seine relative Knappheit ist. Damit wird ein Gut, welches die materiellen Voraussetzungen mitbringt, zu einem Positionsgut, wenn die Gesellschaft dies glaubt. Hierzu gibt es bislang so gut wie keine ökonomische Forschung. Hinweise auf die Lösung eines solchen Gleichgewichtsauswahlproblems finden sich beim Soziologen Bourdieu, der in seinem Hauptwerk „Die feinen Unterschiede" (1979) den Begriff *Distinktionsgewinn* für die erfolgreiche Durchsetzung eines neuen vorherrschenden Geschmacks und Lebensstils als Mittel im Kampf um gesellschaftliche Positionen prägte. Er sieht in dem Versuch der Etablierung kultureller Praktiken und Lebensstile den Versuch, soziale Vorteile in Form von Ansehen bzw. Status durchzusetzen. Er schreibt etwa zum Positionsgut „Bildung": *„Daher besitzen von allen Unterscheidungen diejenigen das größte Prestige, die am deutlichsten die Stellung in der Sozialstruktur symbolisieren, wie etwa Kleidung, Sprache oder Akzent und vor allem die „Manieren", Geschmack und Bildung. Denn sie geben sich den Anschein, als handelte es sich um Wesenseigenschaften einer Person, ein aus dem Haben nicht ableitbares Sein, eine Natur, die paradoxerweise zu Bildung, eine Bildung, die zu Natur, zu einer Begnadung und einer Gabe geworden seien. Der Einsatz in diesem Spiel um öffentliche Verbreitung und Distinktion ist [...] nichts anderes als jenes Streben nach Auszeichnung, das nun einmal jede Gesellschaft als ein Zeichen von 'Bildung' zu würdigen pflegt."* (Bourdieu, P. (1970), Klassenstellung und Klassenlage. In: Ders.: Zur Soziologie der symbolischen Formen. Frankfurt/M., Suhrkamp, 60 f.)

dividuen erstreckt, die eine bestimmte Menge von Gütern als Positionsgüter erachten, bedarf es eines multilateralen Vertrages zwischen allen Mitgliedern dieser Gruppe, dessen Inhalt eine Festlegung des Konsumverhaltens auf die effiziente Menge ist. In einer transaktionskostenfreien Welt ist das Zustandekommen und die Durchsetzung eines solchen Vertrages zwar theoretisch denkbar, doch ist eine solche Lösung für die Praxis ungeeignet, da sein Zustandekommen und seine Durchsetzung regelmäßig eben doch prohibitive Transaktionskosten hervorrufen dürfte. Damit folgt, dass eine Beschränkung der Rolle des Staates auf seine ordnungspolitische Funktion der Schaffung und Durchsetzung von Eigentumsrechten unzureichend zur Erreichung des Ziels wirtschaftlicher Effizienz ist, sobald eine Volkswirtschaft einmal ein bestimmtes materielles Wohlstandsniveau erreicht hat, so dass Positionswettkämpfe eine hinreichend wichtige Rolle spielen.

Eine Alternative zu einem solchen dezentral-multilateralen Vertrag sind korrigierende Steuern. Angenommen, nur Gut 2 sei ein Positionsgut, und der Staat könne eine Steuer t auf dessen Konsum erheben. Dann verändert sich die Budgetrestriktion eines Individuums zu $e^i = x_1^i + (1+t)x_2^i$, und die Bedingungen erster Ordnung von z. B. Individuum 1 verändern sich für eine innere Lösung zu

$$\frac{\partial u}{\partial x_1^1} = \lambda \,,$$

$$\frac{\partial u}{\partial x_2^1} + \frac{\partial \pi}{\partial x_2^1}\frac{\partial u}{\partial \Pi_2^1} = \lambda(1+t) \,.$$

Dies lässt sich zur folgenden Bedingung umformen:

$$\frac{\partial u/\partial x_2^1}{\partial u/\partial x_1^1} + \frac{\partial \pi}{\partial x_2^1}\frac{\partial u/\partial \Pi_2^1}{\partial u/\partial x_1^1} = (1+t) \,. \tag{9.4}$$

Eine optimale Allokation hingegen ist durch die Bedingung

$$\frac{\partial u/\partial x_2^1}{\partial u/\partial x_1^1} = 1 \,.$$

charakterisiert. Benutzt man diese Bedingung in (9.4) und bezeichne $\{x_1^{i*}, x_2^{i*}\}$ die optimale Allokation, so folgt, dass ein Steuersatz von

$$t^* = \frac{\partial \pi(x_2^{1*}, x_2^{2*})}{\partial x_2^1}\frac{\partial u(x_1^{1*}, x_2^{1*})/\partial \Pi_2^1}{\partial u(x_1^{1*}, x_2^{1*})/\partial x_1^1} > 0 \,. \tag{9.5}$$

den Individuen Anreize zu effizientem Verhalten induziert. Eine solche Steuer ist so konstruiert, dass jedem Individuum gerade der marginale Externe Effekt, den seine Handlung in einem reinen Marktgleichgewicht hätte, als Steuersatz auferlegt wird. Damit berücksichtigt es den Einfluss seines Verhaltens auf andere Individuen, so dass das Prinzip der vollständigen Internalisierung wieder erfüllt ist. Daher ist es prinzipiell möglich, durch eine verzerrende (Pigou-)Steuer auf den Konsum des Positionsguts das Verhalten der Individuen so zu beeinflussen, dass sie die Pareto-effiziente Allokation wählen. Allerdings ist dies nur eine bedingt gute Nachricht, da eine Analyse von

9.5. Wirtschaftspolitische Implikationen

(9.5) zwei Dinge aufzeigt. Erstens muss ein staatlicher Planer, der eine solche Steuer erheben möchte, Informationen über die Präferenzen der Individuen haben, wovon in der Regel nicht ausgegangen werden kann. Das Problem optimaler Anreizsteuerung bei asymmetrisch verteilten Informationen wird in Kapitel 10 noch ausführlich behandelt werden. Zweitens müsste der Planer individuell unterschiedliche Steuersätze wählen und bestimmen können, wenn die Annahme identischer Individuen gelockert wird. Eine solche Steuer muss jedem Individuum ja gerade den marginalen Effekt seiner Handlungen auf den Rest der Gesellschaft über eine Veränderung seiner Restriktionen in das Optimierungsproblem „hineinspiegeln". Allerdings sollte dieses Problem auch nicht überbetont werden, da in großen Gesellschaften dieser Effekt für alle Individuen annähernd gleich ist.

Auch wenn es aus Gründen mangelnder Informationen und Fähigkeiten zur individuellen Diskriminierung von Steuersätzen unklar ist, ob man mit einer solchen Steuer die optimale Lösung erreichen kann, folgt aber, dass zumindest die Einführung einer kleinen Steuer die Allokation in Richtung der optimalen Lösung verbessert. Bezeichne $v^1(t)$, $v^2(t)$ die indirekten Nutzenfunktionen der beiden Individuen. Führt man an der Stelle $t = 0$ eine kleine Steuer ein, so ist der Effekt auf die Nutzensumme $\partial v^1/\partial t + \partial v^2/\partial t$. Unter Anwendung des Envelope-Theorems und den Regeln der komparativen Statik eines Nash-Gleichgewichts entspricht dies

$$\frac{\partial u}{\partial \Pi_1^1} \frac{\partial \pi}{\partial x_1^2} \frac{\partial x_1^2}{\partial t} - \frac{\partial u}{\partial \Pi_2^1} \frac{\partial \pi}{\partial x_2^1} \frac{\partial x_2^1}{\partial t}.$$

Dieser Ausdruck ist positiv, falls $\partial x_1^2/\partial t$ und $\partial x_2^1/\partial t$ negativ sind, also die Nachfrage nach dem Positionsgut fallend im Preis ist. Im Fall einer lokal steigenden Nachfrage im Preis (Giffen-Gut) würde derselbe Effekt durch eine lokale Subvention $t^* < 0$ erreicht. Im empirisch wohl häufigeren Fall einer im Preis fallenden Nachfrage gibt es zusätzlich zu diesem positiven Effekt auf die Allokation eine sogenannte „doppelte Dividende" aus einer solchen Steuer, da sie ein positives Aufkommen generiert, welches dazu verwendet werden kann, öffentliche Güter zu finanzieren oder andere verzerrende Steuern abzubauen.

Ein weiterer Einwand gegen die Möglichkeit, mit verzerrenden Steuern eine Positionsexternalität zu internalisieren, besteht, wenn die Individuen die Besteuerung durch Substitution des Positionsguts vermeiden können. In der obigen Analyse wurde unterstellt, dass die Identität von Positionsgütern exogen gegeben ist. Dies muss aber nicht so sein. Vielmehr ist zu erwarten, dass Individuen, die durch eine Besteuerung bestehender Positionsgüter davon abgehalten werden sollen, Status zu signalisieren, auf andere Güter ausweichen können. Solange diese Güter alle auf Märkten gehandelt werden, könnte man dem unter Umständen durch eine Besteuerung von Einkommen entgegenwirken. Allerdings ist nicht auszuschließen, dass man in diesem Fall auch auf Güter ausweicht, die nicht auf Märkten gehandelt werden und daher durch eine Besteuerung nicht erfasst werden können.

Abschließend wollen wir noch kurz eine andere Möglichkeit der Lösung des Problems der Positionsgüter diskutieren. Wie bereits erwähnt, ist die Existenz von Positionsgütern Ausdruck des menschlichen Bedürfnisses nach Status, Rang, Anerkennung, etc. Gerade dieses Streben wird aber in vielen Ethiken und Religionen als eine zentrale Ursache für individuelles Leid und Unzufriedenheit gesehen, so dass als ein Ziel zur Erreichung persönlicher Zufriedenheit die Überwindung eines solchen Strebens genannt wird. Dies sei kurz illustriert. Viele Elemente des christlichen Dekalogs lassen sich in Richtung einer Überwindung eines „neidvollen" Vergleichs mit anderen Menschen interpretieren, und explizit formuliert findet sich dieses Ziel im zehnten Gebot der katholischen und protestantischen Tradition, *„Du sollst nicht begehren deines Nächsten Haus."*. Auch die Begriffe *Metanoia* im Christentum und *Teschuwa* im Judentum, die Umkehr bedeuten, haben in ihrer Auslegung Elemente einer solchen Überwindung. Im Buddhismus (Harvey 1990) findet sich diese Sichtweise in den „Vier Edlen Wahrheiten" ausgedrückt:

„1. Das Leben im Daseinskreislauf ist letztlich leidvoll. Dies ist zu durchschauen. 2. Die Ursachen des Leidens sind Gier, Hass und Verblendung. Sie sind zu überwinden. 3. Erlöschen die Ursachen, erlischt das Leiden. Dies ist zu verwirklichen. 4. Zum Erlöschen des Leidens führt ein Weg, der Edle Achtfache Pfad. Er ist zu gehen."

Hier kommt letztendlich die individuelle Verantwortung für die Werte und das Weltbild, anhand dessen man sein Leben orientiert, zum Ausdruck.

Eine solche Diskussion von Wertsystemen lässt sich formal in den Rahmen der Institutionenökonomik integrieren, wie in Kapitel 1 gezeigt wurde, da sie einen Teil der institutionellen Ebene $E1$ ausmachen. Wie oben bereits kurz diskutiert wurde, führen gesellschaftliche Kommunikationsprozesse vor dem Hintergrund einer bestimmten Umwelt und Technologie zu einem bestimmten Wertesystem, welches die Wahrnehmung der Wirklichkeit durch die Individuen beeinflusst. Auch dann, wenn es sich bei dem Streben nach gesellschaftlicher Wertschätzung im Sinne der vierten Stufe der Maslowschen Bedürfnispyramide um eine anthropologische Konstante des Menschen handelt, sind daher die Intensität des Positionswettkampfes und die Menge der Güter, bezüglich derer dieser durchgeführt wird, kulturell determiniert und damit prinzipiell beeinflussbar.

Ein solcher Gedanke lässt sich sehr einfach in unser Modell integrieren. Fassen wir die Parameter β_1, β_2 nicht mehr wie bisher als binär sondern als stetig auf, so wird die Stärke des Positionsgutmotivs durch die Größe von β_1 bzw. β_2 bestimmt. Gelingt es, β_1 bzw. β_2 zu senken, so verliert das Positionsmotiv an Relevanz. Um bei einer solchen Lesart nicht den Rahmen des normativen Individualismus (siehe Kapitel 2) zu überschreiten, indem man die Präferenzen als endogen annimmt und somit den normativen Anker der Theorie (eben gerade die Präferenzen der Individuen) über Bord wirft, müssen die Gewichte β_1 und β_2 als kulturell, das heißt kommunikativ determiniert gedacht werden, so dass ein Individuum „lernt", welche Wichtigkeit Positionswettkämpfe in seiner Gesellschaft haben, und anhand welcher Güter diese ausgetragen werden.

Eine wesentliche Beeinflussung dieses Weltbildes findet dabei in der Kindheit und Jugend durch familiäre und gesellschaftliche Erziehung statt. Aber auch später im Leben wird durch persönliche Interaktion, aber in modernen Gesellschaften zunehmend auch durch die Medien in Form von z. B. Berichterstattung, Film und Werbung dieses Weltbild weiter geformt. Inwieweit ein solcher medialer Prozess im „Wettbewerb um Aufmerksamkeit" effiziente Ergebnisse bei der Schaffung und Entwicklung von

9.5. Wirtschaftspolitische Implikationen

Werten hat, kann an dieser Stelle nicht weiter diskutiert werden, da zumindest die ökonomische Forschung hierzu wenig bis nichts zu sagen hat. Auch die sich hieraus ergebende Frage nach dem Verhältnis von individueller und kollektiver Verantwortung bei der Entwicklung von Werten kann nur gestellt, nicht aber beantwortet werden.

Lektürevorschläge zu Kapitel 9

Eine gute Übersicht über die Zufriedenheits-Forschung findet sich in BRUNI UND PORTA (2005). Die Idee der Positionsgüter und der Grenzen des Wachstums findet sich bei HIRSCH (1976). Das Happiness-Paradoxon, welches in abgewandelter Form auch Easterlin-Paradoxon genannt wird, wurde von EASTERLIN (1974) begründet. Siehe auch EASTERLIN (1995). Eine Zusammenführung des Happiness-Paradoxons und der Idee der Positionsgüter findet sich in FRANK (2005, 2008). Sehr ähnliche Ideen werden in LAYARD (2006) diskutiert. In Oswald (1981) findet sich ein erstes Modell der optimalen Besteuerung wenn Individuen altruistische oder neidische Präferenzen haben. Ireland (1998, 2001) untersucht die optimale Besteuerung von Statuswettkämpfen in einem Signalling-Modell.

Zusammenfassung der Grundüberlegungen dieses Kapitels

1. Es lassen sich zwei Formen von Gütern unterscheiden. Bei materiellen Gütern ziehen die Individuen überwiegend Nutzen aus den intrinsischen Eigenschaften der Güter. Bei Positionsgütern ist es insbesondere die damit signalisierbare gesellschaftliche Position, die Nutzen stiftet. Daher sind Präferenzen für Positionsgüter nicht nur auf dem eigenen Güterbündel definiert, sondern beziehen die Allokation an Gütern in der übrigen Gesellschaft mit ein.
2. Während sich die Knappheit an materiellen Gütern prinzipiell reduzieren lässt, ist Knappheit an Positionsgütern auf gesellschaftlicher Ebene nicht reduzierbar, da der Wettkampf um gesellschaftliche Positionen den Charakter eines Nullsummenspiels hat.
3. Ein zentrales Ergebnis der Zufriedenheits-Forschung ist das Happiness-Paradoxon, welches besagt, dass ab einem bestimmten Entwicklungsgrad einer Gesellschaft die durchschnittliche geäußerte Zufriedenheit nicht mehr mit dem Pro-Kopf-Einkommen steigt, gleichzeitig aber zu jedem Zeitpunkt die Reichen einer Gesellschaft höhere Zufriedenheits-Werte angeben als die Armen einer Gesellschaft.
4. Das Happiness-Paradoxon lässt sich mit der Idee der Positionsgüter rational auflösen.
5. In Gesellschaften, in denen Bedürfnisse stark auf Positionsgüter ausgerichtet sind, ist ein Marktgleichgewicht nicht Pareto-effizient. Es kommt zu einem ineffizient hohem Konsum von Positionsgütern zu Lasten der materiellen Güter.
6. In Gesellschaften, in denen Bedürfnisse stark auf materielle Güter ausgerichtet sind, ist ein Marktgleichgewicht approximativ Pareto-effizient.
7. Daher ist davon auszugehen, dass das Ausmaß an Marktversagen mit zunehmender Entwicklung einer Gesellschaft zunimmt. Es ist darüber hinaus sehr unwahrscheinlich, dass diese Form von Marktversagen allein dezentral durch Coaseianische Verhandlungen zwischen den Individuen behebbar ist. Daher begründet dies eine Rolle des Staates, die über die reine Sicherung der Eigentumsrechte hinausgeht.
8. Wenn Informationen über die Gruppe von Positionsgütern existieren, lässt sich das Marktversagen durch eine gezielte Besteuerung dieser Gütergruppe reduzieren. Eine solche Steuer sollte sich an der Idee einer Pigou-Steuer ausrichten, und weist dann eine doppelte Dividende auf. Zur Bestimmung einer effizienten Steuer benötigt der Planer allerdings Informationen, die empirisch üblicher Weise nicht vorliegen.

Schlüsselbegriffe

Positionsexternalitäten
Positionsgüter
Materielle Güter

Happiness-Paradoxon
Ineffizienz des Marktgleichgewichts

Übungsaufgaben

Aufgabe 9.1: Bestimmen Sie für das Modell dieses Kapitels die Menge aller Paretoeffizienten Allokationen für den Spezialfall einer Tullock-Wettkampferfolgsfunktion. (Hinweis: Beachten Sie, dass die Tullock-Wettkampffunktion an der Stelle $(0, 0)$ nicht stetig differenzierbar ist.)

Aufgabe 9.2: m Individuen haben identische, quasilineare Präferenzen über ein materielles Gut G_1 und ein reines Positionsgut G_2. Sie lassen sich durch eine Nutzenfunktion $u(x_1^i, x_2^i) = ln(x_1^i) + x_2^i$ darstellen. Die relative Position eines Individuums wird durch eine Tullock-Wettkampffunktion gegeben. Jedes Individuum verfüge über eine monetäre Erstausstattung b, und die Preise beider Güter seien 1. Bestimmen Sie das (Nash-)Gleichgewicht unter der Annahme, dass b hinreichend groß ist, um eine innere Lösung sicher zu stellen. Analysieren sie, wie sich der Konsum beider Güter mit b und m verändert. Interpretieren Sie Ihre Ergebnisse.

Aufgabe 9.3: Zwei Individuen haben identische, quasilineare Präferenzen über ein materielles Gut G_1 und ein reines Positionsgut G_2. Sie lassen sich durch eine Nutzenfunktion $u(x_1^i, x_2^i) = ln(x_1^i) + x_2^i$ darstellen. Die relative Position eines Individuums wird durch die Funktion $\pi(x_2^1, x_2^2) = x_2^1 - x_2^2$ gegeben. Jedes Individuum verfüge über eine monetäre Erstausstattung b, und die Preise beider Güter seien 1. Bestimmen Sie die Einkommens-Konsumpfade, das (Nash-)Gleichgewicht und die indirekten Nutzenfunktionen als Funktionen von b. Interpretieren Sie Ihre Ergebnisse.

Verhaltensmöglichkeiten eines Individuums für einen bestimmten Typ. Wenn wir für jede mögliche Typrealisierung eines Individuums eine Handlung festlegen, so erhalten wir einen typenkontingenten Plan, den wir als *Strategie* s_i dieses Individuums bezeichnen. Die *Strategienmenge* S_i eines Individuums ist dementsprechend die Menge aller typenkontingenten Pläne.

Kapitel 10

Asymmetrische Informationen

„Und der König sprach: Diese spricht: Mein Sohn lebt und dein Sohn ist tot; jene spricht: Nicht also; dein Sohn ist tot und mein Sohn lebt. Und der König sprach: Holet mir ein Schwert her! [...] Teilet das lebendige Kind in zwei Teile und gebet dieser die Hälfte und jener die Hälfte. Da sprach das Weib, des Sohn lebte, zum König [...]: Ach mein Herr, gebt ihr das Kind lebendig und tötet es nicht! Jene aber sprach: Es sei weder Dein noch mein, lasst es teilen! Da antwortete der König und sprach: Gebet dieser das Kind lebendig und tötet es nicht; die ist seine Mutter."
(Das Alte Testament, Buch der Könige)

In diesem Kapitel werden wir uns näher mit den Bedingungen auseinandersetzen, unter denen das Prinzip der vollständigen Internalisierung prinzipiell erfüllt werden kann, und fragen, welche Bedeutung ihm für die Frage der Gestaltung einer optimalen Wirtschaftspolitik zukommt. Gleichzeitig werden wir untersuchen, welche Kriterien in den Fällen anwendbar sind, in denen das Prinzip der vollständigen Internalisierung nicht gilt.

Bisher haben wir gesehen, dass im Fall der Existenz einer perfekten Eigentumsordnung eine dezentralisierte ebenso wie eine zentralisierte Organisationsform der Wirtschaft in der Lage ist, eine effiziente Allokation von Gütern und Ressourcen herbeizuführen, wenn die Akteure in der Lage sind, alle relevanten Dimensionen des wirtschaftlichen Handelns vertraglich zu berücksichtigen, bzw. die Planungsinstanz entweder präzise Mengenvorgaben oder Verrechnungspreise bestimmen kann. Gleichzeitig haben wir gesehen, dass beide Organisationsformen auch bezüglich ihrer erreichbaren Verteilungen nicht unterschieden werden können.

Weiterhin haben wir festgestellt, dass bei einer nicht perfekten Eigentumsordnung bzw. bei von den Schattenpreisen abweichenden Verrechnungspreisen externe Effekte auftreten, die die Erreichung einer effizienten Allokation verhindern.

Damit stellen sich die zentralen Fragen für die Rolle des Staates im Wirtschaftsgeschehen wie folgt: Was genau bedeutet es, dass eine Eigentumsordnung nicht perfekt definiert oder durchgesetzt ist, und was sind die Gründe dafür? Da es keine Probleme machen kann, die residualen Kontrollrechte an einem ökonomischen Gut zuzuweisen, muss der Schlüssel zur Beantwortung dieser Frage in den darauf aufbauenden privaten Verträgen liegen. Lücken im System residualer Kontrollrechte können daher ohne weitere Analyse als Staatsversagen gewertet werden. Wir werden also im Folgenden mehrere Fälle untersuchen müssen, die nach den folgenden Dimensionen geordnet werden können:

1. Die Eigentumsrechte sind nicht vollständig zugewiesen.
2. Die Eigentumsrechte werden nicht vollständig durchgesetzt bzw. die vertragliche Regelbarkeit ist begrenzt.

Mit den Konsequenzen nicht vollständig zugewiesener Eigentumsrechte hatten wir uns schon in Kapitel 8 beschäftigt. In diesem Kapitel werden wir uns mit der Rolle asymmetrisch verteilter Informationen beschäftigen. Asymmetrische Informationen führen dazu, dass die Möglichkeiten vertraglicher Regelbarkeit beschränkt sind. Sie sind daher eine mögliche Ursache für eine nicht vollständig durchgesetzte Eigentumsordnung. In Kapitel 11 werden wir uns dann mit weiteren möglichen Ursachen für die unvollständige Durchsetzung einer Eigentumsordnung beschäftigen.

Im Folgenden werden wir uns also zunächst mit einem speziellen Fall beschäftigen, für den weder ein zentraler Planer ohne weitere Probleme alle relevanten Größen in seiner Planungsentscheidung berücksichtigen kann noch dies über private Verträge möglich ist.[1] Eine solche Situation tritt typischerweise immer dann auf, wenn sich Verträge auf Größen beziehen („konditionieren") müssten, die nicht für beide Vertragsparteien in gleichem Ausmaß beobachtbar sind. Wir sprechen hier von einer Situation mit asymmetrischer Information. Stellen wir uns zur Illustration die folgende Situation vor:

Beispiel 1: Sie stehen an einer Straßenkreuzung, von der aus eine Straße in das badische Konstanz und die andere Straße in das schwäbische Friedrichshafen führt. Sie wollen nach Konstanz, wissen aber nicht, welche Straße die richtige ist. Glücklicherweise steht an der Kreuzung eine Person, die Sie fragen können. Nun besteht das Problem, dass die Person entweder aus Konstanz oder aus Friedrichshafen sein kann. Badener sagen immer die Wahrheit, wohingegen Schwaben immer lügen, leider lassen sie sich aber nicht schon aufgrund ihres Aussehens unterscheiden. Sie dürfen der Person genau eine Frage stellen, um den richtigen Weg herauszufinden. Können Sie herausfinden, welche Straße nach Konstanz führt, obwohl Sie unvollständig informiert sind, und falls ja, mit welcher Frage? Sie werden unmittelbar sehen, dass eine Frage wie „Geht es links nach Konstanz?" nicht zum Ziel führt. Zu diesem Jahrtausende alten Rätsel gibt es eine Lösung, d. h. eine Frage, mit deren Hilfe man herausfinden kann, welche Straße die richtige nach Konstanz ist. Wir werden die richtige Frage hier nicht verraten, sie würde Ihnen auch nicht viel nutzen, solange Sie nicht wissen, ob die Verfasser eventuell Schwaben sind.[2] Dieses Beispiel zeigt also, dass Informationsasymmetrien nicht notwendigerweise ein Hindernis sein müssen, um eine richtige Entscheidung zu fällen. Allerdings muss die Lösung eine bestimmte Struktur haben.

Das obige Beispiel abstrahiert noch von den individuellen Motivationen insbesondere der Person an der Kreuzung. Für ökonomische Entscheidungsprobleme werden wir daher davon ausgehen, dass Individuen in Situationen, in denen sie relevante Informationen besitzen, die andere Personen nicht haben, nur dann zur Herausgabe der Informationen bereit sein werden, wenn sie dadurch ihren Nutzen erhöhen können. Auch hier haben wir ein einfaches Beispiel, um zu verdeutlichen, was gemeint ist:

---

[1] Um im Folgenden eine einfache Sprache verwenden zu können, werden wir die Mengenvorgaben einer zentralen Planungsstelle auch als Vertrag bezeichnen, auch wenn es sich im juristischen Sinne dabei um keinen privatrechtlichen Vertrag handelt.

[2] Sie sind es beide nicht. Inwieweit hilft Ihnen diese Aussage?

Beispiel 2: Es gibt zwei Typen von Menschen, Singles S und Menschen, die in Beziehungen leben B. Nehmen wir an, Sie leiten ein gewinnorientiertes Unternehmen, welches ein nicht lagerfähiges Produkt, etwa Joghurt, verkaufen will. $x \in \{0, 1, 2\}$ ist die Anzahl an Bechern mit Joghurt und p der Preis. Unter Berücksichtigung des Kaufpreises haben Singles den folgenden Nutzen aus den unterschiedlichen Mengen Joghurt:

$$u_S = \begin{cases} s - 2p, & \text{falls } x = 2, \\ s - p, & \text{falls } x = 1, \\ 0, & \text{falls } x = 0. \end{cases} \tag{10.1}$$

Menschen in Beziehungen haben dagegen den folgenden Nutzen:

$$u_B = \begin{cases} 2(b - p), & \text{falls } x = 2, \\ 0, & \text{falls } x = 1, \\ 0, & \text{falls } x = 0. \end{cases} \tag{10.2}$$

Dabei nehmen wir an, dass $2b > s > b$ gilt. Wenn Sie wissen, ob eine Person, die bei Ihnen Joghurt kaufen möchte, Single ist oder nicht, dann können Sie sehr einfach Ihren Gewinn maximieren, indem Sie einem B einen Preis von $p = b$ und einem S einen Preis von $p = s$ setzen. Damit schöpfen Sie die gesamten Handelsgewinne ab.

Nun können Sie aber beide Gruppen nicht an ihrem Aussehen unterscheiden. Damit würden bei Ihrer Preisstrategie die Singles vorgeben, in einer Beziehung zu leben, um damit den niedrigeren Preis pro Becher Joghurt zu erhalten. Welche Lösungsmöglichkeiten bieten sich für Sie an? Eine einfache Lösung besteht darin, dass Sie Joghurt nicht nur als einzelne Becher, sondern auch als Zweierpack anbieten, wobei Sie als Preis für einen einzelnen Joghurt nach wie vor $p^1 = s$ setzen, den Preis eines Zweierpacks aber auf $p^2 = 2b$ festlegen. Welche Konsequenz hat diese Strategie? Wegen $2b > s$ wird ein Single niemals einen Zweierpack kaufen. Darüber hinaus gilt aber $s > b$, so dass ein Mensch mit Beziehung niemals einen einzelnen Joghurt kaufen wird. Durch die Strategie der Preis- und Produktdifferenzierung erreichen Sie die Selbstselektion der beiden Typen – diese verraten sich durch ihr Kaufverhalten – und Sie können damit einen ebenso hohen Gewinn wie in der Situation mit vollständiger Information erreichen.

Dieses einfache Beispiel kann zur Erklärung vieler realer Phänomene herangezogen werden. Es erklärt natürlich insbesondere das mit der bisher vorgestellten Theorie nicht erklärbare, aber häufig zu beobachtende Phänomen der Bündelung von Produkten oder des Verkaufs unterschiedlicher Abfüllmengen zu unterschiedlichen Preisen pro Einheit. Hinter einer solchen Strategie wird nämlich regelmäßig der Versuch zu vermuten sein, Konsumentengruppen mit unterschiedlichen Zahlungsbereitschaften zu segmentieren, um damit den Gewinn eines Unternehmens zu vergrößern.

In dem obigen Beispiel haben wir die wichtigsten Probleme und Konzepte bei der Analyse der Rolle asymmetrischer Information für die Allokation in einer Ökonomie kennen gelernt: Asymmetrische Information wird so modelliert, dass die Individuen eine für die Allokation relevante Größe nicht mehr explizit in ihrer Vertragsgestaltung berücksichtigen können, weil sie nur von einer Vertragsseite beobachtbar ist. In diesem Sinne entsteht in dem ansonsten vollständigen Vertrag eine Lücke, und es wird untersucht, inwieweit diese Lücke durch eine geschickte Wahl der anderen, noch steuerbaren Größen geschlossen werden kann, so dass die effiziente Lösung weiterhin erreicht wird. Informationsasymmetrien können also dazu führen, dass die optimalen Strategien, die in Situationen vollständiger Information gelten, nicht mehr funktionieren. Es ist aber denkbar, dass an deren Stelle andere Verfahren treten, die das Problem lösen. Für eine Theorie der Wirtschaftspolitik ist daher ein Verständnis der Rolle von Informationsasymmetrien für die Möglichkeit, Allokationen durch eine Wirtschaftsordnung zu steuern, von großer Bedeutung. Lässt sich eine effiziente Lösung immer erreichen? Falls ja, durch welche Institutionen? Wenn nein, welche Effizienzregel tritt an die Stelle des Prinzips der vollständigen Internalisierung und welche Institutionen verwirklichen dieses neue Prinzip? Darüber hinaus können wir hoffen zu verstehen, warum wir bestimmte Strukturen – wie im Beispiel die Bündelung unterschiedlicher Güter – in der Realität beobachten.

Es hat sich zur Analyse asymmetrischer Informationen die folgende Unterscheidung als nützlich erwiesen:

- Es kann asymmetrische Information über eine ökonomisch relevante exogene Größe vorliegen (verborgene Information), d. h. ein Vertragspartner, A, hat eine Information, die sein gegenüber, B, nicht hat. (1)
- Es kann asymmetrische Information über eine ökonomisch relevante Größe vorliegen, die einer der beteiligten Partner, A, erst nach Vertragsabschluss wählt (verborgene Handlung). (2)

Im Fall (2) kann der Vertragspartner B nicht einmal im Nachhinein an Hand des Ergebnisses feststellen, welche Handlung A vorgenommen hat. Dies wiederum kann zwei verschiedene Ursachen haben:

- Es liegt zusätzlich der Fall verborgener Information vor und das Ergebnis ist sowohl von der nur dem A bekannten exogenen Größe („A's Typ") als auch von A's Handlung abhängig, und B kann diese beiden Gründe nicht auseinanderhalten.
- Neben der Handlung des A ist das Ergebnis auch vom Zufall bestimmt, d. h. es liegt eine Situation der Unsicherheit oder des Risikos vor. Man spricht daher in diesem Fall auch von „Verhaltensrisiko" (engl. Moral Hazard), weil die Wahrscheinlichkeit des Eintretens eines Ereignisses (z. B. einer Erkrankung) durch das Verhalten des A beeinflusst wird.

Wir behandeln für den größten Teil dieses Kapitels den Fall der asymmetrischen Information über exogene Größen, den man auch als „Antiselektion" (engl. Adverse Selection) bezeichnet. Lediglich in Abschnitt 10.4.1 werden wir einen Fall kennen lernen, in dem asymmetrische Informationen über exogene und endogene Größen vorliegen. Da ein Vertrag nur auf beobachtbare und vor Gericht verwertbare Größen konditionieren kann, bedeutet dies eine Einschränkung der Bedingung der vollständigen Kontrahierbarkeit. Analog gilt dies für einen zentralen Planungsprozess, für den ebenfalls die optimalen Produktionspläne an bestimmte Informationen geknüpft sind, die der zentralen Planungsstelle möglicherweise nicht vorliegen.

Damit stellt sich aber die Frage, ob und falls ja, unter welchen Bedingungen sich in dieser veränderten Situation noch ein effizientes Ergebnis durch bestimmte Institutionen erreichen lässt.

Wir werden fortan die folgenden Begriffe verwenden: Unter einem *Projekt* verstehen wir eine mögliche Interaktion von Akteuren mit der Eigenschaft, dass durch seine Ausführung Wohlfahrtsgewinne realisiert werden können. Eine *Allokation* ist eine vollständige Liste aller Variablen, die in dem Projekt festgelegt werden müssen. Eine Allokation ist *effizient*, wenn es keine andere erreichbare Allokation gibt, die für mindestens einen Akteur ein höheres Nutzenniveau impliziert und für keinen anderen ein niedrigeres. Eine *Institution* ist ein Anreizsystem, welches die Handlungen der Akteure koordiniert, also z. B. eine dezentrale Marktlösung oder ein zentraler Planungsprozess. Wichtig an dieser Unterscheidung ist, dass die effizienten Allokationen ohne Bezug zu den institutionellen Gegebenheiten definiert werden. Dies hatten wir bereits in Kapitel 8 gesehen, als wir zwischen der institutionenfreien Interdependenz und dem institutionsbezogenen Externen Effekt unterschieden hatten. Damit ist es möglich, Institutionen bezüglich ihrer Eigenschaft, effiziente Allokationen hervorzubringen, zu beurteilen. Wir sagen im Folgenden auch, dass eine solche Institution eine effiziente Allokation *stützt*. Als wesentliche Ergebnisse dieses Kapitels werden wir zeigen:

1. Unter bestimmten, noch näher zu bestimmenden Voraussetzungen an den Wohlfahrtsgewinn eines Projekts kann eine effiziente Allokation durch Institutionen gestützt werden. In diesem Fall kann eine optimale Institution danach bestimmt werden, ob sie das Prinzip der vollständigen Internalisierung erfüllt. Jede Institution, die dieses Prinzip erfüllt, ist effizient.
2. Wenn der minimale Wohlfahrtsgewinn eines Projekts nicht ausreichend groß ist, um die Existenz einer effizienten Institution zu garantieren, kann im Allgemeinen keine Aussage über die Gültigkeit des Prinzips der vollständigen Internalisierung für die Bewertung von zweitbesten Institutionen getroffen werden.
3. Die Idee der Befugnis des Staates zur Ausübung von Zwangsgewalt wird neu begründet und eine Größe entwickelt, anhand derer man messen kann, ob das Ausmaß an Zwangsgewalt für die effiziente Durchsetzung der Eigentumsordnung hinreichend ist.

Im Falle der Nichtexistenz optimaler Institutionen müssen an die Stelle des Prinzips der vollständigen Internalisierung andere Regeln treten. So gilt für stetig veränderbare Regulierungsgrößen die Regel, dass die marginale Störung aller endogenen Größen gerade ausgeglichen werden sollte. In Kapitel 3 hatten wir für den Fall einer nicht vollständig durchgesetzten Eigentumsordnung bereits eine Regel für unstetig veränderbare Regulierungsgrößen kennen gelernt, die das residuale Kontrollrecht dem Akteur zuordnet, der den größten Einfluss auf den Projekterfolg hat.

Warum sind diese Ergebnisse für eine Theorie der Wirtschaftspolitik wichtig? Zur Beantwortung dieser Frage wollen wir für einen Moment von der Richtigkeit der obigen Behauptungen ausgehen. Für die Beurteilung von Institutionen ist es wichtig, beurteilen zu können, ob eine vermutete Ineffizienz Ausdruck einer mangelhaften Anreizgestaltung durch die Institution ist. Bejaht man diese Frage, so impliziert dies einen Reformbedarf für diese Institution. So kann man etwa feststellen, dass die von einer Institution ausgehenden Anreize mit dem Prinzip der vollständigen Internalisierung unverträglich sind, und Reformoptionen erarbeiten, die näher an dieses Prinzip heranführen. Kann man aber zeigen, dass diese Ineffizienz unvermeidbare Konsequenz des zu regulierenden Umfelds ist, so folgt keine Notwendigkeit für Reformen.[3] Insbesondere gilt dann das Prinzip der vollständigen Internalisierung nicht mehr notwendigerweise als Leitprinzip für die Beurteilung von Institutionen.

Einige der oben gemachten Behauptungen mögen zum jetzigen Zeitpunkt noch unklar und vage erscheinen. Eine Präzisierung wird sich von selbst durch die Lektüre des Modells ergeben. Der Leser sollte die Begründungsrichtung als roten Faden bei den folgenden Ausführungen aber nicht aus den Augen verlieren.

10.1 Existenz optimaler Verträge bei asymmetrischer Information über entscheidungsrelevante Größen

Wie bereits erwähnt, wollen wir den Fall betrachten, dass Individuen unterschiedlich gute Informationen über Parameter besitzen, die für die Bestimmung einer optimalen Allokation von Relevanz sind. Diese recht abstrakte Aussage umfasst eine große Anzahl empirischer Phänomene. So ist es in Käufer-Verkäufer-Verhältnissen regelmäßig so, dass der Verkäufer über die Qualität des Produkts besser informiert ist als der Käufer. In Versicherungskontrakten ist es hingegen gerade umgekehrt; typischerweise verfügt hier der Versicherte über bessere Informationen z. B. über sein Krankheits- oder Sterberisiko als der Versicherer. Beiden Fällen ist gemeinsam, dass die jeweils uninformierte Partei die Bedingungen, unter denen ein Tausch stattfindet, gern von den privaten Informationen der anderen Seite abhängig machen würde. Der Käufer eines Gebrauchtwagens etwa würde den Kaufpreis davon abhängig machen, ob der Wagen in technisch gutem Zustand ist oder nicht.

Wir fragen nun in diesem Kapitel, unter welchen Voraussetzungen solche Informationsasymmetrien ein Hindernis für die Möglichkeit der Schaffung effizienter Institutionen sind bzw. welche Institutionen zu einer effizienten Allokation führen. Dabei werden wir zwei Fragenkomplexe unterscheiden:

1. Welche Allokationen sind prinzipiell erreichbar? Gilt das Prinzip der vollständigen Internalisierung? Falls nein, welches Kriterium tritt an seine Stelle?
2. Welche Institutionen stützen die erreichbaren Allokationen in einem gegebenen zu regulierenden Umfeld?

Wir betrachten das folgende Modell mit m Individuen: Ein Individuum i, $i = 1, \ldots, m$, habe private Informationen in Form eines Informationsparameters $\theta_i \in$

---

[3]Unter dem zu regulierenden Umfeld verstehen wir die exogenen technischen und informationsspezifischen Gegebenheiten der betrachteten Situation. Wenn also etwa das Gut „Versicherung gegen das finanzielle Risiko aus Krankheit" bereitgestellt werden soll und die individuellen Krankheitsrisiken private Informationen der Individuen sind, so ist diese Informationsasymmetrie Bestandteil des zu regulierenden Umfelds, auf welches die Auswahl einer optimalen Institution eingehen muss.

$\Theta_i \subset \mathbb{R}$, wobei die Menge der möglichen Ausprägungen von θ_i als kompakte Teilmenge der reellen Zahlen angenommen wird. Wir sagen auch, dass ein Individuum, welches über die private Information θ_i verfügt, den Typ θ_i hat. Im Folgenden bezeichnet θ den Vektor $(\theta_i, \ldots, \theta_m)$, der ein Element aus $\Theta = \Theta_1 \times \cdots \times \Theta_m$ ist. Der Typ determiniert die Nutzenfunktion des Individuums $U_i(\ldots, \theta_i)$. Dies kann im Versicherungsbeispiel durch eine Nutzenfunktion gegeben sein, in der der Typ die Wahrscheinlichkeit misst, krank zu werden. Jedes Individuum kennt seinen eigenen Typ, nicht aber den Typ eines anderen Individuums. Es geht aber von einer ganz bestimmten Verteilungsfunktion für θ_i aus, deren zugehörige Dichtefunktion wir als stetig annehmen. Für das im Folgenden zur Anwendung kommende Konzept des Bayesianischen Nash-Gleichgewichts müssen wir noch annehmen, dass die individuell zugrunde gelegten Wahrscheinlichkeitsverteilungen von einer gemeinsamen A-priori-Wahrscheinlichkeitsverteilung abgeleitet sind (Common-Prior-Annahme) und dass die Typen unabhängig sind.

Wie bisher ziehen Individuen Nutzen aus den von ihnen konsumierten Gütermengen. In diesem Kapitel nehmen wir an, dass die konsumierten Gütermengen durch *Handlungen* der Individuen festgelegt werden. So kann man sich beispielsweise vorstellen, dass ein Zentralplaner Gütermengen zuteilt. Diese Zuteilung ist die Handlung, die eine Verteilung der Güter hervorbringt. Da Gütermengen als eindeutig mit den Handlungen verbunden angenommen werden, können wir uns den Nutzen der Individuen direkt als Funktion der Handlungen vorstellen. Diese abstrakte Auffassung wird sich für die Behandlung sehr unterschiedlicher Allokationsprobleme in diesem Kapitel als vorteilhaft erweisen. Da eine Handlung aber auch im Wegnehmen bestehen kann, muss der auf dem Handlungsraum definierte Nutzen nicht mehr monoton steigend in der Handlung sein. Der durch den Typ determinierte Nutzen eines Individuums i wird durch seine Handlung und die Handlungen der anderen Individuen, $z = (z_1, \ldots, z_m)$, sowie der Menge t_i eines transferierbaren Gutes beeinflusst. Dieses Gut dient allein dem Zweck der Umverteilung zwischen den Individuen, mittels derer später Anreize gesetzt werden. Daher gilt

$$t_1 + \cdots + t_m = 0 \,. \tag{10.3}$$

Wir nehmen im Folgenden an, dass die Präferenzen der Individuen quasilinear sind, so dass

$$U_i(z, t_i, \theta_i) = v_i(z, \theta_i) + t_i \,, \quad i = 1, \ldots, m \,, \tag{10.4}$$

gilt. Die Nutzenfunktion weise die „Single-Crossing-Property" auf:

$$\frac{\partial v_i(z, \hat{\theta}_i)}{\partial z_i} > \frac{\partial v_i(z, \tilde{\theta}_i)}{\partial z_i} \quad \Leftrightarrow \quad \hat{\theta}_i > \tilde{\theta}_i \,. \tag{10.5}$$

Diese Bedingung besagt, dass in einem Diagramm, bei dem man auf der Abszisse z_i und auf der Ordinate t_i abträgt, die Steigung der Indifferenzkurven für unterschiedliche Typen in jedem Punkt umso steiler ist, je größer der Typ ist. Dies impliziert, dass sich die Indifferenzkurven der unterschiedlichen Typen höchstens einmal schneiden (vgl. Abbildung 10.1). Diese technische Annahme wird es uns erlauben, relativ einfach die Menge der Allokationen zu charakterisieren, die institutionell erreichbar sind.

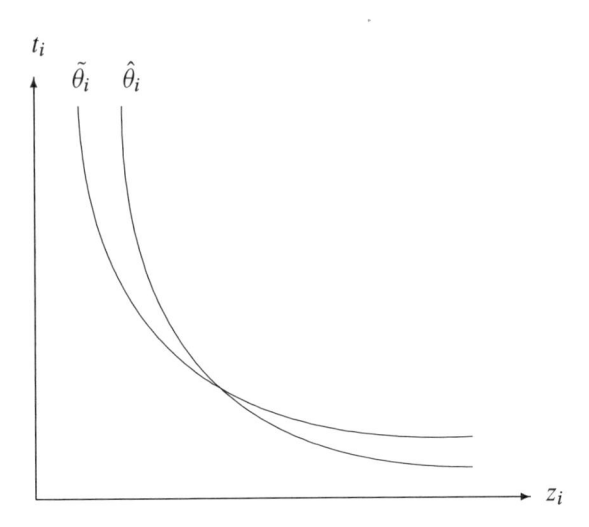

Abbildung 10.1: Single-Crossing-Property

Im Allgemeinen wird die Wahl eines optimalen Vektors z^* von den Typen der Individuen abhängen, so dass $z^* = z^*(\theta)$. Diese Formulierung des Problems umfasst eine große Klasse von ökonomischen Allokationsproblemen, etwa private und Öffentliche Güter, wie wir anhand der Beispiele in Abschnitt 10.2 noch sehen werden. Zunächst wollen wir nun eine optimale Allokation $z^* = z^*(\theta)$ charakterisieren. Da die Nutzenfunktionen aller Individuen als quasilinear angenommen wurden, lässt sich die Menge der Pareto-Optima bei vollständiger Information vereinfacht durch die Maximierung der ungewichteten Nutzensumme bestimmen. Wegen (10.3) gilt mit $t = (t_1, \ldots, t_m)$

$$\max_{z(\theta),\ t(\theta)} \sum_{i=1}^{m} (v_i(z(\theta), \theta_i) + t_i(\theta)) = \max_{z(\theta)} \sum_{i=1}^{m} v_i(z(\theta), \theta_i). \quad (10.6)$$

Wie bereits gesagt, bezeichnen wir mit $z^* = z^*(\theta)$ die Lösung des obigen Maximierungsproblems für ein gegebenes Typenprofil θ. Die linearen Terme $t^*(\theta)$ sind hingegen innerhalb bestimmter Grenzen frei variierbar, wodurch man die Pareto-Grenze konstruieren kann. Wir bezeichnen im Folgenden den maximalen Projektertrag für ein gegebenes Typenprofil, d. h. den Wert von (10.6), auch mit $P(\theta)$.

Da wir nun wissen, welche Allokationen wir realisieren wollen, wenn Informationen nicht asymmetrisch verteilt sind, stellt sich als nächstes die Frage, mit welchen Institutionen dies gelingt. Hier existiert zunächst das Problem, dass es regelmäßig von der Realisierung des Typs der Individuen abhängen wird, welches die optimale Allokation ist. Diese Typen sind aber für die jeweils anderen Parteien nicht beobachtbar, so dass institutionelle Gegebenheiten und individuelle Vereinbarungen nicht direkt auf die Realisierung von θ aufbauen können. So können für die Institution des freiwilligen Tausches innerhalb einer perfekten Eigentumsordnung private Verträge nicht direkt auf das Typenprofil, also z. b. ein Versicherungsvertrag auf das Krankheitsrisiko, konditionieren. In einer Zentralverwaltungswirtschaft gilt analog, dass z. B. geforderte Produktionsmengen nicht nach dem Qualifikationsprofil der Mitarbeiter eines Betriebs (dem Typ) differenziert sein können, wenn die zentrale Planungsstelle diese Informationen nicht besitzt. Die Frage lautet daher, ob es Institutionen gibt, mittels derer die Informationen aufgedeckt werden, so dass *im Ergebnis* die Allokation doch nach den Typen differenziert sein kann.

Der Begriff des Mechanismus fasst formal die Idee einer Institution. Eine Institution ist ein System von Regeln – also etwa das Bürgerliche Gesetzbuch, das Handelsgesetzbuch oder ein Planungsverfahren –, welches die Verhaltensmöglichkeiten der einzelnen Akteure bestimmt. Ein spezifisches Verhalten eines Individuums i, welches seinen Typ kennt, nennen wir *Handlung* σ_i, welche ein Element aus einer *Handlungsmenge* Σ_i ist. Eine Handlungsmenge spezifiziert die Verhaltensmöglichkeiten eines Individuums für einen bestimmten Typ. Wenn wir für jede mögliche Typrealisierung eines Individuums eine Handlung festlegen, so erhalten wir einen typenkontingenten Plan, den wir als *Strategie* s_i dieses Individuums bezeichnen. Die *Strategienmenge* S_i eines Individuums ist dementsprechend die Menge aller typenkontingenten Pläne.

Formal ist ein Mechanismus damit ein Teil eines Spiels, welcher den einzelnen Individuen Handlungsmengen Σ_i, $i = 1, \ldots, m$, zuordnet und eine Allokation $(z, t) = f(\sigma_1, \ldots, \sigma_m)$ in Abhängigkeit von den gewählten Handlungen $\sigma_i \in \Sigma_i$, $i = 1, \ldots, m$, bestimmt. Ein Mechanismus ist eine sehr abstrakte Interpretation des Institutionenbegriffs, doch hat er den Vorteil, dass jede denkbare Institution als Mechanismus gedeutet werden kann.

Ein durch einen Mechanismus definiertes Spiel kann dabei ein sehr kompliziertes Verfahren sein. Für einen zentralen Planungsprozess kann man sich etwa vorstellen, dass zunächst die Planungsbehörde einzelnen Betrieben Vorgaben über zu erfüllende Produktionspläne macht. Die Betriebe können diese Vorgaben akzeptieren oder nicht. Anschließend erarbeitet die Behörde aufbauend auf den Rückmeldungen revidierte Vorgaben usw. Die Menge von Alternativen, aus denen die revidierten Vorgaben ausgewählt werden können, sind möglicherweise von der Strategie der Betriebe abhängig. Dieses Verfahren determiniert dann die letztendlich realisierte Allokation.

Ein solches Spiel lässt sich durch den in Abbildung 10.2 dargestellten Teil eines Spielbaums darstellen. In der Abbildung wird die oben geschilderte Planungssituation formal wiedergegeben. Zunächst wählt die Behörde eine Handlung $\sigma_{b1} \in \mathbb{R}$, die als Vorgabe für die zu produzierenden Mengen und die dabei zum Einsatz kommenden Produktionsfaktoren gedeutet werden kann. Der Bogen durch die Äste deutet an, dass die Behörde aus einem Kontinuum solcher Vorgaben auswählen kann, die natürlich grafisch nicht alle wiedergegeben werden können. Der Betrieb kann anschließend die Vorgabe akzeptieren oder ablehnen, wonach die Behörde erneut eine Mengenvorgabe $\sigma_{b2} \in \mathbb{R}$ macht. Man kann sich leicht vorstellen, dass ein solches Planungsverfahren mit einer großen Anzahl von Betrieben, deren Mengenentscheidungen auch noch interdependent sein können, zu sehr komplexen Spielbäumen führt, so dass eine systematische formale Analyse solcher Institutionen sich ausgesprochen aufwändig gestaltet. Analog zum obigen Beispiel lassen sich eine Reihe von Mechanismen kon-

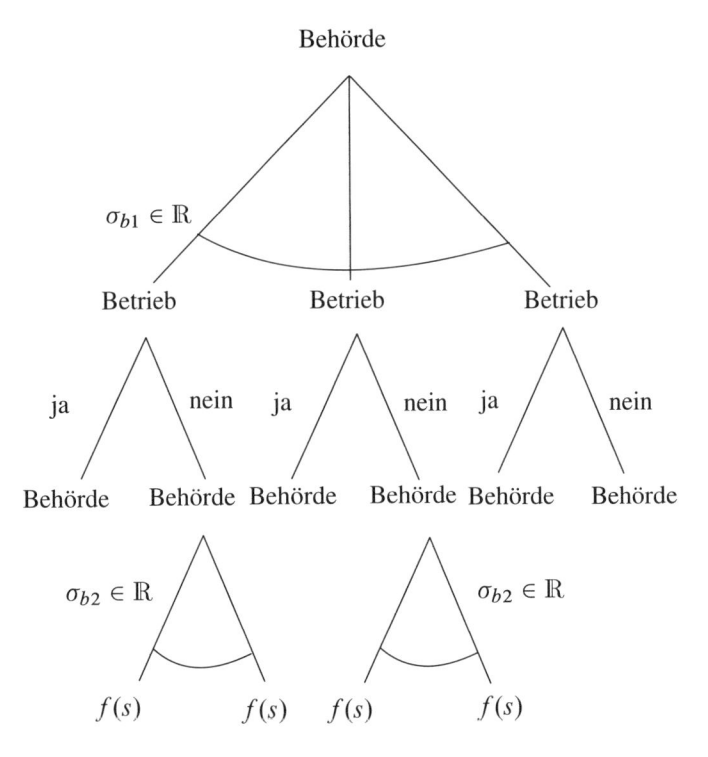

Abbildung 10.2: Spielbaum bei zentraler Planung

struieren, die wir für eine repräsentative Umsetzung von Entscheidungssituationen auf Märkten halten. Solche werden wir z. B. in Abschnitt 10.3.4 noch kennen lernen.

Wir nennen einen Mechanismus effizient, wenn die optimale Allokation $z^* = z^*(\theta)$ ein Gleichgewicht des durch diesen Mechanismus definierten Spiels ist. Wir interessieren uns im Folgenden für ein Bayesianisches Nash-Gleichgewicht, bei dem die Individuen für einen gegebenen Mechanismus die beste Strategie aus ihrer Strategienmenge für die von ihnen angenommene Wahrscheinlichkeitsverteilung über den Typ der anderen Individuen wählen. Damit können wir die Frage nach der Existenz effizienter Institutionen in einer Welt mit privaten Informationen über entscheidungsrelevante Größen nun präzise fassen: *Eine effiziente Allokation lässt sich durch eine Institution stützen, wenn es einen Mechanismus gibt, der diese Allokation als Gleichgewicht hat.*

Nun sind wir an dieser Stelle vor ein Problem gestellt: Prinzipiell kann man sich sehr viele unterschiedliche Institutionen vorstellen. Insbesondere wenn man sich die Definition eines Mechanismus anschaut, fällt auf, dass beliebige Variationen der individuellen Strategienräume und zugehörigen Allokationsfunktionen denkbar sind, die alle jeweils ein anderes Spiel beschreiben. Da wir aber an der Beantwortung der Frage interessiert sind, ob es Institutionen gibt, die effiziente Allokationen stützen, und

10.1. Existenz optimaler Verträge

falls ja, welche dies sind, müssten wir hier eine unüberschaubare Menge von Institutionen absuchen. Mit ein wenig Glück und Geschick kann dies sogar manchmal zielführend sein. Glücklicherweise existiert aber das sogenannte „Prinzip der direkten Offenbarung", welches uns bei der Suche nach effizienten Mechanismen das Leben ein wenig leichter macht. In der Menge aller möglichen Spiele existiert nämlich ein besonders einfaches Spiel, bei dem jedes Individuum als Handlungsmenge die Signalisierung seines Informationsparameters besitzt und die Allokation eine Funktion des übermittelten Typs ist. Mit anderen Worten werden die Individuen direkt nach ihrem Typ „gefragt". Wir nennen einen solchen Mechanismus $\{\Theta_1, \ldots, \Theta_m, z(\theta), t(\theta)\}$ *direkt*.

Wir erhalten damit im Falle zweier Individuen mit vollständiger Information den in Abbildung 10.3 wiedergegebenen Teil eines Spielbaums.[4] Die Entscheidungsknoten von Individuum 2 sind hier eingekreist, um damit anzudeuten, dass kein sequenzielles Spiel gespielt wird, bei dem Individuum 2 im Zeitpunkt seiner Entscheidung die Strategie (den offenbarten, nicht notwendigerweise echten Typ) von Individuum 1 bereits kennt, sondern um ein simultanes, bei dem beide Individuen ihre Strategie ohne Kenntnis der Strategie des anderen Individuums wählen.

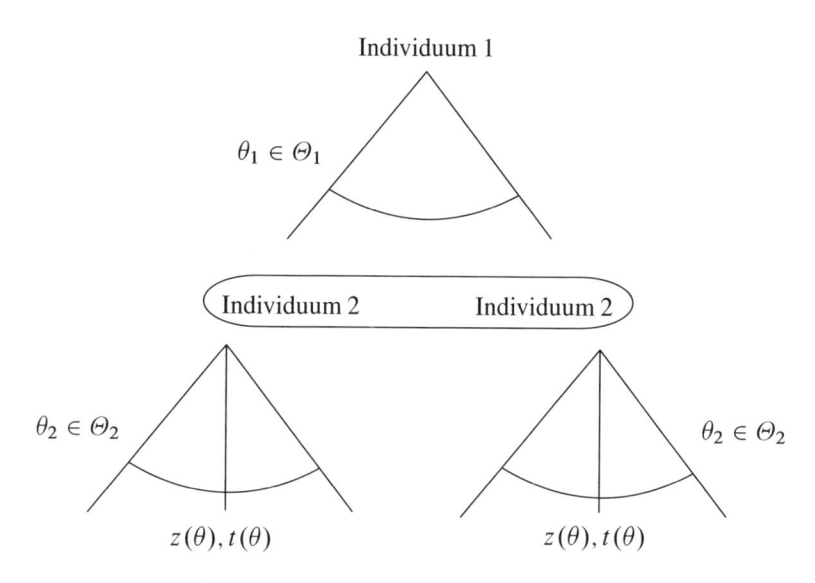

Abbildung 10.3: Spielbaum im Zwei-Personen-Spiel

---

[4]Ein vollständiger Spielbaum würde zu Beginn des Spiels noch einen Zug eines Spielers „Natur" vorsehen, der die Typen der einzelnen Spieler festlegt. Die anderen Spieler formulieren dann Wahrscheinlichkeiten über die Wahl der möglichen Typen durch den Spieler „Natur". Der in Abbildung 10.3 dargestellte Baum lässt sich als ein Teil des gesamten Spielbaums interpretieren, in dem die Natur eine bestimmte Zuordnung von Typen vorgenommen hat und diesbezüglich bei beiden Spielern vollständige Information vorliegt. Sie dient daher nur der Veranschaulichung einer Situation, in der Individuen als Handlungen das Signal ihres Typs haben.

Zur Ableitung dieses Prinzips definieren wir zunächst ein Gleichgewicht für einen beliebigen Mechanismus $\{\sum_1, \ldots, \sum_m, f\}$. Wir bezeichnen im Folgenden mit $E[.]$ den unbedingten Erwartungswert und mit $E_i[.], i = 1, \ldots, m$, den bedingten Erwartungswert einer Größe über die Typen θ_{-i}, wobei θ_i bekannt und fixiert ist. Mit $\theta_{-i} = (\theta_1, \ldots, \theta_{i-1}, \theta_{i+1}, \ldots, \theta_m)$ bezeichnen wir das Typenprofil für alle Individuen außer i und mit $s_{-i} = (s_1, \ldots, s_{i-1}, s_{i+1}, \ldots, s_m)$ den Vektor der Strategien für alle Individuen außer i. Da eine Strategie ein typenkontingenter Handlungsplan ist, können wir eine Handlung σ_i für einen Typ θ_i auch schreiben als $s_i(\theta_i)$, und einen Vektor von Handlungen als $s(\theta) = (s_i(\theta_i), s_{-i}(\theta_{-i}))$. Ein Strategienvektor s ist ein Bayesianisches Nash-Gleichgewicht, wenn für alle $i = 1, \ldots, m$ und für alle $\theta_i \in \Theta_i$ gilt, dass

$$E_i[U(f(s_i(\theta_i), s_{-i}(\theta_{-i})), \theta_i)] \geq E_i[U(f(\sigma_i, s_{-i}(\theta_{-i})), \theta_i)] \ \forall \ \sigma_i \in \Sigma_i \quad (10.7)$$

erfüllt ist.[5] Ein Strategienvektor s ist also ein Bayesianisches Nash-Gleichgewicht, wenn die erwartete Auszahlung für jeden Spieler i bei dieser Strategie größer oder gleich der erwarteten Auszahlung bei jeder anderen möglichen Strategie ist unter der Annahme, dass alle anderen Spieler ihre optimale Strategie wählen.[6] Im Verlauf dieses Kapitels werden sowohl die Relevanz als auch die Intuition dieser Bedingung noch klarer werden. Gehen wir im Folgenden also davon aus, dass die Monotoniebedingung erfüllt ist und fragen uns, wie ein effizienter Mechanismus aussieht und welche Bedingungen ansonsten für seine Existenz noch erfüllt sein müssen.

Damit können wir das Prinzip der direkten Offenbarung formulieren:

Prinzip der direkten Offenbarung:

Angenommen, ein Mechanismus $\{\sum_1, \ldots, \sum_m, f\}$ implementiere die Allokation $z' = z'(\theta), t' = t'(\theta)$ als Bayesianisches Nash-Gleichgewicht. Dann implementiert auch der direkte Mechanismus $\{\Theta_1, \ldots, \Theta_m, z', t'\}$ diese Allokation als Bayesianisches Nash-Gleichgewicht.

Mit anderen Worten kann man sich für die Frage, ob es überhaupt eine Institution gibt, die die effiziente Allokation stützt, auf Mechanismen beschränken, bei denen die Individuen direkt „nach ihrem Typ gefragt" werden. Der Beweis dieses Prinzips wird

---

[5]Wir werden uns in diesem Kapitel mit der Existenz effizienter Mechanismen beschäftigen, wenn diese als ein Bayesianisches Nash-Gleichgewicht implementiert werden sollen. Eine Alternative besteht in der Implementierung in dominanten Strategien. Beide Ansätze unterscheiden sich bezüglich des Vorgehens nicht prinzipiell voneinander. Mechanismen, die eine Allokation als dominante Strategie implementieren, haben den Vorteil, dass sie an die kognitiven Fähigkeiten der Individuen relativ geringe Anforderungen stellen, weil die optimale Strategie unabhängig von den Strategien der anderen Individuen ist. Dafür ist die Klasse von Allokationsproblemen, für die ein effizienter Mechanismus existiert, kleiner.

[6]Wie eine Analyse der notwendigen Bedingungen für ein Maximum zeigt, ist das Optimum nur dann implementierbar, wenn die Entscheidungsfunktion monoton im Typ ist. Wir werden im folgenden davon ausgehen, dass diese Annahme erfüllt ist.

10.1. Existenz optimaler Verträge

verdeutlichen, warum dies so sein muss: Da Ungleichung (10.7) für jede zulässige Handlung der Individuen vom Typ θ_i erfüllt sein muss, gilt sie insbesondere auch für die Handlung des Individuums, die optimal wäre, wenn es einen anderen Typ hätte. Damit gilt für alle $i = 1, \ldots, m$:

$$E_i[U_i(f(s(\theta)), \theta_i)] \geq E_i[U_i(f(s_i(\hat{\theta}_i), s_{-i}(\theta_{-i})), \theta_i)] \quad \forall \; \hat{\theta}_i \in \Theta_i \, . \quad (10.8)$$

Da laut Voraussetzung der Mechanismus $\{\sum_1, \ldots, \sum_m, f\}$ die Allokation z', t' stützt, ist $f(s(\theta)) = \{z'(\theta), t'(\theta)\}$. In (10.8) eingesetzt, erhält man für $i = 1, \ldots, m$

$$E_i[U_i(z'(\theta), t'(\theta), \theta_i)] \geq E_i[U_i(z'(\hat{\theta}_i, \theta_{-i}), t'(\hat{\theta}_i, \theta_{-i}), \theta_i)] \quad \forall \; \hat{\theta}_i \in \Theta_i \, . \quad (10.9)$$

Die letzte Ungleichung ist aber gerade die Gleichgewichtsbedingung für den direkten Mechanismus $\{\Theta_1, \ldots, \Theta_m, z', t'\}$. Hier sind die Werte $\hat{\theta}_i$ die Handlungen, die ein Individuum vom Typ θ_i wählt, wenn es mit dem direkten Mechanismus konfrontiert ist. (10.9) stellt sicher, dass es jedes Individuum optimal findet, seinen wahren Typ zu offenbaren. Wir werden aus diesem Grund die Gleichgewichtsbedingung auch *Anreizverträglichkeitsbedingung* nennen. Die durch den Mechanismus erzeugten Anreize sind daher mit einer wahrheitsgemäßen Typoffenbarung verträglich. Im Beweis dieses Prinzips erkennt man seine Logik: Für jeden beliebigen Mechanismus kann man aus der Handlung der Individuen auf ihren Typ zurückschließen. Das sahen wir schon im einleitenden Beispiel, in dem sich die Individuen durch ihre Wahl einer Abgabemenge von Joghurt offenbart haben. Nutzt man diese Einsicht, so folgt, dass man die Individuen auch „direkt nach ihrem Typ fragen kann".

Das Prinzip der direkten Offenbarung erlaubt es, uns auf direkte Mechanismen zu beschränken, wenn wir die Frage untersuchen, ob eine Institution existiert, die die effiziente Allokation implementiert: *jede* Allokation, die als Gleichgewicht eines beliebigen Mechanismus gestützt werden kann, wird auch als Gleichgewicht des direkten Mechanismus gestützt. Bei einem solchen direkten Mechanismus muss die wahrheitsgemäße Typoffenbarung der Individuen ein Gleichgewicht sein. Gehen wir für den Moment einmal davon aus, dass wir zeigen können, dass es für ein Problem einen solchen direkten Mechanismus gibt. Dann wüssten wir allerdings noch nicht, ob eine real existierende Institution effizient ist. Mit anderen Worten erfahren wir durch die Antwort auf die Frage, ob es einen direkten Mechanismus gibt, der die effiziente Allokation stützt, nur, ob das Ziel der Effizienz *überhaupt* institutionell *erreicht werden kann*. Für die Beurteilung realer Institutionen ist damit noch nicht viel gewonnen.

An dieser Stelle können wir uns aber bereits ein wichtiges Ergebnis überlegen: Da nach dem Prinzip der direkten Offenbarung jede Allokation, die überhaupt durch einen Mechanismus gestützt werden kann, auch durch einen direkten Mechanismus gestützt wird, sollten wir uns überlegen, ob ein solcher direkter Mechanismus eine intuitive ökonomische Interpretation als Institution hat. Dabei stellen wir fest, dass er einen sehr einfachen zentralen Planungsprozess abbildet, bei dem eine zentrale Instanz die Individuen nach ihrem Typ fragt und dann nach allgemein bekannten Regeln eine Entscheidung fällt. Aus dieser Überlegung folgt aber, dass wir aus der

Untersuchung asymmetrischer Informationen prinzipiell keine Antwort auf die Frage erwarten können, ob zentrale oder dezentrale Entscheidungsverfahren von Vorteil sind. Aufgrund des Prinzips der direkten Offenbarung lässt sich zu jedem dezentralen Entscheidungsverfahren ein zentrales finden, welches mindestens ebenso gut funktioniert. Die Beweislast wird hier also wie in den Kapiteln 5–8 auf Seiten der dezentralen Entscheidungsverfahren – also dem Markt – liegen. Sie müssen zeigen, dass sie ebenso gut sind wie ein zentrales.

Auch wenn es in diesem Kapitel nicht möglich sein wird, Argumente für Dezentralisierung abzuleiten, so können wir doch hoffen, auf andere Fragen eine Antwort zu erhalten. Wir haben wahrscheinlich die Vermutung, dass eine vollständige Zentralisierung in Form eines direkten Mechanismus bei der Umsetzung in die Praxis scheitern müsste. Betrachten wir daher dezentrale Entscheidungsverfahren, so kann dieses Kapitel helfen, besser als bislang zu verstehen, welche Lenkungsaufgaben Institutionen erfüllen sollten, und damit Empfehlungen für die Regulierung von Märkten abzuleiten.

Die obigen Überlegungen haben eine wichtige methodische Funktion, die hier explizit betont werden sollte: Formale Modelle sind nicht mehr als die Überprüfung von bestimmten Ideen hin auf ihre Konsistenz. Deshalb sollten, nachdem man die Konsequenzen bestimmter Annahmen verstanden hat, die Ergebnisse eines Modells auch nicht überraschen. Oder anders formuliert, kann uns ein Modell keine Antworten auf Fragen geben, zu deren Beantwortung es nicht geeignet ist. Schon zu Beginn der Überlegungen sollte man sich daher klar zu machen versuchen, ob der gewählte Modellrahmen geeignet ist, eine Antwort auf die Fragen zu geben, an denen man interessiert ist.

Wie wir aber in Kürze sehen werden, können wir mittels des direkten Mechanismus Bedingungen wie das Prinzip der vollständigen Internalisierung ableiten, welche wir dann zur Beurteilung realer Institutionen heranziehen können. Erfüllt eine reale Institution das Prinzip, können wir sicher sein, dass es für ein gegebenes Umfeld keine bessere Institution geben kann (was aber nicht impliziert, dass es keine andere Institution geben kann, die das Prinzip ebenfalls erfüllt). Erfüllt sie es nicht, so können wir sie als Alternative für eine optimale Wirtschaftspolitik auf jeden Fall verwerfen.

Mit dieser Frage werden wir uns nun beschäftigen. Zur wahrheitsgemäßen Typoffenbarung kann ein direkter Mechanismus die Transfers t in geschickter Weise nutzen. Wir können dann die Frage in zwei Teilfragen zerlegen. Zuerst werden wir untersuchen, unter welchen Voraussetzungen die wahrheitsgemäße Typoffenbarung ein Bayesianisches Nash-Gleichgewicht für die Individuen ist. Anschließend werden wir fragen, ob in diesem Fall die Bedingung für Effizienz (10.6) erfüllt werden kann. Beginnen wir also mit dem ersten Schritt. Damit ein direkter Mechanismus das Optimum stützt, muss die Funktion $z^*(\theta)$ implementiert werden und sichergestellt sein, dass die Individuen den wahren Typ offenbaren. Hierzu können die Mengen des transferierten Gutes t_i genutzt werden.

Vergleichen wir die Bedingung für eine effiziente Allokation (10.6) mit der individuellen Bedingung für rationales Verhalten im Nash-Gleichgewicht (10.9), so sehen wir, dass wegen (10.4) das individuelle Optimierungsproblem (10.9) nur dann mit dem Effizienzproblem (10.6) zusammenfällt, falls die Transferfunktionen wie folgt

10.1. Existenz optimaler Verträge

definiert sind:

$$t_i(\hat{\theta}_i, \theta_{-i}) = E_i \left[\sum_{j \neq i} v_j(z^*(\hat{\theta}_i, \theta_{-i}), \theta_j) \right] + \gamma_i(\theta_{-i}), \quad i = 1, \ldots m. \quad (10.10)$$

Dabei hängt $\gamma_i(\theta_{-i})$ aus Sicht von Individuum i nicht vom eigenen Typ θ_i ab. Mit diesem Transfer lauten die Maximierungsprobleme der Individuen $1, \ldots, m$:

$$\max_{\hat{\theta}_i \in \Theta_i} E_i \left[v_i(z^*(\hat{\theta}_i, \theta_{-i}), \theta_i) + \sum_{j \neq i} v_j(z^*(\hat{\theta}_i, \theta_{-i}), \theta_j) \right] + \gamma_i(\theta_{-i}). \quad (10.11)$$

Das Maximum dieser Funktionen wird konstruktionsgemäß gerade an der Stelle $\hat{\theta}_i = \theta_i, i = 1, \ldots, m$ erreicht, so dass der Transfer die richtigen Anreize für eine wahrheitsgemäße Typoffenbarung liefert. Da jedes Individuum abzüglich einer entscheidungsirrelevanten Konstante $\gamma_i(\theta_{-i})$ den Gesamtnutzen berücksichtigt und die Funktion $z^*(\theta)$ für jedes Typenprofil die optimale Allokation wählt, kann ein Individuum durch eine falsche Angabe seines Typs nur verlieren. Dies gilt für jedes beliebige Typenprofil θ_{-i} der anderen Individuen, und damit auch im Erwartungswert über diese Typprofile. Ein solcher Transfer ist eine notwendige Bedingung für die Existenz eines effizienten direkten Mechanismus. Die Einsicht, dass Effizienz bedeutet, dass jedes Individuum den marginalen Effekt seiner Handlungen auf andere Individuen in seinen Entscheidungen berücksichtigen muss, findet man für dominante Strategien erstmals bei E. Clarke (1971) und T. Groves (1973). Für Bayesianische Nash-Gleichgewichte wurde das Ergebnis unabhängig voneinander von C. d'Aspremont und L. A. Gerard-Varet (1979) sowie K. Arrow (1979) gezeigt. Im Folgenden werden wir solche Mechanismen einfach *Groves-Mechanismen* nennen. An dieser Stelle haben wir nun eine präzise Operationalisierung des Prinzips der vollständigen Internalisierung für Ökonomien mit asymmetrischer Information über entscheidungsrelevante Größen abgeleitet:

Umsetzung des Prinzips der vollständigen Internalisierung:

$$t_i(\hat{\theta}_i, \theta_{-i}) = E_i \left[\sum_{j \neq i} v_j(z^*(\hat{\theta}_i, \theta_{-i}), \theta_j) \right] + \gamma_i(\theta_{-i}), \quad i = 1, \ldots, m$$

Jede Institution, die eine effiziente Allokation stützt, muss jedem Individuum marginal den Gesamteffekt seiner Handlung auf den Wert der Gesamtallokation zusprechen. Die Aussage gilt nur marginal, weil die Anreize für Individuum i unverändert bleiben, wenn ein vom Verhalten des jeweiligen Individuums unabhängiger Betrag $\gamma_i(\theta_{-i})$ hinzuaddiert oder abgezogen wird.

Wieso gilt das Prinzip? Wir hatten gesehen, dass, wenn es eine Institution gibt, die die effiziente Allokation stützt, auch ein direkter Mechanismus existiert, der dies tut. Da die Klasse effizienter Mechanismen, die jedem Individuum gerade die durch seine

Handlung verursachte erwartete Externalität (plus minus die entscheidungsirrelevanten Terme) „auszahlt", erfüllen sie alle das Prinzip der vollständigen Internalisierung, da der allgemeine Mechanismus gerade die effiziente Allokation stützt, $f(s(\theta)) = \{z^*(\theta), t^*(\theta)\}$.[7]

Der zweite Teil der Frage nach der Existenz eines effizienten direkten Mechanismus bezog sich auf die Möglichkeit, das Transferschema t auszugleichen, also (10.3) zu erfüllen. Wie wir bei Einsetzen von (10.10) in (10.4) unmittelbar sehen, erhält jedes Individuum bis auf eine additive Konstante den erwarteten Gesamtwert des Projekts. Ein solcher Mechanismus ist in der Regel nicht durchführbar, da als bindende Beschränkung gilt, dass die Summe der Ausschüttungen aus einem Projekt den Gesamtertrag des Projekts nicht übersteigen darf. Umgekehrt gilt aber auch, dass eine nicht vollständige Ausschüttung des Projektertrags mit der Effizienz der Allokation nicht kompatibel ist. Wir bezeichnen mit $D(\gamma)$ das erwartete Defizit des direkten Mechanismus, wenn der Vektor der entscheidungsirrelevanten Zahlungsfunktionen γ ist.

Das erwartete Defizit an der Stelle $\gamma_1(\theta_{-1}) = \cdots = \gamma_m(\theta_{-m}) = 0$ lässt sich leicht bestimmen:

Der „unkompensierte" Groves-Mechanismus schüttet jedem Individuum den erwarteten Gesamtertrag des Projekts aus. Damit beträgt die gesamte erwartete Auszahlung $mE[P(\theta)]$. Das erwartete Defizit beträgt somit

$$D(0) := (m-1)E[P(\theta)] = (m-1) E\left[\sum_{i=1}^{m} v_i(z^*(\theta), \theta_i)\right]. \quad (10.12)$$

Wir müssen also sicherstellen, dass die entscheidungsirrelevanten Terme γ so gewählt werden können, dass (10.3) *ex post*, d. h. für alle θ erfüllt wird. Aus dem Prinzip der vollständigen Internalisierung wissen wir, dass diese Bedingung für einen optimalen Mechanismus äquivalent ist zu

$$\sum_{i=1}^{m} t_i(\theta) = \sum_{i=1}^{m} \left(E_i\left[\sum_{j \neq i} v_j(z^*(\theta_i, \theta_{-i}), \theta_j)\right] + \gamma_i(\theta_{-i}) \right)$$

$$= (m-1)E\left[\sum_{i=1}^{m} v_i(z^*(\theta), \theta_i)\right] + \sum_{i=1}^{m} \gamma_i(\theta_{-i}) = 0. \quad (10.13)$$

Können wir γ so wählen, dass die obige Bedingung erfüllt ist, dann gilt $D(\gamma) = 0$. Ob dies möglich ist, hängt davon ab, ob mit dem Mechanismus neben dem Ziel der Pareto-Effizienz auch eine Pareto-Verbesserung der Individuen erreicht werden soll. Nehmen wir an, dass ein Individuum nur an dem Projekt teilnimmt, wenn es mindestens ein Nutzenniveau von $U_i^M(\theta_i)$ erhält. Dies bedeutet, dass es sich der Teilnahme an dem Projekt entziehen kann, wenn sein Reservationsnutzen unterschritten wird.

---

[7]Der hier entwickelte Mechanismus ähnelt sehr stark dem in Kapitel 3.2 diskutierten. Auch in einer Situation vollständiger Information muss gelten, dass jedes Individuum (marginal) den Gesamteffekt seiner Handlungen auf andere Individuen trägt. Der einzige Unterschied besteht in der Hinzunahme asymmetrischer Informationen.

10.1. Existenz optimaler Verträge

Diese Restriktion definiert eine Teilnahmebedingung

$$E_i \left[\sum_{j=1}^{m} v_j(z^*(\theta), \theta_j) + \gamma_i(\theta_{-i}) \right] \geq E_i[U_i^M(\theta)], \quad i = 1, \ldots, m. \quad (10.14)$$

Wir müssen sicherstellen, dass diese Bedingung für alle Realisierungen von $\theta_i \in \Theta_i$, $i = 1, \ldots, m$ erfüllt ist. Es gibt ein $\theta_i \in \Theta_i$, für das sie am stärksten beschränkend wirkt. Wollen wir die Teilnahme des Individuums sicherstellen, so muss $\gamma_i(\theta_{-i})$ so gewählt werden, dass die Teilnahme auch noch für diese Typrealisierung erfüllt ist.

Durch die Teilnahme erhält Individuum i mindestens einen Nutzenzuwachs in Höhe von M_i, der folgendermaßen definiert ist:

$$M_i := \min_{\theta_i \in \Theta_i} \left\{ E_i \left[\sum_{j=1}^{m} v_j(z^*(\theta), \theta_j) \right] - E_i[U_i^M(\Theta)] \right\}. \quad (10.15)$$

Um sicherzustellen, dass Individuum i bei jeder Typrealisierung freiwillig teilnimmt, kann man ihm nicht mehr als diesen minimalen Nutzenzuwachs durch Festlegen der Funktion γ_i wegnehmen. Wir untersuchen daher, ob das Defizit gedeckt werden kann:

$$D(0) \leq \sum_{i=1}^{m} M_i. \quad (10.16)$$

Bei $D(0)$ handelt es sich um das erwartete Defizit, so dass es nicht unmittelbar klar ist, ob die zum Budgetausgleich verfügbaren Ressourcen $\sum_{i=1}^{m} M_i$ so eingesetzt werden können, dass nicht nur das erwartete, sondern das tatsächliche Defizit für jede mögliche Typenrealisierung gedeckt werden kann. Der formale Nachweis ist etwas kompliziert. Er findet sich im Anhang zu diesem Kapitel.[8]

Das erwartete Defizit des kompensierten Groves-Mechanismus lässt sich gerade dann decken, wenn die Summe über alle $M_i, i = 1, \ldots, m$, größer oder gleich dem erwarteten Defizit des unkompensierten Groves-Mechanismus ist. Mit anderen Worten lässt sich eine effiziente Allokation als Gleichgewicht eines durch einen Mechanismus definierten Spiels stützen, wenn

$$(m-1)E[P(\theta)] \equiv D(0) \leq \sum_{i=1}^{m} M_i \quad (10.17)$$

ist. M_i misst den aus Sicht des Individuums i geringsten zu erwartenden Überschuss bei einer Teilnahme am Projekt, $D(0)$ hingegen misst als erwartetes Gesamtdefizit des unkompensierten Mechanismus $(m-1)$-mal den erwarteten Überschuss des Projekts.

---

[8]*Ex-post* Budgetausgleich ist deshalb wichtig, weil nur so sichergestellt ist, dass der Mechanismus in jedem Fall ohne Überschüsse oder einen Bedarf an externen Mitteln funktioniert. Ein Budgetausgleich lediglich im Erwartungswert kann zu hohen *ex-post* Defiziten oder Überschüssen führen. Für eine Anwendung der hier entwickelten Ideen auf einen regelsetzenden Staat würde dies bedeuten, dass er auf externe Ressourcen angewiesen ist.

Mit anderen Worten lässt sich immer dann eine Institution finden, die die effiziente Allokation bei asymmetrischer Information stützt, wenn die Summe der von den Individuen erwarteten minimalen Überschüsse das $(m-1)$-fache des erwarteten Gesamtwerts der Investition übersteigt.

Die Beantwortung der Frage, ob die obige Ungleichung gilt, erlaubt uns zwei Einsichten in die Rolle des Staates bei der Implementierung optimaler Institutionen. Wir hatten bereits festgestellt, dass die Beträge $\gamma = (\gamma_1, \ldots, \gamma_m)$, die den Individuen anreizunabhängig gegeben oder weggenommen werden können, von dem Nutzenniveau abhängen, welches sich das Individuum ohne die Projektrealisierung sichern kann. Dieser Reservationsnutzen hängt ceteris paribus von zwei Größen ab:

1. dem Ausmaß an Zwangsgewalt, welches der Staat ausüben kann,
2. den minimalen Handelsgewinnen des Projekts.

ad 1: Angenommen, der Staat kann jedes Individuum zur Teilnahme an dem Projekt zwingen. Das bedeutet, dass bei der Berechnung der Nettotransfers $t_i(\theta)$ keine Rücksicht auf die Partizipationsbeschränkung der Individuen genommen werden muss. Damit ist die Existenz einer effizienten Institution immer gesichert. Hier findet sich eine weitere Begründung für die Existenz staatlicher Zwangsgewalt.

ad 2: Angenommen, der Ausübung von staatlicher Zwangsgewalt ist eine obere Schranke gesetzt, die gerade durch die Partizipationsbeschränkungen abgebildet wird. Dies kann etwa dadurch begründet sein, dass das Pareto-Kriterium als normatives Kriterium bindend ist (also etwa bei einer Einstimmigkeitsregel) und eine Güterverteilung als Status-Quo vorgegeben ist. Weitere Gründe können durch gesellschaftsvertraglich festgelegte Grenzen der Ausübung von Zwang gegeben sein oder dadurch, dass Zwang materiell nicht ausgeübt werden kann. In diesen Fällen kann es Situationen geben, in denen (10.17) nicht erfüllt wird.

Kann Bedingung (10.17) überhaupt erfüllt werden? Betrachten wir den einfachsten Fall der Institution des freiwilligen Tauschs mit zwei Individuen und ohne Unsicherheit. Individuum 1 hat ein unteilbares Gut und zieht daraus einen (monetarisierten) Nutzen von 2; wenn es dieses Gut nicht hätte, wäre sein Nutzen 0. Individuum 2 hat einen (monetarisierten) Nutzen von 0, hätte es das Gut, so wäre sein Nutzen 10. Hier existieren also Möglichkeiten, durch eine Umverteilung des Gutes eine Pareto-superiore Allokation zu erreichen, wenn Individuum 1 mit mindestens 2 Geldeinheiten entschädigt wird. Im Optimum sollte stets Individuum 2 das Gut konsumieren. Damit gilt $P = 10 + 0 = 10$. Würde dieser Wert an beide Individuen ausgeschüttet, so entstünde ein Defizit von $D = 10$. Ein effizienter Mechanismus existiert, wenn dieses Defizit gedeckt werden kann:

$$M_1 = \min\{E_1[P] - E_1[U_1^M]\} = 10 - 2 = 8,$$
$$M_2 = \min\{E_2[P] - E_2[U_2^M]\} = 10 - 0 = 10. \quad (10.18)$$

Maximal können die Individuen also $M_1 + M_2 = 18$ Einheiten zur Deckung des Defizits beitragen, so dass es gedeckt werden kann. Ein optimaler Mechanismus existiert in diesem Fall.

10.1. Existenz optimaler Verträge

Verändern wir nun das Beispiel so, dass Individuum 2 mit einer Wahrscheinlichkeit von $\frac{1}{2}$ einen Nutzen von 10 und mit Wahrscheinlichkeit $\frac{1}{2}$ einen Nutzen von 6 hat, wenn er das Gut besitzt. In diesem Fall sollte ebenfalls stets Individuum 2 das Gut konsumieren. Damit gilt $P(10) = 10 + 0 = 10$ und $P(6) = 6 + 0 = 6$, und die erwarteten Überschüsse betragen $\frac{1}{2} \, 10 + \frac{1}{2} \, 6 = 8$. Würde dieser Wert an beide Individuen ausgeschüttet, so entstünde ein Defizit von $D = 8$. Ein effizienter Mechanismus existiert wiederum, wenn dieses Defizit gedeckt werden kann. Für Person 1 gilt:

$$E_1(P) = 8, \qquad U_1^M = 2.$$

Für Person 2 gilt in Abhängigkeit vom Typ:

Typ 10: $E_2(P) = 10, \quad U_2^M = 0$,

Typ 6: $E_2(P) = 6, \quad U_2^M = 0$.

Damit lassen sich die Beiträge folgendermaßen bestimmen:

$$M_1 = \min\{8 - 2\} = 6,$$
$$M_2 = \min\{10 - 0;\ 6 - 0\} = 6. \tag{10.19}$$

Maximal können die Individuen also $M_1 + M_2 = 12$ Einheiten zur Deckung des Defizits beitragen, so dass es auch hier gedeckt werden kann.

Durch die Einführung von Unsicherheit über die Projektgewinne aufgrund der asymmetrischen Information kann sich die Argumentation aus den beiden obigen Beispielen aber noch wie folgt ändern: Es sind dann Situationen denkbar, in denen ein Projekt zwar dem Erwartungswert nach sinnvoll ist, der Projektnutzen für einige Realisierungen des Informationsparameters aber nahe an den Reservationsnutzen herankommt, so dass $\gamma = (\gamma_1, \ldots, \gamma_m)$ nicht in ausreichender Höhe gesetzt werden kann, um die Verluste des unkompensierten Groves-Mechanismus zu decken. Dieses Problem hatten wir in den beiden obigen Beispielen noch ausgeklammert. Wir werden im nächsten Abschnitt noch Anwendungsbeispiele kennen lernen, in denen die obige Bedingung manchmal erfüllt ist und manchmal nicht.

Interessant ist auch der Fall, in dem die obige Bedingung prinzipiell nicht erfüllt sein kann. In diesem Fall folgt, dass es keine Institution geben kann, die die effiziente Allokation stützt. Das bedeutet aber weiter, dass das Prinzip der vollständigen Internalisierung nicht mehr notwendigerweise Gültigkeit bei der Bewertung von Institutionen haben muss. Auch in diesen Fällen lassen sich Regeln entwickeln, gemäß derer die Optimalität einer Institution beurteilt werden kann. Dies geschieht in der Theorie des Second-Best in Abschnitt 10.3 und in der Theorie imperfekt durchgesetzter Eigentumsordnungen in Kapitel 11.

Fassen wir zusammen: Wir haben bislang ein Beurteilungskriterium zur Beantwortung der Frage entwickeln können, ob es effiziente Institutionen bei asymmetrischer Information über entscheidungsrelevante Charakteristika geben kann. Weiterhin haben wir gesehen, dass in dem Fall, in dem effiziente Institutionen existieren, diese das Prinzip der vollständigen Internalisierung erfüllen. Damit sind wir grundsätzlich in der Lage zu beurteilen, ob spezielle Institutionen, die gegen das Prinzip der vollständigen Internalisierung verstoßen, notwendigerweise Anlass zu Reformen geben. Sie tun es nämlich immer dann, wenn die Bedingung für die Existenz effizienter Institutionen erfüllt ist.

Bedingung für die Existenz effizienter Institutionen bei asymmetrischen Informationen:

$$(m-1)E[P(\theta)] \leq \sum_{i=1}^{m} M_i$$

Andernfalls ist zu untersuchen, ob Abweichungen vom Prinzip der vollständigen Internalisierung Ausdruck einer effizienten Second-Best-Regulierung oder vermeidbare Wohlfahrtsverluste sind.

10.2 Anwendungsbeispiele

Der in Abschnitt 10.1 entwickelte Analyserahmen kann auf sehr viele Beispiele ökonomischer Allokationsprobleme angewendet werden. Die daraus abgeleiteten Ergebnisse sind daher sehr allgemein anwendbar, wenn man die einschränkenden Annahmen an die Nutzenfunktionen akzeptiert. Auf der anderen Seite macht es der hohe Abstraktionsgrad der Analyse schwierig, die Bedeutung der Ergebnisse für konkrete Fälle zu erkennen. Aus diesem Grund werden wir nun drei Anwendungsbeispiele für die obigen Ergebnisse untersuchen.

Zunächst werden wir einen Fall kennen lernen, für den keine effiziente Institution existiert. Dieses Beispiel zeigt, dass bei asymmetrischer Information über entscheidungsrelevante Merkmale die Bedingung (10.17) tatsächlich nicht selbstverständlich als erfüllt angenommen werden kann. Dieses Ergebnis ist umso überraschender, als es sich um ein Beispiel der Allokation eines rein privaten Gutes handelt, bei dem Käufer und Verkäufer die Wertschätzung des jeweils anderen nicht kennen. Eine grundlegende Vermutung war für diesen Fall, dass bei vollständig zugewiesenen Eigentumsrechten z. B. die Institution des bilateralen Tauschs zu einem effizienten Ergebnis führen wird. Wie Abschnitt 10.2.1 zeigen wird, ist dies nicht notwendigerweise richtig.

Anschließend betrachten wir den Fall des Verkaufs eines unteilbaren, rein privaten Gutes, für das mehrere potenzielle Käufer existieren, deren Wertschätzungen der Verkäufer nicht kennt. Hier werden wir zeigen, unter welchen Bedingungen (10.17) erfüllt ist.

Im abschließenden Beispiel werden wir den Fall eines Öffentlichen Gutes kennen lernen und untersuchen, welche Institutionen eine effiziente Bereitstellung Öffentlicher Güter sicherstellen, wenn die Zahlungsbereitschaften der Haushalte deren private Information sind.

10.2.1 Bilateraler freiwilliger Tausch eines privaten Gutes

Zunächst wollen wir als Anwendungsbeispiel der obigen Analyse den bilateralen freiwilligen Tausch eines unteilbaren privaten Gutes für den Fall untersuchen, dass der potenzielle Verkäufer und der potenzielle Käufer die Wertschätzung des jeweils anderen für das Gut nicht kennen. Damit zwischen den Individuen Handel stattfinden kann, bedarf es einer Institution. Wir werden zeigen, dass in einem solchen Fall die effiziente Allokation nicht gestützt werden kann. Wichtig ist dabei zu sehen, dass die Begriffe „Käufer" und „Verkäufer" bereits eine bestimmte Eigentumsordnung voraussetzen, nämlich Privateigentum. Wir werden nämlich sehen, dass bei Gemeinschaftseigentum eine effiziente Allokation erreichbar ist. Im Fall des Privateigentums können wir uns wegen des Prinzips der direkten Offenbarung darauf beschränken zu zeigen, dass kein direkter Mechanismus existiert, der die effiziente Allokation stützt.

Wir bezeichnen im Folgenden mit 1 den potenziellen Verkäufer und mit 2 den potenziellen Käufer des Gutes. Der Nutzen, den ein Individuum aus dem Gut zieht, ist sein Typ θ_i, wobei wir davon ausgehen, dass der potenzielle Nutzen des Verkäufers mit der Wahrscheinlichkeit von jeweils $\frac{1}{2}$ die Werte 0 und 1 annehmen kann, während der des Käufers mit den gleichen Wahrscheinlichkeiten die Werte a und $1 + a$ annimmt, wobei $a \in (0, 1)$. Ferner seien die beiden Verteilungen unabhängig voneinander, so dass die Kombinationen $(0, a)$, $(1, a)$, $(0, 1 + a)$ und $(1, 1 + a)$ jeweils mit der Wahrscheinlichkeit $\frac{1}{4}$ auftreten. Damit existieren Situationen, in denen sich ein Tausch nicht lohnt ($\theta_1 = 1 > a = \theta_2$), sowie Fälle, in denen sich Tausch lohnt (alle anderen Kombinationen von θ_1, θ_2). Käufer und Verkäufer kennen jeweils ihre Wertschätzung, nicht aber die des Anderen. Um das Beispiel an die Notation des allgemeinen Modells anzupassen, setzen wir $z_1 = z_2 \in \{0, 1\}$ und schreiben zur Vereinfachung $z = z_1 = z_2$. Damit gilt für die Nutzen der Individuen vor Transfers:

$$v_1(z, \theta_1) = (1 - z)\, \theta_1\,, \tag{10.20}$$
$$v_2(z, \theta_2) = z\, \theta_2\,. \tag{10.21}$$

Für ein gegebenes Paar $\theta = \{\theta_1, \theta_2\}$ ist das Maximierungsproblem zur Bestimmung des Optimums

$$\max_{z \in \{0,1\}} \{(1 - z)\, \theta_1 + z\, \theta_2\}\,, \tag{10.22}$$

so dass im Optimum $z^* = 0 \Leftrightarrow \theta_1 > \theta_2$ und $z^* = 1$ sonst gilt. Mit anderen Worten liegt Effizienz vor, falls dann und nur dann gehandelt wird, wenn die Wertschätzung des Käufers die des Verkäufers übersteigt. Damit ergibt sich ein Projektertrag von

$$P(\theta) = \max\{\theta_1, \theta_2\}\,. \tag{10.23}$$

Wir wissen aus dem vergangenen Abschnitt, dass diese effiziente Entscheidungsfunktion genau dann durch einen Mechanismus gestützt werden kann, wenn er das Prinzip der vollständigen Internalisierung erfüllt und ausgeglichen ist. Bei einem direkten Mechanismus ist die Handlung der Individuen $\tilde{\theta}_1, \tilde{\theta}_2$ Element der Mengen $\{0, 1\}$ bzw. $\{a, 1 + a\}$. Ein unkompensierter Groves-Mechanismus weist jedem Individuum den

Gesamtertrag des Projekts zu. Damit ist das erwartete Defizit eines solchen Mechanismus (beide Individuen würden den gesamten Projektertrag erhalten, so dass dieser zweimal ausgeschüttet würde)

$$D(0) = E\left[\max\{\theta_1, \theta_2\}\right] . \tag{10.24}$$

Dieser Erwartungswert kann wie folgt berechnet werden:

$$E[\max\{\theta_1, \theta_2\}] = \frac{1}{4} \cdot a + \frac{1}{4} \cdot 1 + \frac{1}{2} \cdot (1+a) = \frac{3}{4} \cdot (1+a) . \tag{10.25}$$

Wieso hat jedes Individuum den Anreiz, bei einem Groves-Mechanismus den wahren Typ zu offenbaren? Wir bezeichnen mit $\tilde{\theta}_1^k, \tilde{\theta}_2^l$ die Handlungen der Spieler, wenn sie den Typ $k = 0, 1$ bzw. $l = a, 1+a$ haben. Die erwartete Auszahlung bei einem unkompensierten Groves Mechanismus ist aus Sicht des zweiten Individuums mit Typ $l = a, 1+a$:

$$\frac{1}{2}\left(z^*(\tilde{\theta}_1^0, \tilde{\theta}_2^l)\theta_2^l + (1 - z^*(\tilde{\theta}_1^0, \tilde{\theta}_2^l))0\right) + \frac{1}{2}\left(z^*(\tilde{\theta}_1^1, \tilde{\theta}_2^l)\theta_2^l + (1 - z^*(\tilde{\theta}_1^1, \tilde{\theta}_2^l))1\right) ,$$

da Individuum 1 mit Wahrscheinlichkeit 1/2 den Typ 0 und mit Wahrscheinlichkeit 1/2 den Typ 1 hat. Nehmen wir an, Individuum 1 signalisiert den wahren Typ. Dann ergibt sich daraus die Auszahlung

$$\frac{1}{2}\left(z^*(0, \tilde{\theta}_2^l)\theta_2^l + (1 - z^*(0, \tilde{\theta}_2^l))0\right) + \frac{1}{2}\left(z^*(1, \tilde{\theta}_2^l)\theta_2^l + (1 - z^*(1, \tilde{\theta}_2^l))1\right) .$$

Individuum 2 habe den Typ $l = a$. Dann ist seine erwartete Auszahlung bei einem Signal $\tilde{\theta}_2 = a$ gleich $1/2 \cdot a + 1/2 \cdot 1$, wie man durch Einsetzen in die obige Gleichung sieht. Signalisiert es hingegen $\tilde{\theta}_2 = 1+a$, so ist die erwartete Auszahlung $1/2 \cdot a + 1/2 \cdot a$. Individuum 2 habe nun den Typ $1+a$. Dann ist seine erwartete Auszahlung bei einem Signal $\tilde{\theta}_2 = 1+a$ gleich $1/2 \cdot (1+a) + 1/2 \cdot (1+a)$, signalisiert es hingegen $\tilde{\theta}_2 = a$, so ist die erwartete Auszahlung $1/2 \cdot (1+a) + 1/2 \cdot 1$. In beiden Fällen stellt sich Individuum 2 also besser, wenn es den wahren Typ offenbart. Eine analoge Überlegung kann für Individuum 1 angestellt werden.

Es stellt sich nun die Frage, ob das erwartete Defizit durch die entscheidungsirrelevanten Zahlungen γ_i ausgeglichen werden kann. Wie wir wissen, hängt dies von den Teilnahmebedingungen der beiden Individuen ab. Wenn der Käufer nicht an dem Mechanismus teilnimmt, so ist sein Nutzen 0. Wenn der Verkäufer sein Gut nicht verkauft, so kann er es selbst nutzen. Damit ist sein mindestens zu garantierendes Nutzenniveau θ_1. Somit gilt

$$M_1 = \min_{\theta_1 \in \{0,1\}} \{E_1\left[\max\{\theta_1, \theta_2\}\right] - \theta_1\} \tag{10.26}$$

und

$$M_2 = \min_{\theta_2 \in \{a, 1+a\}} \{E_2\left[\max\{\theta_1, \theta_2\}\right] - 0\} . \tag{10.27}$$

Die Realisierungen der Typen, bei denen die Ausdrücke in den geschweiften Klammern in (10.26) und (10.27) minimal werden, sind $\theta_1 = 1$ und $\theta_2 = a$, so dass wir die maximalen entscheidungsirrelevanten Zahlungen der Individuen zum Ausgleich des Defizits des unkompensierten Groves-Mechanismus bestimmen können:

$$M_1 = E_1[\max\{1, \theta_2\}] - 1 = \frac{1}{2} \cdot 1 + \frac{1}{2} \cdot (1+a) - 1 = \frac{a}{2}, \tag{10.28}$$

$$M_2 = E_2[\max\{\theta_1, a\}] - 0 = \frac{1}{2} \cdot a + \frac{1}{2} \cdot 1 = \frac{1+a}{2}. \tag{10.29}$$

Das Defizit eines unkompensierten Groves-Mechanismus lässt sich also genau dann decken, wenn

$$D(0) = \frac{3}{4} + \frac{3}{4} a \le a + \frac{1}{2} = M_1 + M_2 \quad \text{oder} \quad \frac{1}{4} \le \frac{1}{4} \cdot a \tag{10.30}$$

erfüllt werden kann.

Man macht sich leicht klar, dass die obige Ungleichung wegen $a < 1$ zu einem Widerspruch führt. Das bedeutet aber, dass es bei Privateigentum keinen direkten Mechanismus – und damit überhaupt keinen Mechanismus – geben kann, der effizienten bilateralen Handel ermöglicht, wenn Unsicherheit über die Nutzen des Gutes zwischen den Handelspartnern existiert und es ein Intervall von Wertschätzungen gibt, in dem sich Handel nicht lohnt. Letztere Bedingung ist nicht wirklich restriktiv. Umgekehrt wäre das Problem trivial, da immer oder niemals Handel stattfinden sollte. *In dem Fall aber, in dem erwartete, aber unsichere Handelsgewinne vorliegen, müssen wir das Ziel der Verwirklichung des Prinzips der vollständigen Internalisierung aufgeben, wenn wir am Privateigentum festhalten wollen.*

Dieses sehr wichtige Ergebnis wurde erstmals 1983 von Myerson/Satterthwaite bewiesen. Es zeigt, dass eine vollständige Zuordnung residualer Kontrollrechte bei asymmetrischer Information über entscheidungsrelevante Größen selbst im Falle des freiwilligen bilateralen Tauschs unzureichend für die Erreichung effizienter Allokationen sein kann. Die mangelnde Durchsetzbarkeit von Verträgen, die auf individuellen Zahlungsbereitschaften beruhen, ist hier für die notwendige Ineffizienz verantwortlich zu machen.

Die intuitive Begründung für dieses Resultat ist darin zu sehen, dass es sich für beide Individuen lohnt zu „bluffen" , d. h. ihre wahre Zahlungsbereitschaft zu verbergen, dass es in Folge dessen aber passieren kann, dass das Gut an den „Falschen" gerät.

Nun ist zu fragen, ob bei anderen Eigentumsordnungen die First-Best-Allokation erreichbar ist. Wir werden hier insbesondere das Gemeinschaftseigentum als Alternative betrachten. Bei Gemeinschaftseigentum kann man nun streng genommen nicht mehr von Käufer und Verkäufer sprechen, da dies Privateigentum voraussetzt. Vielmehr handelt es sich um zwei Individuen, die sich über die Verwendung eines Gutes einigen müssen. Im Unterschied zum Privateigentum ändert sich bei Gemeinschaftseigentum die Teilnahmebedingung von Individuum 1. Gemeinschaftseigentum bedeutet, dass beide Individuen das jeweils andere Individuum an der Nutzung des Gutes hindern können, wenn keine Einigung stattfindet. Damit verändert sich die Teilnahmebedingung von Individuum 1 von (10.26) zu

$$M_1 = \min_{\theta_1 \in \{0,1\}} \{E_1[\max\{\theta_1, \theta_2\}] - 0\}. \tag{10.31}$$

Damit ist aber das Minimum nun bei $\theta_1 = 0$ erreicht, und es gilt

$$M_1 = E_1[\max\{0, \theta_2\}] = \frac{a}{2} + \frac{1}{2} \cdot (1 + a) = \frac{1}{2} + a, \qquad (10.32)$$

und für die Möglichkeit, das Defizit des unkompensierten Groves-Mechanismus zu decken, gilt

$$D(0) = \frac{3}{4} + \frac{3}{4} a \leq 1 + \frac{3}{2}a = M_1 + M_2. \qquad (10.33)$$

Diese Ungleichung ist für alle Werte von $a \in [0, 1]$ erfüllt.

10.2.2 Ein Verkäufer, mehrere potenzielle Käufer eines privaten Gutes

Als nächstes betrachten wir ein Allokationsproblem, bei dem ein unteilbares Gut von einem Verkäufer an einen von mehreren potenziellen Käufern verkauft werden soll. Wir erweitern das Beispiel des vergangenen Abschnitts um einen zweiten potenziellen Käufer, der in allen relevanten Aspekten identisch mit dem ersten potenziellen Käufer ist. Beide haben eine Bewertung θ_i, $i = 2, 3$, die mit jeweils der Wahrscheinlichkeit von $1/2$ die Werte a und $1 + a$ annimmt, und alle drei Verteilungen seien unabhängig voneinander. Im Optimum erhält das Individuum mit der höchsten Wertschätzung

$$\max\{\theta_1, \theta_2, \theta_3\}$$

das Gut. Der Reservationsnutzen des Verkäufers beträgt $U_1^M(\theta) = \theta_1$, wohingegen der der beiden Käufer $U_i^M(\theta) = 0, i = 2, 3$ beträgt. Wir können nun analog zum Beispiel des bilateralen Tauschs das erwartete Defizit des unkompensierten Groves-Mechanismus und die maximalen anreizneutralen Zahlungen bestimmen:

$$D(0) = 2 \cdot E[\max\{\theta_1, \theta_2, \theta_3\}]$$
$$= 2 \cdot \left[\frac{1}{8} \cdot a + \frac{1}{8} \cdot 1 + \frac{3}{4} \cdot (1 + a)\right] = \frac{7}{4} \cdot (1 + a),$$
$$M_1 = E_1[\max\{1, \theta_2, \theta_3\}] - 1$$
$$= \frac{3}{4} \cdot (1 + a) + \frac{1}{4} - 1 = \frac{3}{4} \cdot a,$$
$$M_2 = M_3 = E_2[\max\{\theta_1, a, \theta_3\}] - 0$$
$$= \frac{1}{2} \cdot (1 + a) + \frac{1}{4} \cdot a + \frac{1}{4} = \frac{3}{4} \cdot (1 + a).$$

Damit gilt

$$D(0) \leq \sum_{i=1}^{3} M_i \Leftrightarrow \frac{3}{4} \cdot (2 + 3a) = \frac{3}{2} + \frac{9}{4} \cdot a \geq \frac{7}{4} + \frac{7}{4} \cdot a \Leftrightarrow \frac{a}{2} \geq \frac{1}{4}, \qquad (10.34)$$

oder $a \geq 0{,}5$. Mit anderen Worten existiert eine Mindestschranke für a. Anders als beim Fall des bilateralen Tauschs kann hier ein direkter Mechanismus genau dann gefunden werden, wenn die Überlappung der Wertschätzungen nicht zu groß ist. In diesem Fall gilt das Prinzip der vollständigen Internalisierung zur Beurteilung der Effizienz realer Institutionen auch bei Privateigentum.

Dies zeigt, dass das Unmöglichkeitsergebnis von Myerson und Satterthwaite nicht ganz *allgemein* auf die Ineffizienz von Mechanismen zur Erreichung einer effizienten Allokation von privaten Gütern bei Privateigentum hinweist. Vielmehr zeigt die Hinzunahme eines zweiten potenziellen Nutzers, dass die Schaffung von Wettbewerb das Implementierungsproblem mildert. Zwar lässt sich kein effizienter Allokationsmechanismus im Falle eines bilateralen Monopols bei Privateigentum finden, doch steigt die Wahrscheinlichkeit der Existenz eines solchen mit zunehmender Zahl der Wettbewerber (Gresik und Satterthwaite 1989).

10.2.3 Öffentliche Güter

Als abschließendes Beispiel wollen wir die Bereitstellung eines Öffentlichen Gutes im Fall der asymmetrischen Informationen über die Zahlungsbereitschaften der Individuen betrachten. Wir werden dazu wieder auf ein vereinfachtes Beispiel eingehen, in dem entweder eine oder keine Einheit des Öffentlichen Gutes bereitgestellt wird und nur zwei Individuen in der Ökonomie leben. Die Handlung ist damit $z \in \{0, 1\}$. Da es sich um ein Öffentliches Gut handelt, sind beide Individuen im gleichen Maße von der Bereitstellung betroffen, weshalb keine Indexierung erfolgt. Wir nehmen weiter an, dass $\theta_i \in \{\theta_i^N, \theta_i^H\}$ die Wertschätzung von einer Einheit des öffentlichen Gutes für Individuum i ist, worin die Kosten der Bereitstellung des Gutes enthalten sind. Dann lauten die Nutzenfunktionen ohne Transfers

$$v_1(z, \theta_1) = z\,\theta_1\,,$$
$$v_2(z, \theta_2) = z\,\theta_2\,. \tag{10.35}$$

Für ein gegebenes Paar $\theta = \{\theta_1, \theta_2\}$ ist das Maximierungsproblem zur Bestimmung des Optimums

$$\max_{z} \{z \cdot (\theta_1 + \theta_2)\}\,, \tag{10.36}$$

so dass im Optimum $z = 1 \Leftrightarrow \theta_1 + \theta_2 > 0$ gilt. Effizienz liegt vor, wenn das öffentliche Gut genau dann angeboten wird, wenn die Summe der Wertschätzungen für das öffentliche Gut beider Individuen positiv ist. Damit ergibt sich ein Projektertrag von

$$P(\theta) = \max\{\theta_1 + \theta_2, 0\}\,. \tag{10.37}$$

Wie bisher gilt, dass diese effiziente Entscheidungsfunktion genau dann durch einen Mechanismus gestützt werden kann, wenn er das Prinzip der vollständigen Internalisierung erfüllt und ausgeglichen ist. Ein unkompensierter Groves-Mechanismus weist jedem Individuum den Gesamtertrag des Projekts zu. Damit ist das erwartete Defizit eines solchen Mechanismus (beide Individuen würden den gesamten Projektertrag erhalten, so dass dieser zweimal ausgeschüttet würde)

$$D(0) = E\left[\max\{\theta_1 + \theta_2, 0\}\right]\,. \tag{10.38}$$

296					Kap. 10. Asymmetrische Informationen

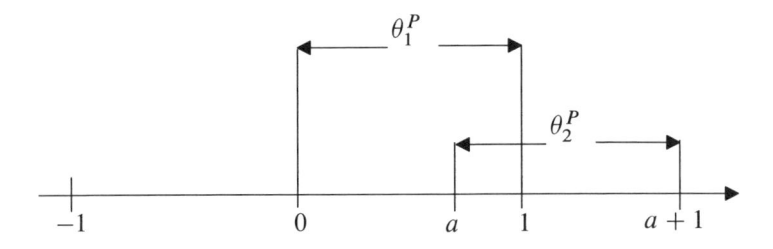

10.4a: Intervallgrenzen für ein privates Gut

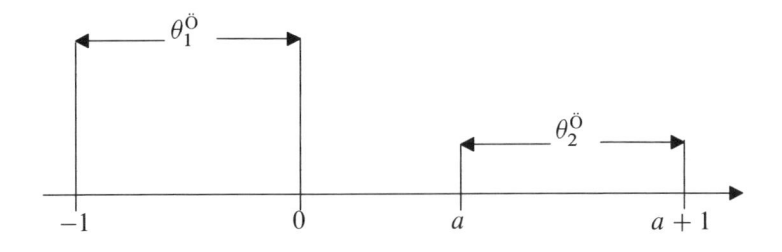

10.4b: Transformierte Intervallgrenzen für ein privates Gut

Abbildung 10.4: Ursprüngliche und transformierte Intervallgrenzen für ein privates Gut

Wir kommen nun zur strukturell interessantesten Beobachtung in diesem Beispiel: Vergleichen wir das hier untersuchte Allokationsproblem eines unteilbaren öffentlichen Gutes mit dem des privaten Gutes aus Abschnitt 10.2.1, so fällt auf, dass wir bei nur zwei Personen durch eine einfache Variablentransformation das eine in das andere Problem überführen können. Um dies besser sehen zu können, bezeichnen wir die Wertschätzungen im Fall des privaten Gutes mit $\{\theta_1^P, \theta_2^P\}$ und im Fall des öffentlichen Gutes mit $\{\theta_1^{\ddot{O}}, \theta_2^{\ddot{O}}\}$ und definieren den Status-Quo als Nicht-Handel ($z = 0$) im Fall des privaten Gutes und Nicht-Anschaffung ($z = 0$) im Fall des öffentlichen Gutes. Nicht-Handel war optimal, wenn $\theta_1^P > \theta_2^P$ gilt. Nicht-Anschaffung war optimal, wenn $\theta_1^{\ddot{O}} + \theta_2^{\ddot{O}} < 0$ gilt. Definieren wir nun die mathematische Äquivalenz

$$\theta_1^P = -\theta_1^{\ddot{O}},$$
$$\theta_2^P = \theta_2^{\ddot{O}}, \qquad (10.39)$$

wird die formale Analogie klar: Es wird genau dann $z = 1$ gewählt, wenn

$$\theta_1^P < \theta_2^P \Leftrightarrow -\theta_1^{\ddot{O}} < \theta_2^{\ddot{O}} \Leftrightarrow 0 < \theta_1^{\ddot{O}} + \theta_2^{\ddot{O}}.$$

Abbildung 10.4 verdeutlicht die Transformation.

In Abbildung 10.4a sind die Intervallgrenzen für das Allokationsproblem eines privaten Gutes aus Abschnitt 10.2.1 wiedergegeben. Hier gilt die effiziente

Allokationsregel $z = 0 \Leftrightarrow \theta_1^P > \theta_2^P$. Transformiert man den Nutzen des ersten Individuums wie in Abbildung 10.4b, so erhält man als effiziente Allokationsregel $z = 0 \Leftrightarrow \theta_1^{\ddot{O}} + \theta_2^{\ddot{O}} < 0$. Dies war aber gerade die Behauptung. Zusammenfassend lässt sich also folgern, dass im Fall nur zweier Personen die Allokationsprobleme für private und öffentliche Güter sich nicht unterscheiden. Damit gelten in diesem Abschnitt aber die gleichen Ergebnisse wie in Abschnitt 10.2.1.

Dieses Ergebnis muss allerdings modifiziert werden. Bislang haben wir es für den Fall einer Ökonomie mit nur zwei Individuen abgeleitet. Auf der anderen Seite hatten wir für die Allokation eines privaten Gutes gesehen, dass Wettbewerb auf der Nachfrageseite dazu führt, dass für einen größeren Anteil der Fälle die effiziente Lösung implementiert werden kann. Dieses Ergebnis gibt einen Hinweis darauf, das bei privaten Gütern mit zunehmender Gruppengröße die Wahrscheinlichkeit für eine effiziente Allokation steigt. Dieses Ergebnis wurde in der Tat von Gresik und Satterthwaite (1989) nachgewiesen. Auf der anderen Seite gilt ein gegenteiliges Ergebnis für öffentliche Güter: Mit zunehmender Gruppengröße sinkt hier die Wahrscheinlichkeit, dass eine effiziente Allokation erreicht wird. Dieses Ergebnis geht auf Mailath und Postlewaite (1990) und Rob (1989) zurück. Festzuhalten bleibt daher, dass aus Effizienzgesichtspunkten das Allokationsproblem für öffentliche Güter in kleinen Gruppen, das Allokationsproblem für private Güter jedoch in großen Gruppen einfacher zu lösen ist.

10.3 Modellerweiterung: Risikoaversion

10.3.1 Modellannahmen

Bislang hatten wir uns auf Nutzenfunktionen des Typs $U_i(z, t, \theta_i) = v_i(z, \theta_i) + t_i$ beschränkt. Durch die Linearität des Nutzens im Geldeinkommen t_i hatten wir implizit Risikoneutralität der Individuen bezüglich t_i vorausgesetzt und somit eine Reihe wichtiger Phänomene ausgeschlossen, für die asymmetrische Information über exogene Größen eine Rolle spielt. Insbesondere ist der gesamte Bereich der Versicherung von der bisherigen Analyse nicht erfasst worden. Diese Ausklammerung ist für eine Reihe von Gütern berechtigt. So steht z. B. beim Kauf von Kleidung in der Regel kein Versicherungsmotiv auf der einen oder anderen Marktseite im Vordergrund. Allerdings haben Individuen ein Bedürfnis, sich gegen die finanziellen Folgen elementarer Lebensrisiken wie Langlebigkeit, Krankheit oder Arbeitsplatzverlust zu versichern, so dass wir in diesem Kapitel unser Modell um den Fall risikoaverser Individuen erweitern wollen.

Um die Analyse einfach zu gestalten, gehen wir davon aus, dass es nur zwei Individuen gibt und dass Individuum 1 weiterhin risikoneutral ist, wohingegen Individuum 2 als risikoavers angenommen wird. Des Weiteren nehmen wir vereinfachend an, dass der Typ von Individuum 1 bekannt ist, so dass nur einseitig asymmetrische Information vorliegt.

Zusätzlich zu den bisherigen Vereinfachungen werden wir uns auf die Analyse eines einfachen Anwendungsbeispiels beschränken, anhand dessen wir aber alle relevanten Merkmale erörtern können, nämlich der Nachfrage nach Versicherung: Individuum 2 kann zwei Ausprägungen i seines Typs haben, $\Theta_2 = \{\theta_H, \theta_N\}$; $\theta_H > \theta_N$; $\theta_i \in [0, 1]$, $i = N, H$. Dieser Typ misst die Wahrscheinlichkeit dafür, einen Vermögensverlust in Höhe von S zu erleiden. Das (exogene) Einkommen ohne diesen Verlust beträgt Y. Im Folgenden bezeichnen wir mit Y^0 das effektive Einkommen im Nicht-Schadensfall und mit Y^1 das im Schadensfall. In Abwesenheit eines Versicherungsvertrags ist damit der erwartete Nutzen von Individuum 2 für $\theta \in \{\theta_H, \theta_N\}$ gegeben durch

$$U_2 = U(Y, S, \theta) = \theta u(Y^1) + (1-\theta)u(Y^0) = \theta u(Y-S) + (1-\theta)u(Y). \quad (10.40)$$

In diesem Fall ist die Single-Crossing-Property automatisch erfüllt, denn

$$\frac{\partial U(.)}{\partial Y} = \underbrace{u'(Y)}_{> 0} + \theta \underbrace{(u'(Y-S) - u'(Y))}_{> 0} \quad (10.41)$$

ist eine steigende Funktion in θ.

Individuum 1 ist risikoneutral und kann Individuum 2 versichern. Dabei geht Individuum 1 davon aus, dass Individuum 2 mit Wahrscheinlichkeit π_H Typ θ_H und mit Wahrscheinlichkeit $\pi_N = (1 - \pi_H)$ Typ θ_N annimmt. Wir bezeichnen mit P die Versicherungsprämie, welche Individuum 2 zahlen muss, und mit Z die Versicherungssumme, die Individuum 1 im Schadensfall auszahlt. Dann können wir mit $t^1 = Z - P$ den (Netto-) Transfer von Individuum 1 zu Individuum 2 im Schadensfall und mit $t^0 = P$ den Transfer von Individuum 2 zu Individuum 1 im Nicht-Schadensfall bezeichnen. In der Notation des vorherigen Abschnitts ist dann

$$t_1 = \begin{cases} P - Z & \text{im Schadensfall} \\ P & \text{sonst} \end{cases}, \quad t_2 = \begin{cases} Z - P & \text{im Schadensfall} \\ -P & \text{sonst} \end{cases},$$

womit $t_1 + t_2 = 0$ stets erfüllt ist. Für einen solchen Versicherungsvertrag gilt

$$U_2 = U(Y, S, P, Z, \theta) = \theta u(Y - S + Z - P) + (1-\theta)u(Y - P). \quad (10.42)$$

Der Nutzen von Individuum 1, welches ja risikoneutral ist, entspricht gerade seiner erwarteten Auszahlung,

$$U_1 = \theta y^1 + (1-\theta)y^0 = \theta(P - Z) + (1-\theta)P = P - \theta Z, \quad (10.43)$$

wobei die Symbole y^1 und y^0 für sein effektives Einkommen in den beiden Zuständen der Welt stehen.

10.3.2 Das First-Best und seine Implementierbarkeit

Wir werden nun zeigen, dass es bei Risikoaversion keinen direkten Mechanismus gibt, der beliebige effiziente Allokationen stützt. Wir verfahren dazu in zwei Schritten. Zuerst werden wir Pareto-optimale Allokationen unter der Annahme charakterisieren,

10.3. Modellerweiterung: Risikoaversion

der wahre Typ von Individuum 2 sei bekannt. Für diesen Fall können wir auf die Unterscheidung der beiden Typen θ_H und θ_N verzichten, denn es gibt dann ja nur einen Typen θ. Anschließend werden wir untersuchen, ob diese Optima implementierbar sind, wobei wir die Fälle symmetrischer (SI) und asymmetrischer Information (AI) unterscheiden.

Das Pareto-Optimum ist durch die Lösung des folgenden Maximierungsproblems charakterisiert:

$$\max_{Z,P} \; P - \theta Z$$

u.d.B.d. $\quad \theta u(Y - S + Z - P) + (1 - \theta)u(Y - P) \geq \overline{U}_2$ \hfill (10.44)

Die Restriktion bedeutet, dass der zu erreichende Nutzen von Individuum 2 ein exogen vorgegebenes Nutzenniveau $\overline{U}_2$ nicht unterschreiten darf. Wie bisher lässt sich die Pareto-Grenze durch Variation dieses Nutzenniveaus konstruieren. Sei λ der Lagrange-Multiplikator der Nebenbedingung. Dann erhalten wir die folgenden Bedingungen erster Ordnung durch Nullsetzen der Ableitungen der Lagrange-Funktion nach P und Z:

$$1 - \lambda[\theta u'(Y^1) + (1 - \theta)u'(Y^0)] = 0$$
$$-\theta + \lambda \theta u'(Y^1) = 0 \, . \hfill (10.45)$$

Löst man beide Gleichungen nach λ auf und setzt sie gleich, so erhält man

$$u'(Y^1) = u'(Y^0) \hfill (10.46)$$

damit $Y^1 = Y^0 \Leftrightarrow Z = S$. Im Pareto-Optimum wird Individuum 2 vollständig von Individuum 1 versichert. Dass das gesamte Risiko von Individuum 1 getragen werden sollte, ist unmittelbar plausibel, weil Individuum 2 risikoavers und Individuum 1 risikoneutral ist.

Damit ein Pareto-Optimum ohne Zwang implementierbar ist, müssen zunächst einmal die Teilnahmebedingungen für beide Individuen erfüllt sein, d. h. kein Individuum darf schlechter gestellt sein als im Status quo, also im Zustand ohne Vertrag. In Abbildung 10.5 ist dieses Ergebnis illustriert. Auf der Abszisse ist das Einkommen ohne Schadensfall und auf der Ordinate das Einkommen mit Schadensfall abgetragen. Punkt C entspricht der Allokation ohne Versicherung. Auf der 45°-Linie liegen alle Allokationen, bei denen das Einkommen mit und ohne Schadensfall gleich groß ist, die Gerade entspricht also allen Allokationen, in denen das Individuum voll versichert ist.

Die Indifferenzkurve von Individuum 2 durch Punkt C enthält alle Verträge, bei denen die Teilnahmebedingung als Gleichung erfüllt ist, und die Gerade BC stellt die Nullgewinn-Bedingung für Individuum 1 dar, die dessen Teilnahmebedingung entspricht. Die implementierbaren Pareto-Optima liegen also im Intervall AB auf der 45°-Linie.

Wir können auch sagen, welche speziellen Pareto–Optima von welchen Institutionen implementiert werden: In Punkt B ist die Nullgewinn–Bedingung des Versicherers genau erfüllt; diese Allokation würde sich daher als Gleichgewicht bei

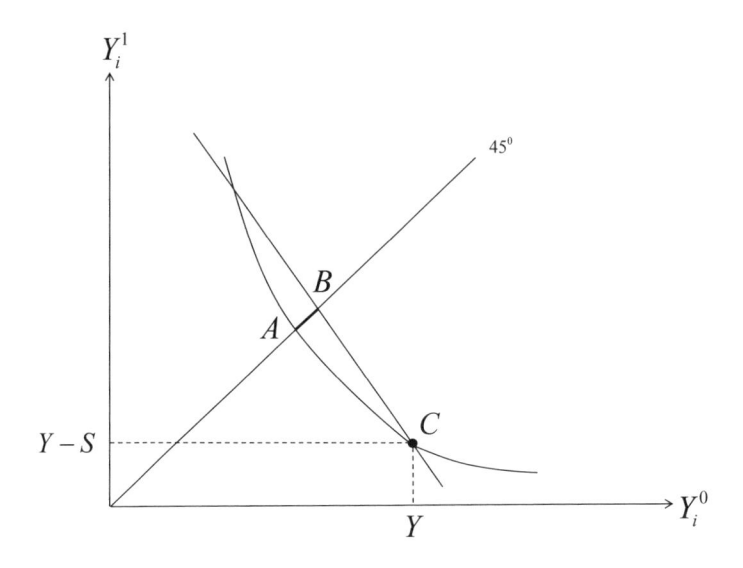

Abbildung 10.5: First-Best Optima

vollkommener Konkurrenz auf dem Versicherungsmarkt ergeben. Hingegen wäre Punkt A die Monopollösung, da der Monopolist bei Kenntnis der Präferenzen des Versicherungsnehmers die Rente vollständig abschöpfen kann.

Wir kommen nun zur Betrachtung des Problems der Implementierbarkeit einer Pareto-optimalen Allokation bei asymmetrischer Information. Hier könnte man sich theoretisch vorstellen, dass zwei verschiedene Vollversicherungs-Verträge angeboten werden, z. B. je einer, der die Teilnahmebedingung des jeweiligen Typs von Individuum 2 genau erfüllt. Dies ist aber wegen der Anreizverträglichkeits-Bedingung nicht möglich: Da der Typ private Information ist, kann ein Vertragsangebot nicht auf den Typ konditioniert sein, und daher kann auf der 45°-Linie nur ein Vertrag angeboten werden. Dadurch ändert sich aber die Teilnahmebedingung des Individuums 1, das ja nicht weiß, welchem Typ von Individuum 2 es gegenübersteht, so dass seine Nullgewinn-Bedingung wenigstens im Erwartungswert über beide Typen erfüllt sein muss. Da Typ H mit Wahrscheinlichkeit π_H auftritt, lautet diese nun:

$$P \geq [\pi_H \theta_H + (1 - \pi_H)\theta_N]Z .$$

Diese Bedingung ist in Abbildung 10.6 durch die Gerade MC dargestellt. Implementierbar sind nur Allokationen auf oder unterhalb dieser Geraden. Andererseits gilt weiterhin, dass die Teilnahmebedingungen für beide Typen des Individuums 2 erfüllt sein müssen, d. h. die Allokation muss auf oder oberhalb beider Indifferenzkurven durch Punkt C liegen, wobei die Indifferenzkurve des Typs N höher liegt und daher restriktiver ist. Die Teilnahmebedingungen beider Individuen sind also nur dann erfüllbar, wenn der Anteil der N-Typen oder der Grad der Risikoaversion sehr hoch ist. Wenn diese Bedingungen nicht erfüllt sind, so folgt daraus, dass bei asymmetrischer

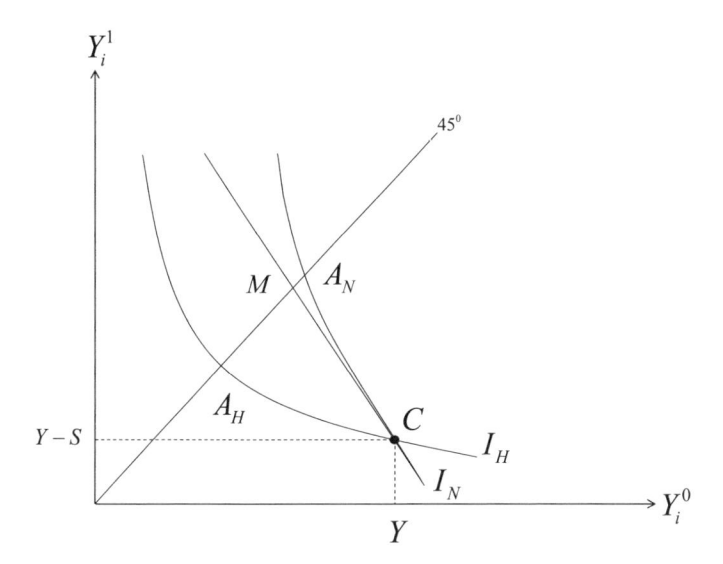

Abbildung 10.6: Nichterreichbarkeit Pareto-optimaler Allokationen bei zwei Risikotypen

Information und Risikoaversion kein Pareto-Optimum bei rein freiwilliger Teilnahme erreichbar ist, so dass allenfalls staatlicher Zwang zur Erreichung eines Pareto-Optimums führen kann.

Wir können daraus einen ersten Schluss bezüglich der Frage ziehen, ob asymmetrische Information zu Wohlfahrtsverlusten führt: Während bei symmetrischer Information eine nichtleere Teilmenge aller Pareto-Optima prinzipiell ohne Zwang erreichbar ist (nämlich diejenigen, bei denen alle Teilnahmebedingungen erfüllt sind), kann es bei asymmetrischer Information vorkommen, dass kein einziges Pareto-Optimum ohne Zwang erreichbar ist. Ob dies der Fall ist, hängt vom Grad der Risikoaversion und der Risikoverteilung ab.

10.3.3 Eigenschaften einer zweitbesten Allokation

Eine Zwangsversicherung wird allerdings häufig als ein unzulässiger Eingriff in die Freiheitsrechte angesehen, da eine Zwangsversicherung beinhaltet, dass die individuellen Eigentumsrechte ohne Versicherung nicht respektiert werden müssen. Auch wenn wir uns in diesem Kapitel allein am Pareto-Kriterium orientieren, so dass Freiheitsrechte zunächst allein in ihrem funktionalen Sinne, aber nicht als Wert an sich eine Rolle spielen, wollen wir an dieser Stelle doch untersuchen, welche Konsequenzen aus der Restriktion der freiwilligen Teilnahme abgeleitet werden können. Bislang haben wir nur festgestellt, dass bei freiwilliger Teilnahme im Falle der Risikoaversion mindestens eines Individuums keine Institutionen existieren, die die Referenzlösung einer vollständig effizienten Allokation implementieren.

Es knüpft sich nun natürlich die Frage an, wie in diesem Fall eine zweitbeste Lösung aussieht. Um diese zu bestimmen, müssen wir das resultierende Maximierungsproblem explizit lösen.

Um die Notation abzukürzen, wollen wir eine Variablen-Transformation durchführen. Im Folgenden nennen wir

$$
\begin{aligned}
Y_N^1 &= Y - S + Z_N - P_N \,, \\
Y_N^0 &= Y - P_N \,, \\
Y_H^1 &= Y - S + Z_H - P_H \,, \\
Y_H^0 &= Y - P_H \,,
\end{aligned}
\tag{10.47}
$$

wobei der Index 0 den Nicht-Schadensfall und der Index 1 den Schadensfall bezeichnet. Damit lauten die Teilnahmebedingungen für beide Risikotypen:

$$
\begin{aligned}
\theta_N u(Y_N^1) + (1 - \theta_N) u(Y_N^0) &\geq \theta_N u(Y - S) + (1 - \theta_N) u(Y) \,, \\
\theta_H u(Y_H^1) + (1 - \theta_H) u(Y_H^0) &\geq \theta_H u(Y - S) + (1 - \theta_H) u(Y) \,,
\end{aligned}
\tag{10.48}
$$

Hinzu kommen die Anreizverträglichkeitsbedingungen der beiden Typen:

$$
\begin{aligned}
\theta_N u(Y_N^1) + (1 - \theta_N) u(Y_N^0) &\geq \theta_N u(Y_H^1) + (1 - \theta_N) u(Y_H^0) \,, \\
\theta_H u(Y_H^1) + (1 - \theta_H) u(Y_H^0) &\geq \theta_H u(Y_N^1) + (1 - \theta_H) u(Y_N^0) \,,
\end{aligned}
\tag{10.49}
$$

Für das erwartete Einkommen des Individuums 1 können wir schreiben:

$$
\begin{aligned}
&\pi_N [(1 - \theta_N) P_N + \theta_N (P_N - Z_N)] + \pi_H [(1 - \theta_H) P_H + \theta_H (P_H - Z_H)] \\
&= \pi_N [(1 - \theta_N)(Y - Y_N^0) + \theta_N (Y - S - Y_N^1)] \\
&\quad + \pi_H [(1 - \theta_H)(Y - Y_H^0) + \theta_H (Y - S - Y_H^1)]
\end{aligned}
\tag{10.50}
$$

Damit lässt sich das Optimierungsproblem zur Bestimmung der zweitbesten Lösung wie folgt formulieren:

$$
\max_{Y_N^1, Y_N^0, Y_H^1, Y_H^0} \pi_N [(1 - \theta_N)(Y - Y_N^0) + \theta_N (Y - S - Y_N^1)] \\
+ \pi_H [(1 - \theta_H)(Y - Y_H^0) + \theta_H (Y - S - Y_H^1)]
\tag{10.51}
$$

unter den Bedingungen, dass

$$
\begin{aligned}
U_N^* &:= \theta_N u(Y_N^1) + (1 - \theta_N) u(Y_N^0) \\
&\geq \theta_N u(Y - S) + (1 - \theta_N) u(Y) =: U_N^0 \quad (TB_N) \\
U_H^* &:= \theta_H u(Y_H^1) + (1 - \theta_H) u(Y_H^0) \\
&\geq \theta_H u(Y - S) + (1 - \theta_H) u(Y) =: U_H^0 \quad (TB_H) \\
U_N^* &:= \theta_N u(Y_N^1) + (1 - \theta_N) u(Y_N^0) \\
&\geq \theta_N u(Y_H^1) + (1 - \theta_N) u(Y_H^0) =: U_N^H \quad (AV_N) \\
U_H^* &:= \theta_H u(Y_H^1) + (1 - \theta_H) u(Y_H^0) \\
&\geq \theta_H u(Y_N^1) + (1 - \theta_H) u(Y_N^0) =: U_H^N \quad (AV_H)
\end{aligned}
\tag{10.52}
$$

10.3. Modellerweiterung: Risikoaversion

Die folgenden Vorüberlegungen werden uns die Ableitung der optimalen Allokation erleichtern: Zunächst können wir feststellen, dass die Teilnahmebedingung des hohen Risikotyps immer dann erfüllt ist, wenn die Teilnahmebedingung des niedrigen Risikotyps erfüllt ist: Subtrahieren wir von beiden Seiten der Anreizverträglichkeitsbedingung des hohen Typs seinen Reservationsnutzen, so erhalten wir

$$U_H^* - U_H^0 \geq U_H^N - U_H^0 \,. \tag{10.53}$$

Auf der linken Seite der Ungleichung steht die Teilnahmebedingung des hohen Risikotyps. Die Teilnahmebedingung des niedrigen Risikotyps lautet

$$U_N^* - U_N^0 \geq 0 \,. \tag{10.54}$$

Unsere Behauptung ist bewiesen, wenn wir zeigen können, dass die Differenz $(U_H^N - U_H^0) - (U_N^* - U_N^0)$ positiv ist. Für sie gilt

$$(U_H^N - U_H^0) - (U_N^* - U_N^0)$$
$$= (\theta_N - \theta_H)\left[u(Y_N^0) - u(Y_N^1) - u(Y) + u(Y - S)\right] \geq 0 \quad (10.55)$$

aufgrund der angenommenen Risikoaversion des Individuums. Abbildung 10.7 veranschaulicht den Zusammenhang.

Als nächstes können wir folgern, dass die Teilnahmebedingung des niedrigen Risikotyps mit Gleichheit erfüllt sein muss. Wäre sie es nicht, so könnte man die Versicherungsprämie anheben, ohne dadurch die Teilnahme- oder Anreizbedingungen zu verletzen. Dies würde aber den Gewinn von Individuum 1 vergrößern.

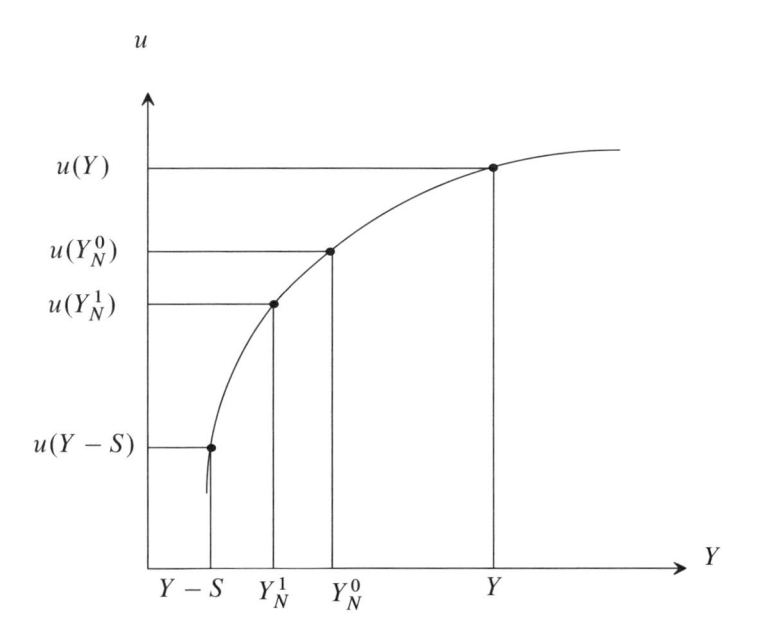

Abbildung 10.7: Illustration von Gleichung (10.55)

Mit diesen Vorüberlegungen wissen wir, dass wir die Teilnahmebedingung des hohen Risikotyps vernachlässigen können und dass die Teilnahmebedingung des niedrigen Typs bindet. Wir werden zur Bestimmung des Optimums nun noch den folgenden Trick anwenden, um uns ein umständliches Hantieren mit Kuhn-Tucker-Bedingungen zu ersparen: Wir vermuten, dass die Anreizbedingung des niedrigen Typs im Optimum nicht bindet und vernachlässigen sie daher bei der Optimierung. Wenn wir das Optimum auf diesem Weg bestimmt haben, zeigen wir dann, dass diese Vermutung richtig war. Das Optimierungsproblem lautet in Lagrange-Schreibweise:

$$\mathcal{L} = \pi_N[(1-\theta_N)(Y-Y_N^0) + \theta_N(Y-S-Y_N^1)]$$
$$+ \pi_H[(1-\theta_H)(Y-Y_H^0) + \theta_H(Y-S-Y_H^1)]$$
$$+ \lambda \left\{\theta_N u(Y_N^1) + (1-\theta_N)u(Y_N^0) - \theta_N u(Y-S) - (1-\theta_N)u(Y)\right\}$$
$$+ \mu \left\{\theta_H u(Y_H^1) + (1-\theta_H)u(Y_H^0) - \theta_H u(Y_H^1) - (1-\theta_H)u(Y_N^0)\right\}.$$
(10.56)

Die Bedingungen erster Ordnung lauten:

$$Y_N^0: \quad [\lambda(1-\theta_N) - \mu(1-\theta_H)]u'(Y_N^0) = \pi_N(1-\theta_N),$$
$$Y_N^1: \quad [\lambda\theta_N - \mu\theta_H]u'(Y_N^1) = \pi_N\theta_N,$$
$$Y_H^0: \quad \mu(1-\theta_H)u'(Y_H^0) = \pi_H(1-\theta_H),$$
$$Y_H^1: \quad \mu\theta_H u'(Y_H^1) = \pi_H\theta_H.$$

Löst man die dritte und vierte Bedingung jeweils nach $u'(.)$ auf, so erhält man

$$u'(Y_H^0) = \frac{\pi_H}{\mu} = u'(Y_H^1).$$
(10.57)

Damit haben wir aber gezeigt, dass der hohe Risikotyp in einer zweitbesten Lösung vollständig versichert wird, für ihn gilt wie im unbeschränkten Optimum $Y_H^0 = Y_H^1$. Was gilt nun für den niedrigen Risikotyp? Die erste und zweite Bedingung lässt sich jeweils nach π_N auflösen. Setzt man beide gleich, so erhält man

$$\underbrace{\frac{\theta_N[\lambda(1-\theta_N) - \mu(1-\theta_H)]}{(1-\theta_N)[\lambda\theta_N - \mu\theta_H]}}_{F} u'(Y_N^0) = u'(Y_N^1).$$
(10.58)

Der Faktor F misst die optimale Abweichung der zweitbesten Lösung von der Vollversicherung für den niedrigen Risikotyp. Wenn $F = 1$ ist, dann ist auch für ihn Vollversicherung optimal; ist $F > 1$, so gilt $u'(Y_N^0) < u'(Y_N^1) \Leftrightarrow Y_N^0 > Y_N^1$, mit anderen Worten der niedrige Risikotyp ist unterversichert. Was können wir über die Größe von F aussagen? Elementare Umformungen ergeben:

$$F > 1 \Leftrightarrow (1-\theta_H)\,\theta_N < (1-\theta_N)\,\theta_H$$
$$\Leftrightarrow \theta_N < \theta_H.$$
(10.59)

10.3. Modellerweiterung: Risikoaversion

Dies gilt aber nach Voraussetzung immer. Damit haben wir als zweites wichtiges Ergebnis herausgefunden, dass der niedrige Risikotyp in einer zweitbesten Lösung unterversichert ist. Da die Anreizverträglichkeitsbedingung des hohen Risikotyps im zweitbesten Gleichgewicht gerade bindet, bedeutet dies, dass die Risikodeckung des niedrigen Typs gerade so lange gesenkt wird, bis der hohe Typ keinen Anreiz mehr besitzt, sich als niedriger Typ auszugeben. Dies gibt auch eine Erklärung für die Beobachtung, dass die Anreizverträglichkeitsbedingung des niedrigen Typs nicht binden kann: Er wird niemals einen Anreiz haben vorzugeben, er sei der Typ mit einem hohen Risiko, da dessen Risikoabdeckung „teurer" ist als die des niedrigen Risikotyps. Der Grad der Unterversicherung richtet sich nach den Parametern des Modells und ist durch die obige Gleichung definiert.

Wir müssen nun noch überprüfen, ob unsere Vermutung bezüglich der Anreizverträglichkeitsbedingung des niedrigen Risikotyps richtig war. Da der hohe Typ vollversichert wird, lautet sie

$$\theta_N u(Y_N^1) + (1 - \theta_N) u(Y_N^0) - u(Y_H^*) \geq 0 , \qquad (10.60)$$

wobei Y_H^* das sichere Vermögen des hohen Typs im Second-Best-Optimum bezeichnet. Da die Anreizverträglichkeitsbedingung des hohen Typs bindet, gilt

$$u(Y_H^*) = \theta_H u(Y_N^1) + (1 - \theta_H) u(Y_N^0) .$$

Einsetzen in die linke Seite von (10.60) ergibt

$$\theta_N u(Y_N^1) + (1 - \theta_N) u(Y_N^0) - \theta_H u(Y_N^1) - (1 - \theta_H) u(Y_N^0)$$
$$= (\theta_N - \theta_H) \cdot \big(u(Y_N^1) - u(Y_N^0)\big) > 0 ,$$

denn die erste Klammer ist laut Annahme negativ und die zweite ist negativ, weil der niedrige Risikotyp unterversichert wird, womit die Behauptung gezeigt ist. Fassen wir die Ergebnisse dieses Abschnitts zusammen:

1. Wenn mindestens ein Individuum risikoavers ist, existiert kein direkter Mechanismus, der beliebige effiziente Allokationen als Gleichgewicht stützt. Daraus lässt sich ein Argument für einen Versicherungszwang ableiten. Damit ist in allen Anwendungen, in denen die Risikoaversion der Individuen relevant ist und ein Versicherungszwang ausgeschlossen wird, die effiziente Allokation institutionell nicht erreichbar.

2. Die zweitbeste Lösung ist durch Optimalitätsbedingungen charakterisiert, die vom Prinzip der vollständigen Internalisierung abweichen. Insbesondere führt die Existenz eines hohen Risikotyps dazu, dass der niedrige Risikotyp keine Vollversicherung mehr erreichen kann. Er erhält unter der Voraussetzung der Anreizverträglichkeitsbedingung des Hochrisikotyps den für ihn optimalen Vertrag.

3. An die Stelle des Prinzips der vollständigen Internalisierung tritt ein Prinzip, gemäß dem der hohe Risikotyp seine erstbeste Allokation erhält und beim niedrigen Risikotyp systematisch gemäß (10.58) davon abgewichen wird. Diese Regel muss zur Beurteilung von Institutionen herangezogen werden. Alle Institutionen, die

eine solche Allokation implementieren, sind optimale Allokationen für dieses institutionelle Umfeld.

Bedingung für die Effizienz einer zweitbesten Institution bei Risikoaversion:

$$u'(Y_H^1) = u'(Y_H^0) \tag{10.57}$$

$$u'(Y_N^1) = \frac{\theta_N[\lambda(1-\theta_N) - \mu(1-\theta_H)]}{(1-\theta_N)[\lambda\theta_N - \mu\theta_H]} u'(Y_N^0) \tag{10.58}$$

10.3.4 Institutionen zur Erreichung einer zweitbesten Allokation

Wie wir in den vorangehenden Abschnitten gesehen haben, hängt die Frage, ob eine erstbeste Allokation institutionell gestützt werden kann, von mehreren Faktoren ab. Dazu zählen die Gruppengröße in Zusammenhang mit der Guteigenschaft, der sich in den Teilnahmebedingungen widerspiegelnde Schutz eines Status-Quo, die Risikoeinstellung der Individuen und die Existenz friktionsloser Transferschemata.

Anders als bei privaten Gütern hatten wir gesehen, dass bei öffentlichen Gütern mit unsicheren Handelsgewinnen die erstbeste Lösung mit steigender Gruppengröße zunehmend als Maßstab zur Beurteilung von Institutionen an Bedeutung verliert. Dies entspricht weitgehend unserer Intuition, dass eine effiziente Einigung über die Bereitstellung öffentlicher Güter umso einfacher wird, je kleiner die Gruppe der durch das Gut betroffenen Personen ist. Wichtig ist aber, nochmals darauf hinzuweisen, dass das Verfehlen der erstbesten Lösung in solchen Fällen nicht Ausdruck eines vermeidbaren Markt- oder Staatsversagens ist, sondern eine für alle denkbaren Institutionen notwendige Beschränkung der implementierbaren Allokationen.

Wir werden uns nun ausführlicher mit der Frage beschäftigen, ob bestimmte Institutionen in der Lage sind, in den Fällen der Risikoaversion und der Nichtexistenz friktionsloser Transferschemata die zweitbeste Lösung zu implementieren. Dazu werden wir einige Marktformen und Regulierungsinstrumente und deren Allokationswirkungen in einer Situation kennen lernen, in der das Prinzip der vollständigen Internalisierung nicht zur Beurteilung herangezogen werden kann.

Dabei nehmen wir an, dass die individuellen Eigentumsrechte ohne Versicherung respektiert werden müssen, das heißt kein Versicherungszwang existiert. In diesem Fall hatten wir gesehen, dass das (zweitbeste) Optimum durch eine Vollversicherung des hohen Risikotyps und eine Unterversicherung des niedrigen Risikotyps wie folgt gekennzeichnet war:

$$u'(Y_H^1) = u'(Y_H^0), \tag{10.57}$$

$$u'(Y_N^1) = \frac{\theta_N[\lambda(1-\theta_N) - \mu(1-\theta_H)]}{(1-\theta_N)[\lambda\theta_N - \mu\theta_H]} u'(Y_N^0). \tag{10.58}$$

Wir werden uns nun fragen, ob das implizit durch die obigen Bedingungen charakterisierte Optimum in den beiden Marktformen „Monopol" und „vollständiger Wettbewerb" erreicht wird. Außerdem werden wir ein in der Realität häufig anzu-

10.3. Modellerweiterung: Risikoaversion

treffende Regulierung daraufhin untersuchen, ob sie das Erreichen einer zweitbesten Lösung unterstützt. Wie sich herausstellen wird, haben wir mit der formalen Analyse des Abschnitts 10.3.1 bereits einen Großteil der Arbeit geleistet, so dass ein Vergleich unterschiedlicher Marktformen jetzt relativ leicht fällt.

10.3.4.1 Monopolmärkte für Versicherungen

Wir beginnen die Diskussion mit der Marktform des Angebotsmonopols für Versicherungen. Wie wir in Kapitel 7 bereits gesehen haben, führt ein Monopolmarkt bei perfekt durchgesetzten Eigentumsrechten dann nicht zu Effizienzverlusten, wenn der Monopolist nicht reguliert wird. Insbesondere muss es ihm möglich sein, den Absatzpreis von der gekauften Menge abhängig zu machen und den Weiterverkauf vertraglich auszuschließen. Wir werden sehen, dass diese Intuition auch im Falle eines monopolistischen Versicherungsangebots bei asymmetrischer Information über den Risikotyp erhalten bleibt. Wir unterscheiden daher im Folgenden die beiden Fälle:

a) Der monopolistische Versicherer ist nicht reguliert, insbesondere hat er das Recht, die Versicherungsnehmer zu rationieren, indem er Preis-Mengen-Verträge anbietet, bei denen die Prämie je Euro Versicherungsschutz an den Umfang des Versicherungsschutzes gekoppelt ist. In Abbildung 10.8 entspricht ein solches Vertragsangebot einem Punkt.

b) Der Monopolist ist reguliert und darf nur den Preis, d. h. die Prämie je Euro Versicherungsschutz setzen. Zu diesem Preis muss er die gesamte Nachfrage befriedigen. Bei asymmetrischer Information bedeutet dies, dass er überhaupt nur einen Preis setzen kann. Grafisch betrachtet, kann somit der Monopolist in unserem Abbildungsmodell nur eine Gerade anbieten.

Unreguliertes Monopol Ein Monopolist, der durch die Regulierungsform seines Marktes in der Lage ist, personalisierte Preis-Mengen-Verträge abzuschließen, wird seinen Gewinn bezüglich beider Risikotypen folgendermaßen maximieren. Wir können wie bei der Charakterisierung des Optimums einen Vertragstyp, den der Monopolist anbietet, mit $\{t_\theta, t_{1-\theta}\}$ bezeichnen. Ein solcher Vertrag legt erstens die Prämie $t_{1-\theta}$ und zweitens die Nettodeckung im Versicherungsfall t_θ fest. Wir werden im Folgenden alle Institutionen, die wir untersuchen werden, durch ein Spiel (einen möglicherweise indirekten Mechanismus) charakterisieren. Wir hatten in Abschnitt 10.1 diesen Weg gewählt, um den Begriff einer Institution der formalen Analyse zugänglich zu machen.

**Spielform der Institution
„Unreguliertes Monopol"**

In einem ersten Zug bietet der Monopolist eine beliebige Menge an Verträgen $\{t_\theta, t_{1-\theta}\}$ an. In einem zweiten Zug wählen die Haushalte einen oder keinen von diesen Verträgen.

Wir lösen das Problem der Bestimmung einer optimalen Angebots- und Nachfrageentscheidung, indem wir zunächst den Gewinn des Monopolisten spezifizieren. Angenommen, Individuen mit hohem bzw. niedrigem Risikotyp wählten die (möglicherweise gleichen) Verträge $\{t_\theta^1, t_{1-\theta}^1\}$ bzw. $\{t_\theta^2, t_{1-\theta}^2\}$. Dann ist der Gewinn des Monopolisten

$$G = \pi_N \left[(1-\theta_N)t_{1-\theta}^2 - \theta_N t_\theta^2\right] + \pi_H \left[(1-\theta_H)t_{1-\theta}^1 - \theta_H t_\theta^1\right]. \quad (10.61)$$

was wegen (10.47) äquivalent ist mit dem Ausdruck in (10.3.3). Nun wissen wir aber aus dem Prinzip der direkten Offenbarung, dass der Monopolist den maximalen Gewinn genau dann erreichen kann, wenn er die obige Funktion über die Wahl von Verträgen unter den in (10.52) spezifizierten Teilnahme- und Anreizverträglichkeitsbedingungen für beide Risikotypen maximiert. Daraus folgt, dass sich das Optimierungsproblem des Monopolisten nicht vom Problem der Bestimmung des gesellschaftlichen Optimums unterscheidet: Gesellschaft wie Monopolist sind den gleichen Anreizverträglichkeitsbedingungen unterworfen und beide müssen darauf achten, dass Individuum 2 einen Vertrag freiwillig akzeptiert. Daher wird die Institution „Unreguliertes Angebotsmonopol" eine zweitbeste Allokation implementieren können.

Folglich erfüllt das Gleichgewicht auf einem unregulierten Monopolmarkt alle Eigenschaften eines Second-Best-Optimums:

1. Der hohe Risikotyp wird voll versichert, d. h. der auf ihn zugeschnittene Vertrag $\{t_\theta^1, t_{1-\theta}^1\}$ liegt auf der Winkelhalbierenden (vgl. Abbildung 10.8).
2. Die Anreizverträglichkeitsbedingung für den hohen Risikotyp bindet, d. h. der auf den niedrigen Risikotyp zugeschnittene Vertrag $\{t_\theta^2, t_{1-\theta}^2\}$ liegt auf derselben Indifferenzkurve des H-Typs wie der erste Vertrag.
3. Die Teilnahmebedingung des niedrigen Risikotyps bindet, d. h. der zweite Vertrag liegt auf der Indifferenzkurve des N-Typs durch den Ausstattungspunkt C.

Daraus ergibt sich, dass zwei Arten von Gleichgewichten möglich sind:

a) Es wird nur ein Vertrag angeboten, der im Schnittpunkt der H-Indifferenzkurve (I_H^1 in Abbildung 10.8) durch den Ausstattungspunkt C mit der Winkelhalbierenden liegt (Punkt A_H^1), während der N-Typ nicht versichert wird.
b) Es werden zwei Verträge angeboten: Der auf den N-Typ zugeschnittene Vertrag (Punkt A_N^2) liegt auf dessen Indifferenzkurve (I_N^1) durch Punkt C, der auf den H-Typ zugeschnittene Vertrag liegt im Schnittpunkt der H-Indifferenzkurve (I_H^2) durch diesen Punkt mit der Winkelhalbierenden (Punkt A_H^2).

Beim Gleichgewicht vom Typ a) macht der Monopolist per definitionem seinen gesamten Gewinn durch Verträge mit dem H-Risikotyp; es ist also dann für ihn lukrativ, wenn der Anteil des H-Risikotyps hoch ist. Dagegen macht er beim Gleichgewicht vom Typ b) seinen Gewinn auch mit Verträgen für N-Typen. Dieses Gleichgewicht wird also dann gewählt werden, wenn es einen hohen Anteil von N-Typen gibt.

Reguliertes Monopol Im Folgenden betrachten wir einen Monopolmarkt, der dahingehend reguliert ist, dass der Monopolist keine Rationierung der Nachfrage in Form

10.3. Modellerweiterung: Risikoaversion

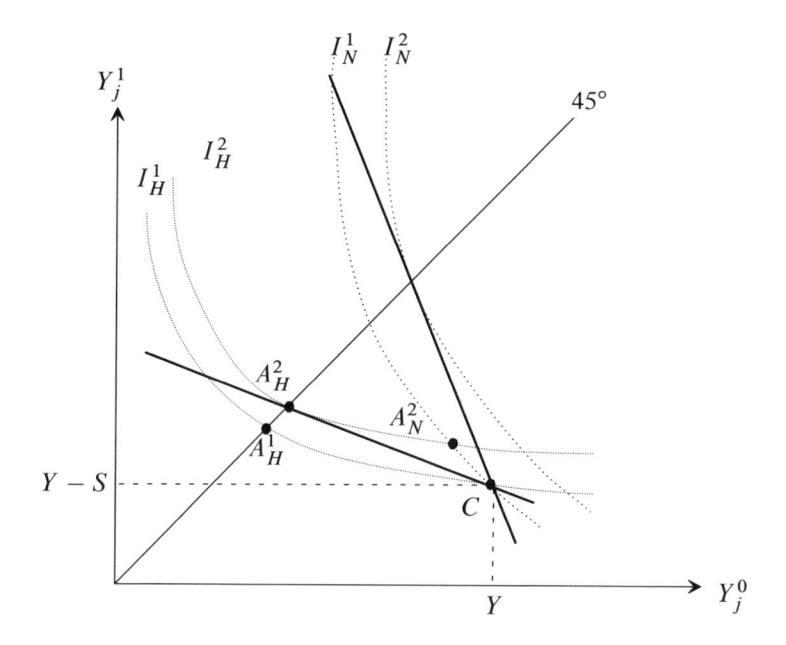

Abbildung 10.8: Unreguliertes Monopol

von Preis-Mengen-Verträgen vornehmen, sondern nur die Höhe der Prämie pro Euro Versicherungsdeckung festlegen darf. Es ist klar, dass nur zu einem einzigen Preis eine positive Menge nachgefragt wird, da die Nachfrager nur zum niedrigsten Preis einen Vertrag abschließen würden. Daher gehen wir davon aus, dass der Monopolist nur einen Preis verlangt. Wir definieren für diesen Fall die Spielform:

**Spielform der Institution
„Reguliertes Monopol"**

In einem ersten Zug wählt der Monopolist einen Preis. In einem zweiten Zug wählt jeder Haushalt zu diesem Preis seine Nachfrage nach Versicherungsschutz, x_i.

Der erwartete Gewinn des Monopolisten bei dem Preis p beträgt

$$G = \pi_N(p - \theta_N)x_N + \pi_H(p - \theta_H)x_H \,. \tag{10.62}$$

Ein Individuum mit Risikotyp $i = N, H$ bestimmt seine Nachfrage nach Versicherung für einen gegebenen Preis, indem es das folgende Maximierungsproblem löst:

$$\max_{x_i} \theta_i u(Y - S + x_i - px_i) + (1 - \theta_i)u(Y - px_i) \,. \tag{10.63}$$

Wir bezeichnen wie bisher mit Y_i^j das Einkommen eines Risikotyps $i = N, H$ im Zustand $j = 0, 1$. Aus der Bedingung erster Ordnung für die optimale Versicherungs-

310   Kap. 10. Asymmetrische Informationen

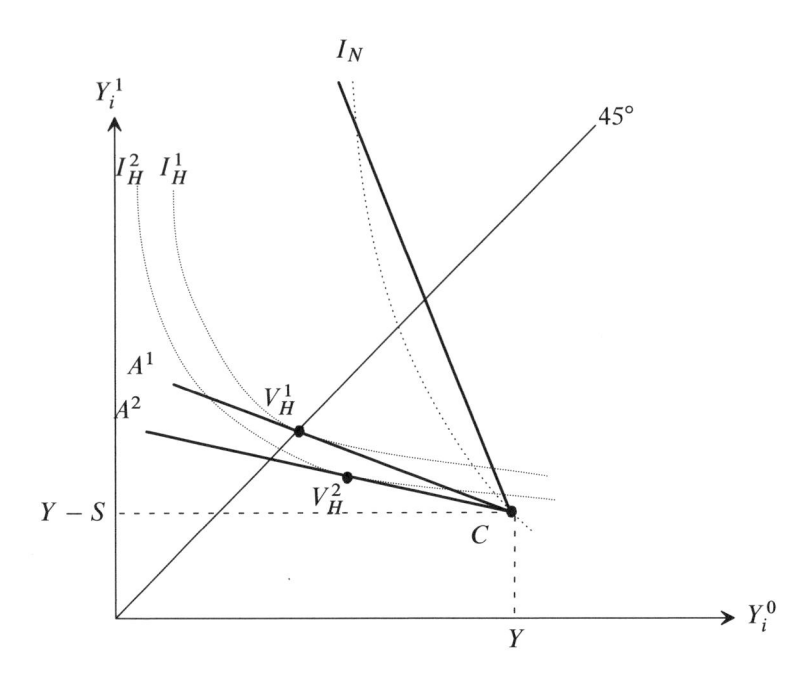

Abbildung 10.9: Reguliertes Monopol

nachfrage folgt:

$$\frac{u'(Y_i^0)}{u'(Y_i^1)} \geq \frac{(1-p)\theta_i}{(1-\theta_i)p}, \quad i = N, H. \tag{10.64}$$

Daraus ist sofort ableitbar, dass ein Individuum vom Typ $i, i = H, N$ Vollversicherung ($Y_i^1 = Y_i^0$ bzw. $x_i = S$) nachfragen wird, falls der Preis p gerade seinem eigenen Schadensrisiko θ_i entspricht, während es sich über-(unter-)versichern wird, falls der Preis kleiner (größer) als das Schadensrisiko ist. In dieser Spielform sind prinzipiell drei Konstellationen denkbar:

a) Der Monopolist wählt den Preis $p = \theta_H$, so dass die Preisgerade in Abbildung 10.9 mit der Nullgewinn-Geraden für H-Typen zusammenfällt (Angebotsgerade A^1). Zu diesem Preis wird der H-Typ Vollversicherung wählen, also Punkt V_H^1. Falls zu diesem Preis der N-Typ eine positive Menge Versicherungsschutz kauft, liegt der entsprechende Punkt ebenfalls auf der Angebotsgeraden A^1 und damit kann die Anreizverträglichkeits-Bedingung des H-Typs nicht binden. Somit wäre es möglich, dem N-Typen bei Bindung der Anreizverträglichkeits-Bedingung ein für ihn besseres Angebot zu unterbreiten, folglich sind die Second-Best-Bedingungen verletzt. Falls der N-Typ zu diesem Preis keine Versicherung kauft, ist der Gewinn des Monopolisten null. Dies kann, wie in Fall b) gezeigt werden wird, kein Gleichgewicht sein.

b) Der Monopolist wählt einen Preis, der größer ist als θ_H (Angebotsgerade A^2), aber so, dass der H-Typ noch eine positive Menge Versicherungsschutz nachfragt und damit der Monopolist an diesen Verträgen verdient. Ein solcher Preis existiert immer, wie in Abbildung 10.9 zu erkennen ist. Zu diesem Vertragsangebot maximiert der H-Typ seinen Nutzen, indem er keine Vollversicherung wählt (Punkt V_H^2), so dass die Second-Best-Bedingungen ebenfalls verletzt sind.
c) Der Monopolist wählt einen Preis, der kleiner als θ_H und größer als θ_N ist. In diesem Fall erleidet der Monopolist mit den H-Typen, die sich überversichern, einen Verlust, erzielt jedoch mit den N-Typen einen Gewinn; diese werden sich unterversichern. Da sich die H-Typen überversichern, kann auch in diesem Fall Second-Best-Effizienz nicht gegeben sein.

Wir stellen also fest, dass ein Verbot der Rationierung auf einem Monopolmarkt aus Effizienzgründen niemals erfolgen sollte.

10.3.4.2 Wettbewerbsmärkte für Versicherungen

Wir werden uns nun mit der Frage beschäftigen, ob die zweitbeste Allokation auch durch die Institution „Wettbewerbsmarkt" implementiert werden kann. In Analogie zur Unterscheidung bei Monopolmärkten werden wir hier die Fähigkeit des Anbieters, Preis-Mengen-Verträge zu schließen, von einer Situation unterscheiden, in der er nur einen Preis setzt, während sich die Nachfrager als Mengenanpasser verhalten. Um die Situation des vollständigen Wettbewerbs zu modellieren, werden wir davon ausgehen, dass sich zwei Unternehmen auf dem Markt befinden, die für die jeweils existente Regulierung ihren Gewinn bezüglich der jeweiligen Entscheidungsparameter maximieren. Eine solche Situation, so wird sich herausstellen, bildet unsere Intuition für einen Markt bei vollständigem Wettbewerb gut ab, da im Gleichgewicht der jeweiligen Marktspiele jedes Unternehmen Gewinne von null machen wird. Ein Wettbewerbsmarkt zeichnet sich also nicht notwendigerweise durch eine große Anzahl von Anbietern aus, sondern durch Preiswettbewerb. Diese Interpretation eines Wettbewerbsmarkts ist insbesondere für praktische Marktabgrenzungsverfahren relevant. Siehe dazu auch Kasten 10.1.

Kasten 10.1: Was ist der relevante Markt?

Bisher hatten wir immer nur über ein Gut x gesprochen, für das entweder ein (natürliches) Monopol oder ein Wettbewerbsmarkt vorliegt. Die bisherige Analyse setzte also an der Stelle an, an der wir bereits wissen, dass bei der Produktion eines bestimmten Gutes die Situation eines natürlichen Monopols vorliegt. Für die praktische Wirtschaftspolitik ist aber zur Beurteilung der Effizienz eines Marktes eine vorgelagerte Frage von größter Bedeutung: Woher wissen wir, in welcher Marktform Gut x gehandelt wird? In praktischen Regulierungsfragen ist gerade diese Frage die am heftigsten diskutierte, da die Theorie einigermaßen gesicherte Hypothesen über das Marktverhalten und die damit verbundenen gleichgewichtigen Allokationen anbietet, wenn man sich erst einmal auf eine

Marktform geeinigt hat. Wir wollen uns im Folgenden also mit der Abgrenzung des „relevanten Markts" beschäftigen.

Ein relevanter Markt wird üblicherweise nach
- sachlichen,
- räumlichen und
- zeitlichen

Kriterien abgegrenzt.

Bei der sachlichen Marktabgrenzung geht es darum herauszufinden, wie die Konsumenten das jeweilige Gut relativ zu anderen Gütern wahrnehmen. Alle Güter, die als enge Substitute angesehen werden, sind daher bei der Marktabgrenzung mit zu berücksichtigen. Das nennt man die nachfrageseitige Marktabgrenzung. Prüft man zum Beispiel die Frage, ob die Bahn AG im Bereich des Personentransports auf einem Monopol- oder auf einem Wettbewerbsmarkt anbietet, ist daher zu fragen, ob die Konsumenten die Transportleistungen der Bahn relativ leicht durch andere Transportleistungen, also etwa Auto oder Flugzeug, zu substituieren bereit sind. Sind sie dies, so ist der sachlich relevante Markt der Markt für Transportleistungen und nicht für Bahnfahrten.

Nun kann der Fall auftreten, dass die Haushalte ein Gut zwar als enges Substitut zu anderen Gütern ansehen, diese Güter aber derzeit von anderen Anbietern nicht angeboten werden können. An dieser Stelle muss die sachliche Marktabgrenzung um die Angebotsseite vervollständigt werden. Die Tatsache, dass ein Anbieter zu einem Zeitpunkt allein ein Gut anbietet, zeigt noch nicht, dass er auf diesem Markt ein Monopol besitzt, vielmehr ist zu fragen, ob andere Anbieter ohne hohe Kosten in der Lage sind, enge Substitute auf den Markt zu bringen.

Bei der räumlichen Marktabgrenzung geht es darum festzustellen, inwieweit ein Anbieter in einem bestimmten Gebiet ein Monopol für ein bestimmtes Gut besitzt. Diese Frage hängt eng mit der sachlichen Marktabgrenzung zusammen, weil auch hier gefragt werden muss, ob a) die Konsumenten räumlich ausweichen können oder b) andere Anbieter zu geringen Kosten ihr Angebot in das jeweilige Gebiet ausdehnen könnten.

Bei der zeitlichen Marktabgrenzung wird gefragt, für welche zeitliche Ausdehnung ein Marktverhalten als homogen angesehen werden kann, bzw. ob in absehbarer Zukunft gravierende Änderungen der Marktstruktur die Wettbewerbsposition von Anbietern verändern wird.

Bei der hier vorgestellten Konzeption der Marktabgrenzung geht es immer darum zu ermitteln, wie leicht sich Güter gegeneinander substituieren lassen. Da im Hintergrund immer der mündige Verbraucher als Referenzpunkt steht, wird dieses Verfahren auch *Bedarfsmarktkonzept* genannt.

In der Praxis hat sich der 1982 in den USA und 1992 in der Europäischen Union eingeführte SSNIP-Test (Small Significant Non-transitory Increase in Price) bewährt. Dabei wird gefragt, welches der kleinste Markt ist, auf dem ein Unternehmen in der Lage ist, eine signifikante Preiserhöhung (meist 5 %) unter Steigerung seiner Gewinne durchzusetzen. Der Test wird wie folgt durchgeführt:
- Man startet mit dem kleinsten denkbaren Markt und untersucht, ob eine fünfprozentige Preiserhöhung profitabel wäre.
- Falls nein, hat das Unternehmen keine hinreichende Marktmacht, um Preiserhöhungen durchzusetzen.
- Falls ja, wird das nächst enge Substitutgut zum Markt hinzugenommen und der Test wiederholt.

- Das Verfahren wird fortgesetzt, bis ein Punkt erreicht wird, an dem eine fünfprozentige Preissteigerung nicht mehr profitabel ist.
- Die dann zugrunde gelegten Güter definieren den relevanten Markt.

Regulierter Wettbewerb Wir wollen zunächst eine sehr einfache Regulierung untersuchen, bei der die Unternehmen nur einen Preis festsetzen dürfen und die Nachfrager dann für diesen gegebenen Preis ihre nachgefragte Menge bestimmen. Mit anderen Worten kann diese Marktform als eine Regulierung gedeutet werden, bei der den Unternehmen verboten wird, Preis-Mengen-Verträge anzubieten. Die Untersuchung dieser Marktform wird uns eine Begründung für die Beobachtung liefern, warum auf Versicherungsmärkten in der Regel neben dem Preis auch ein zugehöriger Versicherungsumfang festgelegt wird. Wir bezeichnen im Folgenden mit p den Preis, den ein Unternehmen setzt, und mit $x_i, i = N, H$ die vom Risikotyp i nachgefragte Menge. Unter einer Menge verstehen wir hier den Geldbetrag, den ein Haushalt erhält, wenn ein Vermögensverlust auftritt.

**Spielform der Institution
„Wettbewerbsmarkt mit reinem Preiswettbewerb"**

In einem ersten Zug wählen beide Firmen simultan Preise p_1, p_2. In einem zweiten Zug wählen die Haushalte zu dem für sie günstigeren Preis eine Menge an Versicherungsleistung x_i. Wählen beide Unternehmen den gleichen Preis, so entscheidet sich ein Individuum für jedes der beiden mit Wahrscheinlichkeit $1/2$. In einem dritten Zug werden Verträge, die von niemandem nachgefragt wurden, vom Markt genommen.

Was versteht man in einem so definierten Spiel als ein Gleichgewicht? Nach dem Konzept von Rothschild und Stiglitz (1976) ist dies eine Menge von Vertragsangeboten der Versicherer mit den folgenden Eigenschaften:[9]

1. Jeder Versicherte schließt den Vertrag ab, der seinen Erwartungsnutzen maximiert. Ein Individuum mit Risikotyp $i = N, H$ bestimmt seine Nachfrage nach Versicherung x_i für einen gegebenen Preis, indem es das Maximierungsproblem (10.63) löst.
2. Jedes einzelne Vertragsangebot erbringt für das betreffende Unternehmen unter Berücksichtigung der Entscheidungen der Nachfrager einen nichtnegativen Gewinn.
3. Es gibt kein potenzielles Vertragsangebot außerhalb dieser Menge, das ceteris paribus im Erwartungswert mit einem positiven Gewinn verbunden wäre.

Damit können wir nun die Eigenschaften eines solchen Gleichgewichts näher untersuchen: Zunächst können wir zeigen, dass im Gleichgewicht jedes Unternehmen den gleichen Preis fordern wird. Denn angenommen, es gebe zwei Preise, p, p' mit

---

[9]Dies ist nur ein mögliches Gleichgewichtskonzept. In der Literatur sind z. B. von Wilson (1976) und Spence und Miyazaki (1977) weitere Gleichgewichtsbegriffe vorgeschlagen worden.

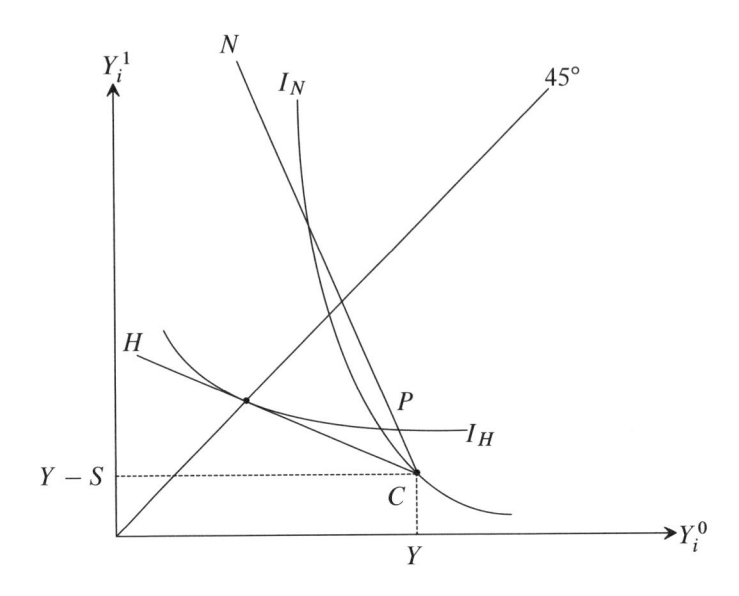

Abbildung 10.10: Preiswettbewerb, Fall a)

$p < p'$, dann würden alle Haushalte zum Unternehmen mit Preis p gehen, da sie für die gleiche Deckung weniger bezahlen müssten. In Zug 3 wird dann der nicht gewählte Vertrag vom Markt genommen.

Als nächstes können wir zeigen, dass die Unternehmen im Gleichgewicht Gewinne von null machen müssen. Auch hier läuft der Beweis über einen Widerspruch: Angenommen, auf dem Markt würde bei einem Preis p ein aggregierter Gewinn von $\Gamma > 0$ gemacht. Jedes Unternehmen hat dabei einen Gewinn von $\Gamma/2$. Dann könnte sich ein Unternehmen besser stellen, wenn es einen Preis $p - \varepsilon, \varepsilon > 0, \varepsilon \to 0$ anböte: Zu diesem Preis bekäme es die gesamte Nachfrage. Damit kann es, wenn es ε beliebig klein wählt, seinen Gewinn beliebig nah an Γ annähern. Dies steht im Widerspruch dazu, dass p ein Gleichgewicht ist.

Die Nullgewinnbedingung der Unternehmen impliziert

$$p = \frac{\pi_N \theta_N x_N + \pi_H \theta_H x_H}{\pi_N x_N + \pi_H x_H}. \qquad (10.65)$$

Zu diesem Preis kann es zwei verschiedene Typen von Gleichgewichten geben:

a) Entweder die Grenzrate der Substitution des niedrigen Risikotyps ist an der Stelle ohne Versicherung (absolut) größer oder gleich dem in (10.65) definierten Marktpreis. Dann wählt er eine Randlösung mit einer Versicherungsnachfrage von 0. Zugleich bedeutet dies, dass der Preis p der Schadenswahrscheinlichkeit des hohen Risikotyps, θ_H, entsprechen muss. Dies wiederum impliziert, dass der hohe Risikotyp Vollversicherung, $x_H = S$, wählt. Eine solche Situation ist in Ab-

10.3. Modellerweiterung: Risikoaversion

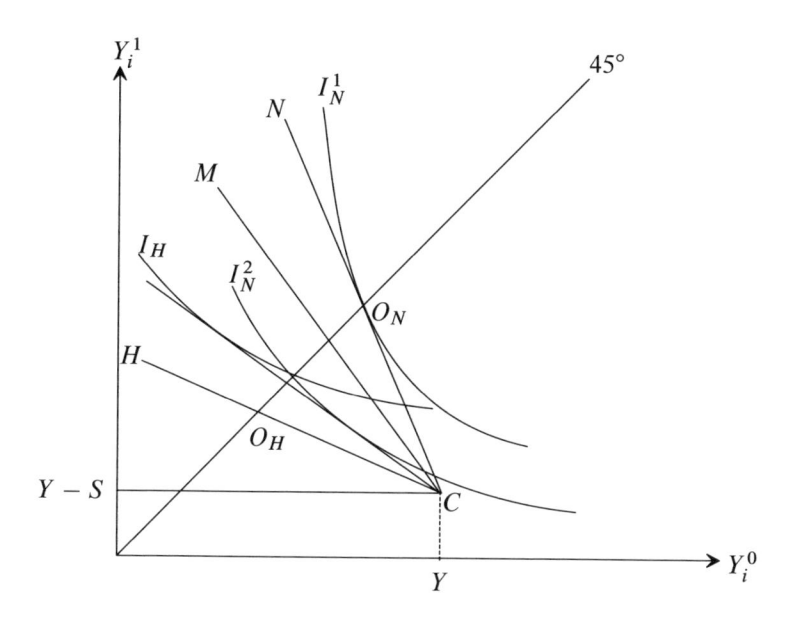

Abbildung 10.11: Preiswettbewerb, Fall b)

bildung 10.10 dargestellt. Hier ist die Indifferenzkurve des niedrigen Risikotyps im Punkt C deutlich steiler als die Budgetgerade zum Preis $p = \theta_H$. In Abbildung 10.10 erkennt man den Grund dafür, dass eine solche Situation nicht second-best-optimal sein kann. Zwar haben wir, wie die Optimalitätsbedingungen es fordern, ein separierendes Gleichgewicht, bei dem beide Typen zu einem einheitlichen Preis pro Euro Versicherung unterschiedlich große Mengen nachfragen, doch ist die Anreizverträglichkeitsbedingung des hohen Risikotyps nicht mit Gleichheit erfüllt: Könnten wir uns entlang der risikoäquivalenten Gerade CN in Richtung Vollversicherung bewegen, könnte man den Nutzen des niedrigen Typs verbessern, ohne die Anreizverträglichkeitsbedingung des hohen Typs zu verletzen. Gleichzeitig würden die Unternehmen nach wie vor Gewinne von null machen.

b) Oder sie ist (absolut) kleiner. Dann ist seine Versicherungsnachfrage positiv und die Bedingung erster Ordnung gilt für beide Risikotypen mit Gleichheit. Dies bedeutet jedoch, dass der Preis p zwischen θ_N und θ_H liegen muss, so dass sich der hohe Risikotyp über- und der niedrige Typ unterversichern wird (vgl. Abbildung 10.11). Wiederum sind die Bedingungen für ein Second-Best-Optimum für dieses Gleichgewicht verletzt.

Was ist von diesem Argument zu halten? Zunächst einmal ist es natürlich in einem technischen Sinn richtig. Die Frage muss daher lauten, ob wir es in diesem Fall mit einem dem Wettbewerbsprozess inhärenten Phänomen zu tun haben, oder ob es sich hier um ein Modell- oder Regulierungsartefakt handelt. Die Beantwortung dieser Frage hängt von der Interpretation der Annahmen des Modells ab. Wir hatten argumentiert, dass die Beschränkung der Unternehmen auf einen Preiswettbewerb ein *Regulierungsmerkmal* ist. Damit wäre das „Marktversagen" des Modells auf eine mangelhafte Regulierung dieses Marktes zurückzuführen. Bevor wir ein endgültiges Urteil fällen können, müssen wir noch untersuchen, ob andere Regulierungen des Wettbewerbsmarkts zu einer effizienten Lösung führen.

Unregulierter Wettbewerb Das Ergebnis bei reinem Preiswettbewerb liefert eine erste Vermutung für eine Erklärung der Tatsache, dass auf Versicherungsmärkten in der Regel Preis-Mengen-Verträge beobachtet werden. Die Erklärung ist bislang aber noch nicht vollständig. Aus diesem Grunde werden wir nun das Gleichgewicht auf einem unregulierten Wettbewerbsmarkt für Versicherungen untersuchen, auf dem die Unternehmen unterschiedliche Preis-Mengen-Verträge anbieten können. Ein Preis-Mengen-Vertrag entspricht grafisch einem Punkt in einer der obigen Abbildungen. Die Idee zur Untersuchung dieses Falls ist einfach: Wir hatten gesehen, dass aufgrund der Beschränkung auf eine Preissetzung die Unternehmen dem niedrigen Risikotyp nicht den Vertrag P anbieten konnten, bei dem die Anreizverträglichkeitsbedingung des schlechten Typs gerade bindet. Die Erlaubnis, durch Preis-Mengen-Verträge einzelne Punkte innerhalb der Menge der Allokationen herauszugreifen, kann diesen Mangel an Instrumenten vielleicht beheben.

**Spielform der Institution
„Wettbewerbsmarkt mit Preis-Mengen-Verträgen"**

In einem ersten Zug können zwei Firmen simultan eine beliebige Anzahl von Preis-Mengen-Verträgen $\{t_\theta, t_{1-\theta}\}$ wählen. Diese Verträge spezifizieren eine Prämie und eine Nettodeckung (Deckung minus Prämie) im Schadensfall. In einem zweiten Zug können die Individuen einen oder keinen der Verträge wählen. Bieten beide Firmen den bevorzugten Vertrag an, so wählen die Individuen einen der beiden mit Wahrscheinlichkeit $1/2$.

Wir können nun wieder das Rothschild-Stiglitz-Gleichgewicht für den durch das obige Spiel definierten Wettbewerbsmarkt bestimmen. Zunächst können wir folgern, dass jedes Unternehmen im Gleichgewicht Gewinne von null machen muss. Wir beweisen diese Eigenschaft wie im letzten Kapitel durch Widerspruch.

Angenommen, $\{t_\theta^1, t_{1-\theta}^1\}$ bzw. $\{t_\theta^2, t_{1-\theta}^2\}$ seien (möglicherweise identische) gleichgewichtige Verträge, die ein hoher bzw. niedriger Risikotyp wählt, und die zu positiven aggregierten Gewinnen von Γ führen. Jedes Unternehmen hat dabei höchstens einen Gewinn von $\Gamma/2$, sonst würde das andere den anderen Vertrag wählen. Dann könnte sich ein Unternehmen besser stellen, wenn es Verträge, $\{t_\theta^1 + \varepsilon, t_{1-\theta}^1\}, \{t_\theta^2 + \varepsilon, t_{1-\theta}^2\}, \varepsilon > 0, \varepsilon \to 0$ anböte: Bei diesem Vertrag bekäme es die gesamte Nachfrage. Damit kann es, wenn es ε beliebig klein wählt, seinen Gewinn beliebig nah an Γ annähern. Damit konnte $\{t_\theta^1, t_{1-\theta}^1\}, \{t_\theta^2, t_{1-\theta}^2\}$ kein Gleichgewicht gewesen sein. Des Weiteren haben wir gezeigt, dass es von einem Gleichgewicht aus keine profitablen Abweichungen für die Unternehmen geben kann.

10.3. Modellerweiterung: Risikoaversion

Es lassen sich nun zwei unterschiedliche Gleichgewichtstypen unterscheiden:

- In einem *vereinenden* Gleichgewicht wählen beide Risikotypen den gleichen Vertrag.
- In einem *trennenden* Gleichgewicht wählen beide Risikotypen unterschiedliche Verträge.

Für das Verständnis eines vereinenden Gleichgewichts benötigen wir eine weitere Definition. In Abbildung 10.10 hatten wir mit CN und CH die für jeden Risikotyp isoliert risikoäquivalenten Geraden definiert. Auf einer solchen Geraden macht ein Unternehmen gerade erwartete Gewinne von null, wenn nur der jeweilige Risikotyp nachfragt. Der risikoäquivalente Preis entlang einer solchen Geraden ist also $p_i = \theta_i, i = N, H$. Alternativ ist deren Steigung $-(1-\theta_i)/\theta_i, i = N, H$. Wir können analog eine Gerade definieren, auf der die Unternehmen im Mittel über beide Risikotypen im Erwartungswert Gewinne von null machen. Die Steigung einer solchen Geraden ist dann

$$-\pi_N \frac{(1-\theta_N)}{\theta_N} + \pi_H \frac{(1-\theta_H)}{\theta_H},$$

ein mit den Wahrscheinlichkeiten für die Risikotypen gewichtetes Mittel der beiden anderen Geraden. Grafisch gesprochen muss diese Gerade im Kegel liegen, der durch die risikoäquivalenten Geraden für beide Typen aufgespannt wird. In Abbildung 10.12 wird diese Gerade mit CM bezeichnet.

Es kann nun gezeigt werden, dass es kein vereinendes Gleichgewicht geben kann. Angenommen, $\{t_\theta, t_{1-\theta}\}$ sei ein solcher Gleichgewichtsvertrag. In Abbildung 10.12

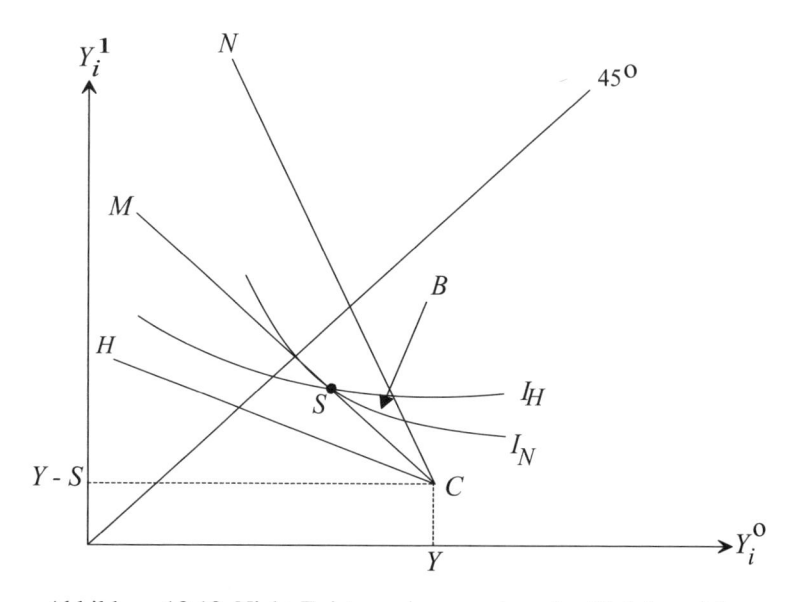

Abbildung 10.12: Nicht-Existenz eines vereinenden Gleichgewichts

ist eine solche Situation für einen Vertrag S dargestellt. Damit die Nullgewinnbedingung der Unternehmen erfüllt sein kann, muss ein solcher Vertrag auf der Geraden CM liegen, auf der die Unternehmen im Durchschnitt über beide Risikotypen erwartete Gewinne von null machen. Aufgrund der Single-Crossing-Property wissen wir, dass die Indifferenzkurve des niedrigen Risikotyps die Indifferenzkurve des hohen Risikotyps in diesem Punkt „von oben" schneidet. Damit gibt es aber einen Bereich oberhalb der Indifferenzkurve des niedrigen Risikotyps, unterhalb der Indifferenzkurve des hohen Risikotyps und unterhalb der Nullgewinngeraden des niedrigen Risikotyps (Bereich B in Abbildung 10.12), für den das Folgende gilt: Bietet ein Unternehmen einen Vertrag in diesem Bereich an, so attrahiert es damit ausschließlich niedrige Risikotypen. Der Vertrag macht aber einen erwarteten Gewinn, da er unterhalb der Nullgewinngeraden für diesen Typ liegt. Mit anderen Worten existiert für jeden Vertrag auf CM eine profitable Abweichung für die Unternehmen. Daher kann er kein Gleichgewicht sein.

Damit kommen nur noch trennende Gleichgewichte als Kandidaten in Frage. Wir bezeichnen den Vertrag, den der hohe (niedrige) Risikotyp wählen wird, mit $\{t_{1-\theta_H}, t_{\theta_H}\}$ ($\{t_{1-\theta_N}, t_{\theta_N}\}$). Um diese näher zu bestimmen, können wir als nächstes feststellen, dass im Gleichgewicht jeder Vertrag für sich Gewinne von null machen muss.

Angenommen, der Vertrag des hohen Risikotyps hätte positive Gewinne im Gleichgewicht, $(1-\theta_H)t_{1-\theta_H} - \theta_H t_{\theta_H} > 0$. Dann gäbe es aber eine profitable Abweichung $\{t_{1-\theta_H}, t_{\theta_H} + \varepsilon\}, \varepsilon > 0, \varepsilon \to 0$, so dass alle hohen Risiken diesen Vertrag akzeptieren und der Anbieter Gewinne macht. Da es im Gleichgewicht aber für kein Unternehmen eine profitable Abweichung geben darf, konnte ein positiver Gewinn des Vertrags für hohe Risiken also kein Gleichgewicht gewesen sein.

Nehmen wir umgekehrt an, dass im Gleichgewicht $(1-\theta_N)t_{1-\theta_N} - \theta_N t_{\theta_N} > 0$ gilt. Dann muss dieser Vertrag unterhalb der Nullgewinngeraden des guten Risikotyps liegen. Diese Situation ist in Abbildung 10.13 mit dem Punkt S wiedergegeben.

Damit dies ein Gleichgewicht sein kann, muss der Vertrag des hohen Risikotyps im Bereich C der Grafik liegen, damit keine Anreizverträglichkeitsbedingung verletzt ist. Analog zum Beweis der Nichtexistenz vereinender Gleichgewichte können wir nun aber schließen, dass zu diesem Vertrag eine profitable Abweichung in Bereich B der Abbildung existieren muss. Da es im Gleichgewicht aber für kein Unternehmen eine profitable Abweichung geben darf, konnte ein positiver Gewinn des Vertrags für niedrige Risiken kein Gleichgewicht gewesen sein.

Da die Unternehmen aber mit keinem Vertrag positive Gewinne machen können und sie im Durchschnitt Gewinne von null machen müssen, muss jeder Vertrag Gewinne von null machen. Dieses Ergebnis impliziert, dass gleichgewichtige Verträge nur auf der Nullgewinn-Geraden jedes Risikotyps liegen können. Wie sieht nun genau der Vertrag aus, der den Risikotypen angeboten wird?

Als erstes können wir schließen, dass der hohe Risikotyp voll versichert wird. Die Situation ist in Abbildung 10.14 wiedergegeben. Angenommen, der hohe Risikotyp erhielte nur eine Teildeckung wie im Punkt A. Dann kann der niedrige Risikotyp maximal eine Risikodeckung wie im Vertrag B erhalten. In diesem Fall gibt es aber eine profitable Abweichung von diesem Vertragspaar: Ein Unternehmen kann z. B.

10.3. Modellerweiterung: Risikoaversion   319

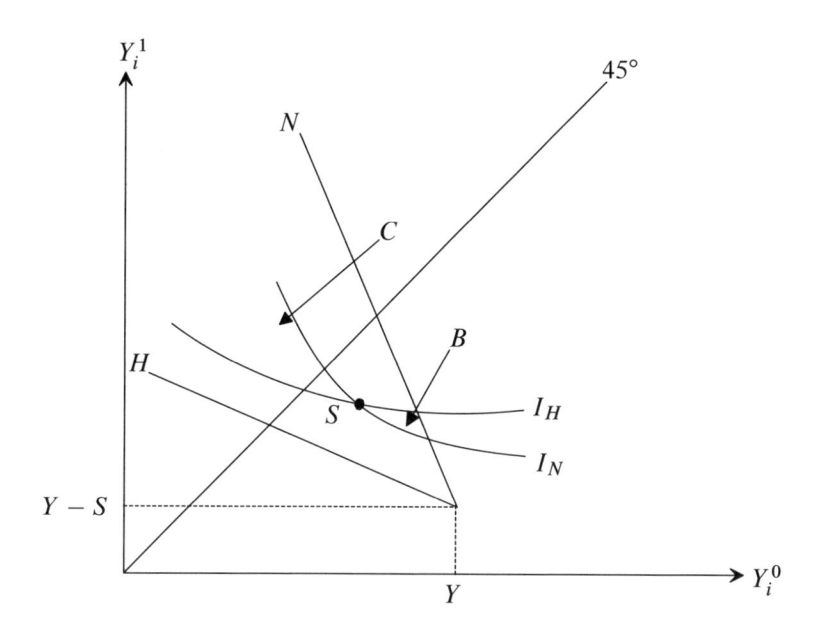

Abbildung 10.13: Null-Gewinn-Bedingung

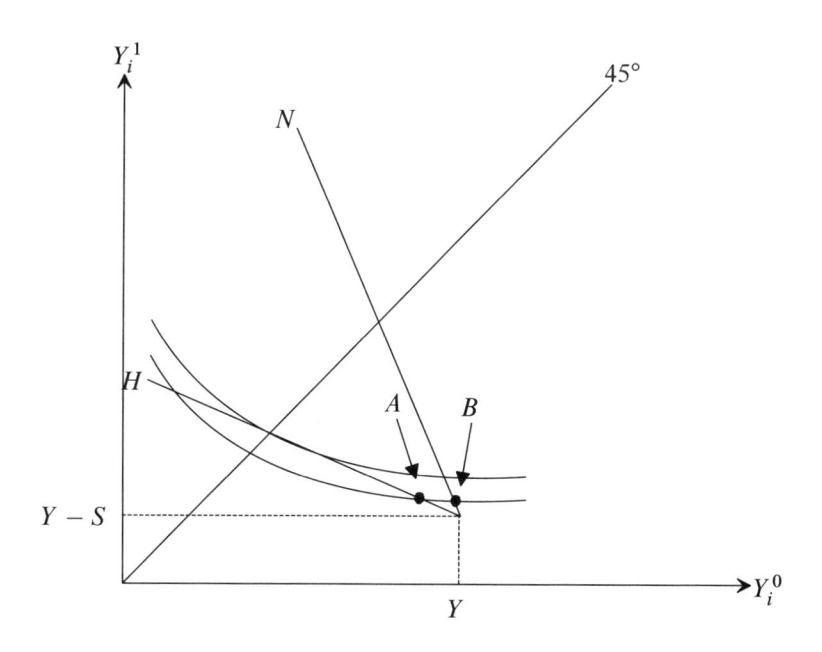

Abbildung 10.14: Vollversicherung des hohen Risikotyps

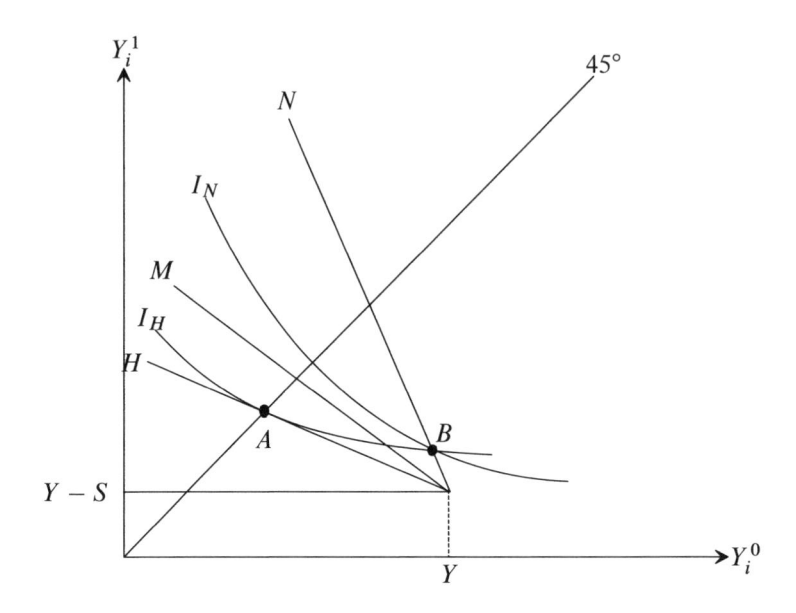

Abbildung 10.15: Unterversicherung des niedrigen Risikotyps

dem hohen Risikotyp Volldeckung gewähren und durch die Lockerung der Anreizverträglichkeitsbedingung dem guten Risikotyp eine höhere Deckung anbieten, so dass er eine höhere Indifferenzkurve erreicht. Der Vertrag des niedrigen Risikotyps kann aber unterhalb seiner risikoäquivalenten Gerade liegen, so dass das Unternehmen, welches diese Verträge anbietet, positive erwartete Gewinne macht. Damit kann eine Unterdeckung des hohen Risikos kein Gleichgewicht sein. Mit der gleichen Argumentation können wir zeigen, dass ein gleichgewichtiger Vertrag des niedrigen Risikotyps im Schnittpunkt der Indifferenzkurve des hohen Risikotyps durch seinen (Vollversicherungs-) Vertrag mit der Nullgewinngeraden des niedrigen Risikotyps liegen muss. Damit wird der niedrige Risikotyp keine volle Versicherungsdeckung erhalten. Diese Situation findet sich in Abbildung 10.15.

Die bisherige Analyse muss noch um eine wichtige Anmerkung ergänzt werden. Wenn das Verhältnis niedriger zu hoher Risiken, π_N/π_H, groß ist, kann der Fall auftreten, dass kein Rothschild-Stiglitz-Gleichgewicht existiert. Denn dann verläuft die in Abb. 10.15 eingezeichnete Pooling-Gerade steiler und schneidet die eingezeichnete Indifferenzkurve I_N. In diesem Fall, der in Abb. 10.16 dargestellt ist, gibt es einen Vertrag D knapp unterhalb der Pooling-Geraden, der für beide Risikotypen vorteilhafter ist als der in Punkt A bzw. B dargestellte und gleichzeitig mit einem positiven Gewinn für das Unternehmen verbunden ist, so dass die Kombination aus A und B kein Rothschild-Stiglitz-Gleichgewicht darstellt. In diesem Fall kann man aus diesem Modell keine Schlüsse für die Realität ableiten, d. h. man muss sich ein anderes Modell suchen oder ein anderes Gleichgewichtskonzept anwenden, um eine Erklärung für die Vorgänge in der Realität zu finden.

10.3. Modellerweiterung: Risikoaversion   321

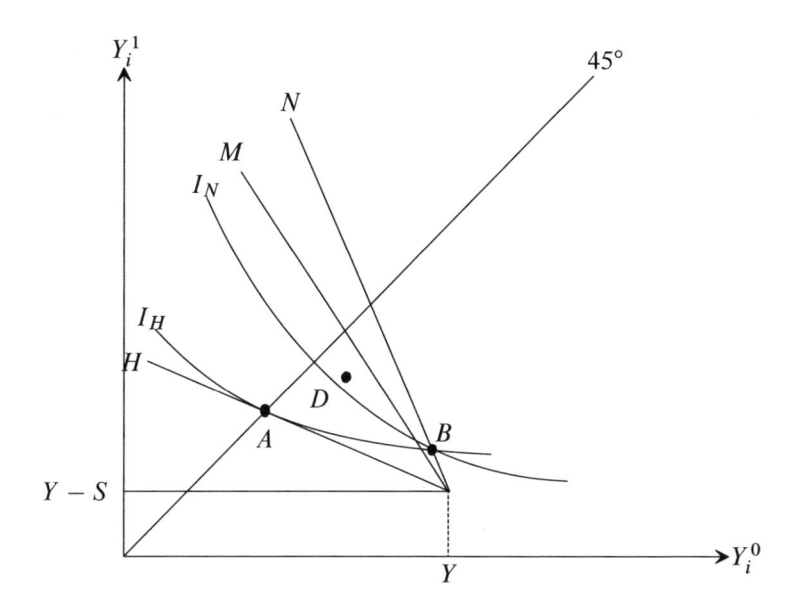

Abbildung 10.16: Nicht-Existenz eines Rothschild-Stiglitz-Gleichgewichts

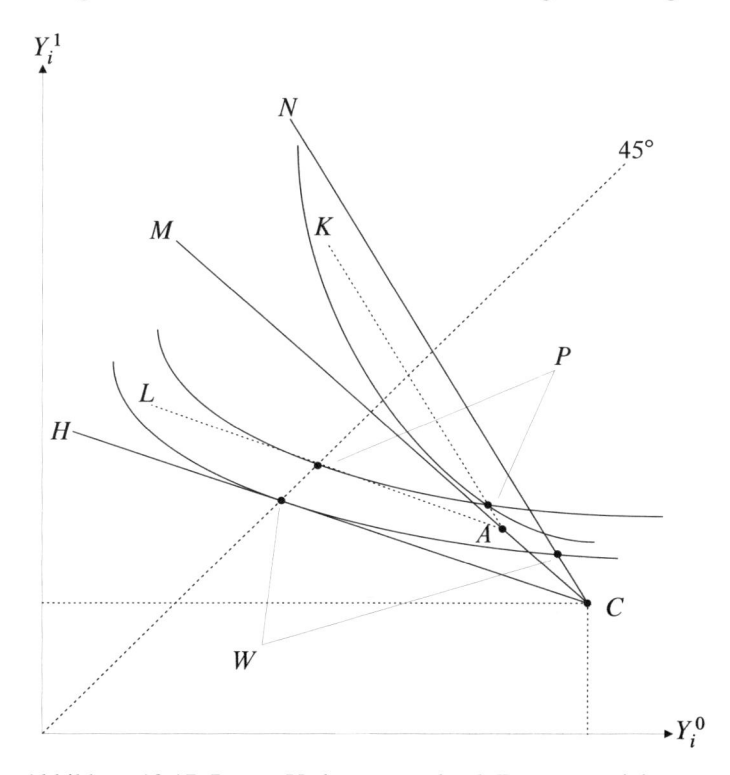

Abbildung 10.17: Pareto-Verbesserung durch Zwangsversicherung

Wir werden nun, ausgehend von einem existierenden second-best-optimalen Gleichgewicht, ein Argument für eine staatliche Zwangs-Mindestversicherung ableiten, die beide Risikotypen im Vergleich zum Wettbewerbsgleichgewicht besser stellt, ohne die Versicherungsunternehmen schlechter zu stellen. Das Punktepaar W in Abbildung 10.17 stellt das Wettbewerbsgleichgewicht bei Preis-Mengen-Angeboten dar. Wir können uns nun auf der Geraden CM, auf welcher ein Unternehmen mit beiden Risiken gerade im Durchschnitt einen Gewinn von Null macht, zum Punkt A bewegen. Ausgehend von Punkt A existieren dann neue Geraden AK und AL, auf denen ein Unternehmen mit jedem Risikotyp isoliert Gewinne von Null macht. Für jeden Punkt auf diesen Geraden gilt damit, dass beide Unternehmen im Durchschnitt Gewinne von Null machen. Wenn nun der Anteil der niedrigen Risiken nicht zu klein ist, so existiert ein Vertragspaar P auf diesen beiden Geraden, das beide Risikotypen besser stellt als das Vertragspaar W, wobei sich der hohe Risikotyp insgesamt wieder vollversichert. Es ist zu beachten, dass die Pareto-Verbesserung durch eine Umverteilung von niedrigen zu hohen Risikotypen erreicht wird, da der niedrige Risikotyp bezogen auf seine Schadenswahrscheinlichkeit eine zu hohe und der hohe Risikotyp eine zu niedrige Prämie innerhalb der Mindestversicherung (Punkt A) zahlt. Diese Umverteilung ist nur im Falle einer staatlichen Zwangsversicherung erreichbar, weil der Staat die Teilnahmebedingung (nach der die Individuen freiwillig nur dann handeln, wenn sie sich dadurch besser stellen) außer Kraft setzen kann. Der Staat benötigt dazu keinerlei Informationen bezüglich des Risikotyps.

10.3.4.3 Schlussfolgerungen für die Regulierung von Versicherungsmärkten

Wir fassen die Ergebnisse der beiden letzten Abschnitte in Tabelle 10.1 zusammen. Welche Schlussfolgerungen lassen sich daraus nun für die Wohlfahrtswirkung staatlicher Eingriffe in Versicherungsmärkte ableiten? Wir müssen zunächst drei verschiedene Ebenen des Staatseingriffs unterscheiden:

1. Wettbewerbspolitik: Diese ist darauf gerichtet, das Entstehen von Monopolen zu verhindern und Wettbewerb zu schützen,
2. Regulierung des Marktes durch Verbot bestimmter Vertragsangebote: so könnte der Staat Rationierung der Nachfrage durch Preis-Mengen-Verträge untersagen.
3. Staatliche Zwangsversicherung.

Aus den Ausführungen der letzten Abschnitte lässt sich Folgendes ableiten:

Ad 1. Wettbewerbsmärkte haben keinen Effizienzvorteil im Vergleich zu Monopolmärkten, wenn die mögliche Ursache von Transaktionskosten in der Existenz asymmetrischer Informationen liegt. Das unregulierte Monopol liefert immer ein Second-Best-Optimum. Dies ist bei unreguliertem Wettbewerb nicht gesichert, da dieser das Angebot von quersubventionierten Verträgen verunmöglicht.

Ad 2. Ein Verbot von Rationierung führt immer dazu, dass ein Second-Best-Optimum verfehlt wird, während das Gleichgewicht im unregulierten Markt second-best-effizient sein kann. Diese Form der Regulierung kann also nie empfohlen werden.

10.3. Modellerweiterung: Risikoaversion

Tabelle 10.1: Zweitbeste Effizienz verschiedener Institutionen bei Risikoaversion

Marktform	Regulierung	Niedrige Risiken	Hohe Risiken	Effizienz
Monopol	Unreguliert: Preis-Mengen-Angebote möglich (Rationierung)	a) keine Vers.	a) Vollvers. Preis = RÄ	SB
		b) Untervers. Preis > RÄ	b) Vollvers. Preis = RÄ	SB
	Reguliert: nur Preis-Angebote	a) Untervers.	a) Preis ≥ RÄ Untervers.	Nein
		b) Untervers.	b) Preis < RÄ Übervers.	Nein
Wettbewerb	Preiswettbewerb	a) keine Vers. Preis > RÄ	a) Vollvers. Preis = RÄ	Nein
		b) Untervers. Preis > RÄ	b) Übervers. Preis < RÄ	Nein
	Preis-Mengen-Wettbewerb	Untervers. Preis = RÄ	Vollvers. Preis = RÄ	evtl. SB, falls es existiert
	Preis-Mengen-Wettbewerb mit staatl. Zwang	Untervers. Preis > RÄ	Vollvers. Preis < RÄ	evtl. besser als SB

Ad 3. Eine staatliche Zwangsversicherung kann gegenüber dem Gleichgewicht mit Preis-Mengen-Verträgen eine Pareto-Verbesserung bewirken. Dies ist eine Konsequenz aus der Tatsache, dass der Staat – anders als private Firmen – eine Quersubventionierung zwischen den Risikogruppen vornehmen kann. Einschränkend muss allerdings bemerkt werden, dass diese positive Wohlfahrtswirkung staatlichen Zwangs nur dann eintritt, wenn sie als Teilversicherung ausgestaltet ist und private Zusatzversicherungen zugelassen werden. Darüber hinaus ist so nur für das Gleichgewichtskonzept von Rothschild-Stiglitz charakteristisch. Sie verschwindet, wenn stattdessen das Gleichgewichtskonzept von Spence-Wilson-Miyazaki verwendet wird, das eine Quersubventionierung auch bei privaten Unternehmen erklärbar macht und davon ausgeht, dass ein Anbieter nicht mit jedem einzelnen Vertragsangebot, sondern nur mit seinem Bündel von Verträgen als ganzem nicht-negative Gewinne machen muss. Eine staatliche Zwangs-Vollversicherung führt zu einer Pareto-effizienten Allokation, in der alle Risikotypen vollversichert sind. Allerdings ist der Übergang von einer Situation ohne Versicherung zu einer Situation mit Zwangs-Vollversicherung nicht Pareto-verbessernd. Daher bedarf sie einer besonderen normativen Legitimation, die allerdings den Status-Quo ohne Versicherung als normativ relevant herausstellen muss.

Insgesamt lässt sich aus der hier durchgeführten Modellanalyse ableiten, dass trotz der getroffenen Modellannahmen – asymmetrische Information in Kombination mit Risikoaversion – die Begründung für staatliche Eingriffe in Versicherungsmärkte nicht zwingend ist.

10.4 Modellerweiterung: Nichtexistenz friktionsloser Transferschemata

Wir wollen nun noch ein Beispiel kennen lernen, in dem die effiziente Allokation institutionell nicht gestützt werden kann. Wie im Fall der Risikoaversion handelt es sich auch hier um eine kleine Abwandlung des Grundmodells. Wir halten an der Annahme fest, dass die Individuen risikoneutrale, quasilineare Nutzenfunktionen haben,

$$v(z(\theta), \theta_i) + t_i(\theta), \quad i = 1, 2, \tag{10.66}$$

ändern aber die Annahme, dass Transfers verlustfrei zwischen den Individuen ausgeführt werden können. Um genauer zu sein, nehmen wir an, dass für jede zwischen den Individuen transferierte Einheit ein Verlust von $\rho \in (0, 1)$ auftritt. Um dies formal darzustellen, müssen wir die Richtung der Transfers beachten. Da Transaktionskosten bei jedem Transfer anfallen, müssen wir also eine Fallunterscheidung machen. Damit gilt für jede Allokation die folgende Beschränkung:

Transfer von 2 zu 1: $\quad t_1 + (1-\rho)t_2 = 0 \Leftrightarrow t_2 = -\dfrac{1}{1-\rho} t_1$,

Transfer von 1 zu 2: $\quad (1-\rho)t_1 + t_2 = 0 \Leftrightarrow t_1 = -\dfrac{1}{1-\rho} t_2$.

Bei einem Transfer von 2 zu 1 kommen von einem vom 2 abgegebenen Euro nur $(1-\rho)$ Euro beim 1 an. Analog verhält es sich bei einem Transfer von 1 zu 2.

Wir haben es hier also mit Fällen zu tun, bei denen der Akt des Transfers selbst gewisse Kosten verursacht. Ein wichtiges Anwendungsbeispiel für diese Erkenntnis, mit dem wir uns später noch eingehend beschäftigen werden, sind Steuern. Wir könnten uns z. B. vorstellen, dass die notwendigen Transfers durch Steuern finanziert werden müssen, und dass bei der Steuererhebung eine Zusatzlast in Höhe von ρ entsteht. Damit erzeugt ein Transfer von einem Euro gesellschaftliche Kosten in Höhe von $1/(1-\rho)$ Euro.

Diese Art der Kosten sind unter dem Begriff der „Iceberg Shipping Costs" bekannt worden. Die Besteuerung eines Bürgers A zum Zweck der Vergabe eines Transfers an den Bürger B wird mit dem Bild verglichen, einen Eisberg vom Nordpol an den Äquator zu verfrachten. Bei diesem Transport schmilzt notwendigerweise ein Teil des Eisbergs weg, so dass vom Eisberg bei der Ankunft weniger übrig ist als bei der Abfahrt. Diese notwendigen Sickerverluste sind ein Beispiel für die Annahme, dass Transfers nicht ohne Friktionen zwischen den Individuen möglich sind.

Was sind nun die Konsequenzen solcher Transferkosten? Das gesellschaftliche Optimum wird im Falle eines Transfers von Individuum 2 an Individuum 1 durch die Lösung des folgenden Maximierungsproblems bestimmt:

$$\max_{\substack{z_1(\theta), z_2(\theta) \\ t_1(\theta), t_2(\theta)}} v(z(\theta), \theta_1) + t_1(\theta) + v(z(\theta), \theta_2) + t_2(\theta)$$

10.4. Modellerweiterung: Nichtexistenz friktionsloser Transferschemata

unter der Bedingung, dass $t_1(\theta) + (1-\rho)t_2(\theta) = 0$

$$\Leftrightarrow \max_{\substack{z_1(\theta), z_2(\theta) \\ t_1(\theta)}} v(z(\theta), \theta_1) + v(z(\theta), \theta_2) - \frac{\rho}{1-\rho} t_1(\theta) \,. \quad (10.67)$$

Analog verhält es sich bei Transferzahlungen vom 1 an den 2. Ohne dass wir uns näher mit der Bestimmung des Optimums beschäftigen müssen, sehen wir unmittelbar, dass $t_2(\theta) = t_1(\theta) = 0$ gelten muss, wenn wir die erstbeste Lösung erreichen wollen. Ein solches Optimum kann aber institutionell nicht gestützt werden, da zur Implementierung des Groves-Mechanismus Zahlungen ungleich null zwischen den Individuen erforderlich sind. Wir sind also im Fall der Nichtexistenz friktionsloser Transferschemata in einer Situation, in der nur zweitbeste Lösungen institutionell gestützt werden können.

Die Annahme, dass Transfers friktionslos zwischen Individuen stattfinden können, ist in manchen Bereichen sicherlich gerechtfertigt. Insbesondere für die staatliche Auftragsvergabe muss sie aber angezweifelt werden, da der Staat zur Finanzierung von Transfers zwischen Individuen auf Steuereinnahmen angewiesen ist. Diese Steuern verzerren aber in der Regel die Relativpreise der Ökonomie, so dass die gesellschaftlichen Kosten eines transferierten Euro größer als eins sind. Eine solche Verzerrung wird genau dann auftreten, wenn die Steuerbasis nicht völlig unelastisch auf Preisänderungen reagiert. Da die meisten Steuerbasen aber zumindest in der langen Frist nicht vollständig unelastisch sind, kommt es hier zu Verzerrungen, die eine Abkehr vom Prinzip der vollständigen Internalisierung zur Beurteilung der Optimalität von Institutionen erforderlich machen. Wir wenden uns daher in diesem Abschnitt dem Problem der öffentlichen Auftragsvergabe zu. Dieses Problem besitzt aus zwei Gründen in diesem Zusammenhang Relevanz:

1. Der Staat als Auftraggeber muss zur Finanzierung der von ihm beschafften Güter auf Steuergelder zurückgreifen, Staat und beauftragte Unternehmen können realistischer Weise als risikoneutral angenommen werden, und der Staat kennt in der Regel die Kostenstruktur der Anbieter von Leistungen nicht, weshalb er nicht ohne weiteres effiziente Grenzkostenpreise setzen kann. Wir haben daher im Bereich der öffentlichen Auftragsvergabe ein Musterbeispiel für den hier behandelten Fall vorliegen.
2. Der Bereich der öffentlichen Auftragsvergabe hat in westlichen Volkswirtschaften einen Anteil von ca. 10–20 % des Bruttosozialprodukts. Jeder fünfte bis zehnte Euro wird daher durch staatliche Aufträge erwirtschaftet. Die enorme Bedeutung des öffentlichen Auftragswesens macht somit eine Beschäftigung mit seiner institutionellen Strukturierung sehr wichtig.

Der Staat tritt insbesondere in den Sektoren Bauwirtschaft, Wasser- und Energieversorgung, Telekommunikation und Verkehrsleistungen als Nachfrager auf. Dabei ist er für den Straßenbau fast der alleinige Nachfrager. Diese Sonderstellung des Staates macht es erforderlich, bei der Auftragsvergabe besondere Richtlinien zu erlassen.

Wir betrachten hier das Problem der öffentlichen Auftragsvergabe aus der Perspektive der Informationsasymmetrien. Die Frage, die wir dabei stellen, lautet: Wie sieht die optimale Preisgestaltung einer öffentlichen Vergabestelle aus, wenn sie die Kostenstruktur der Bieter nicht kennt, durch ihre Preispolitik aber die gesellschaftliche Wohlfahrt maximieren möchte. Unter den Bedingungen der Gültigkeit des Prinzips der vollständigen Internalisierung wäre die Antwort einfach: Sie würde ein Menü von (marginalen) Grenzkostenpreisen für jeden Kostentyp vorgeben, so dass jeder Bieter gerade „seinen" Grenzkostenvertrag wählt. Da wir aber realistischerweise von der Annahme Abstand nehmen, dass die zum Ausgleich dieses Groves-Mechanismus erforderlichen verzerrungsfreien Kompensationszahlungen existieren, müssen wir uns mit einer zweitbesten Regulierungsform beschäftigen.

Kasten 10.2: Öffentliche Auftragsvergabe

Der Bereich der öffentlichen Auftragsvergabe hat sich in den vergangenen Jahren durch den europäischen Integrationsprozess stark gewandelt. Dies lag an den durch die Bestimmungen zur Schaffung eines integrierten Marktes erforderlichen Öffnungen der Ausschreibungsverfahren für ausländische Bieter. Nach heutigem Stand müssen öffentliche Aufträge, die oberhalb eines bestimmten Schwellenwerts liegen, europaweit ausgeschrieben werden. Jeder Bieter hat dann das Recht, diskriminierungsfrei nach den beiden Kriterien Geeignetheit und Preis bzw. Wirtschaftlichkeit bei der Vergabe berücksichtigt zu werden. Dabei versteht man unter dem Begriff der Geeignetheit die zu erwartende Zuverlässigkeit des Bieters bei der Auftragserfüllung. Dazu gehören Kriterien wir Konkursgefahr etc. Üblicherweise galt bei der Auftragsvergabe das Prinzip, dass die zu erbringende Leistung möglichst genau spezifiziert werden und dass der Bieter mit der niedrigsten Preisforderung den Zuschlag erhalten sollte.

Da insbesondere bei langfristigen Aufträgen eine solche Vergabepraxis zu restriktiv erscheint, hat man das Kriterium der Wirtschaftlichkeit als Alternative zum Preiskriterium geschaffen. Hier wird neben dem reinen Preis ein komplexeres Kosten-Nutzenkalkül zur Ermittlung des gesamtwirtschaftlich günstigsten Bieters angewendet.

10.4.1 Modellannahmen

Wir erörtern das Problem anhand eines auf Laffont und Tirole (1993) zurückgehenden Modells. Die staatliche Stelle, die den Auftrag vergibt, wird im folgenden kurz „die Behörde" genannt. Sie fragt ein unteilbares öffentliches Gut nach, dessen Nutzen für die Konsumenten mit S Geldeinheiten bewertet wird. Die Kosten zu seiner Erstellung durch die einzige dafür geeignete Firma betragen

$$C = \theta - e, \qquad (10.68)$$

wobei $\theta \in [\theta^u, \theta^o]$ ein exogener Produktivitätsparameter ist (je kleiner θ, desto größer die Produktivität) und $e \geq 0$ die Anstrengung der Firma misst. Die Firmenleitung besitzt eine Nutzenfunktion der Form

$$U = t - c(e) = V - C - c(e), \qquad (10.69)$$

10.4. Modellerweiterung: Nichtexistenz friktionsloser Transferschemata

wobei t den Gewinn aus dem Projekt (Gesamtvergütung V minus Kosten C) misst und die Nutzeneinbuße durch die Anstrengung, $c(e)$, die folgenden Eigenschaften hat:

$$c(0) = 0\,, \quad c(e) > 0\,, \quad c'(e) > 0\,, \quad c''(e) > 0\,, \quad c'(\theta^u) > 1\,. \tag{10.70}$$

Die Firma nimmt den Auftrag nur dann an, wenn er der Leitung einen mindestens ebenso hohen Nutzen verspricht wie ein Alternativprojekt, dessen Nutzen auf den Wert null normiert ist. Wir erhalten daraus die Teilnahmebedingung der Firma:

$$U = t - c(e) \geq 0\,. \tag{10.71}$$

Der Staat zahlt der Firma die Kosten C zuzüglich des monetären Gewinns t und muss diesen Betrag $(t + \theta - e)$ durch Steuern aufbringen. Wir unterstellen, dass ein Euro Steueraufkommen zu einem Wohlfahrtsverlust in Höhe von λ Euro führt, so dass der Nettonutzen des Projekts (in Geldeinheiten) für die Konsumenten durch $S - (1+\lambda)\cdot(t+\theta-e)$ gegeben ist. An dieser Stelle geht damit die Annahme ein, dass kein friktionsloses Transferschema existiert. Die zu maximierende gesellschaftliche Wohlfahrt ist dann (nach dem Kaldor-Hicks-Kriterium)[10] definiert als die Summe der Nutzen der Konsumenten und der Firmenleitung, nämlich

$$\begin{aligned} W &= S - (1+\lambda)\cdot(t+\theta-e) + U \\ &= S - (1+\lambda)\cdot(t+\theta-e) + (1+\lambda)\cdot(t-c(e)) - \lambda \cdot U \\ &= S - (1+\lambda)\cdot(\theta-e+c(e)) - \lambda \cdot U\,. \end{aligned} \tag{10.72}$$

In die gesellschaftliche Wohlfahrt geht die Rente der Firma, U, mit negativem Vorzeichen ein, weil zu ihrer Finanzierung mehr Mittel aufgebracht werden müssen, als sie den Firmeneignern wert ist.

10.4.2 Das Optimum bei vollkommener Information („First-Best")

Algebraische Herleitung Die wohlfahrtsoptimalen Werte von e und U findet man durch Maximierung der Funktion (10.72) unter der Beachtung der Nichtnegativitätsbedingung (10.71). Die Bedingungen erster Ordnung lauten daher:

$$\frac{\partial W}{\partial e} = -(1+\lambda)\cdot\bigl(c'(e)-1\bigr) = 0\,, \tag{10.73}$$

bzw. $c'(e^*) = 1$.

$$\frac{\partial W}{\partial U} = -\lambda \leq 0 \quad \text{und} \quad U^* \cdot \frac{\partial W}{\partial U} = -U^* \cdot \lambda = 0\,. \tag{10.74}$$

Wegen $\lambda > 0$ folgt aus (10.74)

$$U^* = 0 \quad \text{bzw.} \quad t^* = c(e^*)\,. \tag{10.75}$$

---

[10] Zur Definition dieses Kriteriums und seinen Eigenschaften siehe auch Abschnitt 2.5.

Im Optimum wird also gerade soviel Anstrengung eingesetzt, dass die marginale Nutzeneinbuße der Firma, $c'(e)$, gleich der marginalen Kostenersparnis ($= 1$) ist, und der Firma wird eine Rente von null überlassen. Dieses First-Best-Optimum ist realisierbar, wenn die Behörde entweder

a) die Anstrengung e beobachtet oder
b) den Effizienzparameter θ kennt und die tatsächlichen Kosten C beobachten und daraus e erschließen kann.

Im Fall a) kann die Behörde der Firma einen Vertrag anbieten, bei der sie im Fall der (Über-) Erfüllung des optimalen Anstrengungsniveaus gerade ihre Nutzeneinbuße erstattet erhält, im Fall der Untererfüllung aber eine hinreichend hohe Strafzahlung leisten muss:

$$t(e) = \begin{cases} c(e^*), & e \geq e^* \\ -1, & e < e^* . \end{cases} \qquad (10.76)$$

Im Fall b) kann die Behörde der Firma folgende Gesamtvergütung V ($= C + t$) anbieten:

$$V = c(e^*) + \theta - e^* . \qquad (10.77)$$

Die Firma maximiert dann

$$U(e) = V - C - c(e) = c(e^*) + c'(e^*)$$
$$= \theta - e^* - \theta + e - c(e) = c(e^*) - e^* + e - c(e) \qquad (10.78)$$

mit der Bedingung erster Ordnung (10.73) und daher gilt $e^\circ = e^*$ sowie

$$U^\circ = U(e^*) = 0 . \qquad (10.79)$$

Die Vergütungsfunktion (10.77) kann man als „Festpreis-Vertrag" bezeichnen, da die Vergütung nicht von den tatsächlichen Kosten C abhängt.

Graphische Darstellung in einem (t-C)-Diagramm Die Teilnahmebedingung (10.71) an der Stelle $U = 0$ lässt sich wie folgt darstellen:

$$0 = U = t - c(e) = t - c(\theta - C) \text{ bzw. } t = c(\theta - C) . \qquad (10.80)$$

Der geometrische Ort dieser Gleichung im (t-C)-Diagramm hat wegen (10.70) die Steigung

$$dt/dC = -c'(\theta - C) < 0 .$$

Ferner nimmt die Steigung den Wert -1 für $c'(\theta - C) = 1$ bzw. $C = \theta - e^*$ an. Die Krümmung von (10.80) beträgt wegen (10.70):

$$d^2t/dC^2 = c''(\theta - C) > 0 .$$

Ferner stellen wir fest, dass die Kurve (10.80) für gegebenes C umso steiler ist, je größer der Parameter θ ist, d. h. je weniger produktiv die Firma ist (vgl. Abbildung 10.18).

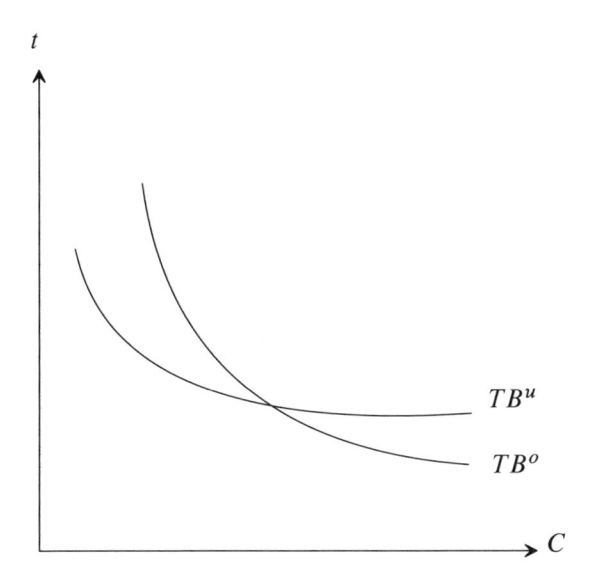

10.4. Modellerweiterung: Nichtexistenz friktionsloser Transferschemata

Abbildung 10.18: Indifferenzkurven der beiden Typen

Die Indifferenzkurven der Zielfunktion (10.72) lauten:

$$\begin{aligned} W &= S - (1+\lambda) \cdot (t + \theta - e) + t - c(e) \\ &= S - (1+\lambda) \cdot t + t - (1+\lambda) \cdot C - c(\theta - C) \\ &= S - \lambda \cdot t - (1+\lambda) \cdot C - c(\theta - C) = \text{const.} \end{aligned} \qquad (10.81)$$

bzw.

$$t = -\frac{1+\lambda}{\lambda} \cdot C - \frac{1}{\lambda} \cdot c(\theta - C) + \frac{S-W}{\lambda}. \qquad (10.82)$$

Sie haben eine Steigung von

$$\frac{dt}{dC} = -\frac{1+\lambda}{\lambda} + \frac{1}{\lambda} \cdot c'(\theta - C) = -1 - \frac{1}{\lambda} + \frac{1}{\lambda} \cdot c'(\theta - C). \qquad (10.83)$$

Die Steigung nimmt für $c'(e) = 1$ bzw. $C = \theta - e^*$ den Wert -1 an. Die Krümmung der Indifferenzkurven ermittelt man durch

$$\frac{d^2 t}{dC^2} = -\frac{1}{\lambda} \cdot c''(\theta - C) < 0. \qquad (10.84)$$

Der Ausdruck auf der rechten Seite folgt wegen (10.70). Die Indifferenzkurven verlaufen also nach unten konkav. In Abbildung 10.19 ist die Optimallösung im Falle vollkommener Information eingezeichnet (Punkt P): Hier tangiert eine Wohlfahrts-Indifferenzkurve die TB-Kurve, und beide weisen die Steigung -1 auf.

330   Kap. 10. Asymmetrische Informationen

t

$U = 0$

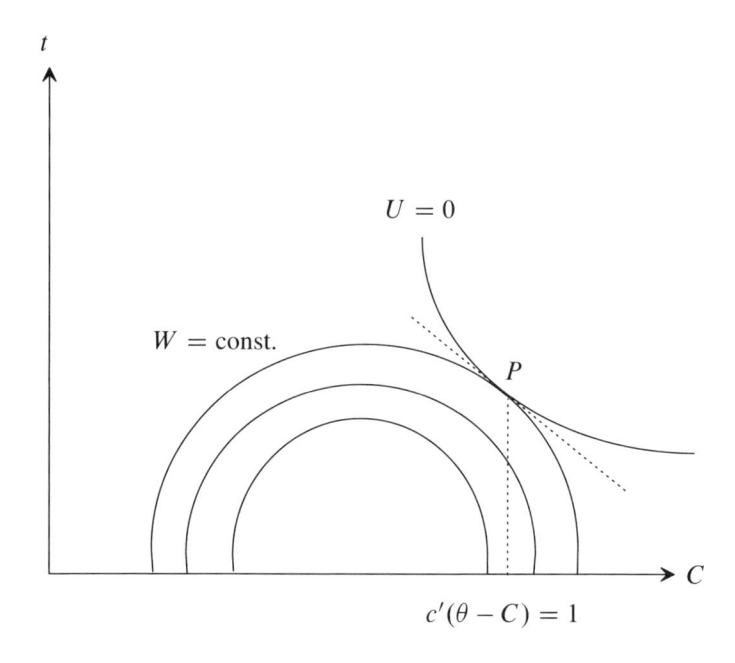

$W = \text{const.}$

P

C

$c'(\theta - C) = 1$

Abbildung 10.19: First-Best-Optimum

10.4.3 Das Optimum bei unvollkommener Information

Algebraische Herleitung Wir heben nun die Annahme auf, die Behörde könne den Produktivitätsparameter θ beobachten. Stattdessen nehmen wir an, sie wisse lediglich, dass der wahre Wert entweder θ^u oder θ^o beträgt ($\theta^o > \theta^u$). Bei $\theta = \theta^u$ sprechen wir von einer „guten Firma", bei $\theta = \theta^o$ von einer „schlechten Firma". Ferner könne sie die tatsächlichen Kosten C beobachten. Ein Vertrag, den die Behörde anbietet, spezifiziert 2 Größen:

1. die Kosten C, die die Firma verursachen darf und die ihr erstattet werden,
2. den Reingewinn t, den sie der Firma gewährt.

Eine „separierende Regulierung" besteht dann aus zwei Verträgen, von denen jeder auf einen Firmentyp abzielt:

a) der Vertrag $(t(\theta^u), C(\theta^u)) = (t^u, C^u)$ für eine gute Firma,
b) der Vertrag $(t(\theta^o), C(\theta^o)) = (t^o, C^o)$ für eine schlechte Firma,

wobei zusätzlich die Bedingung der Anreizkompatibilität (AR) erfüllt sein muss. Daraus ergeben sich zwei Ungleichungen:

$$t^u - c(\theta^u - C^u) \geq t^o - c(\theta^u - C^o), \quad (10.85)$$
$$t^o - c(\theta^o - C^o) \geq t^u - c(\theta^o - C^u). \quad (10.86)$$

Ungleichung (10.85) sagt aus, dass es sich für eine gute Firma ($\theta = \theta^u$) nicht auszahlt, so hohe Kosten zu verursachen, wie sie im Vertrag für eine schlechte Firma

10.4. Modellerweiterung: Nichtexistenz friktionsloser Transferschemata

vorgesehen sind, um sich den Reingewinn t^o anstelle von t^u zu sichern. Ungleichung (10.86) sagt das gleiche für die schlechte Firma aus. Addiert man (10.85) und (10.86), so erhält man nach einer Umformung:

$$0 \leq c(\theta^o - C^u) - c(\theta^u - C^u) + c(\theta^u - C^o) - c(\theta^o - C^o)$$

$$= \int_{\theta^u}^{\theta^o} c'(\theta - C^u)d\theta - \int_{\theta^u}^{\theta^o} c'(\theta - C^o)d\theta$$

$$= \int_{\theta^u}^{\theta^o} \int_{C^u}^{C^o} c''(\theta - C)\, dC\, d\theta \, . \tag{10.87}$$

Da der Integrand wegen $c'' > 0$ positiv ist und $\theta^o > \theta^u$ gilt, folgt daraus für die äußeren Integrationsgrenzen

$$C^o \geq C^u \, . \tag{10.88}$$

Anreizkompatibilität impliziert also, dass eine gute Firma – auch bei etwaigen Unterschieden in der Anstrengung e – niedrigere Kosten aufweist als eine schlechte. Zusätzlich ist die Teilnahmebedingung für beide Firmentypen zu beachten:

$$U^u = t^u - c(\theta^u - C^u) \geq 0 \, , \tag{10.89}$$
$$U^o = t^o - c(\theta^o - C^o) \geq 0 \, . \tag{10.90}$$

Aus (10.85) und (10.90) folgt unter Verwendung von $c' > 0$

$$U^u = t^u - c(\theta^u - C^u) \geq t^o - c(\theta^u - C^o)$$
$$\geq c(\theta^o - C^o) - c(\theta^u - C^o) \geq 0 \, , \tag{10.91}$$

d. h. Nebenbedingung (10.89) ist redundant, da sie in (10.85) und (10.90) enthalten ist. Die Gesamtwohlfahrt, die resultiert, wenn die Firma vom Typ θ^j, $j = o, u$, ist und den Vertrag (t^j, C^j) mit dem zugehörigen Nutzen U^j erhält, lautet wegen (10.72)

$$W(\theta^j, C^j, U^j) = S - (1+\lambda)[C^j + c(\theta^j - C^j)] - \lambda U^j \, . \tag{10.92}$$

Die Behörde glaubt, die Firma sei mit Wahrscheinlichkeit π ein guter und mit der Wahrscheinlichkeit $(1 - \pi)$ eine schlechter Typ, und maximiert die erwartete gesellschaftliche Wohlfahrt, d. h. sie löst das folgende Optimierungsproblem:

$$\max_{C^u, C^o, U^u, U^o} \pi \cdot W(\theta^u, C^u, U^u) + (1 - \pi) \cdot W(\theta^o, C^o, U^o)$$

unter den Nebenbedingungen (10.85), (10.86) und (10.90). Die Nebenbedingung (10.85) kann unter Verwendung von (10.89) und (10.90) wie folgt umgeschrieben werden:

$$U^u = t^u - c(\theta^u - C^u) \geq t^o - c(\theta^u - C^o)$$
$$= U^o + c(\theta^o - C^o) - c(\theta^u - C^o)$$
$$= U^o + c(e^o) - c(e^o - (\theta^o - \theta^u))$$
$$=: U^o + \zeta(e^o) \tag{10.93}$$

mit

$$e^o := \theta^o - C^o, \quad (10.94)$$
$$\zeta(e) := c(e) - c(e - \Delta\theta), \quad (10.95)$$

wobei $\Delta\theta = \theta^o - \theta^u$ gilt.
Die Funktion $\zeta(e)$ drückt den Produktivitätsvorteil der guten Firma zur Erreichung der gleichen Kostenhöhe C mit unterschiedlichen Produktivitäten aus:

$$\zeta(e) := c(\theta^o - C) - c(\theta^u - C) = c(e) - c(e - (\theta^o - \theta^u)). \quad (10.96)$$

Wegen $c' > 0$ gilt $\zeta(e) > 0$ und wegen $c'' > 0$ gilt $\zeta'(e) > 0$.
Bei der Aufstellung des Maximierungsproblems wählen wir die folgende Vorgehensweise:

1. Wir lassen die Nebenbedingung (10.86) weg. Es lässt sich leicht nachprüfen, dass die gefundene Lösung (10.86) erfüllt.
2. Da wegen (10.92) U^o bzw. U^u mit negativem Vorzeichen in die Zielfunktion eingehen, unterstellen wir, dass die Nebenbedingungen (10.90) und (10.93) als Gleichungen erfüllt sind.

Wir können sie dann direkt in die Zielfunktion einsetzen. Diese lautet:

$$\max_{C^u, C^o} \pi \cdot \{S - (1+\lambda) \cdot [C^u + c(\theta^u - C^u)] - \lambda \cdot \zeta(\theta^o - C^o)\}$$
$$+ (1-\pi) \cdot \{S - (1+\lambda) \cdot [C^o + c(\theta^o - C^o)]\}. \quad (10.97)$$

Die notwendigen Bedingungen erster Ordnung sind

$$-\pi \cdot (1+\lambda) \cdot [1 - c'(\theta^u - C^u)] = 0, \quad (10.98)$$

woraus unmittelbar $e^u = e^*$ folgt, sowie

$$\pi \cdot \lambda \cdot \zeta'(\theta^o - C^0) - (1-\pi) \cdot (1+\lambda) \cdot [1 - c'(\theta^o - C^o)] = 0,$$

bzw.

$$c'(\theta^o - C^o) = 1 - \frac{\pi}{1-\pi} \cdot \frac{\lambda}{1+\lambda} \cdot \zeta'(\theta^o - C^o) < 1. \quad (10.99)$$

Der Ausdruck ist wegen $\zeta' > 0$ kleiner als 1, und daher gilt $e^0 < e^*$.
Die Optimallösung hat daher die folgende Struktur:

a) Handelt es sich um eine gute Firma ($\theta = \theta^u$), so wird diese das effiziente Ausmaß an Anstrengung ($e^u = e^*$) wählen und wegen (10.93) eine Rente in Höhe von $U^u = \zeta(e^o) > 0$ erhalten.
b) Handelt es sich dagegen um eine schlechte Firma, so erhält sie keine Rente, wählt aber ein suboptimales Ausmaß an Anstrengung.

Die positive Rente an die gute Firma ist dadurch begründet, dass diese durch Senkung ihrer Anstrengung immer so tun kann, als sei sie eine schlechte. Da aber die schlechte

10.4. Modellerweiterung: Nichtexistenz friktionsloser Transferschemata

Firma wegen der Teilnahmebedingung mindestens eine Rente von null erhält, muss die Rente der guten wegen der Anreizverträglichkeitsbedingung entsprechend höher sein. Aus diesem Grund lohnt es sich auch nicht, der schlechten Firma einen Anreiz zu geben, die Anstrengung e^* zu wählen, weil man dann der guten Firma wegen der Anreizverträglichkeitsbedingung eine noch höhere Rente gewähren müsste.

Graphische Darstellung in einem (t-C)-Diagramm Die Anreizverträglichkeitsbedingung für den guten Firmentyp, (10.93), lässt sich bei $U^o = 0$ wie folgt darstellen:

$$t^u - c(\theta^u - C^u) = U^o + \zeta(e^o) = \zeta(e^o)$$
$$\text{bzw.} \quad t^u = c(\theta^u - C^u) + \zeta(e^o)\,. \tag{10.100}$$

Es ist also eine Parallelverschiebung der Teilnahmebedingung für den guten Firmentyp nach oben, woraus folgt, dass sie automatisch erfüllt ist, sobald (10.93) erfüllt ist. Ferner gilt für die Anreizverträglichkeitsbedingung für den schlechten Firmentyp, (10.86), für gegebenes U^u:

$$t^o - c(\theta^o - C^o) = t^o(\theta^o - C^u) = U^u + c(\theta^u - C^u) - c(\theta^o - C^u)$$
$$= U^u - \zeta(\hat{e})\,, \tag{10.101}$$

mit $\hat{e} := \theta^o - C^u > e^o$ wegen $C^o > C^u \Rightarrow \zeta(e^o) - \zeta(\hat{e}) < 0$. Die letzte Abschätzung folgt wegen $\zeta' > 0$, und daher ist

$$t^o = c(\theta^o - C^o) - [\zeta(\hat{e}) - \zeta(e^o)]\,. \tag{10.102}$$

Folglich ist die Anreizverträglichkeitsbedingung des schlechten Typs eine Parallelverschiebung der Teilnahmebedingung dieses Typs nach unten, und sie ist automatisch erfüllt, wenn letztere erfüllt ist. Man beachte allerdings, dass wegen (10.100) jede Anreizverträglichkeitsbedingung von der Höhe der Rente des anderen Firmentyps abhängt.

In einem First-Best-Optimum bei vollkommener Information sind nur die beiden Teilnahmebedingungen zu beachten. Beide Typen wählen die gleiche (optimale) Anstrengung e^* und erhalten eine Rente von $U = 0$. Daraus folgt, dass auch der Reingewinn t bei beiden Typen identisch sein muss. Die Kosten unterscheiden sich dagegen gerade um $\Delta\theta$. Diese Verträge sind durch die Punkte A und B in Abbildung 10.20 wiedergegeben.

Bei unvollkommener Information ist dieses Paar von Verträgen nicht durchsetzbar, da die Anreizverträglichkeitsbedingung für den guten Firmentyp verletzt ist: die gute Firma hat einen Anreiz vorzutäuschen, sie sei die schlechte, wenn man ihr nicht den Vertrag C anbietet (siehe Abbildung 10.21).

Wie findet man grafisch nun den optimalen Vertrag? Man bewegt sich (vgl. Abbildung 10.21) auf der TB-Kurve der schlechten Firma nach rechts unten (von B nach D), nimmt also ein geringeres Anstrengungsniveau der schlechten Firma in Kauf. Dadurch verschiebt sich die AR^u-Kurve nach unten, d. h. es reduziert sich die Rente, die die Behörde der guten Firma geben muss (Bewegung von C nach E). Auf diesem Weg macht man Halt, sobald sich die beiden gegenläufigen Effekte auf die Wohlfahrt (höhere Kosten der schlechten Firma versus geringere Rente an die gute Firma) gerade aufheben (Punktepaar E, D).

334   Kap. 10. Asymmetrische Informationen

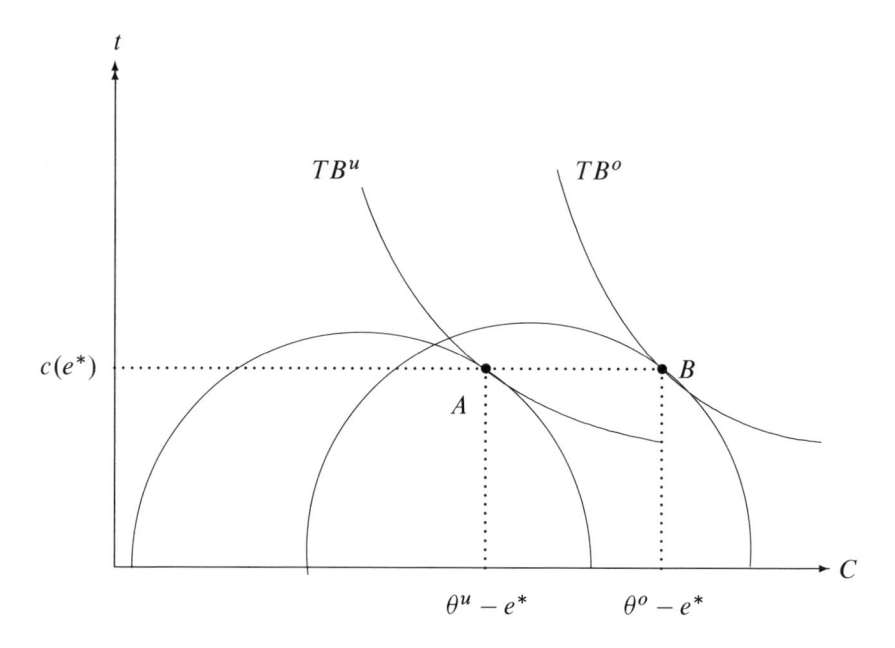

Abbildung 10.20: First-Best-Optimum im Zwei-Typen-Fall

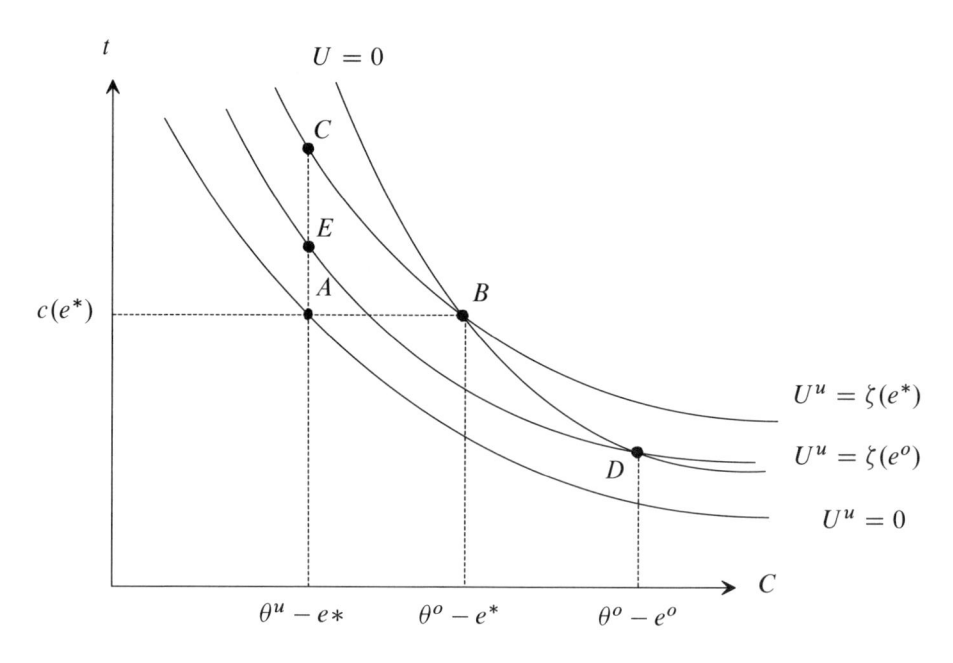

Abbildung 10.21: Second-Best-Optimum

10.4.4 Fazit

Die Analyse zeigt, dass es bei unvollkommener Information über die Produktivität und die Anstrengung einer Firma unmöglich ist, bei der öffentlichen Auftragsvergabe die folgenden Ergebnisse gleichzeitig zu erreichen, wenn die zur Finanzierung der Aufträge notwendigen Steuern nicht verzerrungsfrei erhoben werden können:

1. Sicherstellung, dass die Firma nicht bankrott geht, sondern ihre Verpflichtungen erfüllt,
2. Anreize für die Firma, das volkswirtschaftlich optimale Niveau der Anstrengung zu wählen,
3. Verhinderung eines „übermäßigen" Profits.

Neben der öffentlichen Auftragsvergabe hat das Ergebnis auch für andere regulierte Bereiche Relevanz, in denen die Unternehmen sich zwar in Privateigentum befinden, ein wesentlicher Nachfrager aber staatliche oder quasistaatliche Organe sind, oder die eine privatrechtliche Organisationsstruktur haben, aber im alleinigen Eigentum des Staats stehen, z. B. Energieversorgungsunternehmen, Verkehrsbetriebe (Deutsche Bahn AG), Post und Krankenhäuser.

Anhand des Beispiels aus Kasten 10.3 lässt sich zeigen, wie das Modell dieses Abschnitts nutzbar gemacht werden kann. Die grundgesetzlich verankerte Pflicht des Staates, seinen Bürgern ein gewisses Mindestniveau an Mobilität zu garantieren, kann

---

Kasten 10.3: Nahverkehr der Bahn

Der gängigen Interpretation des Grundgesetzes folgend, kommt in Deutschland dem Bund ein Versorgungsauftrag bei der Mobilität der Bürger zu. Es ist sicherzustellen, dass ein bestimmtes Mindestmaß an Mobilität gewährleistet ist. Diese Aufgabe erfüllte bis zu ihrer Umwandlung in ein privatwirtschaftliches Unternehmen, welches sich derzeit allerdings noch zu 100 % in Staatseigentum befindet, die Deutsche Bundesbahn, indem sie auch den wirtschaftlich nicht rentablen Personennahverkehr betrieb, und dabei – abgesehen von Zuschlägen für IC, EC und ICE –, dieselben Kilometerpreise wie im Personenfernverkehr berechnete. Mit der Umwandlung der Bahn entfiel ihr Versorgungsauftrag. Vielmehr ist das Ziel, dass sie in allen Sparten profitorientiert handelt. Die Folge wäre eine Ausdünnung der im Nahverkehr betriebenen Strecken und/oder eine Diskriminierung der Preise zwischen Nah- und Fernverkehr. Damit käme aber der Bund seiner Verpflichtung, ein gewisses Maß an Mobilität zu gewährleisten, im Bereich des Personennahverkehrs nicht mehr nach. Aus diesem Grund hat man sich auf das folgende Modell zur Sicherstellung der Mobilität im Personennahverkehr geeinigt: Da die Strecken nicht allein aus den Fahrscheinerlösen profitabel betrieben werden können, treten die Gebietskörperschaften als Nachfrager auf. Zur Finanzierung erhalten sie Steuermittel des Bundes. Die Gebietskörperschaften schreiben die Streckennutzung mit bestimmten Leistungsmerkmalen für einen bestimmten Zeitraum diskriminierungsfrei für alle potenziellen Anbieter aus. Der Bieter mit dem günstigsten Gebot erhält den Zuschlag, die Strecken im definierten Zeitraum betreiben zu können. Ziel dieser Regulierung ist es, die Idee des wohlfahrtssteigernden Wettbewerbs der Bahnunternehmen mit dem Ziel der Sicherstellung von Mobilität in Verbindung zu bringen.

als Bereitstellung eines öffentlichen Gutes interpretiert werden. Hier tritt der Staat als Nachfrager bei einem privatwirtschaftlich organisierten, profitorientierten Unternehmen auf und möchte eine mehr oder weniger genau spezifizierte Leistung erstellt bekommen. Um diese Leistung durch einen Vertrag effizient erstellen zu lassen, muss die Behörde Informationen über die Kostenparameter der Anbieter von Bahnleistungen haben. Die Kostenfunktionen dieser Betreiber sind aber in der Regel deren private Information, so dass kein Vertrag direkt auf diese Größe konditionieren kann. Da die Nachfrage der Leistung steuerfinanziert wird, ist davon auszugehen, dass eine Verzerrung durch die Steuer induziert wird. Aus diesen Gründen kann das Modell auf den Fall der Nachfrage von Personennahverkehrsleistungen angewendet werden. Was sind die Implikationen dieses Modells? Zunächst kann man festhalten, dass aufgrund der verzerrenden Steuer kein first-best-effizienter Mechanismus – also kein effizientes Vergabeverfahren – existieren kann. Vielmehr kommt es notwendigerweise zu Verzerrungen, so dass das Prinzip der vollständigen Internalisierung kein Maßstab zur Beurteilung der Effizienz des beobachtbaren Vergabeverfahrens ist. Diese Verzerrungen äußern sich ceteris paribus in der zu erwartenden Rente, die ein Anbieter mit niedrigen Kosten erhält, bzw. in dem untereffizienten Angebot eines Anbieters mit hohen Kosten.

Lektürevorschläge zu Kapitel 10

Die Struktur optimaler Mechanismen bei asymmetrischer Information werden in GROVES (1973), D'ASPREMONT UND GÉRARD-VARET (1979) sowie MAKOWSKI UND MEZZETTI (1994) analysiert. AKERLOF (1970) wies zum ersten mal auf die Möglichkeit der Ineffizienz auf Märkten mit asymmetrischer Information hin. Systematisch wurde die Frage nach der Existenz effizienter bilateraler Verhandlungslösungen bei Privateigentum in MYERSON UND SATTERTHWAITE (1983) untersucht. CRAMPTON, GIBBONS UND KLEMPERER (1987) weisen darauf hin, dass in kleinen Gruppen Gemeinschaftseigentum das Effizienzproblem lösen kann. Wie die Ineffizienz von der Anzahl der Handelsteilnehmer, abhängt wird in GRESIK UND SATTERTHWAITE (1989) und ROB (1982) für die Fälle privater und öffentlicher Güter untersucht. Eine Untersuchung der Rolle asymmetrischer Information auf Versicherungsmärkten wurde in Arbeiten von ROTHSCHILD UND STIGLITZ (1976) für Wettbewerbsmärkte und STIGLITZ (1977) für Monopolmärkte vorgenommen. Eine interessante Erweiterung findet sich in SPENCE (1978). Eine Übersicht über die Literatur zu Versicherungsmärkten stellt DIONNE UND DOHERTY (1992) dar. Der Bereich der öffentlichen Auftragsvergabe wird in LAFFONT UND TIROLE (1993) untersucht. Lesenswerte Gesamtdarstellungen zur Rolle asymmetrischer Information finden sich in MAS-COLELL, WHINSTON UND GREEN (1995) und SCHWEIZER (1999).

Zusammenfassung der Grundüberlegungen dieses Kapitels

1. Analysiert man die Rolle von Informationsasymmetrien für die institutionelle Struktur einer Ökonomie, so ist zunächst das relevante Pareto-Optimum neu zu bestimmen.
2. Zur Beantwortung der Frage, ob und inwieweit asymmetrische Information die Menge der institutionell erreichbaren Allokationen einschränkt, hilft das Prinzip der direkten Offenbarung. Dieses besagt, dass jede Allokation, welche als Gleichgewicht eines beliebigen Mechanismus erreicht werden kann, auch ein Gleichgewicht des direkten Mechanismus ist.

3. Bei Risikoneutralität aller Individuen ist die erstbeste Allokation mit Hilfe des Groves-Mechanismus erreichbar, wenn der Staat über ein ausreichendes Ausmaß an Zwangsgewalt verfügt.
4. Bei privaten oder Öffentlichen Gütern und bilateralen Verhandlungen zwischen zwei risikoneutralen Individuen existiert kein erstbesteffizienter Mechanismus bei Privateigentum. Bei Gemeinschaftseigentum existiert allerdings ein solcher Mechanismus. Steigt die Anzahl der beteiligten Individuen, so sinkt die Ineffizienz bei privaten und steigt sie bei Öffentlichen Gütern.
5. Bei Risikoaversion der Individuen ist die gesamte Menge der erstbest-effizienten Allokationen nicht mehr institutionell erreichbar. Verfügt der Staat über genügend Zwangsgewalt, so kann er mit einem (Voll-) Versicherungszwang eine erstbeste Allokation erreichen. Andernfalls tritt an die Stelle der Regel für erstbeste Allokationen eine Regel für zweitbeste Allokationen, die die notwendige Verzerrung aufgrund der asymmetrischen Information widerspiegelt.
6. Vergleicht man unterschiedliche Marktformen bei Risikoaversion, so folgt, dass lediglich ein Monopolangebot mit dem Recht der Preisdiskriminierung in der Lage ist, die zweitbeste Allokation zu erreichen. Wettbewerbsmärkte mit und ohne Preisdiskriminierung sowie ein Monopolmarkt ohne Preisdiskriminierung sind dazu in der Regel nicht in der Lage, da im zweitbesten Optimum eine implizite Kreuzsubventionierung zwischen den Risikotypen stattfindet. Diese ist ohne Preisdiskriminierung und auf Wettbewerbsmärkten nicht darstellbar.
7. Neben der Risikoneutralität geht der Groves-Mechanismus auch von der Existenz friktionsloser Transferschemata aus. Entstehen bei den Transferzahlungen Verluste, so ist die erstbest-effiziente Allokation ebenfalls nicht mehr erreichbar. An die Stelle der erstbesten Allokationsregel tritt eine neue zweitbeste Regel, die als Maßstab zur Institutionenbewertung dient.
8. Das Modell friktionsbehafteter Transaktionen kann zur Beurteilung der öffentlichen Auftragsvergabe herangezogen werden. Trotz asymmetrischer Informationen kann durch eine geschickte Vertragsgestaltung eine zweitbeste Allokation erreicht werden.

Schlüsselbegriffe

Mechanismus
Typ
direkter Mechanismus
Prinzip der direkten Offenbarung
Bayesianisches Nash-Gleichgewicht
Risikoneutralität
Prinzip der vollständigen Internalisierung
Groves-Mechanismus
private Güter

Öffentliche Güter
Risikoaversion
Versicherung
zweitbeste Allokation
Preisdiskriminierung
Kreuzsubventionierung
Transferschema
öffentliche Auftragsvergabe

Übungsaufgaben

Aufgabe 10.1:
a) Zeigen Sie, dass sich für den Fall quasilinearer Präferenzen die Menge der Pareto-Optima durch die Maximierung der ungewichteten Nutzensumme der Individuen bestimmen lässt. Stellen Sie dazu zunächst das Optimierungsproblem zur Bestimmung der Pareto-optimalen Allokationen auf und zeigen Sie, unter welchen Voraussetzungen dies identisch mit einer ungewichteten Nutzensumme ist.
b) Nehmen Sie im Lichte Ihres Ergebnisses aus Aufgabenteil a) zu der folgenden Aussage Stellung: *„Ob ein Wohlfahrtskriterium utilitaristisch ist oder nicht, erkennt man nicht an dem zu lösenden Optimierungsproblem, sondern an der Interpretation der Bedingungen erster Ordnung."*

Aufgabe 10.2: Deuten Sie die Institutionen Markt und zentrale Planung als Mechanismen.

Aufgabe 10.3: Nehmen Sie für das Modell des bilateralen Tauschs an, dass nur der Nutzen θ_2 des Käufers aus dem Konsum des Gutes private Information ist, wohingegen der Nutzen des Verkäufers stets und für beide beobachtbar gleich $\bar{\theta}_1$ ist. Zeigen Sie, dass in diesem Fall ein effizienter direkter Mechanismus existiert.

Aufgabe 10.4: Weisen Sie im Wettbewerbsmodell für Versicherungen mit Preis-Mengen-Angeboten nach, dass kein Gleichgewicht mehr existiert, wenn der Anteil der niedrigen Risikotypen zu groß wird. Versuchen Sie dazu eine profitable Abweichung von potenziellen Gleichgewichten zu konstruieren.

Aufgabe 10.5: Ein Individuum hat die Nutzenfunktion

$$U(z, t, \theta) = \theta \ln z + t .$$

a) Bestimmen Sie die Indifferenzkurven, deren Steigung und Krümmung. Zeichnen Sie diese in einem geeignet gewählten Diagramm.
b) Erfüllt die Nutzenfunktion die Single-Crossing Property?
c) Interpretieren Sie die Single-Crossing-Property ökonomisch.

Aufgabe 10.6: Betrachten Sie das folgende Koordinationsspiel: Es gibt einen Stuhl und zwei Individuen $i = 1, 2$. Die Individuen können versuchen, sich auf den Stuhl zu setzen ($z_i = 1$), oder nicht ($z_i = 0$). Der Nutzen aus dem Sitzen betrage $\theta_i \in [0, 1]$ und ist private Information des Individuums. Das jeweils andere Individuum geht von einer Gleichverteilung der Wahrscheinlichkeit aus, mit einem Individuum des Typs θ_i konfrontiert zu sein. Zusätzlich zum Nutzen aus dem Sitzen ziehen die Individuen Nutzen aus einem zweiten Gut t_i (Geld). Das Gesamtbudget muss ausgeglichen werden, $t_1 + t_2 = 0$. Damit ist die Nutzenfunktion eines Individuums gegeben durch

$$U(z_i, z_j, t_i, \theta_i) = (z_i - z_j)\theta_i + t_i , \quad i = 1, 2, j \neq i .$$

a) Interpretieren Sie die Nutzenfunktion im Hinblick auf die obige Geschichte.
b) Angenommen, die Individuen sollen sich ex-ante, vor der Realisierung ihres Typs, auf eine effiziente Allokation des Stuhls einigen. Wie sieht diese aus und wie groß ist der erwartete Überschuss?
c) Charakterisieren Sie das Gleichgewicht bei Anarchie.
d) Charakterisieren Sie die Klasse der Groves-Mechanismen für dieses Spiel und das erwartete Defizit des unkompensierten Groves-Mechanismus.
e) Existiert ein effizienter Mechanismus bei Gemeinschaftseigentum an dem Stuhl (das bedeutet, dass die Partizipationsbeschränkungen jeweils 0 sind)?
f) Wie ändern sich die Partizipationsbeschränkungen bei Privateigentum, und existiert dann ein effizienter Mechanismus?
g) Diskutieren Sie ökonomische Situationen, für die das obige Koordinationsspiel stellvertretend stehen könnte.

10.5 Anhang zu Kapitel 10

Makowski and Mezzetti (1993) haben gezeigt, dass es einen Groves-Mechanismus gibt, der zu einem *ex-post* (nach Bekanntwerden der Typen aller Individuen) Budgetausgleich, $t_1(\theta) + t_2(\theta) + \ldots + t_m(\theta) = 0$, führt. Um dies zu zeigen, ist die folgende Notation nützlich. Wir hatten mit $P(\theta)$ den *ex-post* Ertrag des Projekts für ein beliebiges Typenprofil θ definiert, und wir bezeichnen mit $E[P(\theta)]$ den *ex ante* erwarteten Ertrag. Jedes Individuum kennt seinen Typ, nicht aber den der anderen Individuen. Wir bezeichnen diesen Zeitpunkt als *interim*. Dementsprechend bezeichnen wir mit $E_i[P(\theta)]$ den *interim* erwarteten Ertrag bei Kenntnis von θ_i und mit $E_{i+1}[P(\theta)]$ den *interim* erwarteten Ertrag bei Kenntnis von θ_{i+1}. Betrachten wir die folgende Spezifizierung der entscheidungsirrelevanten Terme $\gamma_i(\theta_{-i})$:

$$\gamma_i(\theta_{-i}) = -M_i + \frac{m-1}{m}\left[E[P(\theta)] - P(\theta) + E_i[P(\theta)] - E_{i+1}[P(\theta)]\right]$$
$$+ \frac{\sum_{j=1}^m M_j - (m-1)E[P(\theta)]}{m}, \quad i = 1, \ldots, m$$

mit der Konvention $E_{m+1}[P(\theta)] = E_1[P(\theta)]$. Zunächst wollen wir nachvollziehen, dass die rechte Seite der obigen Gleichung aus Sicht eines Individuums i tatsächlich unabhängig von θ_i ist. Es ist klar, dass M_i, $E[P(\theta)]$, und $E_{i+1}[P(\theta)]$ konstruktionsgemäß keine Funktionen von θ_i sein können. Allerdings sind $P(\theta)$ und $E_i[P(\theta)]$ Funktionen von θ_i. Um zu sehen, wie sie sich zueinander verhalten, ist es wichtig einzubeziehen, dass Individuum i seine Handlung *interim*, das heißt mit Kenntnis des eigenen aber ohne Kenntnis der anderen Typen wählt. Daher ist aus Sicht von Individuum i der Wert $P(\theta)$ unbekannt, und es muss ihn mit ihren Informationen durch $E_i[P(\theta)]$ ersetzen. Daraus folgt aber, dass sich die beiden verbliebenen Terme *interim* gerade aufheben.

Des Weiteren müssen wir prüfen, ob das obige Transferschema tatsächlich zu einem *ex-post* Budgetausgleich führt. Dazu schreiben wir

$$t_i(\theta) = P(\theta) - v_i(z^*(\theta_i, \theta_{-i}), \theta_i) + \gamma_i(\theta_{-i})$$

und summieren zu

$$\sum_{i=1}^m t_i(\theta) = (m-1)P(\theta)$$
$$- \sum_{i=1}^m M_i + \frac{m-1}{m}\left[mE[P(\theta)] - mP(\theta) + \sum_{i=1}^m E_i[P(\theta)] - \sum_{i=1}^m E_{i+1}[P(\theta)]\right]$$
$$+ \sum_{j=1}^m M_j - (m-1)E[P(\theta)],$$

was sich unmittelbar zu

$$\sum_{i=1}^{m} t_i(\theta) = \frac{m-1}{m} \left[\sum_{i=1}^{m} E_i[P(\theta)] - \sum_{i=1}^{m} E_{i+1}[P(\theta)] \right]$$

vereinfacht. Die beiden verbliebenen Terme sind aber ebenfalls identisch; sie arrangieren die selben Elemente nur in anderer Reihenfolge. Daher folgt $\sum_{i=1}^{m} t_i(\theta) = 0$.

Kapitel 11

Imperfekt durchgesetzte Eigentumsordnungen

„Jedes hinreichend mächtige formale System ist entweder widersprüchlich oder unvollständig."
Kurt Gödel

In diesem Kapitel wenden wir uns den Ursachen einer Abweichung vom Prinzip der vollständigen Internalisierung zu, die in der notwendigerweise nur unvollständigen Durchsetzbarkeit einer Eigentumsordnung zu suchen sind. Wir hatten argumentiert, dass jede Eigentumsordnung vollständig in dem Sinne sein kann, dass die residualen Kontrollrechte an allen ökonomisch relevanten Größen auch tatsächlich genau einer Person zugeordnet sind. Hinderungsgrund einer perfekten Eigentumsordnung ist dann allerdings die nicht notwendigerweise sicherstellbare Durchsetzung einer solchen Ordnung. Gründe für die mangelhafte Durchsetzung können sein:

1. Eigentumsrechte müssen, damit sie materiell durchsetzbar sind, unter Aufwendung knapper Ressourcen selbst „produziert" werden. Da mit der Produktion notwendig Opportunitätskosten verbunden sind, ist davon auszugehen, dass es einen optimalen Grad der Durchsetzung der Eigentumsrechte gibt, der kleiner als 100 % ist. Eigentumsrechte bleiben daher aus rationalen Gründen imperfekt, auch wenn sie formell eindeutig zugewiesen sind. Für die Verhaltensanreize sind aber nicht die formellen Eigentumsrechte relevant, sondern die materiell durchsetzbaren.
2. Die vollständige und disjunkte Zuordnung der residualen Kontrollrechte führt zu einer bestimmten Verteilung der Bestandsgrößen der Ökonomie, die allen Individuen Eigentum an bestimmten Gütern und Faktoren zuweist. Diese Eigentumsverteilung muss gegen Übergriffe geschützt werden, damit es nicht zu Diebstählen kommt. Dazu ist neben einem perfekt arbeitenden Rechtssystem eine perfekt arbeitende Exekutive notwendig, die entweder präventiv Übergriffe erst gar nicht zustande kommen lässt oder jeden Übergriff sowohl aufklärt als auch entsprechend den geltenden Gesetzen bestraft. Wenn dieser Schutz der Verteilung der Eigentumsrechte Kosten verursacht, wird es ein bestimmtes, aus dem ökonomischen Rationalitätskalkül begründbares Maß an Übergriffen stets geben. Der Schutz der Eigentumsordnung wird nämlich im Optimum genau so weit ausgedehnt, bis die Kosten einer weiteren Einheit Schutz gerade dem daraus resultierenden Ertrag entsprechen. Damit ist die Durchsetzung einer Eigentumsordnung aber notwendigerweise imperfekt.
3. Der einmal eingerichtete Status-Quo der Eigentumsordnung entwickelt sich durch gesellschaftliche Interaktionen fort. Eigentum wird übertragen, Produktion und Handel finden statt. Die zur Regelung dieser Transaktionen notwendigen privatrechtlichen Verträge müssen ebenfalls vor Gericht durchgesetzt werden können. Dabei müssen sich diese privatrechtlichen Verträge prinzipiell auf alle ökono-

misch relevanten Ereignisse beziehen, damit die Handlungsanreize der beteiligten Individuen gerade optimal sind, d. h. damit das Prinzip der vollständigen Internalisierung erfüllt ist. Wir werden im Folgenden sagen, sie müssen *kontingent* auf diese Ereignisse sein. Wir nennen einen privatrechtlichen Vertrag, der glaubhaft alle Kontingenzen einbezieht, vollständig. Unabhängig von dem unter 1. genannten Punkt ergeben sich daraus auch ohne die Kosten der Aufrechterhaltung des Rechtssystems Probleme, die erwarten lassen, dass eine Eigentumsordnung nur imperfekt durchgesetzt werden kann:

a) Ein vollständiger Vertrag kann ausgesprochen komplex sein. In einer privaten Geschäftsbeziehung, in der ein Lieferant einem Betrieb ein bestimmtes Gut liefern soll, kann es beispielsweise erforderlich sein, dass die im Optimum gelieferten Mengen in Abhängigkeit von der zukünftigen Geschäftsentwicklung unterschiedlich sind. Dazu ist es aber erforderlich, die möglichen zukünftigen Geschäftsentwicklungen genau zu kennen und so zu spezifizieren, dass ein Gericht bei eventuellen Streitigkeiten beurteilen kann, welche Vertragsseite vertragsbrüchig geworden ist. Solch ein Vertrag wird üblicherweise ausgesprochen umfangreich sein und hohe Kosten bei der Aufsetzung verursachen. Auch hier wird wie schon in 1. gelten, dass im Optimum ein Vertrag nur so viel Komplexität aufweisen wird, dass der Grenzertrag einer zunehmenden Komplexität gerade deren Grenzkosten entspricht. Mit anderen Worten wird zu erwarten sein, dass private Verträge unvollständig sind. Diese Unvollständigkeit führt nun aber dazu, dass sich die einzelnen Parteien ex-ante darauf einigen werden, bestimmte Lücken in der vertraglichen Ausgestaltung zu lassen, die ex-post durch Verhandlungen der Parteien miteinander gefüllt werden müssen. Auch in diesen Fällen ist die Eigentumsordnung imperfekt.

b) Auch in Fällen, in denen ex-ante ein vollständiger Vertrag zwischen den Vertragsparteien geschlossen wurde, kann niemand die Vertragsparteien daran hindern, diesen Vertrag ex-post außer Kraft zu setzen und durch einen neuen zu ersetzen, wenn alle Vertragsparteien damit einverstanden sind; privatrechtliche Verträge sind unter bestimmten Voraussetzungen nachverhandelbar. Dies wird immer dann passieren, wenn bei der Realisierung eines Projektes alle Parteien ex-post einen Vorteil davon haben, von den ex-ante getroffenen Vereinbarungen abzuweichen. In diesem Fall werden sie den alten Vertrag einfach verwerfen und durch einen neuen ersetzen. Was sind nun die Konsequenzen der Nachverhandelbarkeit von Verträgen? Der Ex-ante-Vertrag steuert durch seine in ihm vereinbarte Verteilung der Projektgewinne die Verhaltensanreize der Individuen. Nur bestimmte Verteilungsregeln werden daher im Allgemeinen mit effizienten Anreizstrukturen vereinbar sein. Wenn nun aber die Vertragsparteien schon bei Abschluss des Vertrages antizipieren, dass für bestimmte Realisierungen des Projekts der alte Vertrag außer Kraft gesetzt und durch einen neuen ersetzt wird, sind die durch den alten Vertrag gesetzten Anreize nicht mehr glaubwürdig. Damit ist aber nicht mehr sichergestellt, dass man mit Ex-ante-Verträgen jede Anreizstruktur glaubhaft erzeugen kann, da sie aufgrund der antizipierten freiwilligen Ex-post-Außerkraftsetzung des Ex-ante-Vertrages zerstört werden kann. Dies bedeutet aber, dass der Möglichkeit der Schaffung einer perfekt durchgesetzten Eigentumsordnung bestimmte intrinsische Grenzen durch die Unmöglichkeit der Verhinderung von Nachverhandlungen gesetzt sein können.

c) Ein drittes Argument knüpft an das erste an: Ein vollständiger Vertrag setzt voraus, dass die möglichen zukünftigen Realisierungen des Projekts bereits ex-ante mit hinreichender Präzision beschrieben werden können. Nun liegt es aber in der Natur einer Reihe von Projekten, dass dies nicht möglich ist. Dies wird insbesondere immer dann so sein, wenn es um die Produktion von Wissen oder die Schaffung von Innovationen geht. Wenn man das zu schaffende Produkt – das neue Wissen – bereits ex-ante genau spezifizieren könnte, so hätte man das Wissen bereits, so dass das Projekt nicht mehr durchgeführt werden müsste. Damit sind aber der Möglichkeit, Anreize durch vollständige Ex-ante-Verträge effizient zu steuern, möglicherweise Grenzen gesetzt, und Verträge sind in all diesen Bereichen notwendigerweise unvollständig. Damit ist aber auch die Durchsetzbarkeit der Eigentumsordnung notwendigerweise imperfekt: Man kann nicht für jede ökonomisch relevante Kontingenz ex-ante festlegen, wie verfahren werden soll.

4. Auch Menschen können ökonomisch relevante Ressourcen sein. Dies wird durch den Begriff des „Humankapitals" gut erfasst. In fast allen Ländern bestehen aber Grenzen der Möglichkeit, Humankapital zu erwerben oder zu veräußern. Dieses menschenrechtliche Prinzip des unveräußerlichen „Eigentums an sich selbst" (Self-Ownership) kann unter Umständen mit ökonomischen Anreizen zu effizientem Handeln konfligieren. Dies wird immer dann auftreten, wenn andere Personen in das Humankapital einer Person investieren müssen, sie aber aus praktischen oder menschenrechtlichen Gründen keinen Anspruch auf die Erträge des Humankapitals erwerben können. Ein Beispiel für die praktische Unmöglichkeit stellt die Investition der Eltern in das Humankapital ihrer Kinder dar. Selbst wenn die Kinder bereit wären, einen Vertrag mit ihren Eltern über die Verwendung des zukünftigen Ertrages aus einer Investition ihrer Eltern in ihr Humankapital zu schließen, wären solche Verträge vor der Geschäftsfähigkeit der Kinder ungültig oder müssten bereits vor der Geburt des Kindes geschlossen werden.

Die obigen Beispiele haben gezeigt, dass man nicht davon ausgehen kann, dass die Durchsetzung einer Eigentumsordnung in der Realität perfekt sein kann, ja unter Berücksichtigung der dazu erforderlichen Kosten sogar nicht einmal perfekt sein sollte. Unter diesen Bedingungen ist die den Modellen der Kapitel 5–7 zugrunde liegende Annahme der Möglichkeit, vollständige Verträge glaubwürdig und kostenlos schließen zu können, aber hinfällig. Wir werden in diesem Kapitel sehen, dass unter diesen Voraussetzungen die Irrelevanz der Organisationsform der wirtschaftlichen Prozesse nicht mehr notwendigerweise gilt. Dabei werden wir insbesondere sehen, dass anders als noch in Abschnitt 3.1.6 die Frage, wer an welchen residualen Kontrollrechten das Eigentum hat, nicht irrelevant für das Ergebnis des Wirtschaftens ist.

Diese Frage wird uns in Abschnitt 11.2 beschäftigen, in dem wir die Idee aufgreifen, dass Ex-ante-Verträge aus Kostengründen oder aus praktischen Gründen notwendigerweise unvollständig sind. Dort werden wir zum einen ein Modell kennen lernen, welches uns erlaubt zu bestimmen, welches die optimale Eigentumsrechtsstruktur und der optimale Integrationsgrad einer (sehr einfachen) Ökonomie ist. Zum anderen werden wir diese Intuition auf die Frage nach der Optimalität von staatlichem versus privatem Eigentum an Produktionsmitteln anwenden. In Abschnitt 11.3 werden wir dann den Fall behandeln, in dem zwar ein vollständiger Ex-ante-Vertrag abgeschlossen wird, dessen Nachverhandlung aber nicht verhindert werden kann. In Abschnitt 11.7 schließlich beschäftigen wir uns mit den Konsequenzen der Beschränkung des Erwerbs von Eigentumsrechten an fremdem Humankapital. Zuvor werden wir aber in Abschnitt 11.1 ganz grundsätzlich fragen, wie die Produktion von Eigentumsrechten vonstatten geht, um besser zu verstehen, was die Ressourcenkosten von Eigentumsrechten sind, wann damit gerechnet werden kann, dass Eigentumsrechte sicher sind, und wann unsichere Eigentumsrechte eine optimale Reaktion auf das Problem der Ressourcenknappheit sind.

11.1 Die Produktion von Eigentumsrechten

„[...] cooperation, with a few obvious exceptions, occurs only in the shadow of conflict."
Jack Hirshleifer, The Dark Side of the Force

Der für die Entwicklung des ökonomischen Denkens sehr einflussreiche Alfred Marshall grenzte in seinen *Principles of Economics* (1881) den Untersuchungsgegenstand der Ökonomik wie folgt ein: „[...] *economics is the study of mankind in the ordinary business of life; it examines that part of individual and social action which is most closely connected with the attainment and with the use of the material requisites of wellbeing."* Diese Position wurde insofern innerhalb der Profession sehr einflussreich, als dass man sich für lange Zeit darauf beschränkte, ökonomische Aktivitäten auf Märkten zu untersuchen. Dort verhalten sich die Akteure vollständig rational, akzeptieren aber gleichzeitig unhinterfragt die Existenz der diese Märke erst ermöglichenden Eigentumsrechte. Diese Sichtweise lässt sich auf zwei Arten rekonstruieren. Zum einen kann angenommen werden, dass die Institutionen als „Regeln des Spiels" aufgefasst werden, so dass die Akteure annahmegemäß nicht in der Lage sind, die Regeln in Richtung ihrer Interessen zu verändern. Oder es kann angenommen werden, dass der eigennutzorientierte *Homo Oeconomicus* zwar den letzten Vorteil aus dem Tausch auf Märkten herausholt, sich bezüglich der Frage, ob er die Eigentumsordnung respektiert, jedoch höflich zurückhält. Es ist klar, dass eine solche Auffassung des *Homo Oeconomicus* aus logischen Gründen nicht zu überzeugen vermag. Aber auch die erste Sichtweise bedarf einer genaueren Überprüfung. Der dieser Sichtweise zugrunde liegende Begriff einer Institution wie den Eigentumsrechten geht auf Douglass North (1992) zurück, der Institutionen als die Anreizstrukturen von Gesellschaften, insbesondere Wirtschaften gefasst hat. Übersetzt in ein formales Modell bedeutet diese Sichtweise, dass Institutionen als die Regeln eines Spiels modelliert werden können, wie wir dies explizit in Kapitel 10 getan haben. Dieser Erklärungsansatz wird auch als „Outside Enforcement Approach" bezeichnet, da implizit von einer perfekten und benevolenten Durchsetzung der Regeln von einem Akteur außerhalb des ökonomischen Spiels ausgegangen wird, der selbst bei der Durchsetzung keine eigenen Interessen verfolgt.

Diese Auffassung von Institutionen ist für viele Problemstellungen sicherlich angemessen, doch stellt sich in einem Buch über die Grundlagen der Wirtschaftspolitik die Frage, ob sie auch für die Analyse der Aktivität des Staates als ganzem überzeugen kann. Institutionen wie Eigentumsrechte sind ja nicht einfach da, sondern sie müssen erst unter Aufwendung knapper Ressourcen geschaffen werden, und „hinter" dem Staat existiert kein „Outside Enforcer". Deshalb werden wir in diesem Abschnitt eine spezielle Begründung für eine imperfekt durchgesetzte Eigentumsordnung entwickeln, indem wir davon ausgehen, dass sich Akteure nicht einfach freiwillig an eine Zuordnung von Eigentumsrechten halten und es auch keinen „Outside Enforcer" gibt. Vielmehr nehmen wir an, dass sich die Wirtschaftssubjekte gemäß ihrem jeweiligen Rationalkalkül prinzipiell den Besitz anderer Wirtschaftssubjekte aneignen können und sich umgekehrt dagegen verteidigen müssen, dass ihnen ihr Besitz weggenommen wird. Eigentumsrechte entstehen in einer solchen Welt als *Ergebnis* individueller Investitionen in Verteidigung und Aneignung. Institutionen sind daher nicht die Regeln eines Spiels, sondern entstehen als gleichgewichtiges Verhalten einer Gesellschaft in einem Spiel. Dieser Ansatz wird es uns erlauben, sowohl die Bedingungen des Entstehens und der Unvollständigkeit von Eigentumsrechten besser zu verstehen als auch die mit ihnen einhergehenden Transaktionskosten. Darüber hinaus wird ein besseres Verständnis der technologischen Bedingungen erlangt, unter denen ein Markt entstehen kann.

11.1.1 Ein Modell mit endogenen Eigentumsrechten

Wir gehen davon aus, dass zwei Individuen $i = 1, 2$ über eine Anfangsausstattung an Gütern verfügen, deren Mengen mit $r_1 = r_2 = r > 0$ bezeichnet werden. Jedes Individuum zieht Nutzen aus dem Konsum dieser Güter, c_1, c_2, und aus dem Konsum f_1, f_2 eines nicht durch das andere Individuum aneigenbaren Guts. Von diesem hat jedes Individuum eine Erstausstattung l_1, l_2, welche es alternativ noch zur Verteidigung seines Besitzes, d_1, d_2, oder zur Aneignung des Besitzes anderer, a_1, a_2, verwenden kann (z. B. Zeit). Anders als in den vorherigen Kapiteln gibt es kein exogen gegebenes, materiell durchsetzbares Eigentumsrecht, welches den Individuen den Konsum ihrer Anfangsausstattung sichert. Vielmehr müssen die Individuen diese erst durch die Investition von Ressourcen in die Durchsetzung eines materiellen Anspruchs schaffen.

Die Produktion von Eigentumsrechten unterscheidet sich strukturell von der Produktion anderer Güter, weil die Sicherheit des Besitzes nicht nur von den eigenen Investitionen in die Verteidigung abhängt, sondern auch von den Investitionen der Anderen in Aneignung. Eine solche *Konflikttechnologie* $p_i(d_i, a_j), i = 1, 2, j = 1, 2, i \neq j$ kann als Anteil an der Erstausstattung r_i interpretiert werden, welcher dem Individuum i bei Verteidigungsinvestitionen d_i und Aneignungsinvestitionen a_j verbleibt.[1] Daher muss gelten, dass $p_i \in [0, 1]$ ist, und der Anteil der Erstaus-

---

[1] Alternativ kann $p_i(.)$ auch als Wahrscheinlichkeit, dass die Verteidigung erfolgreich ist, interpretiert werden. Im Falle risikoneutraler Individuen unterscheiden sich die Ergebnisse nicht.

stattung, der von Individuum j erfolgreich angeeignet wird, ist $(1 - p_i(d_i, a_j))$. Darüber hinaus ist es plausibel anzunehmen, dass der Anteil p_i steigend in d_i und fallend in a_j ist, $\partial p_i / \partial d_i > 0$, $\partial p_i / \partial a_j < 0$, und zur Sicherstellung eines inneren Maximums der Nutzenmaximierungsprobleme wird weiterhin angenommen, dass $\partial^2 p_i / \partial d_i^2 < 0$, $\partial^2 p_i / \partial a_j^2 > 0$ gilt. Eine solche Konflikttechnologie hat eine ähnliche Interpretation wie eine Produktionsfunktion, denn sie bringt die zu einem Zeitpunkt existierenden Angriffs- und Verteidigungstechnologien in einer aggregierten Form zum Ausdruck. In dem gleichen Sinn, in dem technologischer Wandel eine Produktionsfunktion verändern kann, kann er auch eine Konfliktfunktion verändern. Allerdings ist es *a-priori* nicht klar, ob der technologische Wandel Aneignung oder Verteidigung einfacher macht. So hat die Entwicklung von Stadtbefestigungen im Mittelalter dazu beigetragen, dass Städte sich für eine bestimmte Zeitperiode besser gegen Angriffe verteidigen konnten. Die Entwicklung von Kanonen wiederum relativierte diesen Vorteil. In der heutigen Zeit hat z. B. die Entwicklung des Computers und letztendlich von mp3-Standards zusammen mit billigen Massenspeichern dazu geführt, dass die Durchsetzung von Eigentumsrechten für den Anbieter von digitalisierten Produkten wie Musik schwieriger geworden ist als zu der Zeit, als Musik noch ausschließlich über CDs oder Schallplatten vertrieben wurde.

In der Literatur wird häufig eine funktionale Spezifikation einer solchen Konfliktfunktion verwendet, die p_i durch den (gewichteten) Anteil der jeweiligen Investitionen bestimmt,

$$p_i(d_i, a_j) = \begin{cases} \dfrac{d_i}{d_i + \theta a_j} & d_i > 0 \vee a_j > 0 \\ 1 & d_i = 0 \wedge a_j = 0 \end{cases},$$

$i = 1, 2, j = 1, 2, i \neq j, \theta \geq 0$. Das Arbeiten mit dieser wegen ihres „Erfinders" so genannten Tullock-Funktion wird es uns erlauben, die zentralen Mechanismen der endogenen Entstehung von Eigentumsrechten auf die einfachste mögliche Weise herauszuarbeiten. Der Parameter θ misst in dieser Funktion die relative Wirksamkeit von Aneignungs- im Verhältnis zu Verteidigungsinvestitionen. An der Stelle $\theta = 1$ sind Angriffs- und Verteidigungsinvestitionen gleich wirksam, und es gilt $x/(x + \theta x) = 0.5$ für alle $d_i = a_i = x > 0$. Ist $\theta > 1$, so ist es relativ einfacher, anzugreifen, und ist $\theta < 1$, so ist es relativ einfacher, sich zu verteidigen. Technologischer Wandel der Konflikttechnologie kann daher als eine Veränderung von θ interpretiert werden.

Wir gehen davon aus, dass die Individuen $i = 1, 2$ risikoneutral bezüglich des Konsums beider Güter sind, so dass sie ihren Nutzen $u_i(c_i, f_i) = c_i + f_i$ unter den Nebenbedingungen maximieren, dass $l_i = f_i + d_i + a_i$ und $c_i = p_i(d_i, a_j)r + (1 - p_j(d_j, a_i))r$ erfüllt ist. Daher können wir auch vereinfacht

$$u_i\big(p_i(d_i, a_j)r + (1 - p_j(d_j, a_i))r, l_i - d_i - a_i\big)$$
$$= p_i(d_i, a_j)r + (1 - p_j(d_j, a_i))r + l_i - d_i - a_i$$

schreiben. Wir gehen davon aus, dass l_i hinreichend groß ist, so dass die Lösung nicht bei $f_i = l_i$ liegt.

11.1. Die Produktion von Eigentumsrechten 347

11.1.1.1 Simultane Strategienwahl

Wir charakterisieren zunächst ein Nash-Gleichgewicht eines simultanen Spiels, in dem beide Individuen gleichzeitig d_i und a_i bestimmen, und wir bezeichnen mit $*$ die Werte einer gleichgewichtigen Lösung. Ein Gleichgewicht $\{d_i^*, a_i^*, d_j^*, a_j^*\}$ führt zu *perfekt sicheren Eigentumsrechten* für Individuum i, wenn $p_i^* := p_i(d_i^*, a_j^*) = 1$ gilt. Ansonsten führt sie zu *unsicheren Eigentumsrechten*.

Die Bedingungen erster Ordnung dieses Optimierungsproblems lauten dann im Allgemeinen und nach einigen Umformungen

$$\frac{\frac{\partial u_i}{\partial c_i}(d_i^*, a_i^*, d_j^*, a_j^*)}{\frac{\partial u_i}{\partial f_i}(d_i^*, a_i^*, d_j^*, a_j^*)} \leq \frac{1}{r\frac{\partial p_i}{\partial d_i}(d_i^*, a_j^*)} \wedge d_i^* \geq 0, \tag{11.1}$$

$$-\frac{\frac{\partial u_i}{\partial c_i}(d_i^*, a_i^*, d_j^*, a_j^*)}{\frac{\partial u_i}{\partial f_i}(d_i^*, a_i^*, d_j^*, a_j^*)} \leq \frac{1}{r\frac{\partial p_j}{\partial a_i}(d_j^*, a_i^*)} \wedge a_i^* \geq 0. \tag{11.2}$$

Gehen wir zunächst von einer Lösung $d_i^* > 0, a_i^* > 0$ aus. Die beiden ersten Bedingungen besagen, dass jedes Individuum die Investition in Verteidigung bzw. Aneignung so wählen wird, dass die Grenzrate der Substitution zwischen Gut c_i und f_i gleich der Grenzrate der Transformation zwischen diesen beiden Gütern ist. Die Grenzrate der Transformation bestimmt sich aber aus der marginalen Wirksamkeit einer Einheit des Gutes l_i für den Konsum von f_i, welche gleich 1 ist, und aus der marginalen Wirksamkeit einer Einheit des Gutes l_i für den Konsum von c_i, welche gleich $r\frac{\partial p_i}{\partial d_i}$ für die eigene und $-r\frac{\partial p_j}{\partial a_i}$ für fremde Erstausstattung r ist. Damit gilt auch

$$\frac{\partial p_i}{\partial d_i}(d_i^*, a_j^*) = -\frac{\partial p_j}{\partial a_i}(d_j^*, a_i^*).$$

Jedes Individuum wird seine Investitionen in Verteidigung und Aneignung gerade so wählen, dass die marginale Wirksamkeit gleich ist. In einer solchen Lösung sind die Eigentumsrechte stets imperfekt, denn $p_i^* = 1$ ist mit $a_j^* > 0$ wegen $p_i \in [0, 1]$ nicht vereinbar. Daher kann eine Allokation $d_i^* > 0, a_i^* > 0, d_j^* > 0, a_j^* > 0$ nur dann ein Gleichgewicht sein, wenn $p_i^* < 1$, $p_j^* < 1$ ist.

Perfekt sichere Eigentumsrechte für Individuum j können auftreten, wenn

$$\frac{\frac{\partial u_i}{\partial c_i}(d_i^*, 0, d_j^*, a_j^*)}{\frac{\partial u_i}{\partial f_i}(d_i^*, 0, d_j^*, a_j^*)} \geq -\frac{1}{r\frac{\partial p_j}{\partial a_i}(d_j^*, 0)}$$

erfüllt ist. In diesem Fall ist die marginale Wirksamkeit selbst der ersten Einheit Aneignungsinvestition kleiner als die Grenzrate der Substitution zwischen dem Konsum von c_i und dem Konsum von f_i. Für den Spezialfall einer linearen Nutzenfunktion mit jeweiligen Grenznutzen von 1 vereinfacht sich die Bedingung zu

$$-r\frac{\partial p_j}{\partial a_i}(d_j^*, 0) \leq 1.$$

In diesem Fall muss die Grenzproduktivität der ersten Einheit Aneignung kleiner als 1 sein. Die Existenz perfekt sicherer Eigentumsrechte ist in diesem Modell also immer dann gegeben, wenn Aneignungsinvestitionen hinreichend unproduktiv sind.

Mehr Struktur erkennt man, wenn man die oben angegebene funktionale Spezifikation verwendet. Für den Fall einer Tullock-Wettkampffunktion und linearen Nutzen lässt sich das Nash-Gleichgewicht wie folgt bestimmen:

$$d_1^* = \frac{\theta}{(1+\theta)^2}r, \quad a_1^* = \frac{\theta}{(1+\theta)^2}r, \quad d_2^* = \frac{\theta}{(1+\theta)^2}r, \quad a_2^* = \frac{\theta}{(1+\theta)^2}r,$$
(11.3)

die gleichgewichtigen Anteile sind $p_1^* = p_2^* = 1/(1+\theta)$, und die indirekten Nutzenfunktionen lauten

$$v_1(r,\theta) = r\frac{(1+\theta^2)}{(1+\theta)^2} + l_1, \quad v_2(r,\theta) = r\frac{(1+\theta^2)}{(1+\theta)^2} + l_2. \quad (11.4)$$

Bei dieser Lösung fallen die folgenden Eigenschaften auf. Zunächst kann der Fall perfekt sicherer Eigentumsrechte nur auftreten, wenn $\theta = 0$ ist, Aneignung also physisch unmöglich ist. Dies ist der Referenzfall exogen sicherer Eigentumsrechte, wie er im „Outside Enforcement Approach" vorausgesetzt wird. Umgekehrt gilt für alle $\theta > 0$, dass Eigentumsrechte imperfekt sind. In diesem generischen Fall ist die Eigentumsordnung aufgrund der technologischen Produktionsbedingungen endogen imperfekt. Darüber hinaus sind die Verteidigungs- und Aneignungsinvestitionen steigend in der jeweils zur Disposition stehenden Erstausstattung des umkämpften Guts.

Auf den ersten Blick überraschender ist die Abhängigkeit der Investitionsniveaus von θ. Die Investitionen steigen ausgehend von einem Niveau von 0 an der Stelle $\theta = 0$ zunächst an, erreichen an der Stelle $\theta = 1$ ihr Maximum und fallen anschließend wieder ab, um für $\theta \to \infty$ wieder gegen 0 zu konvergieren. Die Intuition für dieses Ergebnis ist wie folgt. Für sehr kleine Werte von θ ist Aneignung sehr schwierig, so dass nur wenig in diese Aktivität investiert wird. Aus diesem Grunde ist es für den anderen Spieler rational, ebenfalls wenig in Verteidigung zu investieren, da die Bedrohung gering ist. Steigt θ an, so wird es attraktiver, in Aneignung zu investieren, was wiederum eine Erhöhung der Verteidigungsinvestitionen notwendig macht. Umgekehrt gilt für sehr große Werte von θ, dass Verteidigung sehr hohe Opportunitätskosten hat, so dass die Individuen es vorziehen, nur wenig in diese Aktivität zu investieren, was wiederum geringe Investitionen in Aneignung erforderlich macht, um effektiv zu sein. Insgesamt ist der gleichgewichtige Anteil, den die Individuen verteidigen können, streng monoton fallend in θ. Sinkt θ, so steigt die marginale Wirksamkeit der Verteidigung, so dass mehr in diese Aktivität investiert wird. Dies wiederum macht es erforderlich, auch die Investitionen in Aneignung zu erhöhen. Der Wettkampf hat an der Stelle $\theta = 1$ das größte Konfliktpotenzial, gemessen in den insgesamt investierten Ressourcen.

Die obige Analyse verweist schon darauf, dass ein ähnliches Phänomen für die indirekten Nutzenfunktionen gelten muss. Diese beginnen an der Stelle $\theta = 0$ bei einem Wert von $r + l_i$ und verlaufen dann u-förmig mit einem Minimum an der Stelle $\theta = 1$, um für $\theta \to \infty$ gegen den Wert $r + l_j$ zu konvergieren.[2] Dieser Verlauf verweist auf eine Besonderheit von Konflikttechnologien, die sie von klassischen Produktionstechnologien unterscheiden: Ausgehend von einem Wert von θ, der größer als 1 ist, muss eine Verbesserung der Verteidigungstechnologie im Sinne eines sinkenden Werts von θ nicht notwendig zu einem höheren Nutzenniveau führen, auch wenn die Eigentumsrechte sicherer werden. Sicherere Eigentumsrechte gehen in diesem Fall mit erhöhten Investitionen in den Wettkampf einher, was die potentiell positiven Effekte nicht nur vollständig aufzehrt, sondern in ihr Gegenteil verwandelt.

11.1.1.2 Sequenzielle Strategienwahl

Im obigen Modell konnte nur unter sehr restriktiven Bedingungen die Existenz perfekt sicherer Eigentumsrechte erklärt werden. Wie sich herausstellen wird, ist das eine Konsequenz der simultanen Zugreihenfolge, so dass wir uns nun mit einem veränderten Spiel beschäftigen wollen, in dem die Spieler zunächst entscheiden, wie viel sie in die Verteidigung ihrer Erstausstattung investieren wollen, bevor sie über ihre Aneignungsinvestitionen entscheiden. Dieser Zugreihenfolge entsprechen eine Reihe von empirischen Situationen. So stattet man typischer Weise ein Haus direkt beim Bau mit bestimmten Sicherungstechniken aus, und Produzenten digitaler Medien verkaufen ihre Produkte direkt mit einem Kopierschutz. Wir werden sehen, dass in einer solchen Situation „Abschreckungsgleichgewichte" existieren können, in denen die Verteidigungsinvestitionen so hoch gesetzt werden, dass kein Versuch mehr gemacht wird, die Erstausstattung der anderen Person anzueignen. In diesen Fällen entstehen endogen perfekt sichere Eigentumsrechte, und es kann ein sehr intuitives Maß für die Transaktionskosten dieser Eigentumsrechte entwickelt werden.

Wir gehen daher nun davon aus, dass das Spiel zwei Stufen hat. In Stufe 1 wählen beide Spieler simultan d_1 und d_2. In Stufe 2 werden a_1 und a_2 simultan bestimmt. Das Spiel wird mittels Rückwärtsinduktion gelöst, und wir charakterisieren teilspielperfekte Nash-Gleichgewichte.

In Stufe 2 maximieren die beiden Individuen ihren Nutzen $u_i(.)$ über die Wahl von a_i. Die Bedingung erster Ordnung wurde bereits in (11.2) bestimmt, und wir geben sie hier in angepasster Form für $i = 1, 2$ wieder:

$$-r \frac{\partial u_i}{\partial c_i} \frac{\partial p_j}{\partial a_i} + \frac{\partial u_i}{\partial f_i} \leq 0 \quad \wedge \quad a_i^* \geq 0 \, .$$

---

[2]Der Wert der indirekten Nutzenfunktion bei perfekt sicheren Eigentumsrechten entspricht an der Stelle $l_1 = l_2$ dem Wert der indirekten Nutzenfunktion in einer Situation, in der Eigentumsrechte gar nicht durchgesetzt werden können, weil wir aus Gründen der Vereinfachung von einer Erstausstattung ausgehen, so dass von einer Aneignung durch Dritte keine negativen Anreizeffekte auf die Produktion induziert werden. Der Fall mit endogener Produktion wird im nächsten Abschnitt behandelt.

Die Lösung dieser Bedingungen erster Ordnung sind im Allgemeinen Funktionen $a_1(d_1, d_2)$, $a_2(d_1, d_2)$. Für den Fall einer Tullock-Konfliktfunktion gilt

$$a_i = \max\left[0, \frac{\sqrt{r\theta d_j} - d_j}{\theta}\right].$$

Diese Ausdrücke sind positiv für $d_2 < r\theta$ bzw. $d_1 < r\theta$ und 0 sonst. Daher lautet die Reaktionsfunktion

$$a_i(d_j) = \begin{cases} \dfrac{\sqrt{r\theta d_j} - d_j}{\theta}, & d_j < r\theta \\ 0, & d_j \geq r\theta \end{cases}$$

Setzt man diese Reaktionsfunktionen in die Nutzenfunktionen $u_i(.)$ ein, so erhält man Nutzenfunktionen

$$v_i(d_i, d_j) = \frac{d_i}{d_i + \theta a_j(d_i)} r + \left(1 - \frac{d_j}{d_j + \theta a_i(d_j)}\right) r + l_i - d_i - a_i(d_j).$$

Der zweite und der letzte Summand der Nutzenfunktion hängen nicht von d_i ab, so dass wir, um eine einfache Schreibweise zu erhalten, diese Terme mit $\Pi_i(d_j)$ bezeichnen, so dass gilt: $v_i(d_i, d_j) = \frac{d_i}{d_i + \theta a_j(d_i)} r + \Pi_i(d_j) + l_i - d_i$.

Das Optimum aus Sicht von Individuum i kann bei perfekt sicheren Eigentumsrechten ($d_i = r\theta$) oder bei imperfekten Eigentumsrechten ($d_i < r\theta$) liegen. Um bestimmen zu können, welcher Fall der optimale ist, bestimmen wir zunächst das Investitionsniveau unter der Annahme $d_i < r\theta$. Die Bedingung erster Ordnung ist dann

$$r \frac{\partial u_i}{\partial c_i} \left(\frac{\partial p_i}{\partial d_i} + \frac{\partial p_i}{\partial a_j} \frac{\partial a_j}{\partial d_i}\right) + \frac{\partial u_i}{\partial f_i} = 0$$

$$\Leftrightarrow \frac{\sqrt{r}}{(2\sqrt{d_i \theta})} - 1 = 0.$$

Wie man sieht, berücksichtigen die Spieler bei der Wahl von d_i den induzierten Effekt auf a_j, so dass sich eine andere Lösung ergibt als im simultanen Spiel. Für die Tullock-Konfliktfunktion ergibt sich in einer inneren Lösung mit $a_j > 0$ ein optimales Verteidigungsniveau

$$d_i(\theta, r) = \frac{r}{4\theta},$$

und die zugehörige Aneignungsinvestition ist

$$a_j(\theta, r) = \frac{r}{4\theta}\left(2 - \frac{1}{\theta}\right).$$

Falls Individuum i Individuum j abschrecken möchte ($a_j = 0$), folgt unmittelbar, dass es nicht mehr als $d_i = r\theta$ investieren wird, da größere Investitionen den Nutzen reduzieren, ohne noch weiter positiv auf die Sicherheit der Erstausstattung zu wirken.

11.1. Die Produktion von Eigentumsrechten

Daher können die Werte der indirekten Nutzenfunktion für $d_i = r\theta$ und $d_i = r/(4\theta)$ bestimmt und verglichen werden:

$$v_i(d_i = r\theta) = (1-\theta)r_i + l_i + \Pi_i(d_j),$$
$$v_i\bigl(d_i = r/(4\theta)\bigr) = \frac{r_i}{4\theta} + l_i + \Pi_i(d_j).$$

Ein Vergleich der Werte der Nutzenfunktion zeigt, dass eine Abschreckungsstrategie $d_i = r_i\theta$ optimal ist, falls $\theta \leq 1/2$ ist. Andernfalls wird $d_i = r_i/2$ gewählt, und es resultieren imperfekte Eigentumsrechte. Das teilspiel-perfekte Nash-Gleichgewicht hat daher die folgende Struktur:

$$d_i(\theta, r_i) = \begin{cases} \dfrac{r}{4\theta}, & \theta > 1/2 \\ r\theta, & \theta \leq 1/2, \end{cases} \qquad a_i(\theta, R) = \begin{cases} \dfrac{r}{4\theta}\left(2 - \dfrac{1}{\theta}\right), & \theta > 1/2 \\ 0, & \theta \leq 1/2. \end{cases}$$

Dieses Modell ist daher in der Lage, die Entstehung von perfekt sicheren Eigentumsrechten zu erklären. Es ist zu erwarten, dass sie in Situationen entstehen, in denen die Konflikttechnologie einen hinreichend großen Vorteil für die Verteidigung des Besitzes bietet. In allen anderen Fällen wird es zu einer imperfekt durchgesetzten Eigentumsordnung kommen. Darüber hinaus erlaubt es das Modell, die ökonomischen Kosten der Schaffung von Eigentumsrechten zu bestimmen. Für den Fall $\theta < 1/2$ bestehen sie aus den Ressourceninvestitionen, die nötig sind, um ein Abschreckungsgleichgewicht zu etablieren. Da die Ökonomie auf den ersten Blick aufgrund der perfekt sicheren Eigentumsrechte genauso aussieht wie eine Ökonomie mit exogen durchgesetzten Eigentumsrechten, kann man diese Kosten auch als „Schattenkosten" bezeichnen. In unserem Beispiel belaufen sie sich in Summe auf $2r\theta$. Da insgesamt $2r$ Einheiten Erstausstattung vorhanden sind, liegt der Anteil an Ressourcen, der zur Sicherung der Erstausstattung verwendet wird, zwischen 0 % ($\theta = 0$) und 50 % ($\theta = 1/2$). Dieses Ergebnis zeigt, dass die Kosten der Schaffung von Eigentumsrechten durchaus substanziell sein können und daher die mit ihnen einhergehenden Transaktionskosten nicht vernachlässigbar sind.

11.1.2 Diskussion und Erweiterungen

Der vergangene Abschnitt hat gezeigt, dass die Wettkampftheorie als analytisches Werkzeug benutzt werden kann, um zu verstehen, unter welchen Bedingungen die Institution „Eigentumsrechte" entstehen kann und wie hoch die mit ihrer Produktion verbundenen Transaktionskosten sind. Darüber hinaus wurde erklärt, warum Eigentumsrechte unvollständig bleiben. Die Ursache liegt anders als in den bisherigen Kapiteln nicht an Informationsproblemen, sondern an der methodischen Grundsatzentscheidung, dass Institutionen nicht mehr als Regeln eines Spiels aufgefasst werden sollen, sondern selbst als Gleichgewichte eines Spiels entstehen müssen. Allerdings ist die Analyse in dem vereinfachten Modell des vorherigen Abschnitts in mehreren Dimensionen unvollständig, und wir werden im Folgenden die wichtigsten Ergänzungen diskutieren.

1. Interpretiert man das obige Modell nicht nur als eine positive Beschreibung der Entstehungsbedingungen von Eigentumsrechten, sondern versucht auch normativ Schlussfolgerungen für die Ordnungspolitik abzuleiten, so kann das Modell im Sinne einer welfaristischen Theorie der Gerechtigkeit kritisiert werden. In einer welfaristischen Theorie haben Eigentumsrechte keinen Zweck-, sondern bloß einen Mittelcharakter, sie sind ein Mechanismus unter vielen möglichen Mechanismen zur effizienten oder gerechten Steuerung von Anreizen. Da wir nur ein Modell mit einer exogenen Erstausstattung betrachtet haben, spielt der Anreizaspekt aber keine Rolle, da die Etablierung von Eigentumsrechten weder die Anreize zur Produktion von Gütern noch zum Tausch von Gütern beeinflussen kann. In einer liberalen Theorie der Gerechtigkeit fällt diese Kritik möglicher Weise nicht so prononciert aus, da dort häufig Eigentumsrechten ein Zweckcharakter zugewiesen wird.

Trotzdem wollen wir unser Modell hier in der Hinsicht ergänzen, dass wir Eigentumsrechten eine Anreizfunktion geben, indem wir annehmen, dass keine Erstausstattungen r_i am Konsumgut c_i gegeben sind, sondern dass dieses Gut mit Hilfe einer Produktionsfunktion $f_i(.)$ aus dem nicht-aneigenbaren Konsumgut produziert werden muss. Bezeichnet k_i den Ressourceneinsatz zur Produktion von c_i, verändert sich die Ressourcenbeschränkung zu $l_i = d_i + a_i + f_i + k_i$. Wir werden hier einen einfachen Spezialfall einer Tullock-Konfliktfunktion und einer Produktionsfunktion $f_i(k_i) = \sqrt{k_i}$ betrachten. Die Individuen $\{d_i, a_i, k_i\}$ investieren simultan und lösen daher das Maximierungsproblem

$$\max_{d_i, a_i, k_i} \frac{d_i}{d_i \theta a_j} \sqrt{k_i} + \left(1 - \frac{d_j}{d_j \theta a_i}\right)\sqrt{k_j} + l_i - d_i - a_i - k_i\,.$$

Das Nash-Gleichgewicht dieses Spiels lässt sich mit wenigen elementaren Schritten wie folgt bestimmen:

$$k_i^* = \frac{1}{4(1+\theta)^2}\,,\quad d_i^* = a_i^* = \frac{\theta}{2(1+\theta)^3}\,,$$

der gleichgewichtige Anteil des Konsumgutes, den man gegen Aneignung schützt, ist $p^* = 1/(1+\theta)$, und die indirekten Nutzenfunktionen lauten

$$v_i(\theta, l_i) = \frac{l_i(1+\theta)^3 + 0.5(1+\theta)^2 - 1.35(\theta + 0.2)}{(1+\theta)^3}\,.$$

Was verändert sich durch die endogene Produktionsentscheidung im Vergleich zum Fall einer exogenen Erstausstattung? Zunächst kann festgestellt werden, dass der gleichgewichtige Anteil p^* monoton in θ fällt; je einfacher die Aneignung ist, umso mehr wird im Gleichgewicht angeeignet. Dies hat nun aber nicht mehr ausschließlich umverteilende Effekte, sondern wirkt auch auf die Anreize zur Produktion des Konsumguts aus, wie eine Analyse des gleichgewichtigen k_i^* zeigt, welches ebenfalls monoton fallend in θ ist. Da mit steigendem θ immer weniger von dem Konsumgut verteidigt werden kann, werden auch die Anreize zur Produktion immer weiter verwässert; man entfernt sich immer stärker vom Prinzip der vollständigen Internalisierung. Im Grenzfall $\theta \to \infty$ kommt die Produktion vollständig zum Erliegen.

11.1. Die Produktion von Eigentumsrechten

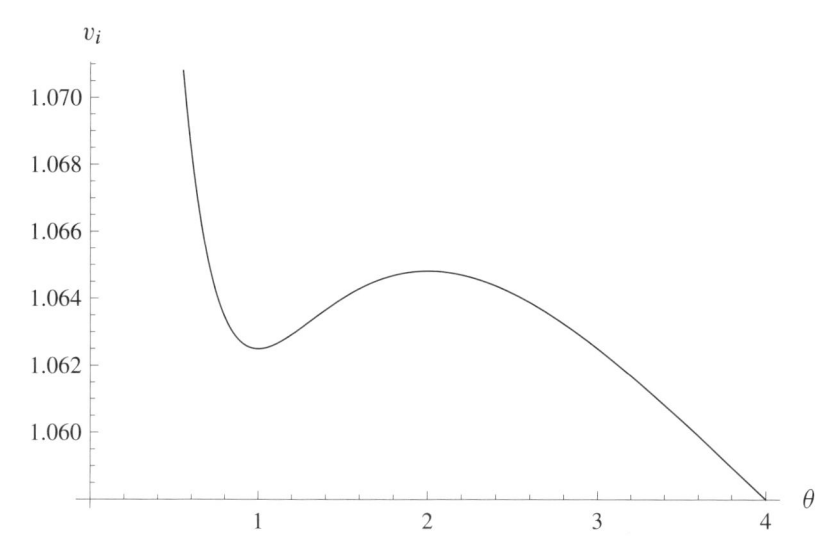

Abbildung 11.1: Maximaler Nutzen als Funktion von θ.

Die Anreize zur Verteidigung und Aneignung sind wiederum von der relativen Überlegenheit dieser Aktivitäten zueinander abhängig. Diese Investitionen erreichen wie zuvor ihr Maximum bei einem vollständig ausgeglichenen Wettkampf, $\theta = 1$, und fallen dann sowohl für kleinere als auch für größere Werte von θ. Diese Anreize zusammen mit den Anreizen zur Produktion lassen darauf schließen, dass es einen recht komplizierten Zusammenhang zwischen θ und den maximal erreichbaren Nutzenwerten gibt. Dieser Zusammenhang ist in Abbildung 11.1 wiedergegeben. Wie zu erwarten war, ergibt sich für $\theta = 0$ das globale Nutzenmaximum, da dort perfekt sichere und kostenlose Eigentumsrechte existieren. Steigt θ an, so beginnen die Individuen in den Wettkampf zu investieren, so dass sowohl die direkten Kosten als auch die indirekten Kosten in Form von verwässerten Produktionsanreizen den Nutzen sinken lassen. An der Stelle $\theta = 1$ sind die direkten Kosten des Wettkampfs maximal, so dass für größere Werte von θ zwei gegenläufige Effekte existieren. Zum einen sinken die direkten Ressourcenkosten des Wettkampfs, zum anderen nehmen aber die indirekten Kosten in Form von immer weiter verwässerten Produktionsanreizen weiter zu. Wie die Abbildung zeigt, dominiert zunächst der positive direkte Effekt, so dass der Nutzen zunächst wieder steigt. Irgendwann wird aber der Effekt der verwässerten Produktionsanreize so stark, dass er dominiert, und der Nutzen sinkt wieder. Diese Nichtmonotonie zeigt, dass die allgemeine Intuition, einfacher durchsetzbare Eigentumsrechte seien effizienter als schwieriger durchsetzbare Eigentumsrechte, zwar für die „Randfälle" sehr einfach und sehr schwierig durchsetzbarer Eigentumsrechte zutrifft, nicht aber unbedingt für den Bereich dazwischen. Dort kommt nämlich die spezifische Logik der Produktionsbedingungen von Eigentumsrechten, ihre Wettkampfnatur, zum Tragen. Die mit einem Wettkampf einhergehenden Anreize zur Investition in Aneignung und Verteidigung erzeugen in diesen mittleren Bereichen eine mögliche Nichtmonotonie.

354   Kap. 11. Imperfekt durchgesetzte Eigentumsordnungen

2. Im obigen Modell wurde angenommen, dass die Individuen *dezentral* in die Sicherung ihres Besitzes investieren und dass jedes Individuum sowohl seinen Besitz verteidigt als auch den Besitz des anderen anzueignen versucht. Damit wurden zwei wichtige Fragestellungen ausgeblendet. Zum einen wurde nicht nach den ökonomischen Kräften gefragt, die eine Spezialisierung in Richtung Produktion und Verteidigung bzw. Aneignung erklären. Zum anderen wurde auch nicht nach den Mechanismen gefragt, die zu einer Zentralisierung der Investitionen in die Sicherung von Besitz führen.

Zur Frage der Spezialisierung von Aktivitäten in Richtung Produktion und Verteidigung bzw. Aneignung hat die Konflikttheorie ein sehr interessantes Ergebnis hervorgebracht, welches unter dem Namen „Paradox of Power" bekannt ist. Dieses Paradoxon besagt, dass in einer Ökonomie, in der die Verteilung von Gütern nicht auf Märkten, sondern durch Konflikt geregelt wird, weniger produktive Individuen einen relativ oder sogar absolut größeren Anteil der produzierten Güter bekommen als produktivere Individuen. Diese Aussage, die auf einer konsequenten Anwendung der Idee des komparativen Vorteils auf den Bereich des Konflikts basiert, steht damit in scharfem Kontrast zur Verteilungstheorie, die auf der Existenz von perfekten Märkten basiert. Das folgende einfache Beispiel soll den Unterschied verdeutlichen.

Es gebe wie zuvor zwei Individuen, 1 und 2, die eine Einheit Zeit haben, die sie entweder zur Produktion oder zur Aneignung des Konsumguts verwenden können, $1 = k_i + a_i$. Individuum 1 produziert mit einer linearen Technologie mit Grenzproduktivität 1, so dass die produzierte Menge $x_1 = k_1$ ist. Individuum 2 produziert mit einer linearen Technologie mit Grenzproduktivität $g > 0$, so dass die produzierte Menge $x_2 = gk_2$ ist. Es wird davon ausgegangen, dass die gesamten produzierten Mengen in einen gemeinsamen Pool $x = x_1 + x_2$ fließen. Jedes Individuum erhält dann einen Anteil $p_1(a_1, a_2) = a_1/(a_1 + a_2)$, $p_2(a_1, a_2) = a_2/(a_1 + a_2)$ des Pools, der dem Verhältnis ihrer Aneignungsinvestitionen entspricht. Der Konsum von Individuum i ist dann $c_i = p_i x$. Der Nutzen sei linear im Konsum. Damit lösen die Individuen die Optimierungsprobleme $\max_{a_1}[a_1/(a_1 + a_2)((1 - a_1) + g(1 - a_2))]$, bzw. $\max_{a_2}[a_2/(a_1 + a_2)((1 - a_1) + g(1 - a_2))]$. Das Nash-Gleichgewicht dieses Spiels ist

$$a_1^* = \frac{(1 - \sqrt{g})(1 + g)}{2(1 - g)}, \quad a_2^* = \frac{1 + g}{g + \sqrt{g}},$$

der gleichgewichtige Anteil von Individuum 1 ist $p_1^* = \sqrt{g}/(1 + \sqrt{g})$, und die Werte der indirekten Nutzenfunktionen sind

$$v_1^* = \frac{(1 + g)\sqrt{g}}{2(1 + \sqrt{g})}, \quad v_2^* = \frac{1 + g}{2(1 + \sqrt{g})}.$$

Trägt man diese Werte gegen den Produktivitätsparameter g ab, so erhält man Abbildung 11.2. Die durchgezogene Kurve ist v_1, und die gestrichelte Kurve ist v_2. An der Stelle $g = 1$ sind beide Individuen gleich produktiv, und sie haben im Gleichgewicht auch identische Nutzenwerte. Für Werte $g < 1$ ist Individuum 1 produktiver, für Werte $g > 1$ Individuum 2. Wie man leicht sieht, bringt dieses Beispiel das „Paradox of Power" in extremer Form zum Ausdruck: Es ist jeweils das *weniger produktive*

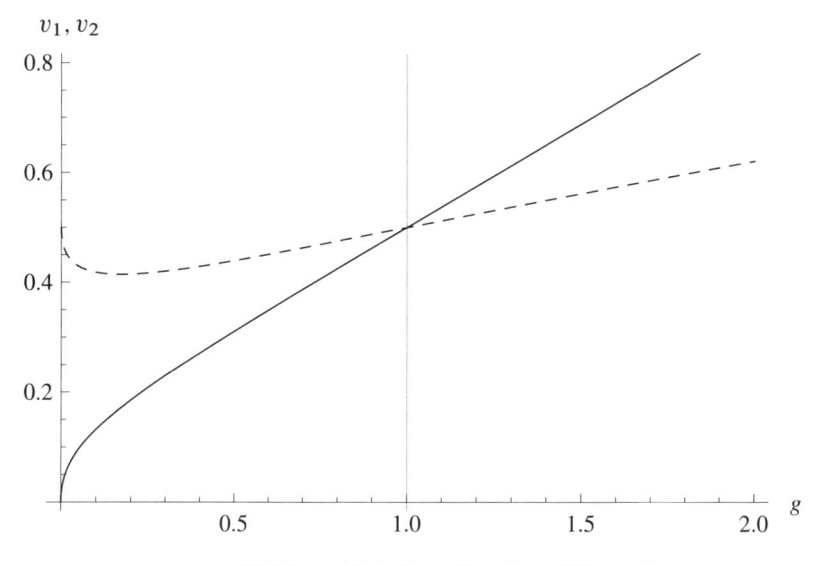

Abbildung 11.2: Das „Paradox of Power".

Individuum, welches den *größeren Konsum* im Gleichgewicht realisieren kann. Der Grund dafür sind die jeweiligen komparativen Vorteile. Für $g < 1$ hat Individuum 2 einen absoluten Nachteil in der Produktion und daher aufgrund der symmetrischen Konfliktfunktion einen komparativen Vorteil in der Spezialisierung auf Aneignungsinvestitionen. Für Individuum 1 ist es genau umgekehrt. Die Individuen spezialisieren sich in Richtung ihres komparativen Vorteils, was man entweder an dem Vergleich von a_1^* mit a_2^* sieht oder daran erkennt, dass p_1^* monoton steigend in g ist (mit $p_2^* = 0.5$ an der Stelle $g = 1$).

In einer Theorie mit exogen gegebenen Eigentumsrechten würde man erwarten, dass das produktivere Individuum mehr konsumieren kann als das weniger produktive Individuum, hier ist es gerade umgekehrt. Darüber hinaus klärt das „Paradox of Power" auch die Frage, wie sich Spezialisierung auf die Aktivitäten Produktion und Ausbeutung in einer Ökonomie, die vor dem Hintergrund endogener Eigentumsrechte existiert, ausgestaltet: in Richtung des komparativen Vorteils.

Kommen wir nun zur Frage nach der Zentralisierung der Sicherung von Eigentumsrechten. Moderne Staaten zeichnen sich gerade dadurch aus, dass die Sicherung von Eigentumsrechten in wesentlichen Bereichen vom Staat wahrgenommen wird. Gleichzeitig ist es aber auch nicht so, dass die Privaten gar nicht in die Sicherung ihres Eigentums investieren. Schlösser in Wohnungen, Häusern und Autos sowie Alarmanlagen, Kopierschutzprogramme und allgemeine Investitionen in Sorgfalt sind nur einige Beispiele für private Investitionen in die Sicherung von Eigentum. Das mittelalterliche Handelsrecht in Europa, die *Lex Mercatoria*, ist ebenfalls ein Beispiel für die dezentrale Durchsetzung von Eigentumsrechten und Verträgen. Erst später wurde das Handelsrecht – zum Teil gegen den Willen der Händler – auf den Staat übertragen.

Trotz zahlreicher Beispiele für dezentrale Investitionen in die Sicherung von Eigentum ist heutzutage doch in weit überwiegender Weise die Sicherung des Eigentums Aufgabe des Staats. Daher fehlt es bisher an Ansätzen, die erklären, was die Unterschiede zwischen einer dezentralen und einer zentralen Rechtsdurchsetzung sind. Im Folgenden werden einige Erklärungsansätze kurz diskutiert.

a) Wenn die Wirtschaftssubjekte einzeln über die Investitionen in die Sicherung ihres Eigentums entscheiden, können unterschiedliche Formen von Externen Effekten auftreten. Wenn ein Hauseigentümer etwa eine Alarmanlage zur Sicherung seines Hauses einbaut, kann dies die Wahrscheinlichkeit erhöhen, dass beim Nachbarn eingebrochen wird. Umgekehrt kann die Finanzierung einer Straßenbeleuchtung vor einem Haus auch die Wahrscheinlichkeit reduzieren, dass in anderen Häusern eingebrochen wird. Dieses sind Beispiele für negative bzw. positive Interdependenzen, die dezentral so lange gut internalisiert werden können, wie sie räumlich klar begrenzt und die Transaktionskosten einer Einigung gering sind. In allen anderen Fällen entstehen daraus negative bzw. positive Externe Effekte, die einen Grund für die Zentralisierung von Entscheidungskompetenzen sein können.

b) Darüber hinaus gibt es zahlreiche Aktivitäten, bei deren Produktion zumindest innerhalb bestimmter Grenzen zunehmende Skalenerträge vorliegen und die zusätzlich den Charakter eines Optionsgutes haben, für welches das Ausschlussprinzip nicht gilt. So schützt die Existenz einer Polizei die Haushalte eines ganzen Einzugsbereichs. Diese Dienstleistung durch private Sicherungsdienste zu ersetzen, würde zu hohen Transaktionskosten in der Abstimmung zwischen den einzelnen Nachfragern nach Sicherungsdienstleistungen führen. Es gibt damit eine inhärente Tendenz zur (lokalen) Monopolisierung.

c) Eigentumsrechte sollen nicht nur den Bestand an Eigentum schützen, sondern darüber hinaus Wohlfahrtsgewinne durch Spezialisierung und Tausch möglich machen. Dazu benötigt man aber ein Vertragsrecht. Dabei existieren starke Anreize für die Akteure, sich auf gemeinsame Regeln zu einigen. Aus rein theoretischer Sicht sind zahlreiche Vertragsrechte denkbar, die alle zu ähnlich guten Ergebnissen bezüglich des Zustandekommens von Verträgen führen. Allerdings besteht bei der Koexistenz multipler Vertragsrechte ein Koordinationsproblem zwischen den Akteuren, dessen Lösung große Einsparungen an Transaktionskosten ermöglicht. Daher ist es sinnvoll, die Setzung und Interpretation des Vertragsrechts zu zentralisieren.

3. Betrachtet man die Ergebnisse des vorherigen Abschnittes noch einmal kritisch, so fällt auf, dass die Individuen einen starken Anreiz dazu haben, den Wettkampf zu umgehen und $d_1 = a_1 = d_2 = a_2 = 0$ zu investieren. In diesem Fall entstehen perfekt sichere Eigentumsrechte, ohne dass Ressourcen in einem Wettkampf verschwendet werden. Daher könnte sich die Frage aufdrängen, warum sich die Individuen nicht einfach auf diese Lösung einigen können. Der Grund ist einfach in der paradigmatischen Wahl zu suchen, dass Institutionen nicht Regeln eines Spiels und damit exogen sind, sondern als selbstdurchsetzende Strukturen eines Gleichgewichts eines „Metaspiels" erklärt werden müssen. Wenn man also den Ausgangspunkt der Überlegung akzeptiert, dass Eigentumsrechte aus einer eigentumslosen Situation,

11.2 Die Aufteilung residualer Kontrollrechte

also im „Schatten des Konflikts" entstehen, ist eine Situation mit perfekt sicheren Eigentumsrechten wie $d_1 = a_1 = d_2 = a_2 = 0$ nicht selbstdurchsetzend, da alle Spieler davon abweichen würden. Möglicherweise überschätzt die bisherige Denkweise aber trotzdem die Kosten der Entstehung von Eigentumsrechten, da wir uns bisher auf ein einmaliges Spiel konzentriert haben. Unbestimmt oft wiederholte Interaktion zwischen den Wirtschaftssubjekten erlaubt es möglicherweise bei hinreichend zukunftsorientierten Individuen, durch die Formulierung von „Drohstrategien" ein Gleichgewicht selbstdurchsetzend zu machen, indem die direkten Kosten des Konflikts bzw. seine Schattenkosten reduziert werden.

11.2 Imperfekte Eigentumsordnungen und die Aufteilung residualer Kontrollrechte

In diesem Abschnitt werden wir uns mit der Frage beschäftigen, was die Konsequenzen der Unmöglichkeit sind, ex-ante Anreize perfekt durch vollständige Verträge zu steuern, so dass die Durchsetzung einer Eigentumsordnung imperfekt bleiben muss. Wir hatten bereits angesprochen, dass die vertragliche Unvollständigkeit entweder Kostengründe oder praktische Gründe haben kann. Wir müssen im Folgenden aber bezüglich der zugrunde gelegten ökonomischen Struktur noch konkreter werden. Die Annahme der glaubwürdigen Bindung an vollständige Verträge erlaubte es, von einer genauen Spezifikation der ökonomischen Beziehung abzusehen, da ohnehin alles weitere perfekt ex-ante, vor Aufnahme der ökonomischen Beziehung, vertraglich geregelt wurde. Um Folgerungen für die Organisationsform der Wirtschaft ziehen zu können, müssen wir aber zunächst noch mit den möglichen Zuordnungen der residualen Kontrollrechte auf die Individuen unterschiedliche idealtypische Wirtschaftssysteme assoziieren.

Dabei beschränken wir uns auf die einfachste Möglichkeit, das Problem sinnvoll zu analysieren, indem wir nur zwei Individuen 1 und 2 und zwei ökonomisch relevante physische Prozesse a_1 und a_2 betrachten, für die gilt, dass Individuum 1 den Prozess a_1 und Individuum 2 den Prozess a_2 ausführen kann. Ein physischer Prozess kann etwas sehr Einfaches wie Nadel und Faden sein, mit deren Hilfe ein Individuum nähen kann, wenn es die notwendigen Fähigkeiten, das relevante Humankapital, besitzt. Es kann aber auch etwas so kompliziertes wie eine ganze Unternehmung sein. Alle für den ökonomischen Wertschöpfungsprozess relevanten physisch messbaren Dinge, an denen man prinzipiell Eigentum erwerben und übertragen kann, können Prozesse in diesem Sinne sein. Im Englischen werden sie auch „Assets" genannt.[3] Wir bezeichnen mit A_i, $i = 1, 2$ die Menge an Prozessen, die sich im Eigentum von Individuum i befindet, und unterscheiden die folgenden Fälle:

1. Ein Individuum (z. B. 1) hat die residualen Kontrollrechte an beiden Prozessen, $A_1 = \{a_1, a_2\}$, $A_2 = \emptyset$ oder $A_2 = \{a_1, a_2\}$, $A_1 = \emptyset$. Dann haben wir ein *hierarchisches* Verhältnis zwischen den Individuen. Dies entspricht z. B. einem

---
[3] Eine wörtliche deutsche Übersetzung wäre „Aktiva".

Arbeitgeber-Arbeitnehmerverhältnis, bei dem Individuum 2 mit dem Eigentum des 1 fertigt und der Projektwert im Eigentum des 1 ist.
2. Jedes Individuum hat die residualen Kontrollrechte an jeweils einem Prozess, $A_1 = \{a_1\}, A_2 = \{a_2\}$ oder $A_1 = \{a_2\}, A_2 = \{a_1\}$. Dann haben wir ein *marktliches* Verhältnis zwischen den Individuen. Dies entspricht z. B. einer Situation, in der beide Individuen auf eigene Initiative eine Vorleistung erbringen, die sie dann dem anderen Individuum verkaufen können.
3. Jedes Individuum hat die residualen Kontrollrechte an beiden Prozessen, $A_1 = A_2 = \{a_1, a_2\}$. Dann haben wir die Situation des *Gemeinschaftseigentums* zwischen den Individuen. Dies entspricht z. B. einer Situation, in der beide Individuen gemeinsam über den Einsatz der Prozesse entscheiden und gemeinsam eine Aufteilung des Projektwerts beschließen müssen.

Wir haben also mit diesem Modell die Möglichkeit, sehr stilisiert die drei unterschiedlichen Organisationsweisen einer Wirtschaft – Hierarchie, Markt und Gemeinschaft – abzubilden. Wir werden im Folgenden untersuchen, von welchen Faktoren es abhängt, welche der drei Organisationsweisen vorzuziehen ist.

Mit der folgenden Überlegung werden wir sehen, dass mit den unterschiedlichen Möglichkeiten der Allokation der residualen Kontrollrechte die idealtypischen Wirtschaftsordnungen der vergangenen Abschnitte erfasst werden. Gleichzeitig werden wir sehen, dass der Unterschied zwischen einem kapitalistischen Unternehmen und einem zentralverwalteten Planungsprozess in gewisser Hinsicht gering ist: In einer modernen kapitalistischen Volkswirtschaft beobachten wir sowohl Transaktionen, die über Märkte gesteuert werden, als auch Transaktionen, die sich innerhalb eines Unternehmens vollziehen. Dabei stellt sich natürlich sofort die Frage, warum die eine Transaktion über Märkte, die andere innerhalb von Firmen abgewickelt wird. Ist dies zufällig oder folgt die Zuordnung von Transaktionen zum einen oder anderen Bereich einer ökonomischen Logik?

Um diese Frage zu beantworten, müssen wir uns fragen, welche Ursache hinter dieser Beobachtung stecken mag. Dazu können wir die folgende, auf Coase (1937) zurückgehende Vorüberlegung anstellen: Der Unterschied zwischen einer marktlichen und einer Transaktion in Unternehmen besteht in dem Ausmaß an Weisungsbefugnis, das zwischen den Wirtschaftssubjekten besteht: Während sich auf Märkten beide Seiten stets neu einigen müssen, kann eine Entscheidung innerhalb einer Unternehmung per Weisung vom Vorgesetzten durchgesetzt werden. Deshalb begründet eine Ansiedlung von Transaktionen innerhalb eines Unternehmens eine Hierarchie. Hierarchische Entscheidungsverfahren unterscheiden sich von marktlichen aber dadurch, dass Einigungskosten reduziert werden und dass bestimmte Verteilungen von erwirtschafteten Überschüssen glaubhaft beschlossen werden können, die sich bei marktlicher Einigung nicht ergeben könnten; hierarchische Verhältnisse verändern mit anderen Worten im Vergleich zu marktlichen die Drohpunkte der Parteien bei einer Einigung über Gewinne der Interaktion.

Der Effekt der Organisationsform auf die Möglichkeiten der Weisung sollten aber nicht überbewertet werden. Auf diesen Punkt haben Alchian und Demsetz (1972) hingewiesen: Genauso, wie der Angestellte in einer Firma die Möglichkeit hat zu kündigen und sich damit der Weisungsbefugnis seiner Vorgesetzten zu entziehen, muss sich der Verkäufer eines Gutes um seine Kunden bemühen, um sie nicht zu verlieren. Damit sind also Fälle denkbar, in denen Wirtschaftssubjekte, die formal in einem hierarchischen Verhältnis stehen, real – also bezüglich der tatsächlich durchsetzbaren Weisungsmacht – keine Weisungsbefugnis haben, und solche, in denen Wirtschaftssubjekte, die formal in einem marktlichen Verhältnis zueinander stehen, real eine große Abhängigkeit voneinander haben: Der Angestellte, ohne den das Projekt nicht durchgeführt werden kann, mag zwar formal Weisungen durch seine Vorgesetzten entgegennehmen müssen; real ist die Ausübung der Weisungsbefugnis aber dahingehend beschränkt, dass der Angestellte nicht den Projekterfolg als ganzen boykottieren darf. Umgekehrt steht der kleine, nicht spezialisierte Zulieferer eines großen Konzerns formal in keinem hierarchischen Verhältnis zum Konzern; faktisch wird er aber doch die Weisungen des Konzerns erfüllen müssen, um seine Stellung als Zulieferer nicht zu verlieren.

Damit sind wir hier erstmals auf das Problem gestoßen, dass formale Hierarchie zwar ein Charakteristikum von Unternehmen im Vergleich zu Märkten ist, diese aber nicht mit realer Weisungsbefugnis gekoppelt sein muss.

Eines der Ziele dieses Kapitels wird es sein zu verstehen, wie sich idealiter reale und formale Weisungsbefugnis zueinander verhalten sollen. Wesentlich an dieser Stelle ist die formale Analogie zwischen kapitalistischen Unternehmen und einem zentralverwalteten Wirtschaftsprozess: Beide Male wird vom Übergang einer marktlichen Koordination zu einer zentralverwalteten bzw. einer unternehmerischen ein hierarchisches Verhältnis konstituiert. In diesem Sinne unterscheiden sich kapitalistische Unternehmen nicht von Zentralverwaltungswirtschaften: In beiden Institutionen wird das Koordinationsinstrument „Markt" durch das Koordinationsinstrument „Hierarchie" ersetzt. Daher liefert uns die Antwort auf die Frage, warum es Unternehmen gibt, auch die Antwort auf die Frage, ob zentrale Planungsprozesse optimal sein können.

Um uns diesen wichtigen Gedanken noch weiter zu vergegenwärtigen, wollen wir als Beispiel den Produktionsprozess eines Gutes von der notwendigen Ressource über ein Zwischenprodukt bis hin zum Endprodukt als dreistufigen Prozess vorstellen, bei dem zunächst die Ressourcen gewonnen werden, anschließend das Zwischenprodukt hergestellt wird und schließlich aus dem Zwischenprodukt das Endprodukt erzeugt wird. Diese Produktionsschritte seien technologisch vorgegeben.

In einer rein marktlichen Organisationsweise der Wirtschaft würde jede der drei Transformationen der ursprünglichen Ressource hin zum Endprodukt durch einzelne Unternehmen getätigt. In einer reinen Planwirtschaft sind alle Produktionsschritte in einem Unternehmen vereinigt. Alternativ lassen sich Zwischenformen denken, bei denen die Ressourcengewinnung und die Herstellung des Zwischenprodukts von einem und die Herstellung des Endprodukts vom anderen Unternehmen vorgenommen werden bzw. die Herstellung des Zwischen- und Endprodukts vom einen und die Erzeugung der Ressource vom anderen.

Williamson hat zum Zweck der Klärung der Frage nach dem Unterschied zwischen Markt und Hierarchie eine provozierende Frage gestellt, die als „Williamson-Puzzle" in die Literatur eingegangen ist: Angenommen, zwei getrennte Unternehmen produzieren Güter mit einem bestimmten maximalen Gewinn. Warum kann man die beiden Unternehmen nicht zu einem zusammenschließen, alles unverändert lassen, und nur einen Manager an die Spitze des neuen „Konzerns" stellen? Dieser neue Manager greift nur ein, wenn die Aktivitäten der jeweiligen Unternehmensmanager offensichtlich ineffizient sind (*Prinzip der selektiven Intervention*). Auf diese Weise, so Williamson, müsste sich ein mindestens ebenso großer Gewinn wie bei getrenntem Eigentum erzielen lassen.

Stimmen wir diesem Argument zu, so folgt daraus unmittelbar, dass wir sinnvoller Weise die gesamte Ökonomie als ein großes Unternehmen organisieren. Damit wären aber alle Allokationsentscheidungen hierarchisch organisiert und keine mehr marktlich, wir hätten eine Form der Zentralverwaltungswirtschaft geschaffen. Wenn uns diese Konsequenz nicht überzeugt, müssen wir versuchen herauszufinden, was an der Logik des Arguments von Williamson nicht stimmt. Interessanterweise erwies es sich als ausgesprochen schwierig, ein Argument zu finden, das gegen das Prinzip der selektiven Intervention spricht, und nicht einfach nur ad-hoc so etwas wie zunehmende Grenzkosten der Intervention postuliert, ohne diese selbst zu begründen. Ein etablierter Ansatz zur Erklärung von Eigentum geht auf Grossman und Hart (1986) zurück. Doch auch dieser ist bezüglich seiner Fundierung nicht unumstritten. Wir werden ihn im Folgenden vorstellen.

Die Frage lautet nun also: Ist die Zusammenfassung der Produktionsschritte innerhalb einer Hierarchie irrelevant für das Allokationsergebnis oder nicht? Und falls nicht, wo liegt die optimale Grenze des einen Unternehmens, und wo beginnt sinnvoller Weise das nächste? An dieser Stelle lässt sich ad-hoc eine Antwort auf diese Frage geben: Ein Produktionsbereich sollte in die Hierarchie eingegliedert werden, wenn die Transaktionskosten innerhalb der Hierarchie kleiner sind als innerhalb einer marktlichen Ordnung. Diese Antwort basiert auf der Idee, dass unterschiedliche Organisationsformen der Wirtschaft unterschiedliche Kosten hervorrufen. Die optimale Unternehmensgrenze ist demnach dann erreicht, wenn die internen gleich den externen Transaktionskosten sind. Doch leider hilft uns diese Antwort nicht viel weiter, denn wir müssen uns fragen, welche Transaktionskosten mit bestimmten Organisationsformen verbunden sind. Erst wenn wir den Transaktionskostenbegriff operationalisiert haben, können wir verstehen, welche Organisationsform in welcher Situation überlegen ist.

Die praktische Relevanz einer Beantwortung dieser Frage ist offensichtlich: Die Diskussion über das Out- oder Insourcing von Produktionsbereichen lässt sich fast täglich in den Wirtschaftsteilen der Tageszeitungen verfolgen. Die Grenzen, an denen der Markt als Allokationsinstrument zwischen hierarchische Abläufe tritt, verändern sich ständig; Produktionsbereiche werden aus dem einen Unternehmen ausgegliedert und in das andere Unternehmen eingegliedert. Der Übergang zwischen einer rein marktwirtschaftlichen Ordnung, in der jede Transaktion über Märkte koordiniert wird, und einer rein zentralverwalteten Ordnung, in der jede Transaktion durch Weisung erfolgt, ist also fließend. Die Ursache für die Existenz von Unternehmen ist die Ursache für die Überlegenheit des Allokationsinstruments „Hierarchie".

Neben der eher „philosophischen" Frage nach der Überlegenheit idealtypischer Wirtschaftsordnungen können wir aus der Antwort auf diese Frage aber auch ei-

11.2 Die Aufteilung residualer Kontrollrechte

ne Reihe von konkreten regulierungspolitischen Anhaltspunkten ableiten: Wenn wir verstehen, welche Produktionsbereiche aus Gründen der Effizienz innerhalb eines hierarchischen Prozesses ablaufen sollten, gibt uns das einen Anhaltspunkt für die konkrete Ordnungspolitik: Sollten Unternehmenszusammenschlüsse verboten werden oder soll man sie befördern? Was ist die optimale vertikale Integrationstiefe? Ist der Zukauf eines Zulieferers aus Effizienzgründen zu befürworten?

Es sind zwei Dinge, die uns zur Beantwortung der Frage nach der Notwendigkeit und Struktur staatlicher Organisation des Wirtschaftsgeschehens in diesem Abschnitt besonders interessieren werden:

1. Zum einen werden wir sehen, unter welchen Umständen eine imperfekt durchgesetzte Eigentumsordnung dazu führt, dass wir notwendigerweise das First-Best verfehlen. Mit anderen Worten werden wir sehen, inwieweit die Unvollständigkeit von Verträgen eine Abweichung vom Prinzip der vollständigen Internalisierung erzwingt.
2. Zum anderen werden wir sehen, dass sich die Theorie unvollständiger Verträge eignet zu zeigen, wo die Grenzen der Zentralisierung wirtschaftlicher Aktivitäten, also die Grenzen von Hierarchien im obigen Sinne, sind.

11.2.1 Die Grenzen der Integration

Wir werden im Folgenden das obige Beispiel mit zwei Individuen 1 und 2 und zwei Prozessen a_1 und a_2 weiter strukturieren und analysieren. Dazu nehmen wir an, dass Individuum 2 mit Hilfe von Prozess a_2 ein Zwischenprodukt erstellen kann, aus welchem Individuum 1 mit Hilfe von a_1 ein Endprodukt herstellt, welches es entweder selbst konsumiert oder auf einem Markt weiter verkauft. Zu einem Zeitpunkt 0 können die Individuen eine Investition in ihr Humankapital vornehmen, welche die Produktivität ihrer Prozesse erhöht. Zu einem Zeitpunkt 1 wird das Vorprodukt ausgetauscht. Wir nehmen anders als im 10. Kapitel an, dass beide Individuen zu jedem Zeitpunkt ihrer Beziehung symmetrisch über die Investitionen, deren Kosten und deren Nutzen informiert sind.

Ein zentrales Unterscheidungsmerkmal für Investitionen ist ihre Beziehungsspezifität. Darunter versteht man das Ausmaß der Möglichkeit, die Investition auch außerhalb einer bestimmen Beziehung nutzen zu können. Ist dies einfach möglich, so ist die Beziehungsspezifität niedrig, ist dies nicht einfach möglich, so ist sie hoch. Als Beispiel seinen zwei Ausbildungsberufe als Investitionen in das Humankapital genannt: Eine Ausbildung zum Bergmann in einem kohlefördernden Unternehmen qualifiziert den Auszubildenden nur innerhalb des spezifischen Sektors „Bergbau", in anderen Sektoren ist der Wert der Ausbildung wesentlich geringer, die Beziehungsspezifität der Humankapitalinvestition ist hoch. Eine Ausbildung dieser Person im gleichen Unternehmen zum Schlosser hat ein geringeres Ausmaß an Beziehungsspezifität, da die Qualifikation in allen anderen Sektoren, in denen ebenfalls Schlosser benötigt werden, im Wesentlichen erhalten bleibt.

Investitionen mit einer hohen Beziehungsspezifität verursachen eine ein- oder mehrseitige Bindung der Akteure aneinander. Diese Bindung stellt ein Wagnis für die Akteure dar, da nach erfolgter Investition die Bedingungen der Interaktion neu verhandelt werden können. Die Beobachtung der Wichtigkeit beziehungsspezifischer Investitionen für das Problem der Organisation der Wirtschaft geht auf Alchian, Crawford und Klein (1978) und Williamson (1975) zurück. Wir gehen im Folgenden davon aus, dass die Investitionen vollständig beziehungsspezifisch sind.

Weiterhin nehmen wir an, dass die beiden Individuen ex-ante, zum Zeitpunkt 0, keine Verträge schreiben können, die kontingent auf die Investitionsniveaus, die Investitionskosten oder die Investitionsgewinne sind. Wir nennen diese Verträge auch *langfristig*. Sie können einzig zum Zeitpunkt 0 die residualen Kontrollrechte an den Prozessen zuordnen. Wie wir in den vergangenen Kapiteln gesehen haben, liegt in dieser Annahme einer der Gründe für die noch nachzuweisende Ineffizienz der erreichbaren Lösungen: Da das Prinzip der vollständigen Internalisierung bei privaten Gütern verlangt, dass der marginale Wertzuwachs einer weiteren Einheit an Investitionen auch dem Investor zufällt, bedarf es im Allgemeinen langfristiger Verträge, um effiziente Anreize zu schaffen. Zusammen mit der Annahme der Beziehungsspezifität wird nämlich die Aufteilung der Gewinne ex-post durch die Verhandlungsstärke der Individuen bestimmt, die im Allgemeinen von der marginalen Wichtigkeit der Investitionsentscheidung abweicht. Siehe dazu auch Kapitel 3. In diesem Sinne sind die hier zulässigen Verträge unvollständig. Wir werden später die Relevanz dieser Annahme diskutieren.

Wir bezeichnen die Investitionen von Individuum i ($i = 1, 2$) mit $I_i \in \mathbb{R}^+$, wobei I_i in Geldeinheiten gemessen wird. Im Fall, dass in Periode 1 Handel zwischen den beiden Individuen zum Preis p stattfindet, ist $R(I_1) - p$ der Ex-post-Wert des Zwischenprodukts für Individuum 1 und $p - C(I_2)$ der Ex-post-Wert für Individuum 2.

Im Fall, dass in Periode 1 kein Handel zwischen den Individuen stattfindet, kann Individuum 1 ein standardisiertes Zwischenprodukt anderweitig zum Preis $\overline{p}$ beziehen und Individuum 2 sein Zwischenprodukt anderweitig zum gleichen Preis $\overline{p}$ verkaufen. Wir gehen also davon aus, dass es einen Markt für Zwischenprodukte gibt. Die Beziehungsspezifität der Investitionen schlägt sich allerdings in dem Wert eines auf dem Markt zugekauften Zwischenprodukts für Individuum 1 bzw. den Kosten des Verkaufs des spezialisierten Zwischenprodukts für Individuum 2 nieder.

Wir gehen von den folgenden Annahmen aus: Das standardisierte Zwischenprodukt hat für Individuum 1 einen Wert von $r(I_1, A_1)$, und der Verkauf des spezifischen Zwischenprodukts auf dem Markt verursacht für Individuum 2 Kosten in Höhe von $c(I_2, A_2)$. Diese Nutzen und Kosten hängen im Allgemeinen von der Eigentumsstruktur ab. Wenn Individuum 1 beispielsweise das Eigentum an a_2 besitzt, kann es das standardisierte Zwischenprodukt auch selbst erstellen. Hat es kein Eigentum an a_2, geht dies nicht. Umgekehrt kann Individuum 1 das Endprodukt selbst erstellen, wenn es Eigentum an a_1 hat, andernfalls nicht. Zusätzlich nehmen wir an, dass die Funktionen C und c strikt konvex und R und r strikt konkav sind, so dass die Existenz einer eindeutigen inneren Lösung sicher gestellt ist. Wir nennen die Werte $\overline{p} - c(I_2, A_2), r(I_1, A_1) - \overline{p}$ auch die *Außenoption* der Individuen. Abbildung 11.3 fasst den zeitlichen Ablauf in diesem Modell zusammen.

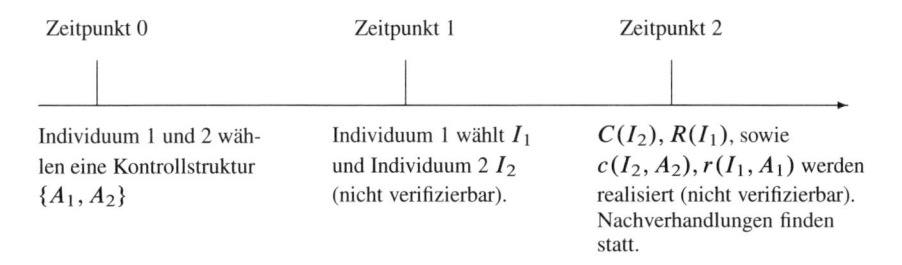

11.2. Die Aufteilung residualer Kontrollrechte

Zeitpunkt 0	Zeitpunkt 1	Zeitpunkt 2
Individuum 1 und 2 wählen eine Kontrollstruktur $\{A_1, A_2\}$	Individuum 1 wählt I_1 und Individuum 2 I_2 (nicht verifizierbar).	$C(I_2), R(I_1)$, sowie $c(I_2, A_2), r(I_1, A_1)$ werden realisiert (nicht verifizierbar). Nachverhandlungen finden statt.

Abbildung 11.3: Spielstruktur „Grenzen der Integration"

Damit ergeben sich die folgenden Ex-post-Handelsgewinne G im Fall, dass Handel stattfindet, und im Fall, dass kein Handel stattfindet:

$$G^H = R(I_1) - p + p - C(I_2) = R(I_1) - C(I_2),$$
$$G^{kH} = r(I_1, A_1) - \overline{p} + \overline{p} - c(I_2, A_2) = r(I_1, A_1) - c(I_2, A_2). \quad (11.5)$$

Wir fassen den Begriff der Beziehungsspezifität der Investitionen durch die folgenden drei Annahmen:
1. $R(I_1) - C(I_2) > r(I_1, A_1) - c(I_2, A_2) \ \forall \ I_1, I_2, A_1, A_2,$
2. $R'(I_1) > r'(I_1, \{a_1, a_2\}) \geq r'(I_1, \{a_1\}) \geq r'(I_1, \emptyset) \ \forall \ I_1,$
3. $C'(I_2) < c'(I_2, \{a_1, a_2\}) \leq c'(I_2, \{a_2\}) \leq c'(I_2, \emptyset) \ \forall \ I_2,$

wobei $f'(h, j)$ die partielle Ableitung der Funktion f nach dem Argument h ist. Beziehungsspezifität drückt sich mit anderen Worten dadurch aus, dass erstens der absolute Wert des Handels innerhalb der Beziehung den absoluten Wert des Handels mit Dritten übersteigt, und dass zweitens auch die marginalen Erträge der Investition innerhalb der Beziehung größer als außerhalb der Beziehung sind. Zusätzlich nehmen wir an, dass die marginalen Erträge der Investition außerhalb der Beziehung nicht steigend in der Anzahl der kontrollierten Prozesse sind. Darin drückt sich auch aus, dass die Investition in das Humankapital der Individuen vorgenommen wird: Wäre es eine Investition in den Wert des Prozesses, so gälte $R'(I_1) = r'(I_1, \{a_1, a_2\})$, bzw. $C'(I_2) = c'(I_2 \{a_1, a_2\})$, da sich jedes Individuum den Wert der Investition vollständig durch das Eigentum an dem Prozess aneignen könnte.

11.2.1.1 Das First-Best

Wir wollen zunächst die first-best-effizienten Investitionsniveaus berechnen und anschließend fragen, welche Institutionen diese stützen würden. Im First-Best kommt wegen Annahme 1 stets Handel zustande, so dass die jeweiligen Individuen

$$\tilde{\pi}_1(I_1) - p = R(I_1) - I_1 - p,$$
$$\tilde{\pi}_2(I_2) + p = p - C(I_2) - I_2 \quad (11.6)$$

als Auszahlung erhalten und insgesamt das folgende Maximierungsproblem gelöst wird:

$$\max_{I_1, I_2} R(I_1) - I_1 - C(I_2) - I_2 . \tag{11.7}$$

Als Bedingungen erster Ordnung folgen

$$R'(I_1^*) = 1 ,$$
$$-C'(I_2^*) = 1 . \tag{11.8}$$

Im Optimum muss der Grenzertrag einer Investition gerade gleich ihren Grenzkosten sein. Nehmen wir an, wir könnten einen langfristigen Vertrag entweder direkt auf die Investitionsniveaus oder auf die Kosten und Erträge einer Investition konditionieren, weil mindestens eine der Größen vor Gericht verifizierbar ist und ex-ante spezifiziert werden kann. In diesem Fall wäre das First-Best einfach zu erreichen: Der Vertrag spezifiziert die optimalen Investitionsniveaus für beide Individuen und legt fest, dass die Individuen eine hohe Strafe zahlen müssen, wenn dieses Niveau verfehlt wird. Alternativ kann er die effizienten Kosten und Nutzen spezifizieren.

11.2.1.2 Allokationswirkungen von unvollständigen Verträgen bei beziehungsspezifischen Investitionen

Als nächstes betrachten wir den Fall, dass langfristige Verträge lediglich die Eigentumsstruktur festlegen können, nicht jedoch auf die Investitionsniveaus oder die Kosten und Nutzen konditionieren können. In diesem Fall muss der Preis, für den Individuum 2 Individuum 1 das Zwischenprodukt verkauft, ex-post ausgehandelt werden. Wir gehen dabei im Folgenden davon aus, dass dieser Verhandlungsprozess selbst keine neuen Ineffizienzen verursacht, so dass wir die Ursache für gegebenenfalls auftauchende Abweichungen vom First-Best genau zuordnen können. Aus diesem Grund nehmen wir an, dass die ex-post Handelsgewinne nach der Nash-Verhandlungslösung im Verhältnis 50:50 aufgeteilt werden.[4] Die Ex-post Handelsgewinne entsprechen der Differenz des Gesamtwerts des Projekts, wenn Handel zwischen den Individuen stattfindet, $(R - C)$, und dem Gesamtwert des Projekts, wenn kein Handel zwischen den Individuen stattfindet, $(r - c)$. Da diese Differenz nach Annahme 1 stets positiv ist, werden sich die Individuen ex-post stets einigen zu handeln und jedes erhält $0{,}5((R - C) - (r - c))$. Damit sind die Ex-post-Gewinne der beiden Individuen

$$\begin{aligned} \pi_1 &= r - \bar{p} + 0{,}5\big((R - C) - (r - c)\big) , \\ \pi_2 &= \bar{p} - c + 0{,}5\big((R - C) - (r - c)\big) . \end{aligned} \tag{11.9}$$

Zu welchen Investitionsanreizen führt nun diese Ex-post-Gewinnverteilung? Wie man sehen kann, hängt der Anteil der Ex-post-Gewinne, den die Individuen bekommen, von der Außenoption der Individuen ab. Diese wiederum wird durch die Eigentums-

---

[4]Zur Nash-Verhandlungslösung siehe auch Kapitel 3.

11.2. Die Aufteilung residualer Kontrollrechte

ordnung verändert. Die Ex-ante-Gewinne der Individuen sind damit

$$\Pi_1(I_1, I_2, A_1, A_2) = r(I_1, A_1) - \bar{p}$$
$$+ 0{,}5\left[(R(I_1) - C(I_2)) - (r(I_1, A_1) - c(I_2, A_2))\right] - I_1 \,,$$
$$\Pi_2(I_1, I_2, A_1, A_2) = \bar{p} - c(I_2, A_2)$$
$$+ 0{,}5\left[(R(I_1) - C(I_2)) - (r(I_1, A_1) - c(I_2, A_2))\right] - I_2 \,.$$
(11.10)

Zur Ableitung der Investitionsanreize betrachten wir das Nash-Gleichgewicht dieses Spiels. Die optimalen Investitionen aus Sicht von Individuum i sind durch die Bedingungen erster Ordnung nach dem jeweiligen Investitionsparameter definiert:

$$\tfrac{1}{2}R'(I_1^N) + \tfrac{1}{2}r'(I_1^N, A_1) = 1 \,, \tag{11.11}$$

$$-\tfrac{1}{2}C'(I_2^N) - \tfrac{1}{2}c'(I_2^N, A_2) = 1 \,.$$

Im Folgenden bezeichnen wir mit $I_i^1, I_i^2, I_i^D, I_i^G, i = 1, 2$, die Investitionsniveaus im Nash-Gleichgewicht, falls Individuum 1 Eigentum an beiden Prozessen hat, falls Individuum 2 Eigentum an beiden Prozessen hat, falls Individuum 1 Eigentum an Prozess 1 und Individuum 2 Eigentum an Prozess 2 hat und falls beide Individuen Gemeinschaftseigentum an beiden Prozessen haben.

Man kann nun die ersten zwei Ergebnisse ableiten:

1. Ist die Investition nicht beziehungsspezifisch, so lässt sich auch bei unvollständigen Verträgen das First-Best erreichen. Dieses Ergebnis folgt direkt aus unserer Definition der Beziehungsspezifität: Wenn der Außenwert der Investition gleich dem Innenwert ist, gilt $R = r, C = c$, und damit hat jedes Individuum die gleichen Anreize zur Investition wie im First-Best.
2. Jede Eigentumsstruktur führt bei Beziehungsspezifität im Vergleich zum First-Best zu Unterinvestitionen. Dieses Ergebnis folgt direkt aus den Annahmen 2 und 3: Wir wissen aus Annahme 2, dass $R'(I_1) > r'(I_1, \{a_1, a_2\}) \geq r'(I_1, \{a_1\}) \geq r'(I_1, \emptyset)$ für jedes Investitionsniveau erfüllt ist. Daher gilt auch $R'(I_1) > 0{,}5R'(I_1) + 0{,}5r'(I_1, A_1) = 1$, und analog für C, c.

Diese beiden Ergebnisse zeigen, dass aus der Unmöglichkeit, ex-ante ökonomisch relevante Investitionen perfekt institutionell zu steuern, zusammen mit der Beziehungsspezifität solcher Investitionen folgt, dass das First-Best nicht mehr erreicht werden kann. Diese beiden Phänomene führen zum in der Literatur so genannten „Hold-Up-Problem". Der Begriff ist sehr bildlich gewählt: Aufgrund der Beziehungsspezifität der Investitionen befinden sich die beiden Parteien ex-post in der Situation eines bilateralen Monopols. Da die Aufteilung der Überschüsse nicht bereits ex-ante geregelt werden konnte, werden sich rationale Parteien nicht an ex-ante gegebenenfalls getroffene Absprachen halten, sondern der anderen Partei „die Pistole auf die Brust setzen" und weitestgehend ausbeuten. Williamson nennt den Übergang von einer Ex-ante-Situation des unbeschränkten Wettbewerbs zwischen potenziellen Handelspartnern und der Ex-post-Situation der gegenseitigen Bindung aneinander auch die „fundamentale Transformation".

An dieser Stelle erkennt man auch, in welchem Sinn der Begriff „Transaktionskosten" hier Verwendung finden kann: Transaktionskosten werden in diesem Modell nicht einfach exogen als „Sickerkosten einer Transaktion" in das Modell hineingesteckt, sondern endogen als Abweichung vom First-Best begründet. Ursächlich für diese Form der Transaktionskosten ist die Beschränkung der Möglichkeit, Anreize durch ex-ante Verträge zu steuern. In solchen Fällen ist das Prinzip der vollständigen Internalisierung kein sinnvoller Maßstab mehr für die Beurteilung der Allokationswirkung bestimmter Institutionen. Wie schon in Kapitel 10 im Falle der Risikoaversion ergeben sich aus dieser Unmöglichkeit heraus notwendige Abweichungen vom First-Best, die durch institutionelle Änderungen nicht behoben werden können. Deshalb muss für solche Fälle an die Stelle des Prinzips der vollständigen Internalisierung ein modifiziertes Prinzip treten, welches den Restriktionen einer notwendigerweise imperfekt durchgesetzten Eigentumsordnung Rechnung trägt.

Hier stellen sich nun zwei Fragen: Erstens müssen wir zur Beurteilung der Wichtigkeit des obigen Phänomens ein besseres Verständnis für die Relevanz der Annahmen der Unvollständigkeit und der Beziehungsspezifität gewinnen. Zweitens müssen wir untersuchen, wie in diesem Modell die einzig verbleibende Steuerungsgröße – die Allokation der Eigentumsrechte – eingesetzt werden sollte, um möglichst nah an die First-Best-Lösung heranzukommen. Die Antwort auf diese Frage wird auch zeigen, was nach diesem Modell der Unterschied zwischen dem Organisationsprinzip „Markt" und dem Organisationsprinzip „Hierarchie" ist, und in welchen Fällen das eine dem anderen überlegen ist.

11.2.1.3 Relevanz der Annahmen der Unvollständigkeit von Verträgen und der Beziehungsspezifität von Investitionen

Wir wollen hier noch einmal die wesentlichen Annahmen zusammentragen, unter denen die unvollständige Durchsetzung einer Eigentumsordnung allokationsrelevant werden kann:

1. Es muss unmöglich sein, langfristige Verträge abzuschließen.
2. Es muss unmöglich sein, einen Vertrag auf das Investitionsniveau zu konditionieren. Mit anderen Worten darf das Investitionsniveau vor Gericht nicht verifizierbar sein.

Diese Konstellation führt unter einer zusätzlichen Bedingung zu Effizienzverlusten:

3. Es muss Investitionen der beteiligten Parteien in den Wert der Geschäftsbeziehung geben, deren Wert innerhalb der Beziehung den Wert außerhalb der Beziehung übersteigt.

In dem Modell des obigen Abschnitts haben wir uns mit dem Fall von Humankapitalinvestitionen beschäftigt. Das Ineffizienzergebnis folgte aber auch, wenn wir statt dessen Investitionen in physisches Kapital betrachten würden. Allerdings wären in diesem Fall die Bedingungen, unter denen die eine oder andere Organisationsform optimal ist, andere.

11.2. Die Aufteilung residualer Kontrollrechte

Beginnen wir zunächst mit der vielleicht unstrittigsten Bedingung 2: Investitionen in das Humankapital einer Person mögen für alle beteiligten Personen beobachtbar sein, etwa weil sie im gleichen Büro arbeiten und sich gut kennen. Trotzdem dürfte es ausgesprochen schwierig sein, vor Gericht nachzuweisen, in welchem Umfang solche Investitionen getätigt wurden. Die verwendete Zeit kann man gegebenenfalls noch überprüfen, doch ist sie in der Regel nicht ausreichend mit der Produktivität der Investition korreliert. Aus diesem Grund ist Bedingung 2 unproblematisch.

Die Frage nach der Beziehungsspezifität von Humankapital (Bedingung 3) ist schwieriger zu beantworten. Auf einer gesamtgesellschaftlichen Ebene muss jedes Kind eine Sprache und die kulturellen Gegebenheiten seiner Gesellschaft erlernen. Erst dieses Wissen versetzt es in die Lage, später produktiv in der Gesellschaft handeln zu können. Zusätzlich ist der Wert dieser Investitionen außerhalb des Sprach- und Kulturkreises wesentlich geringer als innerhalb. Auf der sehr abstrakten Ebene der gesellschaftlichen Arbeitsteilung sind ganz wesentliche Investitionen daher beziehungsspezifisch. Auf der Ebene konkreter Projekte hängt die Antwort auf die Frage nach der Relevanz von Bedingung 3 von der Sichtweise ab, was als Investition gewertet wird. Es ist wohl relativ unstritten, dass viele arbeitsteilige Prozesse ein gewisses Maß an Spezialisierung erfordern. Diese Spezialisierung ist aber gerade Ausdruck der Beziehungsspezifität.

Das obige Beispiel der Ausbildungsberufe zeigt, dass in der Berufswahl ein bestimmtes Maß an Bindung eingegangen wird. Andere Investitionen in das Humankapital erhöhen jedoch die allgemeine Produktivität des Investors und sind daher nicht beziehungsspezifisch. Das Erlernen z. B. eines Textverarbeitungsprogramms erhöht ganz allgemein die Produktivität des Investors. Eine sehr pointierte Interpretation beziehungsspezifischer Investitionen wird von Anderlini und Felli (1997) gegeben: Sie sehen jegliches Vorgehen zur Geschäftsanbahnung als beziehungsspezifische Investition an. Eine solche Geschäftsanbahnung verursacht entweder Zeit- oder Ressourcenaufwendungen oder beides. Diese Aufwendungen sind notwendig, um ein wertschöpfendes Projekt durchzuführen und sind daher als produktive Investitionen zu werten. Der Außenwert einer solchen Investition ist aber null. Folgt man dieser Sichtweise, ist jede Geschäftsbeziehung notwendigerweise in gewissem Umfang durch beziehungsspezifische Investitionen gekennzeichnet. Jeder Telefonanruf, den man tätigt, um herauszufinden, ob ein bestimmter Artikel erhältlich ist, ist in diesem Sinne eine beziehungsspezifische Investition.

Damit können wir auch schon zum wohl kontroversesten Punkt, der Unvollständigkeit der Verträge, übergehen: Folgen wir der Sichtweise von Anderlini und Felli, so müssen wir folgern, dass Verträge notwendigerweise stets unvollständig sein müssen, da die beziehungsspezifischen Investitionen, die notwendig sind, um überhaupt erst einen Vertrag zu schließen, denknotwendig nicht durch Verträge gestützt werden können. Doch diese Interpretation ist vielleicht ein wenig zu haarspalterisch, weshalb wir im Folgenden auf zwei weitere prinzipielle Einwände gegen die Ad-hoc-Annahme der Unvollständigkeit näher eingehen wollen.

1. Dass bestimmte physische Eigenschaften der zu handelnden Güter nicht ex-ante vertraglich bestimmt werden können, bedeutet noch nicht, dass man nur Eigen-

tumsrechte festlegen kann. Vielmehr müsste man genau spezifizieren, welche ex-ante Verträge zulässig sind, und welche nicht. Insbesondere zum Beispiel im Bereich Forschung und Entwicklung ist es unstritig, dass die physischen Eigenschaften der Güter, die durch Investitionen geschaffen werden sollen, ex-ante nicht vertraglich spezifiziert werden können. Könnte man es, so handelte es sich nicht mehr um eine Produktinnovation. Aus dieser Unmöglichkeit heraus folgt aber noch nicht, dass nur über unterschiedliche Allokationen von Eigentumsrechten Verhaltensanreize gesteuert werden können.

2. Die Nichtverifizierbarkeit bestimmter relevanter Größen führt noch nicht notwendigerweise dazu, dass man ex-ante auf Regelungen verzichten wird, die auf sie konditionieren. Ein solcher Verzicht sollte im Modell abgeleitet werden. Wir werden im Folgenden sehen, dass die Eigentumsordnung einen Einfluss auf die Aufteilung der Ex-post-Projektgewinne hat, indem sie die Drohpunkte der Individuen in den Verhandlungen verändert. Warum sollten nicht andere Vertragstypen existieren, die zwar nachverhandelt werden, aber trotzdem die Drohpunkte der Individuen auf eine Weise verändern, die im Vergleich zu Eigentumsrechten Paretobessere Allokationen stützen?

Beide Kritikpunkte beleuchten aus unterschiedlichen Perspektiven das Problem, dass in diesem Abschnitt die Beschränkung auf Eigentumsordnungen zur Anreizsteuerung nicht modellendogen bestimmt ist, sondern ad-hoc in diesem Modell angenommen wird. Dass langfristige Verträge in der Realität häufig unvollständig sind, wird dabei ebenso wenig bestritten wie die Tatsache, dass solche Modelle in der Lage sind, viele reale Phänomene zu erklären. Durch die ad-hoc Einschränkung des Raums zulässiger Institutionen versteht man allerdings nicht, in *welchen* Situationen ein langfristiger Vertrag *wie* unvollständig ist. Zu Beginn dieses Kapitels hatten wir etwa argumentiert, dass Eigentumsordnungen auch deshalb (rational) unvollständig durchgesetzt werden, weil die ökonomischen Kosten – zum Beispiel durch die Einstellung von Richtern und Polizeibeamten – einer perfekten Durchsetzung ihre Erträge überstiege. Dies ist aber nur ein Argument für eine *partielle* Unvollständigkeit der Durchsetzung. Wir werden uns mit diesem Aspekt der modellendogenen Unvollständigkeit in Abschnitt 11.3 auseinandersetzen.

11.2.1.4 Optimale Allokation von Eigentumsrechten

Kehren wir nun zurück zum Modell. Wir wollen im Folgenden untersuchen, was wir über die optimale Allokation von Eigentumsrechten herausfinden können. Dazu müssen wir dem Modell mehr Struktur geben.

- Die Investitionsentscheidung von Individuum i ist *unelastisch*, wenn $\arg\max_{I_i} \tilde{\pi}_i(I_i)$ konstant ist. Angenommen, Individuum i hat eine unelastische Investitionsentscheidung, dann ist ein hierarchisches Verhältnis optimal, in dem j die Eigentumsrechte an beiden Prozessen hat. Der Beweis ist einfach: i wird unabhängig von seinen Eigentumsrechten immer gleich viel investieren. Die Investitionsentscheidung von j hängt aber in allen Fällen, in denen es nicht selbst

11.2. Die Aufteilung residualer Kontrollrechte 369

unelastisch investiert, von seinen Kontrollrechten ab. Da nach Annahmen 2 und 3 die Investitionsanreize aber steigend in den Eigentumsrechten sind, folgt die Behauptung.

- Die Prozesse a_1 und a_2 sind *unabhängig*, wenn $r'(I_1, \{a_1, a_2\}) = r'(I_1, \{a_1\})$ und $c'(I_2, \{a_1, a_2\}) = c'(I_2, \{a_2\})$ gilt. Mit anderen Worten erhöht sich die Produktivität der Humankapitalinvestition des i nicht, wenn es zusätzlich zu den Kontrollrechten über Prozess a_i auch noch die Kontrollrechte über Prozess a_j erhält. In diesem Fall gilt, dass ein marktliches Verhältnis zwischen den Individuen optimal ist, bei dem Individuum 1 das Eigentum an a_1 und Individuum 2 das Eigentum an a_2 hat. Beginnen wir bei einem solchen marktlichen Verhältnis, dann verändert eine Übertragung der Eigentumsrechte an a_i auf Individuum j dessen Investitionsanreize nicht. Die Investitionsanreize von Individuum i werden hingegen gemäß Annahmen 2 und 3 reduziert.

- Die Prozesse a_1 und a_2 sind *strikt komplementär*, wenn $r'(I_1, \emptyset) = r'(I_1, a_1)$ oder $c'(I_2, \emptyset) = c'(I_2, a_2)$ gilt. Mit anderen Worten hat das Eigentum an *nur einem* Prozess keinen Einfluss auf die Produktivität von zumindest einem Individuum. In diesem Fall gilt, dass ein hierarchisches Verhältnis optimal ist. Beginnen wir wiederum mit einem marktlichen Verhältnis, bei dem Individuum 1 das Eigentum an a_1 und Individuum 2 das Eigentum an a_2 hat, und nehmen an, dass für Individuum 1 die Prozesse komplementär sind. Überträgt man nun die Eigentumsrechte an Prozess a_1 auf Individuum 2, so hat das keinen Einfluss auf die Produktivität von Individuum 1, aber gemäß Annahme 3 einen positiven Einfluss auf die Produktivität von Individuum 2. Analoges gilt im umgekehrten Fall.

- Aus dem obigen Argument lässt sich ableiten, dass Gemeinschaftseigentum an einem Prozess niemals optimal sein kann. Nehmen wir an, dass sich Prozess a_i in Gemeinschaftseigentum befindet. Dann folgt, dass kein Individuum allein bestimmen kann, wie mit dem Prozess verfahren wird. Dies ist äquivalent zu einer Situation, in der der Prozess in zwei strikt komplementäre Teile zerlegt wird, an denen jeweils genau ein Individuum die residualen Kontrollrechte hat. Das obige Argument zeigt, dass dies niemals optimal sein kann.

- Das Humankapital von Individuum 1 (Individuum 2) ist *unverzichtbar*, wenn die Produktivität von Individuum 2 (Individuum 1) nicht durch das Eigentum an Prozessen erhöht wird, solange das Humankapital von Individuum 1 (Individuum 2) fehlt, $c'(I_2, \emptyset) = c'(I_2, \{a_1, a_2\})$, $r'(I_1, \emptyset) = r'(I_1, \{a_1, a_2\})$. Wenn das Humankapital von Individuum i unverzichtbar ist, dann ist ein hierarchisches Verhältnis optimal, bei dem Individuum i Eigentum an beiden Prozessen hat. Ist das Humankapital beider Individuen unverzichtbar, ist die optimale Organisationsform unbestimmt. Wenn das Humankapital von Individuum i unverzichtbar ist, dann gilt $I_j^1 = I_j^2 = I_j^D$. Gleichzeitig gilt aber $I_i^1 \geq I_i^2 \geq I_i^D$, Individuum i hat die stärksten Investitionsanreize als Eigentümer beider Prozesse. Ist das Humankapital beider Individuen unverzichtbar, so gilt zusätzlich $I_i^1 = I_i^2 = I_i^D$, in allen Organisationsformen investieren beide Individuen stets gleich viel.

Die obigen Ergebnisse zeigen, dass tatsächlich die Organisationsform bei unvollständigen Verträgen und beziehungsspezifischen Investitionen einen Einfluss auf die

Effizienz der Allokation hat. Gleichzeitig kann dieses Modell damit Vor- und Nachteile von Hierarchien gegenüber Märkten klären helfen.

Wir wollen uns hier zunächst mit der von Alchian und Demsetz (1972) aufgeworfenen Frage nach dem Unterschied zwischen Markt und Hierarchie beschäftigen. Im Lichte dieses Modells ist die Antwort einfach: Wenn man ein Marktverhältnis beendet (sucht man sich z. B. einen neuen Zulieferer), verliert man sowohl den Zugang zum Humankapital des Handelspartners als auch den Zugang zu seinem Eigentum an physischen Prozessen. Beendet man ein hierarchisches Verhältnis (kündigt man mit anderen Worten einem Mitarbeiter), verliert man nur den Zugang zu dessen Humankapital, behält aber den Zugang zum physischen Kapital. Dieser Unterschied hat Folgen für das Verhalten des Handelspartners, weil sich sein Drohpotenzial verändert. *In diesem Sinne bedeutet Eigentum an physischem Kapital die Möglichkeit der Einflussnahme auf Humankapital.*

Darüber hinaus liefert uns dieses Modell eine Antwort auf die Frage, warum das Argument der selektiven Intervention von Williamson verfehlt ist. Da Eigentumsrechte an physischem Kapital eine Steuerungsfunktion für die Bildung von Humankapital haben, kann die Übertragung der residualen Kontrollrechte auf eine zentrale Einheit die Anreize zur Humankapitalbildung verringern, was die Effizienz der Allokation negativ beeinflusst. In den obigen Beispielen galt das etwa im Fall unabhängiger Prozesse. Implizit steckt im Argument von Williamson die Annahme, dass eine Übertragung der Kontrollrechte an eine zentrale Stelle die Anreize der darunter liegenden Stellen unbeeinflusst lässt. Dies ist nicht notwendigerweise der Fall, weshalb das Argument der selektiven Intervention nicht gilt.

Für die Frage nach einer optimalen Wirtschaftsordnung folgt daraus unmittelbar, dass zentralverwaltete Wirtschaftssysteme (also vollständige Integration) nur unter sehr restriktiven Annahmen optimal sind. Insbesondere darf es keine zwei unabhängigen Prozesse geben. Im Allgemeinen werden sich damit Mischformen von hierarchischen und marktlichen Organisationsformen als optimal herausstellen. Ob und inwieweit solche optimalen Mischformen sich herausbilden können, hängt natürlich von der jeweiligen Regulierungspolitik einer Ökonomie ab. Siehe dazu auch das Beispiel zur Fusionskontrolle im nächsten Abschnitt.

11.2.1.5 Anwendungsbeispiele

1) Zusammenschluss General Motors mit Fisher Body: Bis in die 20er Jahre waren General Motors und Fisher Body zwei separate Firmen, Fisher Body lieferte an General Motors Karosserien zum Bau von Autos. Beide Unternehmen waren durch einen langfristigen, aber unvollständigen Vertrag aneinander gebunden. Ein solches Geschäftsverhältnis macht beziehungsspezifische Investitionen insbesondere auf Seiten des Zulieferers erforderlich, der die Maschinen, auf denen Karosserien für General Motors gefertigt werden, nicht ohne Kosten auf die Fertigung anderer Karosserien umstellen kann. Das Modell des vergangenen Abschnitts würde hier ein hierarchisches Verhältnis als effiziente Organisationsform herausstellen, da es sich bei der Fertigung von Karosserien und die Endmontage von Autos um komplementäre Prozesse handelt. Die Voraussage des Modells bestätigte sich in der Realität, da Fisher

Body in den 20er Jahren nach einem Streit über Lieferpreise von General Motors gekauft wurde.

2) Deutsche und europäische Fusionskontrolle: Das obige Modell gibt einen Anhaltspunkt, wie insbesondere eine an Effizienz orientierte Fusions- und Zusammenschlusskontrolle aussehen sollte. Grob gesprochen sollten für die Frage der Zulässigkeit eines Unternehmenszusammenschlusses nicht primär die Größe des entstehenden Unternehmens oder Konzerns eine Rolle spielen, sondern die Struktur der zusammengeführten Prozesse. Kasten 11.1 gibt eine Übersicht über die rechtlichen Regelungen der Fusionskontrolle in Deutschland und der Europäischen Union.

Kasten 11.1: Fusionskontrollrecht

Seit 1973 wird die Fusionskontrolle durch das deutsche Wettbewerbsrecht geregelt. Relevant ist hier insbesondere der § 24 des Gesetzes gegen Wettbewerbsbeschränkungen (GWB) mit den folgenden Regelungen: Zunächst liegt ein Zusammenschluss nur dann vor, wenn eine Beteiligung von mindestens 25 % erreicht wird. Es gibt eine Bagatellklausel, die Zusammenschlüsse mit Jahresumsätzen unterhalb eines gewissen Werts ausnimmt. Prinzipiell gilt, dass Fusionen untersagt werden können, wenn durch sie eine marktbeherrschende Stellung geschaffen oder ausgebaut wird, die nicht durch eine entsprechende Verbesserung der Wettbewerbsbedingungen kompensiert wird. Dabei findet keine Berücksichtigung des technischen Fortschritts und der internationalen Wettbewerbsfähigkeit statt. Als Ausnahmetatbestand gilt die sogenannte Ministererlaubnis, nach der der Wirtschaftsminister eine eigentlich unzulässige Fusion genehmigen kann, wenn sie „im allgemeinen Interesse" ist.

Nach § 22 wird eine marktbeherrschende Stellung geschaffen oder ausgebaut, wenn ein Monopol entsteht oder ein Oligopolist eine überragende Marktstellung erhält bzw. der Wettbewerb auf dem Oligopolmarkt eingeschränkt wird. In der Praxis wird dies in der Regel mit Hilfe des erwarteten Marktanteils des fusionierten Unternehmens beurteilt.

Auf der europäischen Ebene gilt die Fusionskontrollverordnung (FKVO) von 1990. Danach spricht man nur dann von einer Fusion, wenn mindestens 50 % der Anteile an einem Unternehmen auf das andere übergehen. Die Zuständigkeit richtet sich nach der gemeinschaftsweiten Bedeutung der Fusion, die über bestimmte Kriterien bestimmt wird: Der weltweite Umsatz aller beteiligten Unternehmen muss mindestens 5 Mrd. Euro betragen, der gemeinschaftsweite Umsatz von mindestens zwei Unternehmen 250 Mio. Euro überschreiten, und mehr als ein Drittel der Umsätze müssen in mehr als einem Land der EU anfallen. Sind diese Kriterien erfüllt, so ist das europäische Recht anwendbar, ansonsten gelten die nationalen Regelungen. Damit kann es zu keinem Kompetenzstreit zwischen den unterschiedlichen Fusionskontrollregelungen kommen. Eine Fusion kann dann untersagt werden, wenn eine marktbeherrschende Stellung begründet oder ausgebaut wird oder die Fusion erwarten lässt, dass wirksamer Wettbewerb beeinträchtigt wird. Dieses wird anhand des erwarteten Marktanteils des fusionierten Unternehmens, der Stärke der Mitwettbewerber, der Macht der Nachfrager und den relevanten Marktzutrittsschranken beurteilt. Zusätzlich können noch Kriterien wie Marktphase, Zugang zu Absatz- oder Beschaffungsmärkten, Synergieeffekte und technischer Fortschritt berücksichtigt werden.

Das oben vorgestellte Modell beschränkt sich auf Fragen der vertikalen Integration. Auch wenn die Fusionskontrolle von ihrer Konzeption eher auf horizontale Zusammenschlüsse zugeschnitten ist, so gilt sie doch auch für vertikale Fusionen. Wie man sieht, sind die primären Kriterien zur Erlaubnis oder Untersagung einer Fusion die Wettbewerbsstellung des entstehenden Unternehmens. Aspekte der internen Effizienz spielen nur in zweiter Linie eine Rolle, doch hier kommt zum Ausdruck, dass durch einen Unternehmenszusammenschluss positive Impulse auf die unternehmensinternen Anreizstrukturen ausgehen können. Aspekte der Marktbeherrschung spielen in unserem Modell keine Rolle, und die darin zum Ausdruck kommenden Befürchtungen einer wohlfahrtsmindernden Preispolitik des marktbeherrschenden Unternehmens sollen uns an dieser Stelle nicht weiter interessieren. Im Lichte der Ergebnisse dieses Abschnitts lässt sich aber folgern, dass Aspekte der Prozess- und Humankapitalstruktur stärker und konkreter als bisher in die Fusionskontrolle eingehen sollten.

11.2.2 Staatliches oder privates Angebot von Gütern

Mit Hilfe der Theorie unvollständiger Verträge lässt sich auch eine Antwort auf die Frage formulieren, ob bestimmte Güter oder Dienstleistungen staatlich oder privat angeboten werden sollten. Ein Blick in die Regulierungspraxis der vergangenen Jahre und in die aktuelle politische Diskussion zeigt, dass diese Frage derzeit von größter Relevanz ist: In den frühen 90er Jahren ging eine Privatisierungswelle durch viele Länder der Europäischen Union: Mit der Bahn, Post und Telekom sind in Deutschland und in vielen anderen Ländern ehemals staatseigene Unternehmen privatisiert worden, Krankenhäuser wurden in private Unternehmen, häufig GmbHs, umgewandelt, und auch viele andere ehemals in öffentlicher Hand befindliche Dienstleistungen wurden in private Unternehmen umgewandelt. Darüber hinaus existieren Vorschläge, Schulen und Universitäten, Gefängnisse, ja sogar Polizei und Landesverteidigung zu privatisieren.

Wie wir im letzten Abschnitt gesehen haben, kann bei beziehungsspezifischen Investitionen und gleichzeitig beschränkten Möglichkeiten, das resultierende Ergebnis durch langfristige Verträge abzusichern, die Verteilung der residualen Kontrollrechte an den produktiven Ressourcen einen Einfluss auf die Effizienz der resultierenden Allokation haben. Damit haben wir prinzipiell ein Modell an der Hand, welches geeignet ist, eine Antwort auf die Frage zu liefern, ob es einen Grund gibt, bestimmte Produktionsprozesse in Staatseigentum zu belassen und andere in Privateigentum zu überführen.

Dazu gehen wir von folgendem Problem aus: Eine Gesellschaft werde durch seine Regierung repräsentiert. Diese fragt ein bestimmtes Gut oder eine Dienstleistung nach.[5] Dazu ist die Nutzung einer bestimmten Ressource notwendig. Der Begriff Res-

---

[5] Wie wir in Kapitel 6 gesehen haben, ist die Beschaffung von öffentlichen Gütern in einer Welt ohne Transaktionskosten dezentral effizient möglich, wenn eine perfekte Eigentumsordnung vom Staat durchgesetzt wird. Um daher die Beschaffung des Gutes durch den Staat zu rechtfertigen, bedarf es einer besonderen Begründung. Hier bieten sich zwei Argumente an: Entweder gehen wir davon aus, dass die Bürger transaktionskostenfrei eine effiziente Angebotsmenge bestimmt haben,

11.2. Die Aufteilung residualer Kontrollrechte

source ist dabei sehr weit gefasst und wird in diesem Kontext zweckmäßigerweise als ganzer Produktionsprozess verstanden. Dabei stellt sich die Regierung die Frage, ob sie das Gut durch ein privates Unternehmen herstellen lassen oder selbst als Eigentümer des Unternehmens auftreten soll. Wie wir bereits wissen, besteht der Unterschied in der Zuordnung der residualen Kontrollrechte: In beiden Fällen gilt, dass alle nicht in langfristigen Verträgen festgelegten Veränderungen am Produktionsprozess – also etwa Qualitätsverbesserungen des Gutes oder kostensparende Innovationen – mit dem Eigentümer abgestimmt werden müssen. Allerdings ist der Eigentümer im einen Fall der Staat, im anderen Fall eine private Person. Daher können unterschiedliche Anreize bestehen, solche Produkt- oder Verfahrensinnovationen durchzuführen. Auf diese Intuition werden wir nun aufbauen.

Wir bezeichnen im Folgenden den Produktionsprozess mit F, die Regierung mit R und das Management mit M. Aus Gründen der Vereinfachung gehen wir davon aus, dass das Management entweder beim Staat angestellt oder selbst der Eigentümer des Produktionsprozesses ist. Das Gut, welches bereitgestellt werden soll, weist zwei Charakteristika auf, von denen das erste eine durch langfristige Verträge spezifizierbare Basisqualität B_0 ist, die Kosten von C_0 verursacht und die sich das Management verpflichtet, zum Preis von p_0 bereitzustellen. Bei Staatseigentum ist p_0 der Lohnsatz des Managements, wohingegen bei Privateigentum p_0 der Preis ist, den der Staat an das liefernde Unternehmen zahlt. Zusätzlich zu der Basisqualität kann das Gut durch Investitionen des Managements in sein Humankapital modifiziert werden. Diese Investition erfolgt in das zweite Charakteristikum des Gutes. Insbesondere gehen wir davon aus, dass das Management Investitionen I_v in Verfahrensinnovationen tätigen kann, die die Produktionskosten um $c(I_v)$ senken, gleichzeitig aber auch die Produktqualität um $b(I_v)$ verschlechtern. Zusätzlich kann es I_q in eine Verbesserung der Produktqualität investieren, deren Ertrag gleich $\beta(I_q)$ ist. Alle Funktionen erfüllen die üblichen Annahmen zur Sicherstellung einer eindeutigen inneren Lösung.

Wir treffen die Annahme, dass sich diese Innovationen nicht durch langfristige Verträge absichern lassen, so dass der ursprüngliche Vertrag $\{B_0, p_0\}$ erst ex-post, nach der Realisierung der Innovationen, angepasst wird.

Die resultierende Qualität und die resultierenden Kosten bei Investitionsniveaus I_v und I_q sind damit

$$B = B_0 - b(I_v) + \beta(I_q),$$
$$C = C_0 - c(I_v). \tag{11.12}$$

Ex-ante hat das Management daher Kosten in Höhe von

$$C_{ea} = C_0 - c(I_v) + I_v + I_q. \tag{11.13}$$

Alle Kosten und Qualitäten sind sowohl für R als auch für M beobachtbar, aber nicht vor einem Gericht verifizierbar, und die Investitionen sind zumindest teilweise bezie-

---

deren Beschaffung nun von einer Person oder mehreren Personen – dem Staat – durchgeführt wird, oder der Staat bestimmt selbst das Angebot, da eine dezentrale Abstimmung zu prohibitiven Transaktionskosten führt.

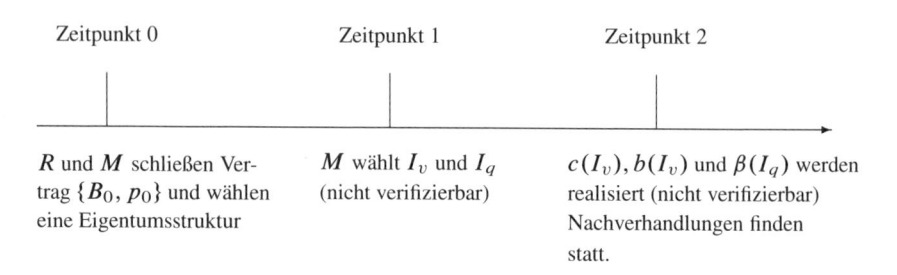

Zeitpunkt 0	Zeitpunkt 1	Zeitpunkt 2
R und M schließen Vertrag $\{B_0, p_0\}$ und wählen eine Eigentumsstruktur	M wählt I_v und I_q (nicht verifizierbar)	$c(I_v)$, $b(I_v)$ und $\beta(I_q)$ werden realisiert (nicht verifizierbar) Nachverhandlungen finden statt.

Abbildung 11.4: Spielstruktur „Privates versus öffentliches Angebot von Gütern"

hungsspezifisch. Wir werden die Relevanz dieser Annahmen im Anschluss anhand einiger Anwendungsbeispiele diskutieren.

Durch die Unmöglichkeit einer Absicherung der Innovationstätigkeit durch langfristige Verträge müssen die durch sie resultierenden Gewinne ex-post, nach erfolgter Innovation, durch Verhandlungen aufgeteilt werden. Wir gehen davon aus, dass sie gemäß der Nash-Verhandlungslösung im Verhältnis 50:50 auf R und M aufgeteilt werden. Da der Zugewinn der Innovation für die beiden Parteien von ihrem jeweiligen Drohpunkt beeinflusst wird, dieser aber von der Verteilung der residualen Kontrollrechte abhängt, ergibt sich hier eine Möglichkeit, die Innovationstätigkeit zu steuern: Da der Inhaber der Eigentumsrechte bei der Umsetzung einer Innovation zustimmen muss, kann bei M-Eigentum das Management eigenständig entscheiden, ob es Innovationen umsetzt, wohingegen bei R-Eigentum eine solche Umsetzung von der Zustimmung der Regierung abhängt. Abbildung 11.4 fasst den zeitlichen Ablauf zusammen.

Es ergibt sich ein weiterer wichtiger Unterschied zwischen M- und R-Eigentum: Wir hatten gesagt, dass die Investition in das Humankapital des Managements erfolgt. Trennt sich bei M-Eigentum die Regierung von der Unternehmung, so geht ihr das gesamte dort vorhandene Humankapital verloren. Trennt sich hingegen bei R-Eigentum die Regierung von einem Manager, so bleibt ein Anteil $(1-\lambda)$, $\lambda \in [0,1]$ des Humankapitals im Unternehmen zurück und kann vom neuen Management genutzt werden. Dies liegt an der Tatsache, dass in der Regel auch Investitionen in Humankapital zu einer Diffusion des Wissens auf andere Personen, die mit im Unternehmen arbeiten, führt. Daher verbleibt ein Restbestand des Wissens so lange im Unternehmen zurück, wie nicht die gesamte Belegschaft auf einmal ausgetauscht wird.

11.2.2.1 Das First-Best

Nachdem wir nun das Modell vorgestellt haben, wollen wir zunächst untersuchen, wie hoch die Innovationen in einer First-Best-Lösung sind. In diesem Fall maximiert man durch die Wahl von I_v und I_q den Nettowert der Qualität:

$$\max_{I_v, I_q} B_0 - b(I_v) + \beta(I_q) - C_0 + c(I_v) - I_v - I_q \,. \quad (11.14)$$

11.2. Die Aufteilung residualer Kontrollrechte

Als Bedingungen erster Ordnung folgen:

$$-b'(I_v^*) + c'(I_v^*) = 1\,,$$
$$\beta'(I_q^*) = 1\,. \tag{11.15}$$

Das Prinzip der vollständigen Internalisierung besagt hier, dass das Management bei seinen Investitionsentscheidungen marginal den Gesamteffekt auf die Kosten der Produktion und die resultierende Qualität internalisieren muss. Wären langfristige Verträge möglich, die entweder auf I_v und I_q oder auf $c(.), b(.)$ und $\beta(.)$ konditionieren können, so ließe sich diese Lösung einfach durch einen Vertrag erreichen, der entweder die realisierten Investitionen oder die dadurch verursachten Kosten bzw. Qualitätsänderungen festlegt.

11.2.2.2 Privateigentum

Nehmen wir nun zunächst an, der Produktionsprozess befinde sich im Eigentum des Managements. Da das Management die residualen Kontrollrechte am Produktionsprozess besitzt und daher ohne Zustimmung des Staates Veränderungen an ihm vornehmen kann, wird es in jedem Fall in die Verfahrensinnovation (I_v) investieren. Dies gilt nicht ohne weiteres für die Qualitätsinnovation (I_q), da direkt nur der Staat von Qualitätsverbesserungen profitiert. Die Gewinne einer solchen Investition, $\beta(I_q)$, werden annahmegemäß ex-post nachverhandelt. Der Drohpunkt des Staates ist, auf die Umsetzung der Qualitätsinnovation vollständig zu verzichten, indem er keinen Preisaufschlag zahlt, wohingegen das Management drohen kann, das Humankapital nicht einzusetzen. Da dieser Drohpunkt bei Privateigentum mit einem völligen Verlust des Humankapitals für den Staat einhergeht, sind die Verhandlungsgewinne gleich $\beta(I_q)$. Damit ergeben sich die folgenden Auszahlungen für R und M:

$$U_R = B_0 - p_0 + 0{,}5\,\beta(I_q) - b(I_v)\,,$$
$$U_M = p_0 - C_0 + 0{,}5\,\beta(I_q) + c(I_v) - I_v - I_q\,. \tag{11.16}$$

R hat keine Wahlmöglichkeit, so dass die gleichgewichtigen Investitionsniveaus allein von M bestimmt werden. Die Bedingungen erster Ordnung für die optimalen Investitionsniveaus lauten:

$$c'(I_v^M) = 1\,,$$
$$0{,}5\,\beta'(I_q^M) = 1\,. \tag{11.17}$$

Vergleicht man diese Lösung mit dem First-Best, so erkennt man, dass erstens der negative Effekt einer Verfahrensinnovation auf die Qualität bei M-Eigentum nicht berücksichtigt wird, so dass es zu einer Überinvestition in Verfahrensinnovationen auf Kosten der Qualität kommt, und dass zweitens Investitionen in Qualitätsinnovationen zu gering ausfallen werden, da das Management nur 50 % des marginalen Ertrags erhält.

11.2.2.3 Staatseigentum

Nehmen wir nun an, der Produktionsprozess befinde sich im Eigentum des Staates. Da nun der Staat die residualen Kontrollrechte am Produktionsprozess besitzt, ist jede Umsetzung von Innovationen von seiner Zustimmung abhängig. Damit ist zunächst sowohl der Nutzen der Qualitätsinnovation als auch der Nettonutzen der Verfahrensinnovation nachverhandelbar. Da der Staat drohen kann, das Management zu entlassen, gilt dies aber nur für einen Anteil λ dieses Nettowerts. Damit ergeben sich die folgenden Auszahlungen für R und M:

$$U_R = B_0 - p_0 + (1 - \lambda/2)(\beta(I_q) - b(I_v) + c(I_v)),$$

$$U_M = p_0 - C_0 + \lambda/2(\beta(I_q) - b(I_v) + c(I_v)) - I_v - I_q. \tag{11.18}$$

Die Bedingungen erster Ordnung für die optimalen Investitionsniveaus lauten:

$$\lambda/2 \left(c'(I_v^R) - b'(I_v^R) \right) = 1,$$

$$\lambda/2 \, \beta'(I_q^R) = 1. \tag{11.19}$$

Vergleicht man diese Lösung mit dem First Best, so erkennt man, dass erstens zwar der Gesamteffekt einer Verfahrensinnovation auf die Qualität berücksichtigt wird, aber nur zu einem Bruchteil, so dass es zu einer Unterinvestition in Verfahrensinnovationen kommt, und dass zweitens Investitionen in Qualitätsinnovationen zu gering ausfallen werden, da das Management nur einen Bruchteil des marginalen Ertrags erhält.

11.2.2.4 Vergleich der Eigentumsstrukturen

Vergleichen wir die Investitionsniveaus für beide Eigentumsordnungen, so können wir die folgenden Ergebnisse ableiten. Zunächst kann festgehalten werden, dass es bei Privateigentum, verglichen mit dem First-Best, zu Überinvestition in Verfahrensinnovationen und zu Unterinvestition in Qualitätsinnovationen kommt. Bei Staatseigentum kommt es sowohl bei Verfahrens- als auch bei Qualitätsinnovationen zu Unterinvestition. Zusätzlich kann man feststellen, dass das Niveau an Qualitätsinnovationen bei Privateigentum für alle $\lambda < 1$ höher ist als bei Staatseigentum. Damit kann kein eindeutiges Ergebnis für die Überlegenheit von Staats- oder Privateigentum abgeleitet werden. Vielmehr hängt der Gesamteffekt von der jeweiligen Stärke der Einzeleffekte ab. Allerdings lassen sich einige sehr intuitive Ergebnisse bezüglich der Überlegenheit der einen oder der anderen Organisationsform ableiten, wenn man die Kosten- und Nutzenfunktionen näher spezifiziert.

Kommen wir zunächst zu den Vorteilen von Privateigentum: Angenommen, $b(I_v) = \theta f(I_v)$ und $c(I_v) = \phi g(I_v)$, wobei θ und ϕ Parameter größer als Null sind. Dann gilt:

11.2. Die Aufteilung residualer Kontrollrechte

1. Für $\theta \to 0$ ist Privateigentum Staatseigentum überlegen. Wenn Verfahrensinnovationen nur einen sehr geringen Einfluss auf die Qualität des Gutes oder der Dienstleistung haben, wählt das Management bei Privateigentum approximativ das erstbeste Niveau an Verfahrensinnovationen, während bei Staatseigentum weiterhin Unterinvestitionen stattfinden. Weiterhin gilt, dass Privateigentum Staatseigentum auch bei Qualitätsinnovationen (schwach) überlegen ist.
2. Für $\theta, \phi \to 0$ und $\lambda < 1$ ist Privateigentum Staatseigentum überlegen. Formal ist dieser Fall zwar schon in 1. enthalten, doch hat er eine etwas andere ökonomische Interpretation, so dass wir ihn gesondert abhandeln. In diesem Fall spielen Verfahrensinnovation weder auf der Kosten- noch auf der Qualitätsseite eine Rolle. Der für die Eigentumsordnung einzig relevante Effekt ist der der Qualitätsinnovation. Da hier das Management bei Privateigentum stärkere Anreize zu Investitionen hat als bei Staatseigentum, folgt das Ergebnis.

Kommen wir damit zu den Vorteilen von Staatseigentum: Angenommen, $b(I_v) = c(I_v) - \sigma d(I_v)$ und $\beta(I_q) = \delta k(I_q)$, wobei σ und δ Parameter größer als Null sind. Dann gilt:

1. Für $\sigma \to 0$ und $\lambda \to 1$ ist Staatseigentum Privateigentum überlegen. In diesem Fall konvergieren die gesellschaftlichen Gewinne einer Verfahrensinnovation gegen Null. Jeder Vorteil einer Kostenreduktion wird durch mindere Qualität aufgezehrt. Da das Management fast unersetzlich ist (fast das gesamte Humankapital bei Kündigung mitnimmt), stimmen die Investitionsanreize in Qualitätsinnovationen in beiden Eigentumsordnungen fast überein. Die bei Privateigentum existierenden starken Anreize zur Kostensenkung sind daher den nur moderaten Anreizen bei Staatseigentum unterlegen.
2. Für $\sigma \to 0$ und $\delta \to 0$ ist Staatseigentum Privateigentum überlegen. In diesem Fall sind die optimalen Investitionen in Qualitätsinnovationen fast Null. Dies wird auch mit beiden Eigentumsordnungen erreicht. Gleichzeitig gilt, dass die schwächeren Anreize zu Verfahrensinnovationen bei Staatseigentum wünschenswert sind.

11.2.2.5 Anwendungsbeispiele

Mit diesen Ergebnissen haben wir einige Orientierungspunkte zur Beurteilung der optimalen Eigentumsstruktur, mit deren Hilfe wir die Frage der Privatisierung anhand einiger Beispiele diskutieren wollen.

1) Gefängnisse: In den USA herrscht derzeit eine Diskussion zur Frage, ob Gefängnisse weitgehend privatisiert werden sollen. Das obige Modell lässt sich zur Beantwortung dieser Frage wie folgt interpretieren: Der Staat verhandelt mit dem Gefängnismanagement eine bestimmte Grundqualität der Betreuung der Gefangenen (Sicherheit, Ernährung, Kleidung, Arbeits- und Freizeitmöglichkeiten) zu einem gewissen Grundentgelt. Das Management kann nun in Verfahrensinnovationen investieren, indem es etwa niedriger qualifiziertes oder weniger Personal einstellt. Dies wird negative Folgen auf die Qualität der Betreuung der Gefangenen haben. Gleichzeitig kann das Management z. B. in die Sicherheitsanlagen des Gefängnisses oder die Ausstattung der Zellen investieren. Die Qualitätsinvestitionen werden sich positiv auf den Nutzen der Gefangenen auswirken. Versucht man, die Größenordnungen dieser Effekte abzuschätzen, kommt man zu dem folgenden Ergebnis: Der Effekt einer Kostensenkung ist in etwa vergleichbar mit dem induzierten Effekt auf die Senkung der Qualität. Hart, Shleifer und Vishny (1997), auf die obiges Modell zurückgeht, untersuchen diesen Zusammenhang und bringen empirische Evidenz für die Voraussage des Modells, dass private Gefängnisse geringere Kosten verursachen als staatliche. Dies liegt größtenteils an Einsparungen an der Anzahl der angestellten Wächter und deren Qualifikation. Gleichzeitig steigt aber die Kriminalitätsrate in den Gefängnissen drastisch an. Andererseits sind die Möglichkeiten, durch Qualitätsinnovationen die Qualität zu steigern, begrenzt. Bestimmte Sicherheitsvorkehrungen sind vorgeschrieben, und die Möglichkeit, den Aufenthalt der Gefangenen z. B. durch bessere Mahlzeiten zu verbessern, gering. Damit gilt approximativ $\sigma, \delta \to 0$, ein staatliches Eigentum an Gefängnissen ist trotz der höheren Kosten vorzuziehen.

2) Schulen: Das obige Modell lässt sich wie folgt auf die Frage anwenden, ob Schulbildung privat oder staatlich erfolgen sollte: Wir gehen von einer Grundqualität der Schulbildung aus, deren Kosten z. B. durch eine Verringerung des Lehrpersonals, durch eine Ausdünnung der Lehrmittel oder des Fächerangebots oder durch eine Vergrößerung der Klassenstärke gesenkt werden können. Dies hat negative Einflüsse auf die Qualität der Ausbildung. Dieser Effekt kann nur bedingt durch größere Anstrengungen des Lehrpersonals oder andere Qualitätsverbesserungen konterkariert werden.

In diesem Beispiel sind die negativen Konsequenzen einer Kostensenkung auf das Ausbildungsniveau wahrscheinlich beträchtlich (θ hoch und/oder σ niedrig). Gleichzeitig dürften die Möglichkeiten des Lehrpersonals, durch besseren Unterricht diese Effekte auszugleichen, begrenzt sein (σ niedrig). Beide Effekte sprechen für eine Überlegenheit eines staatlichen Angebots an Schulbildung, da private Unternehmen einen größeren Anreiz zu kosten- und damit qualitätssenkenden Maßnahmen haben.

Diese Schlussfolgerung übersieht jedoch die Relevanz der Annahme der Beziehungsspezifität der Investitionen, die ex-post zu einer bilateralen Monopolsituation führen. Im Fall der Schulbildung ist diese Annahme wahrscheinlich nicht erfüllt, da Eltern recht gut beurteilen können, wie die Qualität der Schulen ist und somit bei freier Schulwahl ex-post eine Wettbewerbssituation zwischen verschiedenen Schulen existiert. Dies gilt wahrscheinlich umso mehr, je grundlegender die Bildung ist. Dieser Wettbewerb dürfte disziplinierend auf die Anreize des Managements wirken, Kostensenkungen auf Kosten von Qualitätssenkungen durchzuführen. Ist dieser Effekt stark genug, so setzt sich effektiv der bei Privateigentum höhere Anreiz zu Investitionen in Qualitätsinnovationen durch, so dass Privateigentum besser abschneidet.

3) Krankenhäuser: Strukturell ähnelt das Problem der Wahl einer Eigentumsform beim Gut Bildung dem Problem beim Gut Gesundheit in vielen Bereichen: Das Potenzial zur Kosteneinsparung durch Verfahrensinnovationen dürfte hoch sein. Gleichzeitig hat dies wahrscheinlich aber auch einen großen Einfluss auf die Qualität der Krankenhausbetreuung. Zusätzlich sind die Möglichkeiten, Qualitätsverbesserungen durch Investitionen in Qualitätsinnovationen zu erreichen, hoch. Auf den ersten Blick ähnelt sich auch die Wettbewerbssituation ex-post: Wie in den Schulen die Eltern bei freier Schulwahl ihren Kindern die beste Schule aussuchen können, kann der Kranke bei freier Krankenhauswahl das für ihn beste Krankenhaus wählen. Im Unterschied zum Fall der Schulbildung ist jedoch für einen Patienten die Beurteilung der angebotenen Qualität in einem Krankenhaus schwieriger. Nicht nur ex-ante, vor der Durchführung einer Maßnahme, ist es dem medizinischen Laien fast unmöglich, nach „harten" Kriterien zu entscheiden; häufig ist es sogar ex-post, nach Durchführung einer Maßnahme, schwer zu beurteilen, ob sie gut durchgeführt wurde.

Aus diesem Grund muss er in großem Umfang auf sekundäre Merkmale wie die Freundlichkeit des Personals oder die Ausstattung des Krankenhauses bei der Qualitätsbeurteilung zurückgreifen. Dies mag erklären, warum nach der Umwandlung zahlreicher Krankenhäuser in Gesellschaften mit beschränkter Haftung große Beträge für die Renovierung der Eingangsbereiche, Flure und Zimmer ausgegeben wurden. Aus diesem Grund ist die disziplinierende Funktion des Ex-post-Wettbewerbs hier bei weitem nicht so groß wie im Schulbereich.

4) Bahn: Spektakuläre Unfälle, Pannen und Zugverspätungen bei der Deutschen Bahn AG im Jahre 1999 legen den Schluss nahe, dass ihre Privatisierung tatsächlich zu kostensenkenden Prozessinnovationen in großem Ausmaß geführt haben, die zu einer Verringerung der Qualität geführt haben. Gleichzeitig finden eine Reihe von Qualitätsinnovationen statt, wie z. B. die Einführung von Zügen mit Neigetechnik oder die Renovierung und Umgestaltung zahlreicher Bahnhöfe. All diese Beobachtungen sind verträglich mit den Ergebnissen des Modells. Zu beantworten bleibt aber die Frage, ob die Zunahme kostensenkender Innovationen bei gleichzeitiger Zunahme qualitätssteigernder Innovationen wünschenswert ist.

Welche Antwort bietet hier unser Modell? Unglücklicherweise keine eindeutige: Auf der einen Seite sind die qualitätssenkenden Einflüsse von Prozessinnovationen beträchtlich (θ ist groß), was isoliert für Verstaatlichung spricht, auf der anderen Seite sind Investitionen in qualitätssteigernde Innovationen wichtig (δ ist groß), was isoliert für Privatisierung spricht. Ziehen wir hier also wiederum die Frage nach der Ex-post-Wettbewerbssituation heran. Nehmen wir diese mit ins Kalkül auf, so folgt, dass die privatisierte Bahn Effizienzvorteile gegenüber der verstaatlichten Bahn hat. Sie steht ex-post im Wettbewerb mit anderen Verkehrsmitteln um Kunden, die die Qualität der einzelnen Anbieter (Auto, Bahn, Flugzeug, Bus) recht gut beurteilen können. Aus diesem Grund sind die bislang zu beobachtenden Pannen wahrscheinlich auf zwei Ursachen zurückzuführen: zum einen auf eine zu befürwortende Kostensenkung im Vergleich zur ehemaligen Bundesbahn, die notwendigerweise zu einer gewissen Reduktion bestimmter Qualitätsaspekte führt, zum anderen auf Übergangsprobleme der noch jungen Bahn AG von einem öffentlichen Unternehmen zu einer privatwirtschaftlichen AG.

11.3 Wiederverhandelbarkeit von Verträgen

In Abschnitt 11.2 haben wir Konsequenzen einer imperfekt durchgesetzten Eigentumsordnung unter der Annahme kennen gelernt, dass die Schließung langfristiger Verträge aus gewissen, selbst nicht modellimmanent bestimmten Gründen unmöglich ist. Dies lieferte Einsichten in die Rolle von Hierarchien und Märkten bzw. Privat- und Gesellschaftseigentum bei der institutionellen Stützung von effizienten Allokationen. Wir hatten aber auch schon kritisch angemerkt, dass eine solche ad-hoc Beschränkung methodisch nicht ganz sauber ist, da wir kein Verständnis dafür bekommen, unter welchen Umständen dies eine angemessene Annahme ist.

In diesem Abschnitt werden wir uns daher mit der Frage beschäftigen, ob und welche Imperfektionen existieren, wenn man zwar beliebig komplizierte Verträge ex-ante zulässt, nicht jedoch ihre Nachverhandlung ex-post ausschließen kann. Die Ergebnisse dieses Abschnitts können dann zum einen dazu dienen, ein besseres Verständnis für die Ad-hoc-Annahme des vergangenen Abschnitts zu erlangen, zum anderen zeigt sie eine eigenständige Form der Imperfektion einer Eigentumsordnung auf. Ziel dieses Abschnitts ist es daher zu sehen, inwieweit die mangelhafte Verifizierbarkeit ökonomischer Variablen an sich schon dazu führen kann, dass das Ziel der Schaffung effizienter Institutionen aufgegeben werden muss.

Zu diesem Zweck werden wir das Modell aus Abschnitt 11.2 wie folgt abwandeln: Es kann nicht mehr nur eine Einheit eines Gutes, sondern es können $q \in \mathbb{R}^+$ Einheiten gehandelt werden. Nur noch Individuum 2 hat eine beziehungsspezifische Investitionsentscheidung $I_2 \in \mathbb{R}^+$ zu fällen, die wir zur Vermeidung unnötiger Notation im Folgenden kurz mit I bezeichnen. Diese Investition beeinflusst den Wert des Gutes für Individuum 1, $R(q, I, \sigma)$, und die Kosten von Individuum 2, $C(q, I, \sigma)$. σ ist der Wert einer Zufallsvariablen $\sigma \in [0, 1]$ mit Verteilungsfunktion $F(.)$. Mit anderen Worten kann die Investition von Individuum 2 sowohl die eigenen Kosten als auch den Wert des Handels für Individuum 1 beeinflussen. Diese Annahme wird sich im Folgenden als entscheidend für die Frage herausstellen, ob mangelnde Verifizierbarkeit dazu führt, dass die Menge der durch Institutionen stützbaren Allokationen beschränkt wird. Beide Wirkungszusammenhänge sind in der Realität wichtig:

1. Investitionen können den Handelswert $R - C$ dadurch erhöhen, dass die Kosten gesenkt werden. Ein Beispiel ist eine Investition in das Humankapital des zweiten Individuums, die dazu führt, dass es gegebene Produktionsmengen günstiger produzieren kann. Dies kommt insbesondere bei Prozessinnovationen häufig vor.
2. Investitionen können den Handelswert $R - C$ dadurch erhöhen, dass der Wert jeder Einheit bei Individuum 1 erhöht wird. Ein Beispiel sind Investitionen des zweiten Individuums, die dazu führen, dass das gelieferte Produkt besser an die Bedürfnisse des ersten Individuums angepasst ist, wie sie zum Beispiel bei der Entwicklung neuer Produkte an der Tagesordnung sind.

Die Realisierung der Zufallsvariablen bestimmt zusammen mit den beziehungsspezifischen Investitionen die Kosten und Nutzen ex-post. Dies führt dazu, dass die im Optimum gehandelte Menge eine Funktion der Realisierung der Zufallsvariable und der Investition ist, $q = q(I, \sigma)$. Um eine innere Lösung sicher zu stellen, ge-

11.3. Wiederverhandelbarkeit von Verträgen

hen wir davon aus, dass R und C stetig differenzierbar sind. R ist strikt konkav in q $\forall$ I, σ, $R_q > 0$, $R_{qq} < 0$, und der Wert für Individuum 1 ist null, wenn nicht gehandelt wird, $R(0, ., .) = 0$. Die Investition steigert den Grenznutzen von Individuum 1, $R_{qI} \geq 0$ $\forall$ σ. C ist strikt konvex in q $\forall$ I, σ, $C_q > 0$, $C_{qq} < 0$, und die Kosten für Individuum 2 sind null, wenn nicht gehandelt wird, $C(0, ., .) = 0$. Die Investition senkt die Grenzkosten von Individuum 2, $C_{qI} \leq 0$ $\forall \sigma$.

In Abschnitt 11.2 gingen wir davon aus, dass die Individuen darauf beschränkt waren, zu einem Zeitpunkt nur Eigentumsrechte festzulegen. Diese Annahme hatten wir kritisiert. Deshalb heben wir sie im Folgenden auf und ersetzen sie durch die Annahme, dass die Individuen zu einem Zeitpunkt 0 zwar jeden beliebigen Vertrag schließen können, sich aber nicht daran binden können, diesen ex-post, zum Zeitpunkt 1, nicht nachzuverhandeln. Diese Annahme erscheint methodisch befriedigender, da die Unmöglichkeit des Ausschlusses von Nachverhandlungen einfacher zu begründen ist, wenn die Realisierung der Zufallsvariable und die Investitionsentscheidung zwar beiden Individuen zum Zeitpunkt 1 bekannt, vor Gericht aber nicht verifizierbar sind, wovon wir im Folgenden ausgehen wollen.

Damit können vor Gericht die folgenden Verträge durchgesetzt werden:

1. Jeder Ex-ante-Vertrag, der nur eine Menge q und einen Preis p spezifiziert.
2. Alle ex-post nachverhandelten Verträge, die ebenfalls auf q und p konditionieren.

Ein Ex-ante-Vertrag kann hier unter gewissen Voraussetzungen einen positiven Effekt auf die Investitionsanreize von 2 haben, weil er zwar nachverhandelt wird, aber durch die Möglichkeit des zweiten Individuums, seine Erfüllung vor Gericht einzuklagen, die Drohpunkte verändert.

Die zeitliche Abfolge des Modells ist wie folgt: Zu einem Zeitpunkt 0 können die Individuen einen Vertrag $\{\bar{q}, \bar{p}\}$ schließen. Zu einem Zeitpunkt 1 investiert Individuum 2 I Einheiten. Zu einem Zeitpunkt 2 realisiert sich der Wert der Zufallsvariable, und zu einem Zeitpunkt 3 können die Individuen den ursprünglichen Vertrag nachverhandeln. Abbildung 11.5 fasst den zeitlichen Ablauf in diesem Modell zusammen.

Zum Zeitpunkt 3 ergeben sich die folgenden Ex-post-Werte und Kosten für Individuum 1 und 2:

$$R(q, I, \sigma),$$
$$C(q, I, \sigma). \quad (11.20)$$

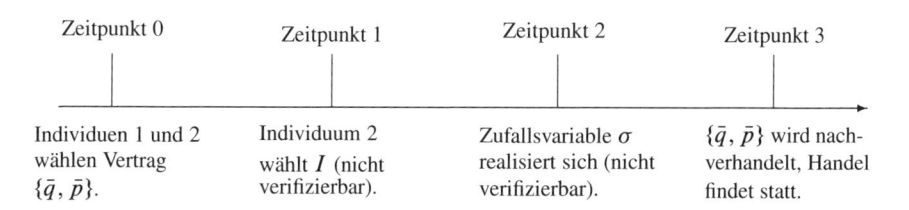

Zeitpunkt 0	Zeitpunkt 1	Zeitpunkt 2	Zeitpunkt 3
Individuen 1 und 2 wählen Vertrag $\{\bar{q}, \bar{p}\}$.	Individuum 2 wählt I (nicht verifizierbar).	Zufallsvariable σ realisiert sich (nicht verifizierbar).	$\{\bar{q}, \bar{p}\}$ wird nachverhandelt, Handel findet statt.

Abbildung 11.5: Spielstruktur „Wiederverhandelbarkeit von Verträgen"

Sind diese Realisierungen gegeben, so ist die gehandelte Menge q ex-post effizient, wenn sie
$$q^{ep} = \arg\max_{q} \{R(q, I, \sigma) - C(q, I, \sigma)\}, \qquad (11.21)$$
und damit
$$R_q(q^{ep}, I, \sigma) = C_q(q^{ep}, I, \sigma) \qquad (11.22)$$
für alle I, σ erfüllt, wobei R_q die partielle Ableitung von R nach q ist und ep für ex-post steht. Diesen Gewinn bezeichnen wir mit
$$G(q, I, \sigma) = \max_{q} \{R(q, I, \sigma) - C(q, I, \sigma)\}.$$

Die im Ex-ante-Vertrag $\{\bar{q}, \bar{p}\}$ vereinbarte Menge wird in der Regel von der ex-post effizienten abweichen, so dass für die Individuen ein Anreiz besteht, den ursprünglichen Vertrag nachzuverhandeln. Der Ex-Post-Zugewinn aus Nachverhandlungen beträgt
$$DG = G(q, I, \sigma) - [R(\bar{q}, I, \sigma) - C(\bar{q}, I, \sigma)]. \qquad (11.23)$$

Wir gehen davon aus, dass in den Nachverhandlungen der gesamte Zugewinn realisiert wird, so dass die Nachverhandlungen selbst keine Quelle von Ineffizienzen sind. Wir gehen hier abweichend von der Annahme aus Abschnitt 11.2, dass die Zugewinne aus Nachverhandlungen 50:50 auf die Individuen aufgeteilt werden, von einer allgemeinen Aufteilung $\alpha, (1-\alpha), \alpha \in (0, 1)$ aus, wobei α den Anteil an den Zugewinnen bezeichnet, den Individuum 2 erhält.

Da nur Individuum 2 Investitionen zum Zeitpunkt 1 tätigen muss, können wir uns auf seine Investitionsanreize konzentrieren. Das First-Best lässt sich in diesem Modell wie folgt charakterisieren. Wir bezeichnen mit $E[.]$ den Erwartungswert von $[.]$ bezüglich σ. Wir erhalten
$$I^* = \arg\max_{I} \{E[G(q, I, \sigma)] - I\} \qquad (11.24)$$
als First-Best-Investitionsniveau. Dieses ist durch die folgende Bedingung erster Ordnung charakterisiert:
$$E[G_I(q^*, I^*, \sigma)] = 1. \qquad (11.25)$$
Individuum 2 hat bei dieser Ex-post-Aufteilung der Zugewinne durch Nachverhandlungen ex ante das folgende Optimierungsproblem:
$$\max_{I} \left\{ E\left[\underbrace{\bar{p} - C(\bar{q}, I, \sigma)}_{A} + \alpha \underbrace{(G(q, I, \sigma) - [R(\bar{q}, I, \sigma) - C(\bar{q}, I, \sigma)])}_{B}\right] - I \right\}. \qquad (11.26)$$

Der Ausdruck A entspricht dem Gewinn von Individuum 2, wenn es auf Erfüllung des ursprünglichen Vertrags drängt. Der Ausdruck B entspricht dem gesamten Zugewinn durch Nachverhandlungen, von dem sich Individuum 2 einen Anteil α aneignen

11.3. Wiederverhandelbarkeit von Verträgen

kann. Das Optimum mit Nachverhandlungen ist durch die folgende Bedingung erster Ordnung charakterisiert:

$$\alpha E\left[G_I(q, I, \sigma)\right] - E\left[\alpha R_I(\bar{q}, I, \sigma) + (1-\alpha) C_I(\bar{q}, I, \sigma)\right] = 1 . \quad (11.27)$$

Der Ausdruck auf der linken Seite des Gleichheitszeichens besteht aus zwei Termen: Der erste Term misst den Grenzertrag der Investition, den sich Individuum 2 durch den Nachverhandlungsprozess sichern kann. Der zweite Term misst die relative Veränderung der Verhandlungsposition durch eine Veränderung der Investition: Eine marginale Zunahme von I erhöht den Status-Quo-Punkt von 2 um $-C_I(\bar{q}, I, \sigma)$ und den Status-Quo-Punkt von 1 um $R_I(\bar{q}, I, \sigma)$. Damit verbessert sich die Verhandlungsposition von 2 um $-(1-\alpha) C_I(\bar{q}, I, \sigma)$ und verschlechtert sich um $\alpha R_I(\bar{q}, I, \sigma)$.

Vergleichen wir den ersten Term mit den First-Best-Investitionsanreizen, so sehen wir, dass der Term im Erwartungsoperator den Grenzgewinn im First-Best angibt, den sich Individuum 2 nur zum Anteil α sichern kann. Aufgrund der Wirkung einer Investition auf die eigenen Grenzkosten als auch auf die Grenzgewinne des anderen Individuums hat eine Ausweitung der Investitionen zwei gegenläufige Effekte: Zum einen steigert es durch eine Verbesserung der Verhandlungsposition den effektiven Gewinn des zweiten Individuums, zum anderen senkt es ihn aufgrund der einhergehenden Verbesserung der Verhandlungsposition des ersten Individuums durch die Wirkung der Investition auf dessen Gewinn. Diese beiden Effekte werden für die Beantwortung der Frage verantwortlich sein, ob das First-Best bei Nichtverifizierbarkeit und Nachverhandlungen erreicht werden kann.

Wegen der Annahmen $R(0, ., .) = 0$ und $C(0, ., .) = 0$ sehen wir, dass der erste Term den Grenzertrag einer Investition für 2 angibt, wenn zum Zeitpunkt 0 gar kein Vertrag (dies entspricht einer Situation $q = p = 0$) geschlossen wurde. Dieser Fall entspricht damit der Ausgangssituation in Abschnitt 11.2, in der per Annahme kein langfristiger Vertrag geschlossen werden konnte. Wir betrachten nun zwei Spezialfälle, an denen man sehen kann, wie sich spezifische Investitionsstrukturen auf die Möglichkeiten, durch Ex-ante-Verträge das First-Best zu erreichen, auswirken:

1. Die Investitionen haben keinen Einfluss auf den Wert des Gutes für Individuum 1, $R_I(q, I, \sigma) = 0 \ \forall \ q, I, \sigma$. (Die Investition ist eine reine Prozessinnovation.)
2. Die Investitionen haben keinen Einfluss auf den Wert des Gutes für Individuum 2, $C_I(q, I, \sigma) = 0 \ \forall \ q, I, \sigma$. (Die Investition ist eine reine Produktinnovation.)

ad 1: Im ersten Fall werden wir zeigen, dass trotz Nachverhandlung aufgrund der mangelnden Verifizierbarkeit das First-Best durch eine geschickte Wahl des Ex-ante-Vertrags $\{\bar{q}, \bar{p}\}$ erreicht werden kann. Die Bedingung erster Ordnung für Individuum 2 im Nachverhandlungsspiel verändert sich wie folgt:

$$\alpha E\left[G_I(q, I, \sigma)\right] - (1-\alpha) E\left[C_I(\bar{q}, I, \sigma)\right] = 1 . \quad (11.28)$$

Ein Vergleich mit der Bedingung erster Ordnung zur Charakterisierung des First-Best, $E\left[G_I(q^*, I^*, \sigma)\right] = 1$, zeigt, dass obige Bedingung prinzipiell kompatibel mit effizienten Investitionsanreizen sein kann. Dies ist immer dann der Fall, wenn $\bar{q}$ so gewählt werden kann, dass

$$E\left[G_I(q^*, I^*, \sigma)\right] = -E\left[C_I(\bar{q}, I^*, \sigma)\right] \quad (11.29)$$

erfüllt ist. Wir werden durch Anwendung des Zwischenwertsatzes zeigen, dass es stets ein solches $\bar{q}$ gibt. Wir wissen aufgrund unserer Annahmen, dass C_I stetig in q ist. Können wir also nachweisen, dass

$$E\left[G_I(q^*, I^*, \sigma)\right] \geq -E\left[C_I(0, I^*, \sigma)\right]$$
$$\wedge \quad E\left[G_I(q^*, I^*, \sigma)\right] \leq \lim_{q \to \infty} -E\left[C_I(q, I^*, \sigma)\right] \quad (11.30)$$

erfüllt ist, dann wissen wir, dass es ein solches $\bar{q}$ gibt. Wir werden hier nur eine Beweisskizze präsentieren. Der vollständige Beweis findet sich in Edlin und Reichelstein (1996).

Annahmegemäß gilt $C_{qI} \leq 0 \; \forall \; \sigma$. Wegen

$$G(q^*, I^*, \sigma) = \max_q \{R(q, \sigma) - C(q, I^*, \sigma)\} \quad (11.31)$$

gilt

$$G_I(q^*, I^*, \sigma) = \max_q \{-C_I(q, I^*, \sigma)\} = \min_q \{C_I(q, I^*, \sigma)\}, \quad (11.32)$$

womit aber

$$\min_q \{C_I(q, I^*, \sigma)\} = C_I(q^*, I^*, \sigma) \geq C_I(0, I^*, \sigma) \; \forall \; \sigma,$$

und damit auch im Erwartungswert erfüllt sein muss. Des weiteren gilt

$$\min_q \{C_I(q, I^*, \sigma)\} = C_I(q^*, I^*, \sigma) \leq \lim_{q \to \infty} C_I(q, I^*, \sigma) \; \forall \; \sigma,$$

und damit auch im Erwartungswert. Damit haben wir aber gezeigt, dass es tatsächlich ein $\bar{q}$ gibt, für das Individuum 2 effiziente Anreize zur Investition hat.

Dieses Ergebnis wurde erstmals von Edlin und Reichelstein (1996) bewiesen und hat wichtige Implikationen für das Problem der Nachverhandlungen aufgrund mangelnder Verifizierbarkeit ökonomisch relevanter Variablen im Allgemeinen und die Bedeutung der Ergebnisse aus Abschnitt 11.2 im Besonderen.

Zunächst sagt es, dass die Ad-hoc-Beschränkung des Raums möglicher Verträge, welche in Abschnitt 11.2 erst die Relevanz der Eigentumsordnung begründete, für bestimmte realistische Investitionsszenarien nicht ohne weiteres fundiert werden kann. Vielmehr haben wir gesehen, dass für Investitionen, die allein die Zielfunktion des Investors (hier seine Kostenfunktion) betreffen, die Nachverhandelbarkeit von ex-ante geschlossenen Verträgen keine Ursache für das Nichterreichen des First-Best ist. *In diesem Fall ist die unvollständige Durchsetzbarkeiteiner Eigentumsordnung ohne Belang für die Effizienz des Wirtschaftsgeschehens.* Damit gilt aber auch das Prinzip der vollständigen Internalisierung als normativer Referenzpunkt eines Institutionenvergleichs.

11.3. Wiederverhandelbarkeit von Verträgen

Darüber hinaus lernen wir aus der Struktur des optimalen langfristigen Vertrages etwas über reale Institutionen: Der Vertrag von Edlin und Reichelstein spezifiziert eine Ex-ante-Menge des Gutes zu einem ex-ante vereinbarten Preis. Dies hat für den Investor in gewissen Zuständen der Welt eine Subventionsfunktion, die seine Investitionsanreize vergrößert. Er kann sich nämlich vor Gericht stets auf den ex-ante geschlossen Vertrag berufen und auf Erfüllung klagen. Damit muss er sich auf keine Nachverhandlungen bei einer schlechten Realisierung des Zufallsparameters mit Individuum 1 einlassen. Dies gilt in allen Fällen, in denen $q^*(I, \sigma) < \bar{q}$ gilt, die optimale Menge also unter der ex-ante vereinbarten liegt. Für diesen Teil der Verteilung induziert der langfristige Vertrag damit zu hohe Investitionsanreize. In allen Fällen, in denen aber $q^*(I, \sigma) > \bar{q}$ gilt, wird der alte Vertrag im Ex-post-Interesse beider Parteien nachverhandelt, so dass für diesen Teil der Verteilung das Hold-up-Problem mit seinen Anreizen zu Unterinvestition existiert.

Durch eine geschickte Wahl von $\bar{q}$ lassen sich also der Anreiz zu Unterinvestition und der Anreiz zu Überinvestition gegeneinander aufwiegen. In der Praxis sind solche Vereinbarungen in langfristigen Geschäftsbeziehungen recht häufig anzutreffen. In der juristischen Literatur finden sie sich unter dem Stichwort der *Konventionalstrafe*. Durch sie werden die Vertragsparteien gezwungen, sich an die ex-ante getroffenen Vereinbarungen zu halten. Die Konventionalstrafe beträgt hier mindestens den ex-ante vereinbarten Preis $\bar{p}$. Damit ist uns mit dieser Spezifikation des Modells aber keine Fundierung der Unvollständigkeit von Verträgen gelungen, was die Berechtigung der Kritik zeigt. Darüber hinaus haben wir eine Erklärung für das empirische Instrument der Konventionalstrafe herleiten können.

ad 2: Was gilt nun im umgekehrten Fall, wenn die Investitionen keinen Einfluss auf den Wert des Gutes für Individuum 2, $C_I(q, I, \sigma) = 0 \ \forall \ q, I, \sigma$ haben? Die Bedingung erster Ordnung für Investitionen im Nachverhandlungsspiel verändern sich für Individuum 2 zu

$$\alpha E\left[G_I(q, I, \sigma)\right] - E\left[\alpha R_I(\bar{q}, I, \sigma)\right] = 1 . \quad (11.33)$$

Der zweite Term ist schwach positiv, und die Investitionsanreize für Individuum 2 sind fallend im Drohpunkt von Individuum 1. Aufgrund unserer Annahme $R_{qI} \geq 0 \ \forall \ \sigma$ folgt nun aber unmittelbar, dass der Drohpunkt durch eine Erhöhung von $\bar{q}$ größer wird. Damit sinken aber die Investitionsanreize in $\bar{q}$. Die maximalen Investitionsanreize werden in diesem Fall induziert, wenn $\bar{q} = 0$ gesetzt wird. Dies ist aber äquivalent dazu, auf einen langfristigen Vertrag vollständig zu verzichten. *Wirkt die Investition ausschließlich auf die Zielfunktion desjenigen Individuums, welches die Investition nicht durchführt, so ist es optimal, die Geschäftsbeziehung nicht durch langfristige Verträge abzusichern, sondern den gesamten Projektgewinn erst durch Verhandlungen in Periode 3 zu verteilen.* Damit folgt aber auch, dass das First-Best notwendigerweise verfehlt wird, wenn die Eigentumsordnung nur unvollständig durchgesetzt werden kann. Das Prinzip der vollständigen Internalisierung gilt in solchen Fällen nicht als normativer Referenzpunkt des Institutionenvergleichs.

Dieses wichtige Ergebnis ist erstmals von Che und Hausch (1999) bewiesen worden. Die Logik dieses Ergebnisses ist eine Umkehrung der Begründung, warum in Fall 1 das First-Best durch einen langfristigen Vertrag erreicht werden konnte: Die Aushandlung einer Konventionalstrafe schützt in diesem Fall ausschließlich die Partei, die keine Investitionsentscheidung zu fällen hat. Damit ist aber jede solche Vereinbarung kontraproduktiv für die Anreize des 2. Individuums.

Mit diesem Ergebnis ist es aber auch gelungen, eine gewisse Fundierung des Modells aus Abschnitt 11.2 zu liefern: Da sinnvollerweise auf langfristige Verträge vollständig verzichtet wird, können Investitionsanreize nur über die Allokation residualer Kontrollrechte gesteuert werden. Dies war aber gerade der (exogene) Ausgangspunkt der Analyse in Abschnitt 11.2. Das Ergebnis von Che und Hausch ist aber gleichzeitig eine Warnung, da es zusammen mit dem Ergebnis von Edlin und Reichelstein darauf hinweist, dass die Implikationen des Modells des ersten Abschnitts nur für spezielle Formen von beziehungsspezifischen Investitionen Gültigkeit haben. Zusammenfassend können wir sagen, dass bislang die Diskussion über eine Fundierung unvollständiger Verträge noch zu keinem eindeutigen Ergebnis gelangt ist. Das in diesem Abschnitt vorgestellte Modell konnte nur einen ersten Einblick in das Problem liefern.[6] Das Problem der Nachverhandelbarkeit von Verträgen im Sinne dieses Kapitels ist aber in der Lage, selbst interessante Einsichten in die Rolle bestimmter Vertragstypen zu generieren, die wir tagtäglich in der Praxis beobachten.

11.4 Eigentumsrechte an Humankapital und Alterssicherung

„Why should I care about future generations? What have they ever done for me?"
Groucho Marx

Abschließend betrachten wir noch eine weitere Ursache dafür, dass Eigentumsordnungen nur imperfekt durchgesetzt werden können. Insbesondere in Eltern-Kind-Beziehungen investieren Eltern während der ersten Lebensjahrzehnte des Kindes in sein Humankapital. Dies geschieht in doppelter Hinsicht. Erstens wählen die Eltern die Anzahl der Kinder, die sie großziehen möchten, und zweitens wählen sie für ihre Kinder eine bestimmte Erziehung und Ausbildung. Solche Investitionen können auf zwei Ursachen zurückgeführt werden: Zum einen entscheiden sich Eltern, Kinder zu bekommen, weil diese einen Teil ihres Lebenssinns ausmachen. Ausgedrückt in ökonomischen Termini, ist die Kinderzahl und deren Wohlbefinden möglicherweise Argument der Nutzenfunktion der Eltern und haben damit Konsumgutcharakter. Zum anderen dienen Kinder der Absicherung des eigenen Konsums im Alter. In diesem Sinne zieht man Kinder aus einem Investitionsmotiv groß. Analysiert man das Eltern-Kind Verhältnis ökonomisch, so stellt sich also heraus, dass Eltern Kinder aus einem Konsum- und einem Investitionsmotiv heraus zeugen, großziehen und ausbilden.

---

[6]Der interessierte Leser sollte die Ausgabe 1, 1999, der Review of Economic Studies konsultieren, in der mit den Arbeiten von Hart und Moore (1999) und Segal (1999) auf der einen, und Maskin und Tirole (1999) auf der anderen Seite sehr unterschiedliche Positionen zur Frage, ob eine solche Fundierung gelingen kann, aufeinandertreffen.

11.4. Eigentumsrechte an Humankapital und Alterssicherung

Anders als in Abschnitt 11.2 handelt es sich also bei den Aufwendungen für die Erziehung und Ausbildung von Kindern nicht um Investitionen in das eigene, sondern in das Humankapital anderer Personen. Auch wenn Eltern ein sehr ausgeprägtes intrinsisches Interesse an der Entwicklung ihrer Kinder haben, ist es unklar, ob sie in der Lage und willens sind, als perfekte Sachwalter der Interessen ihrer Kinder zu agieren. Daher werden wir im Folgenden einen Ansatz entwickeln, bei dem Eltern nicht aus Eigeninteresse perfekte Sachwalter sind. In diesem Fall hängt die Entscheidung über das Ausmaß an Investitionen vom Ertrag ab, den man aus ihnen zieht, und es treten Probleme bei der Erreichung einer effizienten Allokation auf. Eine effiziente Investitionsentscheidung würde die Erfüllung zumindest einer von zwei Voraussetzungen erfordern: Entweder müsste es möglich sein, dass Eltern und Kinder miteinander über das optimale Ausmaß an Humankapitalinvestitionen verhandeln und über diese Investitionen einen glaubhaften, langfristigen Vertrag abschließen. Oder, wie uns Abschnitt 11.2 nahelegt, Eltern müssten in der Lage sein, Rechte am Ertrag ihrer Investitionen in die Produktivität ihrer Kinder zu haben.

Der Erfüllung dieser Voraussetzungen sind eine praktische und eine gesellschaftliche Grenze gezogen: Die praktische Grenze besteht darin, dass Kinder zum Zeitpunkt, zu dem sie sinnvoller Weise mit ihren Eltern in Verhandlungen über deren Investitionen in ihr Humankapital treten müssten, dies noch nicht können. Die gesellschaftliche Grenze besteht darin, dass der Erwerb der kompletten Arbeitserträge anderer Menschen rechtlich nicht möglich ist, da Sklaverei gegen die Menschenrechte verstößt. Aus diesem Grund sind den Möglichkeiten, vertragliche Vereinbarungen zu finden, die eine effiziente intergenerative Humankapitalbildung ermöglichen, enge Grenzen gesetzt. Wir werden diesen Zusammenhang im Folgenden anhand eines Modells näher untersuchen und zeigen, dass eine Institution wie die umlagefinanzierte Rentenversicherung als Mechanismus gedeutet werden kann, Fehlanreizen bei der Humankapitalbildung vorzubeugen. Wir betrachten ein Modell mit zwei Perioden, 1 und 2. Wir beschränken uns in diesem Modell auf die Untersuchung des Investitionsmotivs der Eltern. Die Einbeziehung altruistischer Motive der Eltern ihren Kindern gegenüber würde die Ergebnisse qualitativ nicht verändern. In Periode 1 lebt eine Mutter, die die folgende allokative Entscheidung zu fällen hat: Sie kann ein exogen gegebenes Einkommen w zum einen für Konsum in Periode 1 und in Periode 2, c_1 und c_2, ausgeben und zieht daraus Nutzen in Höhe von $u(c_1, c_2)$. Die Mutter hat ein Kind, in dessen Humankapital sie x Einheiten ihres Einkommens investieren kann. Die Investitionen in das Humankapital des Kindes erhöhen dessen zukünftige Fähigkeit, Einkommen zu erzielen. Das Einkommen des Kindes ist $h(x)$, mit $h'(x) > 0$, $h''(x) < 0$, $\lim_{x \to 0} h'(x) = \infty$, $\lim_{x \to \infty} h'(x) = 0$. Das Kind konsumiert in Periode 2 c Einheiten und zieht daraus einen Nutzen in Höhe von $v(c)$. Die Mutter hat prinzipiell die Möglichkeit, Kaufkraft zwischen den Lebensperioden auf zwei Arten zu verschieben. Sie kann entweder auf Kapitalmärkten zum Zinssatz von – aus Vereinfachungsgründen – 0 anlegen oder in das Humankapital ihres Kindes investieren.

11.4.1 Effizienz

Wir wollen nun zunächst das First-Best als Referenzlösung bestimmen. Zur Bestimmung der Menge von Pareto-optimalen Allokationen bilden wir zunächst die aggregierte Budgetrestriktion der Familie:

$$w + h(x) = c_1 + c_2 + c + x \,. \tag{11.34}$$

Wir maximieren nun den Wert der Nutzenfunktion der Mutter unter den Nebenbedingungen, dass ihr Kind mindestens ein Nutzenniveau von $\bar{v}$ erhält und dass die Budgetgleichung erfüllt ist. Seien λ und μ die Lagrangemultiplikatoren der beiden Nebenbedingungen. Dann gilt:

$$\mathcal{L} = u(c_1, c_2) + \lambda(v(c) - \bar{v}) + \mu(w + h(x) - c_1 - c_2 - c - x) \,. \tag{11.35}$$

Die folgenden Bedingungen erster Ordnung charakterisieren das First-Best:

$$\frac{\partial u}{\partial c_1}(c_1^*, c_2^*) = \frac{\partial u}{\partial c_2}(c_1^*, c_2^*) = \mu = \lambda \frac{\partial v}{\partial c}(c^*) \,, \tag{11.36}$$

$$h'(x^*) = 1 \,. \tag{11.37}$$

Im Optimum ist der Grenznutzen einer weiteren Einheit Konsum der Mutter zwischen den Perioden gerade ausgeglichen und gleich λ mal dem Grenznutzen des Kindes. Der Faktor λ bemisst sich an dem exogen vorgegebenem Nutzenniveau $\bar{v}$ des Kindes. Durch Variation dieses Mindestnutzenniveaus lässt sich die Pareto-Grenze konstruieren. Wir gehen im Folgenden davon aus, dass $\bar{v}$ so gewählt ist, dass $h(x^*) - c^* > 0$ gilt. Das heißt, dass im Optimum Transfers von dem Kind an die Mutter fließen. Die zweite Gleichung stellt eine Arbitragebedingung dar, die besagt, dass im Optimum der Grenzertrag einer weiteren Einheit Investition in das Humankapital des Kindes gerade gleich dem Kapitalmarktzinsfaktor sein muss. Das bedeutet, dass gemäß den Annahmen in Bezug auf die Funktion h im Optimum eine positive Investition in das Humankapital des Kindes geleistet wird. Wäre der Grenzertrag der Humankapitalinvestition bereits für die erste Einheit kleiner als 1, wäre es gesellschaftlich sinnvoller, den Konsum des Kindes allein aus dem Einkommen der Mutter zu finanzieren. Könnte man vor der Investition langfristige Verträge zwischen Mutter und Kind formulieren, so ließe sich das Optimum einfach erreichen: Ein Vertrag, der eine Zahlung

$$p = \begin{cases} h(x^*) - c^* \,, & x = x^* \,, \\ 0 \,, & \text{sonst} \end{cases} \tag{11.38}$$

des Kindes an seine Mutter spezifiziert, induziert gerade die richtigen Anreize zur Humankapitalinvestition bei der Mutter. Wie wir bereits erwähnt haben, sind langfristige Verträge zwischen Eltern und Kindern über ihre Humankapitalinvestitionen jedoch nicht möglich. Die Allokation von Eigentumsrechten am Kind kann formal in diesem Modell ein vollständiges Substitut für langfristige Verträge sein. Eigentumsrechte an den eigenen Kindern zu haben bedeutet, dass man den Anspruch auf ihr

Einkommen hat. Diese Ordnungsform induziert gerade die richtigen Anreize zur Investition in das Humankapital des Kindes. Sei $\bar{c}$ der Subsistenzkonsum, den die Mutter ihrem Kind in diesem Fall zubilligt. Dann erhält sie das gesamte Residualeinkommen. Ihr Maximierungsproblem lautet in Lagrange-Schreibweise

$$\mathcal{L} = u(c_1, c_2) + \mu(w + h(x) - c_1 - c_2 - \bar{c} - x)\,. \tag{11.39}$$

Man sieht unmittelbar, dass diese Ordnung die richtigen Anreize induziert.

11.4.2 Schranken des Eigentumserwerbs an Personen

Nun können weder langfristige Verträge mit den eigenen Kindern über die ihnen zukommende Ausbildung geschlossen noch Eigentumsrechte an Kindern erworben werden. In diesem Fall wird die Mutter mit ihrem Kind über die Aufteilung des Einkommens $h(x)$ in Periode 2 verhandeln. Da das Kind in einer solchen Situation aber die gesamte Verhandlungsmacht besitzt, beträgt der Anteil am Einkommen des Kindes, den die Mutter sich in einer solchen Verhandlung sichern kann, Null. Damit lautet das Optimierungsproblem der Mutter (in Lagrange-Schreibweise) in Periode 1:

$$\mathcal{L} = u(c_1, c_2) + \mu(w - c_1 - c_2 - x)\,. \tag{11.40}$$

Es folgt unmittelbar, dass ein Investitionsniveau von $x = 0$ gewählt wird. Die Beschränktheit der Möglichkeiten, die Eltern an den Erträgen ihrer Humankapitalinvestitionen zu beteiligen, führt dazu, dass es zu einer Unterinvestition in das Humankapital ihrer Kinder kommt.

11.4.3 Umlagefinanzierte Rentenversicherung als institutionelle Alternative

Eine Möglichkeit, das Problem der Unterinvestition unter den gegebenen rechtlichen und logischen Möglichkeiten zu lösen, ist die Einführung einer umlagefinanzierten staatlichen Zwangs-Rentenversicherung. In einem Umlageverfahren zahlt jede Generation einen bestimmten Betrag q als Beitrag in die Rentenkasse und erhält dafür im Alter eine Rentenleistung p zurück. In diesem System wird für den einzelnen Haushalt kein Kapitalstock angespart, vielmehr werden die laufenden Rentenbeiträge direkt als Leistungen wieder ausgeschüttet. Wie wirkt in unserem Modell die Einführung einer solchen Rentenversicherung? Nehmen wir an, die Mutter erhält in Periode 2 ein umlagefinanziertes Renteneinkommen in Abhängigkeit vom Einkommen des Kindes in Höhe von $p(h)$. Dann lautet ihr Maximierungsproblem in Periode 1 in Lagrange-Schreibweise:

$$\mathcal{L} = u(c_1, c_2) + \mu(w + p(h(x)) - c_1 - c_2 - x)\,. \tag{11.41}$$

Als Bedingungen erster Ordnung ergeben sich:

$$\frac{\partial u}{\partial c_1}(c_1^*, c_2^*) = \frac{\partial u}{\partial c_2}(c_1^*, c_2^*)\,, \tag{11.42}$$

$$p'(h^*)h'(x^*) = 1\,. \tag{11.43}$$

Damit die Mutter die richtigen Anreize hat, in Humankapital zu investieren, d.h. damit die Bedingung (11.37) erfüllt ist, muss gelten, dass $p'(h^*) = 1$. Dies ist zum Beispiel für die Funktion

$$p(h) = h + \gamma \tag{11.44}$$

erfüllt, wobei γ eine Konstante ist. Mit Hilfe dieser Konstanten lässt sich das Konsumniveau des Kindes steuern. Diese Institution erfüllt offensichtlich das Prinzip der vollständigen Internalisierung. Aber auch jede andere strikt konkave Funktion $p(h)$, deren Steigung an der Stelle x^* den Wert 1 annimmt, induziert die richtigen Investitionsanreize. Damit können wir unser Ergebnis wie folgt zusammenfassen:

1. Die Einführung eines umlagefinanzierten Rentensystems kann das Problem der Unterinvestition in das Humankapital der Kinder lösen.
2. Dazu muss jede stetige Rentenfunktion monoton im Einkommen der Kinder sein und an der Stelle der optimalen Humankapitalinvestition einen Grenzertrag von 1 haben, m. a. W. jeder zusätzliche Euro Einkommen der Kinder fließt an die Eltern.

Ein solches umlagefinanziertes Rentensystem ist allerdings nur dem Namen nach mit einem umlagefinanzierten Rentensystem verwandt, so wie es heute in den meisten entwickelten Volkswirtschaften existiert. Im Wesentlichen existieren zwei Modelle, ein eher angelsächsisches, auf Beveridge zurückgehendes Modell der *Grundsicherung*, bei der die Beiträge lohnabhängig bezahlt werden, die Leistungen aber in Form einer pauschalen Grundrente erbracht werden, und ein eher deutsches, auf Bismarck zurückgehendes Modell der Lebensstandardsicherung, bei dem die Beiträge ebenfalls lohnabhängig sind, zusätzlich aber auch die Leistungen an das eigene Einkommen gekoppelt sind („Teilhabe-Äquivalenz"). In Deutschland ist darüber hinaus die Steigerung der Rentenleistungen je nach gerade gültigem Gesetz an die Brutto- oder Nettolohnentwicklung gekoppelt, so dass die Rentner, ähnlich wie Aktionäre, am Wachstum der Produktivität der nachfolgenden Generation partizipieren. Beide Systeme haben nicht die notwendigen Anreizwirkungen, um das in diesem Modell beschriebene Humankapitalproblem zu lösen. Eine Dynamisierung der Rente, bei der der Rentenanspruch nicht nur an die eigenen Beiträge gekoppelt wird, wie dies das klassische Äquivalenzprinzip vorsieht, sondern in Form der Teilhabeäquivalenz die Renten im Umfang der Nettolohnentwicklung der derzeit werktätigen Generationen wachsen, ist vor dem Hintergrund dieses Modells allerdings ein Schritt in die richtige Richtung. Problematisiert werden muss dabei allerdings, dass das oben beschriebene Modell der Teilhabeäquivalenz von einer Reihe von Problemen abstrahiert:

- dem Problem der Arbeitsanreize für das Kind, wenn marginales Einkommen vollkommen weggesteuert und den Eltern ausgezahlt wird. Dieses Problem wurde im Modell dadurch wegdefiniert, dass das Einkommen des Kindes als eindeutige Funktion seines Humankapitals angenommen wurde;
- dem Problemen des Verhaltensrisikos in großen Gruppen, da die Rentenleistung im Umlagesystem nicht an die Einkommen der jeweils *eigenen* Kinder gekoppelt wird, wie es das obige Modell vorsieht. Da in großen Gruppen aber der Einfluss der eigenen Humankapitalinvestitionen auf das Produktivitätswachstum der Gesamtökonomie nahezu null ist, ist auch dieser Vorschlag nicht weitgehend genug;

11.4. Eigentumsrechte an Humankapital und Alterssicherung

- der Tatsache, dass der marginale Beitragssatz auf das Einkommen der Kinder nach dem Modell 100 % betragen müsste, in der Realität aber nur ca. 20 % beträgt.
- Auf der anderen Seite führte ein individualisiertes Modell der Teilhabeäquivalenz zum Verlust eines wesentlichen Versicherungsaspekts der Rentenversicherung, nämlich dem Schutz gegen das Mortalitäts- und Einkommensrisiko der eigenen Kinder.

Das Modell dient also weniger der Erklärung der privaten Ausgaben der Eltern für die Bildung der jeweils eigenen Kinder als vielmehr der öffentlichen Bildungsausgaben, wie wir sie z. B. in Form von freier Schulbildung in fast allen Ländern kennen. Die umlagefinanzierte Rentenversicherung können wir im Sinne des Modells als einen Mechanismus interpretieren, mit dem die alte Generation sich selbst einen Anreiz verschafft, kollektiv in das Humankapital der jungen Generation zu investieren und damit das Dilemma der Unterinvestition auf Grund der Unmöglichkeit von Verträgen zwischen den Generationen zumindest zu mindern.

Lektürevorschläge zu Kapitel 11

Die erste Untersuchung von Konfliktstrukturen findet sich bei Haavelmo (1954) und später dann bei Bush und Mayer (1974). Tullock (1980) führte die heute so genannte Tullock-Konfliktfunktion in die Literatur ein. Eine sehr gute Erklärung des Wettkampfparadigmas findet sich in Hirshleifer (2001). Eine erstklassige Übersicht über den derzeitigen Stand der Literatur zur Anwendung der Konflikttheorie auf die Entstehung von Eigentumsrechten findet sich in Garfinkel und Skaperdas (2007). Hirshleifer (1991) hat den Begriff „Paradox of Power" geprägt. Die Wirkung dieses Paradoxons auf die Verteilung von Einkommen in Konflikten ist von Skaperdas und Syropoulos (1997) untersucht worden. Die moderne Theorie der Firma geht zurück auf einen Aufsatz von COASE (1937). Standardreferenzen zur Analyse von Transaktionskosten als Ursache für institutionelle Strukturen sind ALCHIAN, CRAWFORD UND KLEIN (1978), ALCHIAN UND DEMSETZ (1972), WILLIAMSON (1975) und WILLIAMSON (1985). Eine Übersicht findet sich in RICHTER UND FURUBOTN (1999). Eine Übersicht über die Literatur zu Rechtsdurchsetzungskosten findet sich in POLINSKY UND SHAVELL (2000). Weniger allgemein, dafür mit einem formalen Modell entwickeln GROSSMAN UND HART (1986) und HART UND MOORE (1990) eine auf unvollständigen Verträgen aufbauende Theorie der Eigentumsrechte. Eine empirische Evaluation dieser Theorie findet sich in KLEIN (1988) und eine Zusammenfassung der daraus erwachsenden Literatur in HART (1995) und TIROLE (1999). HART, SHLEIFER UND VISHNY (1997) erweitern die Idee, um zu erklären, wann privates und wann öffentliches Eigentum Vorteile hat. Eine Zusammenfassung der Literatur zu diesem Thema findet sich in Shleifer (1998). Auf das Problem der Wiederverhandelbarkeit von Verträgen machen HART UND MOORE (1988) aufmerksam. Unterschiedliche Anwendungen dieser Idee sowie der Versuch, beide Theorierichtungen zu integrieren, finden sich in ANDERLINI UND FELLI (1997), CHE UND HAUSCH (1999) und EDLIN UND REICHELSTEIN (1996). Eine frühe Zusammenfassung der Literatur zur Implementierbarkeit bei vollständiger Information findet sich in MOORE (1992). HOLMSTRÖM UND MILGROM (1991) verbinden die Theorie unvollständiger Verträge mit asymmetrischer Information. MERTON (1983) hat auf das Problem der nichthandelbaren Ansprüche aus Humankapital hingewiesen. Eine Zusammenfassung findet sich in KOLMAR (1999).

Zusammenfassung der Grundüberlegungen dieses Kapitels

1. Eigentumsrechte müssen durchgesetzt werden, damit sie effektiv sind. Dazu ist die Investition knapper Ressourcen notwendig. Die Durchsetzung bzw. Produktion von Eigentumsrechten hat die Struktur eines Wettkampfs, in dem der Erfolg sich aus dem Verhältnis von Verteidigungs- und Aneignungsinvestitionen ergibt.
2. Durch die Analyse eines solchen Wettkampfes kann man besser verstehen, unter welchen Voraussetzungen die Entstehung perfekt sicherer Eigentumsrechte möglich ist, und unter welchen Voraussetzungen diese endogen unsicher bleiben. Darüber hinaus kann man die direkten und indirekten (Transaktions-)Kosten der Durchsetzung von Eigentumsrechten erklären.
3. In den bisherigen Modellen ließ sich noch kein Argument gegen eine möglichst weitgehende Zentralisierung von Entscheidungskompetenzen ableiten. Nach dem Prinzip der selektiven Intervention sollte es immer möglich sein, durch weitere Zentralisierung der Entscheidungskompetenzen das Allokationsergebnis zu verbessern. Daher ist nach Ursachen zu suchen, unter denen das Prinzip nicht gilt.
4. Die Möglichkeit einer perfekten institutionellen oder vertraglichen Steuerung kann aus logischen oder ethischen Gründen sowie aus Kostengründen beschränkt sein. In diesen Fällen kann die Organisationsform einer Wirtschaft eine Bedeutung für die Effizienz des Wirtschaftsergebnisses haben.
5. Ist in einer Geschäftsbeziehung der Wert der gehandelten Güter zu einem gewissen Ausmaß beziehungsspezifisch und nimmt man an, dass sich zu Beginn einer Geschäftsbeziehung nur die Eigentumsrechte, nicht aber spezielle und kontingente Kontrollrechte an Gütern und Faktoren festlegen lassen, so kommt der Aufteilung der Eigentumsrechte eine wesentliche Rolle für die Effizienz der erreichbaren Allokationen zu. Da sich vor Beginn der Geschäftsbeziehung die Bedingungen des späteren Tauschs nicht eindeutig festlegen lassen, werden diese von der Verhandlungsmacht der Parteien abhängen. Diese – und damit der Handlungsanreiz der Individuen – lässt sich durch die Verteilung der Eigentumsrechte steuern.
6. Methodisch unbefriedigend an dem obigen Ansatz ist die Annahme, dass nur Eigentumsstrukturen festgelegt werden können, aber keine darauf aufbauenden Verträge. Dieser Kritik folgend, wird in der Theorie der Nachverhandlungen versucht, die Unvollständigkeit von Verträgen endogen zu bestimmen und gegebenenfalls eine Fundierung des obigen Modells zu finden. Dabei wird davon ausgegangen, dass zu Beginn einer Geschäftsbeziehung ein vollständiger Vertrag geschrieben werden, dieser aber zu jedem Zeitpunkt nachverhandelt werden kann, wenn dies im beiderseitigen Einvernehmen geschieht. Diese Nachverhandelbarkeit beeinflusst wiederum die Handlungsanreize der Individuen.
7. Die Möglichkeiten institutioneller Steuerung sind auch immer dann unvollständig, wenn die Kosten und Erträge von Investitionen in unterschiedlichen Generationen anfallen. In einer solchen Situation kann der Staat durch die Setzung von Restriktionen die individuellen Verhaltensanreize so steuern, dass intergenerative Interdependenzen internalisiert werden.

Schlüsselbegriffe

Eigentumsrechte
Produktion von Eigentumsrechten
Wettkampf
Paradox of Power
unvollständige Steuerbarkeit
Verifizierbarkeit
vertikale Integration

Prinzip der selektiven Intervention
beziehungsspezifische Investitionen
Markt und Hierarchie
staatliches und privates Angebot
Wiederverhandelbarkeit von Verträgen
intergenerative Allokationsprobleme

Übungsaufgaben

Aufgabe 11.1: Betrachten Sie einem Zwei-Personen-Tullock-Wettkampf mit der Wettkampffunktion $p_1 = a_1/(a_1 + \theta a_2)$ und Nutzenfunktionen $u_1 = p_1 r - a_1$, $u_2 = (1 - p_1)r - a_2$. Dabei ist $\theta > 0$ ein exogener Parameter und $r > 0$ die (exogene) Erstausstattung, die gewonnen werden kann. a_1 und a_2 sind die (endogenen) Investitionen in den Wettkampf.
a) Bestimmen Sie das Nash-Gleichgewicht, wenn beide Personen simultan ziehen.
b) Bestimmen Sie das Nash-Gleichgewicht, wenn Person 1 vor Person 2 zieht. Für welche Werte von θ kommt es zu einem Abschreckungsgleichgewicht?
c) Vergleichen und interpretieren Sie Ihre Ergebnisse aus a) und b).

Aufgabe 11.2: Bestimmen Sie für die beiden im Haupttext vorgestellten Wettkampfmodelle mit exogener Erstausstattung und endogener Produktion das teilspielperfekte Nash-Gleichgewicht das sich einstellt, wenn die Individuen zunächst die Aneignungsinvestition a_1, a_2 wählen und anschließend die Verteidigung d_1, d_2 (exogene Erstausstattung) bzw. die Verteidigungsinvestition d_1, d_2 und die produktive Investition k_1, k_2. Vergleichen Sie Ihre Ergebnisse mit denen im Text und interpretieren Sie.

Aufgabe 11.3: Diskutieren Sie anhand des Modells aus 11.2.2 die Frage, ob die folgenden Güter durch Unternehmen in Staats- oder Privateigentum hergestellt werden sollten: Innere Sicherheit, Außenpolitik, Abfallbeseitigung, Telekommunikation.

Aufgabe 11.4: Zeigen Sie im Modell aus Abschnitt 11.2.2, dass die Gesamtkosten der Erstellung des Gutes bei Privateigentum geringer als bei Staatseigentum sind. Können Sie daraus eine Begründung ableiten, warum gerade in den 80er und 90er Jahren so viele Unternehmen privatisiert wurden?

Aufgabe 11.5:
a) Was versteht man unter dem Prinzip der selektiven Intervention?
b) Welche Annahmen an die Eigentumsordnung und das Allokationsproblem benötigt man, damit man mit dem Modell von Grossman und Hart die Vor- und Nachteile eines Markts gegenüber einer Hierarchie begründen kann? Überlegen Sie sich Beispiele, für die diese Annahmen als erfüllt bzw. nicht erfüllt gelten können. Wie lässt sich die Annahme über die Durchsetzung von Verträgen modelltheoretisch rechtfertigen?
c) Warum ist der Zugriff auf physisches Kapital im Modell von Grossman und Hart wichtig? Geben Sie eine ökonomische Intuition folgender Behauptungen:
  i) Sind zwei Prozesse unabhängig, so ist eine marktliche Organisationsform einer hierarchischen vorzuziehen.
  ii) Sind zwei Prozesse strikt komplementär, so ist eine hierarchische Organisationsform einer marktlichen vorzuziehen.
d) Für die Beantwortung welcher wirtschaftspolitischen Fragen lässt sich das Modell von Grossman und Hart anwenden?

Literaturverzeichnis

[1] AKERLOF, G. (1970): The Market for Lemons: Qualitative Uncertainty and the Market Mechanism, Quarterly Journal of Economics 84, 488–500.
[2] ALBERT, H. (1968): Traktat über kritische Vernunft Mohr Siebeck, Tübingen.
[3] ALCHIAN, A. A. und H. DEMSETZ (1972): Production, Information Costs, and Economic Organization, American Economic Review 72, 777–795.
[4] ALCHIAN, A. A., R. CRAWFORD und B. KLEIN (1978): Vertical Integration, Appropriable Rents, and the Competitive Contracting Process, Journal of Law and Economics 21, 297–326.
[5] ANDERLINI, L. und L. FELLI (1997): Costly Coasian Contracts, Working Paper, University of Cambridge.
[6] ARNOLD, V. (2000): Theorie der Kollektivgüter, 3. Aufl., München.
[7] ARROW, K. J. (1951): Social Choice and Individual Values, New York.
[8] ARROW, K. J. (1969): The Organization of Economic Activity: Issues Pertinent to the Choice of Market versus Non-Market Allocation, in: The Analysis and Evaluation of Public Expenditures: The PBB-System, Joint Economic Committee, 91st Congress, Washington.
[9] ARROW, K. J. (1977a): Studies in Resource Allocation Processes. Cambridge.
[10] ARROW, K. J. (1977b): The Organization of Economic Activity: Issues Pertinent to the Choice of Market Versus Nonmarket Allocation, in: R. H. Havemann und J. Margolis (Hrsg.): Public Expenditure and Policy Analysis, Chicago.
[11] ARROW, K. J. (1983): Collected Papers 1: Social Choice and Justice, Cambridge, Mass.
[12] AXELROD, R. (1984): The Evolution of Cooperation. Basic Books, New York.
[13] AXELROD, R. und R. O. KEOHANE (1986): Achieving Cooperation under Anarchy: Strategies and Institutions, in: O. Young (Hrsg.): The International Political Economy and International Institutions, Vol. I, Elgar, 455–483.
[14] BAUMOL, W., J. C. PANZAR und A. D. WILLIG (1982): Contestable Markets and the Theory of Industry Structure, New York.
[15] BAUMOL, W. J. und W. E. OATES (1988): The Theory of Environmental Policy, 2. Aufl., New York.
[16] BERGSTRÖM, T. (1979): When does Majority Rule Supply Public Goods Efficiently? Scandinavian Journal of Economics 81, 216–228.
[17] BERGSTROM, T., L. BLUME und H. R. VARIAN (1986): On the Private Provision of Public Goods, Journal of Public Economics 29, 25–49.
[18] BERNHOLZ, P. und F. BREYER (1994): Grundlagen der Politischen Ökonomie, 3. Aufl., Band 2: Ökonomische Theorie der Politik, Tübingen.
[19] BLACKORBY, C. und D. DONALDSON (1990): A review article: The case against the use of the sum of compensating variations in cost-benefit analysis, Canadian Journal of Economics 23, 471–494.
[20] BLAUG, M. (1992): The Methodology of Economics, Cambridge University Press.
[21] BOADWAY, R. W. und N. BRUCE (1984): Welfare Economics, Oxford.

[22] BOLTON, G. E. und A. Ockenfels (2000): ERC: A Theory of Equity, Reciprocity, and Competition, American Economic Review 90, 166–193.
[23] BORRMANN, J. und J. FINSINGER (1999): Markt und Regulierung, München.
[24] BOSSERT, W. und F. STEHLING (1990): Theorie kollektiver Entscheidungen. Eine Einführung, Berlin.
[25] BOURDIEU, P. (2005): Die männliche Herrschaft. Suhrkamp, Frankfurt a. M.
[26] BRENNAN, G. und J. M. BUCHANAN (1985): The Reason of Rules. Cambridge University Press, Cambridge Mass.
[27] BREYER, F. (2008): Mikroökonomik. Eine Einführung, 4. Aufl., Berlin.
[28] BROWN, S. J. und D. S. SIBLEY (1986): The Theory of Public Utility Pricing, Cambridge.
[29] BRUNI, L., P. L. Porta (2005): Economics and Happiness: Framing the Analysis. Oxford University Press. p. 384.
[30] BUCHANAN, J. M. (1975): The Limits of Liberty. University of Chicago Press, Chicago.
[31] BUCHANAN, J. M. (1986): Liberty, Market, and the State, Brighton.
[32] BUCHANAN, J. M. (1991): The Economics and the Ethics of Constitutional Order, Ann Arbor.
[33] BUSH, W. C. und L. S. MAYER (1974): Some Implications of Anarchy for the Distribution of Property, Journal of Economic Theory 8, 401–412.
[34] CHE, Y. K. und D. B. HAUSCH (1999): Cooperative Investments and the Value of Contracting, The American Economic Review 89, 125–147.
[35] COASE, R. (1937): The Nature of the Firm, Economica 4, 386–405.
[36] COASE, R. (1960): The Problem of Social Cost, Journal of Law and Economics 3, 1–44.
[37] COASE, R. (1974): The Lighthouse in Economics, Journal of Law and Economics, 357–376.
[38] CORNWALL, C. C. (1984): Introduction to the Use of General Equilibrium Analysis, Amsterdam.
[39] COWEN, T. (1992): Law as a Public Good: The Economics of Anarchy, Economics and Philosophy 8, 249–267.
[40] CRAMPTON, P., R. GIBBONS und P. D. KLEMPERER (1987): Dissolving a Partnership Efficiently, Econometrica 55, 612–632.
[41] D'ASPREMONT, C. und L. A. Gérard-Varet (1979): Incentives and Incomplete Information, Journal of Public Economics 11, 25–45.
[42] DAWKINS, R. (1976): The Selfish Gene. New York, New York: Oxford University Press.
[43] DEBREU, G. (1959): Theory of Value, New York.
[44] DEMSETZ, H. (1968): Why Regulate Utilities? Journal of Law and Economics, 11, 55–66.
[45] DEMSETZ, H. (1969): Information and Efficiency. Another Viewpoint, Journal of Law and Economics, 12, 1–22.
[46] DIONNE, G. und N. DOHERTY (1992): Adverse Selection in Insurance Markets: A Selective Survey, in: G. Dionne (Hrsg.): Contributions to Insurance Economics, Boston.
[47] DOWNS, A. (1957): An Economic Theory of Democracy, New York.
[48] DWORKIN, R. (1981): What is Inequality? Part 1: Equality of Welfare, Part 2: Equality of Resources, Philosophy and Public Affairs 10, 185–246; 283–345.
[49] EASTERLIN, R. A. (1974): Does Economic Growth Improve the Human Lot?, in: Paul A. David und Melvin W. Reder (Hrsg.): Nations and Households in Economic Growth: Essays in Honor of Moses Abramovitz, New York: Academic Press, Inc.
[50] EASTERLIN, R. A. (1995): Will Raising the Incomes of All Increase the Happiness of All?, Journal of Economic Behavior and Organization 27, 35–48.

[51] EDLIN, A. S. und S. REICHELSTEIN (1996): Holdups, Standard Breach Remedies, and Optimal Investment, The American Economic Review 86, 478–501.
[52] EUCKEN, W. (1975): Grundsätze der Wirtschaftspolitik, Tübingen.
[53] FARRELL, J. (1987): Information and the Coase Theorem, Journal of Economic Perspectives 1, 113–129.
[54] FEHR, E. und K. SCHMIDT (1999): A Theory of Fairness, Competition, and Cooperation, Quarterly Journal of Economics 64, 817–868.
[55] FINSINGER, J. (1991): Wettbewerb und Regulierung, München.
[56] FISHER, A. C. (1981): Resource and Environmental Economics, Cambridge u. a.: CUP.
[57] FOUCAULT, M. (1974): Die Ordnung der Dinge, Suhrkamp, Frankfurt am Main.
[58] FOUCAULT, M. (1977): Überwachen und Strafen, Suhrkamp, Frankfurt am Main.
[59] FRANK, R. H. (1985): Choosing the Right Pond, New York: Oxford University Press.
[60] FRANK, R. H. (2005): Positional Externalities Cause Large and Preventable Welfare Losses, American Economic Review, Vol. 95, No. 2, Papers and Proceedings, pp. 137–141
[61] FRANK, R. H. (2008): Should public policy respond to positional externalities?, Journal of Public Economics 92, 1777–1786.
[62] FRIEDMAN, M. (1962): Capitalism and Freedom, Chicago.
[63] FROHLICH, N. und OPPENHEIMER, J. A. (1992): Choosing Justice. An Experimental Approach to Ethical Theory. Berkeley, university of California Press.
[64] FUDENBERG, D. und J. TIROLE (1991): Game Theory, MIT-Press.
[65] GAERTNER, W. (1985): Einige Theorien der Verteilungsgerechtigkeit im Vergleich, in: G. Enderle (Hrsg.): Ethik und Wirtschaftswissenschaft, Berlin.
[66] GALTUNG, J. (1969): Violence, Peace, and Peace Research, Journal of Peace Research 6, 167–191.
[67] GARFINKEL, M. und S. SKAPERDAS (2007): Economics of Conflicts: An Overview, in: Handbook of Defense Economics, Elsevier.
[68] GRESIK, T. A. und M. A. SATTHERTHWAITE (1989): The Rate at which a Simple Market Converges to Efficiency as the Number of Traders Increases: An Asymptotic Result for Optimal Trading Mechanisms, Journal of Economic Theory 48 (1), 304–332.
[69] GROSSMAN, H. (2001): The Creation of Effective Property Rights, forthcoming: American Economic Review.
[70] GROSSMAN, H. und M. KIM (1995): Swords or Plowshares? A Theory of the Security of Claims to Property, Journal of Political Economy 103, 1273–1288.
[71] GROSSMAN, S. J. und O. D. HART (1986): The Costs and Benefits of Ownership: A Theory of Vertical and Lateral Integration, Journal of Political Economy 94, 691–719.
[72] GROVES, T. (1973): Incentives in Teams, Econometrica 41, 617–631.
[73] HAAVELMO, T. (1954): A Study in the Theory of Economic Evolution. North Holland, Amsterdam.
[74] HABERMAS, J. (1981): Theorie des kommunikativen Handelns, Frankfurt.
[75] HARDIN, G. (1968): The Tragedy of the Commons, Science 162,1243–1248.
[76] HARDIN, R. (1989): Why a Constitution?, in: B. Grofman und D. Wittman (Hrsg.): The Federalist Papers and the New Institutionalism. Agathon Press, New York.
[77] HARE, R. M. (1952): The Language of Morals, Oxford.
[78] HARSANYI, J. C. (1953): Cardinal Utility in Welfare Economics and in the Theory of Risk-Taking, Journal of Political Economy 61, 434–435.
[79] HARSANYI, J. C. (1955): Cardinal Welfare, Individualistic Ethic, and Interpersonal Comparison of Utility, Journal of Political Economy 69, 309–321.
[80] HART, O. D. (1995): Firms, Contracts, and Financial Structure, Oxford.

[81] HART, O. D. und J. MOORE (1988): Incomplete Contracts and Renegotiation, Econometrica 56, 755–785.
[82] HART, O. D. und J. MOORE (1990): Property Rights and the Nature of the Firm, Journal of Political Economy 98, 1119–1158.
[83] HART, O. D., A. Shleifer und R. W. VISHNY (1997): The Proper Scope of Government: Theory and Application to Prisons, Quarterly Journal of Economics 112, 1127–1161.
[84] HARVEY, P. (1990): An Introduction to Buddhism: Teachings, History and Practices. Cambridge University Press.
[85] HAUSMAN, D. M. und M. S. MacPherson (1996): Economic Analysis and Moral Philosophy, Cambridge.
[86] HAYEK, F. A. v. (1956): Collectivist Economic Planning, London.
[87] HAYEK, F. A. v. (1989): The pretence of knowledge. American Economic Review 79 (6): 3–7.
[88] HAYEK, F. A. v. (1974): Die Anmaßung von Wissen: Rede anlässlich der Verleihung des Nobelpreises für Ökonomie, Stockholm.
[89] HAYEK, F. A. v. (1976): Law, Legislation and Liberty, Chicago.
[90] HAYEK, F. A. v. (2005): Verfassung der Freiheit, Tübingen.
[91] HILDENBRAND, W. und A. P. KIRMAN (1976): Introduction to Equilibrium Analysis, Amsterdam.
[92] HIRSHLEIFER, J. (1991): The Paradox of Power. Economics and Politics 3, 177–200.
[93] HIRSHLEIFER, J. (1995): Anarchy and its Breakdown, Journal of Political Economy 103, 26–52.
[94] HIRSHLEIFER, J. (2001): The Dark Side of the Force. Cambridge University Press: Cambridge.
[95] HOLMSTRÖM, B. und P. MILGROM (1991): Multitask Principal–Agent Analyses: Incentive Contracts, Asset Ownership, and Job Design, Journal of Law, Economics, and Organization, 24–52.
[96] IRELAND, N. J. (1998): Status-seeking, income taxation and efficiency. Journal of Public Economics 70, 99–113.
[97] IRELAND, N. J. (2001): Optimal income tax in the presence of status effects, Journal of Public Economics 81, 193–212.
[98] KAGEL, J. H. und A. E. ROTH (Hrsg.) (1995): The Handbook of Experimental Economics, Princeton, New Jersey.
[99] KALDOR, N. (1939): Welfare Propositions of Economics and Interpersonal Comparisons of Utility, Economic Journal 49, 549–552.
[100] KERSTING, W. (1994): Die politische Philosophie des Gesellschaftsvertrags, Darmstadt.
[101] KLEIN, B. (1988): Vertical Integration as Organizational Ownership: The Fisher Body – General Motors Relationship Revisited, Journal of Law, Economics and Organization 4, 199–213.
[102] KLIEMT, H. (1993): On Justifying a Minimal Welfare State. Constitutional Political Economy 4 (2), 159–172.
[103] KOLM, S. C. (1971): Justice et Equité, Cepremap.
[104] KOLM, S. C. (1996): Modern Theories of Justice, Cambridge.
[105] KOLM, S. C. (1997): Justice and Equity, Cambridge.
[106] KOLMAR, M. (1999): Optimale Ansiedlung sozialpolitischer Entscheidungskompetenzen in der Europäischen Union, Tübingen.
[107] KOOPMANS, T. C. (1957): Allocation of Resources and the Price System, in: Three Essays on the State of Economic Science, New York, 1–126.

[108] LAFFONT, J. J. und J. TIROLE (1993): A Theory of Incentives in Procurement and Regulation, Cambridge, Massachusetts.
[109] LANCASTER, K. (1966): A New Approach to Consumer Theory, Journal of Political Economy 74, 132–157.
[110] LANGE, O. und F. M. TAYLOR (1966): On the Economic Theory of Socialism, New York.
[111] LAYARD, L. (2006): Happiness and Public Policy: a Challenge to the Profession, Economic Journal 116, C24-C33.
[112] LINDAHL, E. (1919): Die Gerechtigkeit der Besteuerung. Lund.
[113] LINDAHL, E. (1958): Just Taxation – a Positive Solution, in: R. A. Musgrave und A. T. Peacock (Hrsg.): Classics in the Theory of Public Finance, London.
[114] MAILATH, G. und A. POSTLEWAITE (1990): Asymmetric Information Bargaining Problems with Many Agents, Review of Economic Studies 57, 351–367.
[115] MAKOWSKI, L. und C. MEZZETTI (1994): Bayesian Weakly Robust First Best Mechanisms: Characterization, Journal of Economic Theory 64, 500–519.
[116] MALINVAUD, E. (1972): Lectures on Microeconomic Theory, Amsterdam.
[117] MARTIENSEN, J. (2000): Institutionenökonomik, München.
[118] MAS-COLELL, A., M. D. WHINSTON und J. R. GREEN (1995): Microeconomic Theory, Oxford University Press, Oxford.
[119] MASLOW, A. H. (2002): Motivation und Persönlichkeit. Rowohlt Tb., Reinbek.
[120] MCADAMS, R. H. (2000): A Focal Point Theory of Expressive Law, Virginia Law Review 86, 1649–1729.
[121] MERTON, R. (1983): On the Role of Social Security as a Means for Efficient Risk Sharing in an Economy where Human Capital is not Tradable, in: Z. Bodie und J. Shoven (Hrsg.): Financial Aspects of the United States Pension System, Chicago/London, 325–358.
[122] MISHAN, E. J. (1971): The Postwar Literature on Externalities: An Interpretative Essay, Journal of Economic Literature 9, 1–28.
[123] MIYAZAKI, H. (1977): The Rat Race and Internal Labor Markets, Bell Journal of Economics 8, 394–418.
[124] MOORE, J. (1992): Implementation, Contracts, and Renegotiation in Environments with Complete Information, in: J. J. Laffont (Hrsg.): Advances in Economic Theory, Sixth World Congress, Vol. 1, Cambridge.
[125] MYERSON, R. B. und M. A. SATTERTHWAITE (1983): Efficient Mechanisms for Bilateral Trading, Journal of Economic Theory 29, 265–281.
[126] NORTH, D. (1992): Institutionen, Institutioneller Wandel und Wirtschaftsleistung, Tübingen: Mohr-Siebeck.
[127] NOZICK, R. (1974): Anarchy, State, and Utopia, New York.
[128] NUSSBAUM, M. und A. SEN (1993): The Quality of Life, Clarendon Press.
[129] OAKLAND, W. H. (1987): Theory of Public Goods, in: A. J. Auerbach und M. S. Feldstein (Hrsg.): Handbook of Public Economics, Vol. II, Amsterdam.
[130] OSWALD, A. (1983): Altruism, jealousy and the theory of optimal non-linear taxation. Journal of Public Economics 20, 77–87.
[131] PIGOU, A. C. (1946): The Economics of Welfare, London.
[132] POLINSKY, A. K. und S. SHAVELL (2000): The Economic Theory of Public Enforcement of Law, Journal of Economic Literature 38, 45–76.
[133] QUINZII, M. (1992): Increasing Returns and Efficiency. New York.
[134] RAWLS, J. (1971): A Theory of Justice, Cambridge.
[135] RICHTER, R. und E. G. FURUBOTN (1999): Neue Institutionenökonomik, Tübingen.

[136] ROB, R. (1982): Asymptotic Efficiency of the Demand-Revealing Mechanism, Journal of Economic Theory 28(2), 207–220.
[137] ROEMER, J. (1996): Theories of Distributive Justice, Cambridge.
[138] ROTHBARD, M. (1973): For A New Liberty, New York.
[139] ROTHSCHILD, M. und J. E. STIGLITZ (1976): Equilibrium in Competitive Insurance Markets: An Essay on the Economics of Imperfect Information, Quarterly Journal of Economics 90, 630–649.
[140] SAMUELSON, P. A. (1954): The Pure Theory of Public Expenditure, Review of Economics and Statistics 36, 387–389.
[141] SAMUELSON, P. A. (1969): Pure Theory of Public Expenditure and Taxation, in: J. Margolis und H. Guitton (Hrsg.): Public Economics, London.
[142] SCHWEIZER, U. (1988): Externalities and the Coase Theorem: Hypothesis or Result?, in: E. G. Furubotn und R. Richter (Hrsg.): The New Institutional Economics, Tübingen.
[143] SCHWEIZER, U. (1999): Vertragstheorie, Tübingen.
[144] SCITOVSKI, T. (1941): A Note on Welfare Propositions in Economics, Review of Economic Studies 9, 77–88.
[145] SEN, A. K. (1970): Collective Choice and Social Welfare, San Francisco.
[146] SEN, A. K. (1985): Commodities and Capabilities, Amsterdam.
[147] SHAYO, M. (2009): A Model of Social Identity with an Application to Political Economy: Nation, Class and Redistribution, American Political Science Review 103, 147–174.
[148] SHLEIFER, A. (1998): State versus Private Ownership, Journal of Economic Perspectives 12, 133–150.
[149] SKAPERDAS, S. (1992): Cooperation, Conflict, and Power in the Absence of Property Rights. American Economic Review 82 (4), 720–739.
[150] SKAPERDAS, S. und C. SYROPOULOS (1997): The distribution of income in the presence of appropriative activities. Economica 64, 101–117.
[151] SPENCE, M. (1978): Product Differentiation and Performance in Insurance Markets, Journal of Public Economics 10, 427–447.
[152] STARRETT, D. (1972): Fundamental Nonconvexities in the Theory of Externalities, Journal of Economic Theory 4, 180–199.
[153] STIGLITZ, J. (1977): Monopoly, Nonlinear Pricing, and Imperfect Information: The Insurance Market, Review of Economic Studies 44, 407–430.
[154] STIGLITZ, J. (2006): The Roaring Nineties. A New History of the World's Most Prosperous Decade, W.W. Norton.
[155] SUGDEN, R. (1986): The Economics of Rights, Co-operation and Welfare, Oxford.
[156] SUTTER, D. (1995): Asymmetric Power Relations and Cooperation in Anarchy. Southern Economic Journal 61 (3), 602–613.
[157] TAJFEL, H. und J. C. TURNER (1986): The social identity theory of intergroup behavior, in: S. Worchel und W. G. Austin (Hrsg.): Psychology of intergroup relations, Chicago, IL: Nelson-Hall, 7–24.
[158] TIROLE, J. (1999): Incomplete Contracts: Where Do We Stand? Econometrica 67, 742–781.
[159] TOBIN, J. (1970): On Limiting the Domain of Inequality, Journal of Law and Economics 13, 363–378.
[160] TRESCH, R. W. (1981): Public Finance: A Normative Theory, Plano, Texas.
[161] TULLOCK, G. (1980): Efficient Rent Seeking, in: J. Buchanan, R. Tollison und G. Tullock: Toward a Theory of the Rent-Seeking Society. College Station: Texas A&M University Press, 97–112.

[162] VARIAN, H. (1974): Equity, Envy, and Efficiency, Journal of Economic Theory 9, 63–91.
[163] VARIAN, H. (1975): Distributive Justice, Welfare Economics, and the Theory of Fairness. Philosophy and Public Affairs 4, 223–247.
[164] WÄRNERYD, K. (1993): Anarchy, Uncertainty, and the Emergence of Property Rights. Economics and Politics 5 (1), 1–14.
[165] WALZER, M. (1983): Spheres of Justice, Oxford.
[166] WEIMANN, J. (1995): Umweltökonomik, 3. Auflage, Berlin, Heidelberg, New York.
[167] WEISBROD, B. A. (1968): Income Redistribution Effects and Benefit-Cost Analysis, in: S. B. Chase Jr. (Hrsg.): Problems in Public Expenditure Analysis, Washington, D.C., The Brookings Institution, 177–209.
[168] WEITZMAN, M. L. (1974): Prices vs. Quantities, Review of Economic Studies 41, 477–491.
[169] WILLIAMSON, O. (1975): Markets and Hierarchies. Analysis of Antitrust Implications, New York.
[170] WILLIAMSON, O. (1985): The Economic Institutions of Capitalism, New York.
[171] WILLIAMSON, O. (2000): The New Institutional Economics: Taking Stock, Looking Ahead. Journal of Economic Literature 38, 595–613.

Index

Abschreckungsgleichgewicht 349, 351
Allmendegut 127–129, 131, 167, 169–173
Allokation
– effiziente 12, 155, 156, 166, 280
– zulässige 13, 42, 66
Alterssicherung 386
Anarchie 23, 87, 89, 112, 126, 172, 187
Angebot
– privates 178
– staatliches 4, 5
– ultimatives 170, 251
Anreizverträglichkeit 8
Anreizverträglichkeitsbedingung 283
Arbeitsteilung 87
Auflage 148
Auftragsvergabe
– öffentliche 325
Auktionator, Walrasianischer 107
Ausschließungskosten 128, 129, 139, 167, 177, 179, 207
Außenoption 362
Autarkie 84, 89, 112

Bahn AG 379
Bedarfsmarktkonzept 312
Bedürfnisse 6, 19, 21, 22, 44, 255, 256, 267, 269, 380
Befähigungen 45–48
Beveridge 390
Beziehungsspezifität 361, 362, 365, 378
– von Humankapital 367
Bismarck 390
Bosman-Urteil 100
Bürgerrechte 87, 94

Charakteristika 36, 44, 45, 48, 124, 129, 130, 255, 373
Clubgüter 127–129, 178, 182
Coase-Theorem 244
– als Dezentralisierungsergebnis 245
– als Methodenkritik 245
– Annahmen für 244
– Transaktionskosten 245
– und Marktversagen 244
Cournot-Preis 219, 221

Deontologisches Paradoxon 32
Dezentralisierung 141, 148, 151, 161, 166, 173
Diebstahl 88
Diktator, wohlwollender 12, 56, 107
Diktatorspiel 258
Doppelte Dividende 267, 269
Drohpunkt 97, 112
Durchsetzbarkeit 148, 167
– unvollständige 384
Durchsetzung
– gerichtliche 229, 341
– mangelhafte 341
– unvollständige 368

Effekt, Externer 230, 244
– Abgabe 239
– Abgabenlösung 240
– alternative Definition 230, 231
– Auflage 239
– Auflagenlösung 240
– Ausschließung 251
– Eigentumsrechte 243
– imperfekte Eigentumsrechte 247
– Informationsasymmetrien 247
– institutionelle Umsetzung 238
– Interdependenzen 250
– Marktversagen 246
– optimale Allokation 236
– Ordnungsrahmen 231
– reziproke Natur des 232
– Ursachen für 232, 246
– Verteilungswirkungen 240

- Verursacherprinzip 233
- Zertifikate 241
Eigentumsbegriff 89
Eigentumserwerb an Personen 389
Eigentumsordnung 4, 40, 88, 93
- disjunkte 90
- Durchsetzung 90, 91
- imperfekte 149, 228, 246, 271
- Kosten der Durchsetzung 232
- monopolistische 99
- partiell nicht durchgesetzte 95
- perfekte 37, 90, 112, 121, 126, 141, 147, 154, 183, 230, 271
- vollständige 90
Eigentumsrechte 5, 39, 128, 129, 140, 147, 148, 167, 173, 191, 220, 227, 231, 239, 243, 245, 248, 341, 344–353, 355, 356, 366, 368, 370, 374, 381, 386, 388, 391, 392
- perfekt sichere 347, 349–351, 357
- unvollständige Durchsetzung 272
- unvollständige Zuweisung 272
Einkommens(um)verteilung 20, 39, 151, 154, 160, 198, 202
Einkommensteuer 197
Endprodukt 362
Entscheidungsverfahren
- hierarchisches 358
Entwicklung 368
Europäischer Zertifikatehandel 242

Fairness 35, 49, 58
Falsifikation 17
Fehlallokation 239
Fischereizonen, exklusive 96
Forschung 368
Freiheit
- äußere 20, 21
- innere 20–22
- negative 20, 21, 23, 40
- positive 20, 22, 47
Freiheitsrechte 301
Fusionskontrollverordnung 371

Gefängnis 377
Gemeinschaftseigentum 90, 96, 172, 173, 291, 293, 336–338, 358, 365
Gemeinwohl 12, 13, 18
Gerechtigkeit 20, 23, 30

Gerechtigkeitstheorien 29, 30
- deontologische 31, 32
- konsequenzialistische 31–33, 41, 60
- prozedurale 31, 38
Gesellschaftsvertrag 34
Gewalt
- physische 21
- strukturelle 21
- symbolische 21
Gewaltmonopol des Staates 21
Gleichgewicht
- multiples 188
- politisches 204, 205
- trennendes 317
- vereinendes 317
Gleichgewichtspreis 92
Gleichheit 20, 30, 56
Grenzkostenpreis 148
Grenzrate 227
- der Substitution 227
- der Transformation 227
Groves-Mechanismen 285, 325
- unkompensiert 286, 295
Grundsicherung 390
Gut
- Definition 124
- nicht ausschließbares 127
- nicht rivalisierendes 126, 127, 129, 177, 178
- öffentliches 127, 129, 179, 182, 197, 199, 207, 227, 336
- unteilbares 186
- perfekt ausschließbares 127
- privates 127, 129, 131, 154, 178, 179, 182, 197
- rivalisierendes 126–129, 177
Gütermengenzuteilung 160

Handelbare Emissionsrechte 241, 242
Handlung, verborgene 274
Handlungsfreiheit 12, 20, 30
- formelle 90
- materielle 90
Happiness-Forschung 254
Happiness-Paradoxon 254, 255, 257, 264, 269
Hedonische Tretmühle 263
Hierarchie 359
Hold-Up-Problem 365, 385

Index

Homo Oeconomicus 9
Human-Development-Index 47
Humankapital 343, 357, 361, 363, 387
Human-Poverty-Index 47

Iceberg-Shipping-Costs 324
Imperativ, kategorischer 91, 94
Indifferenzkurven
– Single-Crossing-Property 277
Infiniter Regress 15
Informationen
– verborgene 274
– vollständige 230
Informationsasymmetrien 272
– Erreichbarkeit von effizienten Allokationen 276
– Existenz effizienter Institutionen 290
– Gemeinschaftseigentum 293
– öffentliche Güter 295, 297
– optimale Institutionen 276
– private Güter 291, 294
– Privateigentum 291
– Relevanz für die Wirtschaftspolitik 275
– Risikoaversion 297
– Typen von 274
Insourcing 360
Institution
– Mechanismus 279
Integration, vertikale 372
Interdependenz 129, 229, 231, 239, 253, 256
Internalisierung, vollständige 111, 129, 178, 186, 207, 227, 228, 271, 275, 278, 284, 286, 295, 341, 362, 375
Intervention, selektive 360
Investitionen, beziehungsspezifische 362, 367
Irrelevanzergebnis 245

Kaufkrafttest 80
Kinder
– Investitionsmotiv 386
– Konsummotiv 386
Komparativer Vorteil 354, 355
Kompensationstest 65
Konflikttechnologie 345, 346, 349, 351
Konkurrenz, vollständige 140, 141, 149

Konkurrenzgleichgewicht 37, 140, 142, 153, 161, 173, 217
– allgemeines 253
Konkurrenzsozialismus 131, 148, 174, 238
Konsumentenrente 81
Konsumentensouveränität 166, 173
Kontraktualismus 34, 35, 37, 49
Kontrollrechte 147, 207
– residuale 89, 172, 271, 343, 357
– spezifische 89
Konventionalstrafe 385
Koordination der Erwartungen 188
– selbstdurchsetzende 188
Kosten-Nutzen-Analyse 79
– und Einkommensverteilung 72
Krankenhaus 379
Krieg aller gegen alle 87
Kritischer Rationalismus 17, 18
Kündigungsschutz 90

Lebensstandardsicherung 390
Lebensziele 47
Leitprinzip staatlichen Handelns 83
Lex Mercatoria 355
Liberalismus 31, 39–41
Lindahl-Preise 184, 207

Markt 227, 359
– relevanter 312
Marktabgrenzung
– räumlich 312
– sachlich 312
– zeitlich 312
Marktsozialismus 131, 148, 150, 228
Marktversagen 231
Marktwirtschaft 122, 131, 239
– kapitalistische 149, 150, 198, 228
– mit Abgabe 240
Maslowsche Bedürfnispyramide 256, 268
Mechanismus
– als Planungsprozess 279
– als Spiel 279
– beliebiger 282
– Institution 279
– optimaler 288
Mechanismus, direkter 281
– erreichbare effiziente Allokation 283

- erwartetes Defizit 286
- Zentralplanung 283
Medianwähler 165, 173, 204
Medianwähler-Theorem 208
Mehrheitsregel 57, 166, 173
Menschenrechte 87, 94
Metanoia 268
Metasprache 17
Methodenstreit der Nationalökonomie
- Erster 14
- Zweiter 14
Minimalstaat 99
Monopol
- natürliches 219
Monopolmarkt
- mit Preisdiskriminierung 307
Monotoniebedingung 282
Münchhausen-Trilemma 15

Nachfragefunktion
- Hickssche 76
- Marshallsche 74
Nachteile, externe 228
Nachtwächterstaat 106
Nachverhandelbarkeit 342
Nachverhandlung 380
- Verifizierbarkeit 383
Nash-Gleichgewicht
- Bayesianisches 277, 280, 282, 284
- Multiples 186
Nash-Verhandlungslösung 98
Naturalistischer Fehlschluss 13
Neid 58
Nichttrivialität 126, 178, 179, 207
Nichtverifizierbarkeit 368
Nullgewinne 316
Nutzenfunktion 45, 81, 124, 129, 133, 150, 152, 250
- quasi-lineare 78
Nutzenmöglichkeitskurve 51, 67
Nutzenvergleichbarkeit, interpersonelle 79

Objektsprache 17
Offenbarung, direkte 281, 282, 308
Open-Access-Regime 172
Ordnungspolitik 4, 5, 18, 23
Outsourcing 360

Paradox of Power 354, 355, 391
Pareto-Effizienz 12, 79, 128, 151, 154, 160, 165, 173
Pareto-Kriterium 19
Parteiloyalität 205
Parteiprogramm 199
Parteiziele 198
Paternalismus 43, 44, 61
Pigou-Steuer 240, 241, 248, 266, 269
Politikberatung 12, 13, 15
Positionsexternalitäten 265
Positionsgut 253–257, 259–267, 269, 270
Positionsmotiv 260–265, 268
Positivismusstreit 14
Präferenzen 184
Preisdiskriminierung 218, 220
Preis-Mengen-Verträge 309, 313
Prinzip der vollständigen Internalisierung 263, 266
Privateigentum 121, 131, 148, 149, 172, 173, 291, 293, 295, 335–338, 372, 375–378, 393
Prozesspolitik 5, 31

Qualitätsinnovation 375

Rationierung 160, 165
Regulierungsartefakt 315
Reservationsnutzen 286
Res-Nullius-Regime 172
Risikoaversion 48, 62, 79
- Informationsasymmetrien 297
Risikoneutralität 297
Rivalität 126

Samuelson-Bedingung 207
Schadenersatz 243
Schattenpreise 135, 137, 138, 140, 145, 147, 148, 173, 214, 219, 271
Schleier des Nichtwissens 79
Schulen 378
Selbstbindung 37, 88
Self-Ownership 94, 343
Skalenerträge 129, 131, 155, 211, 212, 219, 222, 227, 234
Slutsky-Zerlegung 78
Sozialingenieur 14, 15, 17
SSNIP-Test 312

Staatsaufgaben 28
Staatseigentum 376
Status 255–257, 264, 265, 267
Steuerbarkeit
– perfekte 121
– unvollständige 8
Steuerungsmöglichkeiten 230
Subvention 5

Tausch 5, 7, 31, 80, 156, 165, 173
Teilhabe-Äquivalenz 390
Teilnahmebedingung 287
– bei Gemeinschaftseigentum 293
Terra-Nullius-Prinzip 172
Teschuwa 268
Theorie des expressiven Rechts 189
Transaktion 9
Transaktionskosten 9, 243, 266, 345, 349, 351, 356, 360, 366, 372, 373, 391
Transferschemata
– Nichtexistenz friktionsloser 324
Transformation, fundamentale 365
Transformationskurve 66, 134, 154, 179, 214
Trittbrettfahrer-Verhalten 208
Typoffenbarung, wahrheitsgemäße 285, 292

Überschuss, gesellschaftlicher 221
Ultimatumspiel 258
Umweltgüter 231
Unmöglichkeitstheorem von Arrow 79
Unterversorgung 167, 169, 171, 173, 174, 206, 244
Uomo Virtuoso 109
Utilitarismus 49, 62

Variation
– äquivalente 74, 80
– kompensierende 74, 80
Verfahrensinnovation 375
Verfassung 4, 8, 200
Verfügungsrechte 9
Vergabeverfahren, effizientes 336
Verhältnis
– hierarchisches 357
– marktliches 358
Verhandlungen 6, 131, 207

Vernunftbegriff 87
Verrechnungspreise 146, 148, 173, 183, 216
Versicherung 5, 48, 298
Verteilungsgerechtigkeit 22, 27
Vertrag
– Komplexität 342
– unvollständiger 361, 364, 372
– vollständiger 357
– Wiederverhandelbarkeit 380
Verursacherprinzip 232
Verwirklichungschancen 44, 46, 47
Verzerrende Steuern 267
Vier Edle Wahrheiten 268
vollständigen
– Internalisierung 384
Vorteile, externe 228

Wählersouveränität 166, 173
Wahlverfahren 158, 159, 165
Wahrscheinlichkeitsverteilung
– A-priori 277
Weisungsbefugnis 358, 359
Weiterverkauf 219
Welfarismus 67
Werturteil 12, 19, 31
– basal 16
– nichtbasal 16
Wettbewerb
– Gesetz gegen Beschränkung 371
– vollständiger 227
Wettbewerbsgleichgewicht 227
Wettbewerbsmarkt
– mit Preis-Mengen-Verträgen 316
Wettbewerbspolitik 3
Wettkampf 256, 257, 259, 261, 263, 264, 269, 270, 348, 349, 351, 353, 356, 391, 392
Wettkampferfolgsfunktion 259
Wettkampftheorie 259
Willensfreiheit 20, 22
Williamson-Puzzle 359
Wirtschaftspolitische Beratung 13, 15, 17, 18
Wissensanmaßung 33
Wohlfahrtsfunktion 42, 55, 59
– Arrowsche 55
– Bergson-Samuelson 51
– Bernoulli-Nash 64

- Leximin 64
- Maximin 63
- Nash 64
- utilitaristische 62, 79

Wohlfahrtsökonomik
- Hauptsätze 145, 173, 222, 251

Zahlungsbereitschaft 76, 182, 217
- Nettovorteil und Nettovorteil 67

Zentralverwaltungswirtschaft 89, 122, 131, 140, 149, 173, 174, 217, 228, 238, 360, 370

Zielfunktion, gesellschaftliche 30, 134, 140, 143, 148, 157, 213

Zirkelschluss 15

Zusammenschluss 10, 149

Zwangsgewalt 184, 288
- monopolistische 94
- staatliche 275

Zwangs-Mindestversicherung 322

Zwischenprodukt 362

Neue ökonomische Grundrisse
Eine neue Generation von Ökonomik-Lehrbüchern

Begründet von Rudolf Richter
Herausgegeben von Jürgen Eichberger und Werner Neus

Die moderne ökonomische Analyse sieht wirtschaftliches Handeln eingebettet in historisch gewachsene und politisch geformte institutionelle Rahmenbedingungen. Die neoklassische Lehre der vollständigen Konkurrenz bildet dabei einen Kontrapunkt zu den verschiedenen Ausprägungen der modernen Institutionenökonomik. Informationsökonomik und Spieltheorie bieten neue Analysemethoden, die bei der Ökonomischen Analyse des Rechts, in Public Choice und in der Verfassungsökonomik Anwendungen finden. Die Neue Institutionenökonomik bezieht beschränkt rationale Verhaltensweisen der wirtschaftlichen Akteure explizit in die Analyse mit ein. Die Bedeutung der institutionellen Rahmenbedingungen für die Ergebnisse wirtschaftlichen Handelns wird dadurch erkennbar.

Die Reihe Neue ökonomische Grundrisse umfaßt Lehrbücher, die die Sichtweise der modernen Institutionenökonomik berücksichtigen. Sie eröffnet den Studenten der Wirtschaftswissenschaften, Volks- wie Betriebswirten, einen neuen Zugang zum ökonomischen Wissen in allen Bereichen der Lehre.

Alle Bände der Reihe haben eine anonyme Begutachtung auf inhaltliche und didaktische Eignung erfahren. Die Grundlagentexte und einige der weiterführenden Texte enthalten in jedem Kapitel Lektürevorschläge, Merkpunkte und Schlüsselbegriffe und am Ende des Bandes ein Glossar wichtiger Begriffe. Alle Bände haben ein Literaturverzeichnis und Register. Neue ökonomische Grundrisse sind fadengeheftete Broschuren: flexibel, gut aufklappend und lange haltbar.

Grundlagentexte der Neuen ökonomischen Grundrisse:

Makroökonomik
Eine Einführung in die Theorie der Güter-, Arbeits- und Finanzmärkte
von Lutz **Arnold** (Regensburg), 4. Auflage 2012

Grundzüge der Mikroökonomik
von Jürgen **Eichberger** (Heidelberg), 1. Auflage 2004

Ökonomik
Eine Einführung
von Karl **Homann** (München) und Andreas **Suchanek** (Ingolstadt),
2. Auflage 2005

Einführung in die Betriebswirtschaftslehre
aus institutionenökonomischer Sicht
von Werner **Neus** (Tübingen), 8. Auflage 2013

Weiterführende Texte der *Neuen ökonomischen Grundrisse:*

Grundlagen der Wirtschaftspolitik
von Friedrich **Breyer** (Konstanz) und Martin **Kolmar** (Mainz),
4. Auflage 2014

Öffentliche Finanzen: Ausgabenpolitik
von Giacomo **Corneo** (Berlin), 4. Auflage 2012

Internationale Makroökonomik
von Philipp **Harms** (Aachen), 1. Auflage 2008

Geldtheorie und Geldpolitik
von Oliver **Holtemöller** (Aachen), 1. Auflage 2008

Öffentliche Finanzen: Einnahmenpolitik
von Christian **Keuschnigg** (St. Gallen), 1. Auflage 2005

Organisation und Management
von Matthias **Kräkel** (Bonn), 5. Auflage 2012

Neue Institutionenökonomik
Eine Einführung und kritische Würdigung
von Rudolf **Richter** (Saarbrücken) und Eirik G. **Furubotn**
(Texas A&M University), 4. Auflage 2010

Unternehmensfinanzierung und Kapitalmarkt
von Bernd **Rudolph** (München), 1. Auflage 2006

Gesundheitsökonomik
von Matthias Graf von der **Schulenburg** und Wolfgang **Greiner**
(beide Hannover), 3. Auflage 2013

Wettbewerbspolitik
von Norbert **Schulz** (Würzburg), 1. Auflage 2003

Vertragstheorie
von Urs **Schweizer** (Bonn), 1. Auflage 1999

Die Reihe wird laufend ausgebaut.
Neuestes unter www.mohr.de